KEN FISHER,
Jennifer Chou, Lara Hoffmans

Das zählt an der Börse

Investieren mit Wissen, das die anderen nicht haben

KEN FISHER,
Jennifer Chou, Lara Hoffmans

DAS ZÄHLT AN DER BÖRSE

Investieren mit Wissen, das die anderen nicht haben

FBV

Bibliografische Information der Deutschen Nationalbibliothek
Die Deutsche Nationalbibliothek verzeichnet diese Publikation in der Deutschen Nationalbibliografie.
Detaillierte bibliografische Daten sind im Internet über **http://dnb.d-nb.de** abrufbar.

Für Fragen und Anregungen:
info@finanzbuchverlag.de

5., unveränderte Auflage 2020

ein Imprint der Münchner Verlagsgruppe GmbH
Nymphenburger Straße 86
D-80636 München
Tel.: 089 651285-0
Fax: 089 652096

Das Original erschien 2007 unter dem Titel „The Only Three Questions That Count“ bei John Wiley & Sons, Inc.
(abweichend bei amazon.com: The Only Three Questions That Count: Investing by Knowing What Others Don't. 2006)

Übersetzung: Martin Siefkes, Moritz Malsch
Gesamtproduktion: Moritz Malsch, www.lettretage.de
Satz: Soner İpekçioğlu, Die Setzer. Berlin, www.diesetzer.de
Lektorat: Pia Schlechtriemen
Covergestaltung: Judith Wittmann
Druck: GGP Media GmbH, Pößneck
Printed in Germany

ISBN Print: 978-3-89879-279-0

Weitere Informationen zum Verlag finden Sie unter

www.finanzbuchverlag.de

I N H A L T

Danksagungen

Die Idee für dieses Buch entstand aus dem Kontakt zwischen dem Literaturagenten Jeff Herman und mir. Jeff wollte unbedingt ein Buch mit mir machen, nachdem ich so viele Jahre keines mehr geschrieben hatte. Ich hatte bereits ein Konzept, aber war nicht begeistert von der Vorstellung, wie viel Energie und Zeit ich brauchen würde, um ein Werk dieser Größe fertig zu stellen. Ich hatte bereits drei Bücher geschrieben und wusste, dass es viel Arbeit sein würde. Jeff blieb hartnäckig; er versicherte mir, dass er mein Buch verkaufen und die Verlage sich dafür interessieren würden, und dass mir andere helfen würden. Er ermutigte mich immer wieder. Viele sagen, er sei der beste Literaturagent in Amerika; ich kann mich ihnen nur anschließen. Falls Sie ein Buch veröffentlichen wollen, empfehle ich Ihnen seine Ratgeber: *Write the Perfect Book Proposal: 10 That Sold and Why und Jeff Herman's Guide to Book Publishers, Editors, & Literary Agents, 2007.* Er ist wirklich der Beste, den Sie kriegen können.

Als Erstes habe ich Lara Hoffmans und Jennifer Chou rekrutiert. Lara war Investmentberaterin in der Kunden-Dienstleistungsabteilung meines Unternehmens, wo sie mehr als 100 Kunden beriet, und hatte bereits vorher im Bereich Finanzberatung gearbeitet. Sie brachte bereits Erfahrung mit dem Schreiben mit. Jennifer arbeitete seit sieben Jahren in unserer Forschungsabteilung, wo sie hauptsächlich Kapitalmarkt-Recherche für mich und Andrew Teufel durchführte. Wir wurden uns schnell einig: Jennifer sollte für die Daten und Grafiken verantwortlich sein und Lara würde das Buch korrigieren und abrunden. Ausgehend von Sitzungen, in denen wir die Themenbereiche besprachen, erstellten wir einen Entwurf, der von Lara Punkt für Punkt und Thema für Thema in einen ersten groben Entwurf verwandelt wurde, während Jennifer die Daten herbeischaffte. Dann begann ich, das Buch zu überarbeiten und zu verändern. Nach jedem Arbeitsdurchgang ordnete Lara den Entwurf, korrigierte meine Bearbeitungen und wir schauten es uns zusammen noch einmal an.

Aber die Datenlast war zu groß. Es gibt sehr viel Datenmaterial in diesem Buch, hinter dem zudem eine Menge Statistik steckt. Dazu kommen viele Grafiken – insgesamt 120 –, die wiederum auf großen Datenmengen beruhen. Also zog die Researchabteilung meiner Firma alle Register. Jill Hitchcock, die Bereichsleiterin Research, beauftragte Elizabeth Anathan, eine langjährige Angestellte, ein Team zu beaufsichtigen, das mit Jennifer die Daten und Fakten überprüfte. Am Ende wurden viel mehr Daten überprüft, als schließlich im Buch landeten; eine Menge Arbeit für Jared Brenner, Mark Christy, Jason Dorrier, John Hertzer, Greg Miramontes, David Watts und Rose Zarrinpar. Ich bin dankbar für ihre Unterstützung, denn ohne sie wäre es unmöglich gewesen, die Menge von Material zusammenzutragen, auf der mein Text beruht. Sie erfanden sogar eine Methode, ihre Überprüfung nochmals zu überprüfen, damit keine Informationen verloren gingen. Insbesondere schätze ich Elizabeths Organisationsarbeit und die Mühe von David Watts, der früher schon häufig mit mir an Grafiken gearbeitet hat und der meine zunehmende Angst ertragen musste, als wir uns dem Ende näherten und ich nervös wurde.

Apropos Daten: Ich wäre nachlässig, wenn ich nicht den folgenden Quellen danken würde: Bryan Taylor und Global Financial Data, Thomson Financial Datastream, Standard & Poor's, Bloomberg und Ibbotson Analyst, ohne deren Hilfestellungen für die Investment-Community wir die Studien und die Recherchen für dieses Buch und für die vorangehenden Jahre allgemein nicht hätten durchführen können. Qualität und Reichweite der Marktdaten verbessern sich Jahr für Jahr und ermöglichen es uns, unsere Arbeit immer stärker auszubauen und neue Kapitalmarkt-Techniken zu entwickeln. Sehr wichtig für unsere Leser ist, dass es im Anhang Material gibt, das Global Financial Data zur Verfügung gestellt hat und von dem ich nicht glaube, dass es den Lesern eines Buches bisher je zur Verfügung stand. Ich muss mich auch bei Forbes bedanken – vier meiner Kolumnen werden im Buch verwendet und mit Erlaubnis des Forbes-Magazins nachgedruckt. Ich schreibe sie zwar, doch sie gehören hinterher Forbes.

Als das Buch allmählich Form annahm und nachdem ich es einmal vollständig bearbeitet hatte, gab ich Teile davon an verschiedene Leute weiter, um Rückmeldungen zu erhalten. Meir Statman hat die Glen-Klimek-Professur für Finanzwirtschaft an der Santa-Clara-Universität inne. Meir und ich sind seit 22 Jahren befreundet und wir haben in dieser Zeit viel zur behavioristischen Finanztheorie geforscht und ein paar wissenschaftliche Artikel veröffentlicht. Wir beide sind sehr verschieden: Er ist der Akademiker, ich bin der Praktiker. Wir sind oft einer Meinung, aber häufig auch ganz verschiedener, und genau deshalb war unsere Zusammenarbeit immer so fruchtbar. Diesmal jedoch kam es nicht dazu. Meir betont, dass dieses Buch nicht nach seinem Geschmack ist. Es ist zu entschieden, zu hochfahrend und zu bestimmt in seiner Aussage, und an vielen Stellen ist Meir einfach nicht meiner Meinung. Aber es ist mein Buch, nicht Meirs, und trotz der vielen Meinungsverschiedenheiten sind wir Freunde. Und das Buch ist durch seine Kritik viel besser geworden, denn ich habe Verschiedenes auf die eine oder andere Art geändert, um wenigstens einigen Kritikpunkten gerecht zu werden.

Ich bin sehr dankbar für meine Kontakte mit Jeff Silk und Andrew Teufel. Ich arbeite mit Jeff seit 1983 zusammen. Er ist stellvertretender Vorsitzender von Fisher Investments und trifft zusammen mit Andrew Teufel und mir alle Entscheidungen zum Portfolio-Management. Andrew ist einer von drei Vizepräsidenten der Firma; über die Abteilungsleiter berichten ihm die mehr als 850 Angestellten. Er ist seit zehn Jahren im Unternehmen und einer der klügsten jungen Leute, mit denen ich je zusammenarbeiten durfte. Sowohl Jeffs als auch Andrews Kommentare waren hilfreich, und insbesondere Jeff hatte großen Einfluss auf Kapitel fünf. Justin Arbuckle, der die Abteilung für institutionelle Kunden in unserem Unternehmen leitet, trug ebenfalls Kritik bei, die meinen Ausdruck in einer Reihe von Gebieten veränderte.

Grover Wickersham hat viel Mühe in das Lektorat der Entwürfe gesteckt. Ob im Flugzeug, nachts zu Hause, in London, in Canada oder in der Bay Area: Wo er auch war, er bearbeitete alles, von den großen Entwürfen bis hinunter zum fertigen Text. Grover ist Börsenanwalt und war früher Chef der Los Angeles-

Abteilung der Börsenaufsicht. In seinem früheren Beruf hat er Börsenprospekte editiert. Er meinte, das sei im Vergleich zu meinem Buch vergnüglich gewesen; ich bin ihm also wirklich zu Dank verpflichtet. Er führt auch eine Investmentfirma und ist Vorsitzender des Purisima Fonds.

Natürlich bin ich meinem Freund Jim Cramer für sein sehr freundliches Vorwort verbunden. Wo Jim die Zeit für so etwas hernimmt, weiß Gott allein – allerdings verfügt Jim über mehr Energie als die meisten Menschen. Andere, deren Ermutigung und Hilfe ich sehr zu schätzen weiß, sind Pierson Clair und Thomas Grüner. Thomas, der eine bekannte Vermögensverwaltungsfirma in Deutschland leitet, bot mir sofort an, das Buch übersetzen zu lassen und in Deutschland zu veröffentlichen, was nun durch den von ihm vorgeschlagenen Verlag geschieht. Nachdem der Originaltext auf Englisch veröffentlicht wurde, möchte ich Thomas danken, dass er sehr kurzfristig und in sehr kurzer Zeit die deutsche Übersetzung geprüft und korrigiert hat.

Bevor ich das Manuskript einreichte, habe ich fünf vollständige Bearbeitungen jedes Kapitels – in drei Fällen sogar eine sechste – vorgenommen. Obwohl ich Lara und Jennifer sehr für ihre mühselige Arbeit beim Satz und Layout des Buches, beim Erstellen der Grafiken und Besorgen der Daten zu Dank verpflichtet bin, sind meine Fingerabdrücke doch überall darauf und alle Fehler und Ungenauigkeiten gehen auf mein Konto.

Die Zeit, die ich für diese Bearbeitungen gebraucht habe, hätte eigentlich meiner Ehefrau seit 36 Jahren zugestanden. Ich danke ihr für ihre Toleranz, Hingabe und Liebe, wie immer. Schließlich möchte ich sagen, dass ich mich ohne die Anregung meines Vaters, Philip A. Fisher, überhaupt nicht in Richtung auf die Finanzmärkte bewegt hätte. Er liebte Aktien seit 1928 – da war er 21 – bis zu seinem Tod im Jahr 2004 mit 96 Jahren. Ich wünschte, er hätte dieses Buch noch erleben können, und widme es seinem Andenken.

Vorwort

Ken Fisher hat in aller Stille ein ganzes Reich auf dem simplen Rezept aufgebaut: Mach so viel Geld wie möglich mit so wenig Risiko wie möglich, denn der Kunde hat es verdient – und wollen wir das nicht alle? Niemand ist besser darin als Ken. Das ist keine verrückte Übertreibung: Er ist wirklich der Beste! Mein Agent wird mich dafür umbringen, dass ich das sage, schließlich sind Ken und ich Konkurrenten. Wieso lobe ich sein Produkt? Was für eine Art von Kapitalist bin ich eigentlich?

Nun, zunächst einmal ist Ken ein guter Freund, aber das kann Ihnen natürlich egal sein. Für Sie ist wichtig, dass Ken Geld für Sie machen kann. Ich glaube, dieses Buch zu lesen könnte die beste Chance dieses Jahres sein, die Ihnen geboten wird, um ein besserer Investor zu werden. Lassen Sie mich ganz ehrlich sein: Momentan führe ich eine gemeinnützige Stiftung mit allerlei Restriktionen, aber wenn ich über mein eigenes Geld frei verfügen könnte, würde ich es Ken überlassen, ohne einen Moment darüber nachzudenken. Ich sage das nur, weil ich krankhaft ehrlich bin und weil ich möchte, dass Sie richtig viel Geld verdienen. Ken hilft Ihnen dabei.

Nachdem ich dieses Buch von vorne bis hinten am Stück durchgelesen hatte (wofür ich wirklich keine Zeit habe), weil ich es einfach nicht aus der Hand legen konnte, habe ich verstanden, dass Ken mit diesem Buch die Welt des Investierens auf den Kopf gestellt hat. Er hat jeden Mythos und jeden unsinnigen, dummen Glauben genommen, mit dem sich die meisten Profis ruinieren, und hat sie nicht nur bestritten und es bei der Behauptung belassen, sondern ihre Falschheit tatsächlich nachgewiesen! Und das ist noch nicht alles: Er bringt Ihnen in diesem Buch auch noch bei, wie Sie dasselbe tun können.

Zugegeben: Es hat mich schon etwas auf die Palme gebracht, als er einfach demonstrierte, dass einige meiner liebsten Überzeugungen nicht wirklich – wie sage ich das jetzt am besten – stimmten. Doch das ist ja gerade sein Punkt; darum geht es ihm; das ist seine Mission. Denn nur so kann er uns alle zu besseren Investoren machen.

Bevor ich sage, was ich gleich sagen werde, möchte ich betonen, dass ich und Ken radikal unterschiedliche Vorstellungen vom Investieren haben. Ich betreibe Stockpicking und kann das, glaube ich, ganz gut. Ken sagt mir nun, dass es eine aussichtslose Sache ist. Ich werde schnell versuchen, mir Zahlen zu besorgen und seine eigenen Methoden benutzen, um meine Ansicht zu beweisen; aber das könnte etwas dauern. Ich bin kein Relativist, besonders in Bezug auf Geld nicht, aber ich weiß, dass es viele Wege zum Ziel gibt. Und ich weiß, dass Kens Weg ganz hervorragend funktioniert. Trotz unserer unterschiedlichen Ansätze glaube ich, dass dies das intelligenteste, strengste, umfassendste und nützlichste Buch über das Investieren ist, das ich im Laufe meiner jahrzehntelangen Liebe zu den Märkten lesen durfte.

Ob Sie nun Aktien besitzen oder gerade erst anfangen, ob Sie Profi oder Amateur sind, dieses Buch ist genau das Richtige für Sie. Andererseits sagt Ken ganz zu Recht, dass die meisten Profis gerade im Bereich der Investmentfonds ihre

Arbeit viel besser machen könnten; deshalb braucht man gar nicht so viel über Profis und Amateure zu reden. Der Punkt ist einfach, dass jeder Geld machen möchte. Jeder will Gewinne einfahren und den Markt schlagen, oder welchen Index auch immer man sich eben als Vergleichsmarke ausgesucht hat. Wir alle möchten das – aber die meisten von uns wissen nicht wie.

Vielleicht denken Sie, dass Sie es herausgefunden haben. Vielleicht haben Sie ein paar Jahre Glück gehabt. Ehrlich gesagt: Sie brauchen vermutlich Hilfe. Es gibt Tausende von Fehlern, die die Menschen jeden Tag mit ihrem Geld machen. Wer sein Geld richtig für sich arbeiten lassen möchte, sollte sich den Gefallen tun und dieses Buch lesen. Ich bin seit mehr als 25 Jahren dabei, trotzdem hat Das Erfolgsgeheimnis. Investieren mit Wissen, das die anderen nicht haben mich noch einiges übers Investieren gelehrt. Ich bin vermutlich der schamloseste Selbstanpreiser im Fernsehen, trotzdem sage ich Ihnen: Hören Sie für die nächsten paar Stunden nicht mir zu, sondern Ken. Falls Sie einer meiner Gegner sind, werde ich Ihnen kaum sagen müssen, dass Ken Fisher eine Strategie oder sogar mehrere entwickelt hat, die ganz anders aussehen als meine eigenen. Und obwohl wir in verschiedenen Punkten uneins sind, denke ich, dass er der Größte ist – und damit meine ich nicht, dass er ein feiner Kerl ist, obwohl auch das stimmt, sondern dass er ein großer Investor ist.

Was die Grundannahmen dieses Buchs angeht – es ist Kens Buch, daher werde ich noch nichts Wichtiges verraten –, stimme ich Ken völlig zu. Gute Investoren müssen innovativ an die Sache herangehen, wenn sie gute Investoren bleiben wollen. Wenn Sie sich eine Position in einer Aktie, in einem Sektor oder in einem ganzen Land aufbauen, haben Sie mit dieser Entscheidung entweder Recht oder Unrecht. Wenn Sie Recht haben, gewinnen Sie und verdienen Geld. Wenn Sie Unrecht haben ... nun ja, Sie haben schon verstanden. Es wird immer Gewinner und Verlierer im Markt geben; wenn Sie gewinnen, muss fast immer jemand anders verlieren. Ken sagt nicht, wie Sie es richtig machen, jedenfalls nicht gleich am Anfang. Man muss erst gehen können, bevor man einen Sprint versucht. Dieses Buch vermittelt ein System: Es handelt sich um eine Methode, die beim ersten Lesen intuitiv erscheinen mag, sich tatsächlich aber völlig von der Verhaltensweise der meisten Menschen an der Börse unterscheidet. Es ist tatsächlich eine neue Art, über die Börse zu denken; sobald Sie sie verstanden haben, werden Sie ein weit besserer Investor sein. Ken weiß, dass man Recht behalten muss, wenn man gewinnen will, und er weiß, wie man das macht – ich habe seine Kolumne gelesen und seine Performance gesehen. Jetzt will er Ihnen beibringen, wie man diesen wissenschaftlichen Ansatz auf das Investieren anwendet und reicher wird – zumindest an Geld, wenn auch vielleicht nicht gleich im Geiste.

Um Kens Ratschläge zu beherzigen, brauchen Sie kein Genie zu sein – Sie brauchen nicht einmal überdurchschnittlich schlau zu sein. Ken bringt Ihnen alles bei, was Sie brauchen, um „die drei Fragen, auf die es ankommt" anzuwenden. Er hat Recht damit, und es ist gut, dass er über sie schreibt. In gewisser Hinsicht ist dieses Buch ein großer Gleichmacher: Es nimmt sich die Profis zur Brust und hebt Amateure auf das Level, das Profis eigentlich haben sollten – denn nichts von dem, was die Profis wissen oder zu wissen glauben, ist der Schlüssel zum Erfolg. Glauben Sie mir; ich war selbst einer.

Es gibt einen alten Spruch: „Gott hat den Menschen geschaffen, aber Sam Colt hat sie gleich gemacht." Ich weiß nicht, wer für die Erschaffung der meisten modernen Investoren verantwortlich ist, aber ich weiß, dass Ken Fisher sie gleich machen wird. Oder vielleicht doch nicht ganz gleich; einige sind bekanntlich gleicher als die anderen, und in dieses Lager wird Ken Sie bringen, wenn Sie seine in Jahren zusammengetragene Weisheit berücksichtigen. Und das brauchen Sie nicht mir zu glauben; man kann es objektiv betrachten. Man wird nicht einfach so die Nummer 297 auf der Forbes 400-Liste, die Ken inzwischen einnimmt. Man muss etwas wissen, das die anderen nicht wissen.

Wenn man ein Buch über das Investieren schreibt, bewegt man sich am Rande des Abgrunds. Welche Versuchung Geld selbst auch darstellt – bei den meisten Büchern zum Thema ist es schwierig, sie zu Ende zu lesen. Sie sind langweilig, mehr als langweilig – sie sind besser als drei Valium zum Einschlafen. Sehen wir mal davon ab, dass die meisten Bücher zum Thema schlicht und einfach Unsinn erzählen: Selbst das Richtige kommt nicht beim Leser an, weil es so langweilig und öde präsentiert wird. Ken weiß das sehr gut, denn er schreibt Bücher schon viel länger als ich – und das merkt man! Bevor man jemandem etwas beibringen kann, muss man seine oder ihre Aufmerksamkeit fesseln; mir selbst wurde manchmal vorgeworfen, in dieser Hinsicht etwas zu weit zu gehen. Nun, ich bin eben ein Extremist.

Selbst wenn Geld anlegen Sie gar nicht interessiert, selbst wenn Sie kein Geld zum Anlegen haben oder so viel davon, dass es keine Rolle mehr spielt – selbst dann könnte dieses Buch Sie interessieren. Es ist mitreißend geschrieben, unterhaltsam präsentiert, und es hat Humor. Es lässt einem keine Wahl, man muss weiterlesen. Sicher, es steckt viel Wissen dahinter und es gibt Charts und Grafiken und – oh Gott! – sogar Literaturverweise wie in einem wissenschaftlichen Werk. Aber genau das ist ja auch Kens Anliegen: Investieren ist bislang noch keine Wissenschaft, und er möchte es in diese Richtung entwickeln. Weder die Grafiken noch die akademischen Querverweise müssen einen einschüchtern, denn Ken weiß, wie man diese Informationen filtert und richtig präsentiert. Das Ziel besteht darin, kühn und unmöglich erscheinende Aufgaben in solche zu verwandeln, die ganz einfach sind. Ken ist ein Meister darin.

Das zählt an der Börse. Investieren mit Wissen, das die anderen nicht haben ist ein großartiges Buch. Es könnte ein Buch sein, das die Erscheinung der Branche in Zukunft radikal verändert, obwohl die meisten Fondsmanager dafür vermutlich zu festgefahren in ihren Ansichten sind. Es ist jedoch kein Buch über Stockpicking. Es geht nicht darum, etwas zu finden, das gerade modern ist. Und Daytrading spielt auch keine Rolle. Es geht also um nichts von dem, was gewöhnlich als „sexy" im Bereich des Investierens angesehen wird. Aber wissen Sie was? Wenn ich irgendetwas in meiner Zeit als Vermögensverwalter oder bei der Arbeit für meine Sendungen zum Thema Investment gelernt habe, dann ist es das: „sexy" funktioniert fast nie. Wollen Sie wissen, was wirklich funktioniert? Machen Sie es wie Ken: verwenden Sie die Zahlen und ein wenig einfache Statistik, und Sie können selbst herausfinden, was am besten funktioniert!

Ob Sie nun Kens Kolumnen durchschauen, ob Sie die Bilanz seiner Investmententscheidungen ziehen oder die bloße Menge an Geld betrachten, die er verwaltet, nämlich 30 Milliarden Dollar – diese Summe erscheint mir geradezu verblüffend, aber Ken würde das natürlich auf mein Steinzeitgehirn schieben, das einfach nicht mehr mitkommt –, eines wird Ihnen klar werden: Dieser Mann hat ganz offensichtlich eine Methode, mit deren Hilfe er zuverlässig den Markt schlagen kann! Und was will man mehr? Wenn Sie dieses Buch lesen, dann wollen Sie Geld machen. Vielleicht denken Sie, dass Sie ein wirklich cooler und erfolgreicher Daytrader sein wollen; aber damit liegen Sie falsch. Nein, in Wirklichkeit wollen Sie einfach Geld machen, und zwar mehr, als durch den Besitz eines Indexfonds oder durch Anleihen möglich ist.

Es gibt eine bestimmte Art von Investor, der sich selbst immer schadet, ohne dass es ihm etwas ausmachen würde. Ich nenne solche Leute gern die „Hobby-Aktionäre“. Ihnen ist es relativ egal, ob sie Geld verlieren. Es macht ihnen nichts aus, wenn die Indizes ihnen eins drüber geben. Sie sind völlig befangen darin, irgendetwas auszuprobieren oder anzuwenden, und wenn man dabei Geld verliert – was soll's? Es ist ja nur ein Hobby! Auch Modellbahnen oder Rockkonzerte kosten schließlich Geld.

Selbst wenn Sie ein Hobby-Aktionär sind und nur aus Spaß an der Freude investieren, können Sie aus diesem Buch etwas lernen. Aber ehrlich gesagt hoffe ich, dass es Sie von einem Hobby-Aktionär in einem großen Rutsch zu einem erfolgreichen Kapitalisten machen wird! Denn eigentlich geht es nicht darum, Spaß zu haben, sondern nur darum, Geld zu verdienen. Glauben Sie mir, auf die Dauer gesehen macht es mehr Spaß, reich zu sein, als mit seinem Geld herumzuspielen. Vielleicht fühlt es sich zuerst nicht so an – aber genau deshalb brauchen wir Leute wie Ken Fisher, der uns gut gelaunt erzählt, warum wir uns irren und was wir besser machen müssen.

Doch jetzt habe ich Sie lange genug beansprucht. Wenn Sie keine Angst davor haben, Ihre langgehegten Glaubensvorstellungen über das Investieren über Bord zu werfen, wenn Sie mutig genug sind, um sich zu verändern, und wenn Sie wirklich und ehrlich eine Menge Geld machen wollen, ohne dabei ein besonders großes Risiko einzugehen – und das ist meiner Meinung nach die beste Art, Geld zu verdienen –, sollten Sie weiterlesen. Ken Fisher hat für jeden etwas anzubieten, und wenn Sie nur die Hälfte oder sogar nur ein Drittel von dem glauben, was er sagt, werden Sie ein besserer Anleger sein. Wenn Sie all seinen Ratschlägen folgen, dann können Sie meiner festen Überzeugung nach den Markt schlagen; aber selbst wenn Sie nur einen Teil berücksichtigen, werden Sie besser dran sein als bisher.

Und das sagt einer, dessen gesamte Investmentstrategie gerade von Ken Fisher in ein paar Stunden auseinandergenommen und entmystifiziert wurde. Sie können mir also ruhig glauben: Das Erfolgsgeheimnis heißt zu Recht so. Es könnte auch Ihr Erfolgsgeheimnis werden.

James J. Cramer
Kolumnist für TheStreet.com
Kolumnist für die Zeitschrift *New York*
Macher von *Mad Money* (CNBC)
Macher von *Real Money Radio* (CBS)

Einleitung

Wer bin ich, dass ich Ihnen ein Erfolgsgeheimnis verraten könnte?

Wer bin ich, dass ich Ihnen irgendetwas erzählen könnte, und dann schon gar ein „Erfolgsgeheimnis"? Gibt es so etwas überhaupt – und warum sollte gerade ich es besitzen? Warum sollten Sie sich die Mühe machen, das hier zu lesen? Wieso sollten Sie mir überhaupt zuhören?

Nun, zunächst einmal bin ich seit einem Dritteljahrhundert in der Investmentbranche und habe viel Wasser ins Meer fließen sehen – und ich war und bin nicht begeistert von dem, was ich sehe. Mein Vater war auch in der Branche tätig, und zwar seit 1932. Er hat sich einen guten Namen gemacht, und ich habe viel von ihm gelernt und mich dann selbständig gemacht. Ich habe eine Vermögensverwaltungsfirma gegründet, die mehr als 30 Milliarden Dollar verwaltet und die ich noch immer als CEO leite; sie hat erwiesenermaßen über lange Zeit hinweg den Markt mit unterschiedlichen Anlagestrategien geschlagen. Fisher Investments hat über 16 000 vermögende Kunden und verwaltet zudem das Geld einer eindrucksvollen Liste von Institutionen – große Pensionskassen sowohl von privaten Unternehmen wie auch der öffentlichen Hand sowie verschiedene Stiftungen – in Amerika, England und Kanada. Ich habe seit 22 Jahren die Forbes-Kolumne „Portfolio Strategy" geschrieben, womit ich auf den fünften Platz der am längsten schreibenden Forbes-Kolumnisten aufgestiegen bin. Außerdem habe ich sieben Jahre lang eine Kolumne im englischen Magazin *Bloomberg Money* geschrieben, bisher drei Bücher veröffentlicht und in verschiedenen wissenschaftlichen Zeitschriften publiziert. Ich habe vor einigen Jahrzehnten das Kurs-Umsatz-Verhältnis (KUV) als Maß für die Aktienbewertung eingeführt, das inzwischen zu den Standardinstrumenten des Finanzsektors gehört. Ohne dass dies allzu großspurig klingen soll: Ich bin auf der Forbes-400-Liste der reichsten Amerikaner, und der Reichtum ist selbstgemacht. Ich habe eine ganze Menge getan.

Und jetzt bin ich hier und versuche Ihnen zu erklären, dass die wichtigste Lektion meiner langen Laufbahn die folgende ist: Es gibt nur drei Fragen, die wirklich zählen. Diese will ich auf den folgenden Seiten mit Ihnen teilen und erklären, wie man sie in eine Art des Denkens übersetzen kann, das eine dauerhafte Grundlage von Investmententscheidungen sein kann. Darum geht es in diesem Buch.

Gut, eigentlich ist das nicht ganz richtig. Eigentlich gibt es nur eine Frage, die zählt – die *wirklich* zählt. Aber ich weiß nicht, wie ich diese Frage so formulieren könnte, dass sie als Anleitung fürs alltägliche Investieren geeignet ist. Aber ich weiß, wie man sie in drei Fragen unterteilt, die diese Eigenschaft besitzen.

Und was ist nun diese einzige Frage, auf die es wirklich ankommt? Die Finanztheorie ist sich einig darin, dass die einzige rationale Grundlage für eine

Marktwette darin besteht, dass Sie irgendetwas wissen, das die anderen Marktteilnehmer nicht wissen. Eigentlich ist das ein unfairer Vorteil; aber wenn man es richtig macht, ist es ganz legal, ethisch korrekt, moralisch unanfechtbar, kalorienarm und in jeder Hinsicht koscher. Daher ist die einzige Frage, auf die es wirklich ankommt, die folgende: Was wissen Sie, das andere nicht wissen?

Die meisten Menschen wissen nichts, das andere nicht wissen. Die meisten Menschen glauben, dass sie so etwas auch gar nicht wissen müssen – wir werden noch sehen warum. Trotzdem ist die Aussage, dass man zum Investieren etwas Besonderes wissen muss, keineswegs neu. So ziemlich jeder, der einmal im Grundstudium einen Kurs über Geldanlage belegt hat, hat das schon mal gehört – allerdings vergessen die meisten Leute diese Binsenweisheit rasch wieder.

Ohne diese Frage zu beantworten – was wissen Sie, was andere nicht wissen – ist es sinnlos, mit dem Ziel Geld zu investieren, den Markt schlagen zu wollen. Man kann es auch anders sagen: Die Märkte sind ziemlich „effizient" darin, alle derzeit bekannten Informationen rasch einzupreisen. Auch diese Aussage ist nicht neu. Es handelt sich um eine anerkannte Säule der Finanztheorie, die im Lauf der Jahrzehnte wiederholt verifiziert wurde. Wenn Sie Investment-Entscheidungen auf der Grundlage derselben Informationen treffen, die anderen auch zugänglich sind, werden Sie schlechter abschneiden, als wenn sie sich einfach dem Markt überlassen hätten. Verstehen Sie den Grund? Wenn Sie versuchen, schlauer als der Markt zu sein und herauszufinden, in welche Richtung er sich bewegen wird oder welche Sektoren sich besonders gut oder besonders schlecht entwickeln könnten, und dies auf der Basis von Informationen aus den Medien oder aus Gesprächen mit Ihren Bekannten und Kollegen tun – und dabei kommt es nicht auf Intelligenz oder Ausbildung an –, dann werden Sie manchmal richtig liegen oder Glück haben, aber noch öfter falsch liegen oder Unglück haben. Insgesamt werden Sie nach einiger Zeit schlechter dastehen, als wenn Sie keine solche Wetten abgeschlossen, sondern einfach auf den Index gesetzt hätten.

Bestimmt hören Sie das nur ungern. Aber ich habe ja schon gesagt, dass ich nicht weiß, wie ich diese Binsenweisheit als eine einzige Frage ausdrücken kann, mit der man etwas anfangen könnte. Doch dafür kann ich Ihnen zeigen, wie Sie Dinge wissen können, die andere nicht wissen.

Bevor wir uns auf den Pfad des Wissens begeben, das anderen unbekannt ist – ein Pfad übrigens, den Sie selbst auf persönliche Art erforschen können –, geben Sie mir noch ein bisschen Zeit, um zu zeigen, wie sinnlos Investieren ohne Wissen ist, das andere nicht haben. Ich verspreche, es wird lustig.

Die vollständige Wahrheit herausfinden

Finanzmärkte sind „Bewerter" allgemein bekannter Informationen. Anders ausgedrückt: Alles Wissen, das uns gegenwärtig zur Verfügung steht, spiegelt sich bereits in den heutigen Preisen, bevor wir darüber zu sprechen beginnen. Die Menschen wetten sofort auf dieses Wissen, wenn es bekannt wird. Je weiter das Wissen verbreitet ist, desto schneller werden diese Wetten abgeschlossen.

Um besser zu verstehen, was das heißt, können wir die Märkte einmal mit politischen Wahlen vergleichen, die anderen Regeln gehorchen.

Sie wissen, dass Meinungsforscher eine repräsentative Auswahl von etwa 1000 Menschen treffen können, die die amerikanischen Wähler ausreichend genau repräsentieren, um das Ergebnis einer Wahl auf ein paar Prozent genau herausfinden zu können. Diese Technologie ist ausgereift und gut geprüft; man hat sich daran gewöhnt. Wenn eine professionelle Umfrage in der Nacht vor der Wahl durchgeführt wird, wissen wir bis auf drei bis maximal fünf Prozent genau, wie die Wahl ausgehen wird. Die Grundlage dafür besteht darin, die Teilnehmer an der Umfrage so zu wählen, dass sie für die gesamte Wählerschaft repräsentativ ist.

Was wäre, wenn ein Meinungsforscher eine repräsentative Auswahl aus allen Investoren der Welt treffen könnte? Sie würde jeden denkbaren Typ im genau richtigen Verhältnis umfassen. Institutionelle und Privatanleger; Wachstumsfans und Substanzfanatiker; Small-Cap und Big-Cap, aus- und inländische, große und kleine; was auch immer. Nehmen wir nun an, die Umfrage würde gemacht und das Ergebnis wäre die Überzeugung, der Markt würde nächsten Monat stark ansteigen. Könnte er das? Nein – denn wenn jeder dieser Meinung wäre, würde jeder mit Kaufkraft schon zuvor Aktien kaufen. Der Markt könnte zwar vor dem kommenden Monat noch steigen, aber nur ein Idiot würde bis zu seinem Beginn warten, um zu kaufen. Also gäbe es nächsten Monat keine Kaufkraft mehr, um den Markt weiter hochzutreiben. Er könnte fallen oder auf demselben Level bleiben. Steigen könnte er nicht.

Diese Überlegung ist zwar vereinfacht, macht aber dennoch klar, dass jede Bewegung, über die wir uns einig sind, bereits in den Markt eingepreist wurde und deshalb unmöglich eintreffen kann. Da Investoren meistens hungrig nach Informationen sind, sind alle ihnen zugänglichen Informationen bereits in die Marktwetten, die sie platziert haben, eingeflossen. In Wirklichkeit ist es etwas anderes, das die Märkte in Bewegung setzt: die Überraschung – das, was als Nächstes passiert, aber nur von wenigen bisher erkannt wurde. Nachrichten, die mit dem von allen erwarteten Bild übereinstimmen, können die Märkte nicht mehr groß bewegen, da die Investoren bereits darauf gesetzt haben.

Anders ausgedrückt: Vielleicht sind Sie schlauer, klüger oder besser ausgebildet als die anderen Investoren, aber die Finanztheorie besagt, dass das nicht ausreicht. Egal wie klug Sie sind: Wenn Sie glauben, dass Schläue oder eine gute Ausbildung reichen, um die anderen aufgrund allgemein zugänglicher Informationen zu schlagen, sind Sie ein Narr. Weiter hinten in diesem Buch werde ich Ihnen viele Beispiele dafür geben, dass man nur mit Hilfe eines Wissens, das die anderen nicht besitzen, die Märkte schlagen kann. Dieses Buch zeigt Ihnen, wie das geht; aber zuerst werde ich den Hintergrund für die drei Fragen erläutern und sie vorstellen. In den ersten drei Kapiteln werde ich jede Frage im Detail erläutern; in den verbleibenden Kapiteln werde ich tiefer gehen und zeigen, wie man die Fragen auf seine eigene Art anwenden kann. Das klingt nach viel Arbeit; und einiges wird Ihnen selbst überlassen bleiben. Doch wenn Sie die drei Fragen beherrschen, haben Sie eine Strategie, um den Markt zu schlagen – und das ist die Mühe wert.

Investieren auf der Basis von Wissen, das andere nicht haben

Lassen Sie uns einen Moment überlegen. Nehmen wir einmal an, Sie akzeptieren meine Grundthese, dass es nur eine Frage gibt, die wirklich zählt, und dass sie in drei Unterfragen aufgeteilt werden kann. Sie wissen, dass das bloße Lesen der Fragen nicht der Schlüssel für große Reichtümer ist. Man muss die Fragen verstehen und wissen, wie man sie richtig anwendet. Und dann muss man dies auch fleißig tun – immer und immer wieder. Die drei Fragen sind kein Handwerk oder eine einfache Liste „Drei Schritte zum Glück". Es ist keine To-Do-Liste „Investieren leicht gemacht", mit der man den Markt schlagen kann. Wenn es so etwas gäbe, würde ich dieses Buch nicht schreiben und Sie würden es nicht lesen. Stattdessen würde ich es in eine einzige Forbes-Kolumne packen, aus der man alles Nötige entnehmen könnte. Mit diesem Wissen bewaffnet, würden Sie losziehen und prompt unvorstellbar reich werden. – Nein, es ist nicht „Investieren leicht gemacht". Stattdessen geht es ums *Investieren mit Wissen, das die anderen nicht haben*; deshalb unser Untertitel.

Wenn Sie lernen können, wie man die drei Fragen anwendet, haben Sie einen Vorteil gegenüber anderen Investoren. Und diese anderen Investoren sollten wir uns einmal genauer anschauen.

Idioten und Profis – ach, ich wiederhole mich

Sie wissen, dass manche Leute Idioten sind, und haben keine Angst davor, mit ihnen zu konkurrieren. Aber wie kann man gegen richtige Profis antreten, die eine richtige Ausbildung genossen haben, richtig schlau sind und richtig viel Erfahrung haben? Die gute Nachricht vorweg: Meiner Beobachtung nach verhalten sich die meisten Investoren – Amateure und Profis gleichermaßen – wie Idioten. Wieso? Weil die meisten von ihnen zwar den besagten Kurs besucht, aber trotzdem vergessen haben oder nicht mehr darauf achten, dass man zum Investieren etwas wissen muss, das die anderen nicht wissen. Die meisten Investoren gehen von der falschen Voraussetzung aus, dass Investieren ein Handwerk sei, wie Tischlern oder das Praktizieren als Arzt. Sie betrachten Investieren nicht als eine wissenschaftliche Untersuchungsaufgabe, wie ich es in diesem Buch vermitteln möchte. Schauen wir uns an, was sie stattdessen tun.

Beginnen wir mit den Amateuren. Sie haben meistens eine oder mehrere Lieblings-Informationsquellen – die Nachrichten im Kabelfernsehen, die Printmedien, Internetseiten oder einen Newsletter von einem aktuellen Börsenguru. Vielleicht besitzen sie eine Software, die Bewegungsmuster von Kursen analysieren kann. Meist halten sie sich an bestimmte Regeln – prozyklisches Investieren, Investieren in Nachzügler-Aktien, nach schlechten Nachrichten kaufen. Sie halten nach Anlässen oder Signalen Ausschau, um einzusteigen oder auszusteigen. Vielleicht kalkulieren sie ein bestimmtes Level, das der S&P 500 und der Nasdaq erreicht haben müssen, um dann zu kaufen oder zu verkaufen oder in Panik zu geraten. Sie untersuchen 90 Tage-Durchschnittslinien und behalten den

VIX im Auge (den Volatilitätsindex des S&P 500) oder einen anderen angeblich aussagekräftigen Marktindikator. (Nebenbei gesagt ist der VIX als Indikator nutzlos, was sich statistisch beweisen lässt – trotzdem benutzen viele Leute ihn täglich, weil sie auf einen gefährlichen Mythos hereinfallen, der mehr Geld vernichtet als einbringt.) Allgemein glauben sie, dass das Investieren eine Fähigkeit ähnlich einem Handwerk ist, die man mit dem nötigen Fleiß und durch Anstrengung erlernen kann. Diejenigen, die das Handwerk am besten beherrschen, müssen wohl die besten Investoren sein.

Investoren schätzen sich selbst dementsprechend ein und entwickeln handwerkliche Fähigkeiten. Der zukünftige substanzorientierte Investor entwickelt dabei ein geringfügig anderes Handwerkszeug als der Wachstumsinvestor. Ebenso für Small-Cap-Anhänger gegenüber Big-Cap oder ausländisch gegenüber inländisch. Eine solche Herangehensweise funktioniert im Handwerk tatsächlich hervorragend. Jeder kann die Grundregeln der Tischlerei erlernen, obwohl manche Leute dafür von Natur aus begabter sind als andere. Auch für die angewandte Medizin funktioniert es gut, wenn man schlau genug ist. Auch für die meisten Sportarten geht es, weil sie ähnlich einem Handwerk funktionieren, wobei wiederum manche Leute begabter als andere sind. Die Tätigkeiten eines Buchhalters, Zahnmediziners, Anwalts, Ingenieurs und viele weitere sind alle lernbares Handwerk, wobei sie ein unterschiedliches Maß an Zeit benötigen und unterschiedliche körperliche sowie geistige Fähigkeiten voraussetzen.

Man weiß, dass ein Handwerk zuverlässig gelernt werden kann, weil es unzählige Menschen gibt, die nach entsprechendem Training und der nötigen Lehrlingszeit (die für ein Handwerk unabdingbar ist) Funktionen auf handwerklicher Basis ausführen, und zwar in großer Menge und mit einem hinreichend vorhersagbaren Ergebnis. Die Tatsache, dass man einem Buchhalter die Durchführung einer Bilanzprüfung in hinreichender Qualität beibringen kann, ist ein genaues Bild der Handwerkskunst. Doch nur wenige Menschen, seien es nun Amateure oder Profis, können den Markt schlagen. Verdammt wenige! Das haben Sie über die Jahre immer wieder gelesen – und es stimmt auch. Sehr wenige Profis können den Markt auf die Dauer schlagen, also reicht es dafür offenbar nicht aus, ein Handwerk zu lernen. Handwerkskunst ist nicht genug.

Die Finanztheorie sagt uns, warum das so ist: Man muss eben etwas wissen, das andere nicht wissen. Das mag einen Amateur entschuldigen, aber wie steht's mit den Profis? Immerhin gibt es bestimmte Ausbildungsvoraussetzungen, die Profis durchlaufen müssen, bevor ihnen die Anlageberatung gesetzlich erlaubt ist. Alle Börsenhändler müssen eine Prüfung ablegen, um die so genannte „Series 7“-Lizenz (eine allgemeine Lizenz als staatlich zertifizierter Börsenhändler, die den Verkauf aller Arten von Wertpapieren mit Ausnahme von Warenkontrakten und Futures ermöglicht) zu erhalten.

Für Investmentberater gibt es ebenfalls verschiedene von der Börsenaufsicht SEC kontrollierte Tests. Einige in der Branche werden „Chartered Financial Analysts“ (CFA) oder „Certified Financial Planners“ (CFP). Andere werden „Certified Investment Management Analyst“ (CIMA). Trotz dieser eindrucksvollen Titel schlagen diese Leute den Markt nicht häufiger als Amateure.

Universitätsstudenten und Doktoranden für den Investmentsektor verbringen Jahre damit, sich mit dem Markt zu beschäftigen. Sie lernen, wie man Unternehmensbilanzen analysiert. Sie lernen, wie man Risiken kalkuliert und todschicke, aber allgemein bekannte Analyseinstrumente wie die Sharpe-Ratio oder das R-Quadrat oder das CAPM („Modell der Wertpapierlinie") anwendet. Einige beschäftigen sich mit der Geschichte der Märkte und damit, wie diese auf eine Reihe monetärer, ökonomischer und politischer Bedingungen irgendwann einmal anno dazumal reagiert haben. Und mit all diesem Wissen können sie die Märkte immer noch nicht öfter schlagen als diejenigen ohne Doktortitel.

Richtigerweise gehen einige junge Profis in spe nach Jahren des Studiums für einige Zeit bei einem etablierten Investor in die Lehre. Zu den Füßen des erwählten Meisters lernen sie dann meistens ein Handwerk, ähnlich wie ein Schmied es in vergangenen Zeiten erlernte. Manche wurden damals Generalisten, andere spezialisierten sich und fertigten nur Waffen wie Schwerter und Speere an, während wieder andere Beschläge machten oder Pflugscharen. Nehmen Sie irgendeinen Investmentstil; es gibt immer Anhänger, treue Jünger der Schule, die ihnen beigebracht wurde.

Bewaffnet mit Abschlüssen, Zertifikaten und der Lehrzeit bei einem Meister, ziehen Investmentprofis in die Welt hinaus, verteilen Ratschläge und allerlei Weisheiten, während sie überwiegend nicht einmal mit dem Markt mithalten können. Einige werden Medienexperten, die die Marktbewegungen des jeweiligen Tages in den Fernsehnachrichten oder auf Nachrichtenkanälen packend nacherzählen. Hier ist der Markt niemals einfach gesunken – nein, er ‚legte eine Talfahrt hin' oder wurde ‚vom Strudel' irgendeines Anlasses ‚hinuntergezogen'! Oder er ist gleich ‚explodiert'! All das ist schrecklich und spannend und hält die Zuschauer im Bann wie der nächste Skandal im Weißen Haus oder das neueste Scheidungsgerücht aus Hollywood. Wenn Sie genau hinhören, ist der größte Teil nachträgliche Analyse. Nur selten exponiert sich ein solcher Experte so weit, die zukünftige Entwicklung vorauszusagen. Tut er es doch einmal, kräht später kein Hahn danach. Und falls doch, ist der Betreffende bald weg vom Fenster. Die Ursache dafür ist ein schmutziges kleines Geheimnis: Könnten sie langfristig brauchbare Vorhersagen treffen, wären diese Leute in der Vermögensverwaltung tätig, statt als Fernsehexperten aufzutreten, denn der Erfolg als Vermögensverwalter ist unendlich viel lukrativer. Zum Beispiel befanden sich auf der *Forbes 400*-Liste des Jahres 2005 39 Personen, die mit Vermögensmanagement im weiteren Sinne zu tun hatten – also fast zehn Prozent der Liste.[1] Wie sieht es mit Medienpersönlichkeiten aus? Nur Oprah ist auf die Liste gekommen, keine Finanzexperten – nicht einer. (In gewisser Weise passe ich vielleicht noch am ehesten in die Kategorie, wenn man meine Forbes-Kolumne rechnet. Trotzdem gehöre ich nicht dazu – ich bin ein Vermögensverwalter und mit Sicherheit keine Berühmtheit.)

Schaut man, wo das Geld wirklich fließt, dann landet man bei der Vermögensverwaltung – nicht beim Expertenwesen, Newslettern, Börsenhandel oder irgendwo sonst in der Welt des Investierens. Die erfolgreichste Medienpersönlichkeit der Branche ist mein Freund Jim Cramer, der das Vorwort für dieses Buch geschrieben hat. Aber Jim ist eine wirkliche Ausnahme – er war ein erfolgreicher Vermögensverwalter, bevor er sich zurückzog, TheStreet.com gründete und Fernseherfolge feierte, die in seiner Sendung *Mad Money* gipfelten. Niemand hätte erwartet, dass Jim so erfolgreich beim Fernsehen sein würde – einschließlich ihm selbst. Zumindest sagt er das. Somit ist Jim die Ausnahme, die die Regel bestätigt. In Jims Fall war die Entscheidung, von der Vermögensverwaltung zum Fernsehen zu wechseln, vor allen Dingen eine Entscheidung über den Lebensstil, den er bevorzugte. Doch die meisten Leute können die Dinge nicht tun, die Jim kann. Wenn Jim ein Maler oder ein Bildhauer hätte sein wollen, so glaube ich, dass er sich auch in diesen Bereichen ausgezeichnet hätte. Wenn Sie Jim fragen würden, wo in dieser Welt wirklich das Geld gemacht wird, dann würde auch er auf Vermögensmanagement und nicht auf die Medien hinweisen.

Die meisten Profi-Anleger wollen also gar nicht in den Medien tätig sein, sondern lieber in die Vermögensverwaltung gehen. Meistens beginnen sie dort, wo der Einstieg am einfachsten ist, wie ich es vor Jahrzehnten getan habe, und beraten Einzelpersonen. Das sind die Börsenhändler, Finanzplaner und Versicherungsverkäufer. Einige stellen selbst Vorhersagen und Erfolgsrezepte auf, aber diejenigen, die für große und bekannte Firmen arbeiten, müssen sich in der Regel den Firmenprognosen unterwerfen. Das macht Sinn für die Firmen, denn nur so können diese großen Organisationen zumindest den Schein der Kontrolle über ihr gewaltiges Heer an Angestellten wahren. Die großen Firmen heuern einige Leute mit sehr prestigeträchtiger und umfassender Ausbildung an, die sich in einer Rolle wie Chief Economist oder Chief Market Strategist oder einem anderen Titel dieser Art gut machen und deren Hauptverantwortung die Vorhersage ist. Branchenanalysten machen dann Vorhersagen in ihren jeweiligen Erfahrungs- und Spezialgebieten. Die Kunden dieser illustren Firmen, private wie institutionelle, können somit nicht nur die Ausbildung und Erfahrung ihres individuellen Brokers nutzen, sondern auch die der gebildeten und mit akademischen Würden ausgestatteten Größen des Unternehmens, die große Gedanken denken und die, wenn man sie mal braucht, nicht groß weiterhelfen.

Wie kommt es nun, dass – trotz all des Wissens, der Expertise und der Kampferfahrung da draußen – die meisten professionellen Investoren den Märkten eher hinterherhinken, als sie zu schlagen? Und das wurde langfristig bewiesen – immer wieder. Wenige Profis können den Markt schlagen – je nachdem, welchen Zeitraum man ansetzt und wie man den Markt definiert, variiert die Zahl von zehn bis 30 Prozent, aber nicht mehr. Warum? Warum sind die Fernsehexperten und die professionellen Analysten nicht erfolgreicher als die Dilettanten? Warum haben die meisten so oft so absolut Unrecht, während nur wenige mit einiger Regelmäßigkeit richtig liegen (wobei sie immer noch häufig falsch liegen, selbst die allerbesten irren sich oft, es geht nicht anders)? Woran liegt es, dass so wenige selbst der größten Namen an der Wall Street während ihrer beruflichen Laufbahn auch nur in der Hälfte der Zeit die Märkte schlagen können?

Es sind schlaue Leute. Viele von ihnen sind sogar sehr schlau; sicher schlauer als ich. Bestimmt sind Sie auch schlau, oder etwa nicht? Vielleicht sind Sie viel schlauer als ich. Aber das macht keinen Unterschied, wenn es darum geht, ob Sie mich als Investor übertreffen können. Köpfchen und Training sind gut – dagegen ist nichts zu sagen. Ein Doktortitel ist gut. Aber sie reichen nicht; und sie sind auch nicht notwendig. Sie müssen nur etwas wissen, das andere nicht wissen, und dann – mit Hilfe dieses Extrawissens – können Sie den Markt schlagen und Leute übertreffen, die schlauer sind als Sie selbst.

Wie sieht's mit Ihnen aus? Vielleicht abonnieren Sie hochklassige Publikationen wie *Forbes* (oder, Gott behüte, so mittelmäßige und peinliche Magazine wie *Fortune* oder *Business Week* – das war jetzt nur Spaß, im Ernst. Ohne ein bisschen Humor kann ein Leben mit den Märkten einem auf die Dauer Sorgenfalten verursachen). Sie lesen, was auch immer aus der endlosen Liste der Finanzzeitschriften Ihnen am besten gefällt. Sie schauen die Finanzsender mit Nachrichten rund um die Uhr. Sie haben eine Highspeed- Internetverbindung zum schnellen Ausführen von Handelsaufträgen und Zugang zu noch mehr Informationsquellen. Sie schauen sich Quellen wie *Morningstar* an. Sie laden sich zwischendurch die vierteljährlichen Börsenaufsichtsberichte über die Aktien herunter, die Sie verfolgen. Vielleicht haben Sie eine Menge in Software zur technischen Marktanalyse investiert. Warum können Sie den Markt nicht schlagen, wenn Sie so viele Informationen und Macht zur Verfügung haben? Informationen und Macht, von denen Ihr Großvater nicht träumen konnte?

Weil es, lieber Finanzprofi, kein Handwerk ist

Die Lösung besteht nicht darin, ein Handwerk zu perfektionieren, sondern darin, etwas zu wissen, das andere nicht wissen. Investoren versuchen das meist gar nicht, weil sie so mit dem Handwerk beschäftigt sind. Sie scheinen zu denken, wenn sie das Handwerk nur lernen, ihre Zulassung zur Zunft erhalten und ihr Handwerk dann genau wie jeder andere ausüben, haben sie die Qualifikation, um den Markt zu schlagen.

Mehr wissenschaftliche Forschung hilft nicht. Die gebildetsten Doktoren wissen, dass freie Märkte ziemlich effizient sind (obwohl sie darüber streiten, wie effizient genau sie sind). Daher hilft es nicht, Tests für die „Series 6", „Series 7" oder „Series 65"-Lizenzen zu bestehen oder die CFA oder CIMA-Prüfungen abzulegen. Sie enthalten keine Informationen, die nicht auch Millionen anderer Menschen zur Verfügung stehen und die in vereinfachter Form in den Medien nachgeplappert werden. Weitere Zeitschriftenabonnements und Kopfweh vom Grübeln über großkotzigen Grundsätzen von Mediengrößen helfen auch nicht weiter. Sie reden nur über das, was bekannt und deshalb längst eingepreist ist. Und selbst wenn sie etwas Neues wüssten und es über die Medien verkünden würden, wüsste es sofort jeder und die neue Information wäre vermutlich fast sofort eingepreist. Also bislang alles wertlos! (Ich werde später noch erklären, wie man Ausnahmen erkennen kann.)

Sie können technische Marktanalyse studieren und sich Software zur Erkennung von Kursbewegungsmustern kaufen. Reicht nicht! Sie können die für Investor's Business Daily sorgfältig ausgewählten, mit Bestnoten bewerteten zyklischen Aktien kaufen. Reicht nicht! Sie können das substanzorientierte Anlegen lernen und einen Schwur ablegen, nur bei einem bestimmten KGV-Level zu kaufen und bei einem anderen zu verkaufen. Reicht nicht! Sie können jemanden anstellen, der es für Sie erledigt und die meisten Titel vor seinem Namen stehen hat. Trotzdem werden Sie den Markt langfristig nicht schlagen können, wenn Sie das Investieren als ein Handwerk ansehen. Gut, das stimmt nicht ganz. Wenn genug Leute all das ausprobieren, werden es einige durch bloßes Glück schaffen, damit Erfolg zu haben. Wenn genug Leute eine Münze werfen, dann wird auch irgendwann einer von ihnen 50 Mal hintereinander „Kopf" werfen. Wer das ist, bleibt allerdings eine Frage des Glücks. Vermutlich sind nicht gerade Sie es. Es ist keine Grundlage dafür, zu investieren oder die Märkte zu schlagen. Und darauf können Sie Gift nehmen.

Wenn Investieren ein Handwerk wäre, hätte irgendeine Schule mit ihren spezifischen Methoden (oder eine Kombination von mehreren) gezeigt, wie man den Markt beherrschen kann. Irgendjemand, irgendwo, hätte die richtige Kombination herausgefunden, um ihn dauerhaft zu übertreffen. Die richtige Formel dafür – egal wie kompliziert sie auch sein mag!

Manche sagen, Warren Buffett sei der größte Vermögensverwalter aller Zeiten. Ich denke nicht, dass er überhaupt ein Vermögensverwalter ist – ein Punkt, den die meisten Beobachter übersehen. Er ist der CEO einer sehr erfolgreichen Versicherungsgesellschaft, die ein paar Aktien besitzt und Unternehmen aufkauft, wenn er es will (etwas, das Sie mit ziemlicher Sicherheit nicht tun können und das die meisten Vermögensverwalter nicht tun und auch nicht tun sollten). Obwohl er ein großartiger Mann ist und enormen Erfolg gehabt hat, ist er sicherlich kein Portfolio-Manager und hat keine kalkulierten Anlageergebnisse über die letzten 35 Jahre vorzuweisen. Obwohl er oft als Vermögensmanager bezeichnet wird, ist er das sicherlich nicht in der Art, wie es Peter Lynch war oder Bill Miller und Bill Gross es sind. Diese drei großen Namen waren sehr erfolgreich als Vermögensverwalter, und es gibt viele Tausend weiterer (wie bereits gesagt, hinken die meisten von ihnen dem Markt langfristig gesehen hinterher).

Jemand kann ein Investor sein, ohne ein Vermögensmanager zu sein. Wenn Sie sich ein Apartmenthaus kaufen, sind Sie ein Investor. Langfristig gesehen basiert der Ruhm von Herrn Buffett auf der Berkshire Hathaway-Aktie und auf ihrer Performance – und nichts sonst. Wenn Berkshire ein Unternehmen mit Haut und Haaren übernimmt, ist es unmöglich, den Gewinn dieses Investments zu berechnen, da es danach einfach in Berkshire eingegliedert wird. Daher kann man nicht sagen, ob es für sich betrachtet ein gutes Investment war oder nicht. Man kann nur sehen, wie sich die Berkshire Hathaway-Aktie entwickelt, und diese wird weitgehend durch die Versicherungsgeschäfte des Konzerns bestimmt. Für Jahrzehnte war Berkshire eine ausgezeichnete Aktie, die vielen Leuten enorm viel Geld eingebracht hat, ebenso wie Microsoft oder AIG es taten (oder eine Menge anderer großartiger Einzelaktien). Viele Investoren verwechseln die Aktie Berkshire mit einem Portfolio, was sie aber nicht ist: Sie ist eine einzelne Aktie. Es gibt fast eine Religion um diese Aktie und um Herrn Buffett. Aber es ist trotzdem nur eine einzelne Aktie, die sich außerdem in letzter Zeit nicht besonders gut entwickelt hat.

In der Vergangenheit hätte sich die Aktie im Vergleich mit den Aktien des S&P 500 leicht oberhalb des Durchschnitts befunden[2] (wenn sie dort eingeschlossen wäre – sie entspricht nicht den Liquiditätskriterien für diesen Index). Am Ende des Jahres 2005 war der S&P 500 4,9 Prozent im plus[3], während Berkshire Hathaway gerade 0,8 Prozent gewonnen, sich also kaum verändert hatte.[4] Auch in den Jahren 2003 und 2004 hinkte sie dem Index hinterher. Das scheint jedoch niemanden zu stören. Während Berkshire Hathaway in früheren Jahrzehnten spektakulär war, ruht sich die Aktie jetzt auf ihren Lorbeeren aus und schafft es irgendwie, gegenwärtig nicht als mittelmäßig angesehen zu werden, vielleicht weil um die Aktie und um den Mann dahinter so eine Religion veranstaltet wird.

Doch das ist nicht der Punkt. Nehmen wir an, ich habe mich geirrt. Nehmen wir an, Herr Buffett ist nicht der CEO einer Versicherungsgesellschaft, sondern stattdessen der Manager eines Portfolios, ebenso wie Bill Miller oder Bill Gross es sind. Und nehmen wir an, er ist der größte Vermögensverwalter, den die Welt je gesehen hat. Er hat mit Sicherheit im Laufe der Jahre viel übers Investieren gesprochen – über Dinge wie Portfolio-Strukturierung, Aktienauswahl und viele andere der Sachen, über die Vermögensmanager täglich sprechen. Er hat zahllose Schüler, die in seinem Kaffeesatz herumstochern, um zu erfahren, was sie tun sollten. Und er ist seit mehr als einem Dritteljahrhundert berühmt. Aber nur sehr wenige seiner Schüler waren in der Lage, den Markt langfristig zu schlagen. Wenn das, was Herr Buffett getan hat und tut, ein wirkliches Handwerk wäre, hätte er es seine Schüler lehren können. Tatsächlich sind jedoch nicht alle Top-Investoren – oder auch nur ein großer Prozentsatz von ihnen – Anhänger von Buffett. Es bleibt eine Tatsache, dass der Mann, den viele für den größten Vermögensmanager aller Zeiten halten, diese Fähigkeit nicht so an andere weitergeben konnte, dass sie mit einiger Zuverlässigkeit wiederholbar wäre. Sicher werden manche aufstehen und schreien, „Ich bin gut darin und ich mache es genauso wie er“, aber in der harten Welt der verifizierbaren Performance-Daten sind diese Leute nirgends zu sehen.

Wenn es sich tatsächlich um ein Handwerk handeln würde, müsste man langfristig gesehen erkennen können, dass der Ansatz von Herrn Buffett eine Armee von Schülern hervorgebracht hat, die über längere Zeit hinweg bessere Ergebnisse vorweisen konnten als andere Schulen. Hinweise darauf gibt es nicht. Herrn Buffetts Methode wird oft als ein Teilbereich des substanzorientierten Anlegens betrachtet. Doch auf lange Sicht haben substanzorientierte und wachstumsorientierte Anleger als Gruppe ungefähr dasselbe Ergebnis gehabt, wobei einmal die eine, einmal die andere Methode beliebter war. Obwohl substanz- wie auch wachstumsorientierte Anleger behaupten, ihr Stil sei dem anderen weit überlegen, hat keiner der beiden Stile einen überdurchschnittlichen Anteil an Investoren hervorgebracht, die den Markt schlagen können. Und selbst innerhalb des substanzorientierten Anlegens gibt es keinen vorherrschenden Ansatz, der anerkanntermaßen auf breiter Front bessere Ergebnisse erzielt und es seinen Anhängern ermöglicht, die Konkurrenz zu schlagen.

Wenn Geldanlage ein Handwerk wäre, wären nicht im Laufe der Jahrzehnte Tausende von Investment-Büchern erschienen, die weithin widersprüchliche

Regeln vermitteln – mit Gurus, Experten und Seminaren zu widersprüchlichen Strategien. Es gäbe höchstens ein paar unterschiedliche Strategien. Es gäbe Wiederholbarkeit und Zuverlässigkeit von Ergebnissen. Investieren wäre lernbar wie Holzbearbeitung, Maurerhandwerk oder angewandte Medizin. Andere könnten es Ihnen beibringen, und Sie selbst könnten die Fähigkeit effizient weitergeben. Es gäbe nicht so viel Versagen. Und Sie hätten dieses Buch nicht gekauft, denn alles, was ich sagen könnte, wäre längst passé.

Das ist Lateinisch für mich – Wie ein Wissenschaftler zu denken beginnt

Als ich ein Kind war, musste man Latein oder Griechisch lernen, wenn man ein Wissenschaftler werden wollte. Ich war allgemein ein guter Schüler und wählte Latein, nicht weil ich ein Wissenschaftler werden wollte – das hatte ich nicht vor –, sondern weil mir die Vorteile der anderen Möglichkeiten, Spanisch und Französisch, nicht einleuchteten. Da niemand Latein spricht, vergaß ich fast alles sofort wieder, außer jenen klassischen Lebensweisheiten, die es reichlich zu bieten hat – z.B. dass Cäsar sich dadurch auszeichnete, dass er seine Truppen von der Front aus befehligte und nicht von hinten, wie es die meisten Generäle taten (und tun). Das ist vielleicht die wichtigste Einzellektion über Führerschaft, die es gibt.

Eine andere Lektion: Das Wort „science" kommt vom lateinischen „scio – ich weiß, ich verstehe, ich kann (etwas tun)". Jeder Wissenschaftler kann bestätigen, dass Wissenschaft kein Handwerk ist; vielmehr handelt es sich um eine andauernde Suche mit dem Ziel, Wissen zu erwerben. Wissenschaftler wachen nicht einfach eines Tages auf und beschließen, eine Gleichung herzustellen, die die Anziehungskraft der Erde auf alle Gegenstände beschreibt. Stattdessen begann Newton mit einfachen Fragen der Art: „Was zum Teufel sorgt eigentlich dafür, dass Dinge nach unten fallen?" Galileo wurde nicht deshalb exkommuniziert und unsterblich, weil er mit Aristoteles einer Meinung war. Er fragte: „Was, wenn die Sterne sich gar nicht so verhalten, wie es allgemein geglaubt wird?" Die meisten Menschen würden die besten Wissenschaftler ihrer jeweiligen Zeit, wenn sie ihnen begegnen könnten, vermutlich als verrückt ansehen. Mein Freund Stephen Sillett, der führende Redwood-Forscher unserer Zeit, veränderte grundlegend unsere Vorstellung von uralten Redwoods und von Bäumen allgemein, indem er eine Angelschnur an einem Pfeil befestigte und über den Wipfel 110 Meter hoher Baumriesen schoss, ein Seil hinüberzog und in den Wipfel hinaufkletterte. Er hat dort oben Lebensformen und Strukturen gefunden, von denen niemand wusste, dass es sie überhaupt gibt. In 100 Meter Höhe von einem Seil herabzuhängen, um Details eines Baums zu studieren, ist ziemlich verrückt, oder? Aber er stellte die richtigen Fragen: Gibt es vielleicht etwas in der Spitze stehender Bäume, das nicht mehr zu sehen ist, wenn man sie fällt? Und wenn es so etwas gäbe, was würde es uns über Bäume sagen? Auf diese Weise entdeckte er vieles, das vorher unbekannt war. – Aber warum erzähle ich Ihnen das?

Weil das meiste, das man übers Investieren wissen kann, bisher noch nicht existiert und Gegenstand wissenschaftlicher Untersuchung und Entdeckung ist. Es befindet sich nicht in einem Buch und es ist nicht abgeschlossen. Wir wissen es einfach noch nicht. Wir wissen zwar mehr darüber, wie die Kapitalmärkte funktionieren, als vor 50 Jahren, aber sehr wenig im Vergleich, was wir in zehn, 30 oder 50 Jahren wissen können. Im Gegensatz zu dem, was Experten und Profis einen glauben machen möchten, ist die Beschäftigung mit den Kapitalmärkten sowohl eine Kunst als auch eine Wissenschaft – eine, in der die Theorien und Formeln sich ständig weiterentwickeln, in der Weiteres hinzugefügt und Altes angepasst wird. Wir befinden uns am Anfang eines Prozesses der Erkundung und Entdeckung, nicht am Ende. Der wissenschaftliche Aspekt des Investierens steckt noch in den Kinderschuhen.

Wissenschaftliche Untersuchung bietet Möglichkeiten für Fortschritt, indem wir nach und nach Dinge über das Funktionieren der Märkte lernen, von denen wir nicht gedacht hätten, dass sie überhaupt verstanden werden können. Und das heißt, dass heute noch jeder Dinge herausfinden kann, die in einigen Jahrzehnten Allgemeinwissen sein werden. Es ist Sache von uns allen, neues Wissen über das Funktionieren der Kapitalmärkte zu finden, ob Sie das akzeptieren oder nicht. Sie sind ein Teil davon, ob Sie es wissen oder nicht. Indem Sie es sich bewusst machen, können Sie Dinge wissen, die andere nicht wissen – auch Professoren der Finanzwissenschaft nicht. Dafür brauchen Sie kein Professor zu sein oder irgendeine Verbindung zur Finanzbranche zu haben. Um Dinge zu wissen, die andere nicht wissen, müssen Sie nur wie ein Wissenschaftler denken – neue Wege im Denken gehen, neugierig und offen sein.

Als Wissenschaftler sollten Sie ans Investieren nicht mit einem festen Regelwerk herangehen, sondern mit einem offenen, wissbegierigen Geist. Wie jeder gute Wissenschaftler müssen Sie beginnen, Fragen zu stellen. Diese Fragen werden Ihnen helfen, Hypothesen zu entwickeln, die sie dann auf ihr Funktionieren hin überprüfen können. Falls sich bei dieser wissenschaftlichen Untersuchung keine guten Antworten ergeben, sollte man dies akzeptieren, anstatt etwas zu erzwingen und dadurch Fehler zu machen. Doch Fragen zu stellen allein reicht nicht aus, um die Märkte zu schlagen. Es müssen Fragen sein, die zu Ergebnissen führen, mit deren Hilfe eine erfolgreiche Wette abgeschlossen werden kann.

Was aber sind die richtigen Fragen?

Die drei Fragen, die als Einzige zählen

Wir brauchen eine Frage, die uns hilft, wenn wir etwas falsch sehen. Wir brauchen eine zweite, die uns hilft, wenn wir gar nichts sehen können. Und wir brauchen eine dritte, die uns die Realität dort spüren lässt, wo unsere Augen als Werkzeuge ungeeignet sind.

Für unsere erste Frage müssen wir jene Dinge identifizieren, die wir glauben und die tatsächlich falsch sind. Die Frage, einfach formuliert, lautet daher: Was glauben Sie, das in Wirklichkeit falsch ist? Bedenken Sie Folgendes: Was Sie glauben, glauben vermutlich die meisten Leute. (Im ersten Kapitel erkläre ich, warum das so ist.) Daher können wir vorhersagen, welche Marktwetten diese Leute abschließen werden. Gegen diese Vorstellungen, nach denen sich der Markt nicht richten wird, können wir dann wetten. Nehmen wir an, Sie glauben, dass der Faktor X das Ergebnis Y verursacht. Sie wissen, dass die meisten anderen Menschen dasselbe glauben. Wenn Sie also sehen, dass X passiert, wissen Sie, dass die meisten Menschen darauf setzen werden, dass Y passiert. Nehmen wir weiter an, Sie können beweisen, dass X in Wirklichkeit gar nicht für Y verantwortlich ist. Jetzt können Sie gegen Y wetten, während alle anderen wetten, dass es eintreten wird. Sie können erfolgreich gegen die Masse wetten, weil Sie etwas wissen, das andere nicht wissen. Ich werde Ihnen zeigen, wie das geht.

Die zweite Frage: Was kann ich verstehen, das andere nicht verstehen? Hier brauchen wir einen Prozess der Nachforschung, der uns erlaubt, das zu untersuchen, von dem andere glauben, dass man es gar nicht untersuchen könne. Das ist die Essenz des kreativen Denkens, das Einstein und Edison so erfolgreich und ein bisschen verrückt gemacht hat. Sie konnten darüber nachdenken, wie man das Undenkbare vielleicht doch denken kann. Darf man so etwas? Fast schon Gotteslästerung! Eigentlich ist es viel einfacher, als die meisten Leute denken; man kann es üben. Ich zeige Ihnen in Kapitel zwei, wie das geht. Intuitiv wissen Sie: Wenn niemand weiß, was eine bestimmte Wirkung verursacht – nennen wir sie Wirkung Q – und wir beweisen können, dass der Faktor Z dafür verantwortlich ist, dann können wir jedes Mal, wenn Z passiert, auf Q wetten, weil wir nun etwas wissen, das andere nicht wissen. Darum geht es in Kapitel zwei.

Schließlich unsere dritte Frage: Was zum Teufel macht mein Gehirn gerade, um mich zu überrumpeln? Wie führt es mich in die Irre? Eine andere Formulierung dafür ist: „Wie kann ich mein Gehirn austricksen, das mich normalerweise nicht besonders gut über die Märkte nachdenken lässt?" Dies ist der Bereich der Verhaltenspsychologie. Hier gibt es etwas, das nur Sie herausfinden können, nämlich wie Ihr individuelles Gehirn funktioniert – was es in Bezug auf die Märkte gut macht, was es schlecht macht und wie Sie sich neu programmieren können, so dass Ihr Gehirn der Aufgabe besser gewachsen ist. Wenige Investoren verwenden viel Zeit darauf, das Funktionieren ihres Gehirns zu erkunden. Die meisten konzentrieren sich auf das Handwerk, nicht auf ihre eigenen Unzulänglichkeiten. (Ein Handwerker denkt über so etwas nicht nach.) Sie können verstehen, wie Ihr Investorenhirn funktioniert und wann es Ihnen schadet, und wenn Sie dies tun, werden Sie etwas wissen, das ein Stück weit einmalig ist (denn Ihr Gehirn ist teilweise wie das von anderen Leuten und teilweise einzigartig). Kapitel drei beschäftigt sich mit dieser Frage in Form einfacher Anleitungen.

Der Rest des Buches beschäftigt sich einfach damit, die drei Fragen auf verschiedene Art anzuwenden. Wir schauen uns an, wie man sie benutzen kann, um über den gesamten Markt, über Teile des Marktes oder über einzelne Aktien nachzudenken. Wir werden sie auf Zinsen und auf Währungen anwenden. Wir werden uns einiges anschauen, das ich im Laufe der Zeit mit Hilfe der drei Fragen herausgefunden habe. Wir werden auch über Bereiche sprechen, die ich noch nicht verstehe, denn es gibt immer noch sehr viel zu entdecken. Vielleicht sind

Sie ja derjenige, der etwas davon entdeckt? Wir werden uns nicht mit allem und jedem beschäftigen können, aber das muss ja auch nicht sein.

Ich werde viele Tatsachenbehauptungen aufstellen, die Sie noch nie gehört haben und die sich vielleicht falsch, unsinnig oder verrückt anhören. Ich bin zu diesen Schlussfolgerungen mit Hilfe der drei Fragen gekommen und werde dies jeweils vorführen. Sie können dann immer noch anderer Meinung sein. Aber wenn Sie lernen, die drei Fragen anzuwenden und später irgendein Gebiet erkunden wollen, einschließlich der Gebiete, von denen hier die Rede ist, können Sie es selbst tun. Für immer! Sie können die drei Fragen benutzen, um mir zu zeigen, wo ich total danebenliege. Ich würde mich sehr freuen, und Sie sollten keine Hemmung haben, mir zu schreiben und den Fehler nachzuweisen.

Es gibt zahllose Gelegenheiten, neue Dinge zu entdecken, die wir im Jahr 2007 noch nicht ahnen. Sie müssen nicht alles wissen. Es reicht, ein paar Kenntnisse zu besitzen, über die andere nicht verfügen. Wenn Sie lernen, die drei Fragen anzuwenden, können Sie das ganze Leben lang solche Kenntnisse besitzen. Und nun sollten wir loslegen.

K.L.F.
Woodside, Kalifornien

Anmerkungen

1 Matthew Miller und Peter Newcomb: The Forbes 400. Forbes (22.09.2005), S. 89-320.
2 Standard & Poor's Research Insight.
3 Thomson Financial Datastream.
4 ebd.

1.

Was glauben Sie, das in Wirklichkeit falsch ist?

Wenn Sie wüssten, dass es falsch ist, würden Sie es nicht glauben

Wenn Sie sicher wüssten, dass etwas falsch ist, würden Sie es mit Sicherheit nicht glauben! Leider hat in der Investmentbranche ein Großteil des angewandten Wissens die Form von altehrwürdigen Mythen angenommen. Anders ausgedrückt: die meisten Vorstellungen, die Ihnen begegnen, sind falsch! Es ist noch gar nicht so lange her, dass die Menschheit die Welt für eine Scheibe hielt. Es ist also nichts Neues, dass wir Irrlehren glauben und auf falsche Rezepte hereinfallen. Das geht uns allen so. Wer das versteht und akzeptiert, hat den ersten Schritt getan, um besser zu werden und die anderen zu schlagen!

Könnte man mit einem einfachen Rezept Irrtümer von Fakten unterscheiden, gäbe es weniger trügerische Scheinwahrheiten. Trotzdem ist es nicht unmöglich. Die Schwierigkeit besteht nur darin, alle bisherigen Vorstellungen auf den Prüfstand zu stellen. Das fällt den meisten Menschen allerdings sehr schwer; sie hassen es, sich selbst auf diese Art zu befragen, und verbringen viel Zeit damit, sich und andere davon zu überzeugen, dass ihre Vorstellungen richtig sind. Aus diesem Grund sollten wir unseren eigenen Überzeugungen niemals trauen!

Um weit verbreiteten Irrtümern auf die Spur zu kommen, muss die erste Frage daher lauten: Warum glauben so viele Menschen Dinge, die schlichtweg falsch sind? Und warum pflanzen sich Irrtümer fort und werden von Generation zu Generation weitergegeben? Wir haben bereits gesehen, dass Menschen unbeirrt Falschheiten glauben, weil jeder einzelne nur selten seine Meinung hinterfragt, vor allem dann, wenn es intuitiv richtig erscheint und noch viel mehr, wenn die Leute in ihrer Umgebung derselben Meinung sind. In unserer Gesellschaft ist es üblich, die Ansichten anderer in Frage zu stellen: „Diese ver_____ Republikaner/Demokraten (Unzutreffendes bitte streichen) versuchen einem jeden Schwindel zu verkaufen!" Doch wir sind nicht daran gewöhnt, uns selbst zu überprüfen oder gar die Gesetze des Universums zu hinterfragen, wie Einstein, Edison oder Newton es taten. Wir neigen dazu, das Wissen früherer Generationen zu akzeptieren und auf die klugen Ratschläge anderer zu hören. Wir hinterfragen nur selten, was uns erzählt wird. Schließlich kann man auch nicht alles überprüfen – und was allgemein geglaubt wird, kann doch so falsch nicht sein!

Die Medizin ist ein gutes Beispiel. Es wurde uns beigebracht, zum Doktor zu gehen, ihm unsere Symptome zu beschreiben und die Diagnose zu akzeptieren.

Im Allgemeinen ist das auch richtig, da die Medizin auf wissenschaftlichen Grundlagen aufbaut und sich Wissenschaft und medizinische Praxis über lange Zeit gemeinsam weiterentwickelt haben und miteinander übereinstimmen: Zwar nicht immer – auch unter Ärzten ist so manches Märchen im Umlauf! –, aber doch meistens. Hier und in vielen anderen Fällen leistet uns das überlieferte Wissen gute Dienste. Das macht uns blind dafür, dass dies in manchen Bereichen nicht der Fall ist. Und dazu gehören leider auch die Kapitalmärkte!

Das meiste, woran Sie glauben, teilen Sie mit anderen Anlegern: diese überlieferten Weisheiten haben sich in zahllosen Büchern niedergeschlagen und werden allgemein akzeptiert. Wer zum ersten Mal investiert, begegnet ihnen bald; die großen Kapazitäten des Feldes glauben an sie. Wer würde diese altbewährten Konzepte über Bord werfen?

Sie selbst sollten es tun!

Nehmen wir die weit verbreitete Vorstellung, Märkte mit einem hohen Kurs-Gewinn-Verhältnis (KGV) seien riskanter als Märkte mit einem niedrigen KGV. (Für diejenigen, die Neulinge an den Finanzmärkten sind: das KGV, oder Kurs-Gewinn-Verhältnis, errechnet sich aus dem Preis pro Aktie, geteilt durch den Gewinn pro Aktie und ist vermutlich der grundlegendste und wichtigste Bewertungsmaßstab für Aktien. Auch für alle Aktien einer Branche oder eines ganzen Marktes kann ein gewichtetes KGV errechnet werden.)

Anleger glauben gerne, ein Markt mit einem hohen KGV sei riskanter und habe weniger ‚Luft nach oben' als ein Markt mit einem niedrigen KGV. Auf den ersten Blick macht das ja auch Sinn. Ein hohes KGV bedeutet, dass eine Aktie (oder ein ganzer Markt) im Vergleich zu den Einnahmen hoch bewertet ist. Wenn dieser Wert zu hoch ist, muss man davon ausgehen, dass eine Aktie oder ein Markt überbewertet ist und wahrscheinlich bald zu fallen beginnt. Diese Vorstellung ist allgemein verbreitet, erscheint logisch und ist schon seit Ewigkeiten ein wichtiger Investmentgrundsatz. Versuchen Sie einmal, Ihre Freunde vom Gegenteil zu überzeugen! Sie müssen mit heftigem Widerspruch, ja mit Gelächter und Naserümpfen rechnen. Es gilt geradezu als unmoralisch, so etwas vorzuschlagen!

Trotzdem habe ich schon vor zehn Jahren mit statistischen Methoden nachgewiesen, dass das KGV allein kein Maß für Risiko oder Gewinnchancen eines Marktes sein kann. Selbst wenn man die Statistik beiseitelässt, zeigt ein Blick in die Theorie der Kapitalmärkte, dass das KGV nichts über Risiko oder Gewinnchancen aussagen kann; wir werden dies später noch untersuchen. Doch die meisten Menschen – sogar die Mehrheit der Investmentprofis, die es wirklich besser wissen müssten – werden Sie für unzurechnungsfähig erklären, wenn Sie nur davon anfangen! Aber Sie können sich rächen: Wenn alle angesichts des hohen KGV zu schlottern beginnen, können Sie – ausgestattet mit dem Wissen, dass das KGV für sich allein nichts über die zukünftige Entwicklung eines Marktes aussagt – gegen ein Fallen des Marktes wetten! Das wird zwar nicht immer funktionieren, denn natürlich kann etwas anderes dazwischenkommen und den Markt ins Wanken bringen (dazu später mehr), aber häufig wird es klappen. Ebenso können wir, wenn die KGV niedrig und die Leute deshalb optimistisch sind, gegen sie wetten. Entscheidend ist nur, Fakten an Stelle der Mythen zu setzen und wissenschaftlich vorzugehen.

Mythen wie derjenige über die Aussagefähigkeit des KGV sind selbst unter den besten Investmentspezialisten weit verbreitet und werden der Öffentlichkeit in Büchern und Medien vorgebetet. Niemand erwartet, dass man sie hinterfragt! Nein, wir glauben einfach daran, so wie Katholiken an die Dreieinigkeit oder Umweltschützer an die globale Erwärmung glauben, auch sie brauchen keine weiteren Beweise. Heilige Dogmen! Wer sie hinterfragt oder abweichende Analysen anbietet, ist ein Ungläubiger! Da es keine alternativen Meinungen gibt, entsteht kein Bedürfnis, diese scheinbaren Wahrheiten des Investments mit statistisch gültigen Daten zu untermauern. Die Mythos pflanzt sich fort.

Wie ist es möglich, dass zwar mehr als die Hälfte der Amerikaner irgendeine Art von Anlagedepot hat[1], aber kaum jemand nach schlüssigen Beweisen für die allgemein anerkannten Anlageweisheiten verlangt? Warum gelten für Investmententscheidungen nicht dieselben Kriterien objektiver Kontrolle wie, sagen wir mal, für Automechaniker? Wir sollten mit den Aussagen der Investmentbranche über ihre Arbeit genauso kritisch umgehen wie mit denen einer Autowerkstatt, die unseren Wagen repariert hat! Wenn Sie besser investieren wollen, als es Ihnen bislang gelungen ist, seien Sie skeptisch. Seien Sie zynisch! Trauen Sie sich, als Einziger darauf hinzuweisen, dass der Kaiser keine Kleider trägt! Schauen Sie sich um und unterziehen Sie alles, was im Investmentbereich als Wahrheit anerkannt ist, einer strengen Prüfung. Und mit einer Person sollten Sie dabei ganz besonders kritisch umgehen: mit sich selbst!

Ich habe früher oft die Erfahrung gemacht, dass mir etwas, das ich in den Medien hörte oder las, nicht einleuchtete. Dann sprang ich auf und recherchierte, um nachzuprüfen, ob ich mit meinen Zweifeln richtig gelegen hatte. (Die Leute lieben es, Recht zu haben!) Ich sammelte Daten und unterzog sie einer statistischen Analyse, um zu beweisen, dass ich auf der richtigen Fährte gewesen war; und tatsächlich konnte ich häufig zu meiner Zufriedenheit nachweisen, dass ich Recht hatte. (Es ist erstaunlich, wie oft Menschen zu ihrer eigenen Zufriedenheit nachweisen können, dass sie im Recht sind – sie sind dabei Kläger, Richter, Jury und Henker in einem!) Später merkte ich, dass ich den falschen Ansatz gewählt hatte. Es wäre schlauer gewesen, in den Medien nach Aussagen zu suchen, die mir richtig vorkamen, und deren Wahrheitsgehalt zu überprüfen.

Warum? – Nun, eine Behauptung, die mir richtig vorkommt, leuchtet sicher auch vielen anderen ein, vielleicht sogar der Mehrheit der Anleger. Falls wir uns alle irren, steckt eine erhebliche Kraft hinter dieser Entdeckung. Wenn ich nachweisen kann, dass ich und die meisten anderen sich täuschen, dann habe ich in der Tat eine nützliche Information in der Hand! Ich kann bewusst gegen die Mehrheit wetten, denn ich weiß etwas, was sie nicht wissen.

Nehmen wir an, ich glaubte, der Faktor X bewirke das Ergebnis Y. Vermutlich bin ich nicht der Einzige; viele andere glauben dasselbe. Sollte ich mich täuschen, täuschen die anderen sich ebenfalls. Wenn nun X eintritt, werden viele Leute darauf wetten, dass auch Y eintritt. Gibt es aber gar keine Kausalrelation zwischen X und Y, muss es einen anderen Faktor geben, der Y bewirkt, der jedoch vermutlich nicht mit X korreliert: Das Eintreten von Y nach dem Eintreten von X ist dann rein zufällig! Die meisten Menschen werden dennoch auf Y wetten, und ich kann gegen diesen Trend wetten und werde dabei häufig Recht behalten. (Wenn ich auch noch herausfinden kann, was tatsächlich Y verursacht, habe ich den nächsten wichtigen Schritt getan. Diesem Schritt wenden wir uns in Kapitel zwei zu.)

Nehmen wir den oben erläuterten Irrglauben über das KGV, der ein hervorragendes Beispiel abgibt. Nehmen wir an, das KGV eines Marktes steigt stark an. Der durchschnittliche Anleger glaubt nun, das Risiko habe sich erhöht und der zukünftige Gewinn sei niedriger; er setzt darauf, dass der Markt fällt. Manchmal wird er Recht behalten; häufiger wird nichts dergleichen geschehen, weil das KGV eben nichts über Risiko und zukünftige Entwicklung eines Marktes aussagt. Ein hohes KGV und die daraus resultierende Furcht verschafft mir die Chance, gegen das Fallen des Marktes zu wetten. Manchmal – z.B. im Jahr 2000 – wird es nicht funktionieren. In den meisten Fällen, wie in den Jahren 1996–1999 oder im Jahr 2003, werde ich Recht behalten.

Übrigens müssen Sie mir zum jetzigen Zeitpunkt die Sache mit dem KGV noch gar nicht abnehmen! Vorläufig gehe ich davon aus, dass Sie die traditionellen Mythen über das KGV akzeptieren und noch nicht einmal besonders scharf darauf sind, sie in Frage zu stellen (wir kommen später dazu). Bis jetzt ist mir wichtig, dass Ihnen das Folgende einleuchtet: Wenn man einen weit verbreiteten Mythos als falsch erkennt, kann man dagegen wetten und dabei öfter gewinnen als verlieren.

Frage eins anwenden

Gutes Investieren kann man sich mit einer Faustregel verdeutlichen: Es besteht darin, zu zwei Dritteln keine Fehler zu machen und zu einem Drittel es richtig zu machen. Hippokrates wird die Aussage zugeschrieben: „Das Wichtigste ist, dass du keinen Schaden verursachst!" Dieser Wahlspruch taugt auch für Anleger!

Um keinen Schaden zu verursachen, sollte man darüber nachdenken, was man glaubt, und sich fragen, ob dies richtig und angemessen ist. Spielen Sie dabei ruhig mal verrückt! Stellen Sie alles in Frage, was Sie zu wissen glauben. Die meisten Leute tun dies äußerst ungern; wenn Sie es tun, haben Sie sich bereits einen Vorteil geschaffen. Wie die Kapitelüberschrift ankündigt, ist dies unsere Frage eins: „Was glauben Sie, das in Wirklichkeit falsch ist?"

Sich Frage eins zu stellen, hilft allerdings nur, wenn Sie ehrlich zu sich sind. Gerade im Investmentbereich gibt es viele Menschen, die schlichtweg nicht in der Lage sind, die Möglichkeit eines eigenen Irrtums einzusehen. Diese Leute werden Ihnen immer erzählen, dass es gut für sie läuft; sie lügen sich in die eigene Tasche, weil sie sich selbst niemals einer verlässlichen und objektiven Analyse unterziehen. Der erste Schritt ist daher, zu verstehen, dass wir alle uns irren – auch die Experten und Profis, von denen wir unsere Informationen erhalten. Mir geht es nicht anders!

Haben Sie sich je selbst diese Frage in Bezug auf die Kapitalmärkte gestellt? Sich zu überlegen, ob man nicht an etwas Falsches glaubt, verlangt die Fähigkeit zur kritischen Selbstbefragung. Doch wir Menschen sind auf übertriebenes Selbstvertrauen programmiert; dafür ist vermutlich die Evolution verantwortlich. Verhaltensforscher weisen darauf hin, dass unsere Vorfahren in der Steinzeit dieses übertriebene Selbstvertrauen benötigten, um sich täglich, nur mit Stöcken und Steinen bewaffnet, auf die Jagd nach gefährlichen Tieren zu machen. Wenn sie kritisch mit sich selbst zu Rate gegangen wären, hätten sie vermutlich erkannt, dass es verrückt ist, nur mit einem Stock mit Feuersteinspitze bewaffnet auf einen Büffel loszugehen! Leider wären sie und ihre Familien dann verhungert. Tatsächlich war übertriebenes Selbstvertrauen – der Glaube, man könne etwas erfolgreich tun, ohne dass sich dies rational begründen ließe – entscheidend für den Erfolg des Menschen in vielen Bereichen des Lebens und die Voraussetzung für die erfolgreiche Evolution unserer Art. An der Börse ist sie dagegen Gift, wie wir in Kapitel drei sehen werden.

Dennoch hassen die meisten Anleger es, allgemein anerkanntes Wissen in Frage zu stellen. Es gibt eine schlichte Wahrheit, die wir meistens nicht einsehen wollen: Der Markt demütigt jeden – so viel und so lange wie möglich! Ich habe mich irgendwann entschieden, den Markt bei seinem wahren Namen zu nennen: „Der Große Demütiger" (abgekürzt als der GD). Mein Ziel ist es, mit dem GD zu tun zu haben, ohne allzu oft gedemütigt zu werden. Und der GD verhält sich beim Demütigen absolut fair. Es ist ihm egal, ob Sie reich oder arm, schwarz oder weiß, dünn oder dick, männlich oder weiblich, verkrüppelt oder Olympiasieger sind. Er will alle demütigen, mich und Sie eingeschlossen! Ehrlich gesagt glaube ich, dass er mich noch etwas lieber demütigen möchte als Sie. Sie zu demütigen, ist schön und gut, aber bei mir macht das noch viel mehr Spaß! All die *Forbes* und *Bloomberg Money*-Leser, die mich auslachen, und meine Kunden, die mir 30 Milliarden Dollar anvertraut haben und richtig sauer werden. Stellen Sie sich vor, wie gerne der GD Warren Buffett demütigen würde! Je wichtiger und größer im Geschäft Sie sind, desto lieber würde der GD Sie am Boden sehen! Aber tatsächlich will der GD jeden demütigen und erwischt früher oder später auch so ziemlich jeden – der kriegt wirklich den Hals nicht voll!

Wie können Sie selbst dem GD am meisten dabei helfen, Sie zu demütigen? Ganz einfach: Indem Sie möglichst viele Wetten aufgrund von Informationen abschließen, über die auch alle anderen verfügen. Und wie können Sie dem GD den Spaß gründlich verderben? Indem Sie nur auf Informationen setzen, über die die meisten Leute nicht verfügen.

Trainieren Sie, die Frage eins so anzuwenden, wie ich es hätte tun sollen: Schauen Sie die Medien nach Aussagen durch, an die Sie glauben. Machen Sie sich eine Liste davon. Es kann dabei um einzelne Aktien gehen, um ganze Märkte, um Währungen oder um irgendetwas anderes. Versuchen Sie, eine Aktie – ob Sie sie nun besitzen oder nicht – im Hinblick darauf anzuschauen, was Sie zu ihrem Kauf oder ihrem Verkauf bewegen könnte. Welche Informationen könnten Sie bei der Entscheidung beeinflussen? Machen Sie sich eine Liste von allen Annahmen, die Sie dabei beeinflussen.

Notieren Sie es sich, wenn Sie eine Entscheidung treffen würden, die sich nicht durch Daten oder Informationen rechtfertigen lässt. In diesem Fall liegt Ihrer

Entscheidung eine versteckte Überzeugung zu Grunde – und die könnte richtig oder falsch sein! Besondere Vorsicht ist angebracht, wenn Sie eine Entscheidung nur aufgrund einer Information treffen, der alle zustimmen würden. Solche Entscheidungen sollten Sie sich doppelt und dreifach markieren! Gibt es Argumente für diese Entscheidung, die Ihnen selber eingefallen sind? – Irgendwas gefunden? Bei den meisten Anlegern kommt da nicht viel zusammen!

Verbreitete Mythen, an die Sie glauben

Vielleicht haben Sie ja eine Aktie mit einem hohen KGV. Weil Sie das für einen Hinweis darauf halten, dass die Aktie überbewertet ist, entscheiden Sie sich, sie abzustoßen und eine andere mit niedrigerem KGV zu kaufen. Dies ist eine ganz plausible Entscheidung, die Sie vielleicht schon oft getroffen haben und die auch von vielen Menschen für vernünftig gehalten werden wird.

Aber schadet ein hohes KGV einer Aktie oder einem Markt überhaupt? Haben Sie sich selbst davon überzeugt und die Datenlage überprüft? Sofern Sie die Frage überhaupt gestellt haben: Woher haben Sie die Überzeugung gewonnen, dass es stimmt? Haben Sie die Zahlen überprüft oder haben Sie es sich leicht gemacht, weil die allgemeine Weisheit oder irgendein Guru mit bekanntem Namen die entsprechende Position vertreten?

Nehmen wir ein anderes Szenario. Sie besitzen eine US-Aktie, die bei steigenden Märkten sehr gut und bei fallenden sehr schlecht läuft – eine typische hochvolatile Aktie also. Sie wissen, dass das Haushaltsdefizit der USA hoch ist, ja dass es historische Ausmaße angenommen hat und dass dies nicht immer so weitergehen kann. Sie wissen auch, dass ein Haushaltsdefizit, das außer Kontrolle gerät, ‚schlecht für die Wirtschaft' und somit auch ‚schlecht für die Börse' ist. All diese Schulden müssen schließlich von künftigen Generationen zurückgezahlt werden – und das wird sich im Aktienmarkt früher oder später widerspiegeln, oder nicht? Die Belastung durch das Defizit hat viele langfristige Auswirkungen, die sich immer weiter fortpflanzen und Wachstum und Gewinne beeinträchtigen. Das Defizit ist so hoch geworden, dass irgendwann ein Bärenmarkt droht. In diesem Fall würde Ihre hochvolatile Aktie besonders schlecht laufen, daher verkaufen Sie sie.

Aber woher wissen Sie, dass ein hohes Haushaltsdefizit fallende Märkte zur Folge hat? Stimmt das überhaupt? Die meisten Leute stellen diese Frage nicht und überprüfen nicht die Datenlage. Täten sie es, würden sie in derselben Situation an die Börse stürmen! Historisch gesehen folgte auf eine Phase mit hohem Haushaltsdefizit eine überdurchschnittliche Entwicklung am Aktienmarkt – in Amerika, aber auch anderswo in der Welt! Also: Keine Angst vor dem Defizit! Dagegen folgten auf einen hohen Haushaltsüberschuss meistens schlechte Märkte; ein gutes Beispiel sind die Überschüsse, die Präsident Clinton in den Jahren 1999 und 2000 eingefahren hat.

Wahrscheinlich wird Ihnen das spontan erst einmal nicht einleuchten. Ein Defizit ist doch etwas Schlechtes und ein Überschuss etwas Gutes, oder etwa nicht? Schließlich hat das Wort „Defizit" dieselbe lateinische Wurzel wie „defizient" – da muss es doch etwas Schlechtes sein! Viele Leute weigern sich, ihre Vorstellungen bezüglich dieser Dinge zu überprüfen. Die Vorstellung, große Defizite seien schlecht, ist zu verführerisch, um sie einfach aufzugeben. Wenige Glaubenssätze werden so allgemein von Profis, von Laien und von Menschen unterschiedlicher politischer Ausrichtung akzeptiert. Ein guter Weg, um das Volk bei einer Wahlveranstaltung auf seine Seite zu bringen, besteht darin, eine Senkung des Haushaltsdefizits anzukündigen. Damit hat man die Leute!

Schauen wir uns einmal ein gutes Dutzend Aussagen an, an die Sie möglicherweise glauben – die meisten Menschen tun es jedenfalls. Zwei davon haben wir bereits kennen gelernt:

1. Märkte mit einem hohen KGV sind riskanter als Märkte mit einem niedrigen KGV.
2. Ein hohes Haushaltsdefizit ist schlecht.

Nun noch einige mehr:

3. Ein schwacher Dollar ist schlecht für amerikanische Aktien.
4. Steigende Zinssätze sind schlecht für die Aktienmärkte, fallende Zinssätze sind gut.
5. Steuerkürzungen verursachen höhere Schulden, die sich wiederum schlecht auf die Aktienmärkte auswirken.
6. Hohe Ölpreise sind schlecht für die Börse und für die Wirtschaft.
7. Wenn es der Wirtschaft gut geht, steigen die Aktien.
8. In Ländern mit schnell wachsender Wirtschaft steigen die Aktien stärker als in Ländern mit langsam wachsender Wirtschaft.
9. Kleine Aktien entwickeln sich besser als große Aktien.
10. Aktien von wachsenden Firmen versprechen mehr Gewinn als Aktien von nicht wachsenden Firmen.
11. Günstige Aktien laufen besser als teure Aktien.
12. Ein Leistungsbilanz- und Handelsbilanzdefizit ist schlecht für die Börse.
13. Amerika hat viel zu hohe Schulden.

Alle diese Aussagen sind Ihnen gut vertraut. Ich habe nur eine kurze Liste zusammengestellt, die einen Ausschnitt aus einer viel längeren Liste von Überzeugungen bildet, die von der großen Mehrheit der Menschen geglaubt werden und trotzdem teilweise oder ganz falsch sind. Falsch ist zum Beispiel die Ansicht, Amerika habe zu hohe Schulden: im Gegenteil, sie müssten höher sein!

Wie reagieren Sie auf diese Aussage? Empfinden Sie auch ein gewisses Maß an Ablehnung, liegt Ihnen ein abschätziger Kommentar schon auf der Zunge? Oder werden Sie sogar wütend, wenn Sie so etwas hören? Ihre tiefsten Überzeugungen werden in Frage gestellt. Wenn Sie auf solche Aussagen mit Ablehnung oder Ärger reagieren, brauchen Sie mal eine Pause – um dieses Buch zu lesen.

Die meisten Menschen reagieren ablehnend, wenn ihre Überzeugungen angegriffen werden; wenn das nicht hilft, werden sie oft ärgerlich. Ärger ist ein exzellentes Warnzeichen, denn hinter Ärger steckt immer etwas anderes: Angst.

Menschen, die sich ärgern, wissen meistens nicht, dass sie eigentlich Angst haben; trotzdem ist Ärger nichts weiter als ein Anzeichen für Angst. Wenn Sie ablehnend oder wütend reagiert haben, sollten Sie sich fragen, wie Sie eigentlich zu der fraglichen Überzeugung gelangt sind. Handelt es sich um etwas, das man ‚eben einfach weiß'? Oder haben Sie eigene Anhaltspunkte dafür gefunden? Und sind Sie nun im Recht – oder nicht? Nun, einige der Punkte auf der Liste sind teilweise richtig und teilweise falsch, abhängig von den Umgebungsbedingungen. (Wir werden diese und weitere Vorstellungen später genauer unter die Lupe nehmen.) Besonders wichtig ist allerdings die Frage: Warum sollten Sie irgendeine dieser Aussagen überhaupt glauben?

Meine Vermutung ist, dass Sie vor allem aus zwei Gründen an solche Mythen glauben: (1) Der gesunde Menschenverstand spricht für diese Glaubenssätze; deshalb kommt man gar nicht auf die Idee, sie zu überprüfen. (2) Die Menschen um Sie herum glauben daran, und Sie selbst neigen nicht dazu, allgemeine Überzeugungen in Frage zu stellen.

Was glauben Sie: Richtig, nicht richtig – oder ganz und gar falsch?

Wenn Sie Frage eins dazu benutzen, verbreitete Glaubenssätze von Anlegern in Frage zu stellen, können grundsätzlich drei Fälle auftreten. Sie können Recht gehabt haben (dies wird allerdings viel seltener der Fall sein, als Sie hoffen), Sie können Unrecht gehabt haben – und Sie können ganz und gar falsch gelegen haben! Alle drei Ergebnisse sind in Ordnung, denn sie helfen Ihnen dabei, es in Zukunft besser zu machen.

Schauen wir uns den Fall, dass Sie falsch liegen, genauer an. Sie und die meisten anderen Anleger (Anfänger wie Profis) glauben beispielsweise an eine bestimmte Kausalbeziehung – X geschieht aufgrund von Y –, während die beiden Ereignisse in Wirklichkeit gar nicht zusammenhängen. Mittlerweile sind Sie wahrscheinlich so weit, dass Sie dies für denkbar halten – andernfalls hätten Sie das Buch längst in die Ecke gepfeffert! Als Beispiel wollen wir den erwähnten, weit verbreiteten Irrtum entlarven, Märkte mit hohem KGV würden ein besonders hohes Risiko bergen. Tatsächlich sagt ein hohes KGV nichts Negatives über die zukünftigen Gewinnchancen aus; historisch gesehen haben solche Märkte sogar oft recht anständige Gewinne geliefert. Umgekehrt lässt sich auch aus einem niedrigen KGV nichts über hohe Gewinne in der Zukunft ableiten.

Der mythische Zusammenhang

Vergessen wir für den Moment die Frage, warum der KGV-Mythos so verführerisch ist. Wir gehen einfach davon aus, dass die meisten Menschen einen Markt mit hohem KGV für überdurchschnittlich riskant und unterdurchschnittlich profitabel halten.

Wäre das der Fall, müsste man eine eindeutige statistische Korrelation zwischen der behaupteten Ursache und ihrer Wirkung nachweisen können. Jeder

Statistiker kann Ihnen erklären, dass es zwar eine Korrelation zwischen zwei Größen geben kann, die reiner Zufall ist und keinerlei Zusammenhang angibt. Er wird Ihnen aber auch sagen, dass sich eine tatsächlich vorhandene Kausalrelation zwischen zwei Größen *immer* in einer erkennbaren statistischen Korrelation widerspiegelt! (Die Ausnahme wäre ein nichtlinearer Verlauf, der meines Wissens in den Kapitalmärkten nicht vorkommt – wenn Sie wollen, können Sie das selbst anhand der drei Fragen nachprüfen, nachdem Sie das Buch zu Ende gelesen haben.) Typisch für einen weithin akzeptierten Mythos ist, dass der statistisch feststellbare Zusammenhang gering ist, während ein großer gemeinschaftlicher Aufwand getrieben wird, um Zusammenhänge vorzuführen, zu akzeptieren und zu glauben, die überhaupt nicht existieren.

Anleger neigen dazu, nach Beweisen für ihre Lieblingsmythen zu fahnden und Rechtfertigungen für ihren Glaubenssatz – der Faktor X verursacht das Ergebnis Y – zu konstruieren, wobei sie einen Haufen von Beweisen für das Gegenteil ignorieren. Nehmen wir einmal an, alle haben die besten Absichten. Doch selbst mit den besten Absichten ist es einfach, viele Anhaltspunkte zu finden, die einer vorgefassten Meinung entsprechen, und Hinweise darauf, dass sie falsch sein könnte, zu ignorieren. Es gehört zur menschlichen Natur, dass wir Beweise für die Richtigkeit unserer Lieblingstheorie suchen. Gegenbeweise zu suchen und anzuerkennen macht dagegen gar keinen Spaß!

Es gibt viele Möglichkeiten für Voreingenommenheit. Eine Möglichkeit besteht darin, einen bestimmten Zeitraum anzuschauen, um die Idee zu verifizieren, und andere Zeiträume zu ignorieren. Gerne werden auch X oder Y auf merkwürdige Weise definiert, so dass die statistischen Daten nun den gewünschten Zusammenhang liefern, nur um dann wieder die allgemeineren Definitionen zu generalisieren, wobei die merkwürdigen Definitionen verschwinden. Außerdem wird die Wahrnehmung von Datenmaterial verfälscht, da Entdeckungen, die populäre Mythen zu stützen scheinen, weit größere Publizität erhalten als solche, die ihnen widersprechen.

Warum ein hohes KGV nichts zu bedeuten hat

Ein gutes Beispiel ist die berühmte Studie von John Y. Campbell (Harvard) und Robert J. Shiller (Yale).[2] Ihr Aufsatz führte keine neue Idee ein, denn die Angst vor hohen KGV ist praktisch so alt wie die Börse selbst. Er lieferte jedoch neue Daten, die eine sowieso schon weit verbreitete Theorie endgültig zu beweisen schienen: Auf eine Phase hoher KGV folgt eine Phase niedriger Gewinne eines Marktes. Die Studie war nur eine verbesserte Überarbeitung eines bereits 1996 veröffentlichten Artikels, erregte jedoch innerhalb kürzester Zeit ein gewaltiges Medienecho, da sie genau das mit neuem statistischen Material unterfütterte, was sowieso jeder glaubte. Campell und Shiller waren und sind anerkannte Wissenschaftler ihres Fachs. Inspiriert durch ihre erste Studie sprach Alan Greenspan 1996 erstmals von „irrational exuberance" (‚irrationalem Überschwang') in Bezug auf die Börse, eine Vokabel, die um die Welt ging und dauerhaft in unser Begriffslexikon eingegangen ist.

Mein Freund und zeitweiliger Mitarbeiter Meir Statman, der Professor für Finanzwirtschaft an der Leavey School of Business der Santa Clara Universität in Kalifornien ist, hat mit mir zusammen einen Artikel verfasst, der die statistische Analyse von Campbell und Shiller nicht widerlegte, aber mit Hilfe desselben Datenmaterials zu anderen Schlüssen gelangte. Wie wir sehen werden, haben KGV-Werte keinerlei Vorhersagekraft. Eigentlich haben wir uns nur immer wieder Frage eins gestellt. Das Folgende stammt im Wesentlichen aus diesem Artikel, „Cognitive Biases in Market Forecasts" (‚Wahrnehmungsverzerrungen in Marktanalysen').[3]

Einfach ausgedrückt fanden Campbell und Shiller heraus, dass hohe KGV die Rolle spielten, die man ihnen immer zugesprochen hatte: Sie sagten gemittelt über die nächsten zehn Jahre einen unterdurchschnittlichen Gewinn voraus. Zunächst stellten die beiden die KGV zu Beginn jedes Jahres und die Marktentwicklung dieses Jahres seit 1872 fest (davor liegen keine verlässlichen Daten vor). Für die Zeit vor der Einführung des Standard & Poor's 500-Indexes im Jahr 1926 benutzten sie die Cowles-Daten[4], die eine zwar nicht perfekte, aber allgemein anerkannte Näherung für die Jahre vor dem S&P 500 darstellen. (Alte Datensammlungen sind niemals perfekt. Immer wenn man sich mit alten Daten beschäftigt, muss man damit rechnen, dass einiges daran nicht stimmt, aber die Cowles-Daten sind immer noch die besten, die wir haben.) Sie trugen die Daten in ein Streudiagramm ein und bildeten eine Trendlinie, die eine leichte Abwärtstendenz zeigt.

Ihre Hypothese ist in Abbildung 1.1 dargestellt, die die KGV von 1972 bis 2005 verwendet (auf der Basis des S&P 500 und der Cowles-Daten).

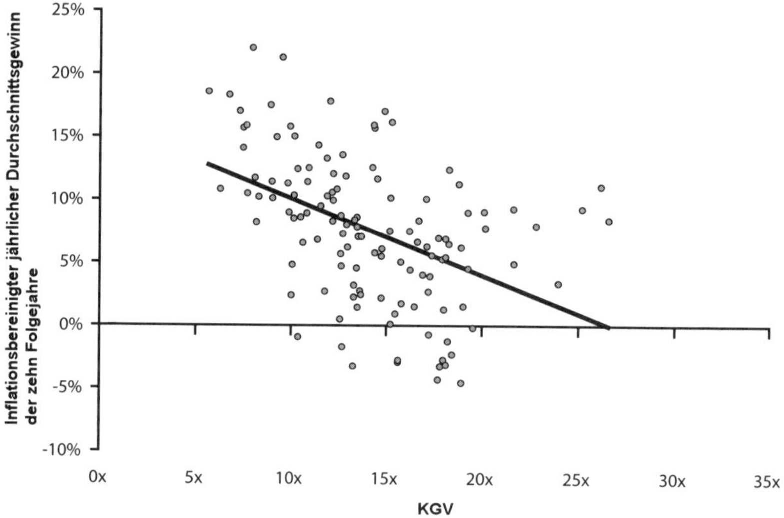

Abbildung 1.1: Das Verhältnis zwischen dem KGV zu Beginn eines Jahrs und der Marktentwicklung für die Jahre 1872 bis 2005.

Quelle: Robert J. Shiller, Ibbotson Analyst, Global Financial Data, Standard & Poor's, Federal Reserve, Thomson Financial Datastream.

Inflationsbereinigter jährlicher Durchschnittsgewinn der zehn Folgejahre

Wir haben die Jahre seit dem Erscheinen des Aufsatzes mit einbezogen, um sicher zu sein, dass die Analyse heute noch Gültigkeit hat. Dadurch hat sich jedoch nichts Wesentliches geändert. Die Jahre von 2000 bis 2002 unterstützen die These der Gefährlichkeit hoher KGV, daher sind wir fair, wenn wir sie einschließen. Die negative Trendlinie sollte man allerdings mit Vorsicht betrachten: Es ist gut zu sehen, dass die Punkte selbst nicht besonders deutlich um die Linie angeordnet sind. Das Streudiagramm zeigt hier tatsächlich eine ziemliche Streuung – es erinnert an einen Schrotschuss bei leichtem Wind.

Schwer zu verstehen ...

Campbell und Shiller legten ihrer Arbeit eine merkwürdige Definition des KGV zu Grunde – eine, auf die Sie intuitiv nicht kommen würden. Sie schufen ein „preisbereinigtes Gewinnverhältnis"[5]. Das so definierte KGV teilt den Preis pro Aktie durch den Durchschnitt der „realen" Gewinne der nächsten zehn Jahre[6], wobei „real" inflationsbereinigt bedeutet. Nun, warum nicht? Allerdings ist das nicht das, was man sich gewöhnlich unter einem KGV vorstellt. Welche Definition von Inflation würden Sie dafür nun benutzen? Wahrscheinlich würde Ihnen so etwas wie der Verbraucherpreisindex VPI einfallen. Campbell und Shiller wählten dagegen einen ungewöhnlichen Großhandelspreisindex. Wiederum nicht das, was man erwarten würde. Statt das KGV zu verwenden, wie wir es gewöhnlich kennen, benutzten sie also einen über zehn Jahre gemittelten Durchschnittswert, der dazu auf Grundlage eines Inflationsindex, auf den sonst niemand kommen würde, inflationsbereinigt wurde! Verstanden?

Mit einem normal definierten KGV, wie man es sich normalerweise unter diesem Begriff vorstellt, verschwindet die statistische Korrelation weitgehend. Das merkwürdig definierte KGV von Campbell und Shiller verschaffte ihnen ein Ergebnis, das zu dem passte, was alle Welt schon immer geglaubt hatte – ein hohes KGV bedeutet niedrige Gewinne und hohes Risiko. Alle Welt war begeistert!

In der Statistik lässt sich eine Kennzahl berechnen, die als Bestimmtheitsmaß r2 oder einfach als „R-squared" (‚R-Quadrat') bezeichnet wird. Es beschreibt den Verwandtheitsgrad zwischen zwei Variablen – also den Grad, mit dem die eine Variable durch die andere verursacht wird; zu diesem Zweck wird es auf ein Korrelationsmaß angewandt. (Das klingt komplizierter, als es ist – im Kasten wird erklärt, wie man ein Korrelationsmaß und ein R-Quadrat dazu findet.) Die Analyse aus Campbell und Shillers Studie ergab ein R-Quadrat von 0,40.[7] Das würde bedeuten, dass 40 Prozent der Aktiengewinne im fraglichen Zeitraum durch den Faktor verursacht wird, mit dem verglichen wird – in diesem Fall ihr ungewöhnlich definiertes KGV. Statistisch gesehen ist das kein schlechtes Ergebnis für eine Korrelation – allerdings auch kein umwerfendes. Es stützt die Hypothese, schafft aber keine hundertprozentige Klarheit.

Kausale Korrelationen und der Korrelationskoeffizient

Um die drei Fragen anzuwenden, benötigen Sie ein wenig statistisches Basiswissen, das Sie hier lernen können – nichts davon ist besonders schwierig. Man kommt schon weit, wenn man einen *Korrelationskoeffizienten* und ein *R-Quadrat* ausrechnen kann. Mit diesen beiden Analysemethoden können Sie in vielen Fällen bereits schlüssig widerlegen, dass zwei Ereignisse irgendetwas miteinander zu tun haben. Das geht ganz leicht. Sie brauchen nur einen Internetzugang und eine Tabellenkalkulation wie Microsoft Excel. (Es geht auch mit Papier und Bleistift, allerdings nur mit ein wenig Erfahrung in Statistik; einfacher ist es mit dem Computer.)

Zunächst brauchen wir Daten für einen Vergleich. Zum Einstieg können wir uns anschauen, wie stark eine Aktie über einen Zeitraum von zehn Tagen mit dem Verlauf des Marktes korreliert. (Zehn Tage reichen für eine zuverlässige Analyse nicht aus, aber zum Vorführen der Methode ist es einfacher, die Datenmenge zu verkleinern.)

Schritt 1

Wir verwenden Yahoo! Finance als Datenquelle; gehen Sie zu http://finance.yahoo.com. (Wenn Sie sich im Internet auskennen, können Sie auch jede andere Datenquelle verwenden. Sie müssen nur wissen, wie man die Daten in Excel einfügt.)

- Klicken Sie auf den Link zum S&P 500; er befindet sich links auf der Seite. (Wenn Sie viel im Internet surfen, ist das Folgende alles kein Problem für Sie; wenn nicht, bitten Sie einfach kurz einen Freund oder Kollegen um Hilfe.)

- Klicken Sie auf den Link „Historical Prices" in der linken Hälfte der Seite.
- Klicken Sie „Daily" für die Preise, wählen Sie einen kurzen Zeitraum (welcher ist egal, Sie müssen nur in Schritt 2 denselben Zeitraum angeben. Ich habe 1. Jan. 2006 bis 10. Jan. 2006 verwendet) und „Get Prices". Klicken Sie nun am unteren Ende der Liste auf „Download to Spreadsheet".

- Eine Excel-Tabelle mit den Indexdaten für die entsprechenden Tage öffnet sich.
- Kopieren Sie die „Date"- und „Adjusted Close"-Spalten in eine neue Exceltabelle (mit „Kopieren"/"Einfügen"). Die anderen Daten benötigen Sie vorerst nicht. Beachten Sie, dass nur die Wochentage erscheinen, an denen gehandelt wird. („Adjusted Close" bedeutet, dass Aktiensplits und Dividenden einberechnet werden.)

Schritt 2

Gehen Sie erneut auf Yahoo! Finance und wählen Sie die Daten für eine Aktie. Ich habe General Electric (GE) verwendet; geben Sie „GE" in das Fenster „Get Quotes" oben links. Wenn die Seite für die Aktie geladen wurde, klicken Sie wieder „Historical Prices" links und folgen Sie den Anweisungen aus Schritt 1. Kopieren Sie wiederum die „Adjusted Close"-Spalte und fügen Sie sie neben den S&P 500-Daten ein. Ihre Tabelle sollte nun ungefähr so aussehen:

Date	Adj. Close	Adj. Close
	S&P 500	GE
10-Jan-06	1289.69	34.67
9-Jan-06	1290.15	34.86
6-Jan-06	1285.45	34.94
5-Jan-06	1273.48	34.71
4-Jan-06	1273.46	34.80
3-Jan-06	1268.80	34.85

Gar nicht so schwer, oder?

Schritt 3

Nur zum Spaß noch die Formel – es muss Ihnen nicht übel werden, denn Sie werden sie nicht brauchen –, mit der man einen Korrelationskoeffizienten berechnet:

$$P_{xy} = \frac{Cov(r_x, r_y)}{\sigma_x \sigma_y}$$

Machen Sie sich keine Mühe damit, wenn Ihr letzter Statistik-Kurs mehr als sechs Monate her ist! Gehen Sie einfach in die Excel-Tabelle und klicken Sie in ein leeres Feld. Wählen Sie im Menü „Einfügen" den Befehl „Funktion", die Funktionskategorie „Statistik" und scrollen Sie durch die Funktionen bis zu „Korrel". Excel öffnet nun ein Hilfsprogramm, das freundlicherweise den Korrelationskoeffizienten für uns berechnet.

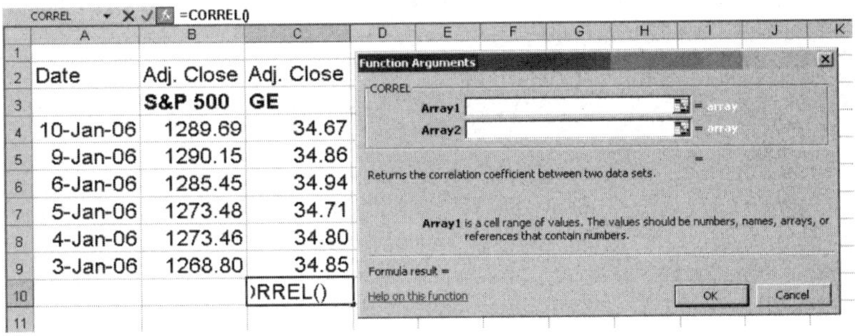

Das Hilfsprogramm verlangt zwei „Matrizen". Indem Sie in die entsprechenden Felder nacheinander klicken, erhalten Sie jeweils die Möglichkeit, durch Ziehen mit der Maus einen Tabellenbereich zu markieren. Wählen Sie zunächst die Spalte mit den Daten für den S&P und dann die für die einzelne Aktie (GE in unserem Beispiel). Dies könnte ein wenig Übung erfordern, bis es richtig klappt.

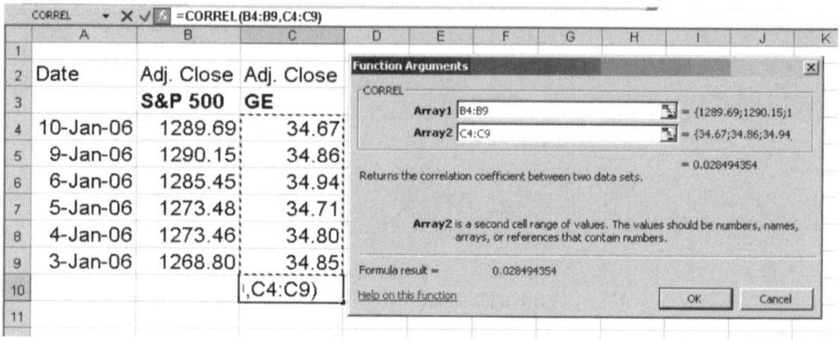

CORREL =CORREL(B4:B9,C4:C9)

	A	B	C
1			
2	Date	Adj. Close	Adj. Close
3		**S&P 500**	**GE**
4	10-Jan-06	1289.69	34.67
5	9-Jan-06	1290.15	34.86
6	6-Jan-06	1285.45	34.94
7	5-Jan-06	1273.48	34.71
8	4-Jan-06	1273.46	34.80
9	3-Jan-06	1268.80	34.85
10			,C4:C9)
11			

Wenn Sie die Matrix-Daten eingegeben haben, klicken Sie auf „OK" und wunderbarerweise erscheint der Korrelationskoeffizient! Ganz ohne Mathematik und Formeln:

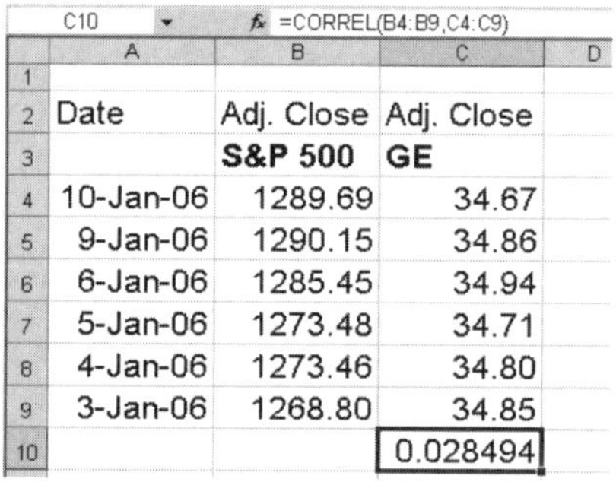

C10 =CORREL(B4:B9,C4:C9)

	A	B	C
1			
2	Date	Adj. Close	Adj. Close
3		**S&P 500**	**GE**
4	10-Jan-06	1289.69	34.67
5	9-Jan-06	1290.15	34.86
6	6-Jan-06	1285.45	34.94
7	5-Jan-06	1273.48	34.71
8	4-Jan-06	1273.46	34.80
9	3-Jan-06	1268.80	34.85
10			0.028494

Der Korrelationskoeffizient zeigt Ihnen, wie stark die Bewegungen der Aktie im gewählten Zeitraum mit dem Index übereinstimmten. Eine Zahl nahe an eins zeigt eine positive Korrelation (Index hoch, Aktie hoch – und umgekehrt), eine Zahl nahe an –eins zeigt eine negative Korrelation (Index hoch, Aktie runter – und umgekehrt). Eine Zahl nahe an 0 zeigt, dass es fast keinen Zusammenhang zwischen beiden gibt. Um ein wirklich aussagekräftiges Ergebnis zu erhalten, müssten Sie einen längeren Zeitraum auswählen.

Schritt 4

Wir sind noch nicht ganz fertig. Der nächste Schritt klingt wieder schwieriger, als er ist: Um den Grad der Verwandtschaft zweier Variablen auszurechnen, müssen wir eine Regressionsanalyse durchführen und dazu ein R-Quadrat ausrechnen. Dazu muss man – wie der Name schon sagt – das Quadrat vom Korrelationskoeffizienten r nehmen. Wenn Sie als Korrelationskoeffizient 0,5 erhalten haben, ist das R-Quadrat 0,25; ist der Korrelationskoeffizient 0,85, ergibt sich als R-Quadrat 0,7225

Das R-Quadrat drückt aus, wie viel Prozent des Verhaltens der einen Variablen durch die andere verursacht sind. Ein R-Quadrat von 0,7225 bedeutet, dass 72,25 Prozent der Bewegung der einen Variable von der anderen verursacht sind (das ist ein sehr hohes Ergebnis).

Jetzt haben Sie alles, was Sie brauchen, um einen Korrelationskoeffizienten zu finden und angebliche Kausalverhältnisse als nichtexistent zu entlarven. Damit können Sie einiges herausfinden, das die anderen nicht wissen!

Wie wir gesehen haben, war die Studie von Campbell und Shiller mit wenig überzeugenden Daten untermauert; trotzdem hatte sie einen Riesenerfolg, weil sie eine allgemein verbreitete Meinung zu unterstützen schien. Wenn Sie dagegen Daten vorlegen, die die Mythen einer Gesellschaft widerlegen, kommen diese Ergebnisse meist weniger gut an. Das ist erfreulich, bedeutet es doch, dass Sie mit jeder unkonventionellen Wahrheit, die Sie herausgefunden haben, noch eine Weile in Ruhe arbeiten können!

Wenn man dieselben Ausgangsdaten verwendet, eine konventionelle Definition des KGV verwendet und die Gewinne der zehn Folgejahre ohne Inflationsbereinigung betrachtet, ergibt sich ein R-Quadrat von 0,20.[8] Das KGV erklärt also potentiell gerade mal 20 Prozent der Zehn-Jahres-Gewinne – statistisch gesehen relativ wenig. Etwas ganz anderes, vielleicht auch eine Gruppe von Variablen, erklärt die restlichen 80 Prozent der Entwicklung an den Märkten. Ich selbst würde nicht auf ein R-Quadrat von 20 setzen – und Sie sollten es auch nicht. Interessant ist, dass Campbell und Shiller ein R-Quadrat von 0,40 hatten – also basierte die Hälfte ihres Ergebnisses auf ihrer originellen Definition des KGV!

Dieser Mythos war nicht schwer zu widerlegen; Sie können das mit Daten aus Yahoo! Finance und einer Exceltabelle rasch nachvollziehen. Wenn eine Korrelation kein Mythos, sondern Realität ist, benötigt man keine mathematischen Tricks und ungewöhnliche Definitionen, um sie nachzuweisen.

Doch selbst wenn die Analyse unproblematisch wäre: Was sollte man mit einer Aussage über die Gewinne der nächsten zehn Jahre anfangen? Als Anleger will man wissen, wie man sich für dieses und für das nächste Jahr aufstellen soll, nicht für die nächsten zehn Jahre! Hätte es Sie im Jahr 1996 wirklich interessiert, wie der Durchschnittsgewinn der nächsten zehn Jahre ausfallen würde – nur weil auf die gewaltige Steigerung der kommenden vier Jahre der größte Bärenmarkt seit der Krise von 1929 bis 1932 folgte? Hätten Sie wirklich die vier aufeinanderfolgenden guten Jahre verpassen wollen? Wären Sie in den Jahren massiver Verluste einfach im Markt geblieben? Wenn man für die nächsten zehn Jahre sicher wüsste, dass sie durchschnittlich einen hohen Gewinn erbringen werden, die nächsten zwei Jahre aber noch Verluste bevorstehen – würden Sie dann jetzt investieren? Wohl kaum! Doch wenn man sich gewöhnliche KGV auf Kurzzeitbasis anschaut, verschwindet das angebliche Risiko hoher KGV vollständig.

Die langfristige Vorhersage der Aktienentwicklung ist sowieso fast unmöglich, weil die Entwicklung der Aktienpreise in ferner Zukunft sowieso hauptsächlich mit der Menge an vorhandenem Finanzkapital zu tun hat, und dessen langfristige Entwicklung kann heute noch keiner vorhersagen. Einige Freunde von mir aus der Wissenschaft werden ärgerlich, wenn ich das sage. Aber denken Sie daran: Wenn sich jemand ärgert, hat er meistens Angst und kann einfach nicht den Finger auf die Ursache dieser Angst legen. In diesem Fall vermutlich deshalb, weil die Veränderungen in Angebot und Nachfrage von Wertpapieren kaum wissenschaftlich erforscht wurden. Und Angebot und Nachfrage bestimmen definitionsgemäß den Preis einer Ware. Hier ist noch viel Arbeit zu leisten, schließlich sind Angebot und Nachfrage absolut grundlegend für das Funktionieren eines Marktes. (Wir werden uns mit Angebot und Nachfrage von Wertpapieren in Kapitel 7 beschäftigen.)

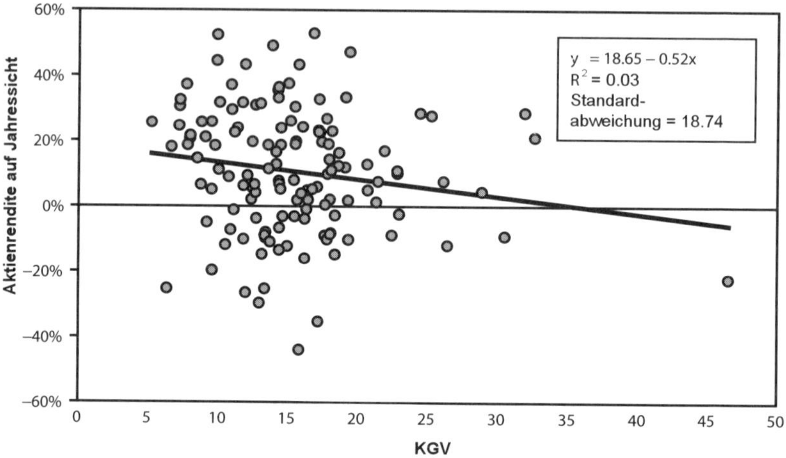

Abbildung 1.2: Das Verhältnis zwischen Jahresgewinn und KGV, 1872 bis 2005.

Quelle: Robert J. Shiller, Ibbotson Analyst, Global Financial Data, Standard & Poor's, Federal Reserve, and Thomson Financial Datastream.

Lassen Sie uns jetzt nochmals einen Blick auf unser Streudiagramm werfen, wobei wir normale, konventionell berechnete KGV und die jeweils folgende Jahresrendite für die Jahre 1872 bis 2005 verwenden (vgl. Abbildung 1.2). Dabei ergibt sich eine viel flachere Trendlinie und die einzelnen Punkte sind noch weiter davon entfernt. Es ergibt sich ein R-Quadrat von 0,03, und die Antwort heißt somit: Nein. Schon ein R-Quadrat von 0,20 hat nicht allzu viel zu sagen; ein R-Quadrat von 0,03 zeigt reinen Zufall an.

Eine Korrelation zu entdecken, wo es keine gibt, ist eine kreative Leistung; und hier gibt es keine. Um nun selbst Mythen zu entlarven, brauchen Sie weder einen Supercomputer noch einen Klon von Stephen Hawking (das wäre wohl auch illegal!). Wenn hochkomplizierte Mathematik nötig ist, um einen Marktmythos zu belegen, ist die fragliche Hypothese vermutlich falsch. Je mehr herumgedoktert und modifiziert wird, desto wahrscheinlicher ist es, dass ein bestimmtes Ergebnis erzwungen werden soll – und das ist keine gute Wissenschaft.

Wenn sie nicht schlecht sind, sind sie dann vielleicht gut?

Wir haben gezeigt, dass es keine Korrelation zwischen hohem KGV und schlechter (oder auch guter) Aktienperformance gibt. Selbst angesichts einer solch vernichtenden Beweislage wird mancher sich noch weigern, die Doktrin

„hoher KGV bedeutet schlechte Aktien“ ganz aufzugeben. Sehen wir uns das Ganze noch von einer anderen Seite an. Es mag schockierend klingen, aber einige der Jahre mit hohem KGV konnten exzellente Ergebnisse vorweisen! Insgesamt waren die Ergebnisse der Jahre, die auf die höchsten KGV folgten, gar nicht schlecht – einige waren negativ, aber einige auch sehr positiv. Das ist zwar keine Statistik, sollte einem aber trotzdem zu denken geben.

Noch mehr Beweise gefällig? Da muss man nicht lange suchen. Abbildung 1.3 zeigt eine einfache Glockenkurve, die auf dem KGV und den darauffolgenden jährlichen Marktergebnissen basiert.

Wie kommt diese Glockenkurve zustande? Zunächst wurde das KGV für jeden 1. Januar betrachtet und jedes Jahr nach der Höhe des KGV sortiert. Dann wurden sie in die Intervalle eingeordnet, wobei die einer Glockenkurve ähnliche Form entstand – die Jahre wurden dabei nur nach der Höhe des KGV angeordnet. Die „normalen“ KGV bilden den Mittelteil der Glockenkurve, während die „hohen“ und „niedrigen“ KGV an den Rändern erscheinen. Aufgrund dieser Glockenkurve kann alles mit einem KGV über 20 als „hoch“ betrachtet werden. Falls Sie dies in Zukunft selber nochmals analysieren, könnte sich die Kurve etwas verändert haben, aber nur eine Reihe von Jahren mit extremen KGV könnte die Glockenkurve deutlich verschieben.

Wenn Sie die KGV für die vergangenen 134 Jahre mit der darauffolgenden Marktentwicklung vergleichen, ergeben sich eine Reihe von Erkenntnissen. Sind Sie verblüfft? Die meisten Jahre mit zweistelligen Verlusten – jene Monsterjahre mit richtigen Abstürzen, vor denen sich alle fürchten – fanden statt, wenn die KGV unter 20 lagen, also nicht besonders hoch. Die meisten solcher Abstürze geschahen, wenn die KGV unterhalb des langjährigen Durchschnitts lagen. In diesen 134 Jahren gab es 19 Jahre, die mehr als zehn Prozent im Minus endeten. 13 dieser 19 Jahre – das sind 68 Prozent – befanden sich auf dem mittleren und unteren Ende der KGV-Skala, wenn wir 16,5 als Mitte der Glockenkurve betrachten. Nur zweimal, in 2001 und 2002, traf ein starker Abfall mit einem KGV über 20 zusammen. Schauen Sie sich diese Fakten ruhig noch einmal an! Kaum das Material für einen Mythos. Jeder kann diese Daten im Internet finden; jeder kann sie entsprechend anordnen. Mit komplizierter Mathematik hat das nichts zu tun, man muss sich nur die Mühe machen – kaum zu glauben, dass der Mythos trotzdem noch existiert.

Also folgen die großen zweistelligen Abstürze keineswegs auf hohe KGV. Und doch: Dieser Mythos wird so allgemein und fest geglaubt, dass irgendetwas Wahres daran sein muss. Beispielsweise müssten Märkte mit hohem KGV öfter fallen als solche mit niedrigem KGV, stimmt's? Wieder nein! In 117 der Jahre befand sich das KGV unter 20; in 35 Fällen beendete der Markt das Jahr negativ (29,9 Prozent). In den 17 Jahren, als das KGV 20 oder höher war – dem oberen Ende der historischen KGV-Skala – rutschte der Markt in fünf Fällen ins Minus (29,4 Prozent). Man muss kein Statistiker sein, um zu sehen, dass weder Märkte mit hohen noch solche mit niedrigen KGVs sich besonders schlecht schlugen. Außerdem war in drei der fünf negativen Jahre mit hohem KGV der Kursrückgang noch relativ gutmütig: –9,1 Prozent im Jahr 2000, –8,8 Prozent im Jahr 1962, –2,3 Prozent im Jahr 1934. – Jetzt haben Sie also einen potentiellen Vorteil: Märkte mit hohem KGV. Kein ausreichender Vorteil, um allein darauf zu wetten, aber doch ausreichend um zu wissen, dass Märkte mit hohem KGV nicht die gefährlichen Monster sind, als die sie dargestellt wurden. Sie haben die Fakten gesehen. Fortan sind Sie von den Fesseln dieses Investment-Altweibermärchens befreit! Hier ist ein einfacher Test, den Sie immer wieder benutzen können. Jemand erzählt Ihnen, dass in den US-amerikanischen Märkten X durch Y verursacht wird – etwas wie das KGV-Beispiel – und hat sogar Daten, die das belegen sollen. Wenn es wirklich für die USA stimmt, dann gilt es auch für die anderen entwickelten Märkte. Wenn etwas nicht für die Mehrheit der entwickelten Märkte gilt, gilt es nicht für den Kapitalismus und somit auch nicht für Amerika, also muss die scheinbare Korrelation Zufall sein. Ich werde Sie hier nicht mit Daten belämmern – das Buch hat sowieso schon zu viele Graphiken –, aber wenn Sie die Methode mit der Glockenkurve auf andere Märkte anwenden, schneiden nur in England die Märkte mit niedrigem KGV besser als die mit hohem KGV ab, und dieser Effekt beruht auf wenigen überdurchschnittlichen Jahren. Überall sonst ergibt sich dieselbe Zufälligkeit wie in Amerika.[9] Immer wenn jemand ihnen erzählt, dass etwas in Amerika auf bestimmte Art funktioniert, können Sie den Test machen und prüfen, ob es auch anderswo stimmt. Wenn nicht, dann tritt der Effekt auch in Amerika nicht verlässlich auf. Einige werden sagen: „Sie müssen das KGV-Problem anders betrachten." (Achtung: Es folgt ein vergeblicher Versuch, den Mythos durch Umdeutung plausibler zu machen.) So könnte man z.B. behaupten, dass ein hohes KGV nicht immer schlechter als ein niedriger ist, sondern dass das Risiko oberhalb eines bestimmten Levels rasant steigt, während es unterhalb eines anderen Levels sinkt. Diese Kritiker könnten behaupten, dass ein KGV über 22 schlecht und ein KGV unter 15 gut ist und dass der Bereich dazwischen es ist, der alle durcheinanderbringt, indem er die Durchschnittswerte verwässert. Nun gut! Das ist einfach zu testen. Wir nehmen an, dass jemand die Aktien immer verkauft, wenn der Markt ein KGV über 22 hat, und wieder kauft, wenn das KGV auf 15 sinkt, wobei man auch andere Level verwenden kann, solange man sie konsequent anwendet. Es stellt sich aber heraus, dass historisch gesehen keine solche Strategie das dauerhafte Halten US-amerikanischer Aktien schlagen konnte. Dasselbe gilt auch andernorts – wiederum mit Ausnahme von England, wo man versuchen könnte, für ein niedriges KGV als Anlagekriterium zu argumentieren. Da es nur in einem Land gilt, ist es wohl Zufall; wirft man einige sehr gute Jahre vor sehr langer Zeit heraus, verschwindet der Effekt ganz. Wir haben angenommen, dass man beim Steigen des KGV auf 22 aussteigt und wieder einsteigt, wenn es auf 15 gesunken ist. Die Strategie fällt hinter die simple Kaufen-und-Halten-Strategie zurück. Nehmen wir an, Sie erhöhen 22 auf 23? Immer noch schlechter! Oder wir senken 15 auf 13 oder steigern auf 17? Wiederum schlechter! Auch für die anderen entwickelten Märkte gibt es keine solche Kaufen-und-Verkaufen-Strategie, die funktioniert hätte. Vielleicht glauben Sie das alles nicht? Gut. Beweisen Sie, dass ich mich täusche. Sie müssen eine Kaufen-und-Verkaufen-Strategie finden, die den Markt in ein-, zwei- oder dreijährigen Gewinnen schlägt. Sie sollte in einigen der entwickelten Märkte und mit unterschiedlichen Anfangs- und Enddaten funktionieren. Versuchen Sie es ruhig. Vielleicht haben Sie mehr Glück als ich, denn ich habe es immer wieder versucht und keine überzeugende Strategie dieser Art gefunden.

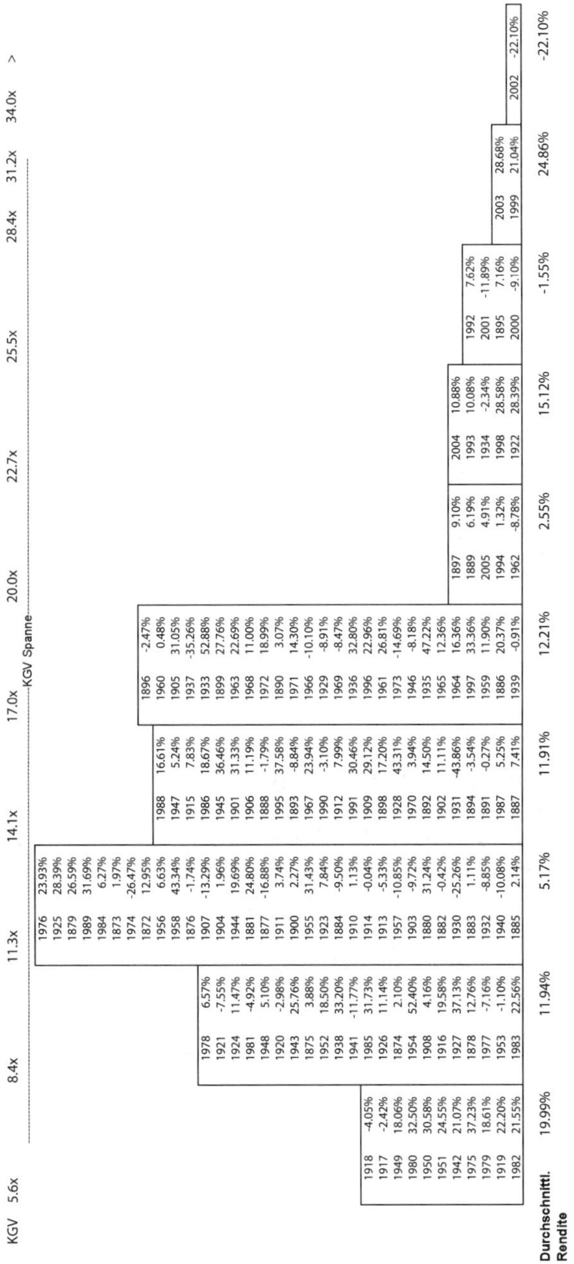

Abbildung 1.3: Historische KGV zu Jahresbeginn und Gewinne des jeweiligen Jahres für 134 Börsenjahre.

Quelle: Global Financial Data.

Für jeden Zeitraum, in dem ein hohes KGV sehr schlechte Ergebnisse ankündigte (wie in den Jahren 2000, 2001 und 2002) findet sich auch ein Zeitraum, in dem bei hohem KGV gute Ergebnisse erzielt wurden (wie 1997, 1998, 1999 und 2003). Der Mythos hat einfach keine Grundlage.

Betrachten Sie es mal anders

Die Anleger fallen auf Mythen herein, weil sie daran gewöhnt sind, Binsenweisheiten des Investierens in einer bestimmten, anerkannten Art und Weise zu sehen – so, wie man es ihnen beigebracht hat. Sobald man etwas anders zu denken beginnt – nicht besonders kompliziert, nur ein wenig anders, etwa indem man eine Glockenkurve bildet oder den Vergleich mit Daten aus anderen Ländern anstellt –, fallen viele Mythen bereits in sich zusammen. Immer wenn Sie eine Anlegerweisheit überprüfen wollen, versuchen Sie es von einem anderen Standpunkt aus! Spielen Sie verrückt! Seien Sie kreativ! Stellen Sie die Dinge auf den Kopf, kehren Sie das Unterste nach oben und das Innerste nach außen. Zerstückeln Sie das Problem und wühlen Sie in seinen Eingeweiden. Statt intuitiv zu denken, probieren Sie es mal kontraintuitiv – vielleicht stellt sich dabei eine intuitivere Lösung heraus!

Zum Spaß können wir uns anschauen, wie man auch intuitiv verstehen kann, dass ein hohes KGV nicht schlecht für die Aktien ist. Viele Anleger betrachten Aktien mit hohem KGV als zu teuer, verglichen mit den Einnahmen des Unternehmens. Wenn ein Preis im Vergleich zu den Einnahmen proportional gesehen hoch ist, ist die Aktie zu teuer, so die gängige Annahme; was hochgeht, muss auch wieder herunterkommen. Vergessen wird dabei, dass K (der Kurs) nicht die einzige freie Variable eines KGV ist.

In den Jahren, die auf Jahre mit hohem KGV folgten, stiegen die Gewinne oft schneller als die Aktienpreise. Und häufig traten nach Jahren mit niedrigem KGV überraschend ökonomische Schwierigkeiten auf, die die Gewinne schrumpfen ließen. Tatsächlich waren im Jahr 1929, dem berühmtesten Top aller Zeiten, die KGV niedrig – so hoch waren zu diesem Zeitpunkt die Gewinne, die allerdings bald verschwinden sollten.

Beim Kauf von Aktien erwerben wir die zukünftigen Gewinne eines Unternehmens. Zu manchen Zeiten ist man bereit, dafür mehr zu zahlen als zu anderen. In Märkten mit hohem KGV überschreiten die Einnahmen oft die Erwartungen (wie 2003) und der Markt rechnet mit weiteren Erhöhungen, die er bereits einpreist. Indem man den Nenner des Kurs-Gewinn-Verhältnisses, also den Gewinn, im Auge behält, kann man den Irrtum erkennen. Man hat einen anderen Blickwinkel gewählt.

Der Mythos, Märkte mit hohem KGV seien gefährlich und Märkte mit niedrigem KGV harmlos, hält sich hartnäckig. Aber jeder mit einem Modem und einem Bleistift kann sich davon überzeugen, dass Jahre mit hohem KGV für sich genommen nicht gefährlicher waren als Jahre mit niedrigem KGV. Warum existiert der

Mythos weiter? Weil der GD grundsätzlich absurd und kontraintuitiv ist. Wer gesteht sich schon gerne ein, dass die Dinge, die man in der Frühstückspause diskutiert, entweder falsch oder längst eingepreist sind? Das ist demütigend, aber wahr.

Was würden Ihre Großeltern dazu sagen?

Ich blättere mal schnell vor ins Kapitel drei und erläutere, wie unser Gehirn uns für die Wahrheit über das KGV blind macht. Es gibt einen genetischen Grund dafür, dass Menschen Märkte mit hohem KGV fürchten. Ich kann das zwar nicht beweisen, halte es aber dennoch für richtig, und mir ist keine Widerlegung bekannt. Man kann das Dilemma einmal ganz anders betrachten: Wir alle erben unsere Gene und unseren ‚Informationsprozessor', das Gehirn, von unseren Eltern, die sie wiederum von ihren Eltern geerbt haben. Unsere entfernten Vorfahren hatten Gehirne, die bestimmte Informationen bevorzugt verarbeiten konnten – genau jene, deren erfolgreiche Bearbeitung es ihnen ermöglichte, ihr Erbgut an die nächste Generation weiterzugeben. Andernfalls wären wir nicht hier. Diejenigen, die damals schlechter in der Verarbeitung solcher Informationen waren, haben heute keine Nachfahren mehr.

Unser Gehirn wurde also nicht daraufhin optimiert, mit der Börse klarzukommen. Es wurde so optimiert, dass es unseren Vorfahren die besten Überlebenschancen bot. Eines der Probleme, mit denen unsere Vorfahren umgehen mussten, war Höhe. Sprang oder fiel einer unserer Vorfahren irgendwo herunter, so stieg das Risiko für Tod oder Verkrüppelung (die damals meist gleichbedeutend mit Tod war) mit der Höhe exponentiell an. Einen halben Meter hinunterzufallen ist harmlos. Drei Meter Höhe gehen für einen Zehnjährigen, der von einem Dach springt, meist noch gut aus; alte Menschen brechen sich bei so einem Fall alle Knochen. Aus 15 Metern hinunterzufallen ist oft tödlich, aus 100 Metern immer. Die Menschen lernten rasch, mit höhenbezogenen Problemen umzugehen: je größer die Höhe, desto größer das Risiko. Größere Höhe bedeutet, dass man tiefer fallen kann – genau dies ist die Art und Weise, wie Menschen über das KGV denken. Sie veranschaulichen sich das KGV als zukünftiges Fallrisiko, so dass ein niedrigeres KGV als geringere Entfernung erscheint, die man schlimmstenfalls Richtung Boden zurücklegt, was den Einschlag weniger gefährlich macht. Sobald wir uns Informationen mittels Höhe veranschaulichen, flößt uns die größere Höhe Angst ein, während geringere Höhe sicherer erscheint. Wenn man dieselbe Information ohne Bezug auf Höhe darstellt, verschwindet schlagartig auch die Angst. (Wir werden das gleich ausprobieren.)

Ein kurzer Vorgriff auf Frage drei

Wenn das KGV eines Marktes höher als gewöhnlich ist, wissen dies die meisten Anleger. Selbst diejenigen, die das KGV nicht übersetzen könnten, erzählen jedermann, dass der Markt ‚derzeit furchtbar überbewertet' ist. Ihre Höhenangst und Furcht vor Verlusten lässt sich mit einer Binsenweisheit des Investierens erklären: Die Menschen fürchten Verluste mehr, als sie Gewinne lieben.[10]

Häufig ist davon die Rede, dass Anleger „risikoscheu" seien. Dieser Ausdruck trifft es jedoch nicht ganz; besser wäre „verlustscheu". Zwei Pioniere im Feld der behavioristischen Finanztheorie, Daniel Kahnemann und Amos Tversky, haben schlüssig nachgewiesen, dass der Durchschnittsamerikaner Verluste etwa zweieinhalb Mal so stark verabscheut, wie er Gewinne liebt;[11] in dieser Hinsicht sind Sie wahrscheinlich ganz normal! Der Schmerz über einen zwischenzeitlichen Verlust ist bei den meisten Anlegern weit größer als die Freude über einen Gewinn. Vermutlich haben Sie dasselbe bereits für sich festgestellt. Und da Verluste einen viel stärker schmerzen, als einen Gewinne erfreuen, tun die meisten Anleger mehr dafür, Verluste zu vermeiden, als dafür, Gewinne zu erzielen.

Anleger neigen tatsächlich dazu, ein zusätzliches Risiko in Kauf zu nehmen, wenn sie glauben, dass es sie vor einem sonst eintretenden Verlust bewahren kann. Kahnemann und Tversky haben dieses Phänomen in ihrer „prospect theory" („Neue Erwartungstheorie") beschrieben. Sie entdeckten, dass der durchschnittliche Anleger tatsächliches Risiko mit der *Wahrnehmung* eines Risikos verwechselt, weil er versucht, einen Verlust um jeden Preis zu vermeiden.[12] Die Wahrnehmung (man könnte auch „Einbildung" sagen) möglicher Verluste, die lange Zeit mit einem hohen KGV verbunden wurde, macht die Anleger in einer ansonsten relativ risikoarmen Marktumgebung nervös. Dieselben Kräfte wirken auch am unteren Ende eines Bärenmarktes, wenn das Risiko sich verringert hat und erhebliches Potential nach oben besteht. Die Anleger nehmen das Risiko einfach falsch wahr.

Viele Anleger, vor allem, wenn sie sich als „substanzorientierte Anleger" oder „value investor" empfinden (das heißt, wenn sie sich an dem fundamentalen Wert einer Aktie orientieren und nach unterbewerteten Aktien suchen), haben starke, ja beinahe religiöse Gefühle über die Aussagekraft des KGV. Statt sich in Selbstbefragung zu üben und sich Frage eins zu stellen – was glaube ich, das in Wirklichkeit falsch ist –, klammern sie sich an jeden Strohhalm, um weiterhin diesem weit verbreiteten Vorurteil aufsitzen zu können. Sie behaupten etwa, dass die besagten ultrahohen KGV aufgrund versteckter Gewinne am Ende einer Rezession entstehen, die nicht angegeben werden. Das kommt zwar vor, ist aber keine allgemeine Erklärung. Sicher trifft es nicht auf die hohen KGV der Jahre 1996 bis 1999 zu. In Bezug auf diese heißt es dann, die Märkte verhielten sich eben irrational. Die Verbohrtheit in dieser Frage – ultrahohe KGV müssen einfach ein hohes Risiko beinhalten! – zeigt beispielhaft, wie sehr uns der GD an der Nase herumführt.

Nehmen Sie's auseinander und stellen Sie's auf den Kopf

Wir haben gesehen, wie man Frage eins auf einen weit verbreiteten Irrglauben anwenden kann. Wenn Sie selbst nun auf eigene Faust losziehen, um Mythen zu widerlegen, müssen Sie auf Gründlichkeit achten. Ein guter Wissenschaftler hört nicht gleich zu suchen auf, wenn er die Antwort auf eine Frage gefunden zu haben glaubt; er nimmt das Problem von unterschiedlichen Seiten genau unter die Lupe.

Zunächst muss man sich über seine eigenen Gefühle klar werden. Ziehen Sie keine voreiligen Schlüsse. Man könnte in Versuchung kommen, auf Grundlage der bisherigen Datenlage einen neuen Mythos zu erschaffen – ein hohes KGV sagt überdurchschnittliche Gewinne voraus. Fallen Sie nicht darauf herein. Die Beweislage ist klar genug, um den Mythos zu widerlegen, ein hohes KGV kündige eine negative Entwicklung an der Börse an. Jede weitergehende Behauptung ist nicht schlüssig. Die Faktenlage reicht nicht aus. Sie ermöglicht es einem nicht, darauf zu wetten und häufiger zu gewinnen als zu verlieren. Man sollte dabei bleiben, dass ein KGV für sich genommen keinerlei Aussage über die zukünftige Marktentwicklung ermöglicht.

Weiterhin ist zu beachten, dass ein einzelnes Ergebnis niemals ausreicht, um eine Hypothese zu unterstützen; es kann sich um einen Zufallstreffer handeln statt um ein aussagekräftiges Muster. Das gilt für Zufallsfunde wie für Untersuchungsergebnisse. Und auf einen Zufallstreffer wollen Sie schließlich nicht setzen! Vielleicht neigen Sie zu dem Schluss, dass Märkte mit ultrahohem KGV häufig ein niedriges Risiko und hohe Gewinnchancen bergen. Tatsächlich gab es einige Jahre, in denen ein ultrahohes KGV hervorragende Ergebnisse ankündigte. Aber es gibt nicht genug Beispiele dafür, um etwas anderes als eine interessante Beobachtung daraus zu machen. Wenn Sie Hypothesen aufstellen und testen, müssen Sie immer eine ausreichende Datenmenge zugrunde legen.

Wir wissen nun, dass ein KGV keine Vorhersagekraft hat; ist es vielleicht zu etwas anderem gut? Um diese Frage zu beantworten, müssen wir wieder vorgreifen, diesmal auf Kapitel zwei und Frage zwei: Was können wir über ein KGV herausfinden, das andere nicht erkennen? Der Standardtrick dafür, eine Sache klarer zu sehen und neue Erkenntnisse darüber zu finden, besteht darin, es aus einer neuen Perspektive zu betrachten. Man muss den fraglichen Mythos auf den Kopf stellen und sehen, was man daraus lernen kann.

Nehmen wir also das Kurs-Gewinn-Verhältnis und stellen es auf den Kopf! Indem wir die Gewinne nun in den Zähler schreiben, haben wir dieselbe Information in anderer Darstellung – als Gewinn-Kurs-Verhältnis, das auch *Gewinnrendite* genannt wird. Es handelt sich einfach um das Gegenteil des KGV, also das GKV. Die Anleger haben sich daran gewöhnt, die erwarteten Gewinne für Anleihen und Bargeld als „yield" (Rendite, vorwiegend durch Zinsen) angegeben zu sehen, während sie Aktien gewöhnlich nach ihrem KGV bewerten. Indem man das KGV umdreht und als Gewinnrendite darstellt, kann man Äpfel mit Äpfeln vergleichen. Zudem entgeht man der Vorstellung der Höhe, die wir oben diskutiert haben. Tabelle 1.1 zeigt, wie man ein KGV nimmt und ihm eine Gewinnrendite zuordnet – ein KGV von 20 ist einfach ein Preis von 20 Euro, der durch einen Euro Gewinn geteilt wird. Als GKV ergibt sich 1 / 20 = 5 Prozent. Wenn Sie sich den Bezug als GKV vorstellen, lässt er sich mit Anleihenrenditen vergleichen (wir werden sehen, warum das Sinn macht) und die furchteinflößende Metapher der Höhe verschwindet aus der Darstellung. Ein KGV von 20 macht Ihnen Angst, eine Gewinnrendite von fünf Prozent nicht. Es ist einfache Mathematik – auch hier brauchen wir keinen Stephen Hawking-Klon!

KGV	→ GKV	= GR%
33	1/33	3%
25	1/25	4%
20	1/20	5%
15	1/15	6%
10	1/10	10%
7	1/7	14%
5	1/5	20%

Tabelle 1.1: KGV, GKV und Gewinnrendite.

Diese Darstellung ist geradliniger und vernünftiger – um Aktien als teuer oder günstig zu beurteilen – als die Darstellung als KGV. Aktien und Anleihen konkurrieren um das Geld der Anleger, daher ist der Vergleich von Anleihenrenditen mit Aktiengewinnen plausibel. So würden viele Leute einen Markt mit einem KGV von 20 bereits als „teuer" bezeichnen. Was denken Sie über fünf Prozent Gewinnrendite? Wenn die Anleihenrenditen bei acht Prozent liegen, mag das unattraktiv sein, wenn sie jedoch bei drei Prozent sind, könnte das anders aussehen. Vergleichen Sie es mit den gegenwärtigen Anleihenrenditen.

Bevor Sie einen Markt oder eine Einzelaktie mit fünf Prozent Gewinnrendite im Vergleich etwa mit einer sechsprozentigen Bundesanleihe als unattraktiv bezeichnen, sollten Sie auch an die steuerliche Behandlung denken. Gewinnrendite sind effektiv die nachsteuerlichen jährlichen Kosten eines Unternehmens, zusätzliches Kapital durch Aktienverkäufe aufzunehmen. Was heißt das? Nun, da das KGV den Gewinn nach Steuern berücksichtigt, gilt dies auch für das GKV, also die Gewinnrendite. Ein Unternehmen kann zusätzliches Kapital aufnehmen, indem es Aktien verkauft oder indem es eine Unternehmensanleihe herausgibt. Die Zinsen für eine Unternehmensanleihe lassen sich jedoch unter steuerlichen Gesichtspunkten gegen den Gewinn aufrechnen. Die Unternehmensanleihe wird vor Steuern berechnet, die Gewinnrendite nach Steuern.

Nehmen wir an, die Aktie hat ein KGV von 20 und es handelt sich um ein Unternehmen mit durchschnittlicher Bonität, also um ein Rating von BBB für die Anleihe. Mitte 2006 hätte das Unternehmen eine zehnjährige Anleihe mit sechs Prozent Zinsen herausgeben können.[13]Bei angenommenen 33 Prozent Steuern werden aus diesen sechs Prozent nach Steuern vier Prozent. (Multiplizieren Sie für die Einberechnung der Steuerersparnis einfach sechs Prozent mit 1 – 0,33 = 0,67.) Die Gewinnrendite der Aktie liegt bei fünf Prozent, bereits abzüglich Steuern. Somit ist es zur Aufnahme von Kapital günstiger, eine Anleihe mit vier Prozent Kosten herauszugeben als eine Aktie mit fünf Prozent. Die Zinsen für Unternehmensanleihen müssten über 7,5 Prozent steigen, damit es für dieses Unternehmen mit KGV 20 günstiger würde, Kapital durch Herausgabe einer Aktie aufzunehmen. Das ist die Perspektive des Unternehmens.

Aus dem Blickwinkel des Anlegers sieht es etwas anders aus. Die Gewinnrendite muss sich nicht über dem nachsteuerlichen Anleihengewinn befinden, um Aktien attraktiver als Anleihen zu machen. Wenn man Aktien kauft, hofft man, dass die zukünftigen Gewinne aufgrund von Wachstum des Unternehmens größer sind. Aktien neigen insgesamt dazu, im Lauf der Zeit wachsendes Einkommen zu generieren, manchmal mehr und manchmal weniger. Die Zinsrate einer Anleihe ist fest. Man weiß, dass es keine Chance für eine Steigerung gibt. Egal wie lange Sie die Anleihe halten, Sie bekommen genau diese Zinsrate. Wer Aktien kauft, der kauft dagegen die zukünftige durchschnittliche Gewinnrendite, die vermutlich oberhalb der jetzigen liegt. Wenn Sie Aktien kaufen, entspricht die zukünftige durchschnittliche Gewinnrendite der jetzigen Rendite. Aus diesem Grund muss die jetzige Gewinnrendite nicht unbedingt höher als die Anleihenrendite sein, um Aktien relativ gesehen attraktiv zu machen.

War die Gewinnrendite des Aktienmarktes jemals höher als die Anleihenrendite? Ja, aber immer nur in einzelnen Jahren zwischendurch, und das gilt überall auf der Welt – und dies waren meist hervorragende Zeiten für den Besitz von Aktien. Wenn die Gewinnrendite über der Anleihenrendite liegt, sind Aktien im Verhältnis zu Anleihen stark unterbewertet. Übersetzung: Die Aktien sind relativ gesehen billig.

Die Zinsen für Unternehmensanleihen bewegen sich in Abhängigkeit von den Zinsen für Staatsanleihen. Fluktuationen im wesentlich größeren Markt für Staatsanleihen treiben die Veränderung von Unternehmensanleihen an. Abbildung 1.4 vergleicht die Gewinnrendite des Aktienmarktes mit der Rendite von Unternehmensanleihen. Man sieht, dass immer dann, wenn die Gewinnrendite sich der Anleihenrendite annäherte oder sie sogar überschritt, gute Zeiten für den Aktienmarkt folgten.

Haben Sie jemals eine Grafik gesehen, die Gewinnrendite und Anleihenrendite miteinander verglich? Vermutlich nicht. Es gibt sie, aber sie sind selten. Mein Unternehmen hat vermutlich mehr veröffentlicht als alle anderen zusammen. Der Vergleich der Gewinnrendite mit der Anleihenrendite liefert einen hervorragenden Vergleichsmaßstab, den Sie immer wieder benutzen können, um den relativen Wert von Aktien mit dem historischen Durchschnitt zu vergleichen. Nebenbei bemerkt sind die besten Zeiten für den Besitz von Aktien die, wenn sie billig sind, obwohl jeder sie für teuer hält. Seit 2002 ist die Gewinnrendite in den USA höher als die Anleihenrendite, das heißt Aktien waren im historischen Vergleich sehr billig – während die meisten Leute sie aufgrund des überdurchschnittlichen KGV für besonders teuer hielten. Wenn Sie aufgrund hoher KGV ausgestiegen wären, hätten Sie seit dem Tiefpunkt im Oktober 2002 bis zum Juni 2006 (wo ich dies schreibe) einen 75-prozentigen Anstieg des Weltmarktes verpasst.[14] Bedenken Sie, was beim letzten Mal geschah, als der Bärenmarkt Mitte der 80er seinen Tiefpunkt erreichte – es folgten Jahre überdurchschnittlichen Börsenwachstums, meistens im zweistelligen Bereich.[15]

Das ist noch nicht alles. Wir erinnern uns: Wenn etwas hier stimmt, dann gilt es auch für die meisten anderen entwickelten Länder. Überall auf der Welt liegen die Gewinnrenditen oberhalb der Anleihenrenditen, und zwar noch stärker als in den USA – auch das ist ungewöhnlich. Die Aktien sind in den letzten Jahren im Vergleich zu Anleihenrenditen billiger gewesen als in den zwei Jahrzehnten davor – weltweit (vgl. Abbildung 1.5).

In England und Deutschland kündigte eine Überschreitung der Anleihenrenditen durch die Gewinnrenditen immer eine Phase hoher Gewinne an der Börse an. Vor einiger Zeit hat auch in Japan die Gewinnrendite die Anleihenrendite überschritten, und die Aktienmärkte haben sich dort zuletzt deutlich erholt.

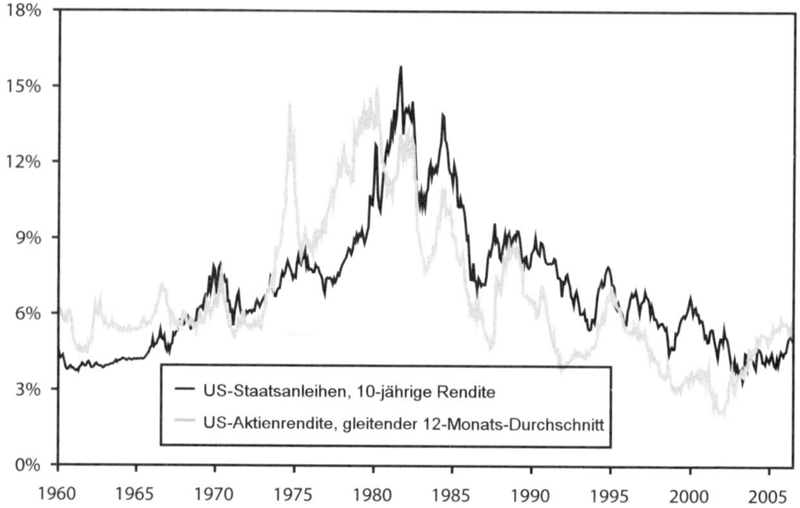

Abbildung 1.4: Rendite der zehnjährigen US-Staatsanleihen gegenüber der Gewinnrendite des Aktienmarktes.

Quelle: Global Financial Data.

Wenn Sie ganz und gar falsch liegen

Bislang haben wir Fälle von Mythen besprochen, in denen Anleger dazu neigen, kausale Korrelationen dort zu sehen, wo keine vorhanden sind. Wie steht es aber mit den Mythen, die so falsch sind, dass tatsächlich das Gegenteil zutrifft? Wenn Sie Frage eins stellen, wird sich manchmal herausstellen, dass Sie sich nicht nur geirrt, sondern ganz und gar falsch gelegen haben. Machen Sie sich keine Sorgen. Die Entdeckung, dass Sie falsch lagen und dass eigentlich das Gegenteil zutrifft, gibt Ihnen wieder eine gute Gelegenheit für eine Marktwette – und zwar eine vielversprechende, wissen Sie doch, dass viele auf das genaue Gegenteil dessen setzen, was Sie inzwischen erkannt haben.

Vielleicht fällt es Ihnen schwer, sich vorzustellen, dass Sie und die anderen Anleger so danebenliegen könnten. Es gibt aber tatsächlich Mythen in der fehlgeleiteten Doktrin der Anleger, die ihnen so lieb und teuer sind, dass es geradezu ein Sakrileg ist, sie in Frage zu stellen. Schon der Vorschlag, einen solchen Mythos zu untersuchen – und sei es nur, um seine Wahrheit zu bestätigen –, würde Entrüstung, Skandal und möglicherweise die Exkommunikation zur Folge haben. Diese Mythen, die im Anlegerkatechismus und in der Gesellschaft als heilig und unantastbar gelten und die daher niemand in Frage zu stellen wagt, stellen sich manchmal als so falsch heraus, dass das genaue Gegenteil zutrifft.

Das Heiligste überhaupt – der Mythos über das Haushaltsdefizit

Sie glauben, dass ein hohes Haushaltsdefizit schlecht ist. Das ist allgemein bekannt. Aber woher wissen wir das? Wir wissen es, weil jeder es weiß! So einfach ist das. Pauker, Punker, Patrioten – Penner, Politiker, Papageien – Papa, Brad Pitt und die Polizei: alle wissen es! Alle glauben es! Es gibt also überhaupt keinen Grund, diesen Glauben in Frage zu stellen. Ich meine: Wer zweifelt schon an Brad Pitt und der Polizei? – Somit handelt es sich um einen hervorragenden Kandidaten für Frage eins: Was glauben Sie, das in Wirklichkeit falsch ist? Noch besser ist es, das Problem auf den Kopf zu stellen und sich das Gegenteil zu fragen:

Ist ein hohes Haushaltsdefizit gut – auch und gerade für die Börse?

Vorsicht: Wenn Sie diese Frage zu laut stellen, könnte jemand mit einer Zwangsjacke kommen und Sie in eine schöne gepolsterte Zelle verfrachten. Der Glaube, ein Haushaltsdefizit sei schlecht, ist Teil unseres Weltbilds und unserer westlichen Kultur – es ist einfach unsere Bürgerpflicht! Wie schon gesagt hat „Defizit" dieselbe lateinische Wurzel wie „defizient" – und warum sollte man etwas in Frage stellen, das seit Tausenden von Jahren geglaubt wird? Weil es einfach falsch ist! Man hat uns allen als Kindern erzählt, dass Schulden schlecht und große Schulden geradezu unmoralisch sind. Nachdem wir den Truthahn aus Papier für Thanksgiving gebastelt hatten, gab's ein Cookie, ein Glas Apfelsaft und eine Predigt über die Unmoral von Schulden – und ab in die Falle!

Als Gesellschaft sind wir moralisch gegen Schulden eingestellt; in dieser Hinsicht haben wir uns von unseren puritanischen Vorvätern noch nicht allzu weit entfernt. Und ein Defizit erzeugt neue Schulden. Furcht vor einem Haushaltsdefizit ist nicht eine speziell amerikanische Einstellung. Die Bewohner anderer westlicher Staaten machen sich dieselben Sorgen über Haushaltsdefizite, oft sogar noch mehr als wir. Übrigens machen sie sich oft noch mehr Sorgen über unser Haushaltsdefizit als über ihr eigenes. Neugierige Leute! Wenn sie mehr Zeit darauf verwenden würden, den Kapitalismus zu verstehen, und weniger darauf, über amerikanische Schulden nachzudenken, hätten sie vielleicht ein besseres Wirtschaftswachstum. Aber das ist ein anderes Thema.

Ist diese Angst berechtigt? Wenn wir die letzten 15 Jahre anschauen, hat Amerika nur in vier Jahren einen Haushaltsüberschuss verzeichnet. Während dieser Jahre in den späten Neunzigern erreichte die Börse einen Höhepunkt, der einen Bärenmarkt und den Beginn einer Rezession einleitete. Die Rezession war kurzlebig und eher flach, aber der Bärenmarkt dauerte drei Jahre und führte zu großen Verlusten. Offensichtlich führte der Haushaltsüberschuss nicht zu einer guten Börsenentwicklung. Wenn es aber keine empirische Basis für die Hypothese gibt, dass ein Haushaltsdefizit schlecht für die Aktien ist, könnte dann das Gegenteil richtig sein?

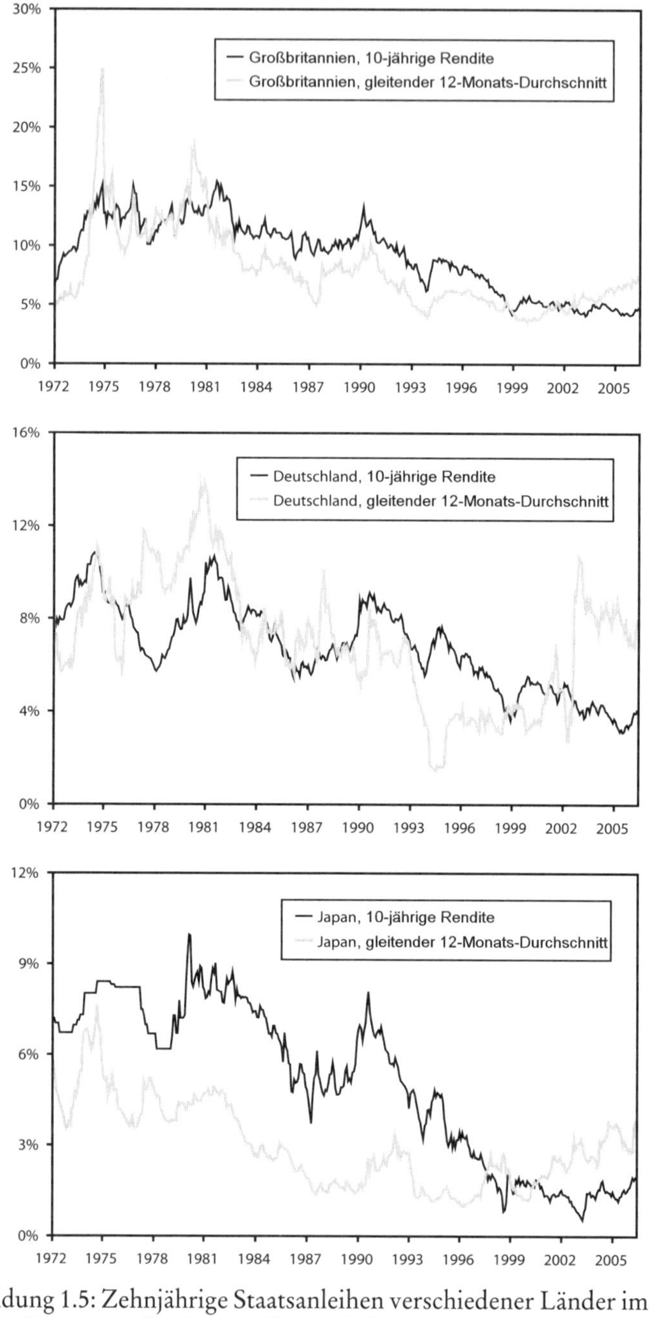

Abbildung 1.5: Zehnjährige Staatsanleihen verschiedener Länder im Vergleich mit der Gewinnrendite der jeweiligen Aktienmärkte.

Quelle: Global Financial Data.

Es sieht so aus. Abbildung 1.6 zeigt den Haushaltssaldo seit 1947 in Prozent des Bruttoinlandsprodukts (BIP). Oberhalb der waagerechten Linie handelt es sich um einen Haushaltsüberschuss, unterhalb um ein Haushaltsdefizit. Relative Höchst- oder Tiefststände wurden mit einem schwarzen Kreis markiert. Tatsächlich zeigt sich, dass Börsenergebnisse, die auf extreme Haushaltsdefizite folgten, höher als solche waren, die auf Überschüsse oder auf Zeiten abnehmender Defizite folgten.

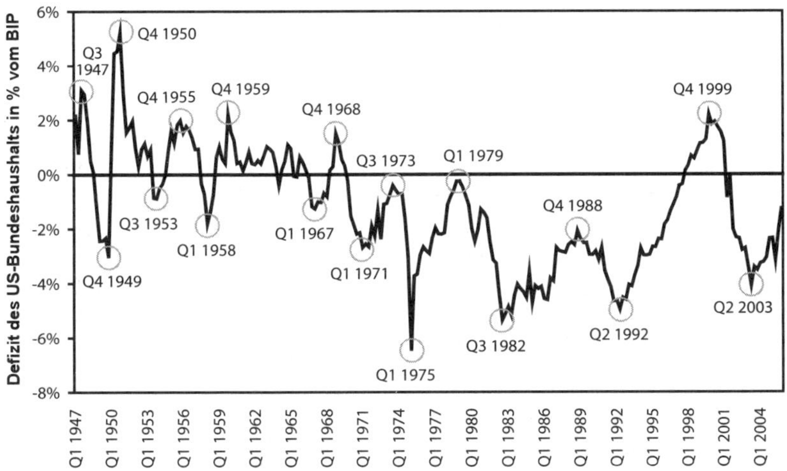

Abbildung 1.6: Haushaltsdefizite sind gut für die Börse.

Quelle: White House, Bureau of Economic Analysis.

Tabelle 1.2 zeigt die Preisentwicklung des S&P 500 nach den oberen oder unteren Wendepunkten des Haushaltssaldos (den schwarz eingekreisten Punkten). Vergleichen wir die jeweiligen Zwölf-Monats-Gewinne nach den Überschüssen mit denen nach den extremsten Defiziten. In welcher Welt würden Sie gerne leben? In derjenigen mit dem durchschnittlichen Gewinn von 22 Prozent oder in derjenigen mit dem durchschnittlichen Gewinn von 0,8 Prozent? Schauen wir uns nun die 36-Monats-Gewinne an. Diese grässlichen Defizite verschaffen Ihnen einen Gewinn von 36 Prozent im Vergleich zu 9,2 Prozent nach den Konsolidierungsphasen. Welch ein Horror! Die Wahrheit ist, dass jeder Investor, der seit 1947 zum Zeitpunkt eines extremen Budgetdefizits Aktien gekauft hat, in den folgenden ein, zwei oder drei Jahren sehr überdurchschnittliche Gewinne gemacht hat – sehr viel höhere, als wenn er sie zum Zeitpunkt des höchsten Überschusses gekauft hätte. In der auf einen Überschuss folgenden Zeit waren die Gewinne unterdurchschnittlich.

Beginnen Sie allmählich daran zu zweifeln, dass ein Haushaltsüberschuss das Beste für die Aktienentwicklung ist? Sie haben Recht! Wittern Sie die fiesen Machenschaften des GD? Wieder richtig! Haushaltsüberschüsse sind kein Allheilmittel. Sie führen zu schlechten Börsenzeiten, und Sie sollten sie daher nicht herbeiwünschen.

Auf den ersten Blick macht das nicht viel Sinn. Gewöhnlich gilt das Defizit als eine Art schwerer Anker, der an der Wirtschaft zieht; ist er zu schwer, droht sie unterzugehen. Als Konsumenten achten wir sorgfältig darauf, dass wir unser Konto nicht überziehen und glauben, die Regierungen sollten dasselbe tun. Viele Politiker erzählen ständig, dass das Haushaltsdefizit lieber heute als morgen gesenkt werden sollte. Kein Politiker sagt jemals, dass mehr Schulden gemacht werden sollten (obwohl viele Politiker Steuerkürzungen befürworten, die denselben Effekt haben können).

Töten wir die Blutsauger!

Kennen Sie den Ursprung des englischen Wortes politics (Politiker)? Ich helfe Ihnen. Es kommt vom griechischen poli (viele) und tics (kleine, blutsaugende Kreaturen). Wenn ein „poli-tic" nicht gerade aufsteht und verkündet: „Ich lüge, betrüge und stehle andauernd, um vorwärtszukommen", sollten Sie nichts, was er sagt, allzu ernst nehmen. (Man sieht es, wenn sie lügen – dann bewegen sie nämlich den Mund.) Sie werden geschockt sein. Vielleicht sind Sie ja mit einem „poli-tic" verheiratet? Kein Problem: Lassen Sie sich einfach scheiden! Vielleicht sind Sie selber einer? Tut mir leid – wir können nichts für Sie tun. Sie sind unheilbar geistig krank und brauchen ein anderes Buch.

Die Menschen haben Schwierigkeiten mit diesem Punkt. Sie verabscheuen es, wenn so ein nutzloser „poli-tic" Sachen sagt, die ihnen ideologisch nicht in den Kram passen. Dann ist es ihnen klar, dass er unehrlich und ein Schleimer ist; wenn ihre Tochter ihn heiraten wollte, würden sie sofort einen erstklassigen Psychologen engagieren. Doch wenn ein anderer „poli-tic" Sachen sagt, die einem ideologisch gefallen, glaubt man nicht so leicht, dass er lügt wie gedruckt (auch hier: sobald der Mund sich bewegt ...). Natürlich ist das nur meine Meinung. Vielleicht irre ich mich.

„Poli-tics" sind in der Regel keine Kenner der Kapitalmärkte. Sehr oft sind sie Anwälte (mit einigen Ausnahmen – wie die Präsidenten Eisenhower, Carter, Reagan oder Bush. Oder auch Arnold Schwarzenegger). Man sollte daher nicht erwarten, dass sie Experten für Finanzen oder Wirtschaft sind. Möglicherweise sind sie ganz anständig, bis sie nach Washington gehen, aber sie sind eben keine Experten für Märkte und Wirtschaft – und sie werden niemals die drei Fragen benutzen! „Poli-tics" denken nie darüber nach, wann sie sich irren, wie sie erkennen können, was andere nicht erkennen, oder wie man merkt, wenn das eigene Gehirn einen irreführt. „Poli-tics" könnten die drei Fragen nicht anwenden, wenn ihr Leben davon abhinge. (Vielleicht habe ich in den letzten Abschnitten ein bisschen Komödie gespielt und übertrieben; aber Sie werden mit Sicherheit besser anlegen und nachts ruhiger schlafen, wenn Sie 97 Prozent von dem, was Politiker sagen, überhaupt nicht registrieren.)

Es ist kein Zufall, dass ein Haushaltsdefizit gut für die Börse ist. Wirtschaftlich gesehen macht das Sinn, wenn man Schulden und Defizite richtig versteht. (Darüber mehr in Kapitel 6.) Für den Moment gehen wir einfach mal davon aus, dass Haushaltsdefizite gut und Überschüsse schlecht für die Börse in den USA sind. Wenn das stimmt, sollte es auf ähnliche Art auch für andere entwickelte Märkte zutreffen; dieser Vergleich ist ein guter Trick, den man immer anwenden kann. Und tatsächlich sehen wir im Ausland dasselbe.

Hochs		darauf folgende S&P500-Entwicklung		
Date		12 mo	24 mo	36 mo
Q3 1947	annualisiert	2,6%	1,6%	8,8%
	kumuliert	2,6%	3,2%	28,8%
Q4 1950	annualisiert	16,5%	14,1%	6,7%
	kumuliert	16,5%	30,2%	21,6%
Q4 1955	annualisiert	26,4%	13,9%	3,6%
	kumuliert	26,4%	29,7%	11,1%
Q4 1959	annualisiert	-3,0%	9,3%	1,8%
	kumuliert	-3,0%	19,5%	5,4%
Q4 1968	annualisiert	-11,4%	-5,8%	-0,6%
	kumuliert	-11,4%	-11,3%	-1,7%
Q3 1973	annualisiert	-41,4%	-12,1%	-1,0%
	kumuliert	-41,4%	-22,7%	-2,9%
Q1 1979	annualisiert	0,5%	15,7%	3,3%
	kumuliert	0,5%	33,9%	10,2%
Q4 1988	annualisiert	27,3%	9,0%	14,5%
	kumuliert	27,3%	18,9%	50,2%
Q4 1999	annualisiert	-10,1%	-11,6%	-15,7%
	kumuliert	-10,1%	-21,9%	-40,1%
Annualisierter Durchschnitt		0,8%	3,8%	2,4%
Kumulierter Durchschnitt		3,5%	8,8%	9,2%

Tiefs		darauf folgende S&P500-Entwicklung		
Date		12 mo	24 mo	36 mo
Q4 1949	annualisiert	21,8%	19,1%	16,6%
	kumuliert	21,8%	41,8%	58,6%
Q4 1953	annualisiert	45,0%	35,4%	23,4%
	kumuliert	45,0%	83,3%	88,1%
Q1 1958	annualisiert	31,7%	14,7%	15,6%
	kumuliert	31,7%	31,4%	54,5%
Q1 1967	annualisiert	0,0%	6,1%	-0,2%
	kumuliert	0,0%	12,5%	-0,6%
Q1 1971	annualisiert	6,9%	5,4%	-2,1%
	kumuliert	6,9%	11,2%	-6,3%
Q1 1975	annualisiert	23,3%	8,7%	2,3%
	kumuliert	23,3%	18,1%	7,0%
Q3 1982	annualisiert	37,9%	17,4%	14,8%
	kumuliert	37,9%	37,9%	51,2%
Q2 1992	annualisiert	10,4%	4,3%	10,1%
	kumuliert	10,4%	8,9%	33,5%
Q2 2003	annualisiert	19,1%	6,3%	26,6%
	kumuliert	19,1%	8,6%	37,6%
Annualisierter Durchschnitt		21,8%	13,0%	11,9%
Kumulierter Durchschnitt		21,8%	28,2%	35,9%

Tabelle 1.2: Aktienentwicklung nach Extremen des Haushaltssaldos.

Quelle: Global Financial Data.

Auch in anderen entwickelten Märkten folgten auf Haushaltsdefizite gute Zeiten für die Börse, während auf Überschüsse schlechtere Zeiten folgten. Dies ist ein wirtschaftspolitischer Tatbestand. Wir schauen uns nur die Fakten an und ermutigen jeden, dasselbe zu tun. Viele Leute, die ihre Voreingenommenheit lähmt, werden die irrigen Vorstellungen nie los; sie können die Wahrheit nicht sehen, wenn sie direkt vor ihrer Nase ist. Doch man muss sich immer fragen, ob das, was man glaubt, nicht in Wirklichkeit falsch ist.

Was ist mit den anderen Defiziten?

Das Haushaltsdefizit ist nicht das einzige Defizit, das als Schreckgespenst benutzt wird, um Anleger schlottern zu lassen. Das gefürchtete „Dreifach-Defizit" wird immer wieder in panischen Überschriften beschworen. Wenn ich Ihnen erzähle, dass das Haushaltsdefizit nicht schlecht für die Börse ist, werden Sie vielleicht mit Ablehnung, Ärger und schließlich mit einer Veränderung des Blickwinkels reagieren – immerhin gibt es noch die anderen Defizite, wie das Handelsbilanz- und das Leistungsbilanzdefizit. Wie oft haben Sie das nicht gehört! Sie haben auch gehört, dass sie schlecht für den Dollar sind.

Wir schauen uns diese Aussagen in Kapitel sechs und sieben an, aber ich verrate jetzt schon mal, dass beide Defizite weder schlecht für die Börse noch für den Dollar sind. Es handelt sich um weitere Beispiele für etwas, das jeder glaubt, aber das nicht stimmt. Sie haben es gehört, haben es akzeptiert, daran geglaubt und sind jedes Mal zusammengezuckt, wenn wieder einmal ein neuer Rekord des Handelsbilanzdefizits verkündet wurde – haben Sie sich ein einziges Mal gefragt, ob das wirklich stimmt, und sich überlegt, es zu überprüfen? Falls sich alle irrten und Handelsbilanz- und Leistungsbilanzdefizit nicht schlecht für die Börse und den Dollar wären, müsste die Stimmung sehr optimistisch sein – immerhin gäbe es dann ein Problem weniger, das für viele Leute eine enorme Belastung ist. Wie Forrest Gump sagen würde: „Ein Weniger-Ding!" Auch das ist etwas, das andere nicht wissen und das Sie wissen können.

Alles ist relativ relativ

Einer der Gründe dafür, dass Anleger sich wegen Haushalts-, Handels- und anderen Defiziten so viele Sorgen machen, besteht darin, dass sie häufig vergessen, relativ zu denken (ein kognitiver Fehler). Sie hören beispielsweise, dass wir im Jahr 2006 geschätzte 423 Milliarden Dollar Haushaltsdefizit haben werden.[16] „Ach du Schreck! Das ist ne Menge Knete!", denken sie sich. „So viel Geld habe ich nicht. So viel Geld hat nicht mal Bill Gates!" Redakteure und Nachrichtensprecher geißeln diejenigen, denen sie die Schuld geben, indem sie Worte wie „Rekord-", „atemberaubend" oder „unverantwortlich" verwenden, um die Größe des Defizits zu beschreiben. Nun ja. Natürlich klingt es hoch. Aber nehmen wir das auch richtig wahr?

Um richtig zu urteilen, müssen wir als Erstes immer die Größenordnung beachten. Wir müssen das Haushaltsdefizit als Prozentsatz unserer gesamten

Wirtschaftsleistung sehen. Wenn Sie 423 Milliarden Dollar für viel halten, was denken Sie über 13 Billionen Dollar? Das ist die Größe von Amerikas Bruttoinlandsprodukt (Stand: Juli 2006).[17] Das Haushaltsdefizit beträgt also nicht mehr als 3,25 Prozent unseres nationalen Einkommens. Noch wichtiger ist, dass es auch in Bezug auf den historischen Durchschnitt nicht besorgniserregend ist. Die Medien erwähnen dies jedoch nicht, weil sie Sie für vernünftig halten und wissen, dass Sie sich über ein Haushaltsdefizit von 3,25 Prozent unseres gesamten Einkommens nicht aufregen werden.

Das gilt nicht nur für Defizite. Immer, wenn die Medien einen mit riesigen Zahlen erschrecken wollen, sollte man diese ins Verhältnis setzen. Ein anderes Schreckgespenst sind die Kosten des Irakkriegs, die 80 Milliarden Dollar pro Jahr (inkl. des Einsatzes in Afghanistan) betragen[18] und von denen behauptet wird, sie würden unsere Wirtschaft ruinieren, das Wachstum für Jahre blockieren und wieder eine Ära der Stagnation und Inflation hervorrufen, komplett mit Koteletten, Polyester und schlechter Diskomusik. Igitt! Die Medien wollen, dass Sie sich an ihrem Frühstücksmüsli verschlucken und rufen: „80 Milliarden! Ich schreibe an meinen Senator. Das ist es nicht wert.“ Erstaunlicherweise stieg der Markt, ausgehend von einem relativen Tiefpunkt direkt vor dem Ausbruch des Irakkriegs 2003, um 41 Prozent und beendete das Jahr mit insgesamt 29 Prozent im Plus.[19] Der Weltmarkt entwickelte sich im selben Jahr noch besser, er stieg um 33 Prozent.[20]

Es geht mir hier nicht darum, den Sinn oder Unsinn des Irakkriegs oder des „Kriegs gegen den Terror“ zu kommentieren. Das ist nicht meine Sache. Ob gut oder schlecht als Außenpolitik – der Markt wusste etwas, von dem die Medien und die meisten „Poli-tics“ nicht wollten, dass Sie es erfahren: 80, 100 oder selbst 200 Milliarden pro Jahr – falls er am Ende wirklich soviel kostet – ist einfach nicht allzu viel verglichen mit der Größe der amerikanischen Wirtschaftsmaschine. Wir müssen auch daran denken, dass die USA nur ein kleiner Teil einer viel größeren Welt ist, deren Bruttoinlandsprodukt sich meistens in dieselbe Richtung bewegt wie das der USA. Wir werden später in weltweiten Dimensionen denken, aber dadurch werden die Zahlen noch größer werden. Wenn wir es mit großen Zahlen zu tun haben, die unser Gehirn immer als gefährlich empfindet, müssen wir sie ins Verhältnis setzen. Klug oder dumm, die Kosten des Irakkriegs machen für die Wirtschaft einfach keinen großen Unterschied, weil es sich um einen kleinen Prozentsatz des amerikanischen Bruttoinlandsprodukts und einen noch kleineren, winzigen Prozentsatz des weltweiten Bruttoinlandsprodukts handelt.

Hinterfragen Sie alles, was Sie wissen

Um erfolgreich anzulegen, müssen Sie alles in Frage stellen, was Sie zu wissen glauben – insbesondere das, wovon Sie felsenfest überzeugt sind. Frage Nummer eins gibt Ihnen ein Mittel an die Hand, um manche grundlegenden Fehler zu vermeiden. Die Fähigkeit, Fehler zu vermeiden, ist entscheidend für erfolgreiches Investieren. Wenn Sie die Mythologie untersuchen und falsche Schlüsse entdecken, sollten Sie es nicht bei einer einmaligen Korrektur ihrer Strategie belassen und dann nicht mehr daran denken. Investieren ist eine angewandte Wissenschaft, nicht ein Handwerk. Wenn man eine Hypothese verifiziert hat, darf man dennoch nicht glauben, man könne die Ergebnisse immer und überall anwenden und die gleichen Resultate erzielen. Der GD ist ein Gegner, der sich immer wandelt, so dass man seine eigenen Hypothesen immer wieder überprüfen muss.

Das Wissen, dass ein großes Haushaltsdefizit gute Zeiten für die Börse ankündigt, ist ziemlich schockierend, aber unzweifelhaft wahr. Eines Tages, in einem künftigen Universum, könnte die investierende Öffentlichkeit diesen Mythos ablegen und verstehen, dass die ganze Welt sich diesbezüglich geirrt hat. Sollte das passieren, haben Sie Ihren Vorteil verloren. Dann wissen Sie nicht mehr etwas, das die anderen nicht wissen. Wenn jeder weiß, dass Haushaltsdefizite freudig begrüßt statt ausgepfiffen werden sollten, wird der Markt das bereits einpreisen. Indem Sie Frage eins benutzen und Ihre Investmentstrategie immer wieder überprüfen, werden Sie in einem solchen Fall, der allerdings sowieso unwahrscheinlich ist, nicht unangenehm überrascht werden.

Vielleicht sagen Sie (und der Einwand ist verständlich): „Wenn Sie in diesem Buch erzählen, dass das KGV nichts über die zukünftige Aktienentwicklung aussagt und ein Haushaltsdefizit optimistisch und nicht pessimistisch zu beurteilen ist, wird es dann nicht die ganze Welt wissen? Wird mein Vorteil damit nicht wirkungslos?“ Wenn die Welt diese Tatsachen erkennt, dann könnte man mit ihrer Hilfe nicht mehr den Markt schlagen, denn der Markt beachtet alle weithin bekannten Informationen und preist sie ein. Nur mit Hilfe von etwas, was die anderen nicht wissen, lässt sich der Markt schlagen. Doch ich wette, dass dies im Jahr 2007 nicht passieren wird. Ich vermute, die meisten Leser dieses ersten Kapitels werden die Ideen über das KGV und das Defizit für so verrückt halten, dass sie sie ignorieren und wieder auf den Mythos zurückfallen werden. Das ist einfach und bequem. Die meisten Anleger werden dieses Buch sowieso nie zu Gesicht bekommen, und von denen, die es kaufen, wird die Hälfte es nicht lesen. Selbst von denen, die es lesen, wird die Hälfte nicht über dieses Kapitel hinauskommen, bevor sie das Buch wütend zuklappt. Sie werden die Wahrheit zurückweisen, die Mythologie bevorzugen und mich für dumm halten. Ich hoffe das sogar, denn wenn ich sehe, dass die Leute mich für dumm und ahnungslos halten, weiß ich, dass ich diese Erkenntnisse noch lange verwenden kann. Wenn sie dagegen die meisten dieser Tatsachen akzeptieren, muss ich mir etwas Neues einfallen lassen, um den anderen voraus zu sein.

Während der Aufsatz von Campbell und Shiller weltweit bekannt wurde, weil er die übliche Mythologie zu stützen schien, gehen Untersuchungen, die gegen die Mythen der Finanzwelt sprechen, meistens unter wie ein Stein, den man in einen See wirft – außer ein paar Wellen, die sich ausbreiten und schließlich verschwinden, bleibt nichts davon übrig. Dies ist nicht das erste Mal, dass ich über den Mythos betreffend hohe KGV schreibe. Ich habe damit vor zehn Jahren angefangen. Ich wette, er wird in fünf und sogar in zehn Jahren immer noch ebenso verbreitet sein wie jetzt, und Sie können immer noch mit Erfolg darauf setzen. Natürlich kann ich mich irren, dann müssen Sie eben zum nächsten Mythos greifen. That's life.

Der wirkliche Vorteil von Frage eins ist, dass man mit ihrer Hilfe immer etwas wissen kann, das die anderen nicht wissen – ohne sie hätte man sich geirrt, wäre aber zugleich fest von seiner Meinung überzeugt gewesen. Wenn Sie diesen Kniff einmal gemeistert haben, können Sie sich selbst mit seiner Hilfe immer weiter entwickeln. Sie können immer wieder Dinge lernen, die andere nicht wissen, und dabei Ihre eigene Tendenz Fehler zu machen allmählich verringern.

Die Entdeckung von neuem Investmentwissen ist ein Nebeneffekt von Frage eins – ein glücklicher Zufall. Wenn Sie gezielt nach Wissen suchen wollen, das andere nicht besitzen, müssen Sie Frage zwei anwenden: Was können Sie sich vorstellen, das andere unvorstellbar finden? Warum man sich mit dieser Frage beschäftigen sollte, können die meisten Leute gar nicht verstehen – doch genau das wollen wir nun in Kapitel zwei tun.

Anmerkungen

1 Investment Company Institute and The Securities Industry Association (www.ici.org): Equity Ownership in America, 2005, S. 7.
2 John Y Campbell und Robert J. Shiller: Valuation Ratios and the Long-Run Stock Market Outlook. Journal of Portfolio Management (4/1998), S. 11-26.
3 Kenneth L. Fisher und Meir Statman: Cognitive Biases in Market Forecasts. Journal of Portfolio Management (3/2000), S. 72-81.
4 Alfred Cowles III u.a.: Common Stock Indexes, 2. Aufl., Bloomington, IN: Principia Press 1939.
5 Siehe Fußnote 2.
6 Siehe Fußnote 2.
7 Siehe Fußnote 2.
8 Als Meir Statman und ich die Zahlen aus den Jahren 1872 bis 1999 für unsere bereits erwähnte Studie im Jahr 2000 (siehe Fußnote 3) überprüften, fanden wir ein R-Quadrat von 0,26 – statistisch immer noch Zufall.
9 Wenn Sie Zahlen und Statistik mögen, empfehle ich Ihnen eine anderen wissenschaftlichen Artikel, den ich zusammen mit Meir Statman in der Sommerausgabe 2006 des Journal of Investing veröffentlichte; dort listen wir die Zahlen für England, Deutschland und Japan auf.
10 Daniel Kahneman und Amos Tversky: Prospect Theory: An Analysis of Decision Under Risk. Econometrica 47, 2 (1979), S. 263-292.
11 Richard H. Thaler, Amos Tversky, Daniel Kahneman und Alan Schwarts: The Effect of Myopia and Loss Aversion on Risk Taking: An Experimental Test. Quarterly Journal of Economics (Mai 1997), S. 647-661.
12 Daniel Kahneman, Paul Slovic und Amos Tversky: Judgment Under Uncertainty. Heuristics and Biases. New York: Cambridge University Press 1982, S. 480-481.
13 Bloomberg Fair Market Composite 10-year BBB-rated corporate bond index, Juni 2006.
14 Global Financial Data: S&P 500 Gesamtertrag, 9. Okt. 2002 bis 30. Juni 2006.
15 Global Financial Data: Gesamterträge des S&P 500 für die Jahre 1982 bis 1989 waren 22 Prozent, 23 Prozent, 6 Prozent, 32 Prozent, 19 Prozent, 5 Prozent, 17 Prozent und 32 Prozent.
16 Office of Management and Budget: Overview of the President's 2007 Budget. http://www.whitehouse.gov/omb/pdf/overview-07.pdf (Einsicht am 30. Juni 2006).
17 U.S. Department of Commerce, Bureau of Economic Analysis: „National Economic Accounts". http://www.bea.gov/bea/dn/nipaweb/TableView, asp?SelectedTable=-5&FirstYear=2005&LastYear=2006&Freq=Qtr (Einsicht am 28. Juli 2006).
18 Congress of the United States, Congressional Budget Office: „The Budget and Economic Outlook: Fiscal Years 2007 to 2016". http://www.cbo.gov/showdoc.cfm?index=7027&sequence=0 (Einsicht am 4. Mai 2006).
19 Global Financial Data: Gesamtertrag des S&P 500.
20 Thomson Financial Datastream: MSCI World Nettoentwicklung für das Jahr 2003.

2.

Was können Sie sich vorstellen, das andere unvorstellbar finden?

Sich das Unvorstellbare vorstellen

Sich das Unvorstellbare per Definition vorzustellen, scheint unvorstellbar; daher probieren es die meisten Menschen gar nicht. Man benötigt dafür jedoch wie für die Beantwortung von Frage eins kein abgeschlossenes Studium, keine Über-Gene und keine magischen Superhelden-Fähigkeiten. Alles, was man braucht, ist Frage zwei: Was kann ich sehen, das andere nicht sehen? Je mehr man fragt, desto mehr kann man sehen. Da die einzige Basis für eine Marktwette darin besteht, etwas zu wissen, was die anderen nicht wissen, liefert diese Frage die zweite Grundlage für eine Wette. Fragen Sie sich selbst: Was weiß ich, was andere nicht wissen? „Na ja ... nichts!", werden Sie wahrscheinlich sagen. Dies wird die Antwort der meisten Menschen sein.

Lassen Sie sich nicht entmutigen. Sie werden mit Frage zwei nicht so häufig bombardiert wie mit Frage eins. Wir werden täglich mit Investment-Nonsens überhäuft. Etwas zu entdecken, was andere nicht wissen, ist kein „Heureka!"-Moment. Es ist nicht wie der Apfel, der Newton auf den Kopf fällt. Es ist, was nachher passierte, als Newton fragte: „Wie zum Henker ist das wohl passiert?", und darüber nachdachte, was für Gewalten hier im Spiel waren – Naturgewalten oder dunkle Mächte. Es ist die Besinnung in einem Ruheraum, weitab vom unaufhörlichen Lärm der Märkte und Medien, wenn Sie darüber nachdenken, ob Faktor Q möglicherweise Ergebnis Y auslösen könnte, während die anderen darüber jammern, dass X Y auslöst. Die Welt beharrt darauf, dass hohe KGV der Grund für schlechte Aktienpreise sind (das ist normalerweise falsch), dass Defizite schlecht für Aktien sind (falsch, immer nur in westlichen Ländern der Fall), dass man gegen die Fed nicht angeht (zur Hälfte falsch), und dass hohe Handelsdefizite der Grund für einen schwachen Dollar sind (völlig falsch).

Um etwas zu wissen, das den anderen unbekannt ist, drehen Sie den Lärmpegel einfach herunter und überlegen: Wenn alles, von dem behauptet wird, es beeinflusse die Währungsmärkte, genau das nicht tut – was beeinflusst sie dann? (Mehr dazu in Kapitel 7.) Und wenn ich nicht gegen die Fed angehen soll, kann mir dann eine Ertragskurve überhaupt irgendetwas über Aktien sagen? Oder muss ich sie aus einem anderen Blickwinkel betrachten? Darüber denke ich nach. Nachdenken macht Spaß.

Nachdenken macht Spaß

Angenommen, niemand kennt den Grund für Ergebnis Y. Wenn jeder weiß, dass der Grund weitgehend unbekannt ist, wird sich wahrscheinlich niemand die Mühe machen, über den Grund für Y nachzudenken, da alle es für Zeitverschwendung halten. In unserer heutigen Welt, in den USA und woanders noch mehr, behandeln normale Menschen etwas, das ihnen unbegreiflich erscheint, wie einen Aussätzigen. Diese Bereiche sind besonders geeignet für Nachfragen, denn sie sind noch unberührt.

Fehlanwendung von Frage zwei kann zu zeitaufwendiger Recherche in den gängigen Medien führen. Kunden mailen mir oft Artikel, die ihrer Meinung nach wichtig für unsere Investmentstrategie sind. Es ist ja nett, dass sie sich so bemühen, doch durch die Wunder der Massenproduktion und Elektronik umgeben uns ständig alle möglichen Medien. Ob das Mainstream-Medien sind wie das *Wall Street Journal*, die *New York Times*, *Barron's*, *The Economist*, die *Washington Post*, der *Miami Herald* oder unwichtigere Quellen wie der *Zwieseler Zwiebelschäler* oder *Invest Romania*. Direkt oder indirekt über ein Zwischenmedium wie den Drudge Report oder den Blog des kleinen Bruders – es wird uns aus allen Richtungen reingestopft. Ihr Investmentvorteil wird nicht in leicht verwertbarer Form auf der Titelseite einer Zeitung, in den Abend-Fernsehnachrichten, einem Blog oder einem E-Mail-Newsletter auftauchen. Egal wie versteckt ein Artikel ist, wie unwichtig ein Blog – wir befinden uns in einer schnelllebigen Welt. Ihr Investmentvorteil wird Ihnen relativ sicher genommen, bevor Sie ihn überhaupt haben. Verzweifeln Sie nicht, die allgegenwärtigen Medien können Ihnen dabei helfen, etwas zu finden, von dem niemand weiß. Dazu müssen Sie nur ihre Äonen währende Verhaltenskonditionierung vergessen! Hier steht, wie Sie das am besten machen.

Ignorieren Sie den Stein in den Büschen

Vor tausenden von Jahren schlossen sich unsere Vorfahren zu Gruppen zusammen, um vor anderen Stämmen und großen, wilden Tieren sicher zu sein. Wenn es dunkel wurde, sammelten sie sich um Lagerfeuer, um Wärme, Schutz und gelegentlich einen gegrillten Mammutburger zu genießen. Am warmen Feuer erzählten sie sich Geschichten von der Jagd und den Stammesmythen und gaben so ihre Kultur an nachfolgende Generationen weiter. In einer schönen Nacht, warm und Mammut gesättigt, fühlten sie sich sicher und gut und malten sich ihre Zukunft in leuchtenden Farben aus. Plötzlich reißt sie ein lautes, unerwartetes Geräusch aus ihrer Sicherheit. Sofort schauen alle instinktiv nach, woher das Geräusch kommt – aus den Büschen – und stellen sich auf ein hässliches, bedrohliches Ereignis ein. Vielleicht den Angriff eines rivalisierenden Stammes, ein Löwe, eine Stampede einer Herde Wildtiere. Jedes Ohr und jedes Auge wird genau auf den Lärm fokussiert, um die Anzahl von Menschen, die eine Bedrohung identifizieren und wenn möglich abwenden können, zu maximieren.

Wenn Sie einem anderen Stamm angehören und eine Gruppe auf dem Kriegspfad anführen, die das Lager angreift, was würden Sie machen? Es wäre schlau, einen Stein zu werfen oder sonstwie Lärm zur Ablenkung zu machen und dann aus einer anderen Richtung anzugreifen. Eine Horde wilder Tiere würde das natürlich nicht tun. Aber für das Lager wäre – für den Fall eines Überraschungsangriffs cleverer Räuber – eine hoch entwickelte, militärische Antwort, dass einige Leute nicht zum Lärm schauen, sondern woandershin, in die Dunkelheit, um einen Überraschungsangriff zu erspähen. Das Problem? Keine Gruppe von Menschen verhält sich so, außer sie sind hervorragend organisiert. Man hört ein Geräusch im Dunkeln und wendet sich ihm zu. Gehen Sie zelten und probieren Sie's aus. Instinktiv wendet man sich dem Geräusch zu und nicht davon ab. In der Steinzeit rettete dieser Instinkt viele Menschen vor den Naturgewalten. Wir sind von zehntausenden Jahren Evolution darauf gedrillt, uns dem Geräusch zuzuwenden, und reagieren instinktiv, um in der Gruppe unsere Augen und Ohren zu vereinen und gemeinsam loszuschlagen.

Vermutlich werden einige männliche Leser sich jetzt auf die Brust klopfen und sagen: „Ich entwickelt. Ich fortgeschritten. Ich modern. Ich würde in die andere Richtung schauen, die Frauen und Kinder retten, zum Stammesoberhaupt gewählt werden, viele Frauen haben und viele Mammuts futtern." Viele Leserinnen werden wohl die Hand vor den Mund nehmen und sagen: „Ich zu Kind gucken, heranziehen um zu retten. Nicht zum Geräusch schauen." Beide Gruppen lägen falsch. Wenn Sie das nächste Mal ein unerwartetes Geräusch hören, prüfen Sie ihre instinktive Reaktion. Ich garantiere Ihnen, dass Sie zum Geräusch schauen werden. Wenn nicht, sind Sie ein wirklich seltsamer Kerl. Derjenige, der sich am sichersten ist, dass er es nicht tun wird, wird am schnellsten zum unbekannten Geräusch schauen. Der seltene Vogel, der sich nicht dem Geräusch zuwendet, denkt darüber nicht nach. Um zu wissen, was Ihre Mitinvestoren nicht wissen, müssen Sie überall dahin blicken, wo niemand anders hinschaut. Sie müssen trainieren, nicht zum Geräusch zu schauen. Stattdessen sollten Sie wegschauen, wann immer alle in eine Richtung schauen, ob Sie etwas hören oder nicht – dorthin, wo niemand hinsieht.

Nutzung der Medienmaschinerie

Sie könnten versucht sein, die Medien insgesamt zu ignorieren, da alles, was Sie lesen oder hören, entweder falsch oder bereits im Markt eingepreist ist. Diese Sichtweise erscheint nicht unlogisch, doch sie ist falsch. Meiden Sie die Massenmedien auf keinen Fall, denn sie sind Ihr Freund und Verbündeter auf Ihrem Investmentfeldzug, um zu wissen, was andere nicht wissen. Die Medien sind eine Herabstufungsmaschine; Sie müssen lesen, schauen und hören, was die Medien sagen, um zu wissen, worauf das allgemeine Interesse gerichtet ist. Dann wissen Sie genau, was Sie ignorieren können und wo Sie wegschauen können, um Ihr Interesse woanders hinzulenken. Was die anderen auch beunruhigt, Sie müssen sich nicht sorgen, denn DIE tun das für Sie, als Service, und man muss noch nicht einmal Geld dafür bezahlen. Es ist gratis. Ein solch einfaches Konzept ist für Herdentiere wie uns Menschen schwer zu verstehen. Aber jeder kann diese Fähigkeit trainieren.

Ich habe Ihnen beispielsweise schon erklärt, dass die kollektive Effekthascherei über die so genannten Dreifach-Defizite Unsinn ist. Vielleicht glauben Sie mir nicht, aber ich habe es Ihnen erklärt. Sie wissen auch, dass fast jeder Anleger hohe KGV falsch interpretiert. (Wir werden in späteren Kapiteln weitere allgegenwärtige Mythen aufdecken; Sie verstehen die Richtung.)

Aufmerksam zu verfolgen, was die Medien berichten und dann das Irrelevante zu verwerfen, wird Sie vor dem Herdentrieb bewahren und Ihnen erlauben, neue Wege zu beschreiten.

Zu vermeiden, von der Herde niedergetrampelt zu werden, klingt einfach – beobachten Sie, wohin sie flieht und gehen Sie ihr aus dem Weg. Doch wenn es so einfach wäre, gäbe es den Ausdruck „Herdentrieb“ nicht. Er würde dann „ruhiger, unaufdringlicher, zwangloser, willst du mit uns über diese Klippe springen, wenn du magst, wenn nicht, kein Problem-Trieb“ heißen. Wissen Sie noch, wie das war, als Ihre Mutter Sie fragte, ob Sie von einer Brücke springen würden, nur weil der coole Jimmy das tat? Sie würden natürlich nicht springen, aber Sie könnten im falschen Moment Small-Caps kaufen, wenn Ihre Pokergruppe sich lange genug lustig über Sie macht, weil Sie nicht gekauft haben, als die Gruppe zugriff. Die anderen prahlen damit, was sie für Unsummen verdienen – und Sie sitzen da mit Ihrem lausigen Portfolio und fühlen sich wie der letzte Trottel.

In meiner Kolumne, die im März 1995 in *Forbes* unter dem Titel „Advanced Fad Avoidance“[1] erschien, beschrieb ich, wie man es am besten schafft, nicht mit der Herde mitzulaufen. Die Ratschläge gelten noch immer, daher wiederhole ich meine vier Schritte zur Trend-Umgehung hier:

1. „Wenn die meisten Ihrer Bekannten bei der Einschätzung einer Preisbewegung oder bei den Auswirkungen eines Ereignisses mit Ihnen übereinstimmen, ist das keine Bestätigung, dass Sie Recht haben. Es ist eine Warnung. Sie irren sich. Um Recht zu haben, muss man allein sein und dazu bereit, dass andere einen als verrückt ansehen.“ Das stimmt immer noch. Viele Menschen denken, ich wäre verrückt. Es ist okay, wenn Menschen Sie für verrückt halten. Das tut nicht weh. Mit dem Aufschwung des Internets und von Blogs bin ich es gewohnt, dass meine Artikel und Kolumnen von Menschen gelesen werden, die vernichtende Kritiken meiner besten Arbeiten schreiben. (Natürlich haben sie manchmal Recht, wenn ich nicht Recht habe, aber was auch immer sie von mir denken, ist mir völlig egal.) Ich bin darauf trainiert, zu ignorieren was Menschen, die ich nicht sehr gut kenne, über mich oder meine Arbeit denken. Wenn meine Frau meinetwegen aufgebracht ist, nehme ich das ernst. Sie kennt mich, meine Stärken und Schwächen, und möchte, dass es mir gut geht. Familie, Freunde und Kollegen ebenfalls. Wenn Sie nicht zu diesen Menschen gehören und ungehalten über mich sind, Ihnen etwas, was ich gesagt habe, nicht gefällt – kritisieren Sie mich ruhig, aber Sie bewegen sich in einer emotionalen Wüste. Sie

können sich so schulen, dass auch Sie diese emotionale Wüste besitzen. Was die meisten Menschen über Sie denken, ist Ihnen egal. Wenn die anderen denken, Sie wären verrückt, kann das gut für Sie sein.

2. „Wenn Sie über eine Investmentidee oder ein wichtiges Ereignis mehr als einmal in den Medien hören oder lesen, wird es nicht funktionieren. Wenn einige Kommentatoren darüber nachgedacht haben und darüber geschrieben haben, sind selbst Neuigkeiten zu alt." Das ist heute sogar noch zutreffender als früher. Das Internet hat die Plätze, wo Nachrichten verbreitet werden, und die Geschwindigkeit, mit der Nachrichten sich bewegen, vervielfacht. Heute bewegt sich alles schneller und wird schneller eingepreist. Zur Abrechnungsgeschwindigkeit, die schon seit Jahrzehnten immer schneller wird, trägt bei, dass Investoren 24 Stunden am Tag handeln, fünfeinhalb Tage pro Woche auf dem gesamten Erdball. Früher schlichen sich die Abendnachrichten bis morgens nicht an sie heran. Heute bewegen sich Neuigkeiten nicht nur nachts durch das Internet, sondern jemand handelt auch irgendwo extensiv mit Aktien, während Sie schlummern.
3. „Je älter eine Behauptung ist, desto weniger Gewicht hat sie. Inflationsängste haben vielleicht 1994 die Märkte bewegt, aber irgendwann Anfang 1995 wird dieser Sichtweise der Dampf ausgehen." Die verbreitete Befürchtung eines jeden Jahres ist im nächsten Jahr vergessen. Die Neuigkeit, die niemand erwartet hat, bringt die Herde dazu, voller Panik durch ihr Dorf zu trampeln, nicht der Schnee von gestern. Um sich das besser vorstellen zu können, nehmen Sie irgendein Thema und überlegen, wann Sie zuerst davon gehört haben. Je länger das her ist, desto sicherer hat jedermann mehrere Möglichkeiten gehabt, den Preis gänzlich herabzustufen. Hier das beste Einzelbeispiel, an das ich mich erinnern kann. Erinnern sie sich: Alle erwarteten den Crash sämtlicher Computer am 1.1.2000 (01/01/00 – oh Schreck!). Grund dafür war ein angeblich weit verbreiteter Fehler in der Software. Die Y2K-Angst war allgegenwärtig, und im Herbst 1999 gingen viele Menschen vor Angst aus den Aktienmärkten heraus. Ich widmete meine *Forbes*-Kolumne vom 18. Oktober 1999 mit dem Titel „Greater Fools" dem Thema, warum Y2K Aktien nicht schaden würde. Ich zitiere aus der Kolumne von damals: „Y2K ist die meistgehypte „Katastrophe" der Moderne. Es ist hervorragend dokumentiert: Die einzigen Menschen, die davon noch nie gehört haben, befinden sich im oberen Amazonasbecken und verstecken sich verzweifelt vor der übrigen Menschheit. Ich muss Y2K nicht für sie definieren, um genau zu wissen, was ich zitiere. Meine Kolumne vom 6. Juli 1998 beschrieb ausführlich, warum Y2K den Aktienmärkten nicht schaden kann." Das war ein alter Diskussionspunkt, der schon in den Markt eingepreist war, daher stieg der S&P 500 gegen Ende des Jahres 1999 während der angeblichen Krise. Für das gesamte Jahr lag er mit 21 Prozent im plus.[2] Mit Hilfe dieser einfachen Regel hätte jeder wissen können, dass Y2K ungefährlich ist. Die Y2K-Angst war bullish. Aber wenige wussten das, denn sie schafften es nicht, die Regel zu beherzigen. Wie kann man heute eine solche Regel nutzen, im Jahr 2007? Denken Sie an die Vogelgrippe. Diese Story ist

zu alt, als dass Sie Aktien schaden könnte. Wenn es in der Zukunft eine große Panik vor Vogelgrippe geben sollte, wäre das sehr bullish. Ich gehe in Kapitel 5 ausführlich auf die Vogelgrippe ein und wie man sie richtig einstuft. Wenn Sie meine Y2K-Kolumnen lesen wollen: Diese folgen im Anschluss.

4. „Jede Anlagekategorie, die in den letzten fünf Jahren angesagt war, wird das in den nächsten fünf Jahren nicht sein und vice versa." Stimmt immer noch. Immer wahr. Und doch fallen diesem Gesetz noch immer Investoren zum Opfer. Energie 1980. Technologie 2000. Nebenwerte 2007. Man kann dieses Spiel endlos spielen. Dass sie in den letzten fünf Jahren in waren, bedeutet nicht, dass sie in den nächsten fünf die schlechtesten sein werden oder überhaupt schlecht, aber keine Kategorie bleibt zehn Jahre lang angesagt. Und wenn eine eines Tages so lange in Mode bleibt, wäre das ein doppelter Hinweis darauf, woanders eine sicherere und profitablere Geldanlage zu suchen.

Nutzlose Neuigkeiten

Leser Neil Bell mailt mir, dass er „verwirrt ist über Ihre Zurückhaltung zum Jahr-2000-Problem". Ich schreibe zurück, dass ich darüber in meiner Kolumne vom 13. März 1995 geschrieben habe. Leser Bell antwortete, dass ich mir einige der von ihm aufgeführten Websites anschauen soll, die zeigen, wie ernst das Y2K-Problem wirklich ist. Das habe ich getan und bin zu dem Schluss gekommen, dass Y2K eine Mode ist und dieses Ding den Aktienmärkten nicht schaden oder andere Unannehmlichkeiten bereiten wird.

Meine Sicht solcher Dinge ist ganz einfach: Man sollte darüber Bescheid wissen, was die Medien sagen; und wenn auch nur, um das Gegenteil dessen zu tun. Wenn es mehr als eine Internetseite zu einem Thema gibt, ist es entweder eine Ente oder schon im Markt eingepreist. Die grundlegendste aller Marktbeobachtungen ist, dass der Markt („Der Große Demütiger") alle verfügbaren Informationen einpreist. Er ist erfolgreich, indem er sicherstellt, dass alles, was wir wissen, entweder falsch oder schon in den Aktien eingepreist ist. Ja, hören Sie den Medien zu – aber hören Sie nicht auf die Medien, höchstens indem Sie entgegen ihren Ratschlägen handeln. Es gibt sehr viele Berichte über Y2K. Sogar die US-Börsenaufsicht hat ihrer Sorge vor dem Y2K-Problem Ausdruck verliehen. Daher sollten Sie das einfach ignorieren. Der Große Demütiger macht das von selbst. Genau wie die allgemeine Angst vor hohen KGV. Auf den Märkten ist das wichtig, was Sie nicht sehen oder wissen.

Das Einzige, was die Märkte bewegt, sind Überraschungen. Stories, die man überall im World Wide Web liest, sind nicht wirklich voller Überraschungen. Die wahrscheinlichste Überraschung bei einer Aktie mit hohem KGV sind schlechte Neuigkeiten, keine guten. Und die schlechten Neuigkeiten sind schon eingepreist. Während meiner 26-jährigen Laufbahn in der Wirtschaft, in der ich seit 15 Jahren diese Kolumne schreibe, hat mich diese Regel niemals enttäuscht: Durch Offensichtliches werden Märkte nicht bewegt, Überraschungen dagegen beeinflussen die Märkte fast immer.

1995 schrieb ich: „Wenn Sie über eine bestimmte Investment-Idee oder ein wichtiges Ereignis mehr als einmal in den Medien hören oder lesen, wird es nicht so kommen. Wenn mehrere Kommentatoren darüber nachgedacht und geschrieben haben, sind selbst die aktuellsten Neuigkeiten schon zu alt." In diesem Sinne: Vergessen sie Y2K.

Wenn Sie über eine bestimmte Investment-Idee mehr als einmal in in den Medien hören oder lesen, wird es nicht so kommen

Ich werde von meinen Lesern regelrecht auseinandergenommen für meine Kaufempfehlung für NISSAN (6, NSANY, www.nissan.co.jp). Als ich die Kaufempfehlung für den schwächelnden japanischen Autobauer aussprach, lag er bei 12. Jetzt liegt er bei der Hälfte dieses Niveaus.

Falls Sie Buchverluste haben, lautet mein Rat: Dabeibleiben. Wenn Daimler-Benz Chrysler kauft, braucht man nicht viel Phantasie, um sich vorzustellen, dass in ein paar Jahren einer der großen fünf US-Hersteller Nissan kaufen wird. Mit einem Jahresumsatz von 54 Milliarden Dollar und 135 000 Mitarbeitern ist der Autofabrikant etwa so groß wie Chrysler, nur günstiger. Der Preis des Unternehmens liegt bei 60 Prozent des Buchwerts und 15 Prozent des Jahresumsatzes. Bei einer Marktkapitalisierung von sieben Milliarden Dollar könnte es um 50 Prozent hochgeboten werden und immer noch für weniger als den möglicherweise zu niedrig angesetzten Buchwert gekauft werden.

Zwei andere Autohersteller-Buyouts, die hervorragend zu den Produkten eines global aufgestellten Unternehmens passen, sind Fiat (22, FIA, www.fiat.com) und Volvo (28, VOLVY, www.volvo.se). Fiat hat zu viel Fett – zu viele Mitarbeiter. Aber es dominiert den italienischen Markt. Bei einem KGV von 18, 30 Prozent des Jahresumsatzes und einfachem Buchwert ist die Leasingeigenschaft mehr als eingepreist. Volvo hat ein Produktportfolio mit hohem Imagewert und ist trotzdem nicht teuer bei einem KGV von acht und 55 Prozent des Jahresumsatzes. Leser fragen auch nach AXA-UOP (54, AXA, www.axa.com). Ich habe am 15. Dezember bei 36 eine Kaufempfehlung ausgesprochen. Sind AXA zu schnell zu hoch gestiegen? Ich glaube nicht. Ich halte meine Papiere.

Es handelt sich hier um den zweitgrößten Versicherer der Welt und den zweitgrößten Vermögensverwalter; in den USA noch weitgehend unbekannt. Bei 50 Prozent des Umsatzes und einem KGV von 18 bei enorm schnell wachsendem Gewinn könnte das Unternehmen 2001 bei 100 stehen. Das wären 28 Prozent pro Jahr.

Matsushita Electric (157, MC, www.panasonic.co.jp) war noch so eine meiner Empfehlungen am 16. Juni 1997 bei 185 und noch einmal am 1. Dezember 1997 bei 163. Trotz der Krise in den pazifischen Randgebieten lief diese japanische Aktie ganz gut. Sie steht für Panasonic und andere Weltmarken. Ich bin immer noch der Meinung, sie könnte bis zum Jahr 2000 die 350 sehen. Warten wir ab.

Größere Narren

Was können wir über das Ende dieses Jahres von 1942 lernen? Zu allererst: Dass Y2K den Aktienmärkten nicht schaden wird, vielleicht wird es sogar eine schöne Kurs-Rally auslösen.

Was hat 1942 mit Y2K zu tun? Nun, 1942 zeigt, wie der Markt funktioniert – und dass er kein Desaster für Y2K erlaubt. Diejenigen, die immer noch Angst vor den Auswirkungen von Y2K haben, kennen den Markt nicht gut genug, und Sie sollten nicht auf diese Menschen hören.

Es gibt zwei Prinzipien: Erstens, Märkte warten nicht auf bekannte Ereignisse, sie antizipieren diese. Zweitens, Menschen, die auf Ereignisse warten, um Preise zu beeinflussen, gehen oft in die Falle oder werden von anderen niedergetrampelt.
Was war das größere Risiko: Y2K im Jahr 1999 oder Hitler 1942? Doch 1942, lange bevor man mit Sicherheit sagen konnte, dass wir den Krieg gewinnen würden, stieg der S&P 500 um 20 Prozent. 1943 stieg er um weitere 26 Prozent, 1944 wieder um 20 Prozent. 1945 noch einmal um 36 Prozent, bevor er Anfang 1946 seinen Höchststand erreichte. Die Anstiege dieses letzten Jahres kommen zum Großteil durch Marktteilnehmer zustande, die ihr Geld zurückgehalten hatten, bis der Markt Sicherheit gab. Dann warfen sie ihr Geld auf den Markt und ließen netterweise die Preise für die Menschen, die vorher gekauft hatten, steigen. Wieso hatte der Markt 1942 und 1943 mit einer Rally begonnen, lange bevor Sicherheit herrschte? Das ist es, was Märkte tun. Sie fallen, bevor ein Krieg, eine Rezession oder etwas anderes Schreckliches beginnt. Normalerweise haben Märkte einen langen Vorlauf. Sie steigen lange, bevor es wieder aufwärtsgeht. Daher das alte Sprichwort „Der Markt weiß es". Der Markt ist auch ein Makler aller bekannten Information. Das bedeutet, was immer wir wissen, fürchten, worüber wir lesen und worüber wir sprechen, ist schon in den Märkten eingepreist.
Was wir nicht wissen, nicht fürchten, wovon wir nicht lesen und worüber wir nicht sprechen, bewegt die Märkte. Es ist nicht so, dass diese Dinge nicht unterschieden werden können. Oft können sie das. Aber überwältigend viele Menschen sind blind und ignorant gegenüber Aktien, die die Märkte bewegen.
Zum Beispiel können nur wenige die riesigen, nicht berücksichtigten Ströme ausländischen Geldes sehen, die in die USA fließen. Ich habe ihnen davon zum ersten Mal 1997 erzählt. Diese Geldströme haben zu einem großen Teil unseren Bullenmarkt seit 1996 getrieben. Die Menschen wissen einfach nicht, dass so etwas passiert. (Sehen Sie dazu meine Kolumnen vom 20. Oktober 1997 und 22. März 1999.) Y2K ist das meistgehypte „Desaster" der Neuzeit. Die einzigen Menschen, die davon noch nie gehört haben, befinden sich im oberen Amazonasbecken und verstecken sich verzweifelt vor der übrigen Menschheit. Ich muss Y2K nicht für sie definieren, um genau zu wissen, was ich zitiere.
Meine Kolumne vom 6. Juli 1998 führt aus, warum Y2K den Aktienmärkten nicht schaden konnte. Aber jetzt, wo der 31. Dezember so nahe ist, gehe ich einen Schritt weiter und behaupte, dass der Markt wahrscheinlich steigen wird, wenn eine neue Y2K-Macht übernimmt.
Es gibt gerade genug Investoren, die verstehen, wie Märkte funktionieren, um eine Kaufpanik vor Jahresende zu erzeugen. Sie werden in den kommenden Wochen merken, dass der Y2K-Blase die Zeit ausgeht und dass mit dem Jahresende die starrsinnigen Y2K-Verrückten den Grund für ihre Vorsicht verlieren. Diese Weisen könnten die Y2K-Verrückten für dumm verkaufen, indem sie ihr eigenes Geld vor Jahresende in Aktien investieren. Ich bin nie sicher, wohin der Markt sich kurzfristig bewegt, aber es ist wahrscheinlicher als alles andere, dass zum Jahresende die Märkte nach oben gehen.
Daher bleiben sie zu 100 Prozent in Wertpapieren investiert, zu zwei Dritteln in den 25 größten Aktien der USA. Das restliche Drittel sollte in großen kontinentaleuropäischen und japanischen Aktien stecken. Schauen Sie sich einmal diese an:
Drei Telekommunikations-Aktien, die man als Paket besitzen sollte, sind: Telecom Italia (93, TI, www.telecomitalia.it), France Telecom (84, FTE, www.francetelecom.fr) und

Teledanmark (29, TLD, www.teledanmark.dk). Als Gruppe sind sie breit gestreut, haben eine relativ geringe Korrelation mit anderen Aktien aus dem Telekommunikationssektor und gutes Wachstumspotential. Und sie sind eine gute Ergänzung als Engagement im Telekommunikationsbereich unter den 25 großen US-Aktien.

Eine ähnlich hervorragende Drei-Aktien-Kernbankengruppe ist die niederländische ABN Amro (23, ABN, www.abnamro.com), die spanische Argentaria (44, AGR, www.argentaria.es) und die australische Westpac Banking (32, WBK, www.westpac.com.au). Ich empfahl ABN am 19. April bei 21 Dollar. Nichts passierte. Seien Sie geduldig. Mit einem KGV von 14 ist sie günstig und hat eine Dividendenrendite von drei Prozent. Mit 1 900 Filialen in 70 Nationen wird sie entweder ordentlich wachsen, gekauft werden oder beides.

Argentaria engagiert sich in Spanien und Lateinamerika mit großem regionalem Wachstumspotential. Ich habe sie am 4. November 1996 bei 21 Dollar empfohlen und riet, sie am 1. Juni 1998 zu verkaufen. Da stand sie bei 43 Dollar. Seitdem ist Wert wie andere europäische Banken gefallen. Jetzt ist es Zeit, wieder zu kaufen. Westpac Banking ist auf den asiatischen Märkten engagiert, ohne ein großes Risiko aufzuweisen. Das KGV liegt bei 14 und die Dividendenrendite bei 4,8 Prozent.

Wann immer Sie diesen vier Schritten folgen, wenn Sie eine Investmententscheidung treffen müssen, sind Sie besser gerüstet, den Lärm zu ignorieren und zu sehen, was andere nicht sehen.

Investment-Profis – professionelle Makler

Ebenfalls eine hervorragende Quelle für Maklerinformationen sind Investment-Profis: Aktienbroker, Vermögensberater, Buchprüfer, Finanzanalytiker und so weiter. Nur einige wenige haben Zugang zu jeder Art von Information, zu der ihre Kollegen oder sogar ein Kunde mit einem Modem keinen Zugang haben. Broker auf der ganzen Welt haben Verträge mit derselben Handvoll Agenturen und Recherchequellen. Noch dazu analysieren und interpretieren sie dieselben Informationen mit denselben Methoden. Worauf auch immer Sie sich konzentrieren, vergeuden Sie ihre Zeit nicht damit. Wenn Sie darüber schreiben, sollten Sie das Thema ignorieren. Konzentrieren Sie sich auf etwas anderes.

Universitäten lehren ihre Studenten sehr ähnliche Studienpläne in Finanzwissenschaften und Wirtschaftsstudiengängen. Harvard, Stanford, Michigan, Boston College, USC, UNLV – ganz egal, welche. Sie lehren alle aus demselben Buch. Das sollen sie auch. Die Lehrbücher, Methoden und Theorien, die gelehrt werden, sind allgemein verfügbar. In ihnen steht wenig, das viele zehntausende nicht lesen, lernen und in die Märkte einpreisen können. Generationen von Studenten haben das gelernt und wurden trainiert, genau so zu denken, mit dem Studienplan als Wegweiser. Das sind die Grundlagen des Handwerks. Alles, was gelehrt wird, ist so vielen Menschen bekannt, dass der Studienplan, der gut ist, nichts zu bieten hat, was andere nicht wissen. Er bietet keine Hilfe bei der

Analyse von Informationen, die nicht schon von den vielen Marktteilnehmern, die den Studienplan als Brille, durch die sie die Welt sehen, eingepreist wurde. So wurde ihnen beigebracht, die Welt zu sehen. Deswegen ist es eingepreist. Eine harte Nuss für einen Meister dieses Fachs ist es zu akzeptieren, dass der Studienplan selbst sehr bekannt und daher eingepreist ist.

Es ist nichts dabei, das alles zu lernen. Aber man lernt dadurch nichts, was andere nicht wissen. Wenn Profis als Gruppe dieselbe Universitätsbildung haben, dieselben Informationen betrachten und diese weitgehend gleich interpretieren, wo ist dann der Vorteil? Welche einzigartige Information glauben sie zu besitzen? Die Antwort ist meistens: keine. Daher sind Profis zusammen mit den Medien wichtig, um herauszufinden, welche Informationen schon eingepreist sind und daher sicher ignoriert werden können.

Freunde lassen Freunde nicht Contrarian sein

Die Medien liegen immer falsch. Profis haben immer Unrecht oder wollen sich auf Ihre Kosten eine goldene Nase verdienen. Oder beides. Und natürlich ist das mindestens zu 100 Prozent eingepreist. Der Menge zu folgen, birgt Tücken. Bedeutet das, man sollte das genaue Gegenteil dessen tun, was man von Experten und Profis hört? Sollte man zum klassischen Anhänger der Konträrtheorie werden? Absolut nicht. Nein, nein und nochmals nein!

Ich werde oft als Anhänger der Konträrtheorie bezeichnet. Aber das bin ich nicht – jedenfalls nicht in dem Sinne, in dem dieser Begriff normalerweise benutzt wird. Natürlich wurde ich schon als viel Schlimmeres bezeichnet und werde das auch weiterhin, aber das Etikett „konträr“ ist falsch. Contrarian zu sein, dagegen zu sein, nur weil das die Meinungsführer sind, wurde in den letzten Jahrzehnten immer populärer und ist dadurch genauso eingepreist wie die gegensätzliche Sichtweise.

Wir sind alle Contrarians – und keiner von uns. Contrarian zu sein, bringt einen auf lange Sicht genauso weit, wie sich bei seinen Investmententscheidungen von der New York Times und den Spätnachrichten leiten zu lassen.

Das Wort „konträr“ impliziert, sich gegen die Menge zu stellen – wenn die bullish ist, wird ein klassischer Contrarian bearish und umgekehrt. Wenn jeder denkt, die Wahl eines bestimmten Politikers sei gut für Aktien, sieht der Contrarian das als schlecht. Wenn alle denken, dass Aktien durch Vogelgrippe fallen, sieht er höhere Notierungen. Technisch weiß ein Contrarian richtigerweise, dass nicht passiert, was alle vermuten. Doch er unterstellt fälschlicherweise, dass das genaue Gegenteil passieren wird.

Lassen Sie uns tiefer in dieses Thema eintauchen. Der Markt ist ein sehr effizienter Makler aller bekannten Informationen. Daher wird, wie wir mehrmals festgestellt haben, wenn Menschen glauben, auf dem Markt passiere etwas, genau das nicht passieren – etwas anderes wird stattdessen passieren. Aber das muss nicht das genaue Gegenteil sein. Unterstellen wir, die meisten Menschen stimmen darin überein, dass der Markt anziehen wird. Das bedeutet nicht, dass er nach unten gehen wird. Es wäre möglich, aber er könnte auch gar nichts machen und alle anderen düpieren, oder er könnte steigen, aber viel höher als angenommen. Dadurch würden wieder alle falsch liegen. In der Geschichte sind all diese Dinge passiert, ungefähr gleich oft.

Wenn Sie ein klassischer Contrarian sind und zu Recht sehen, dass die meisten darin übereinstimmen, dass der Markt anziehen wird, werden Sie darauf wetten, dass der Markt fallen wird. Dann steigt der Markt mehr, als die meisten erwartet haben, und Sie liegen am meisten daneben. Ein Contrarian zu sein ist besser als ein Mitläufer, aber nicht viel. Sie werden zu ungefähr einem Drittel Recht haben. Stellen Sie sich das Ganze wie einen Kreis mit 360 Grad vor, einen Kompass zum Beispiel. Der allgemeine Konsens ist, dass der Markt sich nach Norden bewegen wird. Contrarians gehen nach Süden. Doch der Markt kann sich auch einfach nach Osten oder Westen bewegen. Dann haben die Contrarians nicht Recht, die Menge hat nicht Recht und der Markt funktioniert als Makler. Da die beiden Resultate unerwarteter sind als die Konträrposition, ereignen sie sich öfter.

Der Schlüssel ist, sich vor Augen zu halten, dass etwas anderes passieren wird, als der Konsens erwartet. Doch das muss nicht unbedingt das Gegenteil sein. Wahre Contrarians liegen heutzutage nicht viel öfter richtig als die Mitläufer. Überraschung ändert die Nachfrage, die wiederum steuert die Preise. Das Problem ist, dass die Überraschung von überallher kommen kann.

Muster überall

Um etwas in Erfahrung zu bringen, das andere nicht wissen, müssen Sie sich auf etwas anderes als den Lärm konzentrieren. Fragen Sie sich, was Sie in Erfahrung bringen können, das andere nicht wissen. Aber wie können Sie über etwas Bescheid wissen, das Sie nicht kennen?

Man findet überall Muster. Sicher, viele sind einfach bedeutungslos. Aber es gibt so vieles, was wir noch nicht herausgefunden haben; Menschen werden noch in vielen Jahrhunderten neue Kapitalmarktentdeckungen machen. Es gibt keinen Grund, warum Sie nicht auch etwas finden sollten. Wenn Sie danach suchen, werden Sie viele Muster finden, bevor der Rest der Investmentwelt sie entdeckt. Und das ist Ihr Vorteil, die Grundlage einer Marktwette.

Im Wesentlichen suchen Sie nach zwei Dingen, wenn Sie Frage zwei anwenden. Zuerst suchen Sie ein Muster, eine Korrelation zwischen zwei oder mehr Variablen, von denen allgemein angenommen wird, dass sie keinen Bezug zueinander haben. Danach suchen Sie nach einem Muster, das viele Menschen sehen, aber vernachlässigen, verspotten oder falsch interpretieren. Ich zeige Ihnen hier zwei Beispiele und in späteren Kapiteln noch weitere Beispiele.

Die schockierende Wahrheit über Ertragskurven

Sie können MSNBC (oder auch N-TV, N24 ...) nicht einschalten, ohne etwas über Zinssätze zu hören. Sobald sie den Fernseher anmachen, hören Sie

Analysen über Zinssätze mit all der Spannung und Ausdruckskraft einer Fußballreportage:

Die Zinssätze stiegen bis 11.14 Uhr, bevor sie abstürzten und dann raketengleich in die Höhe schossen. Was wird die Zentralbank als Nächstes tun, um die Inflation zu bekämpfen? Werden Hausbesitzer lachen oder weinen? Schalten Sie auch morgen wieder ein, um die Show zu sehen, die jeder liebt - Zinssätze am Abend!

Trotz der Aufmerksamkeit, die Zinssätzen geschenkt wird, sehen Investoren hier etwas ganz falsch und versäumen eine wichtige Lektion über Muster und fürs Leben. Bevor wir uns auf Muster und zufällige Korrelation stürzen, müssen wir uns über Zinssätze klar werden. Sie sind wichtig, ganz klar. Zinssätze bestimmen den Zins, zu dem wir Kredite aufnehmen können, entweder mit kurzem oder langem Horizont. Sie bestimmen auch den Ertrag, den Investoren bekommen, wenn sie ihre flüssigen Mittel für eine vorausdefinierte Zeitspanne anlegen.

Wie oft haben Sie entweder gelesen oder gehört: „Die Zinsen fallen" oder „Die Zentralbank erhöht die Zinsen" oder andere Nachrichten, die die Zinssätze betreffen? (Zins*sätze* – Plural!)

Was sind denn diese Zinssätze genau, über die jeder redet? Der Zinssatz für kurzfristige Anleihen (Zins*satz* – Singular) in den USA oder auch in anderen Ländern wird von der Landeszentralbank kontrolliert, in den USA ist das die Federal Reserve, genannt „Fed". Eine Zentralbank hat das Monopol, um den Zinssatz für kurzfristige Anleihen in ihrem Land festzulegen. Wenn die amerikanische Fed die Geldmenge reduzieren oder erhöhen will, erhöht oder senkt sie das Ziel für kurzfristige Anleihen. Das Federal Open Market Committee (FOMC), ein Bestandteil des amerikanischen Zentralbankensystems, kommt acht Mal pro Jahr zusammen, um zu diskutieren, ob der Leitzins der Zentralbank angehoben, gesenkt oder unangetastet bleiben soll, und um wie viel er sich bewegen soll, wenn überhaupt. (Dieser Zinssatz wird manchmal auch als Tagesgeldsatz oder Zinssatz für kurzfristige Anleihen bezeichnet.) Der Leitzins ist der so genannte Interbankzins, zu dem Banken sich Geld leihen, und beeinflusst den Zinssatz, den Banken Ihnen für Ihre Einlagen zahlen (Sparkonten und Geldmarktzertifikate). Es ist der Zinssatz (Singular), den Investoren meinen, wenn sie darüber sprechen, dass die Fed wieder mit Zinssätzen herumgespielt hat. Keine Sätze. Ein Satz. Der Zinssatz für kurzfristige Anleihen. Der Leitzins der Zentralbank. Ein einziger Zinssatz.

Der zehnjährige Zinssatz, traditionell als Kapitalmarktzins bezeichnet, wird nicht von der Zentralbank, der Regierung oder einer fiesen Verschwörung reicher, weißer Texaner festgelegt. Er wird von globalen Marktmächten gebildet. In unserer heutigen globalisierten Wirtschaft überschreiten Händler Landesgrenzen, um Anleihen auf dem globalen, freien und offenen Markt zu handeln. Der Markt legt die Kapitalmarktzinsen fest, nicht nur den zehnjährigen für Schuldverschreibungen, sondern auch die für Bundesanleihen mit anderer Fälligkeit – drei Monate, sechs Monate, fünf Jahre oder 30 Jahre, sie alle. Aber Vorsicht, obwohl Investoren von fallenden und steigenden Zinssätzen schwafeln und der

Zentralbank, die die Zinssätze erhöht, steigt der Satz für kurzfristige Anleihen unabhängig von den Sätzen für längere Zeit, manchmal bewegen sie sich in dieselbe Richtung, manchmal in gegensätzliche Richtungen. Um es anders auszudrücken: Manchmal, wenn die Fed den Zinssatz (Satz – Singular) für kurzfristige Anleihen anhebt, steigen die langfristigen Zinssätze ebenfalls. Manchmal fallen sie auch. Manchmal bewegen sie sich überhaupt nicht. Das gilt für die USA, aber auch für alle anderen Länder. Angst und Entsetzen! Ich rate Investoren immer, niemals wieder zu sagen „die Zinssätze steigen" oder „die Zinssätze fallen". Sie sollten immer darauf achten – in Sprache und Gedanken –, die Bewegungen des kurzfristigen Zinssatzes von denen des langfristigen zu trennen.

Der Unterschied zwischen der kurzfristigsten Schatzanweisung (einem extrem kurzfristigen Satz, nicht dem kurzfristigen) und verschiedenen langfristigeren Laufzeiten kann visuell aufbereitet als Kurve gezeichnet werden und ergibt die berüchtigte *Ertragskurve*. Die Y-Achse zeigt Zinssätze von null ganz unten bis zu höheren Sätzen, je weiter man nach oben geht. An der X-Achse liegt die Zeit an, von der Gegenwart ganz links, mit längerfristigen Wertpapieren weiter rechts und ganz rechts zehn oder 30 Jahre in der Zukunft. Eine typische Ertragskurve kann ähnlich aussehen wie die hypothetische Kurve in Abbildung 2.1.

Kurzfristigere Sätze sind gewöhnlich niedriger als langfristige Sätze. Langfristige Sätze tendieren dazu, durch mehr Zinsen die zusätzlichen Risiken zu kompensieren, die durch Langfristanlagen entstehen. Auf unserem Diagramm bilden die Zinssätze eine Kurve. Sie steigt normalerweise nach rechts oben. Das ist eine *positive* Ertragskurve. Positive Ertragskurven werden als *normal* oder *steil* bezeichnet, abhängig von der Streuung zwischen den kurzfristigen und den langfristigen Zinssätzen. Manchmal, sehr selten, ist der kurzfristige Satz höher als der langfristige. Wenn das passiert, zeigt unser Diagramm rechts nach unten und wird *invers* genannt. Ebenfalls selten, aber nicht so selten wie eine inverse Ertragskurve ist das Phänomen, dass die Zinssätze sich alle auf demselben Niveau bewegen. Diese Erscheinung wird *flache* Ertragskurve genannt.

Investoren haben eine Menge Theorien über Fluktuationen beim Zinssatz für kurzfristige Anleihen und bei langfristigen Zinssätzen und mögliche Auswirkungen auf den Aktienmarkt. Vielleicht haben Sie schon von einem uralten Mythos gehört: „Spekuliere nicht gegen die Zentralbank", womit gemeint ist, dass man Aktien verkaufen sollte, wenn die Fed den Satz für kurzfristige Anleihen erhöht. Das ist Quatsch, im Durchschnitt, wenn auch nicht immer, haben Aktien keine negative Reaktion gezeigt, wenn die Fed den kurzfristigen Zinssatz erhöhte. Aber nichts ist immer so – oder so. Abbildung 2.2 zeigt Perioden steigender Leitzinsen seit 1980 und den resultierenden Erträgen beim S&P 500.

Man kann sehen, dass ein steigender S&P 500 und ein steigender Leitzins manchmal stark korrelieren. Ich würde darauf basierend keine Aussage treffen – der Aktienmarkt ist im Allgemeinen mehr positiv als negativ, also ist diese Beobachtung nicht überraschend. Manchmal war der Markt positiver als zu anderen Zeitpunkten. Doch weil positive Märkte auf steigende Leitzinsen folgten, ist „Spekuliere nicht gegen die Zentralbank" einer dieser Frage-eins-

Mythen, die man ignorieren sollte. Ich möchte nicht sagen, dass ein steigender Leitzins ein Indikator für einen Bullen- oder einen Bärenmarkt ist. Ein fallender Leitzins ist das aber auch nicht. Es gibt keine glaubhafte Verbindung zwischen dem Leitzins, der sich in eine bestimmte Richtung bewegt, und einem Bullen- oder Bärenmarkt. Keine.

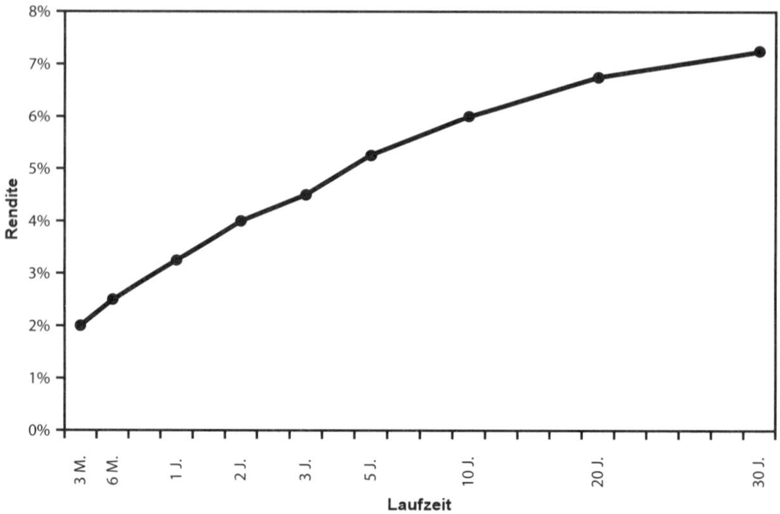

Abbildung 2.1: Hypothetische Zinsertragskurve.

Der Zinssatz-Hokuspokus

Die Fed hat beispielsweise von 2001 bis 2003 fortwährend die Leitzinsen gesenkt, und diejenigen, die sich an den Mythos „Spekuliere nicht gegen die Zentralbank" hielten, würden die ganze Zeit über Aktien besessen haben und hätten viel Geld verloren, da der weltweite Aktienmarkt sich in einem nachhaltigen Bärenmarkt befand. 2004 und 2005 erhöhte die Fed den Zinssatz für kurzfristige Anleihen stetig, und die Anhänger des genannten Leitsatzes hätten Aktien gemieden und wären wieder auf der falschen Seite des Marktes gewesen.[3] Was versäumen sie?

Der erste Schritt, um Frage zwei erfolgreich zu beantworten, ist: Unproduktiven Ärger über unwichtige Angelegenheiten zur Seite stellen. Der Leitzins, ob steigend, fallend oder unverändert, ist eingepreist und kann daher zur Seite gestellt werden. Jeder kann das FOMC googeln oder seine Website aufrufen unter www.federalreserve.gov/fomc/#calendars und sehen, wann das Gremium tagt. Darüber hinaus wurde, seitdem Herr Greenspan das Ruder in die Hand genommen hatte, das FOMC immer transparenter und man wusste, wann die Leitzinsen gesenkt oder erhöht werden sollten und fast genau, um wie viel. Gegen Ende von Herrn Greenspans Ära als Vorsitzendem der Fed lagen die Markterwartungen für Aktionen der Fed, wann und wie viel die Leitzinsen erhöht oder gesenkt werden, fast immer richtig. Herr Bernanke begann seine

Karriere anscheinend mit einem leichten verbalen Durchfall und dem Unvermögen zu wissen, wann man still sein sollte oder einfach zusammenhanglos murmeln wie Herr Greenspan. (Herr Greenspan war der ungekrönte König des korrekt eingesetzten zusammenhanglosen Murmelns – niemand konnte das je professioneller.) Aber Herr Bernanke wird das bestimmt bald lernen. Dennoch ist die Tatsache, dass die Fed die Leitzinsen einen viertel Prozentpunkt oder sogar einen halben Prozentpunkt anhebt, kaum ein Ereignis, das die Märkte bewegt, wenn die Fed über die geplante Zinspolitik schon vor Monaten gesprochen hat.

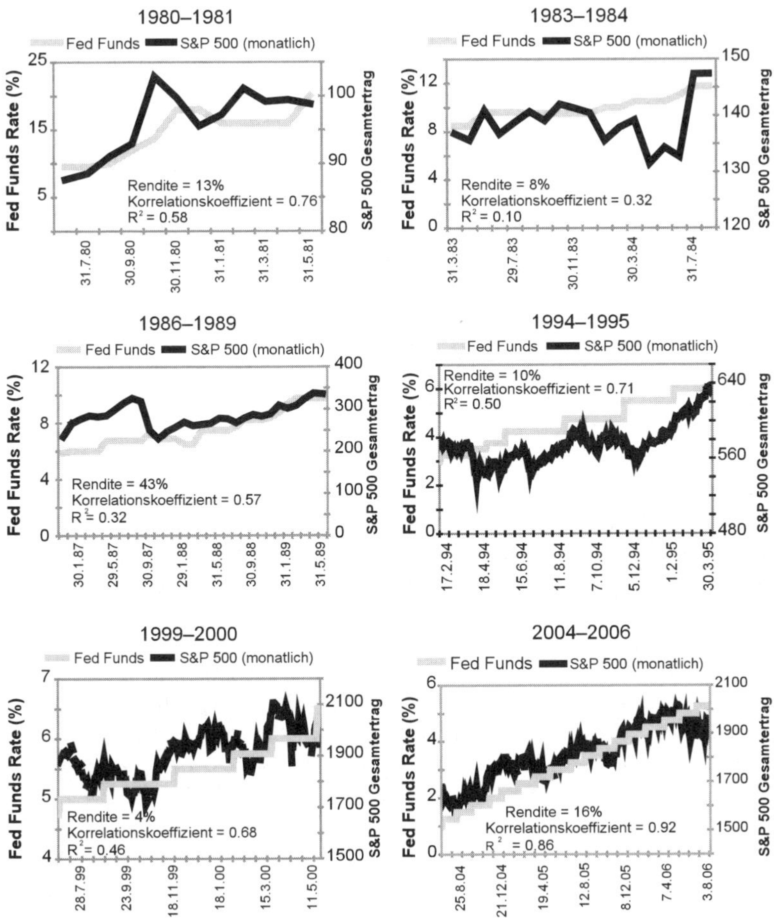

Abbildung 2.2: Kapitalvermögen der Fed und der S&P 500 (1980-2006).

Quelle: Global Financial Data, Bloomberg.

Anstatt sich auf Bewegung des Zinssatzes für kurzfristige Anleihen zu konzentrieren, konzentrieren Sie sich auf die Zinsertragskurve (wenn Sie die Richtige für sich finden – wie das geht, erkläre ich Ihnen später). Die meisten Investoren werden Ihnen erzählen, dass eine steigende Zinsertragskurve gut ist und eine flache schlecht. Das stimmt mehr oder weniger. Die Zinsertragskurve zeigt normalerweise nach oben. Eine tatsächlich fallende, also inverse Zinsertragskurve ist selten und hat den Ruf, bearish zu sein.

Aber momentan denken Sie auf falsche Art und Weise über Zinsertragskurven, und das kann Ihnen gefährlich werden. Bevor wir etwas Neues entdecken können, müssen wir prüfen, ob unsere Annahmen über Zinsertragskurven mit Frage eins übereinstimmen. Stimmt es, dass eine fallende Kurve ein Vorbote des Verderbens ist? Die Antwort darauf ist: Es kommt darauf an, was Sie mit „Zinsertragskurve" bezeichnen oder genauer, wo. Ein Problem mit der Zinsertragskurve, das ich nicht als Mythos, sondern eher als Missverständnis bezeichne, besteht darin, dass die Menschen Rezessionen und Bärenmärkte in einen Topf werfen. Dabei sind es zwei unterschiedliche Dinge. Es ist möglich, einen Bärenmarkt ohne eine Rezession zu haben und umgekehrt, obwohl sie dazu tendieren, zusammen aufzutauchen, da der Aktienmarkt unsere Gefühle wegen der Rezession einpreisen wird. Aber das ist nicht immer so, beispielsweise wenn die Rezession schon länger gefürchtet und schon eingepreist ist.

Das ist der Moment für die Erklärung zweier Definitionen: Ein *Bärenmarkt* ist ein anhaltender Abschwung des Aktienmarktes, der mehr als 20 Prozent beträgt. (Der Unterschied zwischen einem Bärenmarkt und einer Korrektur ist die Magnitude und die Dauer. Eine Korrektur ist viel kurzlebiger – normalerweise handelt es sich nur um einige Monate – und ein bisschen kleiner als 20 Prozent.)

Im Gegensatz dazu lautet die allgemeine Definition einer *Rezession*: zwei aufeinanderfolgende Quartale mit negativem BIP-Wachstum; es ist allerdings schwer zu wissen, wann man sich in einer Rezession befindet, wenn man selbst mittendrin steckt, da die BIP-Zahlen zu einem späteren Zeitpunkt stark korrigiert werden.

Zwei leicht negative Quartale des BIP können schwierig festzustellen sein, wenn sie sich ereignen. Rezessionen werden oft lange nicht so benannt, erst lange nachdem sie begonnen haben, manchmal erst, nachdem sie vorbei sind. Zum Beispiel folgte auf den Bärenmarkt von 1973 bis 1974 direkt eine Rezession, die während des ganzen Jahres 1974 anhielt und sich auch noch bis 1975 erstreckte. Das war eine der größten Rezessionen der Nachkriegszeit, doch erst 1975 wurde sie als solche anerkannt. Währenddessen, im September 1974, forderten Präsident Ford und seine Wirtschaftsberater noch immer Steuererhöhungen, um das Wirtschaftswachstum zu verlangsamen und die Inflation einzudämmen. Denn niemand wusste, dass man sich zu diesem Zeitpunkt schon mitten in einer Rezession befand.

Obwohl ich zu dieser Zeit sehr jung war, erinnere ich mich besonders gut daran. Das war eine seltsame Zeit für mich. Ich erinnere mich, dass alle Menschen, mit denen ich 1974 sprach, dachten, die Wirtschaft würde wachsen. Später würden wir lernen, dass sie das ganze Jahr über zurückging. Ich war wegen vieler Dinge in diesem Jahr nicht besonders empfindsam, mir fehlte die Bodenhaftung. Meine Frau und ich hatten gerade unsere kleine Tochter verloren. Ich war völlig verzweifelt und konnte sechs Monate lang nur in Teilzeit arbeiten. Ich verließ mich die Wirtschaft betreffend nicht auf meine eigene Sicht der

Dinge, sondern verbrachte viel Zeit damit, andere zu fragen, was sie davon hielten. Ohne es zu wollen, befragte ich eine ansehnliche Anzahl von Investoren und Geschäftsleuten. Fast niemand wusste 1974, dass wir uns schon lange in einer Rezession befanden. Ich glaube, fast niemand sah es bis 1975 als Rezession, und da war sie schon beinahe vorbei – und wir reden hier von einer gewaltigen Rezession. Sie war gut verborgen durch die hohe Inflation. Für viele Unternehmen blieben die Einnahmen gleich, obwohl der Warenausstoß sank. Wenn diese Rezession nur von wenigen Menschen bemerkt wurde, wie wenige würden dann erst eine milde Rezession sehen.

Ein besserer Maßstab für Rezessionen kommt vom National Bureau of Economic Research NBER (eine private, unabhängige Forschungsorganisation, www.nber.com). Ihre Definition von Rezession umfasst mehr Daten, ein wichtiger Bezugspunkt ist das BSP, und beschreibt einen ökonomischen Abschwung treffender. Das NBER definiert eine Rezession folgendermaßen:

> Das NBER definiert eine Rezession nicht als Zeitraum von zwei aufeinanderfolgenden Quartalen des Abschwungs beim realen BIP. Stattdessen definieren wir eine Rezession als signifikanten Abschwung ökonomischer Aktivitäten, der sich durch die gesamte Wirtschaft zieht und länger als einige Monate anhält. Normalerweise ist sie sichtbar beim realen BIP, dem realen Einkommen, der Beschäftigungssituation, der Industrieproduktion und Groß- und Einzelhandelsverkäufen.[4]

Historisch gesehen, bedeutet eine steile Zinsertragskurve eine Umgebung, in der Finanzinstitutionen profitabel Geld verleihen können, und die Darlehensgewährung ist eine wichtige Triebfeder für spätere Wirtschaftsaktivitäten. Eine inverse oder negative Kurve dagegen bedeutet eine Abschreckung für Banken, Geld zu verleihen und reduziert so die Liquidität. (Behalten sie das für später im Kopf.) Sie ist daher ein recht zuverlässiger Indikator für eine Rezession.

Doch ob eine inverse Zinsertragskurve einen Bärenmarkt bedingt oder nicht, hängt davon ab, wie die damit zusammenhängenden schlechten Nachrichten in den Markt eingepreist sind. 1998 zum Beispiel hatten wir eine flache Zinsertragskurve in den USA, die eine kollektive Aufregung verursachte. Die Angst vor einer inversen Ertragskurve ging um. Das, die russische Rubelkrise und die erwartete Krise bei dem Hedgefonds LTCM sollte nach landläufiger Meinung die Aktienmärkte lange und brutal in die Knie zwingen. Wir hatten eine große Korrektur in der Jahresmitte, aber keinen Bärenmarkt. Der S&P 500 schloss 1998 mit einem Plus von 29 Prozent ab.[5]Die Angst vor einer flachen Kurve war so vorherrschend, dass sie keine Kraft mehr hatte, einen großen Abschwung in Gang zu setzen.

Springen wir ins Jahr 2000, als die Zinsertragskurve invers war. Dieses Mal schenkte niemand jener Tatsache Beachtung. Stattdessen wurde die „New Economy“ gelobt; es hieß „Erträge sind egal“ und „Diesmal ist alles anders“. Die Menschen gingen auf Partys, bei denen der Launch von SweetLobster.com und anderen Dotcom-Aktien gefeiert wurde.

Unter anderem überzeugte sie die noch frische Erinnerung an 1998 davon, dass inverse Zinsertragskurven unwichtig seien. Im Jahr 2000 war die Ertragskurve – unbemerkt und deshalb nicht gefürchtet (der Stamm schaute in eine andere Richtung) – ein Vorbote der Wirtschaftsflaute und ins Unendliche steigender Preise von Technologieaktien, die zu einem dreijährigen Bärenmarkt führten. Wenn jeder darüber spricht, sie fürchtet und ihretwegen Vorräte für schlechte Zeiten anlegt, hat die inverse Zinsertragskurve keine Power mehr, wie alles andere auch. Wenn die Menschen aber fröhlich tanzen und singen „Tra-la-la! Diesmal ist alles ganz anders!“, wie es Anfang 2000 geschah, kann eine inverse Zinsertragskurve eine verheerende Wirkung auf den Aktienmarkt haben.

Selbst wenn das klar ist, sehen Menschen Zinsertragskurven immer noch in einem falschen Licht. Es ist wegen der ökonomischen Bedingungen, die eine inverse Kurve voraussetzt, wichtig, sie richtig zu sehen. Sie denken wohl über Zinssätze hier in den USA und die Zinsertragskurve, die sie erzeugen, nach. Wieso nicht über Zinsen in den USA nachdenken? Welche anderen Zinsen sollte man beachten? Die Frage zwei, die ich hier stelle, kann immer wieder gestellt werden, auch um Probleme zu lösen. In diesem Kontext ist sie ebenfalls sehr hilfreich. Also los.

Frage zwei: Gibt es eine wichtigere Zinsertragskurve auf der Welt als die der USA? Sie haben sich wahrscheinlich noch nie diese Frage gestellt. Wieso sollten Sie auch? Was gibt es Wichtigeres als die USA, besonders für Amerikaner?

Im Grunde können wir bei einer Betrachtung der amerikanischen Zinsertragskurven von vor 30, 50 und 100 Jahren langjährige Beweise sehen, dass sie vorhersehbar sind. Das weiß jeder (besser gesagt, eine Menge Menschen glauben das, auch die meisten Reporter, also fast jeder). Die Erkenntnis hat sich durchgesetzt, dass die US-Zinsertragskurve wichtig ist und ein recht verlässlicher Indikator für die guten oder schlechten Zeiten, die vor uns liegen. Wann immer die Sätze für kurzfristige Anleihen über den Langzeitsätzen lagen, war es für Banken uninteressant, ihre Kreditvergabe weiterhin zu intensivieren. Die Folgen waren schlimm. Vor 30 Jahren, als die US-Zinsertragskurve invers war, war die einzige Möglichkeit für eine amerikanische Bank, Geld profitabel zu verleihen, ein schlechteres Kreditrisiko zu einem höheren Zins als die Kosten, die der Bank entstanden, einzugehen. Das war und ist riskant, und Banken machen das nicht gern. Es ist tatsächlich so, je riskanter der Kunde ist, dem sie profitabel Geld leihen, desto weniger wollen sie es und wollen das Geschäft platzen lassen. In der guten alten Zeit waren die amerikanische Zinsertragskurve und ihre Krümmung sehr, sehr wichtig. In dieser Zeit wussten die meisten Menschen natürlich nicht, dass die Zinsertragskurve wichtig ist.

Besser denken – global denken

Springen wir in der Zeit vorwärts ins Hier und Jetzt. Wir haben nicht nur Nationalbanken, sondern auch global aufgestellte Banken, ein großes Spektrum an Derivaten und Futures zum Hedgen und Elektronik, die sofortigen Zugang zu genauer Buchhaltung und Handelsinformationen liefert, und das alles weltweit. Geld strömt heutzutage fast ungehindert über Grenzen hinweg. Eine globale Bank kann in der Zeit, die Sie brauchen, um diesen Satz zu lesen, in einem Land Geld leihen, es in einem anderen Land verleihen und ihr Währungsrisiko hedgen. Ich kann mir Geld von einer Investmentbank leihen, die es von einem

Konsortium von Versicherungen aus Europa bekommt, die den Geldaustausch über global agierende Banken abwickelten, und weiß vielleicht niemals von der Geldquelle aus Übersee. Für mich als Kreditnehmer ist es einfach Geld. Vor einigen Jahrzehnten, in einer Welt von Nationalbanken, minimaler Großserienelektronik zur Buchhaltung und zum Handeln, keinen wesentlichen Hedging-Instrumenten und festen anstelle von flexiblen Währungspreisen, war die nationale Zinsertragskurve ausschlaggebend. Doch das ist nicht mehr so! Globale Tendenzen setzen sich gegenüber lokalen Trends überall auf der Welt durch, auch in den USA, dem großartigsten Land der Welt. Zinssätze und Zinsertragskurven aus dem Ausland schaffen oder vernichten Liquidität und beeinflussen damit auch die unsere stark. Sie bestimmen ebenfalls die Rentabilität bei der Nutzung der Hebelwirkung, um sowohl in- als auch ausländische Vermögenswerte an sich zu reißen.

Die Analyse der Zinsertragskurve eines beliebigen Landes, sogar eines so großen Landes wie der USA, ist bedeutungsloser geworden. Ich habe etwas entdeckt und errechnet, was vor mir noch niemand beschrieben hat: die globale Zinsertragskurve mit gewichtetem BIP. Die globale Zinsertragskurve ist repräsentativ für weltweite Zinskonditionen. Heutzutage sollte man sich an die globale Kurve halten, wenn sie von der amerikanischen Kurve abweicht. Der Aktienmarkt der USA oder jeder anderen Nation wird sich der globalen Kurve unterordnen.

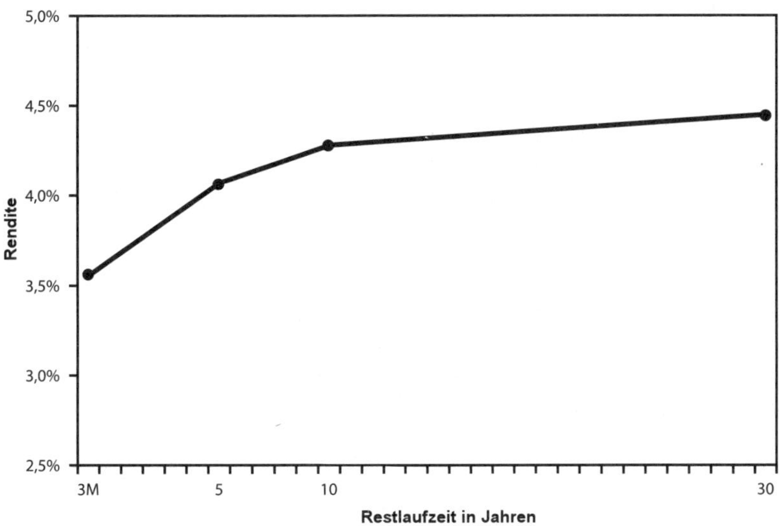

Abbildung 2.3: Globale Zinsertragskurve, Juni 2006.

Quelle: Internationaler Währungsfonds, Global Financial Data sowie Bloomberg. Wenn der 30-jährige Zinssatz nicht verfügbar war, wurde der zehnjährige benutzt.

Abbildung 2.3 zeigt die globale Zinsertragskurve, Stand Juni 2006. Warum sie wichtig ist? Wenn eine Bank Geld in einem Land günstiger leihen kann und in einem anderen profitabler verleihen kann, wird sie das tun. Jeder, auch Banken und ihre Kunden, will günstiges Geld. Beachten Sie, dass die Abbildung auf der globalen Zinsertragskurve beruht, die nach BIP gewichtet wurde. Es macht intuitiv Sinn, dass ein Land mit einem hohen BIP einen größeren Einfluss auf die Zinsertragskurve hat als eines mit einem niedrigen BIP. Es ist nicht schwer, das zu errechnen – doch eine schnelle Internetverbindung hilft ungemein dabei.

So global wie möglich

Zur Messung internationaler Märkte stammen die besten Indizes von Morgan Stanley Capital International (MSCI). Alle MSCI-Indizes sind genau konstruiert, mit anderen Worten: nach Marktkapitalisierung und Float gewichtet. Doch die beiden, auf die wir uns am meisten konzentrieren, sind der MSCI World Index und der MSCI All Country World Index (abgekürzt der World Index und der ACWI). Der World Index repräsentiert 23 Industrienationen, unter ihnen die USA, Großbritannien, Australien, Deutschland und Japan. Ich greife oft auf den World Index zurück, wenn ich über Markthistorie referiere, denn er enthält hinlänglich Daten zur Messung, mit Hilfe derer man Geschichte leichter versteht. Noch wichtiger als das: Er ist umfassend, in dem er 85 Prozent der Geldmittel auf dem Markt erfasst, und jeder Akteur auf dem Markt wird nach seinem Float gewichtet, der Liquidität. Das bedeutet, dass eine Aktie einen geringen Markteffekt aufweist, wenn sie nicht aktiv gehandelt wird. Ein Beispiel hierfür ist Berkshire Hathaway, das im World Index oder S&P 500 nicht berücksichtigt wird, weil sie im Vergleich zu anderen Aktien so selten gehandelt wird.

Als Stellvertreter für den *gesamten* globalen Markt ist der ACWI ebenfalls eine gute Wahl, da er auch aufstrebende Nationen berücksichtigt. Momentan gehören 48 Länder dazu, namentlich die Länder aus dem World Index und zusätzlich Mexiko, Brasilien, China, Indien etc. Die Historie ist begrenzt und es gibt wenig Daten über die Emerging Markets, daher ist dieser Index beim Vergleichen der historischen Performance nicht so nützlich wie der World Index. Aber er ist gut zusammengesetzt und ein exzellenter Stellvertreter für den globalen Markt.

Weiter gehende Informationen über diese Indices und ihre historische Performance finden Sie unter www.mscibarra.com.

Während ich die nach BIP gewichtete Zinsertragskurve errechnete, machte ich zuerst eine Aufstellung aller 23 Länder des MSCI World Index. Ich benutzte nicht alle ACWI-Länder, da die BIP der Industrienationen viel größer als die der aufstrebenden Nationen sind und daher kaum berücksichtigt würden. Außerdem ist es verteufelt schwer, verlässliche Daten über die aufstrebenden Nationen zu bekommen. Dann gab ich das aktuellste BIP für jede der Industrienationen ein. Diese Zahlen können auf der Website des Internationalen Währungsfonds IMF gefunden werden (IMF, www.imf.org). Meine Liste sah danach ungefähr so aus:

Land	**BIP** in Mrd.$	**BIP** (Gewichtung in %)
Land A	50	14,3
Land B	50	14,3
Land C	250	71,4
GESAMT	350	

Natürlich sind das alles hypothetische Informationen, aber es kommt mir auf die zugrunde liegende Idee an. Um die individuelle Gewichtung jedes einzelnen Landes zu bekommen, zählen Sie alles zum Gesamt-Welt-BIP zusammen und teilen die Summe dann durch die Länder.

Als Nächstes geben Sie bitte die Kurzzeit- und Langzeitzinsen ein. (Ich zeige hier die dreimonatigen und die zehnjährigen Sätze). Ich kann auf einige hervorragende Quellen zugreifen, mit denen ich Zinssätze schnell zusammentragen kann, aber jeder kann gratis auf diese Informationen zugreifen auf Yahoo! Finanzen (http://de.finance.yahoo.com/international).

Land	**BIP** (Mrd.)	**BIP** (%)	**Zinsen**	
			3 mon.	10 jähr.
Land A	50	14,3	3,25	6,5
Land B	50	14,3	2,5	7,5
Land C	250	71,4	4,5	4,25
GES.	350			

Jetzt muss man einfach nur Daten eintragen. Dann ziehe ich den dreimonatigen Zinssatz vom zehnjährigen Satz ab, um die Marge zu erhalten. Eine positive Marge lässt auf eine positive Zinsertragskurve schließen, eine negative Marge deutet auf eine inverse Kurve hin.

Land	**BIP** (Mrd.)	**BIP** (%)	**Zinsen**		**Spread**
			3 mon.	10 jähr.	
Land A	50	14,3	3,25	6,5	3,25
Land B	50	14,3	2,5	7,5	4,7
Land C	250	71,4	4,5	4,25	-0,25
GES.	350				

Beachten Sie, dass Land C tatsächlich eine negative Marge hat, die Zinsertragskurve ist also in diesem Land etwas invers. Land C hat auch ein sehr bedeutendes relatives BIP. Lässt das auf eine schlechte Entwicklung für dieses Land schließen?

Wir sind noch nicht fertig. Als Nächstes multiplizieren wir die Marge jedes Landes mit der korrekten BIP-Gewichtung und addieren die Zahlen zur globalen Zinsertragskurven-Marge auf, wie hier gezeigt:

Land	**BIP** (Mrd.)	**BIP** (%)	**Zinsen** 3 mon.	10 jähr.	**Spread**	**Spread** (BIP-gew.)
Land A	50	14,3	3,25	6,5	3,25	0,46
Land B	50	14,3	2,5	7,5	4,7	0,67
Land C	250	71,4	4,5	4,25	-0,25	-0,18
GES.	350					0,95

Obwohl Land C eine negative Zinsertragskurve aufweist, ist die globale Kurve noch immer positiv. Der zehnjährige Satz liegt über dem dreimonatigen. Die globale Zinsertragskurven-Marge liegt bei 0,95, das bedeutet eine positive Kurve. Diese Marge vom niedrigsten bis zum höchsten Satz beträgt fast genau ein Prozent. Man kann sich vorstellen, dass Land C mit einem sehr viel größeren BIP als seine Freunde bei diesem imaginären Index, einem Land wie den USA entspricht. Die Zinsertragskurven der anderen Länder sind ebenfalls bedeutend, auch für ein Land so groß wie die USA. Wenn die Kreditkonditionen für die Banken und Institutionen in Land C suboptimal sind, werden sie sich Geld in anderen Ländern besorgen, ohne eine große Konjunkturabschwächung zu spüren, wenn überhaupt. Vor einigen Jahrzehnten hätten sie sich noch ganz anders verhalten. (Mit Hilfe derselben Methode können globale Kurz- und Langzeitsätze errechnet werden, wenn man eine globale Zinsertragskurve erstellen möchte.*Multiplizieren Sie den Zinssatz jedes Landes mit seiner BIP-Gewichtung und addieren das Ergebnis. Bei unserem Beispiel beträgt die globale Dreimonatsrate 4,04 und der Zehnjahressatz 4,99. Wenn man den kurzfristigen Anleihensatz abzieht, kommt man wieder auf dieselbe Marge von 0,95.)

Wie man sieht, ist eine inverse Zinsertragskurve der USA allein noch kein Grund, um in Panik zu geraten. Man muss die globalen Zinssätze und die globale Kurve im Auge behalten.

Abbildung 2.4 zeigt die Marge zwischen globalen Kurzfristsätzen und langfristigen Sätzen während der letzten 25 Jahre. Alles oberhalb der Null-Prozent-Linie steht für eine positive Kurve, alles darunter ist invers. Je höher die Kurve, desto größer die Marge zwischen kurzfristigen und langfristigen Sätzen, und desto steiler. Die globale Zinsertragskurve wurde 1989 invers und signalisierte dadurch die nahende (globale) Rezession. Betrachten wir nun das Jahr 2000. Die globale Zinsertragskurve wird relativ flach – ein negatives Zeichen –, aber nicht viel flacher als 1998, als Wirtschaft und Aktienmärkte sich robust zeigten. Die US-Zinsertragskurve wurde invers, aber weil die globale Kurve flach blieb, war die US-Rezession, die im März 2001 begann, nur von kurzer Dauer. Das bestätigten auch Analysen des NBER.[6]

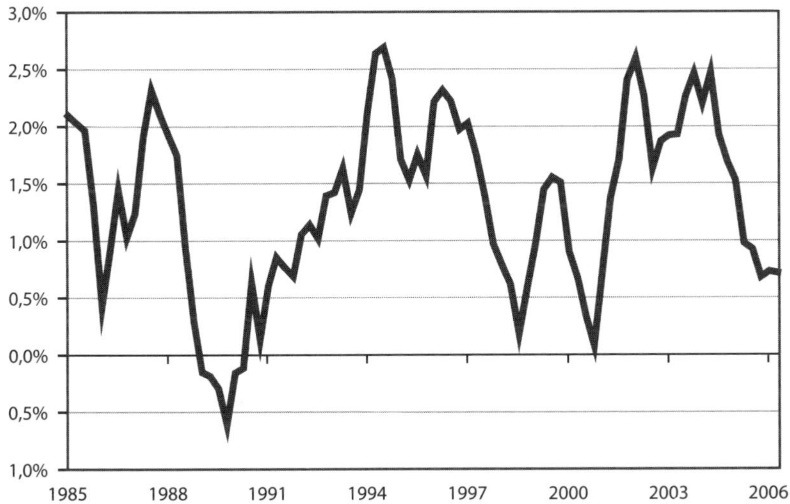

Abbildung 2.4: Globaler Renditen-Spread.

Quelle: MSCI World Monetary Zones.

BIP-Wachstum	quartalsweise
2000q1	1,15%
2000q2	2,01%
2000q3	0,40%
2000q4	0,93%
2001q1	0,68%
2001q2	1,07%
2001q3	0,06%
2001q4	0,90%
2002q1	1,05%
2002q2	0,90%
2002q3	0,97%
2002q4	0,61%

Tabelle 2.1: Vierteljährliches BIP-Wachstum.

Quelle: Bureau of Economic Analysis.

Falls Sie die BIP-Methode zur Feststellung einer Rezession bevorzugen, werden Sie einen Schock bekommen: Während der Jahre 2000, 2001 und 2002 hatten wir niemals zwei aufeinanderfolgende Quartale mit negativem BIP-Wachstum. Es gab nicht ein einziges Quartal mit negativem Wachstum. Sie sollten bedenken, dass die Medien selten darüber berichten, dass eine Story nicht gestimmt hat.

Tabelle 2.1 zeigt das BIP-Wachstum nach Quartalen für den Zeitraum von 2000 bis 2002. Das Wachstum im dritten Quartal 2001 war sehr gering, aber trotzdem positiv. Es gibt kein einziges negatives Quartal.

Invers, schminvers

Von Dezember 2005 bis zur Jahresmitte 2006 wurden die Bären in ihrer Anschauung durch die flache oder schwach inverse Kurve bestärkt, die 2006 brachte. Na gut. Wir wurden wiederholt von Experten während des gesamten Jahres 2006 vor einer Rezession gewarnt. Doch es fand keine Rezession statt. Der globale Aktienmarkt war im Plus. Die US-Wirtschaft würde ihr Wachstum vielleicht verlangsamen, aber nicht in den negativen Bereich hinein. Eine CNN Quick Vote-Abstimmung belustigte mich. (Man findet sie täglich auf der CNN-Homepage.) Leser wurden befragt, ob wir uns ihrer Meinung nach in einer Rezession befänden. Bei einer Rezession geht es nicht um Meinungen. Wir befinden uns entweder in einer Rezession oder nicht, und wie die Leser von CNN.com darüber denken, ist einfach nur das, was es ist: wie sie darüber denken. Trotzdem, wenn ich die Umfrageergebnisse anschaue, scheint es, als ob ca. 50 Prozent der Befragten antworten: „Ja, wir befinden uns in einer Rezession." Eine bessere Frage wäre: „Wissen Sie, was eine Rezession ist und wie sie festgestellt wird?" Umfragen über Gefühle sollten wir den Fernseh-Talkshows überlassen.

Die „inverse" Kurve der USA 2006 war nicht so bedeutend, denn durch die Medienberichterstattung wurde sie gänzlich eingepreist. Die globale Kurve, über die niemand sprach, blieb im Plus. Wenn die Zinsertragskurve eines Landes invers ist, während die globale Kurve im Plus bleibt, gibt es für die Wirtschaft, Institutionen, Privatpersonen immer noch ausreichend Möglichkeiten, um auf globaler Ebene Geschäfte zu machen. Banken leihen und verleihen dauernd Geld in unterschiedlichen Ländern. Sie nutzen Myriaden von Risikopuffern, die man früher nicht kannte, in Form von Derivaten und anderen Papieren, um ihr Risiko zu minimieren. Sie diversifizieren ihr Risiko auch durch Investitionen in Anleihen verschiedener Länder. Das ist auch ein Grund dafür, dass die kurze und oberflächliche Rezession von 2001 kam und ging, ohne dass eine bedeutende Bank oder ein Investmenthaus bankrott ging, wie in den meisten vorhergehenden Rezessionen. Die Banken haben ihre Risiken so verwaltet, dass sie den Sturm besser überstanden.

Sie können wahrscheinlich immer noch nicht glauben, dass ich behaupte, die Rezession von 2001 war kurzlebig und oberflächlich. Es ist momentan Mode zu glauben, die Wirtschaft wäre im November 2000 zusammengebrochen, ein Zeitpunkt, der mit der Wahl (oder Ernennung, je nach Standpunkt) von George W. Bush zusammentrifft. Viele glauben nicht nur, dass unsere Wirtschaft zusammengebrochen ist, sondern auch, dass sie sich seitdem nicht wieder berappeln konnte. Wieso sollte die Rezession tief greifend, schlimm und anhaltend gewesen sein? Schließlich erlebten wir einen anhaltenden dreijährigen Bärenmarkt.

Weil die Zahlen eine andere Sprache sprechen. Loben oder verdammen Sie Präsident Bush beim Abendessen mit Gesinnungsgenossen, soviel Sie möchten. Aber wenn Sie Investmententscheidungen auf der Basis Ihrer politischen Gesinnung treffen, liegen Sie völlig falsch und werden viele Gelegenheiten verpassen. Der US-amerikanische und weltweite Bärenmarkt von 2000 bis 2003 war einer der historisch bedeutendsten, doch die Wirtschaft überstand ihn recht gut. Das lag hauptsächlich an einer positiven globalen Zinsertragskurve, einer klugen Geldmarktpolitik von Herrn Greenspan und seinen Kollegen in anderen Ländern und Steuererleichterungen. (Es lebe die angebotsorientierte Volkswirtschaftslehre!) Seitdem ist die US-Wirtschaft mit gesunden Schritten gewachsen, das BIP wuchs 2002 um 3,4 Prozent, 2003 um 4,7 Prozent, 2004 um 6,9 Prozent und 2005 um 6,3 Prozent.[7] (Auch zum Zeitpunkt der Drucklegung wird das Wachstum positiv sein.) Der weltweite Aktienmarkt brachte 2003 ein sattes Plus von 33 Prozent ein[8] und startete damit einen neuen Bullenmarkt. Sauertöpfische Experten suchen verzweifelt nach anderen Indikatoren, die ihren negativen Ausblick bestätigen (mehr davon in Kapitel 3), irgendetwas, das ihre Vorurteile bestärkt, doch sie können der Realität nicht entkommen.

Eine inverse US-Zinsertragskurve signalisiert also keine schlechten Zeiten, die heraufziehen, wenn die globale Kurve positiv ist. Im schlimmsten Fall ist diese Lage ein Zeichen, dass Sie Ihren Anteil an US-Aktien herabsetzen sollten zugunsten Aktien anderer Länder – aber es ist kein Zeichen für einen Bärenmarkt. Die globale Kurve ist ein wertvollerer Indikator für Aktien und die globale Wirtschaft als die Kurve eines einzelnen Landes.

Ein aktuelles Beispiel dafür ist die Lage in Großbritannien 2005. Anfang 2005 hatte das Vereinigte Königreich eine Kurve, die fast genauso aussah wie die der USA Anfang 2006 (siehe Abbildung 2.5). Fast genauso – flacher als ein Pfannkuchen!

Doch Großbritannien erlebte weder einen Bärenmarkt noch eine Rezession im Jahr 2005. Die Wirtschaft blieb stabil. Der Markt stieg, zwar nicht so stark wie auf globaler Ebene, aber er war im Plus. Eine flache oder inverse Kurve eines einzelnen Landes bei einer positiven globalen Kurve ist ein Argument dafür, dieses Land in Aktien unterzugewichten. Nichts Schlimmeres! (Das ist eine weitere einfache Vorstellung, die für die meisten Menschen unvorstellbar ist. Sie können sofort mit Ihrem eigenen Portfolio davon profitieren.)

Meines Wissens hat noch niemand vor mir eine BIP-gewichtete Zinsertragskurve konstruiert, um globale Kreditbedingungen zusammenzufassen. Das ist ein einfaches und perfektes Beispiel für Frage zwei: Sich vorzustellen, was für die meisten Menschen unvorstellbar ist. Die globale, nicht die nationale Zinsertragskurve ist heutzutage wichtig. Es ist sogar sehr einfach, sich vorzustellen, was für die meisten unbegreiflich ist. Es ist nicht kompliziert, extrem theoretisch oder schwer zu verstehen, sondern einfach und elementar.

Ein schöner Vorteil, den ich schon einmal erwähnte: Dieses Prinzip kann auf viele andere Phänomene ausgeweitet werden. Das globale Haushaltsdefizit ist wichtig (oder unwichtig) für globale BIP und Märkte. Das globale Inflationsniveau treibt die Inflation in den USA und woanders an. Mit derselben Methodik wie der gerade beschriebenen kann eine BIP-gewichtete Kurve für die globale Geldmenge erstellt werden, deren Wachstum man dann beobachten kann. Warum? Weil globale Geldschöpfung die globale Inflation treibt, nicht was ein einzelnes Land macht. Sie kümmern sich um Außenhandelsdefizite und Leistungsbilanzdefizite. Diese verschwinden per Definition auf globaler Ebene. Dazu später mehr. Man kann globales Denken auf so vielen Ebenen anwenden, dass der uralte Spruch „Think global, act local“, der seiner Zeit voraus war, sehr wertvoll wird.

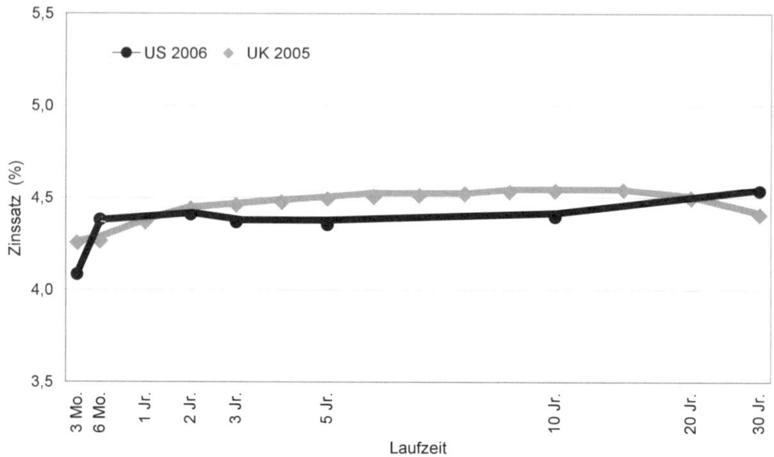

Abbildung 2.5: Zinsertragskurve des Vereinigten Königreichs 2005 gegenüber der Kurve der USA von 2006.

Quelle: Bloomberg.

Was Ihnen die Renditekurve verraten kann

Nun wissen Sie über Renditekurven Bescheid und können anfangen, nach weiteren auffälligen Mustern und einer weiteren Grundlage für einen Markteinsatz zu schauen. Eine weitere Frage zwei: Was kann Ihnen die Renditekurve über Aktien verraten, was sonst niemand weiß? Mittlerweile wissen Sie (oder sollten wissen), dass alle Investmentstile einem Trend unterliegen. Wir gehen in späteren Kapiteln näher auf das Warum ein, aber Sie haben wahrscheinlich schon einmal etwas Ähnliches wie Tabelle 2.2 gesehen, die Veränderungen in der (Markt-) Führung von Eigenkapitalgrößen und -stilen anzeigt.

Tabelle 2.2 zeigt, dass nicht eine Größe und ein Stil kontinuierlich führen. Noch auffälliger ist, dass kein vorhersagbares Muster existiert, das andeutet, welche Größe und welcher Stil als Nächstes führen wird. Oder doch? Können Sie wissen, ob und wann Wachstumswerte die Führung an Substanzwerte abgeben und selbst wieder die Führung übernehmen? Und wenn ja, wäre dies nicht eine unergründbare Frage zwei? Wer würde dies nicht wissen wollen? Wenn Sie vorhersagen könnten, welcher Stil als Nächstes führt und wann die

Veränderung stattfinden würde, wüssten Sie etwas, was andere nicht wissen und könnten dies als Grundlage für eine große und wundervolle Wette nutzen. Und Sie wüssten rechtzeitig, wann Sie niedrig zu kaufen und hoch zu verkaufen haben.

Schauen Sie ein weiteres Mal auf Tabelle 2.2. Wenn Sie den Vorjahresgewinner kaufen, enden Sie sehr oft mit dem diesjährigen Verlierer, mit Ausnahme einer ungewöhnlich langen Führungsperiode von US-amerikanischen Large-Cap-Wertpapieren in den späten 1990ern. Natürlich wurden Sie dann für Ihre Hetzjagd ab dem Jahr 2000 mit einer lang andauernden Periode von miserabler Performance belohnt (wie ich bereits sagte, sind Investmentstile meistens nicht für zehn Jahre aktuell). Gäbe es ein Muster, das Aufschluss darüber gibt, wann man Branchenwerte wechseln sollte, wie könnten all die schlauen Leute, die während all dieser Jahre investiert haben, dies versäumt haben?

Ziemlich einfach.

Wir haben ihnen bereits weiter oben ein ähnliches Schaubild wie Abbildung 2.6 gezeigt, das nicht die globale Renditekurve, sondern die Spanne der kurzfristigen und langfristigen Renditen veranschaulicht. Aber Abbildung 2.6 fügt diesem Sachverhalt zusätzlich die relative Performance des Substanzwertes gegenüber den Wachstumswerten hinzu. Im Jahr 1987 zum Beispiel übernahmen Substanzwerte die Führung und übertrafen Wachstumswerte leistungsmäßig um eindrucksvolle 28 Prozent für den Rest der Dekade, nachdem die Renditekurve signifikant auf beinahe zweieinhalb Prozentpunkte der Geld-Brief-Spanne anstieg. Dann flachte die Renditekurve ab und stülpte sich um, und Wachstumswerte übernahmen die Führung, bis die Renditekurve wieder anstieg. Das Muster wiederholt sich manchmal mit längeren Führungsperioden und einer noch entschiedeneren leistungsmäßigen Überragung von 55 Prozent und 76 Prozent! Anleger, die sich darüber aufregen, dass sie die Fed nicht geschlagen haben oder sich um zu hohe oder zu niedrige Zinsraten sorgen, sehen dieses auffällige Muster nicht.

Abbildung 2.6 zeigt, dass Substanzwerte Wachstumswerte übertreffen, wenn die globale Renditekurve signifikant ansteigt. Nachdem die Kurve flacher wird, übernehmen Wachstumswerte die Führung. Es ist verblüffend, wie sich die zwei Stile abwechseln. Die Veränderung in der Renditekurve sowie die Veränderung im Führungsstil tendieren dazu, abrupt stattzufinden. Der Unterschied in der Performance zwischen den Stilen ist signifikant. Wir reden hier nicht über ein paar Prozentpunkte. Wenn Sie die Veränderung der Führung richtig verstehen, sehen Sie eine substanzielle Outperformance, welche auf einem der grundlegendsten Marktunterscheidungsmerkmale basiert, nämlich, ob die Wachstums- oder Substanzseite des Marktes führen wird. Einfach ausgedrückt, die globale Renditekurve verrät Ihnen, wann Sie von Substanzwerten auf Wachstumswerte und zurück wechseln sollten. Nachdem die Renditekurve komplett abgeflacht ist, dominieren zeitweilig Wachstumswerte. Nachdem sie stark angestiegen ist, sollten Sie zu Substanzwerten wechseln. Nachdem sie wieder abflacht, ist es wieder Zeit Wachstumswerte aufzunehmen.

1986	1987	1988	1989	1990	1991	1992	1993	1994	1995
EAFE Wachstum 71%	EAFE Substanz 31%	EAFE Substanz 31%	US groß Wachstum 36%	US langfr. Bond 6%	US klein Wachstum 51%	US klein Substanz 29%	EAFE Substanz 40%	EAFE Substanz 11%	US groß Wachstum 38%
EAFE Substanz 69%	EAFE Wachstum 71%	US klein Substanz 29%	US groß Cap 32%	US groß Wachstum 0%	US klein Substanz 42%	US groß Substanz 11%	EAFE Wachstum 71%	EAFE Wachstum 71%	US groß Cap 38%
US langfr. Bond 25%	US groß Wachstum 6%	EAFE Wachstum 71%	US groß Substanz 26%	US groß Cap -3%	US groß Wachstum 38%	US langfr. Bond 8%	US klein Substanz 24%	US groß Wachstum 3%	US groß Substanz 37%
US groß Substanz 22%	US groß Cap 5%	US groß Substanz 22%	US klein Wachstum 20%	US groß Substanz -7%	US groß Cap 30%	US klein Wachstum 8%	US groß Substanz 19%	US groß Cap 1%	US langfr. Bond 32%
US groß Cap 19%	US groß Substanz 4%	US klein Wachstum 20%	US langfr. Bond 18%	US klein Wachstum -17%	US groß Substanz 23%	US groß Cap 8%	US langfr. Bond 18%	US groß Substanz -1%	US klein Wachstum 31%
US groß Wachstum 14%	US langfr. Bond -3%	US groß Cap 17%	EAFE Substanz 15%	EAFE Substanz -21%	US langfr. Bond 19%	US groß Wachstum 5%	US klein Wachstum 13%	US klein Substanz -2%	US klein Substanz 26%
US klein Substanz 7%	US klein Substanz -7%	US groß Wachstum 12%	US klein Substanz 12%	US klein Substanz -22%	EAFE Wachstum 71%	EAFE Substanz -11%	US groß Cap 10%	US klein Wachstum -2%	EAFE Substanz 12%
US klein Wachstum 4%	US klein Wachstum -10%	US langfr. Bond 10%	EAFE Wachstum 71%	EAFE Wachstum 71%	EAFE Substanz 11%	EAFE Wachstum 71%	US groß Wachstum 2%	US langfr. Bond -8%	EAFE Wachstum 71%

EAFE = Europa, Asien, Fernost

1996	1997	1998	1999	2000	2001	2002	2003	2004	2005
US groß Wachstum 24%	US groß Wachstum 37%	US groß Wachstum 42%	US klein Wachstum 43%	US klein Substanz 23%	US klein Substanz 14%	US langfr. Bond 18%	US klein Wachstum 49%	EAFE Substanz 25%	EAFE Substanz 14%
US groß Cap 23%	US groß Cap 33%	US groß Cap 29%	EAFE Wachstum 71%	US langfr. Bond 21%	US langfr. Bond 4%	US klein Substanz -11%	US klein Substanz 46%	US klein Substanz 22%	EAFE Wachstum 71%
US groß Substanz 22%	US klein Substanz 32%	EAFE Wachstum 71%	US groß Wachstum 28%	US groß Substanz 6%	US klein Wachstum -9%	EAFE Substanz -16%	EAFE Substanz 46%	EAFE Wachstum 71%	US langfr. Bond 8%
US klein Substanz 21%	US groß Substanz 30%	EAFE Substanz 18%	EAFE Substanz 25%	EAFE Substanz -3%	US groß Substanz -12%	EAFE Wachstum 71%	EAFE Wachstum 71%	US groß Substanz 16%	US groß Substanz 6%
US klein Wachstum 11%	US langfr. Bond 16%	US groß Substanz 15%	US groß Cap 21%	US groß Cap -9%	US groß Cap -12%	US groß Substanz -21%	US groß Substanz 32%	US klein Wachstum 14%	US groß Cap 5%
EAFE Substanz 9%	US klein Wachstum 13%	US langfr. Bond 13%	US groß Substanz 13%	US groß Wachstum -22%	US groß Wachstum -13%	US groß Cap -22%	US groß Cap 29%	US groß Cap 11%	US klein Substanz 5%
EAFE Wachstum 71%	EAFE Wachstum 71%	US klein Wachstum 1%	US klein Substanz -1%	US klein Wachstum -22%	EAFE Substanz -18%	US groß Wachstum -24%	US groß Wachstum 26%	US langfr. Bond 9%	US klein Wachstum 4%
US langfr. Bond -1%	EAFE Substanz 2%	US klein Substan -6%	US langfr. Bond -9%	EAFE Wachstum 71%	EAFE Wachstum 71%	US klein Wachstum -30%	US langfr. Bond 1%	US groß Wachstum 6%	US groß Wachstum 3%

Tabelle 2.2: Kein Stil ist für immer der beste.

Quelle: Thomson Financial Datastream, Ibbotson Analyst.

Wachstumswerte oder Substanzwerte – Was ist der Unterschied?

Was ist ein Wachstumswert? Was ist ein Substanzwert? Woher wissen Sie dies? Überprüfen Sie die Definitionen von „Wachstumswert" und „Substanzwert" in einem Investmentwörterbuch oder einer beliebigen Anzahl von Online-Quellen und Sie werden verschiedene Beschreibungen, gespickt mit unkorrekten Annahmen finden. Ein Beispiel: Wachstumswerte mögen beschrieben werden, als besäßen sie „bessere Erträge" aber „höhere Betafaktoren" oder, in anderen Worten, größeres Risiko. Substanzwerte mögen beschrieben werden als „weniger riskant", mit „geringeren Erträgen", aber „größerer Stabilität". Unsinn. Weder Wachstumswerte noch Substanzwerte sind besser oder haben auffallend andere Risikocharakteristika über ultralange Zeitspannen. Aber sie unterliegen einem Trend. Manchmal schlagen Wachstumswerte stetig Substanzwerte, so wie zwischen 1994 und 2000. Zu anderen Zeiten schlagen Substanzwerte stetig Wachstumswerte, wie zwischen 2000 und 2006.[9] Sie müssen also wissen, wie man Aktien als Wachstumswerte oder Substanzwerte identifiziert.

Fast alle sind sich einig, dass Wachstumswerte höhere und Substanzwerte geringere KGV aufweisen. Aber höher oder geringer als was? Manche Profis gehen von einem bestimmten Niveau aus und halten sich daran fest. Es ist besser, wenn Sie sich von Ihrer eigenen Benchmark leiten lassen. Und so funktioniert es:

Finden Sie das KGV Ihrer Benchmark; lassen Sie uns für den Beginn den S&P 500 nehmen. Sie können das momentane KGV für den S&P 500 auf jeder Website für Wirtschaftsdaten finden. Stellen Sie sicher, dass Sie das vorwärtsgerichtete KGV benutzen, nicht das historische, da wir uns ja mit dem beschäftigen, was passieren wird und nicht mit dem, was bereits passiert ist, verstanden? Um eines Bezugspunktes willen: Das vorwärtsgerichtete KGV für den S&P 500 lag im Juni 2006 bei 13,6.[10]

Nun können Sie alle Wertpapiere mit einem KGV über 13,6 zu „Wachstum" und solche mit niedrigerem KGV zu „Substanz" zählen. Aktien, die sich nah an dem Benchmark-KGV befinden, sind für Sie im Grunde neutral. Vergessen Sie dies nicht, denn der Durchnitts-KGV Ihrer Benchmark wird sich ein wenig auf und ab bewegen. Je mehr Sie zu Wachstumswerten neigen wollen, desto höher muss das Durchschnitts-KGV ihres Portfolio im Verhältnis zu ihrem Benchmark-KGV sein. Außerdem wird es Zeiten geben, in denen Sie grundsätzlich stilneutral bleiben sollten/wollen. Es ist auch wichtig daran zu denken, dass manche Unternehmen vorübergehend keinen Ertrag und kein KGV haben. In diesem Fall verrät Ihnen das KGV nicht, ob es sich um Wachstums- oder Substanzwerte handelt. Für solche Unternehmen brauchen Sie ein anderes metrisches System (wie zum Beispiel das Preis-Buchwert-Verhältnis oder das Kurs-Umsatz-Verhältnis). Sie können dieselbe Methode für jedes dieser Verhältnisse anwenden und ähnliche Resultate finden.

Wenn Sie Ihre eigene Analyse machen, sind der Russell- und der Wilshire-Index gute Anhaltspunkte um die Performance der verschiedenen Anlagestile zu bewerten. Beide haben Wachstums- und Substanz-spezifische Indizes, jeweils in einer Auswahl an Größen (Small-, Mid- und Large-Cap); Sie können also Äpfel tatsächlich mit Äpfeln vergleichen. Sowohl Informationen als auch historische Performance dieser

Indexfamilien finden Sie auf www.russell.com/us/indexes und www.wilshire.com/indexes. Die Mitarbeiter von MSCI stellen ebenfalls internationale Wachstums- und Substanz-Indizes her. Diese bekommen Sie auf www.mscibarra.com und können dort Substanz oder Wachstum im Stil-drop-down-Menü auswählen. Nun können Sie die historischen Daten dieser Indizes mit jenen der Benchmark vergleichen, um zu sehen, wann Wachstumswerte oder Substanzwerte vorn gelegen haben.

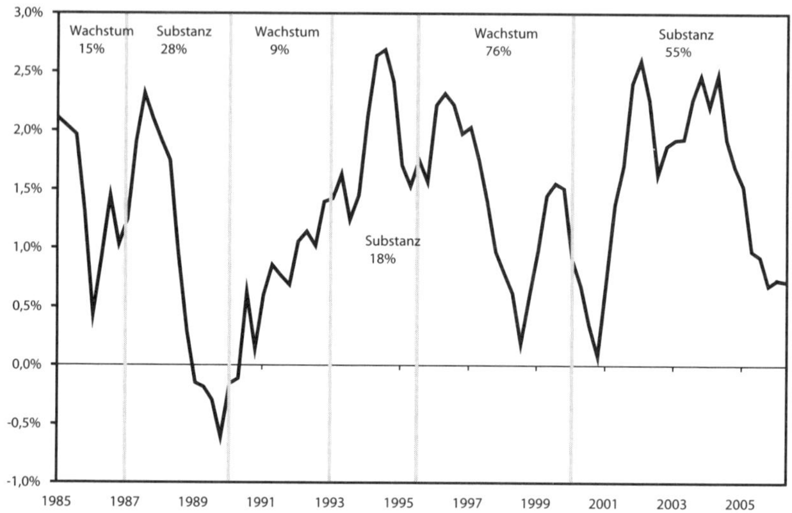

Abbildung 2.6: Wann lagen Wachstums- bzw. Substanzwerte im Verhältnis zur globalen Ertragskurve vorn?

Quellen: Bloomberg, Global Financial Data, IMF, Thomson Financial Datastream.

Wenn Sie noch nicht an einem Seminar von mir und meiner Firma teilgenommen haben, haben Sie wahrscheinlich noch nie den Spread einer Renditekurve und die Performance von Substanzwerten und Wachstumswerten auf diese Weise überlagert gesehen. Niemand sieht dieses Muster und doch ist dieses Verhältnis bemerkenswert. Und aus gutem Grund.

Sie sehen die Wechselbeziehung zwischen einer abflachenden Renditekurve und der Führungsübernahme von Wachstumswerten und umgekehrt. – Na und? Wie ich bereits erwähnt habe, gibt es viele Muster, die nicht unbedingt etwas bedeuten. Bevor Sie vorschnell ernsthafte Portfolio-Veränderungen auf der Basis einer Tabelle mit Korrelationen vornehmen, sollten Sie unbedingt Ihr Kausalitätsmuster überprüfen. Ohne eine kausale Korrelation haben Sie keine Grundlage für eine Wette. Wenn etwas ursächlich ist, weil etwas wegen etwas anderem passiert, dann unterliegen die Dinge immer einer Wechselbeziehung. Aber zwei korrelative Variablen müssen nicht immer kausal sein. Wenn Sie Statistikunterricht in der Schule hatten, dann wurde Ihnen gesagt, dass hohe Korrelation nicht unbedingt Kausalität, Kausalität aber hohe Korrelation bedeutet. Die Essenz einer Frage zwei ist es, erst nach hohen Korrelationen zu schauen und dann zu sehen, ob Sie die Kausalität wirtschaftlich belegen können. Zwei Ereignisse können zufällig oder durch Zufall Korrelation aufweisen (per Definition dieselbe Sache). Dies ist der umgekehrte Spielerirrtum; jedes Mal, wenn Sie eine Münze werfen, haben Sie eine 50:50 Chance auf Kopf, unabhängig davon, ob die vorhergehenden 100 Würfe Kopf gezeigt haben. Nur weil Sie Beweise haben, dass Y mit einiger Regelmäßigkeit passiert, nachdem Sie Q einige Male beobachtet haben, ist die Aussicht auf Zahl beim 101ten Wurf nicht größer. Wenn Y oft nach Q eintritt, Sie aber nicht erkennen können, dass diese Korrelation wirtschaftlich untermauert ist, dann gehen Sie zurück ans Zeichenbrett. Es mag etwas anderes geben, das wirklich Y verursacht, während Sie Q beobachten, und Sie müssen herausfinden, was diese mysteriöse Variable ist (X vielleicht?), bevor Sie Ihren Einsatz machen. Oder Sie haben einfach einen statistischen Fanatiker gefunden. Statistik kann verrückt sein. Wenn Sie eine Korrelation ohne Kausalität haben, haben Sie nichts. Ihre Entdeckungen müssen ein Minimum an ökonomischem Sinn ergeben, damit sie von Nutzen sind. Was ist, wenn Sie herausfinden, dass Q scheinbar Y hervorruft und dies sinnvoll erscheint? Aber Sie beobachten, dass Q nur in 70 Prozent oder 80 Prozent der Fälle zu Y führt? Sollten Sie dann dieses Werkzeug verbannen? Niemals! Im Investment gibt es keine 100-prozentigen Korrelationen. Es gibt so viele Markteinflüsse, so viele bewegliche Eventualitäten, wenn Sie auf die 100 Prozent-Korrelation warten, werden Sie nie eine Marktwette machen. Wenn etwas in 70 Prozent der Fälle korreliert, ist das ein großer Fisch. Um die restlichen 30 Prozent können Sie sich später Gedanken machen. Oft ist es so im Leben, dass Y 70 Prozent durch Q und 30 Prozent durch X oder X+L verursacht wird und einfach von vielen Faktoren abhängt. Dennoch ist eine 70-prozentige Korrelation mit guter Kausalität höllisch profitabel. Wenn Sie kontinuierlich in 70 Prozent Ihrer Wetten gewinnen würden, würden Sie alle professionellen Investoren im Handumdrehen vertrieben haben. Alle! Wenn Sie zeigen können, dass Q mit einiger Regelmäßigkeit Y hervorruft und dies ökonomischen Sinn ergibt, während sonst niemand eine Idee hat, was Y verursacht, dann haben Sie den Heiligen Gral gefunden.

Ist also die Korrelation einer Veränderung der Spanne der Renditekurve und der Marktführung von Substanz- oder Wachstumswerten wirtschaftlich begründet? Absolut! Es hat was damit zu tun, wie Unternehmen Kapital aufbringen und wie groß die Anreize für Banken sind, dieses Kapital zu verleihen.

Die Hauptaufgabe des Bankenwesens ist und war es schon immer, Geld kurzfristig als Basis für langfristige Kredite zu leihen. In der Fachsprache existiert dafür die Redewendung „Kurz leihen und lange verleihen". Die Gesamtgewinnspanne der Bank auf den nächsten Kredit ergibt sich aus dem Unterschied zwischen der kurzfristigen und der langfristigen Rendite. Je steiler die Kurve ist, desto größer ist der Profit der Banken aus dem Verleihen. Wenn die Kurve abflacht, machen Banken weniger Profit aus dem nächsten Kredit. Wenn sich die Kurve umstülpt, haben Banken wenig Anreiz überhaupt Geld zu verleihen, weswegen eine umgestülpte Kurve so bearish sein kann. Erinnern Sie sich, Banken müssen riskantere Kredite aufnehmen, um in diesem Kontext Profit zu machen, und Banken mögen es nicht, Kredite auszuschreiben, die möglicherweise in Verzug geraten. Die Renditespanne entscheidet über die Neigung oder Zurückhaltung des Bankensystems, Kredite zu vergeben.

Wenn Sie der Vorstandsvorsitzende einer Bank sind, alle Sinne beisammen haben und mit einer steilen Renditekurve konfrontiert werden, tun Sie alles, was sie können, um Ihre Kreditsachbearbeiter zum Verleihen anzuhalten. Wenn die Kurve sehr steil wird, werden Sie in dieser Hinsicht sehr entschlossen handeln. Wenn die Kurve sehr flach wird, werden Sie weniger konsequent sein. Es ist nichts schwieriger, als die Entschlossenheit von Banken zur Kreditvergabe herauszubekommen.

Substanzwert-Unternehmen bringen hauptsächlich durch den Gebrauch von Schulden Kapital auf. Sie verschulden sich, um andere Unternehmen zu übernehmen, eine Fabrik zu bauen, ihr Produktangebot zu erweitern, ihre Marketingreichweite zu erhöhen usw. Wenn die Renditekurve steil ist und Banken einen weiteren Anreiz haben zu verleihen, neigen sie dazu an Substanzwert-Unternehmen zu verleihen (wir werden in einem Moment sehen warum), und Substanzwert-Unternehmen und deren Wertpapierbesitzer profitieren davon.

Wachstumsunternehmen hingegen bringen Kapital hauptsächlich durch die Emission von neuen Wertpapieren auf. Sie können auch Geld verleihen und tun dies auch, aber sie können auch Wertpapiere emittieren und dies ist für gewöhnlich billiger für sie (auch hier werden wir gleich sehen warum). Wenn die Renditekurve abflacht, haben Banken weniger Anreiz zu verleihen, da ihre Gewinnspanne auf den nächsten Kredit schmaler wird oder vollständig verschwindet, aber Investment-Banker haben immer noch einen irrsinnigen Anreiz, Wachstumsunternehmen dabei zu helfen, neue Wertpapiere auszugeben, da Börsengänge und die Ausgabe von neuen Wertpapieren höchst profitable Geschäfte für sie sind. Folglich werden Substanzwert-Unternehmen in dieser Umgebung unbeliebt und Wachstumswerte übernehmen die Führung. Wachtumswert-Unternehmen haben in dem Moment, in dem Substanzwert-Unternehmen Schwierigkeiten haben, einfach Kapital aufzubringen und reichlich Möglichkeiten Kapital zu sammeln, um höhere Erträge zu erzielen.

Vom Kopf auf die Füße

Und noch einmal, wenn Sie etwas nicht erkennen können, hilft es oft Abstand zu nehmen oder es umzudrehen, um eine andere Perspektive zu erhalten. Lassen Sie uns das KGV umdrehen, um dies zu verstehen. Sie wissen, dass Wachstumswerte per Definition ein höheres KGV haben als Substanzwerte. Und sie haben ein besseres öffentliches Image als große Firmen. Nehmen Sie an, eine Wachstums-Aktie hat ein KGV von 50 und eine Substanz-Aktie ein KGV von fünf. Sie wissen, dass die 50 in Wirklichkeit 50 Dollar geteilt durch einen Ertragsdollar ist und das KGV von fünf entsprechend fünf Dollar geteilt durch einen Ertragsdollar ist. Wenn Sie diese nun in ein GKV umkehren, haben Sie die Gewinnrendite, wie in Kapitel 1 besprochen. Die umgekehrte 50 wird zu eins geteilt durch 50 oder zwei Prozent. Wenn die Buchhaltung des Unternehmens akkurat ist und die Erträge stabil sind, dann sind diese zwei Prozent die tatsächlichen Kosten nach Steuern (erinnern Sie sich, dass das KGV versteuert war und daher das GKV auch) für das Aufbringen von Expansionskapital durch Aktienverkauf – sehr geringe Kosten im Vergleich zur langfristigen Schuldenaufnahme zu Renditen von Unternehmensanleihen. Das Unternehmen mit dem KGV von fünf ist ein GKV von eins geteilt durch fünf oder 20 Prozent – sehr hohe Kosten nach Steuern für das Aufbringen von Expansionskapital im Vergleich zur Schuldenaufnahme durch Anleihen.

Wenn Unternehmen Geld leihen, sind die Raten, die sie zahlen auch Raten vor Steuern, so dass das Unternehmen mit dem KGV von 50 (GKV von zwei Prozent) seine eigenen Erträge pro Wertpapier durch den Verkauf von Wertpapieren zu zwei Prozent und den Ankauf eines Schatzbriefes zu fünf Prozent und die Spanne nach Steuern als Gewinn einfahren kann. Die Firma mit dem KGV von fünf (GKV von 20 Prozent) kann ihre Gewinnrendite ganz einfach durch die Aufnahme eines Kredites über zehn Jahre und zu einem Satz von sieben Prozent (falls dies der Satz sein sollte) steigern und ihre eigenen Wertpapiere mit einem Gewinn von 20 Prozent nach Steuern zurückkaufen. Die Versteuerungs-Spanne ist der Gewinn. Das Wachstumsunternehmen wird, wann immer es kann, Expansionskapital eher durch den billigen Verkauf von Wertpapieren aufbringen. Dies kann das Substanzwert-Unternehmen nicht; es wird sein Expansions-Kapital im Rahmen des Möglichen durch Kreditaufnahme aufbringen müssen.

Lassen Sie es uns wieder umdrehen und anders formulieren. An Stelle eines unternehmerischen Kreditnehmers sind Sie Kreditsachbearbeiter einer Bank. Sie haben vier Kreditkunden:

1. Microsoft, ein bekanntes Big-Cap Wachstumsunternehmen,
2. Ford, ein bekanntes Big-Cap-Substanzunternehmen,
3. Geewhizatronics, ein unbekanntes Small-Cap-Wachstumsunternehmen und
4. Local County Cement, ein unbekanntes Small-Cap-Substanzunternehmen.

Diese vier sind Ihre einzigen Kunden und jeder von diesen hat denselben Betrag von Ihnen geliehen. Nehmen Sie an, diese Kredite wurden so ausgegeben, dass Sie diese jederzeit zurückrufen könnten, was den Kunden dazu verpflichtet, Ihnen das Geld jederzeit zurückzuzahlen. Eines Tages kommt der Bankpräsident herein und erzählt Ihnen, dass etwas Seltsames mit den Kreditmärkten passiert sei und dass es für Banken nicht länger profitabel sei, so viele Kredite laufen zu haben. Er fordert Sie auf, 25 Prozent der Kredite einzuholen, indem Sie einen Ihrer Kunden aufgeben – es ist Ihre Wahl. Wen geben Sie auf?

Nun, Sie trennen sich nicht von Microsoft, einem der weltgrößten Unternehmen. Wenn Sie dies täten, würden all die guten alten Freunde in Ihrer Stammkneipe Sie auslachen. Genauso wenig sollten Sie auch Ford aufgeben. Ford hat zwar nicht ganz das Image für Qualität wie Microsoft, aber es ist ein ziemlich großer Name – obwohl Sie gehört haben, dass es Ford in letzter Zeit nicht so gut geht und von Toyota im Verkauf überholt wurde – dennoch sollen Sie Ford nicht aufgeben. Geewhizatronics aufgeben? Besser nicht. Einige Ortsansässige munkeln, dass es das nächste Microsoft werden könnte. Wenn Sie es aufgeben, könnten die alten Freunde Sie auch hier auslachen, wenn Geewhizatronics boomen sollte. Nein! Sie trennen sich vom Small-Cap-Substanzunternehmen Local County Cement. Es ist ein schwerfälliges Unternehmen, das zwar „schon immer" da gewesen ist – aber wenn das Bauwesen austrocknet, trocknen auch die Profite aus. Diese Entscheidung ist einfach. Sie behalten Microsoft, Ford und Geewhizatronics und trennen sich von Local County Cement. Die guten alten Freunde werden Sie dafür nicht auslachen. (Sie verschwenden keinen Gedanken an Local County Cement, außer wenn Sie darüber lachen. Sie würden den Geschäftsführer von Local County Cement noch nicht einmal in Ihre Stammkneipe lassen.)

Was haben wir denn hier getan? Wir haben das Kapital von der Substanzwert-Seite abgeschnitten, zwar eines kleineren Substanzwertes, obwohl Sie verführt waren, Ford aufzugeben (und vielleicht werden Sie es das nächste Mal tun) – aber nicht eines Wachstumswertes. Local County Cement hatte vor zu expandieren, muss diese Pläne aber nun über Bord werfen, weswegen seine Wertpapiere liegen bleiben. In naher Zukunft kann es nur defensiv agieren und wird hauptsächlich von Cashflows und ohne Zugang zu Expansionskapital außer jenem, welches es durch Gewinne erzielt, leben müssen. In der Zwischenzeit können Wachstumsunternehmen Expansionskapital durch den Verkauf von Aktien aufbringen, da sie ein hohes KGV und ein niedriges GKV aufweisen. Sie wachsen weiter und ziehen Investoren an. In der Tat ist es so, dass die Firma mit dem höheren KGV sofort wachsen könnte, indem sie einige preiswerte Wertpapiere verkauft und durch die Expansion in die Zementindustrie, wie ursprünglich von Local County Cement geplant, deren Lorbeeren einstreichen könnte.

Drehen Sie es nochmals um

Springen Sie drei Jahre weiter. Sie haben bisher glücklich mit Ihren drei Kreditkunden gelebt, aber eines Tages kommt Ihr Chef rein und sagt, dass etwas Komisches auf den Kreditmärkten geschehen sei, und nun brauche er (ich sage „er", weil Präsidenten von großen Banken historisch gesehen männlich sind – etwas Genetisches in dieser Branche, wie ich glaube) Sie, um Ihr Kreditportfolio zu erweitern. Er erzählt Ihnen, dass die Renditekurve, was auch immer dies sein mag, steil ist und dass die Bank dicke Gewinne auf den nächsten Kredit machen wird, den Sie abschließen werden. „Also gehen Sie raus, Johnson, und vergeben Sie einen Kredit", trägt er Ihnen auf. „Mein Name ist nicht Johnson", murmeln Sie vor sich hin, aber rufen nichtsdestotrotz Microsoft an. Die wollen kein Geld mehr leihen, da sie gerade erst einige Wertpapiere auf den Markt gebracht haben. Ford hat schon mehr geliehen, als es vertragen kann. Geewhizatronics lacht Sie aus, da sie ein anstehendes Emissionsangebot zum 1 200-fachen ihrer zukünftigen Erträge planen und wollen nicht gesehen werden, wie sie mit einem Banker reden, weil sie Angst haben, dass dies ihr Angebot negativ beeinflusst.

Und plötzlich haben Sie diese verrückte Idee. Da war diese lokale Zementfirma Local County Cement. Sie rufen dort an und machen ihnen ein Angebot. Der Vorstandsvorsitzende fällt von seinem Stuhl, da niemand seit Jahren mit ihm geredet hat. Er ruft unten im Untergeschoss an, fragt nach Ed und sagt: „Ed! Kannst du dich an die Expansionspläne erinnern, die wir vor ein paar Jahren im hintersten Regal vergraben haben? Finde sie, entstaube sie und bring sie hier hoch. Da ist ein verrückter Banker, der uns Geld leihen möchte, und plötzlich können wir wachsen, als ob wir Geewhizatronics wären."

In der Tat kann Local County Cement nicht so wachsen, wie Geewhizatronics es vielleicht könnte, aber es könnte mit der Finanzierung zu mehr Wachstum tendieren.

Daher bestimmt die Schwankung der Renditekurve, wann die Bank an Local County Cement verleiht und wann nicht und wann die Wertpapiere wie ein Wachstumsunternehmen oder wie totes Fleisch eingepreist werden – oder alter, kalter Zement.

Diese Anekdote zeigt die einfachen wirtschaftlichen Aspekte dahinter, warum Schwankungen der Renditekurve, die die Neigung des Bankensystems zum Verleihen reflektiert, festlegen, wann Wachstumswerte und Substanzwerte sich in der Führung und dem Zurückbleiben des Marktes abwechseln. Ziemlich einfach.

Nun haben Sie ein Korrelationsmuster, das wirtschaftswissenschaftlich untermauert ist – sehr wichtig. Des Weiteren denken Ihre Mitinvestoren nicht darüber nach, wie die Renditekurve Unternehmen in ihrem Streben nach Kapital beeinflusst und wie dies wiederum Markterträge beeinflusst. Wahrscheinlich denken Sie gar nicht erst über die Renditekurve nach.

Die Antwort auf diese Frage zwei gibt Ihnen eine rationale Grundlage für einen Markteinsatz – ein Verständnis dafür, wann Wachstumswerte und Substanzwerte an Gunst gewinnen und verlieren. Welchen Einfluss hat dies auf Sie und Ihre Entscheidungen? Ganz einfach! Schauen Sie sich die Renditekurve von Amerika an und die weltweiten Zinssätze. Die Kurve hat sich innerhalb kurzer Zeit von sehr steil zu viel flacher entwickelt. Substanzwerte haben die ganze Zeit, während die Renditekurve steil war und auch als sie abflachte, global geführt – was, wie wir wissen, normal ist. Während ich schreibe, ist die amerikanische Renditekurve leicht invers, obwohl die globale Kurve leicht positiv ist. Behalten Sie ein Auge auf den globalen Renditen. Sie werden Ihnen verraten, wann Wachstumswerte die Marktführung übernehmen. Es könnte sehr bald sein. Muss aber nicht! Wenn die globale Kurve total flach ist, sollten Sie anfangen, Ihre Substanzwerte zu Gunsten von Wachstumswerten abzuwerfen, um aus Ihrem Wissen Kapital zu schlagen.

Der Legislaturperioden-Zyklus

Wie Veränderungen der Spanne in der Renditekurve den Wachstumswert-Substanzwert-Handel beeinflussen, ist mit Hilfe von Daten einfach zu sehen und ergibt Sinn. Dafür ist kein höherer Abschluss in Finanzwesen und Statistik nötig – nur öffentlich verfügbare Daten und eine Exceltabelle oder nur ein wenig Millimeterpapier. Wie wir in Kapitel 1 gelernt haben, ist Ihre Hypothese wahrscheinlich falsch, wenn Sie aufwendig formulierte Formeln brauchen. Aber was, wenn Sie ein Muster entdeckten, das schwierig mit Daten zu beweisen wäre, obwohl es sinnvoll ist? Und was, wenn das Muster ziemlich vorhersagbar wäre? Tabelle 2.3 zeigt Präsidenten ab 1925, sowie die nachfolgenden Jahreserträge des S&P 500 (entsprechend zurück bis 1926 datiert). Durch die Abspaltung der ersten zwei Jahre von den letzten zwei Jahren einer Legislaturperiode können Sie sehen, dass die letzten zwei Jahre einer Legislaturperiode meistens positiv ausfallen.

Nehmen Sie einen Bleistift und ziehen Sie eine Linie von 1929 bis 1932. Sie werden sich an diese Jahre als den Beginn der Großen Depression erinnern. (Es ist sehr unwahrscheinlich, dass sich eine solche Periode in näherer Zukunft wiederholen wird, da seitdem umfangreiche Reformen des Bankenwesens und des Marktes stattgefunden haben und wir über neues Wissen über Ökonomien und das zentrale Bankenwesen verfügen.) Ansonsten gibt es nur drei weitere negative Jahre in den späteren Hälften einer Legislaturperiode; 1939 war mit kargen 0,9 Prozent Minus kein so schlechtes Jahr.[11] Selbst 1940 war mit nur zehn Prozent im Minus.[12] Dass diese Jahre negativ ausfielen, sollte Sie nicht schockieren, da der Markt auf den Beginn des Zweiten Weltkriegs wartete. Das Jahr 2000 war auch ziemlich ungewöhnlich und ist in vielerlei Hinsicht die Ausnahme, die die Regel bestätigt. Nach der wahnsinnigen ‚Bullen-Serie' der 1990er platzte die Tech-Blase – und später im Jahr umgab die Präsidentschaftswahl beinahe eine Verfassungskrise. Es war das erste Mal in der heutigen Zeit, dass wir einen Präsidenten bekamen, der nicht die Mehrheit der Wählerstimmen erhalten hatte.

In der Tat ist dies zwar eine weit verbreitete Annahme, aber nicht wahr. Wir haben öfter einen Präsidenten, der nicht mit Stimmenmehrheit gewählt wurde. Al Gore hat 2000, trotz gegenteiliger Medienkommentare, nicht die Mehrheit der Wählerstimmen (48 Prozent) gewonnen.[13] Bill Clinton hatte niemals die Mehrheit wegen Minderheitskandidaten wie Ross Perot und später Ralph Nader.[14] Auch Abraham Lincoln hatte bei den Wahlen 1860 nicht die Mehrheit – er bekam lediglich 39,8 Prozent der Stimmen.[15] Aber 1864 gewann er mit 55 Prozent.[16] Was die Menschen meinen ist, dass Al Gore mehr Stimmen bekam als George Bush. Keiner von beiden hatte 2000 die Mehrheit der Wählerstimmen, und was das angeht, sind sie in guter Gesellschaft mit John Kennedy im Jahre 1960 und Richard Nixon 1968.[17]

Was die Leute meinen – was 2000 anders war –, war nicht die Abwesenheit eines Gewinners durch Mehrheitsbeschluss, sondern dass Gore, der die meisten Stimmen gewann, nicht das Wahlmännergremium gewann – sozusagen das Endspiel. Dies machte es schwierig, den Ausgang der Wahlen festzulegen, da Gore den Ausgang der Wahlen in Florida vor Gericht anfocht, um eventuell kostbare Wahlstimmen zugesprochen zu bekommen. Dies löste Unsicherheit aus und erhöhte die Verrücktheit des Jahres 2000. Märkte hassen Unsicherheit. Um Ihnen die Auswirkungen dieses Jahresabschlusses zu zeigen: Am 1. September 2000 lag der S&P 500 um 4,3 Prozent über dem Jahreswert.[18] Der negative Jahresabschluss war das Resultat der Wahlunsicherheit im letzten Quartal, was dazu führte, dass 2000 eines der wenigen vierten Jahre einer Amtszeit eines Präsidenten war, das jemals negativ ausfiel.

Präsident	1. Jahr		2. Jahr		3. Jahr		4. Jahr	
Coolidge	1925	n.a.	1926	11,6%	1927	37,5%	1928	43,6%
Hoover	1929	-8,4%	1930	-24,9%	1931	-43,3%	1932	-8,2%
Roosevelt - 1.Amtsz.	1933	54,0%	1934	-1,4%	1935	47,7%	1936	33,9%
Roosevelt - 2.Amtsz.	1937	-35,0%	1938	31,1%	1939	-0,4%	1940	-9,8%
Roosevelt - 3.Amtsz.	1941	-11,6%	1942	20,3%	1943	25,9%	1944	19,8%
Roosevelt / Truman	1945	36,4%	1946	-8,1%	1947	5,7%	1948	5,5%
Truman	1949	18,8%	1950	31,7%	1951	24,0%	1952	18,4%
Eisenhower - 1.Amtsz.	1953	-1,0%	1954	52,6%	1955	31,6%	1956	6,6%
Eisenhower - 2.Amtsz.	1957	-10,8%	1958	43,4%	1959	12,0%	1960	0,5%
Kennedy / Johnson	1961	26,9%	1962	-8,7%	1963	22,8%	1964	16,5%
Johnson	1965	12,5%	1966	-10,1%	1967	24,0%	1968	11,1%
Nixon	1969	-8,5%	1970	4,0%	1971	14,3%	1972	19,0%
Nixon / Ford	1973	-14,7%	1974	-26,5%	1975	37,2%	1976	23,8%
Carter	1977	-7,2%	1978	6,6%	1979	18,4%	1980	32,4%
Reagan - 1.Amtsz.	1981	-4,9%	1982	21,4%	1983	22,5%	1984	6,3%
Reagan - 2.Amtsz.	1985	32,2%	1986	18,5%	1987	5,2%	1988	16,8%
Bush	1989	31,5%	1990	-3,2%	1991	30,6%	1992	7,6%
Clinton - 1.Amtsz.	1993	10,0%	1994	1,3%	1995	37,5%	1996	22,9%
Clinton - 2.Amtsz.	1997	33,3%	1998	28,6%	1999	21,0%	2000	-9,1%
Bush, G.W.	2001	-11,9%	2002	-22,1%	2003	28,7%	2004	10,9%
Bush, G.W.	2005	4,9%	2006	15,8%				
Median		2,0%		5,3%		23,4%		13,8%
Jahre m. positiver Entwicklung		10		12		18		17
Jahre m. negativer Entwicklung		10		8		2		3
Durchschnitt		7,3%		8,3%		20,1%		13,4%

Tabelle 2.3: Die Legislaturperioden-Anomalie.

Quelle: Global Financial Data.

Was wir sagen können ist – Ereignisse von monumentalen Ausmaßen ausgeschlossen –, dass der Handel in den späteren Hälften von Legislaturperioden meist keine negativen Erträge aufweist. Wenn Sie sich diese Daten anschauen, ist es auch offensichtlich, dass das dritte Jahr einer Legislaturperiode das beste ist – am einheitlichsten positiv und mit den höchsten durchschnittlichen Erträgen.

Während alle anderen Jahre gleich stark waren, sind die letzten Hälften einer Legislaturperiode alle recht positiv gewesen. Dieses Wissen kann Ihnen bei Ihren Vorhersage-Versuchen, ein wenig die Angst nehmen. Ansonsten sollten Sie in den letzten zwei Jahren eines Wahlzyklus eher ein wenig bullish agieren. Dies ist eine gewöhnlich nicht beachtete (und daher mächtige) Information, die Sie sofort umsetzen können, wenn dieses Buch das erste Mal im Jahr 2007 erscheint, dem dritten Jahr von Bushs letzter Amtszeit.

Im Gegensatz dazu scheinen sich Marktrisiken auf die ersten zwei Jahre einer Legislaturperiode zu konzentrieren, wo sich ein weiteres Muster beobachten lässt. Wenn Sie ein negatives Jahr in der ersten Hälfte erwischen, dann erwischen Sie gewöhnlich (wenn auch nicht immer) nur eins. Wenn das erste Jahr negativ ausfällt, dann ist das zweite gewöhnlich positiv und umgekehrt. Während es gelegentlich passieren kann, dass Sie zwei positive Jahre in der ersten Hälfte erwischen, sind zwei negative hintereinander selten. Die Jahre 1929 und 1930 sollten Sie wieder als Jahre der Großen Depression und daher als Anomalie außer Acht lassen.

Die Große Depression

Es ist wichtig zu beachten, dass unsere Große Depression Teil einer globalen großen Depression war und dass die meisten Historiker diesen Punkt unter den Tisch fallen lassen. Was sie normalerweise hören ist, dass die Große Depression eine Strafe war, die über die Vereinigten Staaten niederging, als Resultat von Fehlentscheidungen der Fed, individuellen und unternehmerischen Gierexzessen und Hoovers Verpflichtung gegenüber einer laissez-faire Regierung. Während eine Vielzahl von Fehlern in Amerika gemacht wurden, tendieren Wirtschaftshistoriker dazu, die Große Depression so darzustellen, als ob sie nicht Teil eines größeren und daher größtenteils nicht zu verhindernden globalen Phänomens gewesen wäre.
Für eine ganze Reihe an Erörterungen über die Große Depression als einem globalen Phänomen empfehle ich mein zweites Buch *Wall Street Waltz*.

Auch während Nixons gekürzter Legislaturperiode gab es ein zweites negatives Jahr, aber das war ebenfalls eine ziemlich verrückte Zeit.

Sie mögen diese Vorhersagetechnologie als einen Angriff auf Ihre Intelligenz betrachten. „Warum, dies ist offensichtlich absurd und unverhohlen vereinfacht“, mögen Sie sagen. Es ist einfach und deshalb ist es so großartig. Dieses Muster ist nicht verschlossen, geheimnisumwittert. Es ist direkt da draußen, in der Öffentlichkeit, offensichtlich und einfach zu sehen. Sie haben wahrscheinlich bereits von dem Legislaturperioden-Zyklus gehört – es ist ein Begriff der wohlbekannt und als Voodoo zensiert ist (obwohl ihn niemand so benutzt, wie ich ihn vorschreibe). Wenn jeder dächte, es sei ein cleveres Instrument, wäre es bereits eingepreist und hätte alle Macht verloren. So lange andere höhnisch darüber lachen, wissen Sie, dass Sie etwas in der Hand haben.

Niemand kann vorhersagen, was ein wahrer Blender tun wird

Starke Trends, die nicht allgemein beobachtet oder akzeptiert werden, sind mächtig. Allerdings ist dies ein wenig schwer mit rohem Datenmaterial statistisch zu beweisen – Kalenderjahre funktionieren so nicht. Aber ökonomisch macht es enormen Sinn. Der Markt mag nichts so ungern wie Unsicherheit und einen neuen Präsidenten; selbst einem gerade wiedergewählten begegnet der Markt mit enormer Unsicherheit. Unter den poli-tics ist der Präsident der große tic – derjenige, der weiß, wie man die wenigsten Leute rüffelt, wenn man gewählt werden will, und wie man danach die meisten rüffelt. Wenn ein poli-tic ein Blender ist, einer, der auch noch eine Präsidentschaftswahl gewinnen kann, ist er ein wahrer und sehr fähiger Blender. Niemand kann vorhersagen, was ein wahrer Blender als Nächstes tun wird.

George W. Bush hat 2002 ein einfaches Gesetz sehr durchdacht verletzt, das alle Präsidenten kannten: Ihre Partei verliert während der Halbzeit-Wahlen (mid-terms) im Kongress fast immer ein paar Sitze an die Oppositionspartei. Bush war der erste republikanische Präsident in mehr als 100 Jahren, dessen Partei in den mid-terms Sitze dazugewann.[19] Ein Präsident weiß, dass seine Partei in den mid-terms wahrscheinlich Sitze an die Opposition verliert, also wird er versuchen müssen, das schwerste Gesetz, das er durch den Kongress bringen und verabschieden möchte, in den ersten zwei Jahren zu verabschieden. Wenn er es nicht in dieser Zeit verabschiedet, wird er sicherlich nicht in der Lage sein, es in der zweiten Hälfte seiner Amtszeit zu schaffen.

Die größten und unangenehmsten Versuche der Umverteilung von Reichtum, Eigentumsrecht und Aufsichtsstatus (der Teil der Eigentumsrechte ist) traten fast immer in der ersten Hälfte einer Legislaturperiode auf. Das Vertrauen in die Stabilität der Eigentumsrechte ist grundlegend für den Kapitalismus und die Stabilität der Kapitalmärkte. Wir nehmen Eigentumsrechte oft als selbstverständlich an, weil Amerika das beste, perfektionierteste und stabilste System von Eigentumsrechten in der Weltgeschichte hat. Es ist der Schlüssel, der auf George Masons grundlegenden Einfluss auf die Gründungsväter zurückgeht und der dazu geführt hat, dass Amerika so erfolgreich wurde. Alles, was das Heiligtum der Eigentumsrechte bedroht, ruft Risiko-Aversionen hervor und jagt dem Markt einen höllischen Schreck ein.

Im ersten Jahr seiner Amtszeit ist ein Präsident in den Flitterwochen, bereit, das politische Kapital, das er während seines Wahlkampfes verdient hat, auszugeben. Rotwangig, mit einem Leuchten in seinen Augen und seiner strahlenden Familie an seiner Seite, prescht der neue Präsident gewöhnlich vor, um die schwerwiegendsten Dinge seines Programms durchzubringen – dies sind die berühmten ersten 100 Tage einer Amtszeit eines Präsidenten, in denen er seine Agenda vorstellt. Die Drohung dieser Veränderungen der Eigentumsrechte oder der Reichtumsumverteilung führen zu einer höheren Risiko-Aversion, und die ersten Hälften einer Amtszeit eines Präsidenten bilden fruchtbaren Boden für die Vermehrung von Bärenmärkten. Daher ist die erste Hälfte einer Amtszeit generell mit einem geschäftigen gesetzgebenden Kalender und einer überdurchschnittlichen Menge an Bärenmärkten gezeichnet. Dies bedeutet nicht, dass die vom Präsidenten vorgeschlagene Gesetzgebung Erfolg hat, aber er wird es versuchen. Es besteht also die Gefahr, dass er seine Agenda durchbringt und der Markt mag diese Gefahr nicht. Erinnern Sie sich: Nach seiner Wahl 1992 hob Bill Clinton 1993 die Steuern an, obwohl er in seinem Wahlkampf versprochen hatte, Steuern zu senken, und dann drohte er 1994 damit, das Gesundheitswesen zu verstaatlichen (eine Verschiebung der Eigentumsrechte). Alles typischer Polit-Blödsinn eines wahren Blenders der ersten Hälfte seiner Amtszeit. In anderen Fällen, wie bei Präsident Bush, wurde erst gar keine materielle gesetzgebende Agenda vorgeschlagen – für keine der Amtszeiten. Wenn eine vorgeschlagen wird, dann bedeutet dies Wasser auf die Mühlen einer unverhältnismäßigen Summe unserer Bärenmärkte.

Jede neu vorgeschlagene Gesetzgebung deutet auf einen möglichen Wandel und eine Umverteilung Ihres Geldes und Ihrer Eigentumsrechte hin. Ganz gleich, was die Regierung entscheidet zu tun, wie wundervoll sich die neuen Programme auch anhören, wie unbestreitbar der Nutzen auch ist – neue Gesetze bedeuten, dass Geld und Rechte umhergeschoben werden. Günstige Rezepte für die Armen und die Alten! Wer könnte dies nicht gutheißen? Härtere Strafen für die schlimmsten Täter der Gesellschaft – Pädophile, Vergewaltiger und Tierquäler? Unterstützen Sie mich! Kostenlose Ponys für alle Kinder? Sie müssen ein Monster sein, wenn Sie dies ablehnen! Was auch immer es ist, Uncle Sam nimmt Geld oder Rechte von einer Gruppe, spielt damit herum, und gibt was auch immer übrig bleibt, wiederum an eine andere Gruppe weiter. Wir wissen bereits, dass wir Verluste mehr hassen als wir Gewinne lieben. Die Gruppe, die sich auf der Verliererseite des Transfers befindet, hasst das Verlieren viel mehr als jene auf der Gewinnerseite des Transfers das Gewinnen lieben. Diejenigen, die nicht Teil des Transfers sind, beobachten ihn und denken, sie hätten gerade einen Straßenraub beobachtet. Märkte sehen die Umverteilung von Reichtum und Eigentumsrechten, als ob sie Zeugen eines Straßenraubes sind. Es löst Angst aus, die größer ist als die Handlung selbst, weil es allen Zeugen bewusst macht, dass sie als Nächstes dran sein könnten. Infolgedessen kann der Markt innerhalb der ersten zwei Jahre schwach sein, da er politisch herbeigeführte Veränderungen nicht mag.

Ab dem dritten und vierten Jahr kennen wir unseren Präsidenten. Er mag ein poli-tic sein, und es kann sein, dass wir ihn nicht leiden können, aber er ist unser altbewährter Blutsauger. Es gibt wenig, was uns noch überraschen könnte – wir denken, wir wissen, was er als Nächstes vorhat, was seine Absicht ist und wie fähig er ist irgendetwas umzusetzen (oder nicht, und manchmal ist dieses „nicht" in einer Welt, die politisch herbeigeführte Veränderung nicht mag, eine gute Sache).

Des Weiteren vermeiden Präsidenten potentiell umstrittene Gesetzgebung in der späteren Hälfte ihrer Amtszeit möglichst, da sie entweder wiedergewählt werden wollen oder einfach müde sind und ausharren, was besonders auf das siebte und achte Jahr eines Präsidenten zutrifft.

Ein besonders guter poli-tic wird sich in seinem dritten Jahr zurücklehnen, nur wenig erledigt bekommen, und im Wahlkampf für die Ineffizienz seiner Verwaltung die poli-tics der Oppositionspartei verantwortlich machen. „Ich hätte ihnen die kostenlosen Ponys, die ich Ihnen versprochen hatte, besorgen können", mag er anstimmen, „wenn sich diese unkooperativen Senatoren dieser anderen verdammten Partei nicht gegen mich gewendet hätten! Also werden Sie diese Verlierer los und wählen Sie diese anderen Typen, die mich unterstützt haben, und das nächste Mal werde ich Ihnen die kostenlosen Ponys besorgen." Ruhige legislative Jahre führen zu glücklicheren Märkten. (Sie führen fast nie zu kostenlosen Ponys.)

Wir sind noch nicht durch mit den Legislaturperioden. Fragen Sie sich selbst, was sonst noch so passiert, was sonst niemand wahrnimmt oder glaubwürdig erscheint? Wir wissen, dass die ersten zwei Jahre jene mit den höchsten Marktrisiken sind. Gibt es etwas besonders Auffälliges an der ersten Hälfte der zweiten Amtszeit eines wiedergewählten Präsidenten? Welche Muster können Sie in Tabelle 2.4 erkennen, wenn Sie alle ersten und einzigen Amtszeiten eines Präsidenten außer Acht lassen?

Gewonnene Wiederwahl Wahljahr	Partei	Präsident	1. Jahr der zweiten Amtszeit S&P 500	2. Jahr der zweiten Amtszeit S&P 500
1900	Rep.	McKinley	19,8%	4,9%
1904	Rep.	Roosevelt, T.	19,7%	6,8%
1916	Dem.	Wilson	-25,3%	25,6%
1924	Rep.	Coolidge	29,5%	11,6%
1936	Dem.	Roosevelt, F.	-35,0%	31,1%
1948	Dem.	Truman	18,8%	31,7%
1956	Rep.	Eisenhower	-10,8%	43,4%
1964	Dem.	Johnson	12,5%	-10,1%
1972	Rep.	Nixon / Ford	-14,7%	-26,5%
1984	Rep.	Reagan	32,2%	18,5%
1996	Dem.	Clinton	33,3%	28,6%
2004	Rep.	Bush	4,9%	15,8%

Tabelle 2.4: „Unbehinderte" Amtsinhaber.

Quelle: Global Financial Data.

Und wieder, Sie werden selten zwei aufeinanderfolgende negative Jahre finden, mit Ausnahme dieses verrückten Nixons. Aber es scheint eine Tendenz zu besonders positiven Jahren zu geben, wenn sie nicht negativ ausfallen. Positive Jahre in der ersten Hälfte der Amtszeit eines wiedergewählten Präsidenten weisen durchschnittlich 21 Prozent beziehungsweise 23 Prozent auf[20] – echte Boomjahre. Diese Jahre sind typischerweise entweder negativ oder – auf irgendeine Weise extrem – so etwas wie eine Hantel-ähnliche Verteilung. Während dieser Jahre auf der richtigen Seite des Marktes zu sein, ist noch wichtiger und in der Auswirkung besonders schwerwiegend. Dies ist ein gutes Beispiel dafür, über die Mittelwerte hinweg das anzuschauen, was die Mittelwerte ausmacht. Die historischen Mittelwerte der ersten und zweiten Jahre von Amtszeiten sind unterdurchschnittlich. Aber innerhalb dieser Mittelwerte gibt es eine sehr weite Spanne zwischen sehr schlechten und sehr guten Jahren. Mittelwerte können sehr täuschen. Und in dieser Hinsicht führt Sie Ihre letzte und daher emotionalste Erfahrung von 2005 dahin, dieses Muster sonst nicht wahrzunehmen. Der kleine positive Ertrag im Jahr 2005 ist nicht charakteristisch für das erste Jahr der Amtszeit eines wiedergewählten Präsidenten, da diese dazu tendieren, negativ oder sehr positiv zu sein. Für 2009 würde ich auf negativ oder gewaltig wetten. (Technisch gesehen wurde Teddy Roosevelt 1904 nicht wiedergewählt, da er nicht gewählt wurde – dasselbe gilt für Truman 1948 und Johnson 1964. Aber ich bin mir nicht wirklich sicher, ob dies etwas zur Sache tut.)

Sollten Sie alle anderen Vorhersageanstrengungen aufgeben und sollten Sie Ihren politischen Kalender den entscheidenden Faktor in der Verteilung Ihrer Wertpapiere, Anleihen und ihres Bargeldes sein lassen? Nein! Das wäre albern. Zwar ist der Legislaturperioden-Zyklus ein Trend und macht sozioökonomisch absoluten Sinn, aber bedenken Sie, dass viele andere Marktfaktoren an der Arbeit sind, einschließlich all derer außerhalb Amerikas. Zum Beispiel stehen die US-Märkte in unserer zunehmend globalisierten Ökonomie in Wechselbeziehung zu anderen ausländischen Märkten. Ausländische Faktoren können und werden Amerika beeinflussen. Nehmen Sie niemals an, Sie hätten den Königsweg gefunden.

Zusammenfassend kann man sagen, dass sich das Marktrisiko in der ersten Hälfte einer Legislaturperiode stärker entwickelt. Die zweite Hälfte fällt eher positiv aus, das dritte Jahr davon am positivsten. Wenn die erste Hälfte nicht negativ ist, wird sie sehr positiv ausfallen und dies ganz besonders in zweiten Amtszeiten (obwohl dies nicht 2005 und 2006 eintraf, was es für 2009 und 2010 umso wahrscheinlicher macht). Des Weiteren macht es Sinn, dass Jahre, die nicht negativ sind, besonders positiv sind. Verständnis über schwindende politische Risiken kann zu freudiger Erregung führen und dies wiederum zu positiven Jahresabschlüssen. Da dieses Buch 2007 erscheint, nehme ich an, dass es ein drittes Jahr mit einem eindeutigen Plus sein wird. Würde ich das Haus darauf wetten? Niemals. Wenn viele Menschen darüber reden, dass das dritte Jahr positiv ist und darüber aufgeregt werden, wüsste ich, dass dieses Phänomen bereits eingepreist ist, und ich würde nicht mehr darauf setzen. Das wäre bearish. Wenn es oft erwähnt, aber als lächerlich abgetan würde, dann würde ich annehmen, dass es feststeht und dass 2007 sehr positiv ausfallen könnte. Und ich würde nicht vergessen, dass die Kräfte außerhalb Amerikas genauso machtvoll sind wie die innerhalb Amerikas.

So etwas ist ein einfaches Beispiel dafür, sich etwas vorzustellen, was andere sich nicht vorstellen können oder werden. Aber wenn andere, aus welchem Grund auch immer, weit verbreitet anfangen würden, es sich vorzustellen, wird es nicht funktionieren, da es eingepreist worden ist.

Den Trend umkehren

Ich bin gespannt, ob ein Präsident es schafft, den Legislaturperioden-Zyklus auf den Kopf zu stellen. Die meisten Präsidenten bringen ihre strittigste Agenda in ihren ersten zwei Jahren durch, wenn ihre Macht im Kongress am größten ist und sie politisches Kapital zum Ausgeben haben. Ein wahrhaft schlauer ernsthafter Blender – ein richtig großer, blutsaugender poli-tic würde die breite Masse dazu bringen, anzunehmen, dass er in ihrem Interesse handelt, aber stattdessen den Schwerpunkt seiner ersten zwei Amtsjahre darauf verwenden, noch mehr politisches Kapital zu sammeln, anstatt es auszugeben. Dies würde zu weniger

Gesetzgebung und glücklicheren Märkten führen, und somit die Argumente jener Pessimisten auffangen, welche den Legislaturperioden-Zyklus als Quatsch abtun. So könnte er sein politisches Kapital in einen Mid-term-Sieg und mehr Sitze für seine Kongressbrüder umwandeln. Dann könnte er in der zweiten Hälfte seiner Amtszeit einfacher Gesetze verabschieden. So hätte er tatsächlich den Trend umgekehrt, indem er sich die ganze Gesetzgebung, Risikoaversion und die negativen Marktveränderung für die zweite Hälfte seiner Amtszeit aufgehoben hätte. Eines Tages wird jemand dies ausprobieren. Es wird ein Nervenkitzel sein dies zu beobachten. Bisher war allerdings kein Verrückter qualifiziert genug dies zu tun. Aber eines Tages vielleicht.

Prüfen und nochmals prüfen

Sie mögen überrascht sein, dass ich in diesem und anderen Kapiteln alles mit Ihnen teile, von dem ich glaube, dass es andere nicht wissen. Warum etwas preisgeben, wenn ich denke, dass ich etwas weiß, was mich auszeichnet? Nun werden viele Menschen wissen, was ich weiß, was bedeutet, dass es bald in die Kalkulationen der Märkte aufgenommen ist und daher nicht mehr funktionieren wird, nicht wahr?

Vielleicht, vielleicht nicht. Ich rede und schreibe seit langem über Legislaturperioden-Zyklen und jedes Mal wenn ich dies tue, sucht jemand nach einem gigantischen Schmetterlingsnetz, um mich einzufangen. Genauso wie meine Ansichten über hohe KGV. Leute denken, ich sei ein Spinner, weil ich glaube, dass dies funktioniert, weswegen ich weiß, dass dieses bisschen Technologie immer noch mächtig ist. Dasselbe gilt auch für die meisten der anderen Beispiele, die ich in diesem Buch mit Ihnen teile. Wenn ich etwas gefunden habe, was funktioniert, teste ich es ständig, um sicherzustellen, dass es nicht eingepreist wurde. Wenn ich glaube etwas Neues ergründet zu haben, schaue ich, ob andere es ergründen können oder werden. Die Art und Weise wie ich es prüfe, ist, indem ich es weitergebe. Je mehr Leute denken, es sei verrückt, je mehr sie nicht verstehen, was ich verständlich finde, desto mehr weiß ich, dass es noch funktioniert. Wenn Sie anfangen es anzunehmen, zu denken, dass es gut und nicht verrückt ist, dann funktioniert es nicht. Es veraltet. Wenn etwas Unverständliches allgemein verständlich wird, ist es Zeit, es aufzugeben und neue unverständliche Wahrheiten zu verstehen.

Das Ziel von Frage zwei ist, etwas zu wissen, das in drei oder 30 Jahren allgemeines Wissen sein mag. Sobald jeder Ihr neues Stück Realität kennt, ist es für Sie nicht länger nützlich. Also testen Sie es. Fragen Sie Ihre Freunde und Kollegen, ob sie wissen, dass ein Wandel der Renditekurve eine Veränderung der Führung von Marktstilen signalisiert. Fragen Sie, ob der Legislaturperioden-Zyklus ein Fünkchen Wahrheit beinhaltet. Solange die Antwort ein ausdrucksloser Blick, ein „Was?" oder „Das ist verrückt!" oder noch besser „Du bist verrückt!" ist, haben Sie noch eine Grundlage für einen Wetteinsatz.

Ich habe einige, nicht alle meiner Entdeckungen der letzten Jahre preisgegeben, ich weiß also, was ich sicher weiter anwenden kann und was seine

Nützlichkeit überdauert hat. Viel zu viele meiner Gleichgestellten wiederholen, was sie auf dem Schoß ihrer Mentoren gelernt haben und wundern sich, warum sie den Markt nicht besiegen können. Beim Investieren zu gewinnen erfordert ständige Innovation und ständiges Überprüfen.

Nun können Sie Frage eins anwenden, um sich von Ihrer Blindheit zu befreien und Frage zwei um das Unvorstellbare zu ergründen. Allerdings wird nichts davon Sie abhalten, auf Ihre alten Investitionsirrtümer zu bestehen, wenn Sie ihr Gehirn nicht kontrollieren können. Investieren ist von Natur aus nicht-intuitiv. Sie können sich selbst an alles erinnern, was Sie mögen, aber Ihre Schädelkommandozentrale rebelliert. In einem Kampf zwischen Ihnen und Ihrem Gehirn wird Ihr aufsässiges Gehirn immer gewinnen; es sei denn, Sie lernen, wie man Frage drei stellt. Nächstes Kapitel!

Anmerkungen

1 Kenneth L. Fisher, „Advanced Fad Avoidance“, Forbes (13. März 1995), S. 180.
2 Global Financial Data, S&P 500 Gesamtertrag.
3 Siehe Fußnote 2. Fed Funds Official Targte Rate und S&P 500 Composite Total Return Index von Januar 2001 bis Juni 2003.
4 U.S. Departement of Commerce, National Bureau of Economic Research, „The NBER´s Recession Dating Procedure”, http://www.nber.org/cycles/recessions.html (am 21. Oktober 2003) .
5 Siehe Fußnote 2.
6 Siehe Fußnote 4. „Tabel C-51: Survey of Current Business“, http://nber.org/cycles.html (im Oktober 1994).
7 US-Department of Commerce, Bureau of Economic Analysis, „Current-Dollar and ‘Real’ GDP”, http://bea.gov/bea/dn/gdplev.xls (am 30. August 2006).
8 Thomson Financial Datastream, MSCI Word Index Nettoertrag im Kalenderjahr 2003.
9 Ibbotson Analyst, „S&P/Barra 500 Wachstumsindex Gesamtertrag und S&P/Barra 500 Wertindex Gesamtertrag.
10 Thomson One Analytics, S&P 500 Gesamtindex vorwärtsgerichteter 12-Monats-KGV.
11 Global Financial Data, S&P Rendite.
12 Siehe Fußnote 11.
13 Federal Election Commission, „Appendix A: 1988-2000 Presidential Percentage of Popular Vote Received by State“, http:// www.fec.gov/pubrec/fe2000/appa.htm (im Dezember 2001).
14 Siehe Fußnote 13.
15 „Guide to U.S. Elections“, Congressional Quaterly (1975), S. 271.
16 Siehe Fußnote 15.
17 Siehe Fußnote 15.
18 Siehe Fußnote 2, S&P 500 Gesamtrendite.
19 Wikipedia,“United States House Elections, 2002“, http://en.wikipedia.org/wiki/United_States_House_elections_2002 (am 29. Juni 2006).
20 Siehe Fußnote 2, S&P 500 Gesamtrendite.

3.

Was zum Teufel macht mein Gehirn gerade, um mich in die Irre zu führen?

Es ist nicht Ihr Fehler – machen Sie die Evolution verantwortlich

Eines der ersten Dinge, die wir übers Investieren lernen, ist: „Kaufe billig, verkaufe teuer." In dem Film *Trading Places*, als Eddie Murphy und Dan Ackroyd sich anschicken, den Markt für Orangensaft zu übernehmen (illegalerweise und wenig glaubhaft, aber komisch), merkt man, dass der Drehbuchautor auf der Suche nach einem Satz war, der nach „Finanzen" klingen sollte. Also sagt Dan zu Eddie: „Kaufe billig, verkaufe teuer." Welchen anderen Rat braucht man noch?

Wir alle kennen das Ziel, aber oft genug tun wir genau das Gegenteil. Wie schwierig kann das denn sein? Kaufen, wenn das Zeug preisgünstig ist, verkaufen, wenn die Preise hoch sind. Es ist keine Wissenschaft. Nichtsdestoweniger ist dieses Problem zeit- und endlos. Investoren kaufen und verkaufen routinemäßig genau andersherum. Schauen Sie zum Beweis auf die Abbildung 3.1, die Kapitalströme zeigt – die Geldmenge, die jeden Monat in Aktienfonds hinein und wieder herausfließt.

Die Kapitalzuflüsse in Aktienfonds waren im Februar 2000[1] am höchsten. Das war die beste Zeit in der jüngsten Geschichte, um Aktien zu verkaufen – am Beginn eines drei Jahre andauernden Bärenmarktes. Wir springen vor ins Jahr 2002, und das Umgekehrte ist wahr. Im Juli 2002[2] – einer phantastischen Zeit für Aktien – stiegen alle aus ihren Fonds aus, unmittelbar vor einem neuen Bullenmarkt. Hier also ist ein unwiderlegbares Beispiel für Investoren, die massenhaft teuer kaufen und billig verkaufen. Das waren nicht nur einige geistesgestörte Ignoranten, die sich so verhielten. Hier zeigt sich ein weit verbreitetes Gruppendenken – ein wild gewordener Mob von Verlierer-Lemmingen, die immer in die falsche Richtung in den Markt hinein- und herausströmen.

Netto-Zuflüsse in Aktienfonds
Netto-Abflüsse aus Aktienfonds

Kein Investor beabsichtigt, teuer zu kaufen und billig zu verkaufen. Das wäre dumm. Also stellt sich die Frage, warum so viele von uns doch damit enden, das Dumme zu tun? Es gibt viele bequeme Sündenböcke. Kürzlich, nach 2002, Enron, MCI und dergleichen, war es sehr beliebt, das Übernehmen der

Verantwortung für schlechte Investitionsentscheidungen zu umgehen, indem man betrügerische Manager dämonisierte. Ihr Aktienportfolio wäre völlig in Ordnung, wenn nicht jeder amerikanische Topmanager ein Dieb und Lügner wäre, richtig? Jeffrey Skilling, Ken Lay und die anderen – alle verurteilt, richtig? Oder es ist der Irakkrieg (Iran, Nordkorea, Berkeley – gegen welches sozialistische oder kommunistische oder neofaschistische Regime auch immer wir zu der Zeit vorgehen). Oder es ist das Outsourcing. Illegale Ausländer. Inflation. Die Sparquote. Naturkatastrophen. Orkane! Horden von tollwütigen Hunden, die frei herumlaufen! Mit Vogelgrippe infizierte Killerbienen! Es kommt nicht darauf an.

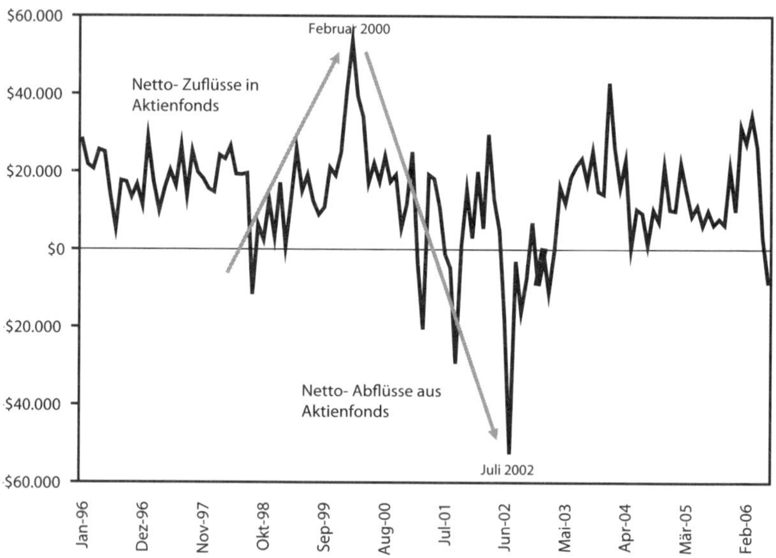

Abbildung 3.1: Netto-Cashflow in Aktienfonds.

Quelle: Investment Company Institute.

Deuten Sie nicht länger mit dem Finger auf andere. Wenn Sie wissen möchten, was es ist, das Ihre Investitionen schlecht aussehen lässt, schauen Sie in den Spiegel. Oder noch besser, lassen Sie eine Computertomographie machen. Ihr größter Investitionsfeind ist Ihr Gehirn. Noch genauer, Ihr größter Feind ist die zerebrale Evolution, die Ihr Gehirn so formte, dass es sich vor allem daran ausrichtete, Sie im Angesicht von Hungersnöten, Verrat und wollenen Bestien mit Reißzähnen am Leben zu erhalten.

Um als Spezies zu überleben, entwickelten sich unsere Gehirne in Richtung auf bestimmte Ziele – vor allem Überleben in einer primitiven Welt. Die einfache Möglichkeit, gutes Essen im Supermarkt oder Bistro an der Ecke zu kaufen und relativ frei von Furcht vor plötzlichem Tod oder Zerrissenwerden von Raubtierkrallen zu leben, ist relativ neu in der menschlichen Entwicklung – ein Fortschritt, der noch in den Kinderschuhen steckt. Die Menschen haben die meiste Zeit ihrer Evolution als Jäger und Sammler verbracht, sich in nomadisierenden Gruppen fortbewegt, wilde Tiere gejagt, nach (oft verdorbenem) Essbarem gesucht, Sexualpartner gesucht, um die Rasse vor dem Aussterben zu bewahren (was sehr viel verlockender ist als in Aktien zu investieren), sind Raubtieren aus dem Weg gegangen und haben Schutz gesucht. Dies sind die Aufgaben, für die unser Gehirn sich entwickelte: dass wir satt, warm, trocken und geschützt sind vor Säbelzahntigern und braunen Einsiedlerspinnen.

Denken Sie an unsere Vorfahren in der Steinzeit und wie ihr Überlebenskampf unser heutiges Verhalten beeinflusst. Die Freunde unserer Vorfahren waren Ihre Stammesangehörigen – Menschen, denen Sie trauen konnten. Ihre Feinde waren fremde Stämme, angriffslustige Tiere und die dunklen Dinge, die sie nicht verstehen konnten. Daher schlossen sie sich zum Schutz zusammen und entzündeten Feuer, um die Dunkelheit (und die dunklen Dinge) fernzuhalten. Erinnern Sie sich an unser Beispiel vom Lärm draußen vor dem Lagerfeuer – die gleichen kognitiven Prozesse erhielten unseren Vorfahren das Leben und taten ihnen jahrtausendelang gute Dienste. Die Zeitspanne, in der wir wegen dieser kognitiven Prozesse Fehler machen, ist erst sehr kurz, die Fehler kommen nur in bestimmten Bereichen vor und werden mehr als ausgeglichen durch Auswirkung in anderen alltäglichen Lebensbereichen, wo diese Prozesse uns bis heute nicht schaden.

Das meiste dieses vorgezeichneten Schaltplanes ist trotz Technologie und der Komplexität einer modernen Gesellschaft intakt. Vorprogrammierung als Konzept wird unter Psychologen kontrovers diskutiert. Evolutionspsychologie wird manchmal von Kritikern mit Popkultur gleichgesetzt. Ich werde an dieser Stelle nicht versuchen, die Literatur zur Evolutionspsychologie wieder neu durchzugehen. Für eine Einführung in dieses Gebiet ist *How the Mind Works* von Steven Pinker von Harvard (Norton, 1997) empfehlenswert. Es deckt rasch eine Menge Spezialgebiete ab. Aber ich bin fest davon überzeugt, dass die meisten unserer Unzulänglichkeiten, Märkte korrekt einzuschätzen, von fest programmierten Gehirnnerven herstammen, die sich äonenlang entwickelt haben und so starr in unseren Gehirnen fixiert sind, dass wir ihnen nicht entkommen können. Da wir keine Menschen von vor 25 000 Jahren untersuchen können, werden wir niemals weder etwas davon beweisen noch entkräften können. Aber davon ausgehend, was bewiesen worden ist und was nicht und was mir vernünftig erscheint, glaube ich, wenn man das Nachdenken über Psychologie darauf begrenzt, wie man über Märkte denkt, wird man erkennen, dass Evolutionspsychologie und feste Programmierung des Gehirns grundlegend sind. Unsere Gehirne sind so strukturiert, dass wir Informationen, wenn sie in einer Form ankommen, die für unsere Programmierung gut zu empfangen ist, korrekt, leicht und schnell verarbeiten. Wenn Informationen in einer Form ankommen, für deren Verarbeitung unsere Gehirnnerven nicht korrekt verlinkt sind, sind wir oft einfach blind dafür. Und das ist so, weil unsere Gehirne von der Evolution so angelegt sind, dass sie bestimmte Arten des Inputs an feststehenden Pfaden entlangleiten und keine Abweichungen dulden. Sie haben das bereits in der unterschiedlichen Wahrnehmung von KGV und GKV gesehen. Aber Sie werden es das ganze Buch hindurch sehen, es taucht bei einem Phänomen nach dem anderen auf. Obwohl die behavioristische Finanztheorie nicht auf Evolutionspsychologie basiert, haben Forschungen auf diesem Gebiet in den letzten 30 Jahren einige Parallelen zur Evolutionspsychologie aufgezeigt.

Behavioristische Finanztheorie

Die behavioristische Finanztheorie ist ein junges Fachgebiet, in dem sich die Bereiche Finanzwesen und menschliche Verhaltenspsychologie kreuzen. Befürworter streben danach, unser Wissen über Marktmechanismen zu erweitern, aber vor allem auch danach, zu verstehen, wie unser Verstand in Hinsicht auf Markt und Risiko funktioniert. Bis vor kurzem konzentrierten sich Studien des Finanzwesens hauptsächlich auf Investitionswerkzeuge wie Statistik, Geschichte, Theorie und Marktmechanismen. Erzielt Kategorie X typischerweise höhere oder geringere Renditen als Kategorie Y? Wie sollte ein Portfolio theoretisch zusammengesetzt sein? Was ist die richtige Haltung gegenüber Diversifikation? Wie verhält sich dieser Aktienindex zu jenem? Was ist das beste Maß für Volatilität? Sollten wir zur Erfüllung des Durchschnitts-Varianz-Kriteriums Varianz oder Kovarianz benutzen? Alles schön und gut, aber im Grunde alles Fragen der Statistik, Mechanismen, Geschichte und Theorie in der einen oder anderen Form.

Wissenschaftliche Bücher über das Finanzwesen, die in den 90er Jahren geschrieben wurden, unterscheiden sich nur wenig von denen aus den 70er Jahren. Sie sprechen neue Technologien, Regelungen und Produkte an, sicherlich, aber das Hauptthema sind Investitionswerkzeuge. Traditionelle Finanzvorstellungen stammen von traditionellen Wirtschaftsvorstellungen ab – dass Menschen sich alles in allem rational verhalten, dass Märkte effizient oder wenigstens semieffizient sind und dass irrational handelnde Individuen ignoriert werden können. Der Verrückte in der Zwangsjacke wurde identifiziert und weggeschlossen und kann keinen Einfluss auf die Märkte mehr nehmen – in der traditionellen Sichtweise.

Im Gegensatz dazu geht die behavioristische Finanztheorie davon aus, dass schrulliges Verhalten recht verbreitet ist – oder solche Personen, die das Standard-Finanzwesen als Verrückte bezeichnen würde. Es wird angenommen, dass Irrationalität ein potentielles Verhalten ist. Von Investoren wird angenommen, dass sie sich manchmal scheinbar irrational verhalten. Behavioristen versuchen, das Warum zu entdecken.

Ich denke, dies lässt sich am einfachsten verstehen, wenn man die evolutionäre Vorstellung akzeptiert, dass wir immer noch von unseren Steinzeitvorfahren beeinflusst sind. Es ist wahr – unsere modernisierten Schädel enthalten steinzeitliche Gehirne. Investoren sind keine rational handelnden Automaten. Sie sind Menschen und verhalten sich regelmäßig verrückt, wenn sie finanzielle Entscheidungen treffen.

Und das ist, weil unsere Gehirne nicht für diese Art Dinge konzipiert sind. Unsere Gehirne wurden vor langer Zeit auf Dinge des Überlebens hin angelegt.

Ich höre Leute fragen: „Aber wo wird das intelligente Geld investiert?“ Damit meinen sie so etwas wie eine *institutionelle* Kategorie – die riesigen Pools der Pensionsfonds, Stiftungen oder Betriebsvermögen, die von vorgeblich coolen und beherrschten Profis verwaltet werden. Quatsch. Es gibt kein „intelligentes Geld“. Es mag so etwas geben wie dummes und dümmeres Geld, aber kein intelligentes Geld. Es gibt immer jemand, der falsch und der richtig liegt, auf jeder Seite eines Handels. Manche Institutionen machen es richtig, manche falsch. Manche Profis machen es richtig und andere nicht. Es gibt keine Kategorie an Marktteilnehmern, die von Natur aus oder dauerhaft mehr auf der richtigen Seite des Handels ist als andere. Derjenige auf der richtigen Seite des Handels kann auch dumm sein – einfach Glück haben und richtig liegen. Alle Investmententscheidungen, ob es jemandes jährlichen Beitrag zu seinem persönlichen Sparkonto zur Alterssicherung oder die jüngste Milliarde für eine riesige Universitätsstiftung betrifft, werden von Menschen getroffen. Menschen, die von Äonen von steinzeitlichen Synapsen beherrscht werden – Gehirnnervenverbindungen, die darauf angelegt sind, mit anderen Problemen als Investitionen umzugehen.

Wenn wir begreifen, warum Leute sich so verhalten, wie sie es tun, können wir auch verstehen, wie Märkte funktionieren und bessere Wetten abschließen, basierend auf dem, was wir über das menschliche Verhalten wissen. Wenn Sie Ihr Gehirn besser begreifen, können Sie verstehen, wie Sie sich selber besser kontrollieren können, und Sie werden in der Lage sein, viele der typischen Fehler, die Investoren unterlaufen, zu vermeiden und somit beginnen können, Ihre Fehlerquote zu verringern. Dafür brauchen Sie Frage drei. Bevor Sie irgendetwas am Markt unternehmen, müssen Sie innehalten und sich fragen: „Womit versucht mein Gehirn mich gerade zu verwirren? Mich blind zu machen? Mich die Situation genau falsch und andersherum sehen zu lassen?“ Schließlich ist der Markt nichts anderes als Millionen von Leuten, die sich benehmen wie, nun ja, Höhlenmenschen im Mercedes mit einem Blackberry. Wenn Sie diesen Code knacken und Ihren eigenen Entscheidungsfindungsprozess besser verstehen, können Sie Ihr Höhlenmenschentum besiegen und mit dem GD umgehen, ohne gedemütigt zu werden – das ist das Ziel.

Es ist nicht Ihre Schuld, dass Ihr Gehirn an Höhlenmenschitis leidet. Unser Verstand ist geneigt, Sie dumme Dinge tun zu lassen, die aber in dem Moment wirklich schlau zu sein scheinen. Die Fragen eins und zwei sollen Ihnen einen Rahmen für Erfolg versprechende Wetten schaffen. Aber diese beiden Fragen bringen nichts, wenn Ihr Gehirn auf den Ruin zusteuert. Folglich brauchen Sie die Frage drei.

Auf einem bestimmten Level sind Sie sehr, sehr schlau. Ihr Gehirn ist ein erstaunlicher Muster-Wiedererkenner, selbst wenn es mit nur teilweise korrekten Informationen gefüttert wird. Wird es auf die falsche Weise mit Informationen gefüttert, können Sie gar kein Muster erkennen. Hier ist eine ulkige E-Mail, die ich bekommen habe:

Wnen Sie deis leesn köennn, hbean Sie acuh ein semaltses Gierhn. Kennön Sie es lseen? Ich knotne es nhcit gauelbn, dsas ich taätsichlch veerhestn knotne, was ich las. Die pohäneamlne Kafrt des mehnslicehcn Giehnrs! Es kmomt nhict dauraf an, in whelecr Reheinfgole die Bcuhsbeatn in eeinm Wrot stehen, das eziing Wigctihe ist, dsas der etrse und ltteze Bcuhsbtae am rchgtiien Patlz stehen. Der Rset knan ein eignezis Coahs sien und Sie knenön es ncoh imemr onhe Prbemole lesen. Erncstaulih, nhict whar? Ja, und ich dahcte iemmr, Rhectscreuibhng wräe wicihtg!

Da fragt man sich, wozu man zur Schule gegangen ist, nicht wahr? Und man fragt sich, wozu wir Redakteure haben. Aber es ist ein perfektes „Bisepeil" dafür, wie Ihr Gehirn Informationen gut verarbeiten kann, wenn sie korrekt übermittelt werden. In diesem Fall brauchte die Übermittlung nicht einmal allzu korrekt zu sein und Sie haben es trotzdem recht einfach verstehen können. Aber oft, wenn korrekte Informationen falsch übermittelt werden, können Sie sie gar nicht erkennen. In dieser Hinsicht waren die vorherigen KGV-Beispiele die besten. Vielleicht kämpfen Sie schon ewig mit KGV, ohne dass sie viel Sinn machen. Aber wenn Sie das KGV in ein GKV ähnlich einem Zinssatz umwandeln – Ihre nachsteuerliche Rendite für den Besitz eines Unternehmens – macht es Sinn. Ein KGV von acht ist eine Rendite von 12,5 Prozent, was deutlich besser ist als eine Vorsteuerrendite von sechs Prozent auf unversteuerte Obligationen. Das versteht Ihr Gehirn leicht. Das Problem ist, zu wissen, wann Ihr Gehirn gut sieht und wann es Sie tatsächlich beim Erkennen der Realität behindert.

Der große Demütiger

Es lässt sich alles auf den GD zurückführen – wie anders lässt es sich erklären, dass im Februar 2000 die Investoren die Börse umlagerten und 2002 rechtzeitig zur Baisse in geschlossenen Reihen ausstiegen? Weil der GD sie hereingelegt hat, indem er allen dieselben Informationen zukommen ließ.

Der GD hat zahllose Arten, uns zu demütigen. Der Höhepunkt eines Bullenmarktes ist begleitet von intensiver und beruhigender Euphorie. Investoren sind nie so enthusiastisch in Bezug auf Aktien wie zu dieser Zeit, wenn so ziemlich jede Person, die jemals eine Aktie kaufen könnte, das schon getan hat, so dass es eigentlich für die Aktien nur noch abwärtsgehen kann. Noch schlimmer ist, dass Märkte langsam rollen und sich drehen. Sie kündigen sich nicht mit einem plötzlichen Einbruch an, so wie eine Korrektur. Alle suchen nach einem Ankündigungseffekt, der anzeigt, dass ein Bullenmarkt vorbei ist, aber den gibt es äußerst selten. Es gibt eine uralte, beinahe universell gültige Aussage, die kaum jemand akzeptieren mag: „Bullenmärkte sterben mit einem Wimmern, nicht mit einem Knall." Es gibt selten eine scharfe Spitze am Ende von Bullenmärkten, wenn man die Geschichte genau betrachtet. Stattdessen schlagen sie langsam um, während mehrerer Monate, so wie der Markt im Jahr 2000. Länger als zehn Monate war der MSCI Index nie außerhalb einer Bandbreite von 8,5 Prozent, drehte sich langsam zur Seite[3], verlor hier ganz unschuldig ein paar Prozentpunkte und erholte sich dort wieder. Im September 2000 war der S&P 500 immer noch vier Prozent im Plus seit Jahresbeginn. Zu solchen Zeiten lässt der GD die Profis schreien: „Investieren Sie nach! Es ist noch nicht zu spät! Dieser Bulle hat Beine!“ In den Jahren 1999 und 2000 wurde das Daytrading sehr populär, und Zehntausende – weltweit – gaben ihre Jobs am Tage auf, um Tageshandel zu betreiben, weil es Spaß machte und einfach war (für kurze Zeit). Scharenweise bezeichneten sich die Leute zu der Zeit als „aggressive“ Investoren. Kleinanleger wurden plötzlich zu mit Optionen handelnden Profis. Vielleicht hat Ihre Mutter mit Penny Stocks spekuliert. Ja, der GD, der kranke Perverse, holt sich auch Ihre Mutter.

Der Tiefpunkt eines Bärenmarktes unterscheidet sich davon lediglich in der Form. Der GD verwirrt uns nur auf eine andere Weise. Baissen sind oft brutal und drastisch, lassen jeden verrückt spielen, und genügend Narren trennen sich schließlich von ihren Aktien. Genau dann, wenn Leute, die zum ersten Mal während des Höhepunktes in den Aktienmarkt eingestiegen waren, aus Erschöpfung ihre Aktien abstoßen, steigen die Kurse scharf an und lassen das Chaos und die Massen im Staub hinter sich. „Das ist nur eine Marktkorrektur“, murmeln die Experten. „Fallen Sie nicht darauf herein“, krächzen sie, husten und fügen hinzu: „Mit den Aktien ist es vorbei, für eine lange, lange Zeit.“ Und dann steigen weltweit die Kurse um 33 Prozent wie im Jahre 2003.[4] Es ist demütigend. Der GD gewinnt. Die meisten Leute verlieren, und selbst viele der Gewinner fühlen sich als Verlierer.

Noch viel mehr lässt sich dazu sagen (wir werden in Kapitel 8 noch weit mehr davon behandeln). Es gibt immer ein kleines Universum von Experten, die während eines Bullenmarktes bearish sind (und das vermutlich seit drei Jahren) und dafür Anerkennung ernten, und dann während des Abschwunges bearish bleiben. Das fällt jahrelang niemandem auf, weil die Leute weiter auf sie hören, während sie ihren letzten Krieg führen. Das Potenzial vom GD, Sie einzusaugen, durchzukauen und wieder auszuspucken, ist fast unendlich.

Denken Sie nicht, dass sich der GD zwischen den Höhen und Tiefen auf seinen Lorbeeren ausruht. Während des normalen Verlaufes eines Bullen- oder Bärenmarktes kann der Markt mehrfach korrigieren, das heißt, um zehn oder 20 Prozent entgegen seinem längerfristigen Trend laufen. Während der Marktkorrektur von 1998, in Kapitel 2 erwähnt, brach der US-Markt innerhalb von nur sechs Wochen um fast 20 Prozent ein, vom 17. Juli bis zum 31. August.[5] Das kann Angst machen. Und obwohl Korrekturen dieser Größenordnung im Bullenmarkt recht normal sind, erkennen es oder erinnern sich daran nur wenige, wenn es das nächste Mal so weit ist. Korrekturen bringen Investoren dazu, Aktien idiotischerweise in dem Moment abzustoßen, wenn der Markt sich erholt und die Preise auf neue Höhen steigen. Noch einmal zurück zu 1998. Der Jahresertrag des Marktes lag im Spätherbst bei null.[6] Trotzdem war der Ertrag zum Jahresende um 28,6 Prozent gestiegen.[7] Die Korrektur verschwand so schnell, wie sie gekommen war. Der GD ist schnell.

Der Markt braucht sich nicht annähernd so viel zu bewegen wie bei einer Korrektur, um sonst rationale und intelligente Menschen nach Mama weinen zu lassen. Es ist solch eine normale Sache, sogar für diejenigen, die darauf trainiert sind, es besser zu wissen. Meine Kunden, die im Durchschnitt recht normale

Leute sind – außer vielleicht reicher als der Durchschnitt – und seit langem gewöhnt, der normalen Marktvolatilität die kalte Schulter zu zeigen, werden mit schöner Regelmäßigkeit fragen, ob ein Rückgang von einigen Prozentpunkten über mehrere Wochen einen Bärenmarkt, eine Rezession, die Apokalypse oder etwa gar Paris Hilton als Kandidatin für das Federal Reserve Board of Governors ankündigt. Nein, einen Rückgang um einige Prozentpunkte nennt der GD Dienstag.

Den Steinzeitcode knacken – Stolz und Bedauern

Zuzugeben, dass Sie ein Problem haben, ist der erste Schritt zur Besserung. Aber bevor Sie nicht Frage drei gestellt haben, werden Sie nicht wissen, dass Sie ein Problem haben. Sie können und werden vielfältige Antworten erhalten, wenn Sie fragen, wie Ihr Gehirn sich auf Ihre Handlungen auswirkt. Einige davon gehören in den Bereich Ihres Ehepartners, Ihrer Mutter oder Ihres Psychologen. Die einzigen, die uns hier interessieren, betreffen den Bereich der behavioristischen Finanztheorie. Die meisten Fehler beim Investieren resultieren aus kognitiven Fehlern, von denen wir die meistverbreiteten hier behandeln werden.

Du Gucken! Ich töten Riesenbestie! Ich sehr geschickt!

Wie bereits im ersten Kapitel erwähnt, haben Behavioristen aufgezeigt, dass normale Amerikaner (wir setzen voraus, dass Sie normal sind) Verluste zweieinhalbmal so sehr hassen wie sie Gewinne lieben.[8] Ein 25-prozentiger Gewinn fühlt sich so gut an, wie sich ein zehnprozentiger Gewinn schlecht anfühlt. Anders gesagt, wenn Sie zehn Prozent hier verlieren und zehn Prozent dort gewinnen, werden Sie sich fühlen, als ob Sie insgesamt verloren hätten. Ein zehnprozentiger Verlust kühlt Sie mehr ab als ein zehnprozentiger Gewinn Sie aus dem Häuschen bringt. Deshalb investieren die Menschen mehr Anstrengung in das Vermeiden von Verlusten als in das Erzielen von Gewinnen. Das ist allgemein als *kurzsichtige Verlustangst* bekannt, somit auf Kurzsichtigkeit und Überreagieren auf kurzfristige Änderungen verweisend. Es erklärt viele Investitionsfehler. Im Grunde geht es bei kurzsichtiger Verlustangst und den Fehlern, zu denen sie führt, um zwei Dinge – *Stolz* und *Bedauern*.

Unsere steinzeitlichen Gehirnprozessoren haben gelernt, aus Überlebensgründen das zu tun, was man „Stolz ansammeln" und „Bedauern meiden" nennt. Stellen Sie sich vor, wie zwei Jäger nachts zum Lager zurückkehren. Einer hat eine Gazelle über jeder Schulter hängen. Der andere hat nichts außer einigen zerbrochenen Speeren, die ihr Ziel verfehlt haben.

Der Jäger mit den Gazellen bringt mit seiner Ankunft das ganze Camp auf die Beine. Bevor er näherkommt, weiß er, dass er heute Nacht die anderen am Lagerfeuer mit seiner Jagdgeschichte unterhalten wird. Er weiß, wie stolz seine Mutter sein wird – sehr stolz, und ihr Ansehen unter ihresgleichen wird steigen. Er stellt sich vor, wie ihn die jungen Mädchen mit Rehaugen anstarren werden und hofft sogar, dass der Stammeshäuptling vielleicht bald darüber nachdenken wird, ihn mit seiner königlichen Tochter zu vereinigen und ihn somit in die königliche Familie zu holen. Berauschende Vorstellung! In dieser Nacht erzählt er dem Stamm die Geschichte, wie geschickt und meisterhaft er die mächtigen Tiere gejagt und erlegt hat. Er redet von seiner Geschicklichkeit beim Speerschnitzen und dass seine Speere besonders tödlich sind. Er spricht über die Spuren, die er richtig deuten musste, um zu den grasenden Gazellen zu gelangen. Er erläutert ausführlich sein körperliches Können beim genauen Speerstoß, der mit tödlicher Endgültigkeit die Gazelle traf. Er sammelt Stolz.

Es fühlt sich gut an und motiviert ihn dazu, wieder und wieder eifrig auf die Jagd zu gehen, um weiterhin dieses stolze Hoch zu erleben. Und das ist gut für den Stamm, weil sie diesen jungen Mann brauchen, um tierisches Hochleistungs-Protein heranzuschaffen, was in jenen Tagen den großen Unterschied machte zwischen denen, die ihre Gene weitergeben konnten, und denen, die dies nicht konnten.

Inzwischen, zurück draußen vor dem Lager, hat der andere junge Jäger, der ohne Gazellen, eine andere Geschichte zu erzählen. Es war nicht seine Schuld, dass er keine Gazelle erbeuten konnte. Er hat Erfahrung im Speeremachen und auch im Aufspüren von Tieren. Aber an diesem speziellen Tag hat ein plötzlicher Blitz die Gazellen in Richtung Süden vertrieben, bevor er zum Zielen kam. Oder vielleicht hatte sich jemand seine Speere geborgt und sie waren nicht mehr scharf genug. Oder vielleicht trieben sich Löwen in seinem Jagdrevier herum. Oder der Wind stand falsch. Er fabriziert scheinbar glaubwürdige Ausreden, damit er am nächsten Morgen aufstehen und es wieder versuchen kann. Er umgeht oder vermeidet Bedauern. Indem er das tut, lassen ihn seine Stammesbrüder am nächsten Tag wieder jagen gehen; ihr Glaube an seine Geschichte motiviert ihn, es wieder und wieder zu versuchen. Sein Stamm braucht auch ihn als Jäger. Vielleicht hat er an dem Tag wirklich einfach Pech gehabt. Sogar wenn er ein schlechter Jäger ist, könnte er noch zufällig über ein verletztes Tier stolpern. Vielleicht begegnet er morgen einer Gazelle, gerade nachdem sie von einem wilden Hund getötet wurde. So oder so ist es den Versuch, Proteine zu bekommen, wert. Stolz anzusammeln bei Erfolg und Bedauern zu meiden bei Misserfolg motivieren beide Jäger zum weiteren Einsatz. Beide Tendenzen sind gut für den Stamm. Das nackte Überleben des Stammes hängt von ihrem Willen zu weiteren Beutezügen ab. Ein erfolgreicher Jäger jagt wieder und wieder. Der nicht erfolgreiche ebenfalls.

Viele Quellen sagen, dass Investoren von Gier und Angst motiviert sind. Behavioristen würden dem widersprechen und erklären, dass Investoren, und durch sie die Märkte, nicht von Gier und Angst getrieben sind, sondern vom menschlichen Bedürfnis, Stolz zu sammeln und Bedauern zu meiden. Das äußert sich einfach nur als Gier und Angst.

Stolz ist ein geistiger Prozess, der Erfolg mit Geschicklichkeit und Wiederholbarkeit verbindet – der Jäger, der die Gazellen erbeutete, glaubte nicht, dass er Glück gehabt hatte. Er sah sich selbst als einen Meister. Noch wichtiger, er glaubte, dass er es wiederholen könnte. Indem ich dieses Buch schreibe, stelle ich ebenfalls Stolz zur Schau, angesammelt während einer Karriere, von der ich nicht glauben möchte, dass alles nur Glück war – dass ich der Typ war, der viel zu lange immer nur Sechsen gewürfelt hat. Wer möchte das schon glauben? Die natürliche menschliche Tendenz ist es, glauben zu wollen, dass der Erfolg aufgrund von Talent und Wiederholbarkeit eingetreten ist – nicht aufgrund von reinem Glück.

Denken Sie einmal über Ihr eigenes Verhalten nach, wenn Sie Aktien gekauft haben, die stiegen. Vielleicht stiegen sie stark. Vielleicht haben Sie 2002 Apple gekauft, nachdem Ihr Zwölfjähriger Sie um einen iPod angebettelt hatte. Haben Sie die Arme hochgerissen?

Haben Sie sich selbst beglückwünscht? Haben Sie damit angegeben bei Ihren Kollegen, Ihrem Ehepartner, Ihrem Schwiegervater? Und was noch wichtiger ist, hat dieser Erfolg Sie spüren lassen, Sie könnten das jederzeit wiederholen? „Ich habe sie gekauft. Sie sind gestiegen. Ich bin schlau. Soll ich es noch einmal machen?" Genau wie der Jäger.

Bedauern ist ein Prozess, der die Verantwortung für Misserfolge abstreitet – indem er sie nicht fehlenden Fähigkeiten zuschreibt, sondern gewöhnlich dem Pech oder ungerechter Behandlung. Der gazellenlose Jäger ist kein schlechter Jäger. Er ist glückloses Opfer unglücklicher Umstände. Er wird beim nächsten Mal eine Gazelle erlegen. „Ich habe sie gekauft. Sie brachen ein. Der Makler hat sie mir verkauft. Er ist das Problem." Oder: „Ich habe sie gekauft. Sie brachen ein. Der Manager war ein Betrüger." Es gibt viele Arten von Pech und ungerechter Behandlung. „Ich hätte nicht gekauft, wenn meine Frau an dem Morgen nicht auf mir herumgehackt hätte." Der Verstand schlussfolgert nicht: „Ich habe sie gekauft, sie brachen ein, ich habe keine Ahnung davon, also lasse ich es besser." Oder: „Ich nehme lieber Unterricht, damit ich weiß, wie man es besser macht."

Wenn die Jäger nicht Stolz angesammelt und Bedauern vermieden hätten, wären sie ob eines Misserfolges niedergeschlagen gewesen. Sie hätten das Jagen großer Tiere als vergebliche Liebesmüh angesehen. Ihre Gehirne mussten auf diese Art funktionieren, um genügend Futter suchen zu wollen, damit sie ihre Gene weitergeben konnten. Es ist ein Motivationswerkzeug. Hätte ein Jäger sich dem Bedauern hingegeben und wäre depressiv geworden, wären diejenigen, die von seinen zukünftigen erfolgreichen Beutezügen profitiert hätten, verhungert, und das ist kein guter Weg, der Spezies das Überleben zu sichern. Stolz anzusammeln und Bedauern zu vermeiden waren die Grundlagen des Überlebens unserer Vorfahren. Es war notwendig damals, und wir tun es noch – uns selbst motivieren, es weiter zu versuchen.

Aber im modernen Leben verursachen diese Verhaltensmuster Investitionsfehler. Stellen Sie sich vor, Bill besitzt eine Aktie, die um 40 Prozent steigt. Bill war schlau, dass er diese Aktie ausgewählt hat. Er ist ein ausgebuffter Börsenkenner, und er glaubt, dass er das wiederholen kann – er baut Stolz auf.

Dann fällt seine Aktie um zehn Prozent. Er spürt den Verlust zweieinhalbmal so stark wie den Gewinn und missachtet die Tatsache, dass er insgesamt immer noch 26 Prozent im Gewinnbereich ist. Der plötzliche Abfall verursacht Schmerz, den er vermeiden will, also meidet er das Bedauern. Er glaubt, dass er nur Pech hatte mit den zehn Prozent Verlust, weil sein vorher angesammelter Stolz ihn davon überzeugt, dass er insgesamt Erfolg haben kann und wird. Er überlegt sich, zu verkaufen, solange es noch geht. Er schlussfolgert, dass die Aktie weiter fallen wird, verliert den Blick auf seine langfristigen Ziele, konzentriert sich nur auf das Kurzfristige und handelt, um potentiellen kurzfristigen Schmerz zu vermeiden. Er verkauft die Aktie und schützt damit sein Ego für einen weiteren Jagdtag. Aber die Aktie kommt wieder auf die Beine und erklimmt neue Höhen. Er ignoriert das, weil es zu sehr schmerzen würde, den Fehler zuzugeben, und es zu ignorieren vermeidet praktischerweise das Bedauern.

Das Bedauern bringt Bill dazu, Schmerz zu vermeiden, indem er aktiv wird – er verkauft zu einem Zeitpunkt, an dem der Kurs vorübergehend relativ niedrig ist. Stolz verhindert, dass er sein Verhalten richtig analysiert, also ist er dazu verdammt, in diesem Teufelskreis zu bleiben.

Diese Verlustangst bringt Investoren dazu, teuer zu kaufen und billig zu verkaufen – was eine recht dumme Strategie ist.

Speere werfen – übermäßiges Selbstvertrauen

Da wir gerade beim Thema Jagen sind – ein anderes Steinzeitverhalten führt ebenfalls zu Investitionsfehlern, das *übermäßige Selbstvertrauen*. Eine Lektion in Verhalten, die man in den letzten Jahrzehnten lernen konnte, ist, dass sich der durchschnittliche Investor entschieden selbst überschätzt. Er glaubt, dass seine Fähigkeiten größer sind, als sie tatsächlich sind. Eine Parallele dazu findet sich bei den Autofahrern, von denen 75 Prozent glauben, dass sie überdurchschnittlich gute Fahrer sind. Übermäßiges Selbstvertrauen stammt direkt von Stolz-Aufbauen und Bedauern-Meiden ab. So beginnen wir, uns selbst zu überschätzen. Wenn die Steinzeitjäger nicht beinahe vor übersteigertem Selbstvertrauen geplatzt wären, hätten sie niemals versucht, riesige Tiere mit Stöcken, an deren Ende eine Steinspitze saß, zu erlegen. Sie mussten diese Tiere töten oder wären verhungert. Oder Vegetarier werden – was im Prinzip dasselbe bedeutete.

Für die damaligen Jäger und Sammler war das Leben kurz und Essen rar. Denken Sie an die kürzlichen Funde des Kennewick-Manns, der vor etwa 9 000 Jahren dort lebte, wo sich heute der Staat Washington befindet. (Ich habe Sympathien für jeden, der Ken heißt, und dieser Kerl brauchte sie.) Die Wissenschaftler entdeckten eine Speerspitze in seiner Hüfte. Es war keine tödliche Wunde; sie war verheilt. Er hatte offenbar auch verschiedene gebrochene Knochen und andere Verletzungen.[9] Das Leben war hart für den Kennewick-Mann und die Seinen im Jahr 7000 v. u. Z. Aber es zahlte sich aus, Risiken einzugehen – eine große Jagdbeute konnte einen ganzen Monat Proteine für den Stamm bedeuten. Unsere tief sitzenden Überlebensinstinkte drängen uns dazu, Risiken einzugehen – wir wählen oft „Kampf" statt „Flucht", wenn wir uns unüberwindlichen Unwägbarkeiten gegenüber sehen. Überlegen Sie einmal, wie viele Leute nicht aufhören, die Dummensteuer zu bezahlen, also ich meine Lotto spielen, egal wie lange.

Investoren laut ihrer Definition überschätzen sich, wenn sie davon ausgehen, dass sie mehr wissen, als tatsächlich der Fall ist – oder wenn sie ihre Fähigkeiten zu hoch einschätzen. Dadurch, dass man jeden Tag das *Wall Street Journal* und ein paar Blogs und Newsletter liest, wird man noch nicht zum Fachmann für Investitionen. Das hindert aber Dutzende von ansonsten intelligenten Menschen nicht daran zu glauben, dass ihre Fähigkeit, moderne Medien zu abonnieren und absorbieren, sie fit genug macht, um auf das richtige Pferd zu setzen. Investieren ist ein hartes Stück Arbeit. Es gibt im Überfluss hoch gebildete und erfahrene Profis, die so unklug investieren wie Amateure. Das macht das Hals-über-Kopf-Hineinstürzen aber nicht weniger gefährlich.

Verstehen Sie mich nicht falsch. Ich bin weder dafür, dass Sie Ihr Leben dem wissenschaftlichen Erwerb von Investitionswissen widmen, noch dass Sie einen teuren Profi engagieren sollen. Ganz im Gegenteil! (Erinnern Sie sich: alles, was Sie brauchen, um erfolgreich zu investieren, ist, etwas zu wissen, was die anderen nicht wissen, und dafür brauchen Sie lediglich die drei Fragen.) Sie sollten sich eher vor Selbstüberschätzung hüten, weil sie zu schwer wiegenden Irrtümern führt – genau den Irrtümern, die den anderen unterlaufen.

Selbstüberschätzung lässt Investoren beispielsweise gern bei einem Börsengang zugreifen (dabei steht „IPO – Initial Public Offering" alternativ für: It´s Probably Overpriced [es ist vermutlich überteuert]; dazu später mehr), in Kleinstaktien, Hedgefonds und weitere volatile oder illiquide Beteiligungen investieren, während sie das Risiko ignorieren oder herunterspielen. Überlegen Sie, wie oft Sie schon Experten, Freunde oder Ihren Börsenmakler haben sagen hören, eine Gelegenheit sei „das nächste Microsoft". Die Chancen stehen gegen Sie – herzlich wenig neue Unternehmen überleben, und noch viel weniger werden zu einer Superaktie.

Übersteigertes Selbstvertrauen mag Sie dazu bringen, an einer Aktie festzuhalten, weil Sie hoffen, dass sie sich eines Tages erholen wird, selbst wenn Berge von Beweisen dagegen sprechen. Hätten Sie Level 3 für 310 Dollar gekauft und würden, wenn der Wert auf anderthalb Dollar gefallen wäre, gegenüber Ihrer schluchzenden Frau darauf bestehen, dass es eine tolle Firma ist, die sich eines Tages erholt, würden Sie Bedauern vermeiden und übersteigertes Selbstvertrauen zeigen.

Die Behavioristen stellen fest, dass es eine verbreitete Tendenz unter Investoren gibt, an Aktien festzuhalten in der Hoffnung, dass sie eines Tages wieder auf den Einstiegskurs zurückkehren, und sich zu weigern, vor diesem Zeitpunkt zu verkaufen. Jeder Finanzmanager und jeder Börsenmakler hat viele Kunden, die sich beeilen, Aktien, an die sie sich geklammert haben, mit Verlust zu verkaufen, sobald der Einstiegskurs erreicht ist. Indem er sich weigert, bis dahin zu verkaufen, weigert sich der Investor, den Verlust mental anzuerkennen, und verschiebt deshalb den Punkt, an dem er das ganze Bedauern verkraften muss. Es liegt in der menschlichen Natur, zu denken, dass man keinen Fehler gemacht hat, und sich zu weigern, weitere Verluste zu vermeiden. Ohne Zweifel ist es eine Verliererstrategie, Aktien zu verkaufen, nur weil sie im Wert sinken. Aber manchmal müssen Sie zugeben, dass Sie sich geirrt haben und dass Ihr Geld woanders besser angelegt ist.

Die Abbildung 3.2 zeigt das Hinterherhinken von einigen ausgezeichneten Firmen im Energiesektor nach dem von Energie geprägten Bärenmarkt im Jahr 1980. Laut Stand im Moment des Schreibens steht Energie bei allen ganz oben auf der Liste der Gesprächsthemen – entweder weil dieser Sektor in den letzten Jahren gut gelaufen ist und die Investoren sich über ihre Renditen freuen, oder weil böse Energiemanager konspirieren, um uns alle ins Elend zu stürzen, indem sie mit Absicht daran manipulieren, was uns Saudi-Arabien, Iran, Mexiko, Kanada, Nigeria und Venezuela für das Rohöl abnehmen (weil diese Länder eine lange Vorgeschichte darin haben, zu tun, was auch immer wir wünschen).

Sogar wenn man sich die Wertbewegung gewisser Aktien aus einem ehemals ertragreichen Sektor, wie es Energie im Jahre 1980 war, betrachtet, können Sie sehen, dass es Jahre gedauert hat, in manchen Fällen mehr als ein Jahrzehnt, bis die Preise sich erholt hatten. Die Opportunitätskosten für das Festhalten an diesen Aktien nach 1980 waren hoch. Wie Abbildung 3.3 zeigt, ließ der S&P 500 die bedrängten Energiekonzerne die nächsten fünf, in den meisten Fällen zehn Jahre, weit hinter sich. Versuchen Sie das einmal mit ein paar großen Technologie-Aktien von der letzten Technologie-Blase, und Sie werden das gleiche Phänomen erkennen. Aktien halten sich nicht an einen Ablauf für Wachstum – und Sie sollten das nicht erwarten.

Noch einmal zurück zum Breakeven-Investor: um dem vollen Bedauern zu entgehen, wissen wir von einem Weg, den er einschlägt, nämlich zu beobachten, wie die Ausnahme die Regel bestätigt. Der Zeitpunkt, an dem er unbedingt verkaufen will, ist das Ende des Jahres, weil er Bedauern vermeiden kann durch Verkäufe zur Steuereinbuße. Bei steuerpflichtigen Forderungen kann ein Investor am Jahresende Aktien verkaufen, die im Minus stehen, und einen steuerlichen Verlustvortrag vornehmen, damit andere Gewinne ausgleichen und zukünftige Steuern reduzieren. Indem er diesen Verlust hinnimmt anstatt Bedauern zu absorbieren, kann der Investor Stolz aufbauen. Er sagt sich, dass er etwas Schlaues und nicht etwas Dummes gemacht hat. Seine Aktien stehen im Minus, aber indem er verkauft hat, hat er ein Kaninchen aus dem Hut gezaubert und etwas Schlaues getan, und er dreht dem Bedauern den Rücken zu und baut stattdessen Stolz auf (was jeder ständig zu tun versucht).

Wenn wir diese Aktivität unter einer großen Anzahl Investoren messen, wissen wir, dass weniger als fünf Prozent der Investoren, die Verkäufe zur Steuereinbuße tätigen, je zurückblicken, um zu analysieren, ob sie vielleicht besser gefahren wären, wenn sie anders gehandelt hätten – was zeigt, dass sie es nicht wissen wollen. Anders gesagt, würden Sie eine Umfrage unter Investoren machen und sie fragen, was mit dem Kurs geschehen ist, nachdem sie verkauft haben, wissen sie es fast nie. Würden sie nämlich schauen und entdecken, dass es besser gewesen wäre, keine Verkäufe zum Zwecke der Steuereinbuße zu tätigen – wenn sie wüssten, dass der Kurs sich erholte und hochschnellte, nachdem sie verkauft haben –, müssten sie noch mehr Bedauern verkraften, und sie müssten ihren Stolz, den sie letztendlich angesammelt haben, wieder abgeben. Das wäre viel zu viel, um damit fertig zu werden, also schauen sie nicht nach. Das Gehirn ist ein trickreicher Selbsttäuscher und der GD lauert hinter jeder Ecke, um Sie weiter in die Selbsttäuschung hineinzulocken.

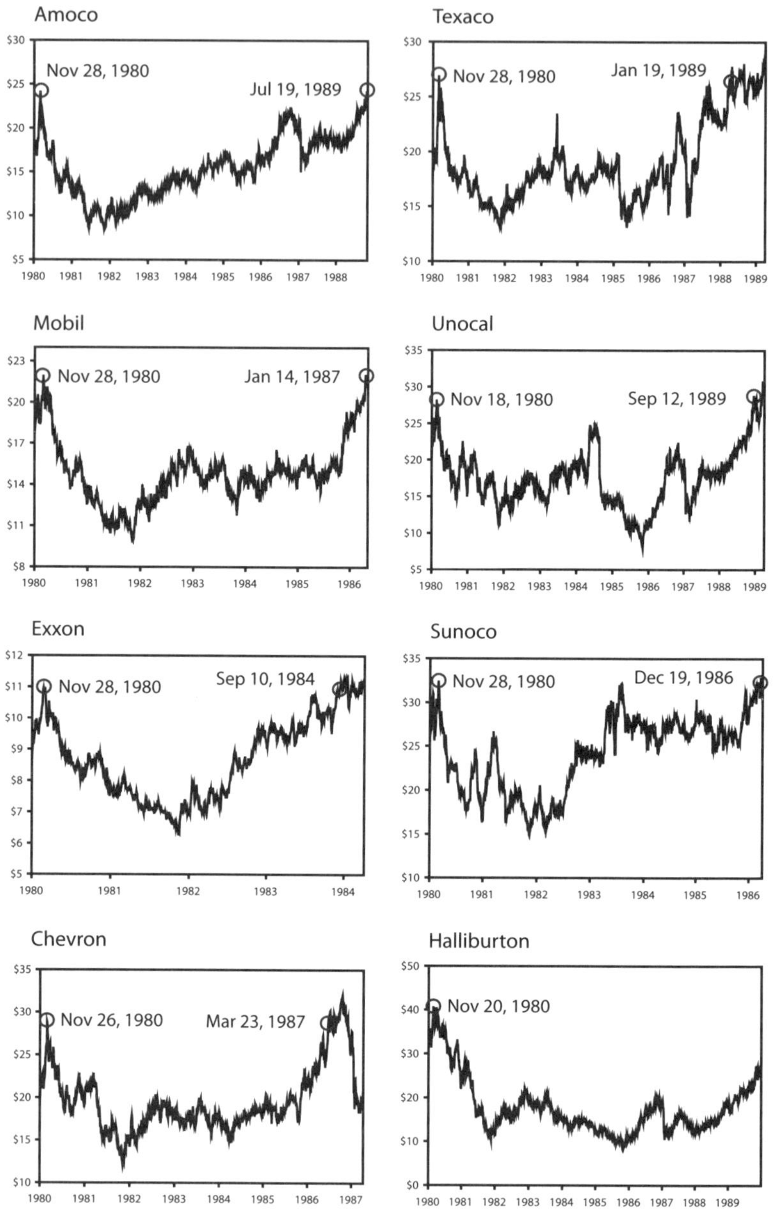

Abbildung 3.2: Halten Sie nicht die Luft an.

Quelle: Bloomberg.

Sich selbst überschätzende Menschen haben oft nur wenige Aktien – vielleicht nur eine Handvoll. Vielleicht haben Sie einen 401(k)-Plan oder einen Aktiensparplan, mit dem Sie die Aktien Ihres Arbeitgebers kaufen. Viele Investoren tun das. Aber stecken insgesamt mehr als fünf Prozent Ihres Vermögens in den Aktien Ihrer Firma (oder auch anderen Aktien)? Wenn das der Fall ist, ist es Selbstüberschätzung, es sei denn, Sie wissen etwas Relevantes, was andere nicht wissen. Die meisten Leute, die so vorgehen, wissen nichts, was andere nicht auch wissen. Kein Unternehmen, egal wie robust und gesund es scheinen mag, ist vor einem Abstieg an der Börse gefeit. Investoren decken sich mit Firmenaktien ein, weil sie von Beispielen gehört haben, wo es funktioniert hat, weil eine bestimmte Aktie auf spektakuläre Weise erfolgreich war. Sie vergessen die Fehlschläge. Investoren sagen Dinge wie: „Aber ich bin so optimistisch, diese Aktien zu halten, weil ich die Firma *kenne*." Vielleicht sind Sie ein herausragend produktiver Buchhalter, aber so fabelhaft Sie auch sein mögen, Ihre Anwesenheit garantiert Ihrer Firma keine Immunität gegen Wertverlust.

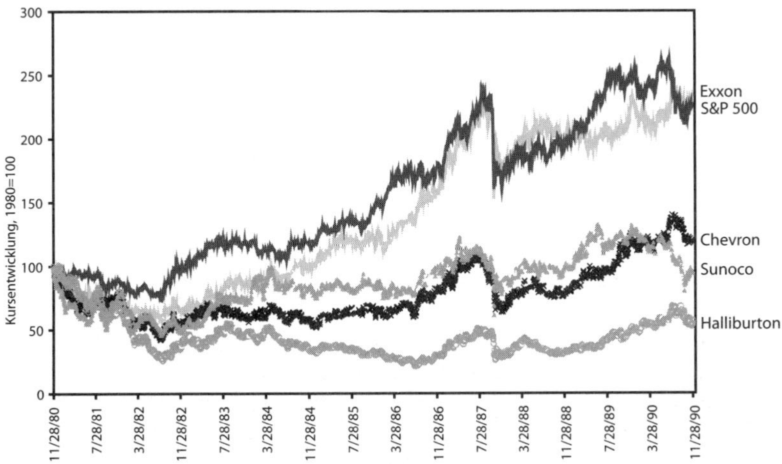

Abbildung 3.3: Die Opportunitätskosten des Festhaltens.
Quelle: Bloomberg.

Die Tragödie von Enron

Erinnern Sie sich an ein kleines Unternehmen aus Houston, genannt Enron? Für den Fall, dass Sie unnötigerweise in einem Kalten-Krieg-Bunker gelebt haben sollten, abgeschnitten von der Menschheit und allen Arten von Medien: Enron ging bankrott, nachdem eine Anzahl von Bilanzfälschungen ans Licht gekommen war. In der Folge fielen die Kurse massiv, alle außer einer Handvoll Angestellter wurden von heute auf morgen arbeitslos, und Enron wurde zum Aushängeschild für unternehmerische Gesetzesübertretungen. Plötzlich wurden alle Führungskräfte und Manager, unabhängig von ihrer Geschichte und ethischem Make-up, genau wie die Enron-Manager als gierige Schurken angesehen.

Das größte Aufsehen, das durch den peinlichen, selbst verschuldeten Niedergang Enrons hervorgerufen wurde, war die Armee von Arbeitslosen, die ihre Lebensersparnisse weggefegt sahen, weil ihre gesamten 401(k)-Pläne in Enron-Aktien steckten. Jeden Abend wurden in den Nachrichten tragische Geschichten von lebenslang loyalen Enron-Mitarbeitern gezeigt, die gewissenhaft und quasireligiös zur Alterssicherung Hunderttausende oder sogar einige Millionen in Enron-Aktien zur Seite gelegt hatten. Nette, aufrechte Menschen, die hart arbeiteten und knauserten und sparten und gute, anständige Texaner waren und die dachten: „Ich kenne das Unternehmen." Praktisch über Nacht sahen diese unglücklichen Seelen den Wert ihrer Altersrücklagen dezimiert. Sie waren verzweifelt, mussten ihre Häuser verkaufen, das Sich-zur-Ruhe-Setzen um Jahre verschieben oder sich Zweit- und Drittjobs suchen. Arm zu sein, wenn man jung ist, ist nicht so schlimm, aber Verarmung mit 69 kann ärgerlich sein.

Die eigentliche Tragödie von Enron ist nicht, dass so viele fast alles verloren. Die Tragödie bestand darin, dass sie so absolut vermeidbar war. Welches Übel auch immer in den Herzen von Ken Lay, Andrew Fastow und Jeff Skilling gelauert haben mag, es war nicht ihre Schuld, dass ihre Angestellten alles, was sie besaßen, oder das meiste davon in nur ein Unternehmen steckten. Zuviel von egal welcher Aktie in einem Portfolio kann zur Katastrophe führen, wie viele Houstoner aus erster Hand erfahren konnten.

Wären sie meiner Faustregel gefolgt, nicht mehr als fünf Prozent eines Portfolios sollte aus einem einzigen Wert bestehen, wäre das Enron-Desaster statt apokalyptisch nur relativ geringfügig gewesen. Es stimmt, Menschen wären arbeitslos geworden. Ja, sie hätten alle gleichzeitig nach Arbeit gesucht in einer schlechteren Arbeitswelt, in direkter Konkurrenz zu ihren früheren Freunden, die alle relativ ähnliche Lebensläufe hatten. Ja, sie hätten Geld verloren. Urlaub wäre abgeblasen, Teilzeitarbeit beim Imbiss an der Ecke aufgenommen, der Zweitwagen verkauft worden. Nichts davon macht Spaß oder schmeichelt dem Ego. Aber bei H&M arbeiten, um seine Rechnungen zu bezahlen ist weniger demütigend, wenn man einen intakten 401(k)-Plan hat – der etwas vermindert ist durch eine Implosion einer kleinen Aktie anstelle einer riesigen.

Enron hat 401(k)-Pläne gleichgesetzt mit Enron-Aktien[10] – mit Sicherheit ein zweifelhaftes Manöver –, aber eigentlich desto mehr Grund für Enron-Angestellte, keinen Pfennig mehr in die Firma zu stecken. Selbstüberschätzung ist verantwortlich dafür. Nicht Ken Lay. Oder Jeff Skilling. Für andere Dinge schon, aber nicht dafür. Nach fünf Jahren und einem langwierigen Prozess (so geht das in Amerika – langsam –, wenn Ihnen das nicht gefällt, gibt es in Pjöngjang, soweit ich weiß, reizende patriotische Tanzrezitationen, eine interessante Küche und superschnelle Gerichtsverfahren) wurden diese Herren von einer Gruppe ihrer Peers als schuldig befunden. Ob das Strafmaß ausreichend ist oder nicht, wird noch jahrelang für Gesprächsstoff sorgen. Nicht mein Gebiet.

Lassen Sie uns kurz innehalten und klarstellen, was sie getan haben und was sie bestimmt nicht getan haben. Ich höre schlampige Journalisten und Experten behaupten, das Lay-Skilling-Fastow-Triumvirat hätte „Geld ihrer Angestellten aus deren 401(k)-Plänen gestohlen" und die Pensionen „geplündert". Sie haben nichts dieser Art getan. Denken Sie mal an Ihre eigenen 401(k)-Pläne. Wie einfach könnte jemand dort Geld „entnehmen"? Apropos, wie einfach ist es für

Sie selber, dort Geld zu entnehmen? Sie füllen einen Berg von Papieren aus und erbringen alle Arten von schriftlichen Nachweisen darüber, dass Sie die Person sind, die Sie sagen, die Sie sind. Nein – sie haben kein Geld „gestohlen" aus den 401(k)-Plänen. Lay und Skilling wurden insgesamt für schuldig befunden, Enrons Bilanzen gefälscht zu haben, Verluste hin und her geschoben zu haben, damit Enron robuster und gesünder aussah, als es in Wirklichkeit war, während es nämlich tatsächlich am Rande des finanziellen Ruins stand. Als die Wahrheit ans Licht kam, stürzten die Kurse in den Keller, weswegen die 401(k)-Pläne der Angestellten soviel an Wert verloren. Und dann ging Enron bankrott und machte es den Aktionären fast unmöglich, auch nur noch ein paar Cents für ihre Dollars zu bekommen. Aber egal, wie groß das Maß und die Schwere ihrer Vergehen sein mag, sie haben niemandem die Pistole auf die Brust gesetzt und ihn gezwungen, seine Altersrücklagen nicht zu diversifizieren. Die Selbstüberschätzung der Enron-Angestellten selber, die ihr gesamtes liquides Barvermögen in einen Wert investierten, ist für den völligen (oder fast völligen) Wertverlust ihrer Pensionsfonds und Sparkonten verantwortlich zu machen. Das mag hart klingen, aber die Wahrheit schmerzt manchmal.

Die Enron-Angestellten müssen mit ihrem Bedauern fertig werden.

Um eine Implosion zu erleben, müssen Sie nicht unbedingt Anteile eines Unternehmens halten, das berüchtigt genug ist, um ein paar Trivial Pursuit-Fragen zu garantieren. GE wird allgemein als eines der bestgeführten Unternehmen weltweit angesehen – eine Meinung, die ich teile. Investoren, die das Meiste, wenn nicht sogar ihr gesamtes Barvermögen in GE-Aktien gesteckt hatten, leiden wahrscheinlich immer noch unter dem Wahnsinnsrückgang der Renditen um 62 Prozent, ausgehend von dem Hoch im August 2000[11] bis zum Tiefpunkt im Oktober 2002. Der Kurs hat sich wieder erholt, aber der derzeitige Stand (Mitte 2006) liegt immer noch 37 Prozent unter dem Allzeithoch.[12] Stellen Sie sich vor, Sie denken, dass Sie sich komfortabel zur Ruhe setzen können und Sie müssen plötzlich Jahre später um einen Weg kämpfen, mit einem Drittel weniger zurechtzukommen. Das muss nicht passieren, wenn Sie sich nicht selbst überschätzen.

Sehen Sie! Ich habe es Ihnen gesagt – Bestätigungsfehler

Als Investoren suchen wir gezielt nach Hinweisen, die unsere Lieblingstheorien und vorgefertigten Vorstellungen stärken. Wir neigen dazu, die Fakten zu ignorieren, die unseren Vorlieben zuwider laufen. Zwei Investoren mit unterschiedlichen Vorlieben können dieselben Daten betrachten und trotzdem zu vollkommen entgegengesetzten Schlussfolgerungen gelangen – und jeder schwört, dass die Daten sein Ergebnis und nicht das des anderen untermauern. Ich erlebe das schon mein ganzes Leben lang. Außerdem wird so gut wie nie einer der Investoren sich die Mühe machen, simple Statistiktechniken zu benutzen, um die Richtigkeit seiner Annahme zu beweisen. Sie sind befangen und leiden unter Selbstüberschätzung, deshalb müssen sie nichts überprüfen und bestätigen lassen. Korrelations- Koeffizienten? Das ist was für den anderen Typ.

Eine andere einfache Art, eine vorgefertigte Meinung zu bestätigen, ist es, eine bekannte Persönlichkeit zu finden, die das sagt, was man selber auch glaubt, und sich auf diese Person als Autorität zu beziehen, um zu rechtfertigen, dass man das tut, was man sowieso tun wollte. An welches verrückte Ding auch immer Sie glauben, ich verspreche Ihnen, dass es eine Vielzahl von scheinbar glaubwürdigen Autoritäten gibt, die Sie in jedem Irrsinn unterstützen.

Wie sind wir so geworden? Denken Sie noch einmal an die Steinzeitjäger. Jeder Jäger mag eine Vorliebe für ein bestimmtes Jagdrevier gehabt haben. Vielleicht erlegte ein Jäger seine erste Gazelle in der Gazellenschlucht im Norden. Er stellt sich vor, dass die Gazellenschlucht perfekt zum Jagen geeignet ist. Sein Gefühl wird jedes Mal gestärkt, wenn er dort eine Gazelle erlegt. „Jawohl", denkt er, „hier ist es richtig." Und weil er sich in der Schlucht besser fühlt, jagt er dort möglicherweise besser. Tage, an denen er dort nichts erjagt, rechtfertigt er, indem er sich sagt, dass er nicht jedes Mal etwas erlegen kann. Über viele Jagdtage hinweg, beruhigt er sich, wird es Male geben, wo er mit leeren Händen zurückkehrt. Aber im Durchschnitt, über einen Jagdzeitraum von mehreren Monaten betrachtet, ist die Gazellenschlucht das Beste. Und wenn er nie andere Jagdgebiete ausprobiert, wird sich seine Vorliebe immer bestätigen.

Sein Jagdgenosse ist genauso überzeugt, dass der Känguru-Canyon im Süden das Beste ist. Beide Jäger jagen jeden Tag. Sie beobachten, wie oft jeder von ihnen Gazellen und Kängurus erlegt. Beide haben Glück- und Pechsträhnen, in denen sie tagelang nichts erbeuten oder an mehreren aufeinanderfolgenden Tagen großes Jagdglück haben. Und sie bleiben weiter fest überzeugt von der Überlegenheit ihres Lieblingsjagdgebietes, obwohl keiner von ihnen eine statistische langfristige Überlegenheit nachweisen kann. (Steinzeitmenschen haben keine Statistiken geführt – darum verspüren auch Sie keinen automatischen Drang danach.) Keiner der Jäger wird seine These testen und möglicherweise widerlegt sehen. Das zu tun, wäre schmerzhaft.

Wir haben uns weniger weiterentwickelt, als Sie vielleicht hoffen. Erinnern Sie sich an das Beispiel in Kapitel 1 bezüglich des Mythos, dass ein hohes KGV den Niedergang von Aktien ankündigt? Totaler, durch nichts bewiesener Unsinn – aber er wird beinahe universell geglaubt! Dies ist ein gutes Beispiel für das, was die Behavioristen *Bestätigungsfehler* nennen – der Instinkt, Informationen zu finden, die unsere bereits bestehenden Vorstellungen bestätigen und im Widerspruch dazu stehende Aussagen zurückzuweisen oder zu übersehen. Anhänger des Mythos vom hohen KGV sind schnell mit Daten zur Hand, die ihre Theorie stützen, aber sie neigen dazu, die ihrer Theorie widersprechenden Aussagen abzulehnen.

Bestätigungsfehler sind bequem vereinbar mit religiösen Ansichten, schon die ganze Menschheitsgeschichte hindurch: Das beginnt mit den frühen heidnischen Tagen bis zum Neo-Heidentum der beliebten zeitgenössischen Umweltschutzbewegung, wo Leute eigenartige und unklare, aber tief sitzende Anschauungen haben darüber, was gut für die Umwelt ist, ohne wissenschaftliche Bestätigung. (Damit will ich nichts gegen die Umwelt sagen oder dass Umweltschützer nicht auch viele wissenschaftlich untermauerte Argumente haben. Ich sage nur, dass viele von ihnen die ihre Meinung untermauernden Argumente sehen und andere stichhaltige Faktoren, die dagegen sprechen, einfach ignorieren – weil sie fest daran glauben. Naturverehrung ist natürlich auch eine der ältesten Religionen.)

Viele Mythen werden also solchermaßen durch Bestätigungsfehler unterstützt. Es ist ein überwältigender Teil des Menschseins. Es ist natürlich. Aber auf den Märkten schadet uns das Natürlichsein. Bestätigungsfehler bewirken, dass wir uns gut fühlen – es bestätigt erneut unsere Überzeugung, dass wir schlau sind (Selbstüberschätzung, einmal mehr). Und wir denken gerne, dass wir schlau sind. Aber, wie Ihnen jeder Arzt sagen wird, Dinge, die sich gut anfühlen, sind nicht unbedingt gut für Sie.

Bestätigungsfehler erklären hervorragend die Zähigkeit, mit der sich der „Wie der Januar, so wird das ganze Jahr"-Mythos hält. Sobald ein Jahr beginnt, besonders wenn der Beginn schlecht ist, schlagen die Experten ihren „wie der Januar"-Alarm. Einige besonders eifrige Anhänger gehen noch weiter und behaupten: „So wie die erste Woche geht, geht der Januar, geht das Jahr." Das warnt die Welt, sollte der Januar zufällig ein negativer Monat werden. Es ist eine tolle Geschichte und hat diesen Ausflippeffekt, den die Produzenten von Fernsehnachrichten so lieben.

Jahre, wo sowohl der Januar als auch die Jahresrenditen negativ sind, bieten die Bestätigung, die die Anhänger brauchen. Das Gleiche gilt für positive Ergebnisse, aber die „wie der Januar"-Masse scheint Ergebnisse, die bearish sind, zu bevorzugen. Im Januar 2006 beispielsweise, der mitreißend positiv war, hätten Sie Schwierigkeiten gehabt, eine Erwähnung dieses dubiosen Effektes in den Medien zu finden. Jedoch bringt eine Google-Suche reichlich Erwähnungen des gefürchteten Effektes für den Januar 2005, der ein negativer Januar war. Übrigens endete das Jahr 2005 insgesamt um 9,5 Prozent im Plus, gemessen am MSCI World Index.[13] Das wird von den „wie der Januar"-Anhängern irgendwie ignoriert.

Wie viele der Experten, die im Januar behaupteten: „Wie der Januar …", kommen im Dezember, um ein Mea culpa abzugeben, wenn sie Unrecht hatten? Keiner – das brauchen sie nicht. Jahre wie 2005, wo das Jahr nicht so lief wie der Januar, bringen Investoren dazu, einen neuen Rahmen zu formulieren. Plötzlich heißt es, man könne nicht erwarten, dass es jedes Jahr funktioniert. Eher müsse man auf längere Zeiträume schauen, wie etwa fünf, sieben, zehn oder 23 Jahre. Oder bis der Experte in Rente gegangen ist. Hier ignoriert die „Wie-der-Januar"-Masse Gegenbeweise, klammert sich an die vorgefasste Meinung und formuliert sie um, indem ein willkürlicher Zeitrahmen gesetzt wird.

Neuformulierung ist ein wichtiges Nebenprodukt von Bestätigungsfehlern. Sie gehen Hand in Hand. Behavioristen sehen einen Rahmen als grundlegend für unsere Fähigkeit an, Informationen korrekt oder falsch wahrzunehmen. Wenn etwas in einen Rahmen passt, den wir gut sehen können, dann sehen wir es – ganeu wie wir es voihrn mit dem fsaclh gshberieceenn Ahbstcnit gceamht haebn. Wenn es in einem Rahmen steckt, den wir nur schlecht sehen, sind wir blind. Das sollte Sie nicht überraschen. Nur wenige Leute würden je innehalten, um zu fragen: „Wie wäre es, das „Wie-der-Januar"-Spiel nicht im Januar, sondern etwa im Juni anzufangen? Oder in irgendeinem anderen Monat? Und wenn wir schon dabei sind: Anstatt über den US-Markt nachzudenken, lassen Sie uns doch über ein anderes

Land, das parallel zu den USA ins Spiel kommt, nachdenken, zum Beispiel über Großbritannien." Ich versichere Ihnen, nur seltsame Leute denken so und wenn sie es tun, finden sie nicht mehr Realität in den Daten als die Vorstellung, dass der Januar die jährlichen Börsengewinne für Amerika vorhersagt.

Obwohl wir Jahr für Jahr mit den „wie der Januar"-Warnungen beglückt werden, bleibt dieser Mythos durch absolut nichts nachvollziehbar. Jeder Fünftklässler mit Internetanschluss und einem Grundwissen von Excel bekommt das heraus. Tabelle 3.1 zeigt die Kraft des Januars als einen Indikator für den Jahresabschluss.

Tabelle 3.1 zeigt alle zurückliegenden Jahre bis 1926, die Jahre angeordnet nach den schlechtesten ersten zehn Tagen im Januar bis zu den besten. Wir zeigen auch die Ergebnisse des 1. Quartals, des 1. Halbjahres und die Jahresendergebnisse. Jedes Jahr, das mit Renditen von mehr als 20 Prozent endete – unleugbar ein sehr positives Jahr – ist schattiert dargestellt.

Sie können sehen, dass die schattierten Jahre wahllos über das Schaubild verteilt sind, unabhängig davon, wie das Jahr begann. In vielen Fällen gaben die Kurse zunächst nach, nur um sich dann um so großartiger für ein positives Finish zu erholen. Die einzige Analyse, die man anhand dieses Schaubildes machen kann, ist, dass ein kurzer Zeitraum – wie die ersten zehn Börsentage des Jahres – keine große Vorhersagekraft besitzt.

Hier noch eine andere Art, diesen Mythos zu betrachten. Abbildung 3.4 zeigt drei Jahre, in denen die ersten zehn Tage negativ waren. Hätten Sie sich dem Katechismus angeschlossen, hätten Sie große Jahre verpasst – riesige Jahre sogar. Wenn man die Erkenntnis umdreht – sollten Sie nach einem positiven Start ein gutes Jahr erwarten, können Sie genau so leicht enttäuscht werden.

An diesen Investitionsmythos zu glauben ist ein klares Symptom für ein Gehirn, das durch Bestätigungsfehler paralysiert ist.

Einer Spur folgen – Mustererkennung und -wiederholung

Unsere Vorfahren – diese gewieften Jäger und Sammler und ihre Stammesbrüder (und -schwestern) lernten die wiederholten Belohnungen zu erkennen. Sie erkannten, was zu ihrem und dem Erfolg des Nachbarn führte, so dass sie es wiederholen und somit noch mehr Erfolg haben konnten. Zum Beispiel könnten sie sich gesagt haben: „Diese Waffe ist gut zum Jagen geeignet, also nehme ich sie immer", oder: „Ich verirre mich nie, wenn ich diesem Pfad folge, also folge ich ihm", oder: „Diese Beeren haben meinem Nachbarn nicht geschadet, also werde ich sie essen." Muster zu erkennen und zu wiederholen war eine sichere und vernünftige Sache. Wer will schon mit giftigen Beeren experimentieren? Niemand sucht sich bewusst die schlechten Beeren heraus.

Jahr	erste 10 Tage	erstes Quartal	erste Jahreshälfte	Gesamtjahr
1939	-6,67%	-16,87%	-17,83%	-5,43%
1978	-5,96%	-6,19%	0,45%	1,06%
1982	-5,08%	-8,64%	-10,56%	14,76%
1991	-4,99%	13,63%	12,40%	26,31%
1990	-4,64%	-3,81%	1,31%	-6,56%
1935	-3,71%	-10,87%	8,36%	41,51%
1974	-3,40%	-3,66%	-11,84%	-29,72%
1947	-3,29%	-0,82%	-0,58%	0,00%
1977	-3,21%	-8,41%	-6,50%	-11,50%
1957	-3,18%	-5,50%	1,49%	-14,32%
1956	-2,94%	6,62%	3,30%	2,63%
1940	-2,92%	-1,92%	-20,06%	-15,32%
1962	-2,91%	-2,80%	-23,48%	-11,81%
1996	-2,62%	4,80%	8,88%	20,26%
1960	-2,52%	-7,60%	-4,96%	-2,97%
1948	-2,30%	-1,48%	9,46%	-0,66%
1969	-2,16%	-2,26%	-5,92%	-11,36%
1998	-2,03%	13,53%	16,84%	26,67%
2005	-2,26%	-2,59%	-1,70%	3,00%
1955	-1,96%	1,68%	14,01%	26,38%
1953	-1,66%	-4,83%	-9,15%	-6,64%
1986	-1,43%	13,07%	18,72%	14,62%
1981	-1,13%	0,18%	-3,35%	-9,73%
1950	-0,54%	3,16%	5,55%	21,78%
1928	-0,45%	8,32%	8,66%	37,88%
1970	-0,41%	-2,64%	-21,01%	0,10%
2000	-0,28%	2,00%	-1,00%	-10,14%
1934	-0,25%	6,48%	-2,87%	-5,99%
2002	-0,16%	-0,06%	-13,78%	-23,37%
1968	-0,05%	-6,50%	3,22%	7,66%
1973	0,33%	-5,53%	-11,68%	-17,37%
1993	0,33%	3,66%	3,40%	7,06%
1930	0,34%	17,20%	-4,59%	-28,48%
2001	0,48%	-12,11%	-7,26%	-13,04%
1929	0,49%	4,85%	13,43%	-11,91%
1992	0,88%	-3,21%	-2,15%	4,46%
1971	0,95%	8,86%	8,19%	10,79%
1959	1,12%	0,42%	5,90%	8,48%
1999	1,14%	4,65%	11,67%	19,53%

Tabelle 3.1: Der Januar-Nichteffekt.

Jahr	erste 10 Tage	erstes Quartal	erste Jahreshälfte	Gesamtjahr
1966	1,16%	-3,46%	-8,32%	-13,09%
1944	1,20%	3,00%	11,23%	13,80%
1952	1,22%	2,54%	5,01%	11,81%
1972	1,27%	5,01%	4,95%	15,63%
1949	1,33%	-0,91%	-6,88%	10,25%
1984	1,36%	-3,49%	-7,12%	1,40%
1965	1,72%	1,66%	-0,74%	9,06%
2004	1,81%	1,29%	2,60%	8,99%
1994	1,81%	-4,43%	-4,76%	-1,54%
1943	1,84%	18,53%	26,41%	19,45%
1988	2,01%	4,78%	10,69%	12,40%
1931	2,05%	8,79%	-3,28%	-47,04%
1985	2,13%	8,02%	14,72%	26,33%
1936	2,16%	11,06%	10,40%	27,83%
1964	2,16%	5,28%	8,89%	12,97%
1995	2,20%	9,02%	18,61%	34,11%
1941	2,26%	-5,83%	-6,90%	-17,86%
1989	2,31%	6,18%	14,50%	27,25%
1954	2,49%	8,58%	17,77%	45,03%
1958	2,50%	5,28%	13,13%	38,06%
1961	2,53%	11,96%	11,25%	23,13%
1937	2,57%	4,33%	-10,34%	-38,64%
1945	2,71%	2,71%	12,65%	30,72%
2006	2,77%			
1980	2,96%	-5,42%	5,84%	25,77%
1963	3,19%	5,50%	9,94%	18,89%
1951	3,43%	4,85%	2,69%	16,46%
1997	3,57%	2,21%	19,49%	31,01%
1942	3,80%	-7,83%	-4,49%	12,43%
1946	4,03%	4,15%	6,16%	-11,85%
1983	4,27%	8,76%	19,53%	17,27%
2003	4,36%	-3,60%	10,76%	26,38%
1979	4,77%	5,70%	7,08%	12,31%
1933	4,94%	-15,17%	58,50%	46,62%
1967	4,95%	12,29%	12,83%	20,09%
1975	5,22%	21,59%	38,84%	31,55%
1976	7,12%	13,95%	15,62%	19,15%
1932	8,37%	-9,92%	-45,43%	-15,19%
1987	9,63%	20,45%	25,53%	2,03%
1938	10,75%	-19,35%	9,68%	25,33%

Tabelle 3.1 (Fortsetzung)

Quelle: Global Financial Data.

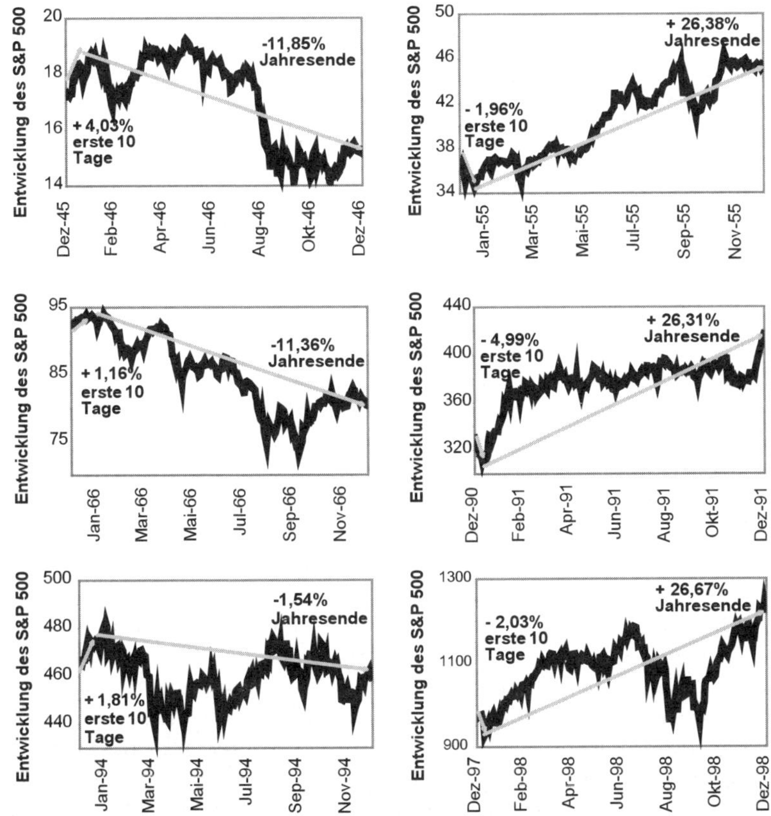

Abbildung 3.4: Der Januar-Nichteffekt (1946-1998).

Quelle: Global Financial Data.

Ganz wie unsere steinzeitlichen Vorfahren erfinden Investoren immer noch Kontrollregeln, an die sie sich halten, anstatt jede Situation individuell einzuschätzen. Das führt zum beliebten „Charting" – über Kurven herumgrübeln, um ein vorhersagbares Muster zu entdecken. Es gibt eine Heimindustrie, die sich mit „prozyklischem Investieren" und „technischer Analyse" befasst und behauptet, dass bestimmte Arten von Formationen – Tasse und Henkel, Untertasse und ihr Boden, Kopf und Schultern, Reh im Frontscheinwerferlicht (na gut, das habe ich erfunden) – Vorhersagekraft für die zukünftigen Bewegungen einer Aktie besitzen. Nehmen Sie den *Investor's Business Daily (IBD)* zur Hand und Sie werden die „IBD 100"-Liste finden – 100 Unternehmen mit hervorragender Preisentwicklung in der letzten Woche.

Was für einen Zweck soll das haben? Uns zu verspotten? Dies sind die top 100 Aktien, die man kaufen sollte, wenn man herausfinden kann, wie man eine Zeitmaschine baut und es schafft, in der Zeit zurückzureisen? Wenn der IBD wirklich nützlich sein will, warum bringen sie dann nicht die Namen der Aktien, die nächste Woche heiß sein werden? Das ist es, was wir wollen. Aber das machen sie nicht, weil sie es nicht können. Und sie können es nicht, weil, ungeachtet dessen, was irgendjemand Ihnen erzählt haben mag, wie viel „Charting" auch immer Sie betreiben, Ihnen das nicht mitteilen wird, wie sich eine Aktie in der nächsten Zeit entwickeln wird, außer beim glücklichen Zusammentreffen mit dem Zufall. Niemals. Aus die Maus. Aktien befinden sich nicht in „Reihenkorrelation", wie Statistiker es nennen würden, was bedeutet: wenn sich eine Aktie in eine bestimmte Richtung bewegt, stehen die Chancen genau 50:50, dass sie sich weiter in diese Richtung bewegt oder die Richtung wechselt. Für jedes Schaubild, das Sie mir zeigen, in dem ein Muster zu einem erwarteten Ergebnis führt, kann ich Ihnen viele andere zeigen, in denen genau das gleiche Muster zu gar nichts geführt hat. Aktienkurs-Muster als solche haben keine prophetische Kraft. Trotzdem benutzen die Leute sie noch immer.

Wir betrachten das Investieren als ein Handwerk und benutzen schwerfällige Technologie und ungewisse Indikatoren, statt es neu zu erfinden für den modernen Gebrauch oder die Schaffung neuer Kapitalmarkttechnologien. Wir kleben an überholtem und nutzlosem Handwerkszeug, weil wir Muster lieben. Sie fühlen sich sicher, beruhigend und ungiftig an. Investoren verehren die prophetische Kraft einer Fülle von Mustern – etwa Ertragskurven, hohe KGV, den VPI, Haushaltsdefizite – die Liste ließe sich fortsetzen. Wir halten selten inne, um zu fragen: „Was macht mein Gehirn gerade, um mich etwas total falsch herum sehen und folglich genau falsch herum handeln zu lassen?" Wenn ein Indikator existierte (oder eine Gruppe von Indikatoren), der/die zuverlässig die Marktentwicklung voraussagen könnte(n), wüsste jeder davon und wir alle würden es/sie benutzen und wären alle unvorstellbar reich. Da das nicht der Fall ist, und da es das Unbekannte ist, das die Macht hat, den Markt zu bewegen, müssen wir unsere Vorlieben und Vorurteile überwinden, um dem bekannten Weg zu folgen.

100 Prozent Sehschärfe – Rückschaufehler und Ordnungspräferenz

Rückschaufehler, ein Resultat unseres Verlangens, einer Spur zu folgen, ist unsere Tendenz, die Qualität unserer Voraussicht zu übertreiben, während wir bequemerweise unsere Anfangsfehler vergessen. Was Behavioristen Rückschaufehler nennen, lässt keinen Platz für Glück. Investoren nehmen fälschlicherweise an, sie hätten irgendeine Art von besonderer Fähigkeit oder Wissen, die zu dem guten Ergebnis geführt hätten. Im Nachhinein ist alles 100 Prozent Sehschärfe.

Rückschaufehler macht ein Investor, der behauptet, er hätte gewusst, dass Altria eine gute Investition war, als er im Januar 2000 kaufte (Anstieg um 352 Prozent in den nächsten sechs Jahren).[14] Seine Aktien schossen in die Höhe, als der globale Markt implodierte und sich dann nicht vollständig erholen konnte. Er ist natürlich ein Genie und schreibt die Kaufentscheidung seinem geistigen Scharfsinn zu. Was er vergisst zu erwähnen, ist, dass er Yahoo! bei 108 Dollar gekauft und dass er verkauft hat, als der Wert zwei Jahre später für vier Dollar gehandelt wurde. Übermäßiges Ansammeln von Stolz und das Vermeiden von Bedauern gehen Hand in Hand mit Rückschaufehlern. Alle diese Vorurteile und Tendenzen arbeiten zusammen und keine von ihnen führt zu smarten Entscheidungen.

Rückschaufehler verleiten uns ebenfalls zur Annahme, dass bisherige Muster fortbestehen werden – der Aktienkurs, der oben ist, wird weiter auf Starkurs bleiben, und die lahme Ente wird nie das Schwimmen lernen. Und wo sich nichts bewegt hat? Da wird sich nie was bewegen. Die einfachste Form des Rückschaufehlers ist, die Vergangenheit in die Zukunft zu projizieren. Das ist sehr einfach und wenn man es tut, wird kaum jemand widersprechen.

Ordnungspräferenz ist eine Manifestation unseres Instinktes zu prognostizieren und zu sammeln. Beispielsweise wünschen Investoren, dass alle Teile ihres Portfolios gut abschneiden. Wenn sie Vergleichsindizes benutzen (das sollten Sie tun, Sie sollten Ihr Portfolio laufend mit dem S&P 500 oder MSCI World Index vergleichen), dann erwarten Sie, dass jede Aktie, in die Sie investiert haben, genauso gut oder besser abschneidet als der Vergleichsindex. Das ist ein natürlicher Wunsch, aber es ist unmöglich. In jedem Index, den man als Benchmark verwendet, befinden sich Aktien mit unterschiedlichen Renditen. Das ist nicht wie die Beeren, die entweder reif, noch nicht reif oder überreif sind. Zu denken, dass Sie Aktien haben sollten, die keine unterschiedlichen Renditen bringen, bedeutet, dass Ihr Portfolio nicht die Diversifikation eines Index hat.

Und selbst wenn alle Ihre Aktien gleichermaßen gut laufen, dann nur, weil Sie Riesenwetten gegen den Markt abgeschlossen haben und dann einen kurzen Moment lang sehr viel Glück hatten.

Einfacher ausgedrückt, die Ordnungspräferenz motiviert, so dass ein Investor, der, sagen wir mal, 60 Aktien besitzt (keine schlechte Zahl, wenn Sie global investieren), möchte, dass jede der 60 Aktien so gut läuft wie das gesamte Portfolio. Er vergisst, dass es beim Investieren nur darauf ankommt, wie es dem gesamten Portfolio geht. Das ist es, was das Barvermögen beeinflusst.

Investoren leiden unter Ordnungspräferenz, wenn sie mit der um 800 Prozent gestiegenen Aktie angeben, die sie gekauft haben, aber vergessen, wie es dem Portfolio als Ganzes geht. Bei der Bewertung der Wertentwicklung ist das Ganze wichtiger als die einzelnen Teile. Dieses Konzept scheint den meisten Investoren nicht in den Kopf zu wollen.

Stellen Sie sich ein Portfolio mit nur zwei 10 000-Dollar-Aktien vor. Eine steigt um 25 Prozent, die andere fällt um 15 Prozent. Die antiquierten Teile unseres Gehirns werden uns sagen, wir sollen die Aktie im Minus bedauern. Die traditionelle Finanztheorie sagt uns, nicht die einzelnen Teile zu bedauern – in der Gesamtheit ist das Ergebnis positiv. Die traditionelle Theorie hat Recht. Die Bewegungen als solche erzählen uns nicht wirklich etwas über die Zukunft, und wir sollten ohnehin nicht auf der Basis dieser Bewegungen investieren.

Denken Sie darüber mal auf eine andere Weise nach – stellen Sie sich vor, Sie besäßen einen S&P-Indexfonds in einem Jahr, wo er gut lief, wie 1997, als er um 33 Prozent gestiegen war.[15] Sie fühlen sich gut, stimmt's? Jetzt stellen Sie sich vor, sie hätten statt des Index 500 einzelne Werte. 500 Aktien sind übrigens bei weitem zu viele, um sie zu halten, aber um der Beweisführung willen lassen Sie uns so tun, als ob Sie sie hätten. Unter den 500 Aktien befinden sich solche, die um 40 Prozent abgesackt sind, manche um 50, manche um 60.[16] Und wie empfinden Sie jetzt Ihr Portfolio? Sie sollten sich genau so gut fühlen wie beim Indexfonds, weil die 500 Aktien, die Sie besitzen, die sind, aus denen der Index besteht, in der entsprechenden Gewichtung. Es ist unwichtig, dass einige um 50 Prozent gefallen sind, und genau so unwichtig ist es, dass andere bei 150 Prozent stehen.[17] Insgesamt wären Sie 33 Prozent im Plus, und darauf kommt es an. Ordnungspräferenz bringt Sie dazu, sich auf die einzelnen Teile zu konzentrieren, und lässt Sie den Blick für das Wesentliche verlieren.

Die Lieblingstricks des Großen Demütigers

Wenn wir als Investoren weiter entwickelt wären, würde der GD vielleicht neu klassifiziert werden als „Der Milde Demütiger“ (MD) oder sogar als „Der Weichere, Sanftere und Freundlichere Schwindler“ (WSFS). Wegen unserer Vorprogrammierung werden wir wiederholt vom Markt gedemütigt durch psychologische Tendenzen, auf die wir wieder und wieder hereinfallen. Unglücklicherweise wirken unsere Neigungen nicht jede für sich – sie wirken im Zusammenspiel miteinander und lassen vollkommen unvernünftige Investmententscheidungen vernünftig erscheinen, sogar während wir sie begehen. Ihr Gehirn wird Ihnen nicht sagen, dass Sie einen dummen Fehler machen, weil es Ihre kognitiven Fehler nicht als dumm erkennt. Stattdessen sagt Ihr Gehirn Ihnen, dass es mit den Investitionen „einfach nichts geworden ist“. Und dann suchen Sie nach etwas, dem Sie die Verantwortung zuschieben können – Sie vermeiden das Bedauern.

Ihre einzige Waffe ist Frage drei – fragen Sie sich bei jeder Entscheidung, die Sie treffen: „Was zum Teufel tut mein Gehirn diesmal, um mich in die Irre zu führen?“ Je rationaler und vernünftiger eine Entscheidung erscheinen mag, desto wichtiger ist es zu fragen. Ich habe Ihnen bereits einige Beispiele gegeben, wie Ihr Gehirn gegen Sie arbeitet, und ich gebe Ihnen im Verlauf dieses Buches weitere. Ich zeige Ihnen, wie man mit Ihnen umgeht. Sie können sich eine Liste davon machen und sie auf Ihren Schreibtisch oder neben das Bett legen. Aber Sie müssen sich bei jeder Entscheidung die Frage stellen: „Was zum Teufel tut mein Gehirn diesmal, um mich in die Irre zu führen?“

Denken Sie daran, Ihr Gehirn ist für das physische Überleben konzipiert, nicht für das finanzielle. Was ein hervorragender Instinkt sein mag, um den Hinterhalt einer reißzahnbewehrten Bestie zu erkennen, kann sehr gefährlich – total schädlich – sein, wenn man Kapitalmärkte analysiert. Ihre beste Verteidigung gegen sich selbst ist, die Frage drei zu stellen und die Symptome eines Finanzgehirns, das verrückt spielt, zu erkennen.

Betrachten Sie einmal das folgende, nur allzu realistische Szenario mit einem hypothetischen Investor, den wir Jim nennen wollen. Schauen Sie mal, ob Sie jemals eine ähnliche Entscheidung getroffen haben. Sagen wir, Jims Gesamt-

Portfolio hat in den letzten drei Jahren insgesamt um 50 Prozent zugelegt. Das ist ein recht glaubhaftes Ergebnis nach einigen Jahren Bullenmarkt. Dann kommt eine Marktkorrektur und das Portfolio nimmt um 18 Prozent ab. Solche Korrekturen sind während eines Bullenmarktes ganz normal – Sie können alle ein bis zwei Jahre mit einer rechnen. Wenn man sich die Geschichte ansieht, passiert das eher einmal pro Jahr als nicht. Jim weiß das und begreift, dass die Märkte volatil sind und er weiß auch, dass Märkte sich in einem Augenblick zwischen zehn und 20 Prozent korrigieren und trotzdem danach weiter auf neue Höhen steigen können. Er weiß, dass er einen langen Zeithorizont hat und dass kurzfristige Bewegungen nichts bedeuten. Und trotzdem, wenn ihm das so geschieht, fühlt es sich schrecklich an. Einfach schrecklich!

Zuerst – *kurzsichtige Verlustangst.* Der 18-prozentige Verlust fühlt sich mehr wie 45 Prozent an. Er ist im gleichen Maße unglücklich über seinen kurzfristigen 18-prozentigen Verlust wie er über seine Gewinne der letzten Jahre glücklich war. (Das Kürzliche und Kurzfristige ist der kurzsichtige Teil der Verlustangst. Wir neigen dazu, das Kurzfristige höher zu gewichten als das Langfristige, ungeachtet der Tatsache, dass wir auf Dauer beim Langfristigen enden werden.) Jim beginnt zu überlegen, was er tun kann, um diesen (kurzsichtigen) Schmerz zu stoppen. Hätte sich Jim die Frage drei gestellt, hätte er vielleicht die Abwärtsspirale seines restlichen Szenarios stoppen können. Er hätte erkannt, dass kurzsichtige Verlustangst ihn dazu brachte, zu einer schlechten Zeit über einen Verkauf nachzudenken – während einer Marktkorrektur. Unglücklicherweise hat Jim dieses Buch nicht gekauft und sein Steinzeithirn übernahm die Kontrolle.

Als Nächstes – *Ordnungspräferenz*. Jim bemerkt, dass manche seiner Aktien unten stehen – ganz unten. Er übersieht, dass selbst während der Korrektur sein Gesamtportfolio immer über 20 Prozent im Plus liegt. Er fixiert sich auf ein paar Aktien, die um mehr als 40 Prozent gefallen sind. Er hat einen Wert, XYZ, der über 60 Prozent gefallen ist. Er denkt, dass sein Leben so viel besser wäre, wenn er XYZ nicht gekauft hätte. Pokerfreunde erzählen ihm, diese Aktien würden noch tiefer fallen. Es nagt an ihm. Er hat einige Aktienwerte, die noch immer 80 Prozent im Plus sind. Diese Aktien sind so viel besser. Warum nur hat er jemals diese Flop-Aktien XYZ gekauft – 65 Prozent im Minus? Warum hat er nicht mehr von denen gekauft, die 80 Prozent im Plus sind?

Dann folgt das *Vermeiden von Bedauern*. Er hätte diesen Job niemals einem Makler übertragen dürfen, denn es wäre besser gelaufen, wenn er selber aufgepasst hätte.

Dann – *Bestätigungsfehler* und noch mehr *Bedauern-Vermeiden*. Die letzten Aktien, die er selber ausgewählt hat, stiegen sofort um 50 Prozent. Wenigstens sind diese XYZ nicht seine Schuld. Er hätte es keiner Aktie erlaubt, um 65 Prozent zu fallen, wenn er alleine entschieden hätte. Es ist der Fehler des blöden Maklers. Jim selber ist ein schlaues Kerlchen.

Eng gefolgt von – *Rückschaufehlern*. Er wusste, dass XYZ nichts taugte, als der Makler sie vorschlug. Er war im Begriff, darauf zu verzichten und Werte zu kaufen, die jetzt um 140 Prozent im Plus sind und er weiß, dass es das war, was er hätte tun sollen. Er hat einfach nicht aufgepasst. Er sollte öfter seinem Instinkt folgen, da er im Allgemeinen richtig liegt mit diesen Dingen. Aber warum dann fühlt er sich so schlecht?

Mehr Verlustangst. Wenn er nicht bald etwas unternimmt, könnte seine Frau fälschlicherweise denken, er sei der Idiot und nicht der Makler. (Hey, Jim, ich weiß nicht, ob du das weißt oder nicht, aber deine Gattin weiß tief im Inneren vermutlich schon, dass du ein Idiot warst. Sie rechnet damit.)

Als Nächstes – Selbstüberschätzung. Vergessen wir diesen Schwachkopf von Makler. Obwohl Jim keinen Finanz- oder Kapitalmarkt-Hintergrund hat, weiß er, dass er es besser kann. Er war schließlich schlau genug, um das medizinische Examen zu bestehen. Wo ist der Unterschied? Wenn man schlau ist, ist man schlau. Und Jim ist wirklich sehr, sehr, sehr schlau.

Jim reicht es. Er kann die 18 Prozent Minus oder die noch größere Erniedrigung dieser Lahme Ente-Aktie XYZ mit minus 65 Prozent nicht ertragen, also verkauft er alle Aktien, die in einem willkürlich festgesetzten Zeitraum gesunken sind oder vielleicht auch nur die, die um mehr als einen willkürlich gewählten Betrag gesunken sind. Zwei Wochen später beenden der gesamte Markt und auch die Aktien, die Jim verkauft hat, die Korrektur und werden höher als zuvor gehandelt. Und Jim sitzt da mit etwa 40 Prozent seines liquiden Barvermögens. Er bemüht sich, über medizinische Probleme, seine Praxis, seinen bevorstehenden Urlaub und über alles Mögliche nachzudenken, nur nicht über die Börse.

Jim wäre im Moment ein wohlhabenderer Mann, wenn er 1. Frage drei gestellt hätte oder 2. keinerlei Entscheidungen getroffen hätte und 3. erkannt hätte, dass sein Gehirn versucht hat, ihn vor dem Angriff eines Säbelzahntigers zu retten und nicht, ihn in die Richtung einer vernünftigen Investitionsentscheidung zu führen. Inzwischen hat unser smarter Doktor, der in anderen Bereichen ein Wissenschaftler ist, nichts aus seinen kognitiven Fehlern gelernt, da er Bedauern vermeidet. „Wenigstens habe ich nicht noch mehr verloren“, sagt er sich. Und er wird diesen Fehler und andere an einem anderen Tag wiederholen.

Strecken Sie den Kopf aus der Höhle

Jim ist noch kein hoffnungsloser Fall. Sie auch nicht. Wir erleiden diese Verhaltensmuster, sicherlich, aber wir sind nicht auf immer dazu verdammt. Der Weg, das Steinzeitdenken zu überwinden, ist die regelmäßige und rigorose Anwendung der Frage drei. Nachdem Sie sich gefragt haben, ob das, was Sie glauben, korrekt ist, und nachdem Sie sich gefragt haben, was Sie sich vorstellen können, was andere nicht können, ist es zwingend notwendig, den Kopf aus der Höhle zu strecken und zu fragen, ob Ihr Gehirn Ihnen falsche Nachrichten sendet.

Es gibt einige praktische Dinge, die Sie sofort anfangen können zu tun, um die üblichen kognitiven Fehler bekämpfen zu helfen. Wenn Sie es einmal gelernt haben, sich wiederholt Frage drei zu stellen und misstrauisch zu sein, dass Sie kurz davorstehen, einen kognitiven Fehler zu begehen, können Sie einige der folgenden Praktiken anwenden, um auf dieser Seite des Jahrtausends zu bleiben.

Salto rückwärts – Sammeln Sie Bedauern, vermeiden Sie Stolz

Die Bibel sagt uns, dass Hochmut vor dem Fall kommt. Auf Kapitalmärkten kommt der Stolz sowohl vor kurzsichtiger Verlustangst als auch vor Selbstüberschätzung, Rückschaufehlern und so ungefähr allem anderen, was übel ist, wie etwa am tiefsten Punkt zu verkaufen. Sie müssen Ihre natürlichen Tendenzen dauerhaft umkehren. Sie müssen Stolz vermeiden und Bedauern ansammeln. Das ist der einfachste und grundlegendste Trick, den ich kenne, um ein besserer Investor zu werden. Wenn eine Aktie gut läuft, nehmen Sie nicht an, dass Sie ein Genie sind. Nehmen Sie an, dass Sie Glück haben und dass sich das Blatt wenden kann. Wenn eine Aktie schlecht steht, laufen Sie nicht weg vor Ihrem Bedauern. Sammeln Sie Bedauern mit jedem Verlust. Leben Sie damit. Lieben Sie es. Nehmen Sie an, Sie wären nicht Opfer vom Enron-Management, Ihrem Börsenmakler oder Ihrem Ehepartner (obwohl ich Ihnen da nicht viel helfen kann). Nehmen Sie an, dass Sie und nur Sie falsch lagen im Hinblick auf jede einzelne Aktie im Minus und dass es Ihre Aufgabe ist, eine Lektion zu lernen, die Ihnen beibringt, wie Sie dasselbe beim nächsten Mal richtig machen. Wenn Sie sich das Bedauern zu eigen machen, werden Sie weniger Neigung verspüren, am schlechtesten Punkt zu verkaufen. Vergessen Sie nicht, die Idee ist nicht, billig zu kaufen und zu verkaufen, wann immer die Aktienkurse Sie durchdrehen lassen.

Bedauern sammeln und Stolz vermeiden hat viele Vorteile. Erstens können Sie aus Ihren Fehlern lernen. Zweitens, an Stelle von noch mehr Selbstüberschätzung werden Sie weniger selbstbewusst und beginnen, die Märkte mehr so zu sehen, wie sie wirklich sind. Studien zeigen, dass Investoren, die sich weniger selbst überschätzen, besser abschneiden als solche, die mehr zu übermäßigem Selbstvertrauen neigen, und Sie können Ihre Selbstüberschätzung vermindern, indem Sie Bedauern sammeln und Stolz vermeiden.

Haben Sie je eine Aktie verkauft, deren Kurs unten war, etwas anderes gekauft und nie zurückgeblickt? Sie waren froh, die lahme Ente los zu sein und das war's? Vielleicht haben Sie nicht nur eine Aktie verkauft – Sie haben gleich alles losgeschlagen und ein paar in Anführungszeichen sichere Anleihen gekauft, weil der Markt als Ganzes Ihnen Angst machte. Viele Investoren machen das – sie handeln emotional und kontrollieren später nicht, ob ihre Entscheidungen zur Verbesserung oder Verschlechterung ihrer Lage geführt haben. Und sie entwickeln sich nie.

Machen Sie sich Ihr Bedauern zu eigen. Seien Sie sich bewusst, dass Sie sich täuschen können und werden und dass Ihre Entscheidungen Konsequenzen haben. Dies ist ein Spiel, in dem Sie, wenn Sie 70 Prozent der Zeit Recht haben, langfristig ein Super-Monster-Erfolg sind. Das bedeutet auch, oft nicht Recht zu haben. Nicht Recht zu haben ist okay. Je mehr Sie sich Ihre Fehlerhaftigkeit zu eigen machen und sie als Gelegenheit zum Lernen betrachten, desto weniger Fehlerhaftigkeit werden Sie langfristig besitzen. Seien Sie nicht so damit beschäftigt, sich selbst auf den Rücken zu klopfen, weil Sie „nicht mehr verloren" haben, damit Sie erkennen können, dass Sie einen kolossalen Fehler gemacht haben, als Sie aus dem Markt herausgegangen sind oder die falsche Sache gekauft haben.

Vielleicht war die Aktie, die Sie verkauft haben, gar keine lahme Ente. Vielleicht aber die, die Sie stattdessen gekauft haben. Vielleicht war die, die Sie verkauft haben, die beste Aktie für die nächsten Jahre und Sie haben den Abzug gedrückt, weil Sie an Verlustangst, Rückschaufehlern oder einem anderen simplen kognitiven Irrtum litten. Vielleicht steuerte der Markt gar nicht auf eine Abwärtsspirale zu. Vielleicht waren die Kurse am Jahresende um 25 Prozent oder so gestiegen, und Sie sind ein Trottel mit Ihrer Kleingeld-Rendite von drei Prozent, hinken dem Markt hinterher und verpassen Ihren Chancen auf Erreichen Ihrer langfristigen Ziele einen ernsthaften Dämpfer. Denken Sie daran, dass Sie sich wieder irren werden (und wieder und wieder) und unternehmen Sie Schritte, dass, wenn es geschieht, Sie das Beste tun, um daraus zu lernen. Halten Sie Ausschau nach Lehren, die Sie aus Ihren Fehlern ziehen können, damit Sie in der Zukunft weniger davon machen.

Frage drei wird Sie daran hindern, viele verrückte, irrationale Handlungen zu begehen. Vor allem aber brauchen Sie eine allumfassende und prioritäre Strategie, die jede Ihrer Handlungen bestimmt, und Sie müssen unbedingt einen Vergleichsindex haben. (Wir diskutieren Benchmarking und warum es unerlässlich für das Überleben ist, in Kapitel 4.) Aber für den Moment genügt es zu wissen, dass eine Benchmark jeder gut konstruierte Index sein kann und dass es Ihre Roadmap zur Portfolio-Zusammenstellung ist. Wenn Ihr Vergleichsindex zu 50 Prozent aus US-Aktien besteht, werden Sie nur dann davon abweichen, wenn Sie denken, dass Sie etwas wissen, was andere nicht wissen in Bezug darauf, warum US-Aktien schlechter oder besser laufen als ausländische Aktien. Wenn Ihre Benchmark zehn Prozent Energieaktien sind, sind es zehn Prozent Energieaktien, außer wenn Sie die drei Fragen benutzt haben, um etwas zu wissen, was die anderen nicht wissen, das Sie veranlasst, Energieaktien über- oder unterzugewichten.

Andernfalls sollten Sie sich passiv gegenüber Ihrem Vergleichsindex verhalten. Das Ziel ist es, ähnlich wie Ihr Vergleichsindex abzuschneiden oder besser, wenn Sie etwas Einzigartiges wissen. Mit der Zeit wird der Vergleichsindex Sie an das Ziel Ihrer Wünsche bringen. Große Abweichungen von Ihrem Vergleichsindex, verursacht durch die Tricks Ihres Gehirns wie etwa kurzsichtige Verlustangst, werden ernsthaft Ihre Fähigkeit behindern, Ihre langfristigen Ziele zu erreichen.

Hier ist ein Beispiel. Im März 2000 habe ich den Technologie-Zyklus gut erwischt, eine meiner besseren Marktempfehlungen der letzten 20 Jahre. (Ich werde Ihnen in einem späteren Kapitel erzählen, wie ich es gemacht habe.) Meine Firma verlagerte die Gewichtung unserer Kunden von leicht übergewichtet (als Technologie-Aktien ein Drittel des US- und 25 Prozent des Weltmarktes ausmachten) auf die Hälfte der Sektorengewichtung. Die Klienten waren später verärgert, dass wir nicht um mehr reduziert hatten, aber mir war immer klar, dass ich mich irren konnte. Ganz besonders wenn ich denke, ich weiß etwas, das andere nicht wissen, so wie es damals war, weiß ich immer noch, dass mein Gehirn daran arbeitet, mich in die Irre zu führen, also versuche ich, es nicht zu übertreiben – ich setze nicht zu viel auf einmal. Das sollten Sie auch tun – immer auf der Suche nach etwas sein, was die anderen nicht wissen, aber sich auch bewusst bleiben, dass Sie sich täuschen können. Wenn Sie falsch liegen und sich im Technologiesektor bearish verhalten haben, als er zum besten Sektor wurde, haben Sie trotzdem bis zu einem gewissen Grade daran teilgehabt und werden dem Markt nicht allzu sehr hinterherhinken. Wenn Sie richtig liegen, dann haben Sie weniger stark an einem schlecht funktionierenden Sektor teilgenommen und besser abgeschnitten als der Markt – und das ist der Sinn des Spiels.

Sammeln Sie Bedauern. Vermeiden Sie Stolz. Konzentrieren Sie sich auf Ihren Vergleichsindex. Schwenken Sie nur um, wenn die drei Fragen Sie glauben lassen, Sie wüssten Dinge, die andere nicht wissen. So besiegt man kurzsichtige Verlustangst und Selbstüberschätzung. Auf diese Art kann man den GD angreifen, ohne gedemütigt zu werden.

Zügeln Sie Ihr Selbstvertrauen!

Ein Vergleichsindex hilft oft dabei, Wahrnehmungsfehler zu vermeiden. Das heißt jedoch nicht, dass man nicht mit manchen Marktwetten daneben liegen kann. Hier und auch anderswo will ich von einigen Marktwetten erzählen, die trotz aller Mühe schiefgegangen sind.

Nachdem wir von 2000 bis zum Mai 2002 erfolgreich bearish in Bezug auf die Technologieaktien und später auf den Markt geworden waren, ging mein Unternehmen zu früh wieder voll in den Markt, inklusive einer leichten Übergewichtung des Technologiesektors. Aua! Das tat weh, als die Aktien weiter fielen. Dann wurde es etwas besser. Das Technologie-Übergewicht brachte 2003 gute Ergebnisse, als die Technologieaktien sich um 49 Prozent erholten,[18] verglichen mit den 33 Prozent des MSCI World Index.[19]

Fälschlicherweise behielten wir die Übergewichtung im Technologie-Bereich für weitere zwei Jahre bei, da wir glaubten, dass der Sektor den Markt anführen werde. Mit Hilfe der drei Fragen hatten wir mehrere Gründe dafür festgestellt. Zunächst war die allgemeine Stimmung trübselig – die wichtigste Entscheidung war daher, im Markt zu bleiben. Zweitens ließ die negative Stimmung gerade in Bezug auf die Tech-Werte eine psychologische Gegenbewegung erwarten. Mit Hilfe von Methoden, die später noch erklärt werden, konnten wir feststellen, dass diese Stimmung zu schlecht war. Drittens konnten wir einiges sehen, das andere nicht sehen konnten und das auf eine stärkere Erholung des BIP der USA hinwies – was zu schönen Gewinnen der Unternehmen führen und vermutlich die Welt aus der Rezession und dem Bärenmarkt führen würde. Da die großen Technologiefirmen vor allem in den USA angesiedelt sind, lag es nahe, dem Technologiesektor, getrieben von den Gewinnen in den USA, eine gute Performance und den Ausgleich der früheren Verluste zuzutrauen.

Dazu kam, dass wir insgesamt eine Aufwärtsvolatilität prognostizierten. Volatilität erwarteten wir zum einen, weil das erste und zweite Jahr einer Präsidentschaft historisch gesehen die volatilsten Zeiten eines Marktes sind, wie wir in Kapitel 2 gesehen haben. (Viele Leute sehen Abwärtsvolatilität als schlecht und Aufwärtsvolatilität gar nicht als Volatilität an. Doch das stimmt nicht; Volatilität ist Volatilität, egal in welche Richtung.) Wenn der Markt nach oben volatil ist, entwickeln sich die Aktien mit einem hohen Betafaktor überdurchschnittlich, und Technologie ist ein perfektes Beispiel für einen Sektor mit hohem Betafaktor. Da wir eine stark positive Entwicklung erwarteten, posi-

tionierten wir uns mit Blick auf Erfolg unter diesen Bedingungen. Das bedeutete eine Übergewichtung des Technologiesektors.
Es stellte sich heraus, dass der Technologiesektor 2004 und 2005 einer der schlechtesten war und nur einen Gewinn von zusammen zwölf Prozent abwarf[20], während der Weltmarkt insgesamt um 26 Prozent zulegte.[21] Folgendes war schiefgelaufen: Wie gesagt war die Stimmung bezüglich Technologie-Aktien schlecht, doch meine Firma überschätzte die Möglichkeiten einer baldigen Verbesserung. Nach einem volatilen Jahr 2003 (positiv zwar, aber auch volatil), in dem der Technologie-Sektor gut gelaufen war, wurde er im Jahr 2004 von Höhenangst ergriffen. Wir hatten das nicht vorausgesehen, da diese Aktien immer noch weit tiefer standen als 2000 oder 2001. Die Anleger hatten ihren Bezugsrahmen an den Tiefständen der Jahre 2002 und 2003 neu ausgerichtet, und der darauffolgende Anstieg sorgte dafür, dass ihnen die Kurse als sehr hoch erschienen – zu hoch, so dass sie sich vor einem tiefen Fall fürchteten. Mit der Verlagerung des Bezugsrahmens nach vorne hatten wir nicht gerechnet. Aus heutiger Sicht ist klar, dass man sich vor einer Wiederholung des Abstiegs von 2000 bis 2002 fürchtete. Höhenangst, verbunden mit kurzsichtiger Verlustangst, ließen die Hoffnung auf mögliche Gewinne zurücktreten: Die Investoren fürchteten sich zweieinhalb Mal so stark davor, dass die Technologieaktien fallen könnten, wie sie auf Gewinne durch eine weitere Erholung hofften. Die Stimmung für den Technologiesektor war sehr schlecht und fiel trotzdem weiter. Wir hatten uns einfach geirrt.
Da wir dachten, die Märkte würden 2004 und 2005 stark steigen, wurden wir von der relativ niedrigen Volatilität dieser Jahre mit mittelmäßigen Gewinnen überrascht. Wir hatten die Richtung korrekt eingeschätzt – das war gut –, uns aber in der Größenordnung geirrt. Es handelte sich um die am wenigsten volatilen 24 Monate seit 40 Jahren, und das gerade, als wir besonders hohe Aufwärtsvolatilität erwarteten. Ohne diese Volatilität konnte die Tech-Wette sowieso nicht funktionieren.
Warum war der Markt so wenig volatil? Ich weiß es nicht. Es entzieht sich jeder Erklärung, die mir bislang bekannt ist. Ich habe versucht, dahinter zu kommen und aus meinem Fehler zu lernen. Ich habe Bedauern angesammelt. Und ich weiß, dass es nicht die Schuld eines anderen war, dass die Tech-Wette nicht funktioniert hat. Es war nicht die Schuld von Jeff Silk oder Andrew Teufel, die die Last der Investmententscheidungen in meinem Unternehmen mit mir teilen. Wir sahen es alle ähnlich. Es war auch nicht die Schuld eines anderen. Es hing einfach damit zusammen, dass wir derzeit noch keine Grundlage haben, auf der wir Volatilität vorhersagen können. Wir wissen nicht genug, das andere nicht wissen, um dazu in der Lage zu sein.
Nachdem wir unseren Irrtum erkannt und verstanden hatten, dass wir Volatilität nicht vorhersagen konnten, haben wir die Wette beendet – aber unsere Kunden hatten unter diesen zwei Jahren unterdurchschnittlicher Performance gelitten.
Ironischerweise lagen wir in diesen Jahren mit vielen anderen Wetten richtig. Rohstoffe, Finanzwerte und Energie liefen gut, wie wir erwartet hatten – aber nicht Technologie! Bis heute versuche ich immer noch herauszufinden, was in unserer Vorhersage der Volatilität falsch gelaufen sein könnte. Manchmal braucht man viel Zeit, um seine Fehler zu verstehen. Im Rückblick sehe ich Parallelen zur Blase des Energiesektors im Jahr 1980 – Energieaktien fielen eine ganze Weile hinter den Markt zurück, waren auf dem Weg nach unten volatil und dann auf dem Weg nach oben

nicht mehr volatil. Das hätte mir helfen können, wenn ich es mir zuvor gründlicher angeschaut hätte. (Wir beschäftigen uns bis heute mit diesem Phänomen; Sie können die Kurse einiger dieser Energieaktien in Abbildung 3.2 sehen.) Außerdem führten damals Small-Cap-Aktien für einige Zeit. Small-Caps sind das Gegenstück zu Energie-Aktien, die überwiegend Big-Caps auf Dollarbasis sind. Das hätte ich erkennen sollen. Wir haben einfach zwei Dinge nicht zusammengebracht, von denen wir wussten. Das wird uns nicht noch einmal passieren.

Und was ist das Gute daran? Einerseits kann man immer, wenn man einen Fehler macht, seine Vorbereitung für das nächste Mal verbessern. Zweitens hatten wir nur ein kleines Übergewicht in Technologie und Amerika. Selbstüberschätzung wäre hier verhängnisvoll gewesen, da Technologie und amerikanische Aktien dem Markt hinterherhinkten. Was mich in diesen Jahren gerettet hat, war meine Orientierung am Vergleichsindex – die Beschränkung des Übergewichts in beiden Sektoren sorgte dafür, dass der Fehler weniger dramatisch ausfiel. Obwohl wir glaubten, die Grundlage für eine Wette zu haben, haben wir nicht gleich Haus und Hof verwettet. Selbst wenn ich etwas sicher zu wissen meine, das andere nicht wissen, rechne ich immer mit der Möglichkeit eines Irrtums – das kommt vor. Dieses Prinzip bestimmt mein Handeln.

Natürlich behalte ich lieber Recht – wer nicht? Aber ich weiß, dass ich mich in manchen Fällen irren werde. Das ist okay; es ist eine gute Gelegenheit, Bedauern anzusammeln und daraus zu lernen, um in Zukunft besser zu sein. Es passiert und wird wieder passieren, und es macht niemals Spaß. Aber weil ich immer gegen eine Benchmark investiere und weil ich mir große Mühe gebe, nicht übermäßig zuversichtlich zu sein, kann ich mich irren, ohne zu stark oder zu lange darunter leiden zu müssen. Und dann kann ich daraus lernen. Wenn Sie die drei Fragen und eine Benchmark verwenden, werden Sie im Durchschnitt öfter richtig liegen und keinen irreparablen Schaden nehmen, wenn Sie einmal nicht richtig liegen. Und Sie können die Gefahr der Selbstüberschätzung vermeiden.

Weniger ist manchmal mehr

Im Kampf gegen *übermäßiges Selbstvertrauen* haben Frauen einen deutlichen Vorteil gegenüber Männern. Es gab einmal eine spannende wissenschaftliche Studie über die Frage, ob Frauen oder Männer die besseren Anleger sind. Es hat mich nicht weiter überrascht, dass Frauen wesentlich besser abschnitten und langfristig bessere Ergebnisse erzielten.[22] Warum? Während die Männer Bären und Gazellen jagten, sammelten die Frauen Beeren und Körner. Dafür benötigt man weniger Selbstüberschätzung als dafür, mit steinbewehrten Ästen auf angreifendes Großwild loszugehen. Weil Frauen nicht wie die Männer seit Urzeiten auf übermäßiges Selbstvertrauen programmiert wurden, neigen sie dazu, weniger zu handeln und seltener in ihr Portfolio einzugreifen. Frauen und Männer machten gleichermaßen häufig Fehler. Aber da die Männer stärkeres Selbstvertrauen an den Tag legten, handelten sie häufiger, ohne etwas Besonderes zu wissen. Diese zusätzlichen sinnlosen Handelsentscheidungen arbeiteten gegen sie im Vergleich mit der geringeren Anzahl an sinnlosen Handelsentscheidungen der Frauen.

Weniger Entscheidungen führen zu einer besseren Performance – sofern man nicht tatsächlich etwas weiß, das andere nicht wissen und das die Entscheidung rechtfertigt. Vielleicht ist das das Geheimnis der längeren Lebenserwartung – Frauen haben einfach mehr Geld, um davon zu leben! (Ich dachte immer, es läge daran, dass sie uns Männer für dumm und übertrieben selbstsicher halten würden und uns deshalb all die gefährlichen Sachen machen ließen; aber vielleicht stimmt das nicht.) Darüber sollte die Männerwelt mal nachdenken.

Gibt es auch für die Damen etwas zu lernen? Im Lauf der Geschichte waren praktisch alle berühmtesten und reichsten Investoren Männer. Die einzige große Ausnahme ist Hetty Green aus dem 19. Jahrhundert (vgl. dazu mein Buch *100 Minds That Made the Market* mit einer Biographie von Hetty Green). Frauen sind fast nie in die Ränge der erfolgreichsten Investoren aufgestiegen. Warum? Viele Frauen werden sagen, dass die historischen (oder gegenwärtigen) sozialen Vorurteile es nicht erlaubt hätten oder Frauen sogar davon abgehalten hätten, es zu versuchen. Doch dem GD ist es egal, wer Sie sind. Er ist ein Demütiger, der auf Gleichberechtigung achtet, und es macht ihm genau so viel Spaß, eine Frau zu demütigen wie einen Mann. Dass Hetty Green es vor 125 bereits getan hat, zeigt, dass es damals schon möglich war, und in den letzten 35 Jahren gab es viele Frauen in der Branche. Ich vermute, ohne das wirklich genau zu wissen, dass aus den folgenden Gründen historisch gesehen nur wenige Frauen unter den allerbesten Investoren waren: Frauen sind weniger übermäßig zuversichtlich als Männer (wie in der zitierten Studie gezeigt wurde) und im Durchschnitt bessere Investoren als Männer (ein Punkt, der bewiesen wurde, aber noch nicht allgemein akzeptiert ist). Doch es ist immer ein Fehler, ein einzelnes Vorkommen mit dem Durchschnitt zu verwechseln. Da Frauen weniger zuversichtlich sind als Männer, gibt es keine weibliche Entsprechung zu jenen wenigen, absolut selbstsicheren Männern am äußersten Ende der Glockenkurve, aus denen dann die wenigen hervorgehen, die sich an Spitze katapultieren. Diese wenigen Männer kommen einfach noch weiter.

Dennoch bedeutet weniger überzogenes Selbstvertrauen auch weniger ungerechtfertigte Handelsentscheidungen, und in dieser Hinsicht haben Frauen zweifellos einen Vorteil. Wenn öfter zu handeln darauf hinausläuft, öfter eine Wette abzuschließen, ohne ein exklusives Wissen zu besitzen, dann verschlechtert es die Performance. Also vergessen Sie getrost jeden Daytrading-Plan. Daytrading macht nicht den geringsten Sinn, sofern man sich nicht gerade für Gott hält oder ein ausgeprägter und hoffnungsloser Masochist ist. Um jeden Tag aufzustehen, muss ein Daytrader ein leidenschaftlicher Sammler von Stolz und Verdränger des Bedauerns sein, da er ständige Aktivität darauf baut, nichts zu wissen, was andere nicht wissen. Wir wissen inzwischen, wie schlecht das ausgeht. Daytrader geben immer gerne mit dem Gewinn an, den sie mit der einen oder anderen Aktie gemacht haben; fragt man sie aber nach ihren Gesamtgewinnen, werden sie merkwürdig einsilbig. Wissen sie es nicht? Oder ist es nur zu schmerzlich, es zuzugeben? Oder lügen sie schließlich? Das hängt vom Einzelfall ab. Daytrading bedarf einer Ordnungspräferenz in Kombination mit Verdrängung des Bedauerns und Selbstüberschätzung.

Jedes Mal, wenn Sie sich auf eine Handelsentscheidung vorbereiten, sollten Sie die anderen zwei Fragen verwenden, um sicher zu gehen, dass Sie nicht aufgrund falscher Mythen handeln und dass Ihre Entscheidung tatsächlich auf einem Vorteil gegenüber anderen Investoren besteht. Wenn Sie sich nicht sicher sind, dass der Grund für die Entscheidung richtig ist oder Sie sich im Besitz von besonderer – oder auf besondere Art verstandener – Information befinden, sind Sie übermäßig zuversichtlich. Manchmal ist es die beste und angemessene Handlungsweise, nichts zu tun. Handeln Sie nicht um des Handelns willen. Üben Sie sich in Demut.

Genie? Oder glücklich und vergesslich?

Sie werden vermutlich dem *Rückschaufehler* erliegen, wenn Sie eine Weile mit einer bestimmten Aktie, einem Sektor oder gar Ihrer Entscheidung bezüglich des Gesamtmarktes Glück gehabt haben. Die Betonung liegt auf Glück.

Ein wenig Stolz zu vermeiden und Bedauern anzusammeln hilft dabei, diese Fehleinschätzung zu bekämpfen. Wenn Sie mit einer Wette richtig liegen, sollte Ihre Reaktion nicht lauten: „Ich wusste, dass ich damit Recht haben würde." Besser sollten Sie sich sagen: „Ich weiß, ich hätte mich auch täuschen können, und zumindest ein Stück weit war es auch Glück. Inwiefern hatte ich Glück? Wo hätte ich mich täuschen können?" Jede Entscheidung, die Sie treffen, sollte mit der Annahme verbunden sein, dass Sie sich auch irren könnten. Wenn Sie so denken, werden Sie darauf achten, dass der Schaden im Fall einer falschen Annahme begrenzt bleibt.

Denken Sie darüber nach, sich ein Portfolio nur aus Energieaktien zusammenzustellen? (Wenn Sie eine Benchmark haben, würde das nie passieren, aber wir tun einfach mal so.) Vielleicht dachten Sie irgendwann im Jahr 2005 oder 2006 daran, nachdem Ihre Aktien von Exxon, ConocoPhillips und Chevron jahrelang gestiegen waren. Wie schlau Sie waren, diese Aktien gewählt zu haben! Sie wussten, dass die weltweite wirtschaftliche Erholung nach der Rezession, kombiniert mit Reformen auf dem Arbeitsmarkt und einem Boom in China und Indien, zu einer steigenden Ölnachfrage und somit teureren Ölaktien führen würde. Und Sie wussten auch, dass die Furcht vor höheren Gaspreisen, die der Energieindustrie schaden und Inflation verursachen könnten, übertrieben und zudem schon längst eingepreist war. Tatsächlich sind Sie sich ziemlich sicher, dass Sie etwa dies Ihrer Tennisgruppe irgendwann im Jahr 2003 erzählt haben. Die können sich zwar nicht erinnern – aber Sie schon.

Stop. Fragen Sie sich, ob das alles stimmt. Was wäre, wenn Ihr Erfolg nicht auf genauer Analyse des globalen Ölverbrauchs basierte, sondern bloßes Glück war? Würden Sie ein Glücksspiel dieser Größenordnung versuchen? Nur weil Sie einmal oder zweimal richtig lagen, heißt das nicht, dass das wieder der Fall ist. Viele Investoren hatten 1998 und 1999 stark in Technologieaktien investiert – manche mit 100 Prozent ihres Aktienvermögens. In einem Sektor extrem übergewichtet zu sein macht Sie vielleicht zu einem guten Glücksspieler, aber zu einem riskanten Vermögensmanager. Und mit Sicherheit macht es Sie nicht zu einem

Investmentgenie. Wenn Sie einer dieser Leute mit starker Übergewichtung in Technologieaktien waren, konnten Sie sich im Jahr 1999 vielleicht auf die Schulter klopfen, ebenso wie manche Energieinvestoren sich im Jahr 2006 auf die Schulter klopften. Aber wenn Sie sich damals mit der Technologie (oder heute mit der Energie oder mit dem nächsten ‚heißen' Sektor) geirrt hätten, hätten Sie Ihr letztes Hemd verloren (und Ihr Geld, Ihr Haus, Ihre Kunden und ... und ... und ...). Glück zu haben ist keine Grundlage dafür, sein Vermögen zu verwalten. Vorsichtig zu sein und öfters richtig als falsch zu liegen ist der Weg, um die Märkte zu schlagen. Wenn ich einen Anleger verkünden höre, was für ein scharfer Hund er bezüglich irgendeines Trends gewesen sei, fällt mir ein, dass scharfe Hunde auch Hunde sind. Hunde, die früher oder später vom GD gebissen werden.

Wenn Sie in die Versuchung kommen, damit anzugeben, dass Sie einfach *wussten*, das Altria ein Superstar sein würde, und dass Sie einfach *wussten*, dass Apple abrutschen würde – fragen Sie sich, ob Sie etwas über all die anderen Aktien *wussten*, die sich als Loser herausstellten. Sie *wussten* es nicht – sonst hätten Sie sie nicht gekauft. Vermeiden Sie den Stolz, sammeln Sie Bedauern, halten Sie Ihre Benchmark in Ehren, und vermeiden Sie Rückschaufehler.

Das Ganze versus die Summe seiner Teile

Bei *Ordnungspräferenz* sollten Sie daran denken, dass das einzige, was zählt, das Gesamtergebnis ist. Niemand interessiert sich dafür, ob Sie eine Aktie haben, die 800 Prozent gemacht hat, und Sie sollte es nicht interessieren, wenn Sie eine Aktie haben, die um 80 Prozent gesunken ist. Ihre einzelnen Aktien werden wild umhertaumeln und sich im Großen und Ganzen so entwickeln wie die meisten anderen Aktien ihrer jeweiligen Kategorie (z.B. Technologie, Gesundheit, Large-Caps, Substanzwerte, Japan). Sagen Sie sich einfach: „Ich habe eine Aktie, die 800 Prozent gestiegen ist. Na und? Ich schätze, ich habe irgendwie Glück gehabt. Ich frage mich nur, wie?" Schauen Sie sich die Gesamtentwicklung Ihres Portfolios an. Lernen Sie, die Gesamtperformance Ihres Portfolios zu kalkulieren, und ignorieren Sie (in den meisten Fällen), was die einzelnen Aktien machen (zum anderen Teil kommen wir später).

Ich sage nicht, dass Sie nicht darüber nachdenken sollen, wie sich jede Aktie relativ zu ihrer Kategorie verhält. Das sollten Sie durchaus, nur nicht krankhaft häufig. Einzelne Aktien zu häufig und zu intensiv zu beobachten führt zu ernsthafter Verlustangst und zu anderen Wahrnehmungsfehlern. Wenn Sie einzelne Aktien betrachten, sollte Sie nicht interessieren, ob sie gestiegen oder gefallen sind. Auch wie sie sich im Verhältnis zu Ihrem Portfolio verhalten haben ist unwichtig. Wenn Ihr Portfolio aufs Jahr gesehen mit 25 Prozent im Plus steht und einzelne Aktien sich schlechter entwickelt haben oder sogar gefallen sind, heißt das nicht, dass sie schlechte Aktien sind. Wenn eine Aktie sich entsprechend den anderen Aktien ihres Sektors entwickelt, leistet sie, was sie soll. Über eine leicht über- oder unterdurchschnittliche Performance für ein oder zwei Monate sollte man gar nicht erst nachdenken. Wenn eine Aktie sich dauerhaft schlechter oder besser als ihresgleichen verhält, dürfen Sie sich die Frage stellen, woran das liegen könnte.

Wenn Sie Aktien auswählen, die gute Vertreter der Kategorien in Ihrer Benchmark sind, gibt es überhaupt keinen Grund, von der Entwicklung einzelner Aktien besessen zu sein. Die einzige Grundlage für eine Wette, einschließlich der einer Aktie gegenüber ihrer Kategorie, ist die rational begründbare Annahme, dass man etwas Besonderes darüber weiß – immer verbunden mit dem Wissen, dass man sich auch irren könnte. Das schließt jede Art von Besessenheit oder Fixierung auf Einzelaktien aus. Wenn sich Ihr Gesamtportfolio gleich wie (wiederum, nicht über eine Woche, einen Monat oder ein Vierteljahr – denken Sie in längeren Zeiträumen) oder etwas besser als Ihre Benchmark entwickelt, ist alles in Ordnung.

Hasen oder Elefanten? Denken Sie immer in Größenverhältnissen!

Eine andere Möglichkeit, um eine ganze Herde von Wahrnehmungsfehlern auf einmal zu bekämpfen, ist relatives Denken. Jede Investmentfrage, jedes Finanzthema, jede Nachricht hat ihre Größenordnung. Erinnern Sie sich an das Irak-Beispiel aus Kapitel 1? Reporter lieben es, in ernstem Ton die jährlichen oder sogar die Gesamtkosten des Krieges zu verkünden. Sie wissen, wenn sie „Die Kosten des Irakkriegs belaufen sich bislang auf 320 Milliarden Dollar" sagen,[23] hört Ihr Steinzeitgehirn „Blah blah blah Kosten blah 320 Milliarden Trilliarden Zill-jarden" – so viel Geld, wie Sie gar nicht fassen können. Wenn Sie relativ darüber nachdenken, als jährlicher Prozentsatz unseres Nationaleinkommens (BIP), ist es, wirtschaftlich gesehen, weniger dramatisch. Das ist kein Argument für die Klugheit oder Dummheit eines Krieges; es ist eine Möglichkeit, eine Nachricht, mit der die Medien Ihnen Angst einjagen wollen, rational zu betrachten.

Unsere Steinzeitvorfahren wussten, dass ein Häschen klein und ein Elefant groß ist. Sie wussten, das der Elefant furchteinflößend und schwer zu töten ist und einen zertrampeln kann, und dass der kleine Hase süß und flauschig und leicht zu fangen und weich und lecker sein würde (und ganz bestimmt nicht furchteinflößend). Wenn Sie den Steinzeitler gefragt hätten, ob der H1 Alpha der Marke Hummer größer oder kleiner als ein Elefant ist, hätte er keine Basis für einen Vergleich gehabt. Reden wir über Höhe? Gewicht? Kubikzentimeter? Elefantenstärken? Auf mich zu oder von mir weg? Allerdings existierten Hummer damals natürlich noch nicht. (Ich glaube, Fred Feuerstein fuhr eher die Stein-Klasse.)

Moderne Menschen können lernen, immer die Größenordnung im Auge zu behalten und relativ zu denken. Allerdings tun Investoren das nur selten, wenn es um Anlageentscheidungen geht. Unfähigkeit zum Abschätzen der Größenordnung ist ein Wahrnehmungsfehler, den unser Steinzeitgehirn macht, wenn wir große Zahlen sehen. Große Zahlen erscheinen gefährlich wie ein gereizt heranstürmender Elefant. Doch ein Größenvergleich hilft uns, große Zahlen richtig zu sehen – Schulden, Defizit, BIP, Arbeitsplätze, Kriege, kranke Hühner in der Türkei, was auch immer. Üben Sie sich im Größenvergleich, wenn Sie die Nachrichten lesen. Sicher, die kecke Blonde auf Ihrem ABC-Kanal liefert die letzten Schreckensmeldungen über das Handelsbilanzdefizit von vielen, vielen

Milliarden (ach, Trilliarden! Zilliarden!), aber hilft sie Ihnen mit dieser Perspektive weiter? Sie können sich diese große Zahl als Prozentsatz des amerikanischen BIP, oder sogar des weltweiten BIP veranschaulichen. Meistens verlieren die Zahlen ihren Schrecken, wenn man sie relativ betrachtet (wir schauen uns das später noch genauer an).

Hier ergibt sich ein Muster. Viele Wahrnehmungsfehler können vermieden werden – sobald Sie mit Hilfe der dritten Frage erkennen, dass Ihr Gehirn auf Abwege geraten ist –, indem Sie Stolz vermeiden, Bedauern ansammeln, eine Benchmark benutzen, eine Strategie haben, relativ denken und sich auf Ihr langfristiges Ziel konzentrieren.

Die Fragen eins und zwei verschaffen Ihnen etwas, worauf Sie setzen können; einen Vorteil gegenüber Ihren Mitinvestoren. Aber ohne Frage drei sind Sie orientierungslos den mächtigen Suggestionen eines Gehirns unterworfen, dass Sie vor längst vergangenen Gefahren schützen will. In Kapitel 9 zeige ich auf, wie man die drei Fragen kombinieren und eine Strategie entwickeln kann, um sein Gehirn zu zügeln, wenn es besonders zum Ausbrechen neigt. Doch zuvor, in Kapitel 4, werden wir sehen, wie die drei Fragen gemeinsam zur Erfindung von Analysetechniken benutzt werden können, die ihrer Zeit voraus sind und die heute üblichen in den Schatten stellen. Danke fürs Weiterlesen.

Anmerkungen

1 Investment Company Institute, Archive of Trends Releases, "Net New Cash Flow in Stock Mutual Funds", www.ici.org/stats/mf/arctrends/index.html (am 29. Juni 2006).
2 Siehe Fußnote 1.
3 Thomson Financial Datastream, MSCI World Index Price Return.
4 Siehe Fußnote 3, MSCI World Index Net Return.
5 Siehe Fußnote 3, S&P 500 Ertrag vom 17. Juli bis 31. August 1998.
6 Siehe Fußnote 3, S&P 500 Ertrag.
7 Siehe Fußnote 3, S&P 500 Ertrag für das Kalenderjahr 1998.
8 Richard H. Taylor, Amos Tversky, Daniel Kahneman und Alan Schwarts: The Effects of Myopia and Loss Aversion on Risk Taking: an Experimental Test, Quarterly Journal of Economics (Mai 1997), S. 647- 661.
9 Gina K. Logue, Discovery Could Change Continent´s History, Middle Tennessee Record, V14.20 (24. April 2006), S. 8, 7.
10 Library of Congress, Bills/ Resolutions, Pension Security Act of 2002, AHR 3762.14, www.thomas.loc.gov/cgi-bin/query/z?c107:H.R.3762.
11 Siehe Fußnote 3, General Electric Total Return.
12 Siehe Fußnote 3.
13 Siehe Fußnote 3, MSCI World Index Nettoertrag 2005.
14 Siehe Fußnote 3, Altria Ertrag, 31. Dezember 1999 bis 31. Dezember 2005.
15 Global Financial Datastream, S&P 500 Gesamtertrag.
16 Standard & Poor´s Research Insight, S&P 500 constituent returns 1997.
17 Siehe Fußnote 16.
18 Thomson Financial Datastream: Technologie-Aktien, gemessen im Nasdaq 100 Index.
19 Thomson Financial Datastream: MSCI World Index.
20 Thomson Financial Datastream: Entwicklung des MSCI World Index.
21 Thomson Financial Datastream: MSCI World Index net return.
22 Brad M. Barber and Terrance Odean: Boys Will Be Boys. Gender, Overconfidence, and Common Stock Investment. Quarterly Journal of Economics 116, 1 (Februar 2001), S. 261-292.
23 Jonathan Weisman: Projected Iraq War Costs Soar. Washington Post (27. April 2006), S. A16. http://www.washingtonpost.com/wp-dyn/content/article/2006/04/26/AR2006042601601.html.

4.

Kapitalmarkttechnologie

Aufbau und praktischer Einsatz der Kapitalmarkttechnologie

Inzwischen wissen Sie, dass die drei Fragen zusammenwirken, und das hilft Ihnen herauszufinden, was Sie wissen können, das andere nicht wissen. Dieses Buch entkräftet zwar mittels der drei Fragen einige weitverbreitete Mythen und deckt überraschende Wahrheiten auf, aber bleiben Sie nicht bei den wenigen Beispielen stehen, die der begrenzte Raum dieser Seiten bietet. Es geht nicht darum, einige nützliche „Investitionsleckerbissen" anzusammeln, sondern die Fragen ständig zu benutzen, bei jeder Entscheidung. Halten Sie an und fragen Sie sich: „Warum kaufe oder verkaufe ich diese Aktien, diesen Sektor, Fonds usw.? Warum halte ich das für gut? Was weiß ich, das andere nicht wissen? Was glaube ich ist hier falsch? Was kann ich ergründen?" Einfach diese Fragen zu stellen, gibt Ihnen schon einen Vorsprung vor den meisten Investoren. Dann fragen Sie sich: „Spielt mein Gehirn verrückt?" Dies ist kein statischer Ratgeber. Er gibt Ihnen einen dynamischen Prozess und ein Werkzeug an die Hand, mit dem Sie Ihr ganzes Investorenleben lang der Masse der Investoren drei Schritte voraus sein werden.

Die Antworten zu den drei Fragen, entweder einzeln oder zusammen, vermitteln Ihnen eine neue Art und Weise, an Märkte heranzugehen, – eine, die auf eine Technologie hinausläuft, die Sie immer und immer wieder überprüfen und anwenden können. Der Sinn, die drei Fragen immer wieder zu stellen, ist es, dass Sie sich dadurch im Laufe der Zeit einen dynamischen Bestand an Kapitalmarkttechnologie aufbauen.

Verglichen mit dem, was wir in zehn, 20 oder 50 Jahren wissen werden, wissen wir heute nicht sehr viel davon, wie Kapitalmärkte funktionieren. Ein Weg, etwas zu wissen, das andere nicht wissen, besteht darin, heute die Kapitalmarkttechnologie der Zukunft aufzubauen. Wenn Sie jetzt etwas wissen, das andere in den nächsten fünf, zehn oder 20 Jahren noch nicht wissen, haben Sie lange einen Vorsprung. Kapitalmarkttechnologie hilft dabei, Teile der Investitionswelt zu erklären, die zuvor nicht verstanden worden sind, und gibt Ihnen – wie jede andere Technologie – ein verlässliches, gut verwendbares Werkzeug. Die Technologie, die Sie erschaffen, erlaubt es Ihnen, genauere Vorhersagen und Einsätze auf frei gehandelten Märkten, in Sektoren und Kategorien zu tätigen oder sogar einzelne Werte zu analysieren. Und überdies erlaubt die Technologie Ihnen, noch mehr einmaliges Wissen zu entdecken und zu schaffen.

Geschichte als Forschungslabor

Wenn Sie ans Investieren korrekt herangehen wollen (wie ein Wissenschaftler, nicht wie ein Schmied), müssen Sie Ihre Kapitalmärktetechnologie testen. Und es gibt kein besseres Laboratorium für die Prüfung einer neuen Technologie als die Geschichte. Viel zu viele unserer Investmentmythen – diejenigen, die die gut dokumentierten und akzeptierten Denkweisen ausmachen – basieren auf Ideologie, theoretischen Launen, politischer Neigung oder im schlechteren Fall kognitiver Befangenheit. Wenn sie an historischen Daten geprüft werden, zerfallen sie einfach – genau wie der Mythos über hohe KGV und die unangebrachte Angst um Haushaltsdefizite des Bundes. Zu beweisen, dass etwas wahr ist, erfordert mehr Rigorosität als zu beweisen, dass etwas nicht wahr ist. Um zu beweisen, dass etwas nicht wahr ist, müssen Sie nur konsequent unzureichende Korrelationen aufzeigen. Die Geschichte kann uns lehren, wann etwas vernünftigerweise nicht zu erwarten ist.

Wenn in der gesamten Geschichte der Faktor X nicht eng mit Y verbunden war, sondern mit einer Gruppe von anderen Dingen, haben Sie keine Grundlage für die Annahme, dass X plötzlich anfangen wird, Y zu verursachen. Durch stures Festhalten an einer populären kausalen Theorie, ohne dass man sie mit Beweisen stützen kann, graben sich Mythen fest in unsere Kultur ein. Aber das braucht eine lange Zeit, und je länger der Mythos lebt, desto weniger neigen die Leute dazu, seine Gültigkeit nachzuprüfen.

Positiv aber ist, dass Sie kein Bloomberg-Terminal besitzen müssen, um Zugang zu Daten zu haben. Gewaltige Mengen säuberlich organisierter Daten in unterschiedlicher Detailliertheit sind auf jeder beliebigen Anzahl von Websites frei verfügbar. Eine Auswahl von Websites, die nützlich sein könnten, finden Sie auf der folgenden Seite.

Wenn Sie nicht herausfinden können, wie die Daten herunterzuladen oder mit Hilfe von Excel zu analysieren sind, orientieren Sie sich an dem Beispiel in Kapitel 1 oder finden Sie einen Oberschüler, der es Ihnen zeigt. Ich nehme an, dass im Jahr 2007 die meisten Leser wenigstens im Allgemeinen mit dem Internet vertraut sind.

Davon abgesehen können die Daten in Ihrem Nachweis entweder quantitativ oder qualitativ sein. Der Mythos des hohen KGV wurde mit quantitativen Daten enttarnt. Sie haben gesehen, wie leicht es war, eine sehr weit verbreitete Theorie zu widerlegen – mit Hilfe von Standarddaten einfach durch simple Tests, die auf der richtigen Frage beruhten.

Aber was, wenn die Daten entweder schwer zugänglich oder messbar sind? Kann Ihre Kapitalmärktetechnologie ihrer Natur nach qualitativ sein? Sicher, solange Sie genügend Beispiele zum Analysieren haben und es wirtschaftlich einen Sinn ergibt. Ein großartiges Beispiel ist der Zyklus der Amtszeit des Präsidenten, den wir zuvor untersucht haben. Der Zyklus ist schwierig numerisch zu messen, aber bisher immer noch aussagekräftig. Im Hinblick auf Daten kann man alle Wahlzyklen zurück bis 1926 untersuchen. Das ist nicht gerade quantitativ, aber es zeigt sich ein klares Muster, dem Grundprinzipien zu Grunde liegen. Und natürlich ist ein wichtiger Grund, warum das funktioniert, dass die Grundprinzipien nicht gut verstanden sind, das Muster nicht akzeptiert ist und meistens lächerlich gemacht wird, wenn es artikuliert wird.

Institution	Webseiten	Daten
Bloomberg	www.bloomberg.com	Globale Börsennachrichten und Zitate, Rechner, andere Medien
Amt für Wirtschaftsanalysen	www.bea.gov	BIP, aktuelle Bilanzkonten, Import/Export
Amt für Arbeitsstatistik	www.bls.gov	Verbraucherpreisindex, Arbeitslosigkeit, Produktivität, Inflation
Zentren für Seuchenkontrolle und Prävention (CDC)	www.cdc.gov	Statistiken: Geburten, Tode, Gesundheitstrends und -statistiken, Demographie usw.
Handelsministerium	www.commerce.gov	Handelsbedingungen
Energieinformationsverwaltung	www.eia.doe.gov	Statistiken über Energiequellen, historische Daten
Forbes Magazine	www.forbes.com	Geschäfts- und Marktnachrichten, persönliche Finanzierungen
Internationaler Währungsfond	www.imf.org	Internationale wirtschaftliche und finanzielle Statistiken
LexisNexis	www.lexisnexis.com	Umfassende Suchmaschine für Nachrichten, öffentliche Protokolle, Informationsquellen
Morgan Stanley Capital International	www.mscibarra.com	MSCI-Indexe, Daten, Merkmale, Performance
Nationales Amt für Wirtschaftsforschung	www.nber.org	Wirtschaftszyklen (Bestimmung von Rezessionszeiten)
New Yorker Börse	www.nyse.com	New Yorker Börse
Organisation für Wirtschaftliche Zusammenarbeit und Entwicklung	www.oecd.org	Internationale Wirtschafts- und Handelsstatistiken
Real Clear Politics	www.realclearpolitics.com	Wesentliche politische Nachrichten, Schlagzeilen, blogs, Umfragen usw.
Russell Index Service	www.russell.com	Russell Indexdaten, Charakteristika, Schätzungen
Standard & Poor's Index Service	www.standardandpoors.com	S&P-Indizes, Daten, Charakteristika, Bestandteile
The Economist	www.economist.com	Weltfinanz- und Wirtschaftsnachrichten, aktuelle Wochenzeitung
The Financial Times (UK)	www.ft.com	Internationale Börse, Unternehmen und Weltnachrichten
Thomas/U.S. Kongressbibliothek	www.loc.gov	Informationen über Gesetzgebung
U.S. Volkszählungsamt	www.census.gov	Statistiken nach Region
U.S. Kongress	www.house.gov	Websites der Mitglieder des Repräsentantenhauses, Vorlagen, Gesetze, namentliche Abstimmungen
U.S. Verteidigungsministerium	www.defenselink.mil	Offizielle Nachrichten, Berichte
U.S. Notenbank	www.federalreserve.gov	Bankbilanzbögen, Kreditstatistiken, Geldvorräte, Geldströme
U.S. Regierung Offizielles Webportal	www.firstgov.gov	Links zu allen Regierungszweigen, -abteilungen und -bereichen
U.S. Repräsentantenhaus Büro des Kanzlers	clerk.house.gov/	Details der Legislative, Geschichte, Wahlstatistiken
U.S. Amt für Management und Etat	www.whitehouse.gov/omb	U.S. Staatshaushalt
U.S. Finanzministerium	www.ustreas.gov	Steuern, Zinssätze, Sozialversicherung, Krankenversicherung
Wall Street Journal (US)	www.wsj.com	Internationale Aktienmärkte, Unternehmen und Weltnachrichten
Wilshire Index Service	www.wilshire.com	Wilshire Aktienindexe, Valuierungen
Weltgesundheitsorganisation (WHO)	www.who.int	Globale Statistiken über Gesundheit & Krankheitslasten, Mortalität, Nachrichten, Warnungen

Aber Ihr Nachweis muss grundsätzlich wirtschaftlich einen Sinn ergeben. Wenn Sie ein zuverlässiges Muster finden, aber keine gute kausale Erklärung dafür haben, setzen Sie nicht darauf. Wussten Sie, dass seit 1926 jedes Jahr mit einer Fünf am Ende positiv war?[1] Jedes Jahr. Sie könnten es für gerechtfertigt halten, Ihren Hof (oder was Sie einzusetzen haben) auf das nächste Jahr mit einer Fünf zu setzen. Tun Sie es nicht! Das ist simple Numerologie! Es gibt keinen bekannten wirtschaftlichen Grund, warum jedes zehnte Jahr immer positiv sein sollte. Was das anbelangt, wurden in Jahren, die mit einer Fünf enden, seit 1955 mehr schwere Orkane im Hinterland gezählt, wie durch die Anzahl der Orkannamen bezeugt wird.[2] Was besagt das? Ich hege Zweifel, dass sich die National Oceanic and Atmospheric Administration bei ihren Vorhersagen in irgendeiner Weise auf die „Jahr fünf"-Theorie verlässt. Und ganz sicher können Sie nicht argumentieren, dass das Auftreten schwerer Orkane in Jahren mit einer Fünf am Ende zu guten Börsen führt. Wir haben hier eine statistische Anomalie – eine Laune der Natur. Der glückliche Typ, bei dem die Münze 50 Mal hintereinander Kopf zeigt. So etwas passiert; seien Sie deshalb vorsichtig. Aber noch einmal: Eine Korrelation ohne Kausalität ist keine Grundlage für eine Wette.

Andererseits können Sie vielleicht einen soliden wirtschaftlichen Grund dafür aufdecken, warum jedes fünfte Jahr positiv ist, und dies kann Ihre persönliche Kapitalmarkttechnologie sein. Gut für Sie. Dann haben Sie eine Frage zwei beantwortet und können sich vorstellen, was ansonsten für den Rest von uns unvorstellbar ist. Einverstanden: Wenn Sie das schaffen, haben Sie die Grundlage für eine Wette.

Sobald Sie einen neuen Teil der Kapitalmarkttechnologie geprüft und mit gutem Nutzen eingesetzt haben, werden Sie nicht allzu optimistisch und nehmen Sie nicht an, dass Sie jedes Mal mit dem gleichen Einsatz einen sicheren Treffer landen. Nichts ist perfekt oder funktioniert immer. Nehmen Sie an, dass X in 70 Prozent aller Fälle zu Y führt. Das ist ganz gut. Es ist wert, darauf zu wetten. Jedes Mal. Und doch führt in 30 Prozent der Fälle etwas anderes zu Y. Während man also darauf wetten kann, dass X zu Y führt, werden Sie auch immer in 30 Prozent der Fälle falsch liegen. Keine einzige Sache ist perfekt.

Gut, solange es läuft

Das Kurs-Umsatz-Verhältnis (KUV; auch K/U), ist ein gutes Beispiel innovativer Kapitalmarkttechnologie, für das ich die Pionierarbeit geleistet habe und die zu ihrer Zeit einflussreich war, jetzt aber nicht mehr ist. Ich hatte ein Verfahren entdeckt, das noch niemand benutzt hatte, um zu ermitteln, ob Aktien über- oder unterbewertet waren, und habe 1984 darüber ein Buch mit dem Titel *Super Stocks* geschrieben. Während Ben Graham beiläufig erwähnte, dass die Beziehung zwischen Kurs und Umsatz möglicherweise interessant sein könnte, war ich der erste, der überhaupt eine Arbeit darüber veröffentlicht hat. Darauf bin ich sehr stolz – genau wie auf mein Referat über Guatemala in der dritten Grundschulklasse. Aber ansonsten sind beide heute nicht weiter erwähnenswert. Nur Erinnerungen. Aber wenn Sie vor 25 Jahren einfach den Markt nach

Aktien mit niedrigem KUV absuchen konnten – was nicht leicht war –, dann konnten Sie den Markt übertreffen. Nach meinem Buch und der Diskussion, der es ausgesetzt war, wurde das KUV überall verwendet und sogar hin und wieder Teil des Pflichtlehrplans für die Buchhalterprüfung. Die meisten analytischen Websites schließen heute das KUV ein. Aber als Kapitalmarkttechnologie und Vorhersageinstrument ist das KUV zum größten Teil in die Preise des Marktes eingegangen, und der Rest ist Geschichte. Sogar eine großartige Entdeckung veraltet mit Popularität und Zeit.

Uneingeweihten sei gesagt, dass Sie das KUV nicht mehr selbst berechnen müssen. Sie können es auf gewöhnlichen Websites finden, wie z.B. www.morningstar.com, wo Sie auch das KGV der Aktie, ihre Marktkapitalisierung und den Ertrag pro Aktie finden. Das KUV teilt Ihnen, falls es Ihnen das Wort nicht schon verraten hat, das Verhältnis des Aktienkurses zum Umsatz pro Aktie mit. Es ist genau dasselbe wie ein KGV, außer dass es von den Jahreseinnahmen oder Umsätzen ausgeht, während das KGV Gewinne zu Grunde legt. Eine Aktie, deren Kurs bei 25 Dollar liegt und auch einen Umsatz von 25 Dollar bringt, hat ein KUV von Eins. Ganz klar. Das klingt jetzt vielleicht nicht revolutionär – als ob man sich die Zeit vorstellt, bevor jemand sagte: „He, was würde passieren, wenn wir den Preis einer Aktie durch seinen Umsatz teilten?" Aber als ich anfing, darüber zu schreiben, hatte das noch niemand gemacht. Jetzt wird es durchgängig verwendet; deshalb ist es weniger nützlich. Ich erwähne dies nur, um zu zeigen, dass Sie sich nicht an Entdeckungen festhalten können. Wenn sie populär werden, verlieren sie ihre Macht. Es ist immer schon Zeit, an der nächsten Entdeckung zu arbeiten.

Für dieses Buch ist es nicht erforderlich, das KUV oder mein erstes Buch, *Super Stocks*, gründlich zu überarbeiten, das sich zum größten Teil damit beschäftigte. Schließlich ist das Buch fast ein Vierteljahrhundert alt. Aber auf ein paar Punkte sollte ich hinweisen. Zuerst zu dem Buch! Alte Investmentbücher zu lesen ist nützlich und ein großartiger Weg, die Hintergründe dessen zu erfahren, was sich im Hinblick auf die Kapitalmarkttechnologie entwickelt hat – wann, wie, und durch wen. Ob meine alten Bücher oder die von anderen; wenn Sie sie haben wollen, müssen Sie sie nicht neu kaufen. Oft sind sie schwer zu finden oder vergriffen, aber Sie können immer billig ein gebrauchtes Exemplar bekommen. Als Faustregel für jene von Ihnen, die gern Bücher kaufen, sie aber lieber gebraucht, preisgünstig und ins Haus geliefert bekommen, statt in einen Laden gehen zu müssen – die beste Suchmaschine für antiquarische Bücher in den letzten Jahren war www.ABEbooks.com, der Nachfolger des ehemaligen American Book Exchange. Probieren Sie es aus. Die Seite umfasst die ganze Welt der Online-Antiquariate und ermöglicht Ihnen, nach Autor, Titel, Preis und mehr zu suchen. Sie deckt weit mehr Buchhändler ab als irgendeine andere einzelne Quelle. Und Sie gibt Ihnen eine breite Auswahlmöglichkeit. Während ich dies schreibe, können Sie gebrauchte Exemplare von *Super Stocks* finden, die von 4,80 Dollar bis hinauf zu über 200 Dollar reichen. Am teuren Ende der Skala war das Buch über 200 Dollar nicht meinetwegen wertvoll, sondern wegen demjenigen, der es einmal besessen hat, und seinem Autogramm. Und vielleicht sammeln Sie Autogramme. Aber ganz allgemein ist mein erster Anlaufpunkt, wenn ich ein altes Buch suche, ABEbooks.com. Falls Sie es noch nicht ausprobiert haben, werden Sie beeindruckt sein.

Erträge finden, wo keine waren

Wie dem auch sei: Wer mit Aktien verdienen will, weiß, dass man eine Aktie kaufen sollte, bevor sie „begehrt" wird. Notwendigerweise ist die Kehrseite der Medaille, dass Sie die Aktie kaufen, wenn sie *nicht* begehrt ist. Der Trick besteht darin zu wissen, welche Aktien demnächst begehrt sein werden, die gegenwärtig noch zäh laufen. Wie können Sie das wissen? Genau so habe ich begonnen, mich für KUV zu interessieren. Meine frühen Ausarbeitungen des KUV führten direkt zu Überlegungen über die Entwicklung einer Kapitalmarkttechnologie.

Investoren haben lange das KGV benutzt, wenn sie billige Aktien gesucht haben. Seit hundert Jahren – und länger! Aber einige aufstrebende Firmen weisen in ihren Berichten vielleicht noch keine Gewinne aus. Sogar etablierte Firmen sind vielleicht während zyklischer Abwärtsspiralen und in Zeiten einzelner Unternehmenskrisen unrentabel, und das können interessante Zeiten sein, über eine Aktie nachzudenken – wenn sie nicht begehrt ist. In solchen Situationen können Sie kein KGV errechnen, weil Sie nichts durch Null teilen können. Manchmal hat eine Gesellschaft ein KGV von 1 000, weil ihre Gewinne fast vollkommen verschwunden sind. Manchmal hat eine Gesellschaft wegen vorübergehend hoher Verdienstspannen, die nicht aufrechterhalten werden können, ein KGV von fünf.

Aber auch wenn eine Firma kein Einkommen hat, hat sie immer noch Umsätze (wenigstens sollte sie das oder sie ist in großen Schwierigkeiten). Hier kam für mich vor Jahrzehnten Frage zwei ins Spiel – was konnte ich mir vorstellen, das andere sich nicht vorstellen konnten? Es erschien sinnvoll anzunehmen, dass jede Aktie, deren Kurs im Verhältnis zu den Umsätzen der letzten zwölf Monate gering war, im Wert steigen würde – vorausgesetzt, dass das künftige Einkommen groß genug werden könnte, um das aktuelle KUV dazu zu bringen, sich in ein niedriges künftiges KGV (oder in anderen Worten hohe künftige Einkommenserträge) umzuwandeln. Was Leute heute nicht mögen, würden sie morgen haben wollen. Wie hart ist das? Die Leute würden schließlich entdecken, dass diese unterbewerteten Aktien super Einnahmen verbuchten, dicke künftige Gewinnspannen versprachen und billig waren, und sie würden ankommen und den Preis hochtreiben. Wenn Sie also rational sind, werden Sie eine Aktie dann kaufen, wenn ihr Preis im Verhältnis zu den Verkäufen der Gesellschaft niedrig ist und doch gemessen am KGV nicht billig erscheint. Niedrig im Verhältnis zum Markt, aber wichtiger, niedrig in ihrer Kategorie und niedrig im Verhältnis zu ihrem künftigen Einkommen. Als ich *Super Stocks* schrieb, definierte ich Aktien mit niedrigem KUV allgemein als solche, bei denen der gesamte Marktwert der Gesellschaft weniger als 75 Prozent ihrer gesamten jährlichen Einnahmen ausmacht. Aktien mit hohem KUV definierte ich als solche, bei denen der Marktwert der Gesellschaft mehr als das Dreifache ihrer jährlichen Einnahmen betrug.

Es gab die Theorie, aber das war auch schon alles. Damals gab es nicht wie heute Quellen, die das KUV angeben. Es gab keine Datenbanken. Bloomberg.com und Morningstar.com existierten nicht, die mir jetzt, ebenso wie viele andere Quellen, das KUV für jede Aktie säuberlich berechnen. Ich habe Daten aus öffentlich verfügbaren Informationen extrapoliert und meine eigenen Daten erstellt, um zu meinem Quotienten zu kommen. Damals konnte man tatsächlich Geld damit machen, Daten zusammenzustellen, weil Daten immer noch knapp und teuer waren. Heute sind Daten im Wesentlichen frei verfügbar. Wenn Sie jünger sind, haben Sie vielleicht Schwierigkeiten sich vorzustellen, wie schwer es war, Daten zu bekommen. 1981 habe ich Goldman Sachs 20 000 Dollar für ein einfaches, einmaliges Screening der New Yorker Börse (NYSE) auf der Basis aktueller KUV bezahlt. So teuer war etwas, das jetzt jeder umsonst haben kann. Historische Daten mussten von Hand zusammengestellt werden, was untragbar war, wenn Sie nicht genau wussten, was Sie wollten.

Als ich historische KUV anhand späterer Börsenerträge nachprüfte, hielt meine Theorie stand. Ich stellte Daten mehreren Aktien-Universen gegenüber, angefangen von einem Tech-Universum aus den 70er Jahren, das von der ehemaligen Investmentbankenfirma Hambrecht & Quist zusammengestellt wird, bis zu allgemeinen Aktien aus den 30ern auf der Grundlage von Moody's Daten, die ich von Hand suchte. Aktien mit niedrigerem KUV liefen bei weitem besser als die mit höherem Verhältnis. Dies galt nicht jedes einzelne Mal bei jeder einzelnen Aktie, aber häufig genug, um mir einen zuverlässigen Indikator für Vorhersagen und eine gute Grundlage für eine Marktwette zu liefern. Mit anderen Worten: Aktien mit niedrigem KUV waren überlegene Aktien, die schließlich zu meinem Buchtitel führten.

Bevor ich *Super Stocks* schrieb, benutzte ich diese raffinierte neue Technologie mit reichlich Erfolg. Im Effekt hat die Verwendung von KUV meine Karriere auf vielerlei Weise vorangetrieben. Sie fragen sich vielleicht wiederum, warum ich für etwas in einer Massenpublikation werbe, das mir einen entscheidenden Wettbewerbsvorteil gibt. Sie glauben vielleicht, dass ich das, was ich über das KUV wusste, für mich hätte behalten sollen, um meinen Vorteil zu bewahren. Nein! Falsche Denkweise.

Jeder Vorteil, den Sie haben, ist mit hoher Wahrscheinlichkeit nur vorübergehend. Hinter Ihnen kommt jemand anders, der das sucht, was Sie gerade gefunden haben. Ich wusste, dass ich etwas Ordentliches entdeckt hatte, aber ich hatte nichts Magisches oder unerreichbar mathematisch Kompliziertes oder beides gemacht. Ich hatte nichts getan, was nicht jeder andere auch hätte tun können. Alles, was ich getan hatte, war, mit neuem Blick verfügbare Daten (Daten, die schwer zu bekommen waren, aber nichtsdestoweniger verfügbare Daten) zu betrachten, ein paar Nachprüfungen zu betreiben und sie ein wenig mit Grundlagentheorie zu verbinden. Früher oder später würden andere Leute mit Sicherheit das, was ich sah, auch sehen. Eher früher! Deshalb fuhr ich fort, die Idee zu verbreiten, um zu sehen, ob jemand anbiss. Eine Weile tat es niemand.

Nachdem ich das Buch veröffentlicht hatte, bissen die Leute an, aber es brauchte eine lange Zeit. Ungefähr zehn Jahre lang hatte ich das KUV ziemlich für mich allein. Zum Beispiel schrieb James O'Shaughnessy 1997 den Bestseller mit dem Titel *What Works on Wall Street?*[3], in dem er alle gebräuchlichen Quotienten daraufhin analysiert, welchem ein höherer Gewinn nachfolgt. Er etikettierte das KUV als den „König der Wertindikatoren" und behauptete, dass seine Analyse zeige, dass KUV höhere Gewinne nach sich ziehen als irgendein anderer einzelner Quotient. Jims handgeschriebene Inschrift in dem Exemplar, das er mir gab, lautet: „Junge, auf was für einen guten Quotienten bist Du gekommen! Denk mal, wie schrecklich es uns armen Geldmanagern gehen würde, wenn S&P ihrem Index nicht die Marktkapitalisierung, sondern Aktien mit niedrigem KUV zugrunde gelegt hätte." O'Shaughnesseys Buch beförderte das KUV weiter zu Prominenz, und bald verlor es den Großteil seiner Macht. Es wurde eingepreist.

War ich ärgerlich darüber, dass meine Innovation weithin benutzt wurde und deshalb gründlich eingepreist wurde? Überhaupt nicht! Ich war begeistert. Erstens: Wenn sie wirklich gut war, war sie unausweichlich, und so ereignete sie sich wenigstens nach meinen Bedingungen, und ich war auf sie vorbereitet. Es war unmöglich, dass die Dot-com-Ära mit all ihren freien Daten kommen würde, ohne dass jemand über das KUV stolpert und es bekanntmacht. Durch diese Technologie lief es für mich gut, und ich konnte erkennen, wann es Zeit war weiterzugehen. Bis dahin war ich schon weg und bei anderen neuen Dingen, von denen ich nie geträumt hatte, als ich das KUV entwickelte. Ich war in den 70er und frühen 80er Jahren nicht so überoptimistisch (ein kognitiver Fehler) anzunehmen, dass ich alles für alle Investoren aller Zeiten erdacht hatte. Wenn das KUV in den frühen 80ern klug war in einer Welt von CP/M-basierten PCs mit 5-1/4-Zoll-Disketten und ohne Festplatten, dann waren die Typen, die den Commodore 64 schufen, auch ziemlich klug. Die nachfolgende Elektronikwelle der 80er und 90er sollte die Welt teurer Daten vernichten. Sie sollte das KUV für jedermann leicht erkenntlich machen. Märkte entwickeln sich, und wir müssen es auch.

Wenn das KUV nicht mehr wirklich funktioniert, warum verschwende ich dann Tinte, um Ihnen davon zu erzählen? Erstens, weil einige Leute immer noch davon überzeugt sind, dass diese antiquierte Technologie immer noch so funktioniert wie früher. Ein Herr namens Jack Hough wunderte sich 2006 in einem Artikel des *Wall Street Journal*[4] über seine Fähigkeit, mit Hilfe des KUV Gewinne vorherzusagen. Jeder dieser Quotienten, einmal zu Bekanntheit gelangt, funktioniert manchmal und manchmal nicht – gerade genug, um für die Leute interessant zu bleiben –, und das gilt genauso für das KGV, den Dividendenertrag, das Kurs-Buchwert-Verhältnis und so weiter. Sie können sogar die unsinnigsten Quotienten nehmen und Zeiten finden, wenn sie übermäßige Gewinne zu erzeugen scheinen. Die Firmen mit dem höchsten Bargeld pro Aktie werden Ihnen manchmal marktübertreffende Aktien geben. Manchmal werden die Firmen mit dem niedrigsten Bargeld pro Aktie den Markt übertreffen. Aber beides hat nichts mit der Fähigkeit zu tun, den Markt auf lange Sicht zu übertreffen.

Im Verlauf der vergangenen etwa 15 Jahre sind Aktienwerte mit niedrigem KUV etwas weniger volatil gewesen als sowohl Aktienwerte mit niedrigem KGV als auch der Markt insgesamt und haben heute keine langfristigen, risikoangepassten Mehrgewinne. Sie haben ihren Preis erhalten. Wenn aber Substanzwerte mehr als Wachstumswerte gestiegen sind, haben Aktien mit niedrigem KUV im Allgemeinen sowohl den Markt als auch die Substanzwerte geschlagen und waren volatiler als der Markt insgesamt. Wenn Wachstumswerte Substanzwerte geschlagen haben, sind Aktien mit niedrigem KUV hinter dem Markt und den Substanzwerten hinterhergehinkt.

Machen Sie jetzt eine Minute Pause. Was habe ich Ihnen jetzt gerade erzählt? Was können Sie genau jetzt mit diesem Wissen anfangen, der Denkweise, die Sie in den Kapiteln 1 bis 3 gelernt haben? Wie können Sie das, was ich Ihnen mitgeteilt habe, nutzen, um hier und jetzt vernünftige, praktikable Wetten zu tätigen – wenigstens bis diese Einsätze allgemein bekannt und populär sind? Nehmen wir eine Frage zwei. Was können Sie sich vorstellen, das sonst niemand sich darüber vorstellen kann? In Kapitel 2 haben wir gelernt zu erkennen, wann Wachstumswerte Substanzwerte schlagen und umgekehrt. Gerade habe ich Ihnen erklärt, dass, wenn Substanzwerte den Markt führen, KUV im Verhältnis zu Substanzwerten noch etwas Energie übrig haben, aber nicht, wenn Wachstumsaktien führen. Ich habe Ihnen also gesagt, wann Sie einen zeitweisen Mehrgewinn erwarten können und wann nicht, wenn Sie KUV als Suchgerät benutzen. Ihr Ziel ist herauszufinden, wann Substanzwerte den Markt führen, und dann Aktien mit niedrigem KUV in Ihr Portfolio einzufügen – aber nicht, wenn Wachstumswerte marktführend sind. Wenn Wachstum den Markt führt, wollen Sie Aktien mit hohem KUV haben. Heutzutage ist das KUV kein Einheitsinstrument für alle Jahreszeiten, sondern ein Werkzeug, das man zeitweise und eingebettet in andere erfolgreiche Kapitalmarkttechnologien verwendet. Finden Sie heraus, wann Substanzwerte besser laufen als Wachstumswerte, fügen Sie dann Aktien mit niedrigem KUV in Ihr Portfolio ein, und Sie werden ein Instrument haben, das Ihnen hilft, den Markt zu übertreffen. In solchen Zeiten bringen Aktien mit niedrigem KUV nicht nur zeitweise marktübertreffende Mehrgewinne, sondern haben auch, weil sie „kuscheliger“ als Aktien mit niedrigem KGV und anderen Wertmaßen sind, die Fähigkeit, zeitweise andere Instrumente zu schlagen, die auf Substanzwerten beruhen. Natürlich müssen Sie die gleiche Technologie aus Kapitel 2 benutzen, um zu erkennen, wann Sie Ihren Kurs umkehren müssen und Aktien mit niedrigem KUV nicht mehr in Ihrem Portfolio führen dürfen. Dann wollen Sie Aktien mit höherem KUV.

Die Börse ist kein Stahlhammer – aber sie kann Sie schwer treffen

Betrachten Sie das kurz aus anderem Blickwinkel. Irgendeine Gruppe von Aktien übertrifft den Markt fünf Jahre lang. Die Mehrzahl der Investoren springt auf und tut all die Dinge, die all die Jahre so erfolgreich waren. Aber in den nächsten circa fünf Jahren funktionieren sie nicht mehr, und das führt die Investoren dazu zu denken, dass sie niemals mehr funktionieren werden. Aber gerade weil die Investoren glauben, dass sie nie mehr funktionieren werden, ist es sehr gut möglich, dass sie wieder funktionieren werden. Sie werden nicht mehr abgetan, weil sie schon Eingang in die Preise gefunden haben, sondern einfach aufgrund eines kognitiven Fehlers ignoriert. Dies ist das, was niedrigem KUV, niedrigem KGV, Dividendenertrag und anderem passiert. Sie durchlaufen lange Perioden, in denen sie nicht funktioniert haben, und werden deshalb eine weitere lange

Periode ignoriert. Dann, wenn Substanzwerte in der Gunst wieder steigen, können und werden sie vorübergehend wieder funktionieren. Traditionelle Handwerker hassen diese Art von sehr wirklichen Marktphänomenen, weil sie wollen, dass ihre Werkzeuge immer auf dieselbe Art und Weise funktionieren.

Dies illustriert weiter die Wichtigkeit fortgesetzten Prüfens und andauernder Innovation. Ich habe meine KUV-Technologie vor dem Einsatz immer wieder geprüft, damit ich mich nicht treuherzig auf sie verlassen würde, wenn sie eingepreist und unbrauchbar ist. Ich habe sie vor langer Zeit als Hauptwerkzeug aufgegeben und inzwischen viele andere Kapitalmarkttechnologien entwickelt, weil es darum geht, die nächste neue Sache zu entwickeln. Aber sie ist noch immer ein sekundäres Instrument, das von Zeit zu Zeit benutzt werden kann.

Sicher können Sie ein paar Mal die drei Fragen benutzen und auf ein, zwei Dinge stoßen, die andere nicht wissen. Aber wenn Sie die drei Fragen nicht zu einem Teil Ihrer Denkweise machen, werden Sie schließlich jeden Vorteil verlieren, auf den Sie vielleicht gestoßen wären. Es gibt einen Ausdruck für Investoren, die einen Trick entdecken und dann nie wieder etwas Neues finden: das „one trick pony". Die Geschichte des Investments ist voll von ihnen. Buchhandlungsregale und MSNBC sind überladen mit one trick ponies, die aus ihren 15 Minuten eine genauso unerklärliche wie lebenslange Reihe veralteter und intellektueller Ratschläge gemacht haben.

Lassen Sie uns noch einmal auf Warren Buffett zurückkommen. Er denkt nicht oder hat nie so gedacht wie ich, und ich vermute, er würde sagen, dass viel von dem, was ich sage, albern ist. Nochmal: Was andere Leute über mich denken, kümmert mich nicht. Aber aus vielen offensichtlichen Gründen habe ich lange über ihn nachgedacht. Unter anderem schrieb ich die Einführung zur zweiten Ausgabe von *The Warren Buffett Way* von Robert Hagstrom (bei John Wiley 2005 veröffentlicht) – die meistgekaufte Biographie des Mannes. Eine herausragende Qualität von Buffett ist seine Fähigkeit, sich zu verändern. Wenn Sie seine Materialien aus den 60er Jahren lesen, sagt er ganz andere Dinge als in den 70er und frühen 80er Jahren. Zu Anfang kaufte er spottbillige Aktien nach einfachen statistischen Standards und typische kleinere Aktien, die heute als Small-Cap-Substanzwerte bezeichnet würden (obwohl dieser Begriff bis in die späten 80er Jahre nicht existierte). Später kaufte er das, was er „Franchises" nannte. Dann begann er sich in große Firmen einzukaufen und diese langfristig zu halten – das, was man heute mit Big-Cap-Wachstumswerten meint; diesen Wandel schrieb man dem Einfluss meines Vaters zusammen mit Charlie Munger zu. Als Buffett Coca-Cola und Gillette kaufte, konnte man diese Aktivitäten nicht mit den Dingen vereinbaren, die er zwei Jahrzehnte früher besessen hatte. Erstaunlicherweise kaufte er dann vor sieben Jahren genau zum richtigen Zeitpunkt wieder kleinere, spottbillige Werte, als zu Beginn des 21. Jahrhunderts Substanzwerte wieder ins Spiel kamen. Ich habe weitere Kommentare über Buffett überall in diesem Buch, aber ich möchte, dass Sie erkennen, dass, während er nie den Kern von dem, was er machte oder suchte, aus den Augen verlor, er sich über die Jahrzehnte ständig taktisch verwandelt hat. Der Versuch, seine Taktik aus einem Jahrzehnt einzufrieren und in den folgenden zu wiederholen, hätte Sie nie zu seinen tatsächlichen Handlungen geführt. Daran ist nichts falsch. Es ist so, wie es sein sollte. Dass er keine Kapitalmarkttechnologie entwickelt, ist nur seine Art, weil er – glaube ich – hauptsächlich intuitiv und in dieser Hinsicht sehr selten ist. Aber ob man neue Kapitalmarkttechnologie entwickelt oder instinktiv ist wie Buffett: Sich umgestalten, anpassen und verändern sind grundlegend für den Erfolg. Stagnation ist langfristig ein Misserfolg. Weil ich nicht weiß, wie man instinktiv ist, verlasse ich mich auf die drei Fragen und das Entwickeln von Kapitalmarkttechnologie.

Vorhersagen mit Genauigkeit, nicht wie ein Profi

Gelegentlich wird eine Kapitalmarkttechnologie schon zu Anfang ihrer Anwendungsphase in den Markt eingepreist, erweist sich anderswo aber noch als nützlich. Nur weil die Massen eine neue Technologie aufgreifen, bedeutet das nicht, dass sie sie auf die richtige Weise oder an den möglichen Stellen benutzen – vielleicht kann sie auch mit etwas anderem kombiniert werden, das sie nicht beachtet haben. Als ein Beispiel dafür nenne ich die gefühlsbasierte Glockenkurvenprognose, die ich erschaffen und einige Jahre lang verwendet habe. Ähnlich wie das KUV ist diese Technologie, die ich zuerst in den 90er Jahren eingeführt habe, heute in einigen Anwendungen an einigen Stellen zum größten Teil eingepreist. Aber in anderen Anwendungen und an anderen Stellen funktioniert sie noch (wir kommen dazu in Kürze).

Wie bin ich nun auf die „gefühlsbasierte Glockenkurvenprognose“ gekommen? Wir alle wissen: Wenn alle übereinstimmen, dass der Markt in Bewegung kommt, kann er es nicht. Aber betrachten wir für einen weiteren Moment, warum, um dann auf einem Umweg zu einer wertvollen Technologie zu gelangen. Erinnern Sie sich an unsere Analogie vom Vorwort, für eine Umfrage eine repräsentative Stichprobe von Investoren zu erstellen? Sie wissen, dass die Umfragetechnologie – mit einer voraussagbaren Fehlerspanne – ausreicht, weil sie den Ausgang der Wahl eines Präsidenten, Gouverneurs oder Senators voraussagen kann. Sie hören aus Umfragen, dass sie solche Dinge prognostizieren wie „Joe schlägt Blow 52 zu 48 mit einer Fehlerspanne von fünf Prozent“, und Sie können nicht genau sagen, wer gewinnen wird. Aber ein anderes Mal hören Sie, dass Jane Joe 60 Prozent zu 40 Prozent schlägt mit einer Fehlerspanne von fünf Prozent, und Sie wissen, wer gewinnt. Die Technologie ist ausgereift. Die Meinungsforscher beginnen, indem sie eine repräsentative Stichprobe der tatsächlichen Wählerschaft erstellen. Wenn die Stichprobe nicht korrekt erstellt ist, funktionieren die Umfragen nicht; aber wenn die Stichprobe repräsentativ ist, muss sie nicht riesig sein. Sie können eine Wahl in einem großen Bundesstaat mit einer Stichprobe von nur 500 Leuten vorhersagen, wenn diese richtig ausgewählt wurden.

Wir haben also unsere imaginäre Stichprobe von Investoren (Substanz-Vampire, Wachstums-Groupies und all die anderen) genommen und sie darüber befragt, was nach ihrer Ansicht der Markt im nächsten Monat machen wird, sagen wir im März. Und sie kamen mit überwältigender Mehrheit zu dem

Schluss, dass der Markt im März in die Höhe schnellen wird. Daher wussten wir, dass er genau das nicht können würde. Denn wenn sie überwältigend in ihrer Ansicht übereinstimmten, es ginge weit nach oben, und wenn sie ein Abbild aller Investoren als einer Gruppe waren, dann würden sie alle Käufe, die sie zu tätigen hatten, erledigen, bevor der März beginnt – oder fortgeschritten ist –, und es würde keine nachfolgenden Käufe geben, die die Aktien hochtrieben. Ihr Glaube preiste es ein, und es konnte nicht dazu kommen.

Traurigerweise haben wir heute keine Technologie, mit der wir eine genaue Stichprobe aller Anleger erstellen können. Es gibt Gefühls-Universen, die behaupten, in dieser Hinsicht nützlich zu sein, aber sie sind es nicht. Eines, das allgemein genutzt wird, sind die so genannten „Investors' Intelligence Data", die auf Autoren von Rundschreiben zurückgehen. Ein anderes ist eine regelmäßige Umfrage unter den Mitgliedern des Amerikanischen Verbandes Individueller Investoren. Meir Statman und ich haben sie sich im Einzelnen angeschaut und gezeigt, dass sie keine Vorhersagen erlauben, obwohl sie von vielen Investoren oft so benutzt werden, als ob sie dazu tauglich wären. (Für Details dieser Studie empfehle ich *Investor Sentiment and Stock Returns*[5].) Diese Instrumente halten einer statistischen Analyse nicht Stand und sind grob mangelhaft.

Es gibt viele Gründe dafür, dass wir heute nicht wissen, wie eine korrekte Stichprobe zu erstellen ist. Als erstes haben individuelle Investoren wenig Anreiz, mit einem Meinungsforscher offen über ihre Ansichten über Geld zu sprechen. Warum sollte ich Ihnen mehr von meinem Geldleben erzählen, als ich Ihnen von meinem Sexualleben erzählen würde? Zudem verwenden verschiedene Investoren die gleichen Wörter mit unterschiedlichen Bedeutungen, und das führt bei den Umfragen zu sich widersprechenden Schlüssen – sie sprechen wirklich keine gemeinsame Sprache. Bedenken Sie die Tatsache, dass wir ein Glossar im Anhang dieses Buches haben – aus genau dem Grund, dass vielleicht nicht alle von Ihnen die Begriffe ähnlich verwenden. Dies wird sehr klar und faszinierend, wenn Sie eine Fokusgruppe leiten. Fokusgruppen sind normalerweise das Feld von Marketingleuten bei Verbraucherfirmen wie zum Beispiel Procter & Gamble. Sie bezahlen vielleicht zehn Leute, die angeblich sorgfältig ausgewählt wurden, um in irgendeiner Hinsicht repräsentativ zu sein, um sich mit einem Moderator zu treffen, der ihnen erklärt, dass sich hinter einem Doppelspiegel interessierte Beobachter befinden, die ihnen zuhören und zuschauen. Der Moderator führt die zehn durch eine Diskussion über irgendetwas – vielleicht eine neue Zahnpasta – und die Vermarktungsgenies hinter dem Spiegel tragen Informationen zusammen, die nützlich sind, um das Produkt oder sein Marketing oder beide zu verbessern. In der Hitze der Diskussion vergessen die Teilnehmer oft die Leute hinter dem Doppelspiegel, und die Diskussion wird vertraulicher als Sie sich vielleicht vorstellen. Meine Firma ist eine der wenigen im Geldmanagement, die regelmäßige Fokusgruppen mit Investoren aller Art durchführt, und sie erzeugen interessante Informationen außerhalb des Marketings, aber von direkter Relevanz für das menschliche Verhalten in Märkten. Aber wenn Sie dasselbe mit Investoren mit hohen Nettovermögen (HNWI) machen, stellen Sie fest, dass die gleichen Wörter oft vielfache und widerstreitende Bedeutungen haben, was zu der vollständigen Unmöglichkeit führt, unter ihnen eine wirklich gute Umfrage zu machen.

Auch sind Anleger tatsächlich unwillig oder unfähig, Meinungsforschern gegenüber offen über sich selbst zu sein. Das ist nichts Neues. Dieses Problem war schon wohlbekannt und dokumentiert, bevor Darrell Huff 1954 seinen Klassiker *How to Lie with Statistics*[6] schrieb, der eines der besten, kurzen, leicht lesbaren Bücher ist, die je geschrieben worden sind, und ich empfehle jedem, es zu lesen. Wenn Sie sonst nichts aus meinem Buch herausholen als auf ABEbooks.com zu gehen und ein Exemplar von Huffs Buch zu kaufen, wird mein Buch Ihre Zeit wert gewesen sein.

Falsch, stärker und länger

Es gibt etwas, das die Lücke füllen kann, bis wir herausfinden, wie diese schwer fassbare Stichprobe zu erstellen ist. Professionelle Anleger suchen begierig nach Informationen. Als Gruppe haben sie Zugang zu genau denselben Informationen wie andere Investoren. Aber glücklicherweise haben Profis eine kleinere Stichprobengröße, sind statistisch leichter zu handhaben sowie leichter zu kategorisieren und zu sortieren. Sie sprechen auch offen über ihre Ansichten, in der Tat haben sie sogar Anreize, die Dinge auszusprechen. Professionelle Investoren sprechen in einer gemeinsam antrainierten Sprache, deshalb sind ihre Äußerungen relativ konsistent, anders als die individueller Investoren. Und das Beste ist, dass die Ansichten der Profis aufrichtiger sind. Weil sie an ihr Training glauben, tendieren sie dazu, länger an ihren Ansichten festzuhalten. Wenn sie etwas eingepreist haben, tendieren sie dazu, dies falscher, stärker und länger zu tun. Wenn sie darin übereinstimmen, dass etwas passieren wird, wird es für eine gute lange Zeit nicht passieren. Wenn Sie herausfinden können, was nach Ansicht der Profis geschehen wird, wissen Sie nicht, was passieren wird, aber Sie wissen, was nicht passieren wird – nämlich das, worüber sie einig sind –, und das ist ein wichtiger erster Schritt um herauszufinden, was vielleicht passiert. Das geht so:

Außer wenn Sie sich im oberen Amazonasbecken aufhalten und vor der Menschheit fliehen, kann Ihnen der Zwang der professionellen Finanzwelt nicht entgehen, zu Beginn jedes Jahres Jahresprognosen zu machen. Das Sperrfeuer von Januarvorhersagen ist das Ergebnis von Ordnungsliebe (in diesem Fall das Bestehen auf bestimmten Dingen in einer bestimmten Reihenfolge zu keinem Zweck als der gesellschaftlichen Konvention) und ein weiteres Symptom dafür, dass unsere Gehirne verrückt spielen. Ob gut oder schlecht, richtig oder falsch, jedes Jahr beschäftigen sich die meisten Anlageninstitutionen mit diesem Ritual. Die Sender haben betriebsinterne Ökonomen, die Prognosen erstellen. Fondsmanager haben ihre. Professionelle Geldmanager, die für kleinere Pools verantwortlich sind, werfen ihren Hut über Vierteljahresberichte an ihre Klienten in den Ring. Eine Vielzahl von Gurus mit großen Namen wird Ihnen sagen, dass Vorhersagen unmöglich sind, und dann fortfahren, Ihnen zu sagen, was ihrer Ansicht nach passieren wird. Sie können keinen Blogger dafür bezahlen, dass er Ihnen nicht mitteilt, was er denkt. Die Blogger-Umweltverschmutzung ist allgegenwärtig! Jeder hat seine Meinung. Daran ist nichts falsch. Im Lauf der Jahre aber macht eine zunehmende Menge von Leuten öffentliche Vorhersagen, so dass wir jetzt ein riesiges Sortiment von Prognostikern haben. Aber die meisten liegen normalerweise falsch. Und Sie wussten das schon.

Zu jeder Zeit werden einige wenige Leute Recht behalten – ein paar, weil sie etwas wissen, und ganz wenige weitere, weil sie Glück haben, einfach wie der glückliche Münzwerfer, der 50 Mal nacheinander Kopf wirft. Aber man sieht nicht, dass die meisten von ihnen Recht behielten. Die Faktoren, die ihre Vorhersagen steuern, sind entweder allgemein bekannt oder geradezu falsch und schon eingepreist. Weil sie begierig Informationssuchende sind und kollektiv Zugang zu allen breit verfügbaren Informationen haben, ist das, worauf sie sich einigen, das, was schon eingepreist ist, und deshalb kann es nicht geschehen. Wenn Herr Soundso von der Maklerfirma ABC Ihnen sagt, er glaubt, dass der Markt 2008 XY,Z Prozent Gewinn abwerfen wird, hat ABC schon seine Klienten dazu gebracht, darauf zu reagieren, soweit sie dazu fähig sind. Gleiches gilt für Geldmanagementfirmen, Mutual Funds, Hedge Fonds und alle anderen. Bis wir die Erhebung machen können, sind ihre Ansichten bereits eingepreist, und egal worüber sie übereinstimmen, wir wissen, dass es nicht passieren wird.

In den frühen 90ern wollte ich sehen, wie weit sich die Prognostiker voneinander unterscheiden. Ich suchte alle veröffentlichten Jahresprognosen von so vielen Quellen und so weit zurückreichend wie möglich heraus. Dann trug ich die Vorhersagen für jedes Phänomen und den später tatsächlich eingetretenen Gewinn in eine Grafik ein. Ein Ergebnis, das ich herausfand, war, dass die Vorhersagen normalerweise in eine scheinbar natürliche Glockenkurve fielen. Die Massen zeigten Übereinstimmung und gruppierten sich im dicken Teil der Glocke, mit abnehmenden Zahlen von Prognostikern, die extrem bullishe bzw. bearishe Haltungen hatten, an beiden Enden der Kurve. In jedem Jahr gab es ein paar Ausreißer, aber die meisten endeten irgendwo gebündelt um die übereinstimmende Mehrheit.

Abbildung 4.1 zeigt die Konsensglockenkurve von 1996 bis 2003 und die jeweiligen Erträge für jedes Jahr (mehr darüber, warum wir die Grafik nicht bis 2006 zeigen, in Kürze). Jede Zahl stellt eine professionelle Vorhersage dar. Die Mitte der Glockenkurve ist das, worin sie übereinstimmen. Sie können sehen, dass in jedem Jahr die tatsächliche Rendite nicht in den Konsensbereich, sondern entweder außerhalb der Bandbreite oder irgendwo in ein Loch fiel. In mehreren Jahren, einem oder zwei vielleicht, lagen glückliche Spinner richtig, aber es waren nicht jedes Jahr die gleichen Spinner. In einigen Jahren waren die Leute zuversichtlich, und der Markt lief schlecht. In einigen Jahren waren sie zuversichtlich, und der Markt lief viel besser, als sie vorhergesagt hatten. In anderen Jahren verhielt sich der Markt seltsam und anders als ihre übereinstimmenden Vorhersagen. Dies ist ein perfektes Beispiel dafür, warum es nicht funktioniert, immer das Gegenteil anzunehmen, wie in Kapitel 2 besprochen. Der Markt macht etwas anderes, aber nicht notwendigerweise das Gegenteil von dem, was die Leute erwarten.

Abbildung 4.1 zeigt auf, wo die Vorhersagen falsch und die Resultate schon eingepreist waren. Es gab Übereinstimmung über eine ganze Bandbreite von Resultaten – die Bandbreite war das, was nach Ansicht der meisten Leute passieren würde, also konnte es nicht passieren. Daraus schloss ich, dass sich ein Konsens in gewisser Weise zum Spielen eignet. (Wenn Sie eine Glockenkurve für sich erstellen wollen, wird sie im Hinblick darauf, das Finanz-Universum zu modellieren, nicht so umfassend sein wie die, die ich baue, aber die letzte Ausgabe der *BusinessWeek* jedes Jahr hat eine lange Liste professioneller Vorhersagen für den S&P 500 – jedes einzelne Jahr.)

Mit dieser Technologie wurde die Vorhersage eine Sache des Ausschließens. Ich wusste, dass der Konsensfall nicht eintreten konnte, also betrachtete ich beide Extreme und die potentiellen Löcher innerhalb der Bandbreite der Übereinstimmung. Ich weiß auch, dass der Markt jedes Jahr nur eins von vier Dingen tut, er kann stark steigen, ein wenig steigen, ein wenig fallen oder stark fallen. Nur diese vier Dinge (mehr darüber in Kapitel 8). Also schloss ich Szenarien aus, die ich für unwahrscheinlich hielt, und meine Vorhersage war, dass dasjenige Marktszenario am wahrscheinlichsten war, für das es keine anderen Vorhersagen gab. Diese Logik befindet sich in Übereinstimmung damit, dass der Markt alle bekannten Informationen abwertet, in Übereinstimmung mit der Geschichte, und ist ein Beispiel von Frage zwei – sich etwas vorzustellen, das sich die Prognostiker nicht vorstellen konnten; sie sind selbst ein Teil des Marktes, und man kann mit ihnen kollektiv spielen.

Man kann das auf andere Weise ausdrücken, indem man sagt, dass Sie Ihre Vorhersage nicht vor dem Ende des Jahres machen wollen, wenn alle anderen ihre schon abgegeben haben, und dann wollen Sie zumindest sichergehen, dass Sie nicht dasselbe vorhersagen wie alle anderen.

Zum Beispiel war die Konsensmeinung 1999 argwöhnisch gegenüber Y2K und bereit, nach einem wundersam positiven Jahrzehnt zu kapitulieren. Die Konsensmeinung war indifferent bullish – die meisten Prognostiker konnten keine Gründe dafür erkennen, warum der Markt zweistellige Ziffern übertreffen sollte, daher wusste ich, dass er es konnte – nicht würde, aber konnte. Ein paar wenige waren bearish, mit einem Loch auf der „Stark-nach-unten"-Seite der Glockenkurve. In den Abendnachrichten wurden täglich jede Menge ängstlicher Bedenken aufbereitet, aber ich konnte nichts Schlechtes am Horizont sehen, was nicht schon eingepreist war, deshalb schloss ich „stark nach unten" aus. Es gab ein weiteres Loch zwischen ungefähr 15 Prozent und 23 Prozent. Ich konnte einiges erkennen, das die Massen zum größten Teil abtaten oder ignorierten und das die Aktien hochtreiben konnte. Wie in Kapitel 2 besprochen, wusste ich, dass Y2K ein „Nichtereignis" werden musste und eine angenehme Überraschung für jene, die einen Dosenvorrat angelegt und Hüte aus Zinnblechfolie modelliert hatten. Die Menschen ignorierten auch, dass 1999 das dritte Jahr der zweiten Amtszeit Clintons war. Sie werden sich an Kapitel 2 erinnern – dritte Jahre sind selten negativ und oft krachend positiv. Die Leute waren mürrisch bezüglich der Aussichten für die US-Wirtschaft, aber ich glaubte, dass die Einkommen weiter positiv überraschen würden. Ich hielt es für ziemlich wahrscheinlich, dass der amerikanische Börsenmarkt stark steigen würde, 1999 möglicherweise über 20 Prozent. Daher war meine Vorhersage in *Forbes*, in meiner Kolumne vom 28. Dezember 1998, mit dem Titel *Bullish for '99*, dass der S&P 500 um 20 Prozent steigen würde. Und das tat er – der S&P 500 beendete 1999 knapp über 21 Prozent.[7] Ich hatte mehr als Glück, dass meine Vorhersage von 20 Prozent so nah am tatsächlichen Resultat lag – das war reines Glück –, aber die Glockenkurventechnologie, die ich in der Mitte der 90er perfektioniert hatte, hatte mich gelehrt, auf der richtigen Seite des Marktes zu stehen.

Habe ich mir auf die Schulter geklopft dafür, dass ich es 1999 fast auf den Punkt genau getroffen habe? Natürlich habe ich das, mit Alkohol und ein paar guten Wünschen an Silvester, auf der gleichen Silvester-Party, auf die ich in den meisten Jahren mit Freunden am Ort gehe. Und diese Zahl 20 Prozent war in dieser Nacht nur aus Jux und Tollerei ein paar zusätzliche Drinks wert. Und es war eine tolle Nacht offensichtlich wegen des Y2K. Aber, nein, danach, nein; das wäre Befangenheit in der Rückschau und Vermessenheit. Mein Ziel bei der Prognose ist es nicht, die tatsächliche Zahl richtig hinzubekommen. Mir geht es überhaupt nicht darum, die tatsächliche Rendite vorherzusagen (aber der Redakteur von *Forbes* will das von mir). Es ist weit wichtiger, die drei Fragen anzuwenden, um die Richtung des Marktes richtig zu ermitteln. Die Richtung ist bei weitem wichtiger als die Größenordnung. Wenn ich bei der Richtung Recht und bei den Zahlen Unrecht habe, bin ich ebenso froh, als wenn ich näher an der Zahl liege (mehr darüber in Kapitel 8).

Das ist nur ein Beispiel aus einem einzelnen Jahr, aber Sie verstehen die Idee. Diese Technologie hielt mich die ganzen späten 90er und den frühen Teil des nächsten Jahrzehnts hindurch auf der richtigen Seite des Marktes und half mir, den Markt zu übertreffen, als er 2000 und 2001 sank. Meinen jährlichen *Forbes*-Vorhersagen lag Jahr für Jahr diese Technologie zu Grunde, und all diese Jahre lag ich richtig und hatte viel Glück. Ich wartete mit meinen Vorhersagen, bis alle anderen ihre gemacht hatten – ich ließ ihnen den Vortritt –, damit ich mit ihnen spielen konnte. Klingt großartig, nicht? Wie eine „silver bullet". Und eine Weile lang war es das. Aber hier ist das schmutzige kleine Geheimnis. Ebenso wie das KUV funktioniert die Technologie nicht mehr. Zumindest nicht so wie früher.

Sie funktionierte jahrelang wunderbar, und Sie können sehen, dass sie der späteren Überprüfung standhielt. Als ich sie zuerst in *Forbes* beschrieb oder in der Zeitschrift *Research*[8], wurde sie als Voodoo verhöhnt. Ab etwa 2000 wurde dieses Attribut nicht mehr benutzt, und ich wurde nervös. Seitdem übernahmen andere diese Technologie. Ich war beruhigt, als anfangs die Glockenkurven fälschlich als ein Instrument zur Opposition benutzt wurden. Wenn die Konsensmeinung zuversichtlich war, waren die frühen Anwender automatisch zurückhaltend und umgekehrt. Sie schauten auf 2001 und 2002, als die Konsensmeinung frohlockend zuversichtlich, aber die tatsächlichen Ergebnisse ziemlich flau waren. Das förderte weiteren Missbrauch durch die Contrarians. Sie benutzten sie falsch, hatten aber Glück, was sie weiter antrieb.

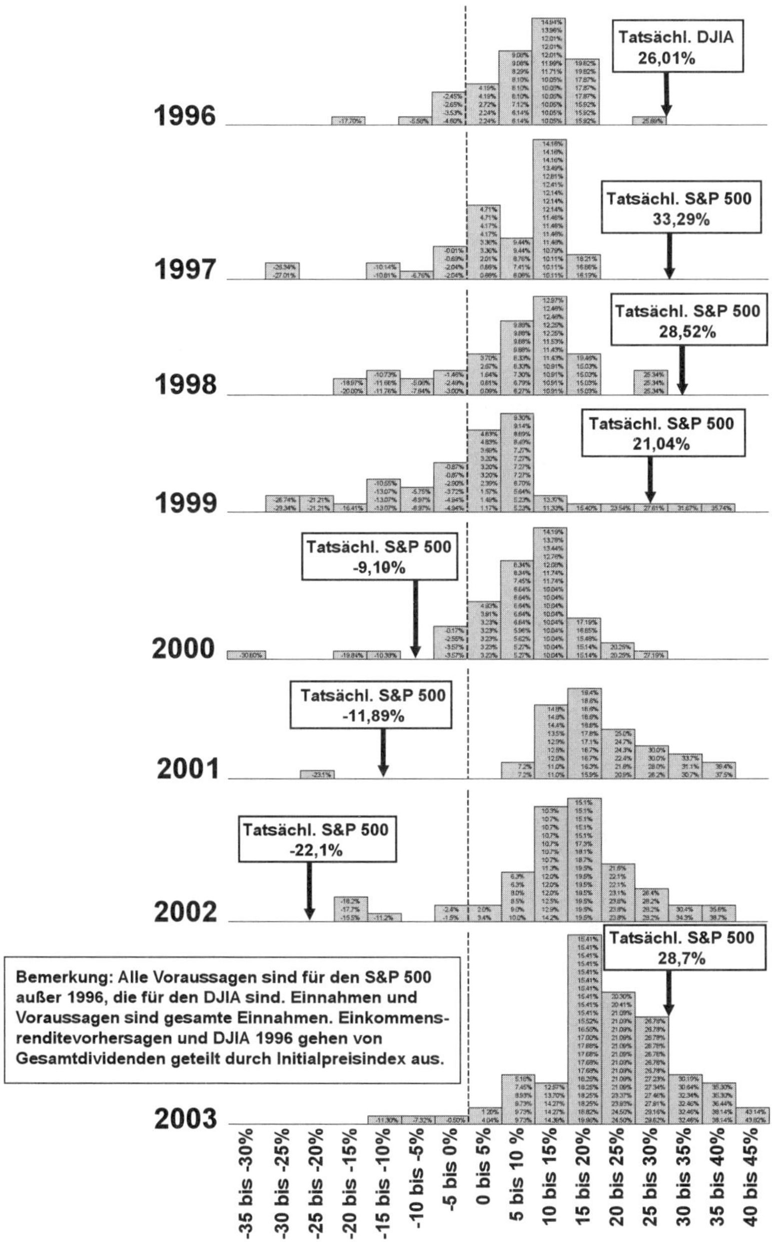

Abbildung 4.1: Jährliche Marktvorhersageerhebungen.

Quelle: BusinessWeek, Fisher Investments.

Aber falsch und glücklich ist immer noch falsch. Wenn Sie sie korrekt angewendet haben, konnten Sie auch bullish sein, als dies die Konsensmeinung war. Nehmen Sie 1996, 1997, 1998, 1999 und sogar 2003. In jedem einzelnen dieser Jahre war die Konsensmeinung leicht zuversichtlich und blieb weit hinter den viel zuversichtlicheren Ergebnissen zurück. Wenn Sie die Glockenkurven benutzt hätten und in jenen Jahren zu dem Schluss gekommen wären, zurückhaltend zu sein, hätten Sie großartige Gewinne verpasst.

Schließlich fingen die Leute an, es richtig hinzubekommen. Ich wusste, dass ich in Schwierigkeiten war, als Richard Bernstein bei Merrill Lynch zum Hexenmeister befördert wurde. Bernstein hatte eine sehr gute parallele Technologie entwickelt, die in der Rückschau der 90er Jahre gut funktioniert hatte. Meir Statman und ich hatten uns auch mit seinen Daten in dem vorher erwähnten Artikel *Investor Sentiment* beschäftigt.[9] Bernsteins Modell bewies historisch nützliche Vorhersagekraft. Sein Aufstieg zu einem großen Tier war ein Vorzeichen dafür, dass das Ende der bisherigen Funktionsweise meiner Glockenkurventechnologie bevorstand. Sie funktionierte noch einige Jahre und, siehe da, ab 2004 funktionierte sie überhaupt nicht mehr. Zu dieser Zeit konnten Sie im Internet vielerlei Quellen lesen, die meine ursprüngliche Glockenkurve nachahmten oder duplizierten – sogar jetzt noch. Einige Leute benutzen sogar direkt meine alte Technologie. Genau wie das KUV wurde das, was einmal neuartig gewesen war, populär genug, um eingepreist zu werden, und war deshalb veraltet.

Natürlich kann 2004 ein einmaliger Glücksfall gewesen sein. Aber während professionellere Prognostiker um die Wette liefen, um diese Technologie aufzunehmen, wusste ich, dass sie vor dem Ende stand. 2005 war es soweit.

Jetzt beobachten jedes Jahr substantielle Untergruppen von Prognostikern einander mit Kampfeslust, während sie ihre Vorhersagen machen und dann revidieren. Wenn sie ihre ersten Vorhersagen machen, haben diese nicht die Schwerkraft und Absicht von Dauerhaftigkeit, die Prognosen noch vor einigen Jahren hatten. Jeder spielt jetzt mit jedem, deshalb müssen wir zu einem neuen Spiel kommen. Diese Technologie ist eingepreist und hat damit effektiv die Macht, mit ihr Vorhersagen zu treffen, verloren.

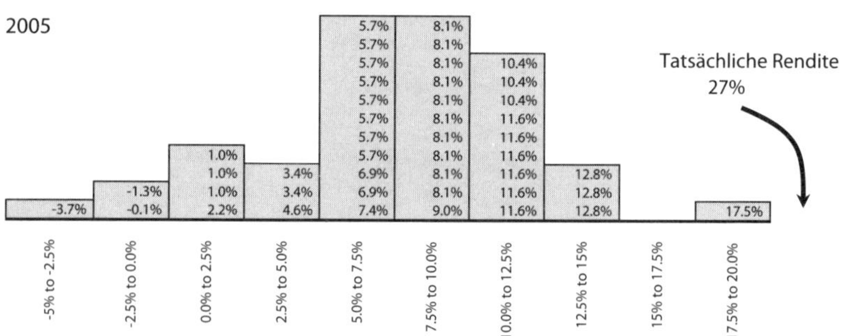

Abbildung 4.2: DAX-Glockenkurven.

Quelle: Thomas Grüner, Fisher Investments.

Das heißt, für US-Aktien.

Sobald ich diese Technologie entwickelt hatte, entdeckte ich, dass sie auf jedem frei handelbaren Markt funktionierte, wo es genügend Prognostiker gab, die dort öffentliche Vorhersagen machten. Wir verwendeten sie regelmäßig, um den Nasdaq, für den es in den 90ern eine Unmenge von Vorhersagen gab, mit dem S&P 500 zu verknüpfen. In der Tat beeinflusste diese Technologie teilweise meine Entscheidung, im Februar 2000 auf dem IT-Sektor zurückhaltend vorzugehen. (Sie können meinen Warnruf über die IT-Blase in meiner Forbes-Kolumne vom 6. März 2000 mit dem Titel *1980 Revisited*[10] lesen, neu gefasst für Sie in Kapitel 7). Sobald ich sah, dass man diese Kapitalmarkttechnologie für die großen US-Indizes nicht mehr benutzen konnte, richteten wir unser Augenmerk darauf herauszufinden, ob Leute in anderen Teilen der Welt daran dachten, diese Technologie dort zu benutzen.

Sie können wahrscheinlich 2007 diese Technologie nicht für die kroatische Börse nutzen, weil Sie es schwer hätten, genug veröffentlichte Prognosen zu finden, um eine Glockenkurve zu erstellen. Aber niemand (außer meinem deutschen Kollegen Thomas Grüner) benutzt sie, um Deutschlands DAX vorherzusagen, obwohl es viele veröffentlichte Jahresendprognosen gibt. Erinnern Sie sich: Wenn etwas in den Vereinigten Staaten funktioniert, sollte es an den meisten anderen Orten der Welt auch funktionieren. Und das tut sie – wie Abbildung 4.2 zeigt. Wenn Sie ein globaler Investor sind, bleibt sie ein mächtiges Instrument für ausländische Kapitalmärkte. Sie können sie für jeden Markt außerhalb Amerikas benutzen, der eine große Zahl nationaler Prognosen hat. Die beiden Hauptländer, auf die ich normalerweise zählen kann, sind Deutschland und Großbritannien. Andere Länder kommen und gehen. Manchmal gibt es genug Vorhersagen und zu anderen Zeiten sehr wenige.

In Abbildung 4.2 können Sie Deutschland sehen; die Konsensmeinung ist immer noch so, dass man mit ihr spielen kann. Das Beispiel von 2005 zeigt die Rendite, die außerhalb der Konsensmeinung fällt. Überdies bedeutet *jeder Freihandelsmarkt* nicht nur Aktien. Diese Technologie, die zwar für den S&P 500 nicht mehr funktioniert, funktioniert aber weiterhin für langfristige Zinssätze innerhalb und außerhalb Amerikas sowie für die größten bedeutenden Währungen. Abbildung 4.3 zeigt die Glockenkurven für Zehn-Jahres-Anleihen beim US-Finanzministerium von 2002 bis 2005 und ihre Ergebnisse.

Jahr für Jahr schätzt die Konsensmeinung die langfristigen Anleihen falsch ein und lernt nie von ihren Fehlern. Das ist gut für Sie, weil Sie diese Technologie vorläufig weiter benutzen können. Die Glockenkurve zu erstellen, ist leicht – das *Wall Street Journal* veröffentlicht in den ersten beiden Wochen des Jahres professionelle Vorhersagen über vielfältige ökonomische Indikatoren, einschließlich sowohl kurzfristiger als auch langfristiger Zinssätze. (Auch *BusinessWeek* veröffentlicht Prognosen, aber die Zinssatzprognosen sind umfassender im Journal.) Noch einmal: Sie werden nicht so umfassend sein wie die repräsentative Stichprobenerhebung, die ich machen würde, aber sie wird Ihnen einen bedeutenden Vorteil gegenüber Ihresgleichen geben.

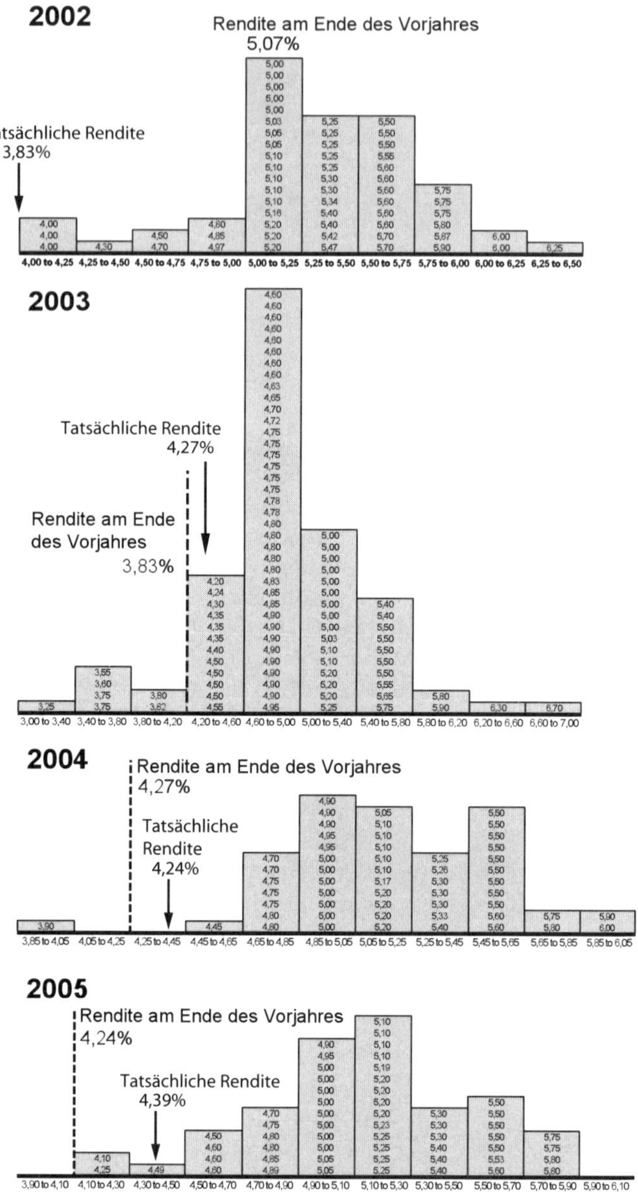

Abbildung 4.3: Zehnjährige Voraussage-Glockenkurve langfristiger Staatsanleihen.

Quelle: Wall Street Journal, Fisher Investments.

Denken Sie daran, dass diese Technologie nicht garantiert, dass Sie auf der richtigen Seite des Marktes stehen werden. Oder dass sie jedes einzelne Jahr wieder funktioniert – manchmal können und werden seltsame Dinge passieren. Ihre Leistung besteht darin zu definieren, was die meisten Jahre nicht passieren wird, und für Sie herauszukristallisieren, welches die anderen Möglichkeiten sind, wobei diese auf wenige minimiert werden – das bringt die Chancen auf Ihre Seite und erlaubt es Ihnen, die Fehler zu vermeiden, die die meisten Leute machen. Wenn Sie wissen, was nicht passieren wird, können Sie einen großen Teil des Möglichkeitsspektrums ausschließen und dann einige andere Alternativen definieren, die eintreten könnten. Es hängt dann immer noch von Ihnen ab, unter diesen wenigen die richtige zu wählen.

Obwohl diese Technologie gegenwärtig für die langfristigen Anleihen funktioniert, können Sie gewiss nicht erwarten, dass sie für den Zentralbankleitzins funktioniert. Der kurzfristige Zinssatz wird nicht am freien Markt festgesetzt wie langfristige Zinsen. Viele Leute machen Prognosen darüber, in welche Richtung sich ihrer Meinung nach die kurzfristige Rate bewegen wird. Sie können darauf bei www.tradesports.com sogar wetten. (Ich würde das nicht empfehlen, aber Sie können – und tradesports.com ist eine sehr interessante Seite, auf der man sehen kann, was Leute über allerlei Dinge denken.) Die Leitzinsen werden von unserem monopolistischen zentralen Bankwesen festgesetzt – was es unmöglich macht, irgendeine Konsensmeinung aufzuspüren. Ob die Konsensmeinung am Ende in Bezug auf die kurzfristige Rate Recht behält, ist kein Marktereignis, sondern die geplante Aktivität eines einzelnen Monopolversorgers, dessen Entscheidung die Rate irgendwo festsetzt. Diese Glockenkurventechnologie funktioniert nur bei Preisen, die auf dem freien Markt festgesetzt werden, einschließlich der Währungen.

Warum verrate ich Ihnen das alles?

Wieder fragen Sie sich vielleicht, warum ich meinen sprichwörtlichen großen Mund aufmache. Kann ich das alles nicht länger nutzen, wenn ich still bleibe? Vielleicht. Vielleicht nicht. Ich hätte vielleicht einige Jahre mehr aus meinen Glockenkurven für die US-Märkte herausholen können, wenn ich sie nicht ausgesprochen hätte. Aber Richard Bernstein und andere liefen sowieso mit und hätten somit das Gleiche bewirkt. Die USA stellen ungefähr 50 Prozent der öffentlich gehandelten Märkte weltweit (mehr oder weniger, je nachdem, wann Sie Ihre Untersuchung machen), daher ist das Verlieren dieses Vorhersageinstruments für die US-Märkte ein schwerer Schlag – oder? Die Antwort darauf ist die Gleiche wie für das KUV. Ich wusste, dass dieser Vorteil eines Tages vorbei sein würde. Habe ich das Aufgreifen dieser Technologie beschleunigt, indem ich sie bekannt gemacht habe? Möglicherweise. In der Mitte der 90er Jahre Prognosen in einer Glockenkurvengrafik darzustellen, ist die Art von einmaliger Forschung, die wir in meiner Firma machen, die Sie von den meisten Stellen nicht so oft sehen. Sie ist davon abgeleitet, immer die drei Fragen zu stellen. Warum also die Ergebnisse und die Entdeckungen weggeben? Zwei Gründe! Erstens weil ich keine Angst habe, ein Stück Technologie zu verlieren, wenn wir ständig innovativ sind und wissen, dass wir das sein müssen. Zweitens, wenn die Welt ständig das lächerlich macht, von dem ich weiß, dass es gute Technologie ist – wie sie es mit dem Zyklus der Amtszeit des Präsidenten oder meinen KGV-Arbeiten vor langer Zeit gemacht hat –, dann lerne ich, dass es Stehvermögen hat. Ich weiß, dass meine Technologie eine lange, lange Zeit gültig sein wird, und ich kann mich auf das kognitive Vorurteil der Welt verlassen, das sie davon abhält, die Wirklichkeit zu sehen, und so bleibt das Instrument nützlich. Dann kann ich meine Anstrengungen darauf konzentrieren, auf anderen Gebieten innovativ zu sein, in dem Wissen, dass dieses Gebiet immer noch Stehvermögen hat. Es lohnt sich, sie zugänglich zu machen und wegzugeben, um zu sehen, ob Sie schneller Neuerungen vornehmen müssen oder sich auf das Instrument für eine gute, lange Zeit verlassen können, wenn es überall abgelehnt wird. Und das wissen Sie nie, bis Sie es weggeben.

Wenn Glockenkurvenvorhersagen mein einziger Pfeil zum Abschießen gewesen wären, hätte ich dieses Geheimnis vielleicht eifersüchtig gehütet. Aber wenn Sie die drei Fragen benutzen und fortfahren, Kapitalmarkttechnologien zu entwickeln, werden Sie ständig die nächste suchen und keine Angst haben, die alte zu verlieren. Ohne die drei Fragen könnte ich gezwungen sein, mich zu meiner Frau, den Redwood-Bäumen und Katzen zurückzuziehen, wenn ich ein Instrument oder zwei verlöre. Aber mit den drei Fragen ist der nächste Nervenkitzel immer auf der Spitze der nächsten Frage. Beständige Innovation lädt mich ein, den Teil des Vermögensmanagements zu machen, der am meisten Spaß bringt. Und wenn ich heutzutage nicht innovativ bin, verdiene ich nicht, für andere Leute über 30 Milliarden Dollar zu verwalten.

Um in diesem Spiel wettbewerbsfähig zu bleiben, bedarf es ständiger Innovation, und die meisten Leute mögen das nicht oder verstehen es nicht einmal. Die Brokerfirmen mit den großen Namen verstehen es überwiegend nicht. Wenn ich über einen Vorbildkonzern für meine Firma nachdenke, dann nicht über sie oder andere Wall-Street-Firmen. Meine Vorbildkonzerne sind Intel in den frühen 70ern, Sam Walton und Wal-Mart aus der gleichen Ära, Procter & Gamble für Marketing und GE in Hinsicht auf Management. Dies waren visionäre Neuerer aus meinem jungen Erwachsenenalter. Ich blicke auf Bob Noyce, Miterfinder des integrierten Schaltkreises, Mitbegründer von Intel und langjähriger Partner von Gordon Moore. Damals, in einer einfacheren Welt, lernte ich Bob Noyce kennen, und er war umwerfend. Noyce wusste, dass er und Moore nie aufhören konnten, sich zu bewegen, und dies zu einer Zeit, als ich noch nicht einmal wusste, dass dies notwendig war. Obwohl er nicht groß gewachsen war (eigentlich recht klein), hatte er doch eine so haushohe intellektuelle Präsenz, dass die meisten Leute glaubten, es würde nach ihm kein Intel mehr geben. Hier verkannten sie die Macht des kombinierten Geistes von Bob Noyce und Gordon Moore, und dass das, was jeder von ihnen über die Produktion von Halbleitern wusste, bald von dem überragt werden würde, was irgendwelche Erneuerer bald wissen würden. Ihr Ziel war es, mit Gordons Moores Lernkurve schneller als die nächsten Typen mitzuhalten. Was wirklich das ihre war, war ihr Glaube an die Lernkurve und die Innovation.

Dieses Vorbild ist mir seither immer präsent gewesen, weshalb ich mich jetzt auf ständige Innovation konzentriere, mich immer konzentriert habe und immer konzentrieren werde. Ich will nicht, dass meine Firma ist wie Merrill Lynch. Ich will, dass sie ist wie Intel von Noyce und Moore zirka 1975. Deshalb: nein, wenn ich etwas entwickelt habe, das ich für wirklich ordentlich halte, macht es mir nichts aus, wenn es aufgegriffen, eingepreist und anschließend unbrauchbar wird. Ich gehe davon aus, dass dies geschieht. Das nennt man Fortschritt.

Meine Innovationen zu veröffentlichen führt deshalb vielleicht dazu, dass sie eingepreist werden. Die besten Innovationen, jene, die die Leser für lächerlich halten, werden nicht veröffentlicht – jedenfalls nicht so schnell. Nach meinem ersten Buch hat es ungefähr zehn Jahre gedauert, bis das KUV vollständig eingepreist war. Die Ideen in diesem Buch werden ebenfalls Zeit brauchen, eingepreist zu werden, wenn dies überhaupt je passiert. Einige schneller, andere langsamer! Es könnte schneller passieren, wenn mehr Investoren dieses Buch kaufen. Aber denken Sie darüber nach. Wenn von diesem Buch 100 000 Exemplare verkauft werden, wäre das ein Wahnsinnserfolg in der Welt der Finanzbücher. Zum Vergleich ist die Zahl der Zweitleser des *Forbes* ungefähr 15 Mal so groß, und ich habe über viele dieser Dinge in *Forbes* schon oft geschrieben. Und *Forbes* erreicht nur einen kleinen Prozentsatz aller wie auch immer gearteten, Investoren weltweit. Es wäre schön, wenn der unbedeutende Prozentsatz aller Investoren der Welt, die dieses Buch lesen, glaubt, was ich sage, aber die meisten werden das nicht tun. Ich habe mit Investoren lange genug zusammengearbeitet, um zu wissen, dass es schwierig ist, unsere steinzeitlichen Neuronalstränge zu überwinden, und die meisten Leser werden sich dem widersetzen. Viele Investoren werden dieses Buch nehmen und schreien „Das ist Unsinn! Nur ein gefährlich aus der Bahn geratener Geistesgestörter kann glauben, dass Haushaltsdefizite nicht schlecht sind, und noch schlimmer, dass sie gut sein könnten!“ Oder ein anderer Investor könnte sagen „Dieser Typ von Fisher ist ein Schwachsinniger. Was weiß er schon über KGV? Ich weiß alles über sie, weil ich schlau bin und jeden Tag die *Investor's Business Daily* lese und einen Buchhalter-Abschluss habe und in dieser Industrie arbeite und das 20 Jahre lang gemacht habe, und ich werde nur Aktien mit niedrigem KGV kaufen.“

Meine schärfsten Gegner missverstehen das Wesentliche der drei Fragen. Ich bin ganz sicher, dass sie problemlos vor 5 000 Jahren in unserer Stammesexistenz überlebt hätten. Aber Sie brauchen sich nicht nur auf die hier präsentierten Beispiele zu verlassen – meine Schlussfolgerungen –, mit denen Sie übereinstimmen können oder nicht, das ist mir gleich. Sie werden immer noch eine Methodik gelernt haben, für den Rest Ihres Lebens Ihre eigene Kapitalmarkttechnologie zu entwickeln.

Besseres Leben durch weltweites Benchmarking

Eine ausgereifte Kapitalmarkttechnologie, die in meinem Unternehmen prima funktioniert und auf die ich schon angespielt habe, ist das weltweite Benchmarking. Das ist nicht neu, und ich habe es nicht erfunden! Wir haben in Kapitel 3 über Benchmarking als ein Heilmittel gegen viele Steinzeitkrankheiten gesprochen. Sie spotten vielleicht über diese Idee, dass es eine Technologie sein könnte, einen Index auszuwählen, ihm zu folgen und sich beim Management an ihm zu orientieren und zu messen. Es ist zu simpel und kein neues Konzept – vielleicht auch schon zu weit verbreitet. Und jeder kann es tun! Ja, es ist simpel, und jeder kann es tun – aber die meisten tun es nicht, und wenn sie es tun, machen sie es normalerweise falsch. Wenn sie es täten, hätten sie mehr Erfolg und machten weniger massive Fehler. Darum ist die Technologie großartig. Sie messen sich an Ihrer Benchmark, aber wichtiger ist noch, Sie managen sich anhand dieser Benchmark.

Ihre Entrüstung, wie die vieler US-Investoren, ist vielleicht, globale Investitionen zu scheuen und es vorzuziehen, sich auf die S&P 500 und die US-Aktien und Investmentfonds zu konzentrieren. Schließlich wissen Sie doch, dass Amerika besser ist, und fühlen sich damit wohler. Cincinnati erschreckt Sie nicht, aber vielleicht Tampico. Immer noch bleibt es wahr, dass globales Denken Ihnen hilft, über alles besser nachzudenken und auch Amerika besser zu verstehen. Unsere Hauptabsicht beim globalen Benchmarking ist es, besser zu denken.

Zum Beispiel behaupten viele zu Unrecht, dass sie nicht global denken oder ausländische Aktien besitzen müssen, weil sie sich das Äquivalent zu globalem Druck durch US-Firmen holen können, die schwerem Druck durch Verkäufe in Übersee ausgesetzt sind – US-Multis. Dies ist eine weithin verbreitete Ansicht und leicht als falsch zu beweisen. Ich habe Ihnen in Kapitel 1 beigebracht, wie etwas als falsch zu beweisen ist. Jetzt müssen Sie es nur allein tun. Wenn US-Multis Ihnen ausländischen Druck vermitteln, dann sollten diese eng mit ausländischen Aktien korrelieren, nicht wahr? Wenn nicht, bekommen sie den Druck nicht, wie sie vorgeben. Aber wenn Sie eine Gruppe von amerikanischen, japanischen, deutschen, und holländischen Multis haben, werden Sie feststellen, dass diese viel mehr mit ihren eigenen Ländern korrelieren als untereineinander. Das heißt, dass Exxon, Coca-Cola und Ford mehr miteinander und dem S&P 500 korrelieren als mit Sony, Toyota, Hitachi und dem Morgan Stanley Topix. Die Korrelationen lehren Sie, dass die Aktien der US-Multis sich verhalten wie US-Aktien und Ihnen keinen ausländischen Druck geben. Der Grund ist natürlich, dass jedes Land seine kulturellen Einflüsse auf die Aktien hat, unabhängig davon, wo die Gesellschaft ihre Gewinne macht. Eine japanische Firma hat hauptsächlich japanische Angestellte, bezieht sich mehr auf japanische Gesetze als auf nicht-japanische und erhält vor allem mehr Finanzierung innerhalb Japans als von außerhalb. Aber die Antwort liegt bei den Korrelationen. Dieses Beispiel lehrt Sie auch, dass, solange Sie nicht anfangen, global zu denken, Sie dasselbe auch nicht über die US-Multis verstehen können – und das ist mein grundlegender Punkt. Um Amerika heute besser zu verstehen, ob durch globale Ertragskurven oder Beziehungen zwischen US-Aktien und was sie bringen, müssen Sie global denken.

Fremdenhasser wissen nicht und weigern sich anzuerkennen, dass der Index, den Sie sich als Benchmark aussuchen, nicht so sehr wichtig ist, wenn Sie Ihre Investitionen sehr langfristig planen. Glauben Sie es oder nicht: Alle korrekt kalkulierten Benchmarks für bedeutende Aktiengesellschaften enden an derselben

Stelle, wenn Sie ihnen etwa 30 Jahre geben, nur kommen sie dahin auf sehr unterschiedlichen Wegen (wie ich später ausführe). Aber ein rationaler Mensch wird eine Benchmark auswählen, die zu dieser langfristigen Eigenkapitalrendite mit der geringsten Volatilität führt – um eine sanftere Fahrt zu haben. Außerdem wird ein rationaler Mensch die Benchmark auswählen, die die meisten Gelegenheiten bietet, Marktwetten zu tätigen und -gewinne zu machen und am meisten hergibt, wenn wir die drei Fragen stellen – und das muss die ganze Welt sein, was uns zum Globalen zurückbringt.

Eine Benchmark ist absolut lebenswichtig, weil sie die Straßenkarte für Ihr Portfolio ist. Ohne eine Benchmark zu investieren, ist als ob man sich auf eine unbekannte Straße begibt, in einem unbekannten Staat und sogar in einem unvertrauten Auto, und man ohne eine Landkarte oder Richtungsangaben herumfährt und sich wundert, warum man seinem Bestimmungsort nicht näherkommt. Aber Sie sind sich nicht sicher, was Ihr Bestimmungsort wirklich ist, außer dass Sie ihn vielleicht erkennen, wenn Sie ihn sehen. Die Benchmark, Ihre Landkarte, sagt Ihnen, was Sie Ihrem Portfolio hinzufügen sollten, mit welchem Prozentanteil und wann.

Ihre Benchmark ist die Landkarte für Ihre lange Reise

Am Morgen des 11. September 2001 saß ich zufällig mit einer Gruppe meines Ostküstenpersonals in einem Zug von Washington DC nach Philadelphia. Am Tag zuvor hatten wir Seminare für unsere Klienten in Washington DC abgehalten und waren auf dem Weg, das Gleiche in Philadelphia zu tun, als die Terroranschläge die Normalität zertrümmerten. Von Philadelphia aus machten die Mitarbeiter sich schnellstens zu ihren Häusern und Familien in alle Richtungen von Neuengland bis Florida auf den Weg. Da wir nicht fliegen konnten, mieteten zwei Kollegen und ich einen Kleinbus und fuhren westwärts nach Kalifornien. Wir übertraten die Geschwindigkeitsbegrenzung so oft wie möglich – die meiste Zeit. Es gibt zwei Hauptrouten, die man nehmen kann. Wir nahmen die längere, südliche Strecke durch St. Louis aus Angst, dass wenn es mehr Bombenanschläge geben würde, Chicago und die nördliche Strecke ein logischeres Ziel waren – daher wählten wir die weniger befahrene Straße. In St. Louis setzten wir einen Kollegen ab, der den Nachtzug nach Süden in seine Heimatstadt Dallas nehmen wollte. Wir fuhren in Dreistundenschichten weiter (der Beifahrer kam 45 Minuten zur Ruhe, schlief 90 Minuten und war 45 Minuten lang wach), dann hielten wir an einer Raststätte, um zu tanken, zu essen und für die nächste Dreistundenschicht zu wechseln, und wiederholten die Prozedur. Wir schafften es – erstaunlicherweise – in 32 Stunden quer durch Amerika. Wenn Sie sich wirklich darauf konzentrieren, nonstop, ist das die Zeit, die Sie brauchen.

Ohne Landkarte hätten wir das nie geschafft. Sie half uns zu erkennen, dass die südliche Strecke nicht viel länger war, vielleicht schneller und mit Sicherheit weniger befahren. Sie sagte uns, wie wir fahren mussten, um von den Umleitungen zurück auf die Strecke zu kommen, und wie wir Denver umfahren mussten. Von Denver, ob wir die nördliche Strecke durch Salt Lake City und den Donner Pass oder die südliche Strecke durch die Mojavewüste nehmen sollten (dieses Mal fuhren wir nördlich). Sie half uns, die Fahrt zu organisieren und zu planen. Mit ihr konnten wir unser Risiko kontrollieren. Eine gute Benchmark hat den gleichen Nutzen.

Die Benchmark dient auch als Maßstab für Ihre Performance. Wenn Sie jedes Jahr Ihr Portfolio betrachten, prüfen Sie, ob es sich aufwärts oder abwärts entwickelt hat und um wieviel? Wenn ja, wie erkennen Sie, ob Sie ein gutes Jahr oder ein schlechtes Jahr hatten? Wenn Sie 20 Prozent gestiegen sind, ist das gut? Ist es immer noch gut, wenn Sie herausfinden, dass der Markt insgesamt 35 Prozent gestiegen ist? Wenn Sie fünf Prozent gefallen sind, ist das schlecht? Was, wenn Sie nur fünf Prozent Verluste hatten, während der Markt 25 Prozent gefallen ist? Wenn Sie von Philly nach San Francisco fahren, gibt es Strecken, wo Sie die Geschwindigkeitsbegrenzung einfach übertreten, und Strecken, wo Sie nichts außer geduldig sein können. Märkte sind genauso. Ich bin kein geduldiger Mensch, aber ich weiß es zu sein und kann es sein, wenn es notwendig ist.

Viele Investoren behaupten, ihr Ziel sei es, „den Markt zu schlagen", aber sie identifizieren den Markt nicht, den sie meinen, und wie sie es anstellen wollen, ihn zu übertreffen. Der Markt könnte die US-Kapitalmärkte, die globalen Aktienmärkte oder sogar die Anleihemärkte sein. Einige Jahre lang wollten Myriaden von Investoren den Nasdaq übertreffen. Man kann nicht rational darauf abzielen, den Markt zu übertreffen, wenn man nicht einen bestimmten auswählt, den man übertreffen will. Der Markt, den Sie aussuchen, wird Ihre Benchmark sein und alle Ihre bewussten Portfolioentscheidungen steuern. Sobald Sie einmal Ihre Benchmark ausgewählt haben, können Sie beschließen, sie zu übertreffen, indem Sie alles in eine Unterkategorie stecken, aber das Risiko, wenn Sie sich irren, ist gewaltig. Die Benchmark hilft Ihnen, Ihr Risikoprofil zu definieren – wie konzentriert oder diversifiziert Sie sind im Vergleich zu der Landkarte, anhand derer Sie operieren.

Breite Aktienindizes wie der S&P 500, der MSCI World und der MSCI ACWI repräsentieren die Marktperformance gut und sind daher eine Benchmark, anhand derer man managen und messen kann. Aber Ihre Benchmark kann irgendein gut zusammengestellter Index sein – der Russell 2000, wenn Sie Nebenwerte mögen. Die meisten britischen Investoren benutzen den FTSE und die Deutschen den DAX. Oder den Nasdaq, wenn Sie technophil sind. Welcher Index es auch ist, Sie müssen genau festlegen, womit Sie Ihr Portfolio und Ihre Investitionsaktivitäten vergleichen und woran Sie sie messen.

Wählen Sie einen Index aus, irgendeinen Index (aber glauben Sie nicht, dass mehr Volatilität Ihnen höhere Rendite bringt)

Vielleicht haben Sie wegen der frischen Erinnerung an die geplatzte IT-Blase Angst vor dem Nasdaq. Der Nasdaq tankte 2000, 2001 und 2002 auf und führte den Weltmarkt in einen ungewöhnlich langen Bärenmarkt. Ist er deshalb schlecht und sollte gemieden werden? Der Nasdaq ist nicht per se ein schlechter

Index; in der Tat ist er ein vollkommen tadelloser, gut zusammengestellter Index. Es ist nur sehr eng fokussiert und deshalb volatil. Je schmaler der Index, desto volatiler wird er sein – das ist eine ganz intuitive Investmentwahrheit. Er hat sehr wenig Zicks, wenn etwas anderes Zack macht, um die Gesamtvolatilität zu reduzieren. Der Technologie-schwere Nasdaq wird sich mit dem Vermögen von Tech – und nur von Tech – wild drehen, wie wir in der jüngsten Geschichte gesehen haben. Fürchten Sie sich nicht, es gibt keinen Grund, warum er eine so eine intensive Achterbahnfahrt über lange Zeiträume erleiden sollte (wie der 20- oder 30-Jahre Zeithorizont Ihrer Investitionen). Alle gut konstruierten Indizes sollten gegen Ende sehr ähnliche Gewinnerträge bringen, nachdem sie verrückte Wege zurückgelegt haben, um dort anzukommen. Vielleicht glauben Sie mir nicht. Ich hoffe, ich kann Sie überzeugen.

Aber Sie können akzeptieren, dass, wenn alle gut konstruierten bedeutenden Aktien-Benchmarks Sie schließlich ungefähr an dieselbe Stelle bringen, eine Hauptsorge sein sollte, wie sanft die Fahrt sein wird. Abbildung 4.4 zeigt eine Auswahl von Indizes oder Benchmarks, die im Laufe der Zeit konvergieren, aber auf dem Weg dorthin andere Routen einschlagen. Dies sind keine wirklichen Indizes, sondern eher eine Darstellung verschiedener Typen.

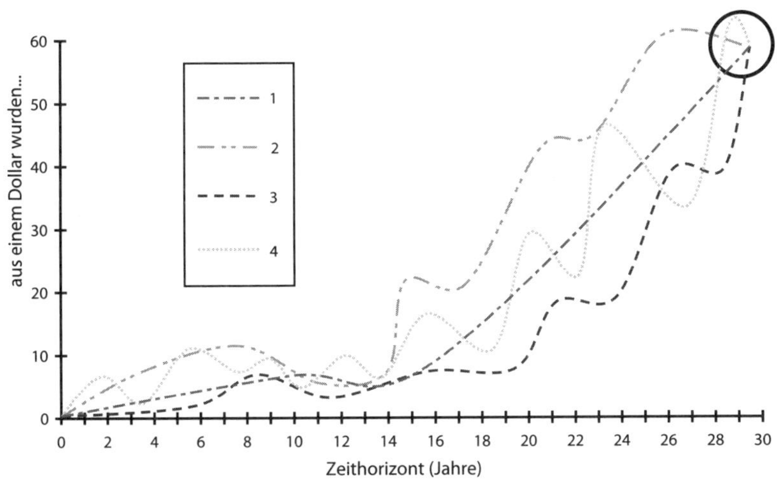

Abbildung 4.4: Benchmark und Zeithorizont.

Index 4 ist eine volatile Benchmark, der andere bedeutende Indizes weit hinter sich lässt, wenn er auf dem Höhepunkt ist, aber in der Talsohle überaus schwache Performance zeigt. Denken Sie daran bei schmaleren Indizes wie dem Nasdaq. Index 3 blieb anfangs etwas zurück, aber übertraf die anderen in späteren Jahren, etwa wie der US-Markt im Verlauf der vergangenen 30 Jahre. Index 2 könnte ein Auslandsindex sein, der früher besser war, aber in den vergangenen 15 Jahren ein bisschen hinterherhinkte. Ein rationaler Investor würde den Index mit der niedrigsten Volatilität vorziehen wie Index 1, der mit der sanftesten Fahrt ankommt.

Die sanfteste Fahrt wird die breiteste Benchmark sein. Zur Zeit sind die breitesten Indizes der global ausgerichtetee MSCI World Index, der entwickelte Staaten abbildet und eine lange Geschichte hat, der ACWI, der aufstrebende Märkte einschließt (die ich immer noch lieber „weniger entwickelte Staaten" nenne – schließlich bilden sich einige von ihnen aus und einige von ihnen gehen unter). Der ACWI hat eine kürzere Geschichte und ist weniger nützlich für die Messung historischer Daten, aber verdammt akzeptabel als Benchmark.

Risiko gegen Rendite?

Wie kann es sein, dass der volatile Nasdaq Sie im Laufe der Zeit an den gleichen Punkt bringt wie der S&P 500 oder sogar der überbreite ACWI? Wenn der Nasdaq volatiler ist, sollten Sie mehr Rendite erzielen, nicht wahr?

Viele, die Finanzwesen studiert haben, glauben diesen weitverbreiteten Mythos, der überall gelehrt wird. Er ist konventionelles Wissen – falsches –, das von unendlich gebildeten Leuten allgemein verbreitet wird, die fähig sein sollten, es zu durchschauen, es aber irgendwie nicht können. Die Überlegung ist, dass Sie mehr Risiko eingehen müssen, das in Volatilität gemessen wird, um eine höhere Rendite zu bekommen, und daher sollten Sie ein volatiles Portfolio haben, wenn Sie den Markt übertreffen wollen. Das funktioniert für Aktien gegenüber Anleihen und gegenüber Bargeld – wo historisch diese Vorstellung entstand. Aber innerhalb der Typen von Kapitalwerten ist es geschichtlich messbar falsch. Dies ist ein Grund, warum Geschichte ein wunderschöner Weg ist, zu prüfen, ob allgemein akzeptierte Weisheiten richtig sind. Wenn es wahr wäre, hätte der IT-Markt höhere langfristige Gewinne als weniger volatile Indizes, aber er hat sie nicht.

Volatilität hat damit zu tun, wie stark die Bestandteile innerhalb eines Index auf kurze Frist negativ miteinander korrelieren – wieviel kurzfristiges Hin und Her gibt es innerhalb des Index. Im Wesentlichen misst Volatilität, wie schmal der Index ist – inwieweit sich alle Teile kurzfristig in die gleiche Richtung bewegen. Sie können einen schmalen, volatilen Index schaffen, indem Sie eine fast beliebige reine Kategorie von Aktien nehmen, die sich alle kurzfristig gleich bewegen. Auf diese Weise bekommen Sie Volatilität, aber das hat nichts mit langfristigen Gewinn zu tun (womit wir uns ausführlich in Kapitel 7 beschäftigen werden, wenn wir besprechen, wie Angebotsänderungen langfristige Preisgestaltung bestimmen). Wenn das nicht wahr wäre, hätten alle Untersektoren, die einen breiten Index bilden und die alle individuell volatiler als der Gesamtindex sind, einen höheren Gewinn als der Index selbst – aber das kann nicht sein, der Gewinn der Teile kann kein anderer sein als die Teile des Gewinnes. Dies ist eine sehr gut vorstellbare Frage zwei, aber die meisten Leute schaffen es nicht einmal, überhaupt darüber nachzudenken. Im Bereich der Aktien hat kurzfristige Volatilität nichts mit langfristigen Gewinnen zu tun. Mit allen korrekt kalkulierten Aktienindizes kommen Sie zu etwa der gleichen Eigenkapitalrendite, wenn Sie ihnen 30 Jahre Zeit geben. Und die, die vorne liegen, sind nicht sehr weit voraus und nur durch einen glücklichen Zufall, der sich wahrscheinlich bald umkehrt.

Bedenken Sie, dass vielen Lesern gesagt worden sein wird, dass das, was ich Ihnen hier erzähle, falsch ist. Aber das ist eine nachweislich falsche Annahme. Die Geschichte sagt „Das stimmt nicht." Geschichte ist schön.

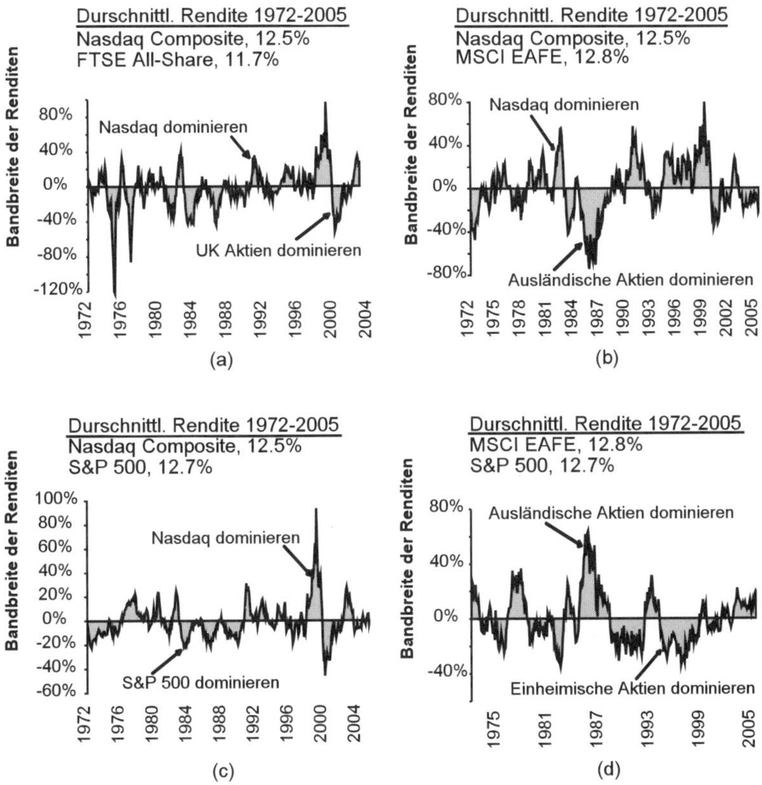

Abbildung 4.5: Zwölf-Monatsdifferenz der Roll-Performance.

Quelle: Thomson Financial Datastream.

Abbildung 4.5 zeigt den Ausgleich der Renditedifferenz zwischen dem „riskanten" Nasdaq und breiteren Kategorien. Abbildung 4.5a zeigt den Nasdaq und den britischen FTSE (beginnend mit 1972 – dem ersten vollen Jahr des Nasdaq). Wenn die Linie über null Prozent liegt, hat der Nasdaq vorn gelegen, und wenn die Linie unter null Prozent ist, der FTSE. Die Indizes geben ihre Führung in unregelmäßigen Intervallen an den jeweils anderen ab, und Sie können Spitzenwerte in der Wechselhaftigkeit der Performance erkennen. Die Differenz in der Performance ist in jedem angegebenen Jahr signifikant – 40 Prozent, 80 Prozent, an einem Punkt Mitte der 70er Jahre sogar 120 Prozent. Eine Reihe von Jahren in den 80ern schien der FTSE den Nasdaq immer wieder zu übertreffen, aber in den späten 90ern schwang die Performance entscheidend um. Dennoch bekommen Sie bei all dieser Wechselhaftigkeit im Verlauf dieser langen Periode nicht viel Überschussrendite. Intuitiv können Sie sehen, dass ungefähr genausoviel graue Schattierung über der Linie wie unter der Linie ist. Ganz einfach brachte der FTSE von 1972 bis 2005 11,7 Prozent jährlichen Gewinn (in örtlicher Währung) und der „riskante" Nasdaq 12,5 Prozent. Ich würde sagen, dass diese Gewinne ganz verdammt nahezu gleich sind. Vielleicht stimmen Sie nicht zu. Vielleicht meinen Sie, dass dieser Vorsprung des Nasdaq eine Prämie für seine höhere Volatilität ist. Denken Sie noch einmal nach.

Sie können das Gleiche in Abbildungen 4.5b und 4.5c mit zwei breiteren Indizes, dem MSCI-Index Europa, Australien, Ferner Osten (EAFE) und dem S&P 500 sehen. Der EAFE ist volatiler als der S&P. Und es gab im Verlauf der Jahre riesige Differenzen in der Performance zwischen den beiden und dem Nasdaq und manchmal über längere Zeitspannen Überlegenheit und Unterlegenheit. Trotzdem bekommen Sie immer noch keinen Überschussgewinn für Ihr „Risiko". Wieder sehen Sie visuell die gleiche Menge Grau über und unter der Linie. Im Verlauf derselben Zeitperiode brachte der EAFE-Index 12,8 Prozent Gewinn jährlich und der S&P 500 12,7 Prozent – erstaunlicherweise genausoviel wie die 12,5 Prozent des Nasdaq. Wo ist die Überschussrendite für Nasdaqs höhere Volatilität?

Sie können nicht erwarten, dass eine volatilere Kategorie langfristig einen Mehrgewinn bringt, weil alle gut konstruierten Aktienindizes mit der Zeit konvergieren, wenn man richtig rechnet. Betrachten Sie die Gewinne innerhalb des EAFE und S&P 500 (Abbildung 4.5d). Sie wissen schon, dass ihre langfristigen durchschnittlichen Gewinne die gleichen waren, aber sehen Sie, wie variabel ihre Performance von Jahr zu Jahr ist. Einer führt, der andere hinkt hinterher, vielleicht jahrelang, aber diese Verschiedenheit der Wertentwicklung ist auf lange Sicht nicht wichtig. Sie werden schließlich an der gleichen Stelle ankommen.

Dieser Frage-eins-Mythos hält sich hartnäckig, weil wir unsere Annahmen nicht hinterfragen und nicht die Geschichte nutzen, um zu verifizieren, dass unsere Theorie richtig ist. Investoren sind voreingenommen gegenüber ihrer Lieblingskategorie, und verzerrte Bestätigungen stützen ihre vorgefassten Ideen. Viele Investoren gehen fälschlicherweise davon aus, dass ihre Lieblingskategorie – seien es Small-Cap, Energie, Technologie, große Werte, aufstrebende Märkte – von vornherein überlegen ist. Das ist nachweislich falsch, aber reichlich wenige machen sich die Mühe, es zu überprüfen, und darum kann hier ein großer Mythos bloßgestellt werden. Es gibt überhaupt keinen Beweis dafür, dass irgendeine Kategorie dauerhaft besser ist. Ein Fan einer Kategorie kann Ihnen einen Ausschnitt einer Zeitperiode von A bis L zeigen, in der diese Kategorie den Markt übertroffen hat. Wählen Sie ein anderes Anfangs- und Enddatum aus und seine Dominanz schwindet. Nehmen Sie einen etwas anderen Ausschnitt des gleichen Substantivs und Adjektivs, und ihre Bedeutungen schwinden auch.

Man könnte es eine Daten-Mine nennen, wenn jemand absichtlich oder unabsichtlich Daten auswählt, die komfortabel seine Argumentation zu beweisen scheinen, aber die ganze Sache auseinanderfällt, wenn Sie etwas andere Daten verwenden oder den Zeitraum ändern. Nehmen Sie den liebgewordenen Mythos, dass Nebenwerte besser laufen als Hauptwerte. Historisch hat dies einige Gültigkeit, weil seit 1926 kleine Aktien im Durchschnitt besser waren als Hauptwerte. Die meisten Beobachter verwechseln Durchschnitte mit (1) dem, was am häufigsten passiert, und (2) der Wirklichkeit. Wir wissen, dass es ein Mythos ist, denn wenn Sie die Datenserie nehmen, die zum Beweis benutzt wird, und dann die homogenen Perioden nehmen, die sich von der Talsohle der vier größten Bärenmärkte aufgeschwungen haben (Zeiten, als Nebenwerte immer gut gelaufen sind) –1932 bis 1935, 1942 bis 1945, 1974 bis 1976 und 2002 bis 2004 – und sich dann den Rest der Geschichte anschauen, dann sehen Sie, dass in den übrigen Zeiträumen die Hauptwerte um mehr als zwei Prozent pro Jahr über den Nebenwerten lagen. Der gesamte Mehrgewinn der Nebenwerte kommt von jenen wenigen Perioden. Aber wenn Sie die Talsohle der vier größten Bärenmärkte korrekt identifizieren könnten, würden Sie keine Nebenwerte brauchen, um herauszufinden, wie der Markt zu übertreffen ist. (Oder wenn Sie die absolut kleinsten, am wenigsten liquiden Nebenwerte aus der Studie herausnehmen, bricht die ganze Sache wieder zusammen.)

Ich will damit sagen, dass der vermeintliche, von so vielen angepriesene langfristige Small-Cap-Effekt schlimmer ist als eine Daten-Mine. Es ist für die meisten Beobachter ein Grube der Verwirrung (ein Gruß des GD). Ansonsten hat er einfach keine Gültigkeit. In einigen langen Zeiträumen, wie in der Periode seit 2000 bis heute, führen kleine Aktien, und zwar deutlich. In anderen Zeiten bleiben sie lange zurück.

Anders gesagt, wenn Sie 1945 35 Jahre alt waren, gerade aus dem Zweiten Weltkrieg zurück und im Begriff zu investieren, und Sie glaubten zu wissen, dass im Durchschnitt Nebenwerte besser liefen als Hauptwerte, wären Sie bis 1975 den ganzen Weg zum Ruhestand mit 65 gegangen und hätten während dieser gesamten Periode gesehen, dass die Hauptwerte im Durchschnitt die Nebenwerte übertroffen haben. Das ist einfach ein wenig zu lang, um sich darauf zu verlassen, dass etwas funktioniert. Oder sagen wir, dass Sie 1973 mit 25 aus Vietnam zurückkamen, fünf Jahre lang psychologische Beratung durchmachten, Ihr Haar schnitten und 1978 im Alter von 30 Jahren anfingen zu investieren – die nächsten 20 Jahre lang liefen Hauptwerte im Durchschnitt besser als Nebenwerte (obwohl es Ihnen die ersten wenigen Jahre gut gegangen wäre und Sie ein paar Bestätigungsfehler gesammelt hätten). Ein Vierteljahrhundert ist eine lange, lange Zeit, wenn Sie darauf warten, dass sich Durchschnittswerte umkehren.

Wählen Sie Ihre Zeitperiode umsichtig aus, und Sie können offensichtlich vieles beweisen. Aber obwohl die meisten Investoren längere Zeithorizonte haben als sie glauben, können sich nur verdammt wenige leisten, ein volles Vierteljahrhunderts falsch zu liegen.

Wenn eine Kategorie besser wäre als alle anderen, wüssten wir es alle und investierten unser Geld in sie; alle anderen Anlagekategorien würden verschwinden. Wir unterliegen alle dem Kapitalismus. Aktienkurse werden von Angebot und Nachfrage bestimmt. Und kein einziger Index, keine Größe, kein Stil, keine Kategorie ist auf ewig die beste. Keine. Und Sie müssen nicht 25 Jahre darauf warten, dass Kategorie X das nächste Mal den Markt anführt.

Global Denken heißt besser Denken

Es erscheint sinnvoll, dass Sie, je mehr Sie Ihr Engagement global streuen, Sie auch Ihr Risiko weiter streuen. Kein Land führt ständig, und niemand weiß mit Sicherheit, welches als Nächstes führen wird. Tabelle 4.1 auf Seite 175 illustriert die wechselnde Führung in der Länderperformance von Jahr zu Jahr. Die Opportunitätskosten, sich geographisch nicht zu diversifizieren, können gewaltig sein. Statt das Unbekannte zu fürchten, sollten Sie fürchten, große Gelegenheiten zu verpassen, die Sie im Ausland hätten haben können. Und Sie sollten fürchten, dass Ihr eigenes Ursprungsland vielleicht das ist, wo das rauheste Risiko als Nächstes droht.

Wenn Ihnen nicht wohl dabei ist, einzelne ausländische Aktien auszuwählen, können Sie sich leicht durch einen preisgünstigen Indexfonds (ETF, Exchange Traded Fund) global engagieren. Der MSCI EAFE, der die entwickelten Auslandsmärkte wiedergibt, ist seit Jahren als preisgünstiger Indexfonds überall verfügbar. Die Nutzung eines solchen Investmentvehikels streut Ihr Risiko, bringt Ihnen das benötigte Auslandsengagement und ist trotzdem ansonsten vollkommen passiv. Merke: Ich bin im Allgemeinen kein Fan von Investmentfonds oder Indexfonds (wie ich in einer *Forbes*-Kolumne – die folgt – geschrieben habe). Sie sind normalerweise viel zu teuer und schließen zu viele Steuervorteile für Investoren mit großem Vermögen aus. Aber wenn Sie mit einem kleineren Geldbeutel arbeiten, können die Fonds Ihnen die nötige Diversifizierung verschaffen. Und wenn Sie nichts wissen, das andere nicht wissen, ist Passivität immer angemessen.

Ich hasse Fonds

Diese Ausgabe, der Investmentfondsführer, bietet eine großartige Gelegenheit, Ihnen dies mitzuteilen: Ich hasse Fonds. Die meisten von Ihnen sollten das auch. Der durchschnittliche *Forbes*-Abonnent (Vermögen bei der letzten Erhebung 2,1 Millionen Dollar) ist für Fonds zu wohlhabend. Fonds waren nie für Sie vorgesehen. Sie waren für Leute mit einem kleinen Portemonnaie auf der Suche nach Diversifizierung vorgesehen. Aber zu einem Preis. Einem hohen Preis.

Seit Jahren habe ich auf einen globalen Ansatz gedrängt. Ich werde jetzt nicht zurückweichen (lesen Sie zum Beispiel meine Kolumne vom 27. November 2000). Aber ausländische und globale Fonds sind teuer.

Der durchschnittliche globale Fonds ohne Ausgabeaufschlag hat eine jährliche Kostenquote von 1,8 Prozent für Portfoliomanagement und Gemeinkosten. Hinzu kommen die „weichen" Gebühren, das sind die Handelskommissionen, weit über den wettbewerbsfähigen Sätzen, die an Brokerfirmen geleitet werden, dafür, dass diese den Fonds mit ihrem Research unterstützen. Durchschnittliche weiche Kosten für Fondskunden: 0,3 Prozent der Vermögenswerte jährlich. Das ist eine Wuchergebühr, aber sie ist legal. Ein Fonds sollte Research aus seinen eigenen Gewinnen bezahlen.

Dann spielen die Leute verrückt und stellen eine Person oder einen Dienst ein, die ihnen sagen sollen, welche Fonds sie kaufen sollen, weil es so viele gibt und es verwirrend ist, sich zurechtzufinden. Hier beträgt die Gebühr normalerweise jährlich 1. Addieren Sie diese drei Gebühren, und Sie könnten drei pro Jahr ausgeben, um ein globales Aktienportfolio zu besitzen. Dann müssen Sie wirklich ein Genie sein, um am Ende einen Gewinn zu haben. Wenn Aktien langfristig zehn bringen und die Inflation im Durchschnitt drei beträgt, beträgt Ihre wirkliche Rendite sieben. Eine dreiprozentige jährliche Gebühr frisst fast die Hälfte davon auf. Sie enden mit einem Ertrag wie bei Anleihen, während Sie Risiken wie bei Aktien eingehen. Das ist das Spiel eines armen Schluckers.

Dann kommt die Performance. Jeder weiß, dass der durchschnittliche Investmentfonds nicht mit dem Markt Schritt gehalten hat. Was sie nicht verstehen, ist warum. Das Problem sind nicht die ausgewählten Aktien. Es ist ein strukturelles Problem. Und zwar aus folgendem Grund:

Fonds sind in kleinen Firmen tendenziell übergewichtet, in großen untergewichtet. Dafür könnte es viele Gründe geben, aber ein gewichtiger ist wahrscheinlich der, dass für den Portfoliomanager eine fette Verwaltungsgebühr nur schwer zu rechtfertigen ist, wenn er nur große, offensichtliche Aktien wie General Electric und ExxonMobil besitzt. In einer Ära wie dem vergangenen Jahrzehnt, als Hauptwerte Nebenwerte übertrafen, war es deshalb unvermeidlich, dass Fonds gegenüber dem S&P 500 Hauptwerteindex eine unzureichende Wertentwicklung hatten.

Sie können diese Ungleichheit quantifizieren. Ein Portfolio hat das, was eine gewichtete durchschnittliche Marktkapitalisierung genannt wird. Ein Fonds, der zu 80 in eine Aktie mit einer Marktkapitalisierung von zehn Milliarden Dollar investiert und zu 20 in eine Aktie mit einer Marktkapitalisierung von 100 Milliarden Dollar, hat eine gewichtete durchschnittliche Marktkapitalisierung von 28 Milliarden Dollar. Für einen Indexfonds, der dem S&P 500 folgt, ergibt diese Berechnung eine Zahl von 110 Milliarden Dollar. Für den durchschnittlichen US-Aktienfonds sind es nur 24 Milliarden Dollar.

Es ist für einen aktiv gemanagten Fonds sehr restriktiv, eine gewichtete durchschnittliche Marktkapitalisierung von ungefähr 110 Milliarden Dollar zu haben. Zur Zeit gibt es nur 15 Firmen mit einer Marktkapitalisierung, die diesen Betrag übersteigt. Fonds besitzen viel mehr Aktien als das.

Und wenn kleine Aktien große übertreffen? Fonds verlieren wieder, wenigstens, wenn sie aktiv handeln. Kleine Aktien (das heißt, Aktien von Firmen mit einer Marktkapitalisierung von unter fünf Milliarden Dollar) haben tendenziell niedrige Aktienkurse und eine hohe Geld-Brief-Spanne. Wenn ein Fonds in Aktien hinein und wieder herausgeht, die bei 20 Dollar Geldkurs und 20,50 Dollar Angebotskurs liegen, verliert er 2,5 an Transaktionskosten. Das ist genauso schlecht wie drei Gebühren.

Deshalb mag ich keine Fonds. Die aktiv getauschten kosten Sie einen Haufen. Die passiven Indexfonds sind eine Menge billiger, und natürlich wird ein S&P 500-Fonds diesem Index ganz gut folgen. Aber ich mag auch sie nicht. Warum? Steuern. Es gibt keine Steuervorteile für Fonds, nur Nachteile.

Fans von Fonds, einschließlich der Redakteure dieser Zeitschrift, berufen sich intensiv auf die Tatsache, dass Indexfonds steuerlich günstig seien. Das heißt, sie haben nicht die schlechte Angewohnheit gehabt, steuerpflichtige Kapitalgewinnverteilungen hilflosen Aktionären aufzuzwingen. Sie sind bei diesem Spiel meistens erfolgreich gewesen, weil sie im Verlauf des vergangenen Jahrzehnts neues Geld eingenommen haben. Lassen Sie nur eine Zeit massiver Rückkäufe kommen, und der Indexfonds könnte einen Teil der Niedrigkostenbasis-Aktienanteile verkaufen müssen, was steuerpflichtige Verteilungen unvermeidlich macht. Beachten Sie auch, dass selbst ein steuerwirksamer Fonds Aktionären keine Kapitalverluste weitergeben kann. Wenn Sie Kapitalverluste für Ihre Steuerrückzahlung gebrauchen können, halten Sie Aktien direkt.

Jeder mit mehr als ungefähr 350 000 Dollar – das sind die meisten *Forbes*-Leser – kann es besser machen als ein Fonds, indem er Aktien kauft. Lassen Sie mich die Werbetrommel dafür rühren, dem Rat dieser Kolumne zu folgen. Er ist global. Wie von *Forbes* jährlich gemessen und bereinigt um die 1 % Phantom-Courtagekosten, hat er jahrelang die MSCI World, EAFE und S&P 500 übertroffen. Er kostet Sie fast nichts. Dieses Jahr? Ich bin das ganze Jahr bargeldorientiert gewesen. Wenn ich bullish werde, werde ich Aktien empfehlen. Nicht Fonds.

Wenn Sie wirklich in Richtung Investmentfonds gehen wollen, gehen Sie sicher, einen hinreichend breiten Fonds oder eine Auswahl von Fonds zu kaufen. Denken Sie auch daran, die Relation der Kosten zu überprüfen. Die meisten Fonds sind viel zu teuer. Ihr Portfolio global zu diversifizieren, ist klug, aber nicht, wenn die Gebühren den ganzen Nutzen auffressen.

Sie brauchen Auslandsinvestitionen wirklich nicht zu fürchten. Viele ausländische Aktien können leicht mit US-Dollars in Form von American Depository Receipts (ADR) gekauft werden. Mehr noch, Sie brauchen nur Ihren Kühlschrank, Arzneischrank, Vorratsschrank, Werkbank oder Garage (oder zum Teufel, Ihren Arbeitgeber) zu überprüfen, um viele vertraute Namen aus fremden Ländern zu finden.

Sag niemals Dow

Ich betone immer wieder, dass Ihre Benchmark ein „gut zusammengestellter Index“ sein soll, aber ich habe nicht erwähnt, was ein „schlecht zusammengestellter Index“ ist. Grüßen Sie den Dow Jones Industrial Average, einen in der Tat sehr schlecht zusammengestellten Index. Viele Investoren leben und sterben mit dem Dow Jones Industrial Average, häufig ehrerbietig „Der Dow“ genannt. Die Leute assoziieren Aufwärtsbewegungen des Dow mit gesunden Märkten, einer starken Wirtschaft, sonnigen Tagen, Rekordernte in der Landwirtschaft und wer weiß was sonst. Investoren nehmen an, dass der Dow ein zuverlässiger Marktanzeiger sei, aber in der Wirklichkeit ist er schlecht zusammengestellt, wenig aussagefähig und sollte nie als Benchmark verwendet werden. Ich habe jahrzehntelang dem Dow keine Aufmerksamkeit geschenkt und kann Ihnen nicht einmal sein absolutes Niveau mitteilen, weil ich mir angewöhnt habe, niemals Dow zu sagen, wie im Titel meiner Forbes-Kolumne vom 19. November 1999, *„Never Say Dow“*[11]. Mein Rat an Sie ist, dass Sie Märkte besser erkennen werden, wenn Sie sich angewöhnen, den Dow ebenfalls für den Rest Ihres Lebens zu ignorieren. Der einzige Grund, jemals Dow zu sagen, ist, wenn Sie sich auf eine Verlagsgesellschaft, eine Chemiefirma oder eine asiatische Philosophie (richtig geschrieben: Tao) beziehen. Aber benutzen Sie nie den Dow Jones Industrial Average.

	1	2	3	4	5
1990	UK 10,3%	HONGKONG 9,2%	ÖSTERREICH 6,3%	NORWEGEN 0,6%	DÄNEMARK -0,9%
1991	HONGKONG 49,5%	AUSTRALIA 33,6%	USA 30,1%	SINGAPUR 25,0%	NEUSEELAND 18,3%
1992	HONGKONG 32,3%	SCHWEIZ 17,2%	USA 6,4%	SINGAPUR 6,3%	FRANCE 2,8%
1993	HONGKONG 116,7%	FINLAND 82,7%	SINGAPUR 68,0%	NEUSEELAND 67,7%	SCHWEIZ 45,8%
1994	FINLAND 52,2%	NORWEGEN 23,6%	JAPAN 21,4%	SCHWEDEN 18,3%	IRLAND 14,5%
1995	SCHWEIZ 44,1%	USA 37,1%	SCHWEDEN 33,4%	SPANIEN 29,8%	NIEDERLANDE 27,7%
1996	SPANIEN 40,1%	SCHWEDEN 37,2%	PORTUGAL 35,7%	FINLAND 33,9%	HONGKONG 33,1%
1997	PORTUGAL 46,7%	SCHWEIZ 44,2%	ITALIEN 35,5%	DÄNEMARK 34,5%	USA 33,4%
1998	FINLAND 121,6%	BELGIEN 67,7%	ITALIEN 52,5%	SPANIEN 49,9%	FRANCE 41,5%
1999	FINLAND 152,6%	SINGAPUR 99,4%	SCHWEDEN 79,7%	JAPAN 61,5%	HONGKONG 59,5%
2000	SCHWEIZ 5,9%	KANADA 5,3%	DÄNEMARK 3,4%	NORWEGEN -0,9%	ITALIEN -1,3%
2001	NEUSEELAND 8,4%	AUSTRALIA 1,7%	IRLAND -2,8%	ÖSTERREICH -5,6%	BELGIEN -10,9%
2002	NEUSEELAND 24,2%	ÖSTERREICH 16,5%	AUSTRALIA -1,3%	NORWEGEN -7,3%	ITALIEN -7,3%
2003	GRIECHENLAND 69,5%	SCHWEDEN 64,5%	DEUTSCHLAND 63,8%	SPANIEN 58,5%	ÖSTERREICH 57,0%
2004	ÖSTERREICH 71,5%	NORWEGEN 53,3%	GRIECHENLAND 46,1%	BELGIEN 43,5%	IRLAND 43,1%
2005	KANADA 28,3%	JAPAN 25,5%	ÖSTERREICH 24,6%	DÄNEMARK 24,5%	NORWEGEN 24,3%

Tabelle 4.1: Es gibt ständige Wechsel an der Spitze.

Quelle: Thomson Financial Datastream.

Erstens, aber nicht am wichtigsten: Der Dow umfasst nur 30 große Werte und repräsentiert weniger als ein Viertel des Marktwerts aller US-Aktien von mehr als 16 Billionen Dollar[12] (kaum eine gerechte und totale Darstellung der US-Märkte). Diese wenigen Dow-Aktien werden willkürlich ausgewählt. Einige werden übernommen und scheiden aus. Andere fallen heraus und werden vom Dow-Ausschuss ersetzt, der die Auswahl macht. Der Dow hat seine Stellung in der populären Presse vor allem aus sentimentalen und kulturellen Gründen behalten – der gleichen Art von Gründen, die Marktmythen mehrere Jahrzehnte lang bestehen lässt. (Dass sein Sponsor auch das *Wall Street Journal* und *Barron's* besitzt, tut auch nicht weh.) Aber sein größter Mangel ist, dass er ein *preisgewichteter* Index ist. Widmwn Sie Ihre Aufmerksamkeit nie einem preisgewichteten Index. Nie. Lassen Sie mich das zur Betonung noch einmal sagen. Widmen Sie Ihre Aufmerksamkeit nie einem preisgewichteten Index.

Bedenken Sie, dass Mitte 2006 3M einen potentiell höheren Einfluss auf das Ergebnis des Dow hatte als irgendwelche anderen Aktien, obwohl sie damals unter den größten US-Aktien nur an 80. Stelle stand.[13] Warum sollte die US-Aktie an 80. Stelle mehr bewirken als etwa die an erster Stelle? Willkommen bei der Preisgewichtung. Und wie ist es hiermit: Obwohl IBM die sechzehntgrößte US-Aktie und eine größere Gesellschaft als 3M ist, hat sie den geringsten potentiellen Einfluss auf den Dow.

Je höher der Kurs einer Aktie in einem „preisgewichteten" Index wie dem Dow ist (und dem NIKKEI – nebenbei, benutzen Sie auch ihn nicht – ein weiterer höchst irreführender preisgewichteter Index), desto mehr Einfluss hat sie im Index im Verhältnis zu anderen Aktien. In einem preisgewichteten Index haben 100-Dollar-Aktien einen zehnmal höheren zukünftigen Einfluss auf den Index als Zehn-Dollar-Aktien, obwohl die Zehn-Dollar-Aktien von einem Wert sein können, der nach jedem Standard bei weitem wertvoller und viel größer ist. Wahnsinn.

Preisgewichtete Indizes sind inhärent problematisch, denn wenn Aktienpakete gesplittet werden, splittet sich auch ihr Gewicht im Index. Das Gesamtniveau des Index ist nicht beeinflusst worden, aber das Splitting hat den Einfluss dieser Aktien im Verhältnis zu den anderen Aktien des Index reduziert. Sie können das nicht glauben – die meisten Leute können es nicht – aber es ist wahr. Umgekehrt ist es auch wahr – wenn die Aktien ein umgekehrtes Splitting durchmachen, was selten passiert (das bedeutet, dass Sie zum Beispiel einen Anteil für jeweils zwei bekommen, die Sie vorher besaßen), verdoppelt sich das Gewicht der Aktie im Index. Aktiensplittings und umgekehrte Splittings sind rein kosmetisch und haben keine Wirkung auf die Marktkapitalisierung einer Gesellschaft, Dividenden, das Eigenkapital von Investoren oder irgendeine andere Form realer Ökonomie – überhaupt keine. Aber Aktiensplittings beeinflussen absolut, welche Aktien in einem preisgewichteten Index Einfluss und Macht haben. Wenn Sie nicht Aktiensplittings vorhersagen können – und bisher war noch keine Technologie dazu in der Lage –, haben Sie keine rationale Grundlage für die Vorhersage eines preisgewichteten Index auch nur für ein oder zwei Jahre auf einen Schlag – selbst wenn Sie die Preisperformance jedes einzelnen Aktienwertes im Index perfekt vorhersagen könnten. Das ist eine Tatsache. In einigen

Jahren wäre der Dow um zehn Prozent besser oder schlechter gelaufen als er es tatsächlich tat, je nachdem, welche Indexwerte am Ende gesplittet worden wären oder nicht. Ich spreche nicht von elf Prozent statt zehn Prozent. Ich spreche von 20 Prozent statt zehn Prozent.

Mit jedem Aktiensplitting (das passiert recht häufig) wird die Struktur des Dow von der wirtschaftlichen Realität weggedreht. Mathematisch gesehen ist der Wert des Dow Jahr für Jahr technisch rein zufällig, je nachdem, welche Aktie gesplittet wird und wann.

Wenn in einem beliebigen Jahr die gesplitteten Aktien schlechter laufen als die nicht gesplitteten, läuft der Index besser als seine durchschnittlichen Aktien. Wenn die Aktien, die gesplittet wurden, besser laufen als die Aktien, die nicht gesplittet wurden, läuft der Index schlechter als die durchschnittliche Rendite seiner Aktien.

Welche Aktien gesplittet werden, beeinflusst tatsächlich den Dow. Verrückt, was? Anders gesagt, wenn die Aktien mit hohem Kurs die Aktien mit niedrigem Kurs übertreffen, dann läuft der Dow besser als der wirtschaftliche Gewinn seiner Aktien. Umgekehrt, wenn die Aktien mit niedrigem Kurs diejenigen mit hohem Kurs übertreffen, läuft der Dow schlechter als seine Aktien.

Man glaubt nicht, dass das wahr ist. Sie haben gehört, dass der Dow etwas hat, das „Divisor" genannt wird, um ihn an Splittings anzupassen. Ändern wir wirklich Ihren Realitätssinn. Wenn eine Aktie im Dow gesplittet wird, passen der Dow und die Gesellschaft den „Divisor" an – wie bei jedem preisgewichteten Index. Dieser Divisor hält das Gesamtniveau des Dow zwischen vor und nach der Änderung konstant, damit es kosmetisch nahtlos aussieht. Das heißt, die Veränderung des Divisors führt dazu, dass das Splittung keine Auswirkung auf das Gesamtniveau des Dow hat, wenn das Splitting geschieht. Der Divisor wird ständig angepasst. Während ich dies schreibe, war der Divisor herunter auf 0,125, weshalb Sie Berkshire Hathaway (momentaner Preis über 90 000 Dollar pro Aktie) so schnell nicht unter den Dow 30 sehen werden. Bei Berkshire Hathaway stimmt alles, aber wenn es mit einem Anteilspreis von 90 000 Dollar aufgenommen würde, würde es den Index verzerren, weil es die anderen Aktien bei der Berechnung des Durchschnittswerts völlig überwältigen würde. Wenn der Dow Berkshire Hathaway aufnähme, würden die Bewegungen des Index in Zukunft fast vollständig von dem abhängen, was bei Berkshire passiert, und fast überhaupt nicht von irgendetwas sonst. Berkshire würde aus insgesamt 90 000 Gründen wichtig sein und die anderen 29 Aktien zusammen nur aus einigen tausend Gründen. Das scheint kaum fair.

Der Zwei-Aktien-Index

Im Folgenden eine leichte Demonstration, warum preisgewichtete Indizes gemieden werden und Sie den Dow völlig ignorieren sollten. Wir schaffen einen preisgewichteten Index, der aus nur zwei Aktien besteht – ABC und XYZ –, die anfänglich jeweils 100 Dollar pro Aktie wert sind. Unser Index funktioniert genau wie der Dow, aber er hat nur zwei Aktien, das macht es leichter zu sehen, wie er funktioniert. Aus Gründen der Einfachheit haben sie beide den gleichen gesamten Marktwert, und auch jedes andere ihrer quantitativen Merkmale ist gleich. Der einzige Unterschied ist ihr Name: ABC und XYZ. Um den anfänglichen Indexwert zu bekommen, addieren wir einfach die Preise von ABC und XYZ, teilen die Summe durch die Gesamtzahl der Aktienpakete (zwei) und erhalten 100 Dollar. Unser Zwei-Aktien-Index fängt also bei 100 an. Ganz unkompliziert! Sie brauchen nicht einmal einen Taschenrechner dafür.

Am Montag ist ABC um zehn Prozent auf 110 Dollar gestiegen, und XYZ ist um zehn Prozent auf 90 Dollar gefallen. Addieren Sie 110 und 90, und Sie erhalten 200, teilen Sie das durch zwei (unser anfänglicher Divisor), und Sie bekommen immer noch 100 Dollar, was sinnvoll erscheint, weil die jeweils zehn Prozent Bewegung einander vollkommen ausgleichen. Wieder leichte Rechenübungen! Nichts Merkwürdiges – noch nicht. Am späteren Montag drehen sie sich und sind jetzt beide wieder bei 100 Dollar, und der Index bleibt bei 100. Aber warten Sie!

Am Dienstag handeln beide Aktien anfangs bei 100 Dollar, aber ABC verkündet ein 100-zu-1 Aktiensplitting. Ich weise darauf hin, dass die meisten Splittings normalerweise in der Größenordnung von 2-zu-1 oder 3-zu-1 sind, aber wegen des Beispiels, der Klarheit und des Wahnsinns (weil preisgewichtete Indizes wahnsinnig sind), ist es leichter, extreme Zahlen zu verwenden. ABC-Aktien werden jetzt bei einem Dollar pro Anteil gehandelt, obwohl der Gesamtwert der Gesellschaft unverändert bleibt. Auch für die Aktionäre verändert sich nichts. Wenn ein Aktionär zuvor 100 Aktie von ABC zu je 100 Dollar hatte, jetzt hat er 10 000 Aktien, die jeweils einen Dollar wert sind – in beiden Fällen besitzt er 10 000 Dollar von ABC. ABC steht bei einem Dollar. XYC ist immer noch bei 100 Dollar. Addieren Sie die beiden, und Sie bekommen 101 Dollar. Teilen Sie durch zwei, und Sie bekommen jetzt 50,50 Dollar. Aber halt, das ist nicht richtig. Das wird nicht funktionieren.

Wir wissen, dass der Index bei 100 bleiben muss, weil sich nichts außer dem Splittung verändert hat. Zeit für eine Divisoränderung! Das, was der Dow machen würde. Statt durch zwei zu teilen, wie wir es zunächst getan haben, fragen wir jetzt: „Welche Zahl, durch die wir 101 teilen, ergibt 100?“ Einfache Algebra – Sie haben das in der siebten Klasse gelernt – die Antwort ist 1,01. Gesunder Menschenverstand. Also setzten wir den neuen Divisor auf 1,01 fest, fast die Hälfte von dem, was er vor dem Splitting war, und unser Index bleibt bei 100, und wir sind fett, dumm und glücklich. Dies ist die Art und Weise, wie der Dow das machen würde. Wenn sich sonst nichts außer der Kosmetik des Splittings verändert hat, sollte der Wert des Index der gleiche bleiben, nicht wahr? Und das sollte getan werden, indem man den Divisor anpasst, genau wie wir es getan haben.

Am Mittwoch steigt ABC wieder um zehn Prozent, und XYZ fällt um zehn Prozent. Aber statt dass der Index unverändert bleibt, wie er sollte und vor dem Splitting blieb, wird er sich jetzt merklich verändern. ABC liegt jetzt bei 1,10 Dollar, XYZ jetzt bei 90 Dollar. Addieren Sie, und Sie erhalten 91,10 Dollar. Teilen Sie durch unseren neuen Divisor von 1,01, und Sie erhalten einen Indexwert von 90,20 Dollar. Was zum …? Der Index fiel um beinahe zehn Prozent aus keinem anderen Grund als dem, dass die beiden Aktien im Index prozentual gleiche, aber umgekehrte Bewegungen hatten. Wie kann das gehen? Willkommen in der schmutzigen kleinen geheimen Wirklichkeit preisgewichteter Indizes. Während der wirtschaftliche Gewinn der Firmen seit der Schaffung des Index sich nicht ein Jota geändert hat, hat sich der Index selbst merklich geändert. Wenn die Firmen das gleiche wert sind, sollten sie den gleichen Einfluss auf den Index haben, aber das ist bei einem preisgewichteten Index unmöglich, selbst beim allerheiligsten Dow Jones Industrials.

Noch einmal gesagt, jetzt, da ich Ihre Aufmerksamkeit habe: Wenn in irgendeinem Jahr die gesplitteten Aktien schlechter laufen als die ungesplitteten Aktien, läuft der Index besser als die durchschnittlichen Aktien. Wenn die gesplitteten Aktien besser laufen als die ungesplitteten Aktien, läuft der Index schlechter als die durchschnittliche Rendite der Aktien.

Ich bin immer erstaunt, wo sich die meisten Profis doch auf das Handwerkliche konzentrieren, wie wenige von ihnen in ihrer Ausbildung je einen Kurs in Indexkonstruktion belegt haben – was immer etwas Handwerkliches ist. Fast keiner! Schwer zu sagen, warum! Für diejenigen von Ihnen, die gern ein weiteres leichtes autodidaktisches Lehrbuch der Indexkonstruktion haben möchten, empfehle ich Kapitel 5 von Franks Reilly's *Investment Analysis and Portfolio Management* (Dryden Press 1996). Es ist eines meiner liebsten Investmentlehrbücher. Und Frank ist einer von meinen Lieblingsakademikern und ein sehr netter Typ. Während ich dies schreibe, sind 191 Exemplare von Franks Text auf ABEBooks.com verfügbar, beginnend mit dem stolzen Preis von 1,00 Dollar – genau dem Aktienkurs von ABC.

Ein gut konstruierter Index gewichtet nach der Marktkapitalisierung, was bedeutet, dass Firmen, die mehr wert sind, im Index tatsächlich schwerer wiegen. Exxon mit seiner monströsen Marktkapitalisierung von über 370 Milliarden Dollar[14] hat viel mehr Einfluss auf den S&P 500 und den ACWI als 3M mit seiner Marktkapitalisierung von etwa 60 Milliarden Dollar.[15] So wie es auch sein sollte. Nur wenige würden argumentieren, dass größere Aktienpakete nicht auch mehr Einfluss auf den Index haben sollten.

Niemals die Rendite maximieren

Benchmarking sollte sich also auf marktkapitalisierungsgewichtete Indizes gründen. Diese spezifische Kapitalmarkttechnologie – globales Benchmarking – beabsichtigt nicht, Gewinne vorherzusagen, sondern Sie auf Ihrem Weg zu halten und zu zwingen, global zu denken. Es ist wesentlich für das Besiegen Ihres Steinzeitgehirns und den Gewinn von Selbstbeherrschung, um Ihnen zu helfen, Frage drei zu meistern.

Sogar nachdem sie eine geeignete Benchmark ausgewählt haben, schaden sich viele Investoren am Ende in dem Bemühen, ihre Rendite zu maximieren. Sie wollen Jahr für Jahr große positive Ergebnisse sehen – Zu-Null-Siege – und vergessen zu überprüfen, was ihre Benchmark macht, um so ihr Risiko zu kontrollieren. Sie haben sich der Ordnungspräferenz verschrieben und ignorieren die Wichtigkeit von relativer Rendite gegenüber absoluter Rendite bei einer Vorliebe für absolute Rendite. Und dabei vergessen sie vollständig ihr Risiko.

Relative Rendite ist die im Verhältnis zu Ihrer gewählten Benchmark realisierte Rendite. Wenn zum Beispiel Ihr Portfolio in einem Jahr fünf Prozent Gewinn bringt, glauben Sie vielleicht, dass das eine ganz schlechte Performance ist. Aber wenn Ihre Benchmark im Verlauf der gleichen Periode 15 Prozent gefallen ist, haben Sie den Markt um 20 Prozent übertroffen – riesig nach jedermanns Lehrbuch (obwohl Sie zweifellos gewaltige Risiken eingegangen sind, um das zu erreichen). Ebenso könnten Sie sich ganz gut fühlen, wenn Ihr Portfolio in einem Jahr 15 Prozent Gewinn bringt. Aber wenn die Benchmark in dem Jahr 30 Prozent zugelegt hat, sind Sie sehr große 15 Prozent dahinter zurückgeblieben. So gesehen, wären Sie zehn Prozent im Minus, wenn der Markt fünf Prozent gestiegen ist und Sie um 15 Prozent hinter ihm zurückbleiben, und das tut weh.

Normalerweise sollten Sie Ihr Augenmerk auf relative Rendite richten – wie haben Sie gegenüber Ihrer Benchmark abgeschnitten – als auf absolute Rendite. Warum? Weil wir schon wissen, sind Sie, wenn Sie langfristig ein wenig besser sind als der Markt, besser als fast alle Investoren – ganz einfach. Noch wichtiger: Sie sollten darauf abzielen, so zu liegen wie die Benchmark. Wenn Ihre Benchmark übers Jahr 20 Prozent gestiegen ist, hatten Sie ein großartiges Jahr, wenn Sie es mit einem Gewinn von 23 Prozent oder 25 Prozent ein kleines bisschen übertreffen. Wenn sie 20 Prozent gestiegen ist und Sie sind 40 Prozent gestiegen, sind Sie vielleicht begeistert und glauben, dass Sie ein Genie sind. (Hüten Sie sich vor zu viel Stolz, Selbstüberschätzung und Rückschaufehler!) Aber wenn Sie eine Wette tätigen, die groß genug ist, um Ihre Benchmark um 20 Prozent zu übertreffen, und Sie lägen mit diesem gleichen Einsatz falsch, dann würden Sie sie um 20 Prozent verfehlen. Wenn die Benchmark 20 Prozent gestiegen ist, und Ihre Kurve blieb in dem Jahr flach, würden Sie sich nicht mehr so schlau fühlen. Erinnern Sie sich: Versuchen Sie nicht, Ihre Benchmark um viel mehr zu übertreffen, als Sie bereit sind, sie zu verfehlen. Wir haben in Kapitel 3 darüber gesprochen, aber es ist von zentraler Bedeutung, Ihr Portfoliorisiko zu managen, deshalb lohnt es sich, es mehrere Male zu wiederholen. Versuchen Sie nie, die Benchmark um mehr zu übertreffen, als Sie bereit sind, sie zu verfehlen, falls Sie sich mit Ihren Einsätzen irren.

Wenn Sie Ihre Benchmark nicht um viel mehr als fünf Prozent verfehlen wollen und übertreffen sie um 30 Prozent, können Sie einen Freudentanz für die Glücksgötter aufführen, aber versuchen Sie nicht, das zu wiederholen. Sie nehmen zu viel Risiko für Ihr Ergebnis auf sich und sollten herausfinden, wie und warum, oder Sie sind nächstes Mal vielleicht am negativen Ende der Bandbreite. Die, die immer versuchen, bei der Ecke direkt ins Tor zu treffen, schießen überdurchschnittlich oft vorbei. Versuchen Sie, Ihre Rendite zu maximieren, und am Ende maximieren Sie womöglich Ihre Verluste. Niemand mag so etwas.

Dies bedeutet normalerweise, wenn Ihre Benchmark unten ist, werden Sie auch unten sein (wir betrachten die einzige Ausnahme ein bisschen später). Wenn

Ihre Benchmark in einem Jahr zehn Prozent gefallen ist, und Sie sind fünf Prozent gefallen, hatten Sie kein schlechtes Jahr. Ihre Benchmark war leicht negativ, das passiert, kommen Sie darüber hinweg. Tatsächlich hatten Sie ein gutes Jahr und haben Ihre Benchmark ganz hübsch übertroffen. Wenn Sie den Markt im Durchschnitt um zwei Prozentpunkte jährlich übertreffen können, weil Sie etwas wissen, das andere nicht wissen – nur ein paar Prozent –, dann übertreffen Sie mit Zins und Zinseszins langfristig 95 Prozent aller anderen. Das ist reichlich gut. Vorläufig fangen Sie an, über relative Rendite nachzudenken und nicht über absolute Rendite. Managen Sie Ihr Risiko gut, und Sie werden gute Ergebnisse bekommen. Portfoliomanagement bedeutet, Risiken zu kontrollieren, nicht Tore zu schießen. Wenn Sie schlecht arbeiten, weil Sie ein zu hohes oder zu niedriges Risiko eingehen, werden Sie in einem Jahr Ihre Chancen vermasseln, Ihr Ziel zu erreichen. Die Narben, die Ihnen ein im Vergleich mit Ihrer Benchmark wirklich schlechtes Jahr zufügt, können Sie auf sehr lange Zeit daran hindern, Ihr Ziel zu erreichen.

Das größte Risiko von allen

Auf lange Sicht ist das größte Risiko, das Sie als Investor eingehen, das *Benchmarkrisiko*. Benchmarkrisiko bedeutet, wieviel Sie sich von Ihrer Benchmark unterscheiden, im Guten oder im Schlechten. Wenn Sie eine nur aus Aktien bestehende Benchmark haben, weil Sie langfristig marktähnliche Renditen benötigen, um Ihr Ziel zu erreichen, aber zugleich glauben, dass Sie sicher und konservativ sind, weil Sie große Bargeldzuteilungen und Anleihen halten, nehmen Sie enorme Risiken auf sich. Es ist eben nicht das Volatilitätsrisiko, über das Sie nachdenken. Sie setzen darauf, dass langfristig Aktien schlechter laufen als Bargeld und Anleihen, was eine sehr langfristige Vorhersage und historisch rückwärts orientiert ist. Dauerhafte Zuteilungen an Bargeld und Anleihen sind für jemanden, der mehr braucht als anleihenartige Gewinne, ein enormes Risiko und geradezu töricht.

Betrachten Sie das Risiko, dass Sie im Durchschnitt acht Prozent pro Jahr benötigen (über einen langen Zeitraum natürlich), um das Wachstum zu bekommen, das Sie brauchen, um den Lebensstil zu finanzieren, den Sie sich für Ihren Ruhestand wünschen, aber stattdessen nur lumpige vier oder fünf Prozent bekommen, weil Sie zu viel Bargeld und Anleihen gehalten haben. Wenn Sie einen langen Zeithorizont vor sich haben, können Sie mit kurzfristiger Volatilität umgehen – das ist vollkommen natürlich und normal. Aber Sie werden wahrscheinlich nicht in der Lage sein, in 20 oder 30 Jahren Ihren Lebensstil zu halbieren, weil Sie jetzt zu viel Benchmarkrisiko eingehen und Ihr langfristiger Gewinn zu niedrig ist. Wirklich große Investoren, fast alle von ihnen, haben sich abgehärtet, um normale Volatilität überhaupt nicht zu spüren, und zwar aus genau diesem Grund.

Investoren, die lange Zeithorizonte vor sich haben, nehmen zu Unrecht an, dass Bargeld und Anleihen „sicher" sind, und erkennen nicht, dass sie das größtmögliche Risiko eingehen. Wenn Sie Aktien-Gewinne brauchen, können Sie sich nicht allzusehr von Ihrer Aktien-Benchmark unterscheiden. Ob eine Benchmark richtig für Sie ist, die ausschließlich aus Aktien besteht, ist etwas, an das wir in Kapitel 9 herangehen.

Benchmarkrisiko gilt nicht nur für Aktien versus Anleihen. Sie gehen Benchmarkrisiko ein, wenn Sie in einer Kategorie im Vergleich zu Ihrer Benchmark übergewichtet sind. Denken Sie an die Investoren, die am Ende waren, als kürzlich die Tech-Blase platzte – vielleicht gehörten Sie zu ihnen. Wenn Ihre Benchmark 1999[16] zu 30 Prozent aus Tech-Werten bestand (damals etwa das Gewicht im S&P 500) und Sie zu den vielen gehörten, die ihre Tech-Aktien auf bis zu 50 oder 60 Prozent (oder 80 oder 90 Prozent) Ihrer gesamten Anlagen anschwellen ließen, gingen Sie ein gewaltiges Benchmarkrisiko ein. Mit einem so großen verhältnismäßigen Übergewicht musste Ihr Portfolio relativ zum Markt zerfallen, als Tech implodierte. Dies passierte vielen, vielen Leuten, ohne dass sie je wussten, was ihnen geschah. Was geschah ihnen? Ein Mangel an Risikokontrolle aufgrund des Versäumnisses, das Benchmarkrisiko zu kontrollieren! Wenn Sie sich auf das Benchmarkrisiko konzentrieren, ist das Risiko, dass etwas wie Tech mit Ihnen verrückt spielt, immer in Ihrer Voraussicht präsent. Zwangsläufig!

Investoren beschuldigten jeden nur denkbaren für die Tech-Implosion. Gierige CEO wie Bernie Ebbers. Krumme Wirtschaftsprüfer wie Arthur Young. Unverschämte Investmentbanker – suchen Sie sich einen aus. Die Bush-Cheney-Halliburton-Achse des Bösen. (Achtung, Bush war 2000 noch nicht im Amt, aber er wird dennoch dafür beschuldigt, und warum auch nicht? Es ist so leicht, auf ihm herumzuhacken. Er ist ein poli-tic.) Böse Ausländer, die unsere Schulden kaufen. (Ii! Die Chinesen!) Die Vermehrung der Kleinnutzfahrzeuge und die sich ausbreitenden Vorstädte. Aber der wirklich Schuldige war Selbstüberschätzung, die viel zu viele Investoren dazu verleitete, ein zu großes Benchmarkrisiko einzugehen und sich blindlings darauf zu konzentrieren, was sie für ein heißes Gebiet hielten, das nicht scheitern konnte, es dann aber tat.

Selbstüberschätzung kann auch Benchmarkrisiko in einer anderen Richtung verursachen. Schwere Untergewichtung oder ganz aus einem Benchmarksektor herauszugehen kann Ihnen ebensosehr schaden wie ein wahnsinniger Über-Investor zu sein. Dies wären alle Leute, die 1995 sagten, dass sie nie Tech kaufen würden, weil sie es nicht verstanden. Es ist nicht so schwer zu verstehen. Und seitdem lief Tech die nächsten fünf Jahre großartig, und gar nichts davon zu besitzen tat ernsthaft weh. Eine solche Entscheidung zu treffen – zu sagen, ich werde nicht besitzen, was ein riesiger Teil der Welt ist und was man mit etwas Mühe leicht lernt, ist ein wenig wie zu sagen: „Ich verstehe Frauen nicht, deshalb werde ich nie etwas mit einer zu tun haben." Harte Wahl! Dumme Wahl! Viel Benchmarkrisiko. Viele lebenslange Opportunitätskosten.

Andererseits, in einer etwas verzerrten Rückschau, waren viele Investoren, die zu Tech-übergewichtig waren, müde und fühlten sich am Jahresende 2002 doppelt gebeutelt und wollten nie wieder etwas damit zu tun haben. Viele gingen wiederum ein übermäßiges Benchmarkrisiko ein, indem sie ihre Portfolios von diesem lästigen Sektor reinigten, genauso wie sie es taten, als sie sich eifrig mit Tech überfrachteten. Vom vorangegangenen Technologie-Crash gelähmt, verpassten diese Investoren 2003[17] einen kolossalen 49-prozentigen Tech-Aufschwung und hinken wahrscheinlich seitdem einmal mehr ihrer Benchmark signifikant hinterher.

Anleger, die in einem Sektor entweder beträchtlich übergewichtet oder untergewichtet sind, stellen nicht die Frage drei. Sie leiden an Selbstüberschätzung (unter anderen Fehlern) und können nicht erkennen, dass sie sich mit ihren Wetten, die sie tätigen, irren könnten. Das leitete mich im Jahr 2000, als ich eine kleine Position Tech beibehielt, obwohl ich sicher war, dass ich etwas darüber wusste, was andere nicht wussten, was eine Tech-Implosion verursachen könnte. Ich war bereit, meinen Einsatz zu ändern, aber ich wollte ihn nicht zu extrem werden lassen, weil ich wusste, dass ich mich irren konnte. Wenn Sie einen großen Einsatz gegen Ihre Benchmark abschließen und sich irren, werden Sie die Performance nicht bekommen, die Ihre Benchmark Ihnen ohne den Einsatz gebracht hätte. Investoren, die 2000 Tech-übergewichtet waren, lagen falsch und bezahlten den Preis dafür. Investoren, die sich 2003 unter einem Stein versteckten, schätzten falsch ein, dass sowohl Tech als auch der Rest des Marktes hochschnellen würden. Weil sie große Einsätze aus ihrer Benchmark herausnahmen und sich irrten, liefen sie hinterher. Ein Rückfall hinter die Benchmark kann sehr schwer aufzuholen sein. Die Arznei ist einfach: Wenn Sie nicht glauben, dass Sie etwas wissen, das andere nicht wissen, verhalten Sie sich genau wie Ihre Benchmark. Wenn Sie glauben, dass Sie etwas wissen, das andere nicht wissen, setzen Sie darauf, aber seien Sie nicht allzu verdammt extrem – denn Sie könnten sich vielleicht immer noch irren. Und werden es manchmal auch.

Es gibt einen – und nur einen – Fall, in dem es angemessen ist, ein sehr großes Benchmarkrisiko einzugehen und ernsthaft von Ihrer Benchmark abzuweichen, aber wir sind noch nicht ganz so weit. Stecken Sie sich die drei Fragen unter Ihren Gürtel, und wir werden in Kapitel 8 darüber reden, wie man einen wahren Bärenmarkt erkennen und vermeiden kann.

Sie fragen vielleicht, wie Sie wie Ihre Benchmark sein können, und wie man erfährt, wie eine Benchmark aussieht. Alle bedeutenden Aktienindizes haben Websites (www.standardandpoors.com und www.mscibarra.com zum Beispiel), wo die Indizes bequem in Sektoren und sogar prozentuale Gewichtungen aufgeschlüsselt sind. Normalerweise können Sie sogar das KGV für Ihren Index finden, das Ihnen hilft sich zu entscheiden, ob Sie sich mehr auf Substanz- oder Wachstumswerte ausrichten wollen. Lassen Sie sich von diesen Prozenten leiten, nicht von Ihrem sich selbst überschätzenden Steinzeitgehirn. Beginnen Sie bei diesen Prozenten und entfernen Sie sich von ihnen nur, wenn Sie etwas wissen, das andere nicht wissen. Machen Sie Einsätze nur, wo Sie können. Wo Sie nicht können, verhalten Sie sich passiv und wie Ihre Benchmark. Die Benchmarks sind gute Landkarten zu langfristigem Kapitalgewinn.

Auch Sie können den Markt übertreffen

Den Markt zu übertreffen sollte kein gelegentlicher glücklicher Zufall sein. Es gibt Profis und Akademiker, die Sie glauben machen wollen, dass der Markt so verdammt effizient ist, dass es ein unwiederholbarer Glücksfall ist, wenn Sie ihn übertreffen. Sie lassen Sie glauben, dass Bill Miller, Bill Gross und Peter Lynch einfach Glück hatten. Unsinn! Was hatten sie gemeinsam? Sie wussten Dinge, die andere nicht wussten. Wenn Sie etwas wissen, das andere nicht wissen, können Sie heute anfangen, den Markt zu übertreffen, indem sie die drei Fragen anwenden. Wie? Gehen Sie ein kalkuliertes Benchmarkrisiko ein. Die Idee ist, den Markt zu übertreffen, wenn Sie mit Ihrem Einsatz richtig liegen, und nicht zu sehr zu leiden, wenn Sie sich irren. Sie müssen nicht mit jedem Einsatz Recht haben. Sie müssen nur im Durchschnitt öfter richtig als falsch liegen – solange Sie nicht versuchen, mit Ihren Einsätzen zu extrem zu sein.

Denken Sie daran, was Sie in Kapitel 3 gelernt haben: Wenn Sie auf einem Sektor wirklich zuversichtlich sind, und der Sektor macht ungefähr zehn Prozent Ihrer Benchmark aus, erwägen Sie, durch das Aufstocken Ihrer Werte auf 13 Prozent oder vielleicht 15 Prozent Ihrer gesamten Vermögenswerte eine kleine Wette abzuschließen. – Zur Hölle, verdoppeln Sie das Gewicht und machen Sie 20 Prozent daraus, wenn die drei Fragen Sie überzeugt haben, dass Sie etwas wirklich Einmaliges gefunden haben. Wenn Sie Recht haben, nehmen Sie noch mehr an einem heißen Sektor teil. Wenn Sie sich irren, wird es Sie nicht zu schwer treffen. Dasselbe auf der Kehrseite: Wenn Sie glauben, dass ein Sektor für die Katz ist, und er macht zehn Prozent Ihrer Benchmark aus, legen Sie nicht die Axt an Ihren gesamten Anteil. Fahren Sie ihn stattdessen zurück auf fünf oder sieben oder acht Prozent. Wenn Sie recht behalten, haben Sie weniger an einem lausigen Sektor teilgenommen. Wenn Sie den Sektor falsch einschätzen, und er die beste Performance in diesem Jahr hat, werden Sie sich nicht wie ein Dummkopf fühlen, der keine Aktien hat.

Jedes Jahr haben Sie viele potentielle Entscheidungen zu treffen – jede mit der Chance, eine Wette abzuschließen. Mehr Ausländer oder USA? Mehr Substanz- oder mehr Wachstumswerte? Tendenz zu gering- oder zu hochkapitalisierten Werten? Gesundheitspflege oder Tech? Energie, Material, Telekommunikation, Versorger? Die Liste lässt sich verlängern. Entscheiden Sie, wo, wann und wieviel Ihr relatives Über- oder Untergewicht in jedem Teil Ihrer Benchmark sein soll (wobei Sie sich immer auf das beschränken, von dem Sie glauben, dass es andere nicht wissen). Sie brauchen keine auf Tatsachen beruhende Vermutung über jede einzelne Kategorie zu haben. Wissen Sie nicht, wie man den Telekommunikations-Sektor analysiert? Wenn Sie in einer Kategorie keinen Einsatz abschließen können, weil Sie etwas wissen, das andere nicht wissen, verhalten Sie sich nur wie die Benchmark. Telekommunikation ist acht Prozent Ihrer Benchmark? Dann halten Sie acht Prozent in Telekommunikation – halten Sie vielleicht zwei bis drei Prozent in einigen verschiedenen Telekom-Aktien, um zu diversifizieren. Oder kaufen Sie einen börsengehandelten Telekommunikations-Fonds. Das ist leicht.

Wenn Sie im Durchschnitt über Ihren langen Zeithorizont hin mehr richtige als falsche Einsätze machen, werden Sie sehen, dass Sie den Markt übertreffen. Wie Warren Buffett immer sagte, ist dies ein Spiel, bei dem Sie auf einen großen Wurf warten können – den Ball, der auf Sie zukommt, über den Sie etwas Einzigartiges wissen.

Wenn Sie Ihre Benchmark benutzen, ist es leichter, den Markt zu übertreffen, als die meisten Leute Sie glauben machen möchten – nicht jedes einzelne Jahr und nicht einmal zwei, drei oder vier Jahre nacheinander, aber langfristig in der Mehrheit der Jahre. Ich habe mehrfach Perioden gehabt, dass ich mehrere Jahre lang hinter dem Markt zurückblieb, weil meine Einsätze falsch waren, aber ich fiel nicht um zu viel zurück, weil ich mein Benchmarkrisiko kontrollierte, und Sie können das später aufholen, insbesondere wenn schließlich ein Bärenmarkt eintritt. Die Gründe, warum so viele gescheitert sind – einschließlich der meisten Investmentprofis – sind (1) sie beschränken sich nicht darauf, sich bei Investitionentscheidungen nur auf das zu verlassen, was andere nicht wissen oder können, und (2) sie benutzen keine Benchmark, um ihr Risiko zu kontrollieren, und ihre riskanten Einsätze gehen drunter und drüber.

Einige Leute behaupten, dass sie eine Benchmark benutzen, und überprüfen tatsächlich, wie der S&P 500 jedes Jahr läuft. Aber meistens konzentrieren sich diese Leute mehr darauf, ihre Rendite zu maximieren, als auf das Maximieren der Chancen, die Benchmark zu übertreffen. Sie managen das Benchmarkrisiko nicht auf einer fortlaufenden, zukunftsgerichteten Grundlage. Sie benutzen nur die Benchmarkrendite, um zu erfahren, wie gut oder schlecht sie waren – hinterher. Sogar Investoren, die sich auf die relative Rendite konzentrieren, benutzen ihre Benchmark oft falsch. Vergleichen Sie ihre Portfolios mit den Sektorgewichtungen ihrer Benchmark, und Sie werden sehen, dass sie viel zu schwer in ihren Lieblingssektoren und leicht bis Null in jenen Sektoren sind, die sie „nicht verstehen“ oder „nicht mögen“. Deshalb ist richtiges globales Benchmarking eine wunderbare Frage-drei-Kapitalmarkttechnologie, die Sie sofort anwenden können, und sie wird Ihnen nicht entschwinden, egal wie viele andere sie aufgreifen.

Aufstrebende Märkte und der BIP-Mythos

Ein letztes Wort über globales Investment, weil die aufstrebenden Märkte in den letzten Jahren bergeweise Presse erzeugten. Erwähnen Sie „aufstrebende Märkte“, und Sie erhalten zwei Antworten. Investoren werden entweder von der Angst vor dem Unbekannten gelähmt oder glauben, dass die aufstrebenden Märkte den Schlüssel zu endlosen Reichtümern bereithalten. Bei den aufstrebenden Märkten wird eine Menge Bedauern vermieden und Stolz angesammelt. Sie erinnern sich vielleicht, dass China ein Liebling vieler Investoren war, nachdem es 2001 um 136 Prozent und 2000 um 92 Prozent gewachsen war. Natürlich ging es ihm danach schrecklich – 2002 34 Prozent abwärts, 2003 acht Prozent abwärts, 2004 28 Prozent abwärts und 2005 noch einmal 18 Prozent abwärts.[18] 2005 war Simbabwe mit 38 Prozent Gewinn heiß.[19] (Schnell: Nennen Sie zwei Aktien aus Simbabwe. Wie wär's mit wenigestens einer?)

Aufstrebende Märkte erscheinen Ihnen vielleicht riskant – dieses ganze „Obensein“ muss mit viel Risiko einhergehen. Aber Sie benutzen jetzt eine Benchmark. Wenn Sie sich dafür interessieren, in aufstrebende Märkte zu investieren, gehen Sie und tun Sie es, aber behalten Sie die Benchmark im Auge.

Während ich dies schreibe, machen die aufstrebenden Märkte ungefähr acht Prozent der gesamten Weltmärkte aus. Tabelle 4.2 verzeichnet alle Länder und ihre Gewichtungen im ACWI.

Die Gewichtungen der kleinsten Länder sind für sich genommen winzig und haben sehr wenig Einfluss auf die Welt insgesamt. Die Leute sagen Ihnen vielleicht, dass Investieren in China, Indien, Polen und so weiter unerhört riskant ist. Diese Leute irren sich. Ebenso wie Sie nicht 60 Prozent Tech-Aktien besitzen sollten, wenn Ihre Benchmark nur 20 Prozent verzeichnet, sollten Sie auch kein drastisches Übergewicht in einem einzelnen Land haben, weder in entwickelten noch in aufstrebenden Märkten. Offen gestanden ist es weniger riskant, einige Prozent aus aufstrebenden Märkten in Ihrem Portfolio zu haben als gar nichts, weil Sie eine kleine Zuweisung näher an das Gewicht der ganzen Welt heranbringt. Wenn Sie wirklich China mögen, beschränken Sie sich auf eine kleine Position. China macht weniger als ein Prozent des Gewichtes der Weltaktienmärkte aus, also ist ein Gewicht von zwei Prozent in Ihrem Portfolio vernünftig – es wird Sie nicht umbringen. Übrigens, auch wenn Sie lächerlich zuversichtlich in Bezug auf Großbritannien sind, sollten Sie auch dort kein Übergewicht haben. Aufstrebende Märkte sind nicht riskant; Benchmarkrisiko ist riskant.

Angenommen, Sie benutzen keine globale Benchmark und wollen sich trotzdem ein wenig in den aufstrebenden Märkten engagieren? Ich versichere Ihnen, dass Brasilien nirgends im S&P 500 zu finden ist. Sie können immer noch kleine Benchmarkrisiken eingehen und kleine Positionen von Dingen halten, die nicht einmal einen Bestandteil Ihrer Benchmark darstellen. Das gilt für ein Engagement in Ländern ebenso wie in Sektoren. Zum Beispiel würde es Ihnen in vielen Indizes schwer fallen, einen geschlossenen Immobilienfonds (real estate investment trust – REIT) zu finden. Sie können einen mäßigen Anteil davon halten, stellen Sie nur sicher, dass Sie Ihrem übermäßigen Selbstvertrauen Zügel anlegen und es nicht übertreiben. Auch hier hilft Ihnen die ständige Konzentration auf Ihre Benchmark um zu sehen, wo es ein Risiko gibt und wo nicht. Sie haben Ihre Benchmark aus einem guten Grund ausgewählt – vermutlich, weil sie für Sie geeignet ist. (Wie Sie eine Benchmark auswählen, die richtig für Sie ist, analysieren wir in Kapitel 9.) Wenn Sie aus Ihrer Benchmark heraustreten, gehen Sie ein Benchmarkrisiko ein.

Ein Hauptirrtum, den Investoren beim Investieren in fremden Ländern begehen – in entwickelten Ländern ebenso wie in aufstrebenden Märkten –, ist die Annahme, dass ein Land mit wachsendem BIP gute Aktiengewinne haben muss. Nach der gleichen Logik wird angenommen, dass ein flaches oder negatives BIP oft zu schlechten Aktiengewinnen führt. Dieser leicht aufzudeckende Frage-eins-Mythos ist ein bedeutender Grund für das Investoreninteresse an China in den vergangenen Jahren gewesen. Chinas Wirtschaft ist in Sprüngen und Hüpfern gewachsen – sein BIP wuchs 2003 um 11,5 Prozent, 2004 um 17 Prozent und 2005 um 33 Prozent.[20] Sie wissen schon, dass Chinas Börsenperformance von 2002 durchgängig bis 2005 jämmerlich demoralisierend war, sie verlief viel schlechter als die der Welt insgesamt und verlor Geld. Großes

Wachstum führt manchmal zu großen Märkten und manchmal nicht. (Hüten Sie sich auch vor Regierungsdaten, die von despotischen Ländern ohne eine freie Presse produziert wurden. Die Daten sind nicht zuverlässig.) Die Preise werden von Änderungen in Angebot und Nachfrage bestimmt, die widerspiegeln können oder auch nicht, ob das BIP-Wachstum stark, schwach oder nicht vorhanden ist.

Land	Gewicht	Land	Gewicht
USA	46,67 %	DÄNEMARK	0,32 %
JAPAN	10,81 %	GRIECHENLAND	0,29 %
GROSSBRITANNIEN	10,65 %	ÖSTERREICH	0,24 %
FRANKREICH	4,34 %	ISRAEL	0,20 %
KANADA	3,57 %	PORTUGAL	0,14 %
DEUTSCHLAND	3,07 %	POLEN	0,12 %
SCHWEIZ	3,01 %	CHILE	0,12 %
AUSTRALIEN	2,33 %	TÜRKEI	0,11 %
SPANIEN	1,68 %	UNGARN	0,08 %
ITALIEN	1,67 %	NEUSEELAND	0,06 %
NIEDERLANDE	1,45 %	TSCHECHIEN	0,06 %
KOREA	1,32 %	ARGENTINIEN	0,06 %
SCHWEDEN	1,04 %	ÄGYPTEN	0,05 %
TAIWAN	1,01 %	PERU	0,03 %
HONGKONG	0,73 %	COLUMBIEN	0,02 %
CHINA	0,69 %	MAROKKO	0,02 %
SÜDAFRIKA	0,66 %	PAKISTAN	0,02 %
FINNLAND	0,65 %	JORDANIEN	0,01 %
RUSSLAND	0,64 %	VENEZUELA	0,01 %
BELGIEN	0,51 %	BRASILIEN	0,00 %
INDIEN	0,45 %	INDONESIEN	0,00 %
NORWEGEN	0,38 %	MALAYSIA	0,00 %
SINGAPUR	0,37 %	MEXIKO	0,00 %
IRLAND	0,35 %	THAILAND	0,00 %

Tabelle 4.2: MSCI ACWI – Staaten/Gewichtung.

Quelle: Morgan Stanley Capital International, Stand 30. Juni 2006.

BIP-Wachstum ist nicht immer ein bestimmender Faktor für das Wachstum der Kapitalmärkte eines Landes (wie wir in Kapitel 7 besprechen). Chinas BIP ist also gewachsen – was soll's? Deutschlands BIP-Wachstum 2003, 2004 und 2005 betrug 0,9 Prozent, 2,4 Prozent beziehungsweise 1,4 Prozent.[21] Ziemlich flach, wenn man alles bedenkt, und ganz bestimmt hinter Amerikas robustem Wachstum hinterherhinkend. Aber deutsche Aktien haben in jenen Jahren Gewinne von 38 Prozent, 8 Prozent beziehungsweise 28 Prozent erbracht.[22] Und Japan? Japans BIP-Wachstum betrug 2005 1,3 Prozent[23], definitiv flach, verglichen mit Chinas berstender Wirtschaft, aber Japan hatte 2005 ein fabelhaftes Jahr mit Aktiengewinnen von 45 Prozent.[24]

Jetzt, da Sie die drei Fragen kennen und die Ergebnisse dazu verwenden können, Instrumente zu entwickeln, mit denen Sie Vorhersagen treffen können und diszipliniert bleiben, sind Sie bereit für einige weitere Anwendungen der drei Fragen und für Wege, etwas zu erfahren, das Ihre Mitinvestoren nicht wissen oder nicht können. Mit anderen Worten, Sie sind bereit anzufangen, den Markt zu übertreffen. Vorwärts!

Anmerkungen

1 Global Financial Data: S&P 500 Index aller Jahresgesamtrenditen, 1926 bis 2005.
2 National Oceanic and Atmospheric Administration, National Hurricane Center: „Retired Hurricane Names 1954-2005," http://www.nhc.noaa.gov/retirednames .shtml (am 11.5. 2006).
3 James O'Shaughnessy: What Works on Wall Street: A Guide to the Best-Performing Investment Strategies of All Time (New York: McGraw-Hill, 1997).
4 Jack Hough, „Price/Sales Ratio": Wall Street Journal (13. April 2006), S. D3.
5 Kenneth L. Fisher u. Meir Statman: „Investor Sentiment and Stock Returns," Financial Analysts Journal (März/April 2000), S. 16-23.
6 Darrell Huff: How to Lie with Statistics (New York: W.W Norton & Company, 1954/1993).
7 Siehe Fußnote 1, S&P 500: Gesamte Renditen.
8 Kenneth L. Fisher: „Forecasting Made Easy," Research (September 2002), S. 50-54.
9 Siehe Fußnote 5.
10 Kenneth L. Fisher, „1980 Revisited," Forbes (6. März 2000), S. 186.
11 Kenneth L. Fisher, „Never Say Dow", Forbes (15. November 1999), S. 310.
12 Am 14. Juni 2006, NYSE, http://www.nyse.com/marketinfo/indexes/nya_characteristics.shtml.
13 Thomson Financial Datastream: Dow Jones. Am 30.6.2006 nahm 3M Platz 80 auf einer Liste der NYSE-notierten Firmen ein.
14 Siehe Fußnote 13, am 30. Juni 2006.
15 Standard & Poor's Research Insight vom 30. Juni 2006.
16 Siehe Fußnote 15.
17 Siehe Fußnote 13, Nasdaq 100 Index.
18 Siehe Fußnote 13, Shanghai SE B Share Returns.
19 Bloomberg: IFC Global Total Zimbabwe Index, in US-Dollar.
20 Siehe Fußnote 1, BNP Chinas.
21 Siehe Fußnote 1, BNP Deutschlands.
22 Siehe Fußnote 13, DAX.
23 Siehe Fußnote 1, BNP Japans.
24 Siehe Fußnote 13, TOPIX.

5.

Wenn dort kein dort drüben ist, dort drüben!

John Hopkins, mein Großvater, Lektionen fürs Leben und Denken wie Gertrude

Dieses Kapitel liefert Beispiele dafür, wie man mit Frage eins falsche Mythen aufspüren kann, die zwar „jeder" kennt, aber niemand nachprüft. Verzeihen Sie mir, wenn ich persönlich werde, bevor wir mit den Beispielen anfangen. Wie für viele von Ihnen war mein Großvater väterlicherseits während meiner Jugend sehr wichtig für mich. Der Vater meiner Mutter starb, bevor ich auf die Welt kam. Den Vater meines Vaters habe ich jedoch, solange ich denken kann, zu meinem Idol gemacht. Ich war sein Liebling. Wir waren die besten Freunde und Spielkameraden bis zu seinem Tod. Ich war damals acht Jahre alt. Noch heute habe ich überall Fotos von ihm aufgehängt. Er war mein Held. Ich wollte Arzt werden, genau wie er. Einfach nur, weil ich ihn verehrte. Erst später habe ich gemerkt, dass mir der Arztberuf nicht liegt, und vor allem kann ich kein Blut sehen. Doch, ich finde es gut, dass es Ärzte gibt; nur will ich selbst keiner mehr sein.

Mein Großvater hatte jedoch damals in meinen Augen einen äußerst interessanten Beruf. Arthur L. Fisher besuchte den dritten Abschlussjahrgang der Johns-Hopkins-School of Medicine und wurde mit seinem Abschluss im Jahr 1900 Doktor der Medizin. Arthur L. Fisher. Er hat also sein Studium dort angefangen, bevor die Einrichtung zu einer berühmten Institution wurde. Er war ein Pionier, der Dinge tat, bevor andere sie ausprobiert hatten. Nichts anderes hat Bill Gates – wenn auch in einem anderen Maßstab und auf einem anderen Gebiet – später mit der Gründung von Microsoft gemacht. Schließlich gab es Computer und Software schon vor Bill Gates. Er hat aber all das mit seinem Weitblick verändert. In der Medizin hat Johns Hopkins diese Leistung vollbracht.

Hopkins war die erste moderne medizinische Fakultät der Vereinigten Staaten und hat von Anfang an Myriaden von Methoden und Ideen eingeführt, die später zur Standardausbildung gehörten. Zum Beispiel wurde von den Studenten eine – wie wir heute sagen würden – technische Vorausbildung verlangt, was an anderen Ausbildungsstätten nicht der Fall war. (Mein Großvater hatte ein Diplom in Chemie von Berkeley.) An der Hopkins wurde auch von Anfang an viel Wert auf damals neue Dinge wie Praktika gelegt. Die Studenten arbeiteten mit wirklichen Patienten und wurden dabei von erfahrenen Ärzten angeleitet und geführt, hatten also wirkliche praktische Erfahrung. Damals bekamen die allermeisten Ärzte ihre Zulassung ohne jegliche praktische Erfahrung am Patienten.

Auch waren an der Johns-Hopkins-Universität Frauen ab dem allerersten Jahrgang und bis zum Ende der Ausbildung zum Studium zugelassen, was damals noch sehr ungewöhnlich war. In den folgenden Jahrzehnten definierte Hopkins die moderne Medizin in den Vereinigten Staaten. Bevor es Johns Hopkins gab, musste jeder Amerikaner, der ein wirklich guter Arzt werden wollte, zum Studium nach Europa gehen. Auch nach der Gründung der Johns-Hopkins-Universität war das noch der Standardweg, und mein Großvater hat in Europa als Postdoktorand gearbeitet, um sich in Orthopädie zu spezialisieren (auch war das Konzept der Spezialisierung damals noch nicht sehr weit verbreitet). Die Johns-Hopkins-Universität war ein frühes Modell für die Verbindung von exzellenter medizinischer Wissenschaft und Forschung und der disziplinierten Anwendung des medizinischen Handwerkszeugs.

Auch was nicht von der Hopkins-Universität kam, kam häufig von dort. Die Rockefeller University, die einen großen Einfluss auf die Entwicklung der Medizin hatte, begann 1901 unter dem Namen des Rockefeller Institute for Medical Research. John Rockefeller war mit seiner Weitsicht und Menschenliebe der geistige Vater dieser Institution, aber es war der legendäre William Welch von der Johns-Hopkins-Universität, der sie von Baltimore aus ins Leben gerufen hat. Rockefeller war von anderer Seite gesagt worden, dass es niemand besseren als Welch für diese Aufgabe gab. Mein Großvater war also in Baltimore an der Johns-Hopkins-Universität und arbeitete von 1900 bis 1902 als Postdoktorand bei Welch. Als Welch das Rockefeller Institute gründete, wurde seine Arbeit von John Rockefeller finanziert. Mein Großvater, finanziert von John Rockefeller. Ich besitze handschriftliche Briefe von Welch, die das beweisen und die für mich Schätze sind. Mein Großvater dürfte der erste gewesen sein, der einen Forschungsauftrag im Fach Medizin hatte, der von Rockefeller finanziert wurde. In den Archiven der Johns-Hopkins-Universität liegen einige Originalhandschriften der Forschungen meines Großvaters aus diesen Jahren. Die Johns-Hopkins-Universität war die Keimzelle, in der die größten der vielen amerikanischen medizinischen Erfolge des frühen zwanzigsten Jahrhunderts heranreiften. Während ich in den fünfziger Jahren meinen Großvater zum Idol machte, war mir nicht klar, dass er im Epizentrum einer erstaunlichen und frühen, weltverändernden Entwicklung gestanden hatte. Ich selbst bin später durch eine ebensolche Entwicklung im Bereich des Wissens über Kapitalmärkte und Hochtechnologie gegangen und habe mir dabei die Johns-Hopkins-Universität als ein mögliches Langzeitmodell vor Augen gehalten. Damals wurden Wissenschaft und Technologie in den Vereinigten Staaten zu neuen Höhen und handwerklicher Reife geführt, während nur wenige überhaupt über die darin verborgenen Möglichkeiten nachdachten.

Jetzt fragen Sie sich langsam, worauf ich hinaus will. Nun, eine der allerersten Frauen an der Johns-Hopkins-Universität hat mit meinem Großvater zusammen studiert. Einige Zeit, nachdem sie das Studium abgebrochen hatte, wurde sie zu einer bekannten Figur der internationalen Literaturszene. Ihr Name ist Gertrude Stein. Die Wissenschaft war ihr in die Wiege gelegt worden und wie mein Großvater hatte sie deutsch-jüdische Vorfahren. (Die Vorfahren meines Vaters stammen aus Buttenheim in Deutschland, derselben Stadt, aus der auch Levi Strauss kam. Tatsächlich war mein Urgroßvater, Philip I. Fisher, Hauptbuchhalter bei Strauss, bis er 1906 pensioniert wurde.) Wie mein Großvater war Gertrude Stein in Amerika geboren und im kalifornischen Oakland aufgewachsen. Die deutsch-amerikanischen Juden waren damals ziemlich cliquenhaft. Auf der Johns-Hopkins-Universität war Gertrude Stein nur ein Jahr unter meinem Großvater und da sie beide aus der Gegend von San Francisco kamen, die Klassen klein waren und es nur wenige Frauen unter den Studenten gab, werden die beiden sich sicherlich schnell kennen gelernt und gemeinsame Aktivitäten unternommen haben.

Wir können einige Lektionen von Gertrude Stein lernen. Als ich zum ersten Mal von ihr hörte, wusste ich nicht, dass mein Großvater sie gekannt und mit ihr zusammen die Universität besucht hatte. Mein erster Kontakt mit ihr kam durch ihre berüchtigte Zeile über Oakland zustande, die sie auf die östliche Seite der Bucht von San Francisco gedichtet hatte, wo ich aufgewachsen bin: „Es gibt kein dort drüben, dort drüben." Was für ein herabsetzender Vers! Und vielleicht ihr berühmtester! Der dringt bis ins Mark! Ab 1902 hat sie alles getan, um sich von ihrer Jugend im langweiligen Oakland zu distanzieren. Natürlich gibt es dort ein dort drüben, dort drüben. Dennoch ist ihr „es gibt kein dort drüben" eine berühmte Version von Frage eins. Sie hat die richtige Frage gestellt, auch wenn die Antwort nicht stimmt. Ist dort ein dort drüben oder ist dort kein dort drüben, dort drüben? Man kann das auf alles anwenden, und wenn Sie an Gertrude Stein denken, wird es Ihnen leichter im Gedächtnis bleiben. Gertrude Stein ist meine Eselsbrücke beim Investieren.

Wenige wissen, dass Gertrude einen reichen Vater hatte. Ihre Ausbildung an der Johns-Hopkins-Universität und ihre spätere literarische Karriere waren mit dem Geld aus dem Geschäft ihres Vaters abgesichert. Aber wie das so ist, Väter sterben einmal und sie interessierte sich nicht für die Wirklichkeit der Welt. Glücklicherweise hatte sie ihren Bruder Michael, der sich um sie kümmerte. Michael war ein guter Investor, der sich auch ihr ganzes Leben lang in hervorragender Weise um ihr Geld kümmerte. So konnte sie ihr Leben auf künstlerische und ökonomisch unproduktive Weise verbringen. Erst gegen Ende ihres Lebens wurden ihre Werke erfolgreich und brachten Geld ein. Das gilt vor allem für ihr bekanntestes Buch *Die Autobiographie von Alice B. Toklas*. Ich wollte Ihnen an dieser Stelle eigentlich die zehn wichtigsten Investment-Lektionen aus Gertrude Steins Leben präsentieren, es ist mir aber nicht gelungen, mehr als sechs zu formulieren. Sorry, Grandpa!

Die sechs Lebens- und Investment-Lektionen von Gertrude Stein

Die sechstwichtigste Lebenslektion von Gertrude Stein

Ein reicher Vater und eine fette Erbschaft können zu einer großartigen Karriere führen, wenn man früh genug damit anfängt. Stein hat dazu ein Leben lang gebraucht. Einheiraten ist auch ein gutes Mittel. Wenn Sie das schon verstanden haben, brauchen Sie vielleicht dieses Buch gar nicht zu lesen.

Die fünftwichtigste Lebenslektion von Gertrude Stein

Wenn Sie einen großartigen Investor wie Steins Bruder Michael als Verwandten haben, der sich für den Rest Ihres Lebens um Ihr Geld kümmern wird, egal, was für dumme und peinliche Dinge Sie tun – kurz: jemanden, dem Sie wirklich vertrauen – dann brauchen Sie dieses Buch auch nicht zu lesen. In diesem Fall haben Sie schon genug Zeit verschwendet. Gehen Sie nach Frankreich und verplempern Sie Ihre Zeit. Niemand kann Sie aufhalten.

Die viertwichtigste Lebenslektion von Gertrude Stein

Gertrude hätte sich Frage drei zu Nutze machen können. Lassen Sie sich nicht von Ihrem Gehirn zu einer Dummheit verführen. Die Stein brach ihr Studium an der Johns-Hopkins-Universität ab, inmitten einer die Welt verändernden Veränderung und sie ist sich darüber offenbar niemals im Klaren gewesen. Was hat ihr Gehirn ihr vorgegaukelt, dass sie das niemals gesehen hat? Die Mitglieder der Gründergeneration der Johns-Hopkins-Universität waren deutlich interessanter als ihre kunstsinnigen Freunde im Paris der Jahrhundertwende. Irgendwie hat die Stein das Leben rückwärts betrachtet. Das passiert aber auch vielen Investoren, weil sie nicht in der Lage sind, Frage drei anzuwenden. Die Studenten und Professoren an der Johns-Hopkins-Universität haben Leben gerettet, die moderne Medizin und das moderne Leben verändert (wir kommen noch darauf zurück, wenn wir uns dem Thema Vogelgrippe zuwenden) – und das ist tausend Mal interessanter und wichtiger als alles, was Gertrude Steins Freunde zuwege gebracht haben. (Vielleicht mit Ausnahme ihres Kumpels Ernest Hemingway, der zumindest eine Zeit lang ziemlich interessante Dinge gemacht hat. Am Ende war er Alkoholiker und hat sich selbst umgebracht und das ist dann natürlich nicht mehr nachahmenswert.)

Die drittwichtigste Lebenslektion von Gertrude Stein

Wenn Sie etwas anfangen, bringen Sie es auch zu Ende. Warum? Werfen Sie nicht das Handtuch, wenn Sie noch etwas lernen können. Bill Gates und Michael Dell können eine Ausbildung hinschmeißen – aber Sie sind nicht so wie diese beiden, sonst würden Sie dieses Buch nicht lesen. Wenn die Stein an der Johns-Hopkins-Universität geblieben und ihren Abschluss gemacht hätte, dann hätte sie eine andere Wirklichkeit kennen gelernt, die ihr die Welt auf andere Weise gezeigt hätte als ihre fiktive, künstlerische Perspektive erlaubt hätte. Es kostet viel Zeit, die Kapitalmärkte zu studieren, wissenschaftlich damit zu arbeiten und die richtige Technologie einzusetzen. Schmeißen Sie nicht im ersten oder zweiten Jahr alles hin, denn Sie wissen noch lange nicht genug. Jetzt sind Sie gerade einmal bei der Hälfte dieses Buches angelangt. Lesen Sie es zu Ende. Wenn Sie aufhören wollen, können Sie das immer später noch tun, wie es auch die Stein hätte tun können.

Die zweitwichtigste Lebenslektion von Gertrude Stein

Wenn Sie sich mit dem Aktienmarkt beschäftigen, denken Sie an das, was die Stein nicht verstanden hat: Die Wissenschaft ist zweifellos viel wichtiger als die Kunst. Manchmal sagen Leute Sätze wie „Man muss sich die Märkte halb wissenschaftlich, halb künstlerisch vorstellen." Stellen Sie sich Kapitalmärkte ausschließlich wissenschaftlich vor. Man muss sich die Märkte tatsächlich halb wissenschaftlich und halb als Gelegenheit zum Fehlermachen vorstellen. Eignen Sie sich etwas an, was niemand sonst weiß oder kann. Stellen Sie sich vor, Sie wären im Jahre 1900 an der Johns-Hopkins-Universität und sie arbeiten daran mit, völlig neue Gebiete zu betreten. Sie profitieren von dem, was andere nicht wissen und nicht von den fiktiven Werken, die Sie erschaffen. Wenn Sie Kunst machen wollen, gehen Sie nach Paris und seien Sie ein Künstler. Wenn Sie an den Märkten etwas werden wollen, dann machen Sie aus sich einen Wissenschaftler, der die Kapitalmärkte studiert.

Die wichtigste – die allerwichtigste Lebenslektion von Gertrude Stein

Ist dort ein dort drüben, dort drüben oder nicht? Das ist eigentlich nichts anderes als eine Paraphrasierung von Frage eins. Wer hätte gedacht, dass Gertrude Stein in einer anderen Terminologie aus Frage eins eine weltberühmte Formulierung gemacht hat, die ich lange kannte, bevor ich mich dazu entschloss, Geldmanager zu werden?

Vergiss Oakland – nimm die Vogelgrippe

Ich bin kein Experte in sozialen oder kulturellen Dingen oder Kunst. Deshalb begreife ich Gertrude Stein nicht, dass sie Oakland als einen Ort beleidigt, an dem es dort drüben kein dort drüben gäbe. Es ist ein realer Ort mit denselben Qualitäten, die Amerika durchdringen. Und Amerika ist der coolste Ort überhaupt. Wer dies nicht versteht, wird die wahre Wohltätigkeit, Größe und Toleranz des Kapitalismus nie ergründen, welcher der Menschheit durch schöpferische Destruktion über Jahrzehnte amerikanischen Wachstums beispielslose Erträge anbot. Kein Ort der Welt hat den Kapitalismus dauerhaft so gut beherrscht wie Amerika; wenn Oakland also repräsentativ für den „Pöbel" Amerikas ist, mehr Macht für Oakland. Wie gesagt, ich bin natürlich kein Experte für soziale Angelegenheiten. Vielleicht habe ich also Unrecht.

Jedoch bin ich ein Experte für Frage eins, und der Rest ist für die Katz. Heutzutage sind zum Beispiel viele Menschen besorgt wegen der Vogelgrippe. Einige aus gesundheitlichen Gründen und andere mit Blick auf die Börse – beides verständliche Gründe. Eine Standardsorge ist, dass eine große Vogelgrippe-Pandemie Aktien zum Abstürzen bringen könnte. Ich kann nicht sagen, wie häufig in Gesprächen mit Klienten, einzeln oder in einer Gruppe, 2005 und 2006 die Diskussion auf die Vogelgrippe gekommen ist. Viel zu häufig. Immer wieder.

Meine übliche Reaktion bei einer Gruppe ist, zunächst anzunehmen, dass so gut wie jeder im Raum bereits von der Vogelgrippe gehört hat und ich bitte die

Teilnehmer ihre Hand zu heben, wenn dies der Fall sein sollte. Gewöhnlich gehen fast alle Hände in die Höhe (nun ja, um genau zu sein nur eine Hand pro Person – also mathematisch gesehen die Hälfte der Hände). Danach beschreibe ich, dass etwas so breit Diskutiertes wie die Vogelgrippe in Bezug auf Märkte kein Grund zur Besorgnis darstellt, denn Märkte sind im Grunde Discounter für alle bekannten Informationen und alles, was so umfänglich bekannt ist, ist bereits eingerechnet. Anschließend frage ich in die Runde, ob sie bereits seit längerem, etwa ein Jahr, von der Vogelgrippe wüssten und sie nicken bejahend. Woraufhin ich sie an Kapitel 2 erinnere, dass bekannte Argumente nicht dieselbe Macht über Märkte haben, wie neue, denn Bekanntes hat einen geringeren Wert.

In der Regel widerspricht jemand, dass dies für finanzielle Dinge zutreffen mag, jedoch nicht für Nicht-Finanzielles aus der realen Welt, wie eine große Menge sterbender Menschen, das die Überlebenden vor Angst erstarren lässt – dann funktioniere der Discounteffekt möglicherweise nicht.

Dies kann meiner Meinung nach mit zwei Beispielen widerlegt werden. Das erste ist einfach nachzuvollziehen: Was würde passieren, sollte die Vogelgrippe nie zur Pandemie werden? Es versteht sich von selbst, dass dies nichts zum Fürchten, sondern im Grunde zu begrüßen wäre. Ebenso wie Y2K, das Jahr-2000-Problem, das im Vorfeld von vielen gefürchtet wurde und Einfluss auf die Preise des Marktes hatte und dessen letztendliches Nicht-Stattfinden dazu führte, dass es den Märkten anschließend blendend ging. Eine weit verbreitete Furcht im Vorfeld bedeutet also im Falle des Nichteintretens eine sich verbessernde Stimmung (und damit eine steigende Nachfrage), was den Aktien hilft. Nur wenige werden mir widersprechen.

Das zweite Beispiel bezieht sich auf Gertrude Stein. Frau Stein studierte an Amerikas renommiertester Medizinischer Fakultät. Fragen Sie sie, was passiert, sollte sich die Vogelgrippe zu einer Pandemie ausbreiten. Woher sollte sie wissen, welche Folgen dies haben könnte? Es ist so einfach, nur wenige können es sagen, außer Gertrude, meinem Opa, den Leuten an der Johns-Hopkins-Universität, mir sowie einigen andere Finanz-Fachleuten und, ich hoffe, dem Leser dieses Buches. Stellen Sie sich vor, es gäbe eine Pandemie. Hatten wir jemals vorher eine große Pandemie? Wenn ja, wo, wann und was passierte mit den Märkten? Und danach? Gertrude wurde zur Wissenschaftlerin ausgebildet. Sie wüsste, wie diese Fragen zu beantworten wären. Es ist eine so einfache, direkte „Gibt es ein dort drüben, dort drüben?“-Frage, dass sie fast zu einfach erscheint.

Das beste Beispiel ist die globale Spanische Grippe von 1918. Wenn Sie die Hintergründe dieser tragischen Pandemie, dem größten einzelnen Mörder in der Geschichte, nicht kennen sollten, empfehle ich als guten und schnellen Einstieg *The Great Influenza* von John M. Barry (Penguin Books, 2004). (Beim Verfassen dieses Textes waren 133 gebrauchte Exemplare unter AbeBooks.com ab 2,47 Dollar erhältlich.) Es enthält sogar einige zusätzliche Kommentare zur Vogelgrippe. Ich werde nicht die Grippe von 1918 in jedem Detail nacherzählen – und sollten Sie das Buch nicht lesen wollen, können bei Google oder Yahoo! eine Menge schneller Informationen gefunden werden. Kurz zusammengefasst, bei einer sehr viel geringeren Weltbevölkerung als der heutigen hat die damalige Grippewelle in weniger als

24 Monaten ungefähr 100 Millionen Menschen das Leben gekostet – und dabei die westliche Welt nahezu verwüstet. Sie begann wahrscheinlich im Herzen von Amerika auf dem Höhepunkt des Ersten Weltkrieges, als die Welt nicht in der Lage war, effektiv etwas dagegen zu unternehmen. Wer Barrys Buch liest, wird bezeugen können, wie Hopkins Medizin als unsichtbarer Schutzwall Einfluss auf die Pandemie nahm. Es beschreibt detailliert, wie der Kampf gegen Krankheiten in der damaligen Zeit nur von denen geführt werden konnte, deren Wissen an der Johns-Hopkins-Universität geformt wurde. Man kann etwas über William Welch und John Rockefeller nachlesen, aber nicht über Gertrude Stein.

Um wie Gertrude Stein zu denken, muss man sich fragen: „Gibt es ein dort drüben, dort drüben?" in Bezug auf den Aktienmarkt. Was ist passiert? In den Anhängen A und B sind die allgemein anerkannten Renditen des US-Marktes seit 1830 aufgeführt. In weiteren Quellen können andere Ausführungen gefunden werden und ich ermutige jeden, dies zu tun. Einfach ausgedrückt, war der Aktienmarkt im Laufe des Jahres 1918 mit Ausnahme von wenigen kleinen Kurskorrekturen zum Ende des Jahres sehr energisch. Und während des gesamten Jahres 1919, als die Spanische Grippe andauerte, durchbrachen die Kurse die Schallmauer. Eine Krise des Aktienmarktes während oder nach einer massiven Grippe-Pandemie? Ist nicht eingetreten! Es gab kein dort drüben, dort drüben. Dem Markt ging es großartig mitten in der größten Pandemie aller Zeiten.

Zugegeben, der Markt hatte 1917 ausgehend von den Kriegsnachrichten einen großen Dämpfer erlitten, wodurch aus dem Markt schon ein wenig die Luft herausgelassen war, bevor die Pandemie ausbrach. Trotzdem konnte die Pandemie das Leben, aber nicht den Markt stören, sogar ohne lang Zeit zu haben, eingepreist zu werden, wie wir es mit den derzeitigen Vogelgrippe-Ängsten erleben.

Wie gesagt, ich bin kein Experte in medizinischen Fragen, doch ich schätze (was falsch sein könnte), dass der aktuelle Vogelgrippevirus nie mutieren und von Mensch zu Mensch übertragbar sein wird. Schließlich hätte der Erregerstamm hierfür schon viel Zeit gehabt und er hat es bisher nicht getan. Gewiss wäre dies noch möglich, doch sollte es nicht mehr geschehen, muss akzeptiert werden, dass mein zuvor genanntes Beispiel zu Y2K greift und niemand eine Vogelgrippe-Pandemie erleben wird, und das ist zu hoffen. Sollte er mutieren, ist das Beispiel von der Grippewelle 1918 ein hervorragender Vergleich, um sich zu fragen, ob es ein dort drüben gibt, dort drüben, von dem wir lernen könnten. Ähnlich wie mit der Angst vorm Millennium wird man viele „verantwortungsbewusste Experten" von einem voraussehbaren Desaster reden hören, weshalb man ihnen eine Stange Geld zahlen sollte, damit man dann alle sagen hört, es gäbe keinen Grund zur Sorge. In Bezug auf Märkte gibt es meiner Meinung nach keinen Grund zur Besorgnis. Dort drüben ist nichts, dort drüben. Betrachten wir ein weiteres Beispiel.

Im Mittelpunkt – Öl versus Aktien

Als Anleger scheinen wir verpflichtet Kausalitäten festzusetzen, wo keine existieren, wodurch die Grundlage für falsche Investment-Binsenwahrheiten entsteht. Da wir versuchen, mit unseren Steinzeitgehirnen Ordnung in eine ungeordnete Welt zu bringen, das so genannte Data-Mining oder Datenschürfung, suchen wir Daten, die unsere Haltung bestätigen, ignorieren dabei gegenteilige Beweise und begehen weitere kognitive Fehler. Unglücklicherweise scheint dieser Trend, zwei im Grunde nicht zusammenhängende Ereignisse durch das Behaupten von Kausalitäten miteinander zu verknüpfen und eine Hysterie zu kreieren, kein Ende zu nehmen. Wodurch wir wieder zu Frage eins kommen.

Das Ziel von Frage eins war es, die Einflüsse auf das eigene Denken zu überprüfen und zu entlarven. Wird mit Hilfe von Frage eins ein grundloser Mythos aufgedeckt, wird mehr als nur eine falsche Investition vermieden. Meist entsteht die Basis für neue Spekulationen. Wenn alle anderen besorgt sind über einen Grund, der die Aktien zum Steigen oder Fallen bringen könnte, und Sie diese Kausalität widerlegen können, haben Sie die Möglichkeit gegen die allgemeine Meinung zu spekulieren und zu gewinnen. In diesem Fall haben Sie ein Beispiel entdeckt, bei dem das allgemein angenommene Resultat nicht eintreten wird. Ein exzellentes Beispiel sowie ein zurzeit beliebter Grund zur Panik bieten die hohen Ölpreise. Investoren nehmen im Allgemeinen an, dass der hohe Ölpreis schlecht für Aktien ist. Sollten die Ölpreise weiter steigen, müssen die Aktien leiden. Nur wenige widersprechen dieser Ansicht. Und von den Medien hören Sie es in einem unaufhörlichen Bombardement von Fernseh-Witzbolden – wodurch wir einen bestens geeigneten Kandidaten für Frage eins haben.

Öl als Auslöser für Hysterie ist nicht neu. Diese Angst wiederholt sich alle paar Jahre in Zyklen. In den 1970er Jahren gab es Disco, Jimmy Carter und Ölembargos. In den 1980er Jahren Anzüge mit Schulterpolstern, Charlie Sheen in „Wall Street" und die Öl-Krise. In den frühen 1990er Jahren sowie in letzter Zeit wurden Kriege geführt, von denen viele sagen, ihre alleinige Intention sei es, Öl von einem verschrobenen mesopotamischen Despoten zu stehlen. Offensichtlich haben 450 000 Soldaten[1] beim ersten Versuch ihre Arbeit dermaßen schlecht erledigt, dass 2003 weitere 250 000[2] geschickt werden mussten. Mannomann! Wie schwer kann es sein, Öl zu stehlen? Lasst es uns endlich tun, die Jungs nach Hause holen und für etwas Sinnvolleres verwenden. Wie zum Beispiel eine Invasion Kanadas. Letzten Endes erhalten wir mehr Öl aus Kanada und Mexiko als aus dem Irak und Saudi-Arabien.[3] Zudem sind die Transportkosten geringer in Nordamerika. Hätten wir wirklich die Absicht Öl zu stehlen, würden wir einen Fuß nach Ottawa, Calgary und Tampico setzen.

Amerikas miserables Ergebnis beim Ölstehlen lassen wir mal beiseite; Öl steht regelmäßig hoch oben in der Panik-Liste der Anleger. Eine primäre Sorge ist unsere Abhängigkeit von solch einem begrenzten Rohstoff. In den Medien liest man immer wieder, uns würde in Zukunft das Öl ausgehen. Zum Leidwesen der gesamten Bevölkerung von Berkeley in Kalifornien (dem Nachbarort von Gertrude Steins Heimatstadt) wird dies nicht eintreten. Öl ist sehr wohl ein begrenzter Rohstoff, doch finden wir immer mehr von dem schwer fassbaren Schlamm. Eine Tatsache, die nur wenige Menschen anerkennen: Wir wissen heute von erheblich mehr Ölreserven als noch in den 1970ern.[4] Bereits vor langer Zeit hätte uns das Öl ausgehen sollen. Es hat sich nicht auf magische Weise regeneriert, vielmehr haben die Ölfirmen in neue Technologien zum Auffinden neuer Ölreserven und deren Förderung investiert. Wird noch mehr Öl entdeckt werden? Ja! Wird uns das Öl eines Tages ausgehen? Nein! Nicht so lange wir leben!

Wir wissen es einfach nicht

Sie glauben mir nicht, aber wir können nicht wissen, was die Gesamtmenge von Öl ist oder sein wird – und wir haben es nie gewusst. Die Ölfirmen haben nicht endlos nachgeforscht, da weitere Forschungen nicht kosteneffizient sind, solange die Ölreserven groß genug sind. Und außer ihnen wird sich niemand auf die Suche begeben. Mit der Zeit werden immer neue Wellen von Versuchsbohrungen kommen und gehen. Jede Generation denkt, dass nicht mehr viel Öl gefunden werden kann, und jede Generation findet neues Öl. Sobald der Preis hoch genug gestiegen ist und die Reserven niedrig genug sind, wird aufs Neue gesucht und gefunden. Das wird auch in Zukunft so sein, und niemand wird es glauben, bis es geschieht. In welchem Umfang? Wer soll das wissen? Wir können alle nur über die Menge spekulieren, und genau darum handelt es sich – Spekulation. Es ist von keiner großen Bedeutung.

Ein großes Problem des Angebotes ist nicht das Öl im Boden, sondern die Raffinerien bzw. der Mangel an Raffinerien. Im amerikanischen Kongress gibt es eine Gruppe von Menschen, welche die Vorteile moderner Technologien zwar gerne nutzen, diese aber nicht vor der eigenen Haustür wünschen, und deshalb sichergestellt haben, dass auf US-amerikanischem Boden seit 1976 keine neuen Raffinerien gebaut wurden.[5] Unsere Raffinerien halten mit unserer Nachfrage nicht mit, selbst wenn Öl unendlich vorhanden sein sollte. In dem Falle, dass etwas Unvorhergesehenes wie eine Naturkatastrophe an der Golfküste vorübergehend eine beträchtliche Anzahl der Kapazitäten zur Ölförderung lahm legt, würden die Benzinpreise steigen. Durch mehr heimische Raffinerien wären wir in der Lage, besser und flexibler auf nationale Katastrophen, Kriege, senatorische Idiotie (bitte entschuldigen Sie meine Ausdrucksweise) und andere Angebotsstörungen zu reagieren.

Die Personen, die den Tag des jüngsten Gerichts prophezeien, bestehen darauf, dass wir der endgültigen Erschöpfung der Reserven nicht entgehen können, egal wie effizient wir werden. Zu einem bestimmten Preis haben sie gewiss Unrecht, was auf kurze Sicht nicht bewiesen werden kann. Auf lange Sicht aber schon. Mittlerweile befürchten viele, der Preis würde dermaßen steigen, dass Joe Sixpack sein Auto nicht mehr volltanken kann, er wird arbeitslos, die Wirtschaft wird stocken, der Mond wird blutrot anlaufen und Kröten werden vom Himmel fallen. (Zugegeben, die Letzteren habe ich erfunden.) Vielleicht haben diese Leute die Vorlesung „Einführung in die Betriebswirtschaftliche Theorie“ geschwänzt, als gerade das Verhältnis von Angebot und Nachfrage behandelt wurde. Öl ist eine auf dem offenen Markt frei gehandelte Ware. Die beiden einzigen Größen, die den Ölpreis bestimmen, sind Angebot und Nachfrage. Nicht George W. Bush. Nicht Halliburton. Nicht Osama bin Laden. Nicht Geschäftsführer von Ölfirmen. Lediglich Angebot und Nachfrage.

Unsere gewählten Volksvertreter denken, wir seien nichtsahnende Idioten, die ihren fachkundigen Rat benötigen. Sie scheinen nicht an das Gesetz von Angebot und Nachfrage zu glauben, weshalb sie gelegentlich beschließen, uns von unserer „Ölsucht" zu „heilen", indem sie vorschlagen, den Ölpreis künstlich durch Steuern anzuheben. Nur ein poli-tic kann auf eine solch alberne Idee kommen. Dafür braucht man nicht Washington zu besuchen. In New York beträgt die Benzinsteuer 43,9 Cents und in Kalifornien 44,7 Cent pro Gallone, während sie in Alabama nur bei 20,3 Cents liegt.[6] Politische Dummheit ist so gut wie überall ein unendliches Angebot.

Die meisten Experten sind sich einig, dass für die kommenden fünf Jahrzehnte die Versorgung mit Öl gesichert ist[7] – vorausgesetzt wir entdecken nicht mehr und werden nicht effizienter im Verbrauch (was wir beides tun werden). Natürlich steigt der Ölpreis, wenn das Angebot sinkt und die Nachfrage unverändert anhält. Dafür werden weder Steuern, Regulierungen oder ähnliches benötigt. Und das liegt auch nicht an der Bösartigkeit und Gier der Ölfirmen, auf diese Weise funktioniert nun mal die freie Marktwirtschaft. Auf lange Sicht, solange die poli-tics ihre Einmischung nicht intensivieren, wird der Markt den Preis dem schwindenden Angebot anpassen. Die Ölpreise werden steigen bis entweder eine Ersatzenergiequelle den Angebotsdruck lindert oder die Nachfrage fällt oder eine Kombination aus beidem eintritt. Definitiv auszuschließen ist, dass eines Tages aus der Zapfsäule an der Tankstelle – Überraschung – kein Benzin mehr fließt. Während Öl unerschwinglich teuer wird, wird sich eine Alternative ergeben, die unseren Fahrzeugen und Laptops Energie liefert. Was das sein wird, weiß ich nicht, aber sie wird kommen. Möglicherweise Wasserstoff, Solar- oder Atomenergie, aber Autos werden sicherlich nicht mit Bonbons oder Fruchtsaft fahren. Doch haben die Erfinder der Dampfmaschine gewiss genauso wenig vorausgesehen, dass Volvos mit Benzin fahren würden, wie heutzutage ein Bonbonmotor vorausgesehen wird.

Man mag mich für leichtfertig halten, aber Not macht erfinderisch. Im Ernst, wir werden nicht den letzten Barrel Öl aus der Erde fördern, sagen „Es war schön, so lange es dauerte", um dann in Kartoffelsäcke gekleidet in die Wildnis zu ziehen und spontan ein Dasein mit neu erschienenen Ausgaben des „Whole Earth"-Kataloges als Ratgeber zu führen. Im Jahr 2110 wird unseren Ururenkeln der mit Benzin betriebene Geländewagen ebenso altmodisch erscheinen wie uns die Dampflokomotive.

Hinter diesem theatralischen Getue ums Öl versteckt sich eine Art Dominoeffekt, von dem die Menschen glauben, der hohe Ölpreis habe ihn auf die Wirtschaft und den Aktienmarkt – hier und jetzt. Dieses Bedenken ist unangebracht und leicht zu widerlegen; hohe Ölpreise dämpfen nicht die Wirtschaft oder die Märkte – eine wachsende Wirtschaft führt zu einer wachsenden Nachfrage und somit zu steigenden Preisen. Anleger verstehen Ursache und Wirkung rückwärts.

Die Überschriften in den Zeitungen sind unerbittlich:
Ölpreis erreicht neuen Rekord!
Ölpreis erreicht abermals neuen Rekord!
Vergiss gestern, heute erreicht Ölpreis wirklich Rekord brechende Höhe!

Dabei erwähnen die Zeitungen selten den magischen Begriff „inflationsbereinigt". In den Jahren 2005 und 2006 waren neue Rekordpreise beim Öl ewige Schlagzeilen. Doch auf einer inflationsbereinigten Grundlage waren die Geschichten sehr viel banaler. Vor 27 Jahren gab es höhere real inflationsbereinigte Preise und die westliche Gesellschaft entwickelte sich gut, wodurch es uns heute sehr viel besser geht (was wir bald sehen werden).

Fälschlicherweise glauben die Menschen, dass hohe Ölpreise Inflation, wirtschaftliche Stagnation und Schlimmeres verursachen. Angeführt von Öko-Kämpfern, deren letzte schlüssige Gedanken auf ca. 1979 zurückdatieren, scheint dies rational. Ist es aber nicht. 1979 befanden wir uns mitten in einer Auseinandersetzung mit dem neuen iranischen Regime, angeführt von einem glühenden religiösen Fundamentalisten. Höchst aufgebracht – real oder eingebildet, aber wahrscheinlich eingebildet – vom „großen Satan" nahmen iranische Studenten 66 amerikanische Geiseln, von denen 52 für 444 Tage festgehalten wurden. Dies führte zu einem Jahrzehnt von Sanktionen und OPEC-Embargos, wodurch der Ölpreis in die Höhe getrieben wurde, gefolgt von zu langen Schlangen an den Zapfsäulen und sogar Rationierungen. Bevor Ihnen schwindelig wird von einem Déjà-vu angesichts der heutigen Iran-Problematik, muss bedacht werden, dass fast während der gesamten 1970er, zeitgleich mit den Schlaghosen eine entsetzlich inflationäre Währungspolitik vorherrschte. Getrieben von einer endlosen Geldschöpfung in- und außerhalb von Amerika, tat eine galoppierende Inflation ihr Bestes, um eine bereits glanzlose Wirtschaft weiter zu dämpfen. Dies führte wiederum zu hohen Preisen aller Art, darunter Öl, langfristigen Zinssätzen und alles mögliche andere – sowie zu einer unschönen Arbeitslosenquote von neun Prozent in Amerika.[8] Die Zeiten waren ökonomisch betrachtet nicht rosig, hauptsächlich aufgrund einer schlechten Regierungstätigkeit.

Colorado, Canada und China haben eines gemeinsam – nicht das „C"

Es gibt kein Problem des Angebotes, sondern Besorgnis um den Preis. Als Folge des Ölembargos 1973 führte Präsident Ford das „Energy Policy and Conservation"-Gesetz ein, das zur Bildung der Strategischen Ölreserve (SPR) führte. Mit fast 700 Millionen Barrels[9] bildet die SPR die weltgrößte Notfallreserve von Rohöl – wodurch ein neuer großer Ölvorrat geschaffen wurde. Die Bildung dieser Einlagerung Amerikas führte in den späten 1970ern zu einem künstlich erhöhten Ölpreis, was nur wenige Amerikaner wissen oder einsehen. Lediglich in zwei Notsituationen wurde diese Reserve bisher abgesenkt, zum einen während des Golfkrieges 1991, als 17 Millionen Barrel verkauft wurden[10], und zum anderen direkt nach dem Hurrikan Katrina, als elf Millionen Barrel verkauft wurden.[11] Durch die Anordnung von George W. Bush im Jahr 2001, die Reserve vollständig gefüllt zu halten, hat der Ankauf von dann insgesamt 28 Millionen zusätzlichen Barrel zu einer Preissteigerung in den letzten Jahren geführt. Sollten wir dieses Öl in einem Notfall jemals in großem Umfang gebrauchen, würden die Preise merklich niedriger sein als gewöhnlich. Und dafür ist es gedacht.

Doch ist ein hoher Ölpreis so schlecht? Kommen wir zurück zu Frage eins. Zunächst, bei einem gewissen Preis, würden wir aus ökonomischen Gründen nach Alternativen suchen. Zusätzlich zum Öl lagern im Boden von Colorado, Utah und Wyoming schätzungsweise zwei Billionen Barrel Schiefergestein[12] – acht mal so viel wie die bekannten Ölreserven in ganz Saudi Arabien.[13] Nicht zu vergessen die Menge von Teersand in Kanada, welche um ein Vielfaches die bekannten Reserven im Mittleren Osten übersteigt.[14] Dies alles zu erschließen ist nur eine Frage des Preises. Wir können darüber streiten, was genau es kosten würde, aber nicht darüber, dass es eine Frage des Preises ist. Das ist schlichtweg eine Tatsache. Meiner Meinung nach, und ich könnte falsch liegen, müsste der derzeitige Ölpreis verdoppelt werden und man käme ins Geschäft. Natürlich ist dies lediglich eine Meinung und keine Tatsache. Aber es passiert; die Bedrohung von Ölembargos wird nicht annähernd die von uns gefürchtete Kraft haben. Sobald ein gewisser Preis erreicht wird, kommt es zur Förderung von Schiefer, was wiederum bedeutet, dass uns nie das Öl ausgehen wird, da der Schiefer als Ersatzstoff dienen wird. Hierbei handelt es sich um schlichte Volkswirtschaftslehre, und dennoch bin ich erstaunt, wie wenige Menschen auf der Welt dies akzeptieren.

Sie haben die Wahl. Wollen Sie, dass der Ölpreis steigt oder fällt? Abgesehen von einigen Angebotsstörungen wie die Hurrikans an der Golfküste wurde der Preis hauptsächlich von einem Wachstum der Nachfrage einer expandierenden Wirtschaft angetrieben – nicht nur in Amerika, sondern in der ganzen Welt inklusive Indien und China. Höhere Ölpreise sind ein Zeichen für eine gesunde, wachsende Weltwirtschaft, und nicht für eine kränkelnde. Trotzdem gibt es Menschen, die argwöhnisch fragen, welchen Einfluss Chinas Wachstum auf den Energiemarkt und die Preise haben wird und wie er uns schaden könnte. China hat in seinem Boden mehr Energie in Form von Kohle, als der Gesamtverbrauch des Landes in den nächsten Jahrzehnten sein wird. Ähnlich wie mit dem Schiefer in Nordamerika ist es nur eine Frage der Zeit, wann Kohle dort als Ersatzrohstoff für Öl verwendet wird. Um genau zu sein, wird es die Kohle und nicht das Öl sein, auf welcher China seinen zukünftigen Energiebedarf aufbaut – wofür es offensichtliche Gründe geben sollte.

Beten Sie für hohe Ölpreise – nicht für niedrige

Solange wir nicht ein beachtlich großes neues Ölfeld oder grundlegend neue Technologien entdecken, fallen die Ölpreise nur dann stark, wenn die Nachfrage auf Grund einer kränkelnden Wirtschaft fällt. Ich versprechen Ihnen, dass werden Sie nicht mögen. Beten Sie für hohe Ölpreise. Sie glauben ich scherze. Nein!

Die Ölpreise schaden uns nicht, solange sie hoch sind. Zum ersten, entgegen der allgemeinen Annahme, sind wir weniger abhängig vom Öl als jemals zuvor. Ich entschuldige mich, sollte dies jemanden so erschrecken, dass er beim Lesen seinen Tee über seinem iPod verschüttet, während er am Steuer seines Geländewagens sitzt und dieses Buch auf CD hört. Aber es ist eine Tatsache. Wir sind weit weniger als noch vor 25 Jahren abhängig von Energie. 1980 lag die US-amerikanische Energieintensität oder der gesamte primäre Energieverbrauch bei 15 000 Btu pro Dollar des BIP.[15]

Heute liegt sie bei weniger als 10 000 Btu pro Dollar, da die Energieintensität stetig gefallen ist. Die Zusammensetzung unseres BIP hat sich stark verändert. Zwei der am schnellsten wachsenden Sektoren – die Informationstechnologie und der Finanzsektor[16] – arbeiten sehr viel weniger energieintensiv als die Fertigung und die Landwirtschaft, die beide im Verhältnis zurückgegangen sind. Dies zeigt, dass wir sehr viel effizienter und weniger abhängig vom Öl geworden sind als noch in den 1970ern. Sollten die Preise hoch bleiben und weiter ansteigen, werden wir wiederum effizienter werden (vgl. Abbildung 5.1).

Sogar in dem Fall, dass die Ölpreise sprungartig ansteigen, ist es eine Tatsache, dass dies nur einen minimalen Effekt auf die Gesamtwirtschaft haben wird. Es gibt eine einfache Möglichkeit, dies nachzuvollziehen: Produkte, für die Öl und Benzin benötigt werden, stellen heute nur 2,5 Prozent unseres BIP dar.[17] Dies mag schwer vorstellbar sein, ist jedoch wahr. Der Einfluss von Öl auf unser nationales Einkommen ist nur gering. Darüber hinaus stieg unser nominales (inflationsbereinigtes) BIP seit 1980 jährlich im Durchschnitt um sechs Prozent.[18] Zukünftiges Wachstum wird das Öl sogar noch unwichtiger machen, da die nichtenergieintensiven Industriezweige am stärksten wachsen.

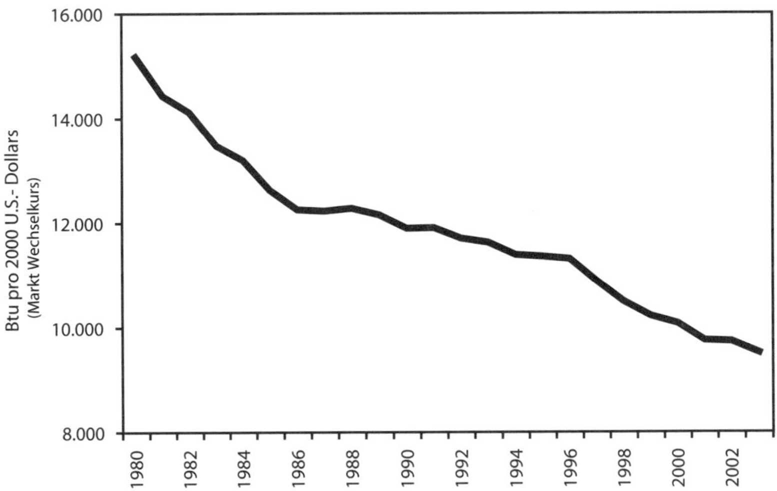

Abbildung 5.1: US-Energieintensität.

Quelle: Energy Information Administration.

Glauben Sie dem Aktienmarkt – nicht mir – Aktien- und Ölpreise hängen nicht zusammen

Wenn Sie mir nicht glauben, glauben Sie dem Aktienmarkt. Eine Hauptsorge von Anlegern ist, dass Öl und Aktien eine inverse Verbindung haben. Die Menschen denken, wenn der Ölpreis steigt, fallen die Aktien und andersherum. Hohe Ölpreise werden als schlecht angesehen – und alles Schlechte wirkt sich auf die Aktien aus. Anleger sorgen sich um Ölkriege, abnehmende Nachfrage, Umweltzerstörungen und darüber, dass ihre Nachbarn rücksichtsloserweise Hummer-Fahrzeuge fahren. Sie sind überzeugt, dass all dies die Ölpreise hochtreibt und die Aktien fallen lässt. Niemand wünscht, aber viele glauben es. An jedem x-beliebigen Tag kann man auf seiner Lieblingsseite im Internet „Aktien kommen durch Öl ins Schleudern[19]", „Aktien fallen, während Ölpreis steigt[20]", „Ölpreis fällt, nachdem Saudis Förderung erhöhen, Aktien fallen[21]" und „Aktien steigen, während Ölpreis fällt[22]" nachlesen. Das ist eine zufällige Probesammlung. Testen Sie selber an Hand einer Google-Suche, wie häufig in Artikeln ein inverses Verhältnis zwischen Öl und Aktien behauptet wird.

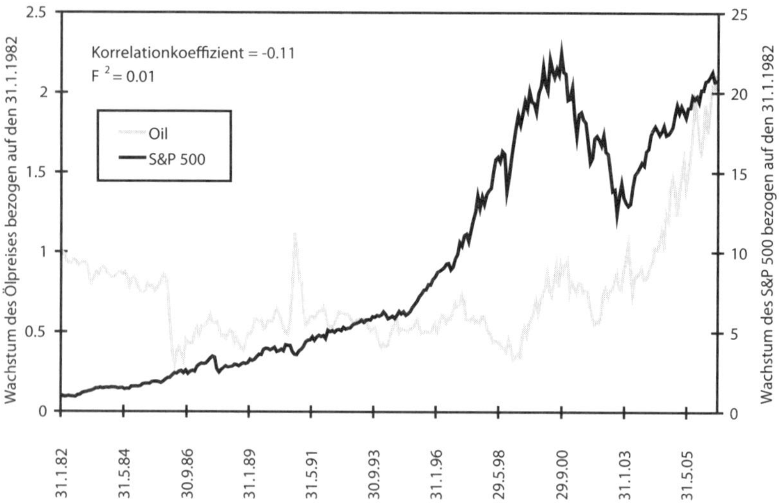

Abbildung 5.2: Hohe Ölpreise schaden den Aktien. Tun sie das wirklich?

Quelle: Global Financial Data.

Es scheint dem gesunden Menschenverstand zu entsprechen. Höhere Ölpreise führen zu höheren Benzinpreisen, was bedeutet, dass die Menschen weniger Geld für andere Dinge ausgeben können, wie Lebensmittel, Flugtickets und Ringelsocken. Firmen, die Lebensmittel, Flugtickets und Ringelsocken herstellen und vertreiben, müssen leiden, da Joe Sixpack dickköpfig seine löchrigen Socken weiterträgt und sich weigert in einen Ferienclub zu fliegen, wodurch die Umsätze zurückgehen und die Aktionäre in Angst versetzt werden. Doch bald ändert Joe seinen Namen in Fivepack. Der Ölpreis steigt, die Aktien fallen – Ende der Geschichte. Alle wissen das, außer Gertrude Stein. Sie würde fragen, ob es ein dort drüben gibt, dort drüben. Stimmt es, dass Öl und Aktien ein wechselseitiges Verhältnis haben? Führen steigende Ölpreise zu fallenden Aktien? Beide Preise existieren die ganze Zeit, gibt es also ein dort drüben, dort drüben, können wir es messen.

In Abbildung 5.2 sind die Messwerte aufgeführt, doch kann der S&P 500 der letzten Jahre als Test hinzugezogen werden, zu finden als Download bei Yahoo! Finance. Ölpreise der letzten Jahre können auf der Homepage der Energy Information Administration (EIA), einer Abteilung des US-amerikanischen Energieministeriums, abgerufen werden.[23] Sollten Sie Excel zur Analyse von Daten nicht benutzen, schlagen Sie im Kapitel 1 für eine kurze Einführung nach. In Abbildung 5.3 werden die Ölpreise und der S&P 500 von 1982 bis 2006 graphisch nebeneinander dargestellt. Insgesamt kann festgestellt werden, dass es nicht viel gibt dort drüben, dort drüben, außer, dass beide mit der Zeit zu steigen scheinen. Dies sollte nicht zu sehr überraschen, da die meisten Preise aufgrund von Inflation zu steigen pflegen.

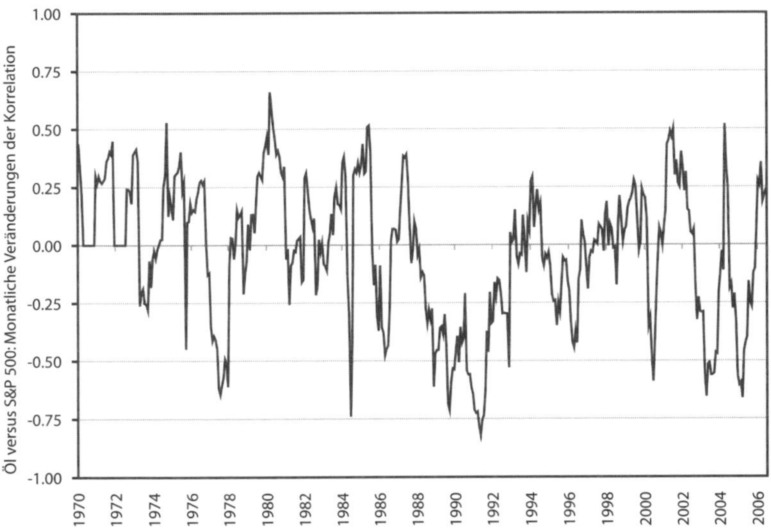

Abbildung 5.3: Öl versus S&P 500: Monatliche Veränderungen der Korrelation.

Quelle: Global Financial Data.

Unwissenschaftlich betrachtet erscheint das Diagramm nicht zu überzeugend – vergleichbar mit dem hohen KGV-Streudiagramm aus Kapitel 1. Für eine beweiskräftigere Antwort wird der *Korrelationskoeffizient* benötigt. (Wieder in Kapitel 1 nachzulesen.) Wenn beide Variablen gleichzeitig und im selben Maße steigen, ist der Korrelationskoeffizient 1, was bedeutet, dass ein 1-zu-1 Verhältnis vorliegt. Wenn sie stark negativ miteinander korrelieren – als eine Art Zickzack, wie wir es bei Öl und Aktien vermuten – ist der Koeffizient annähernd –1. Je mehr sich der Koeffizient an 0 annähert, umso weniger korrelieren die Variablen miteinander.

Die Ein-Prozent-Lösung

Fakt ist, Öl und Aktien haben einen Korrelationskoeffizienten von -0,11 – eine vernachlässigungswürdige Korrelation und viel geringer, als je einer vermuten würde. Um herauszufinden, wie sehr sich die beiden Variablen beeinflussen könnten, greift man auf das R-Quadrat aus Kapitel 1 zurück. (Wir erinnern uns, das R-Quadrat zeigt die relative Verbundenheit von zwei Variablen.) In unserem Fall beträgt das R-Quadrat 0,01. Dies bedeutet, dass lediglich ein Prozent der Aktienbewegungen auf die Veränderungen des Ölpreises zurückzuführen sind. Nur ein Prozent. Lenken Sie Ihr Augenmerk mehr auf die übrigen 99 Prozent.

Da die Preise von Öl und Aktien sich stetig stark verändern und manchmal kurzzeitig beeinflussen mögen, möchte ich eine weitere Abbildung zeigen. In Abbildung 5.3 wird für ein Jahr die monatliche Veränderung der Korrelation zwischen Öl und dem S&P 500 aufgezeigt.

Die Abbildung zeigt deutlich die Scheitelpunkte und Talsohlen der Korrelation. 1980 sehen Sie einen hohen positiven Ausschlag, der im Platzen der Ölblase gipfelte. Zu Beginn der 1990er Jahre ist der Tiefpunkt der negativen Korrelation zu erkennen, der der wirtschaftlichen Rezession von 1990 und 1991 folgte.

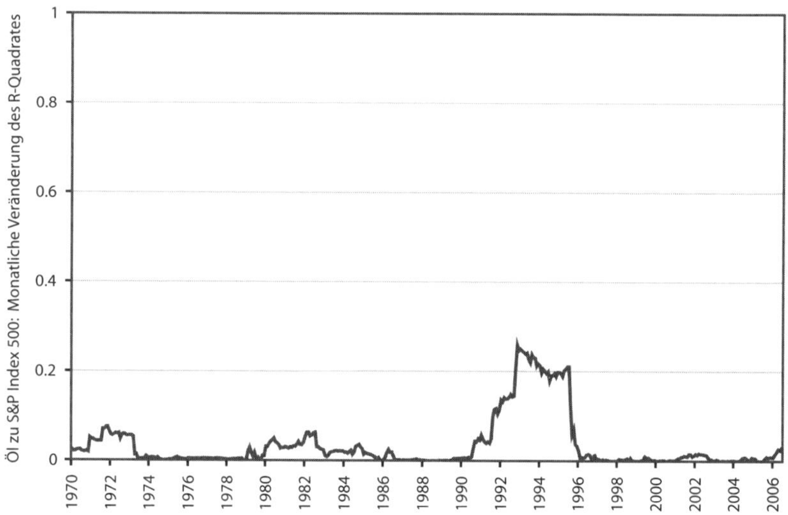

Abbildung 5.4: Öl und S&P Index 500: Monatliche Veränderung des R-Quadrats.

Quelle: Global Finance Data.

Sie waren alle von kurzer Dauer und zeigten die Schwankungen um den Mittelwert von nichtexistierender Korrelation. Eine andere Möglichkeit der Betrachtung ist das gemittelte R-Quadrat, das den möglichen Einfluss der beiden Variablen aufeinander zeigt (vgl. Abbildung 5.4).

Von Ende 1992 bis Anfang 1994 konnten über 20 Prozent der Schwankungen der Aktienkurse den Ölpreisen zugerechnet werden; dies ist eine ungewöhnlich hohe Zahl – und niemand hat es damals bemerkt. Es gab so etwas wie ein dort drüben, dort drüben – für einen kurzen Moment – und alle haben es im Grunde verpasst. Vorher und nachher hatte Öl keine sonderliche Macht auf die Aktien.

Es gab dort drüben nichts, dort drüben. Weder hoch, noch runter. Überhaupt gar nicht, und trotzdem glauben die Menschen, dass es einen Zusammenhang gibt, ist das nicht sonderbar? Doch Sie und ich und Gertrude Stein wissen es.

Sie mögen nun zufrieden mit dem Wissen sein, dass eine Veränderung des Ölpreises keinen Einfluss auf die Aktienkurse hat. Doch sollten wir uns ins Gedächtnis rufen, dass eine Tatsache, die in Amerika wahr ist, auch für so gut wie jeden anderen Ort auf der Welt gelten müsste oder es entspricht doch nicht der Wahrheit. Aus diesem Grunde sollten gewonnene Erkenntnisse so oft wie möglich auf ausländischen Märkten getestet werden. Denn sollte etwas nur in einem Land zutreffen, kann es sich um ein Unikum aufgrund von landesspezifischen Gegebenheiten handeln (wie den Wahlzyklus) oder um einen glücklichen Zufall. Sogar Gertrude Stein hat über die Ländergrenzen der USA hinweg gedacht, obwohl sie nicht erkannte, dass Amerika besser ist. Abbildung 5.5 ist eine Illustration der Beziehungen zwischen Öl und Aktien in Großbritannien.

In Großbritannien erhält man vergleichbare Resultate. Der Korrelationskoeffizienten beträgt -0,09 und das R-Quadrat beträgt 0,01. Es wird also so gut wie keine Korrelation festgestellt und trotzdem ergreift die Briten ebenso wie die Amerikaner die Panik, der hohe Ölpreis würde die Aktien in den Keller treiben. Tatsächlich sagt mir mein Gefühl, dass sie sich sogar mehr sorgen (und ich beschäftige mich viel mit Großbritannien). Vergleicht man die Ölpreise mit einem globalen Aktienindex, findet man heraus, dass der Ölpreis die Aktienkurse nicht sonderlich beeinflusst. In Abbildung 5.6 beträgt der Korrelationskoeffizient 0,05 und das R-Quadrat 0,00. Es gibt also keinerlei Verbindung. Trotzdem sehen die Anleger nicht, dass es keine Korrelation gibt – weder positive noch negative – kein dort drüben, dort drüben.

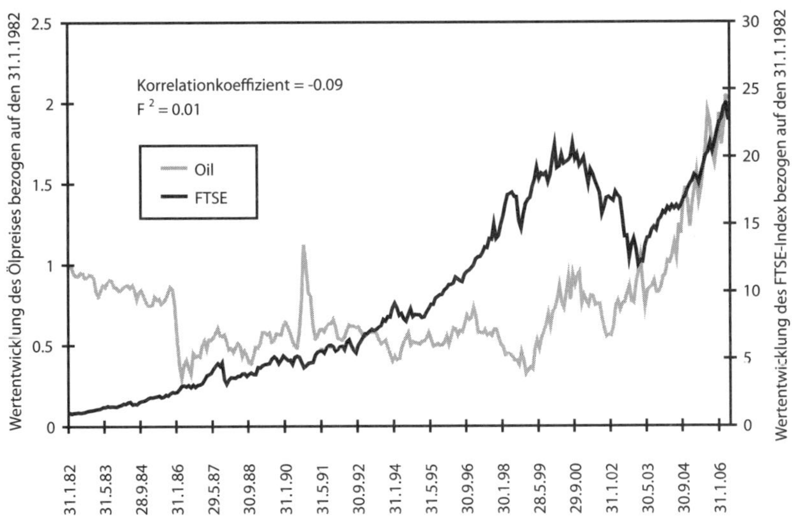

Abbildung 5.5: Ölpreis und FTSE-Index.

Quelle: Global Financial Data.

Ich kann bestätigen, es handelt sich um einen Bestätigungsfehler

Hierbei handelt es sich um zwingende Beweise gegen einen besonders durchdringenden Mythos. Also warum hält er sich so hartnäckig? Kommen wir zu Frage drei. Was unsere Gehirne durcheinander bringt, ist ein Bestätigungsfehler und die Illusion von Gültigkeit. Unser Gehirn hält fest an Umständen, die unsere vorherige Annahme und unseren gesunden Menschenverstand bestätigen und wir ignorieren Umstände, die widersprechen. Gertrude Stein litt ihr Leben lang an solch einem Bestätigungsfehler. Aus diesem Grund sah sie Pariser als etwas Besseres an als langweilige Amerikaner, egal ob in Oakland oder an der Johns-Hopkins in Baltimore. Sie sah, was sie sehen wollte, und das tun die meisten Menschen. Erinnern wir uns an die oben genannten Überschriften, die weit verbreitet sind – doch wann haben Sie zuletzt eine Überschrift wie „Hohe Ölpreise treiben Aktien in die Höhe“ gelesen. Niemals, denn eine solche Überschrift verkauft sich schlecht. Wenn die Ölpreise oben stehen, entspricht die Chance von niedrigen Aktienkursen messbar und belegbar der eines Münzwurfes.

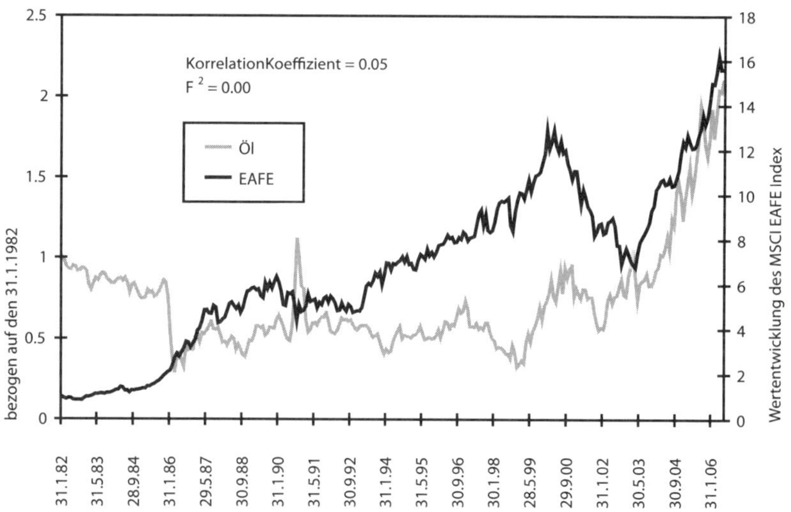

Abbildung 5.6: Ölpreise und der MSCI EAFE.

Quelle: Global Financial Data.

Aber so erinnern sich unsere Gehirne daran nicht. Und genauso sicher wollen uns die Zeitungen es vermitteln. Sie und wir erinnern uns an Umstände, die unsere Annahmen bestätigen, indem wir nur auf die Tage fokussieren, an denen Öl und Aktien sich entgegengesetzt entwickeln. Meine Bemühungen mit diesem Buch simple Korrelationen aufzuzeigen, wird die menschlichen Bestätigungsfehler nicht ändern.

Wenn das Gegenteil der Fall sein sollte und Öl und Aktien gemeinsam steigen oder fallen, entschuldigen Anleger dies mit Neuausrichtungen. Anstatt die tägliche

Preisentwicklung von Öl und Aktien zu betrachten, beharren sie darauf, dass andere willkürliche Zeitrahmen von Bedeutung wären. Sie unterwerfen die Angelegenheit einer Neuausrichtung, indem sie behaupten, die Entwicklung könne nicht an Hand nur eines Tages bewertet werden. Vielmehr müsse eine längere Periode in Betracht gezogen werden, wie z.B. eine Woche, drei Monate, ein Jahr oder besonders extreme Beispiele. (Natürlich können sie dies nicht beweisen.) Trotzdem bestätigen die Tagesentwicklungen, ihren Wahrnehmungsfehlern gehorchend, die Mythen in ihren Köpfen, da widerlegende Beweise einen längeren Beobachtungszeitraum oder andere Skalen, die nicht wirklich ausgewiesen sind, benötigen. Äpfel und Birnen.

Einige stellen die Behauptung auf, ein hoher Ölpreis würde die Aktien nicht am selben Tag, sondern mit Verzögerung nach unten treiben – eine weitere Neuerung. Sie behaupten es, aber prüfen es nicht nach. Ich habe es getan und auch jetzt verfolge ich noch Verzögerungen für jede mögliche Korrelation. Ich glaube nicht, dass sie existieren (das sollte auch in Übersee funktionieren). Die Resultate waren dieselben für unterschiedlichste Verzögerungszeiträume – drei Tage, eine Woche, zweieinhalb Wochen, sieben Monate, 7,82 Monate. Welche willkürliche Verzögerung man auch wählt, die Schwankungen der Öl- und Aktienkurse korrelieren für keinen gesunden Menschenverstand genug miteinander. Das Beharren auf einer zeitlichen Verzögerung ist nur eine andere Form von gezielter Datensuche, Neuausrichtung und einem weiteren Bestätigungsfehler. Es zeigt, was für hervorragende Erzeuger von steinzeitlichen kognitiven Fehlern Menschen sind. Die Daten können wie gewünscht ausgelegt werden, doch wird man keine zuverlässige Verbindung zwischen Öl- und Aktienpreisen entdecken. Doch sollte meine These, widerlegt werden, wovon ich nicht ausgehe, müsste ich es akzeptieren. Viele Leser dieses Buches (nicht Sie – diese anderen Leser) werden wahrscheinlich einfach davon ausgehen, dass ich Unrecht habe, aber keinen Finger rühren, um es selber nachzuprüfen.

Dies ist ein hervorragendes Beispiel für einen Mythos, der ohne teures Werkzeug oder komplizierte Gleichungen entlarvt werden konnte. Denn wir erinnern uns, dass Hypothesen, die nur durch verschachtelte und komplizierte Analysen bewiesen werden können, wahrscheinlich falsch sind. Hierfür möchte ich Ihnen gerne weiter Anhaltspunkte geben.

Das Zapfsäulen-Quiz

Um die Ölpreis-Hysterie zu lindern, schlage ich vor, dass jeder Konsument vor dem Tanken ein kleines Quiz bestehen muss. Jeder, der durchfällt, ist zu blöd zum Wählen. Drei aus den folgenden fünf Fragen müssen korrekt beantwortet werden, um sich fürs Wählen zu qualifizieren:

1. Rohöl, die Hauptkomponente des Benzins für die meisten Autos, ist:
   a. ein Teufelswerkzeug
   b. eine aus Texas stammende Verschwörung
   c. ein Rohstoff
   d. die Hauptursache für die globale Erwärmung.

2. Die Ölpreise werden bestimmt von:
   a. George W. Bush
   b. Halliburton
   c. Angebot und Nachfrage
   d. Antworten a. und b.

3. Die US-Regierung könnte unverzüglich die Benzinpreise senken, indem sie:
   a. Regulierungen abbaut
   b. Steuern senkt
   c. Dick Cheney auf die Vogeljagd sendet – mit dem Geschäftsführer von Shell
   d. Antworten a. und b.

4. Der größte Ölexporteur in die USA ist:
   a. Irak, aber verraten Sie es nicht, denn wir stehlen das Öl
   b. Saudi-Arabien
   c. Halliburton
   d. Kanada.

5. Der Krieg gegen den Terror ist in erste Linie:
   a. wieder nur ein Ölkrieg (die Terroristen haben recht)
   b. eine aus Texas stammende Verschwörung (die Terroristen haben recht)
   c. die Hauptursache für die globale Erwärmung (die Terroristen haben recht)
   d. nichts davon.

Keine Sorge, mein Test wird niemals eingeführt, dafür werden die poli-tics sorgen. Doch unterdessen haben Sie wieder einen Vorteil. Wann auch immer die Menschen aus Sorge, ein hoher Ölpreis würde die Aktienkurse zum Fallen bringen, ausflippen, werden Sie als Leser dieses Buches es nicht tun. Zum einen, weil die Sorge eingepreist ist und zum anderen, weil sie falsch ist. Ich gehe davon aus, dass auch im Jahr 2007 die Ölpreise noch hoch sein werden – ignorieren Sie es einfach. Der Ölpreis kann problemlos so hoch steigen, wie er will.

Alles, was die Franzosen können, können wir besser

Bevor wir das Öl hinter uns lassen, möchte ich abermals auf Gertrude Stein, die Franzosen, Präsident Bush sowie die Ölindustrie in Texas im Allgemeinen und China zu sprechen kommen. Würde ich nach einer siebten Gertrude Stein-Lebensweisheit suchen, würde ich zunächst vorschlagen „Ein Leben in Amerika verbracht ist besser als in Frankreich“. Eine vergleichbare politisch inkorrekte Aussage ist „Alles, was die Franzosen können, können die Amerikaner besser“. Ich sage das als Kalifornier mit einer Vorliebe für kalifornischen Wein. Sie wollen den Ölpreis bei 20 Dollar pro Barrel sehen. Das ist einfach. Sicher! Technisch ist es banal. Die Franzosen beziehen bereits seit langem die Hälfte ihrer Energie aus Atomkraft. George Bush schafft es nicht einmal, das Wort „Atomenergie“ in zwei aufeinander folgenden Sätzen in den Mund zu nehmen. In seiner Rede zur

Lage der Nation von 2006 trat er für alternative Energie ein, benutzte aber kein einziges Mal das A-Wort. Offensichtlich ist er nicht daran interessiert, Amerika von fossilem Brennstoff zu nuklearen alternativen Energien zu führen.

Wenn die USA, Großbritannien, Japan und China einen Kooperationsvertrag verkünden würden, in den nächsten zehn Jahren den Anteil von Atomenergie auf den selben Anteil wie in Frankreich anheben zu wollen, würde der Preis vom texanische Rohöl schneller auf 20 Dollar fallen, als Sie „Remember Alamo" sagen können. Das ist ein Kinderspiel. Die Bewohner von Berkeley könnten sich nicht mal mehr ausmalen, wie die reichen Inhaber der texanischen Ölfirmen zu bestrafen wären, da es bereits geschehen wäre.

Seit 30 Jahren wurde aus Angst vor nuklearer Energie kein neues Atomkraftwerk in den USA gebaut.[24] Diese politischen und sozialen Entscheidungen sind lang andauernd und schwer zu erschüttern, nichtsdestoweniger sind es politische Entscheidungen. Indem ich das Wort „Atomkraft" ausspreche, zucken ergraute, Birkenstock tragende Ökos aus den 1970ern bei dem Gedanken zusammen, Amerika könne das tun, was die Franzosen schon lange machen. Wir erinnern uns an Gertrude Stein – gibt es ein dort drüben, dort drüben? Die Franzosen leben seit Jahrzehnten sicher mit Atomenergie im Übermaß. Und wenn die Franzosen das schaffen, können wir es allemal. Und wenn wir es mit der Hilfe unserer Freunde tun würden, hätten wir anstelle von fünf gesicherten Jahrzehnten mit Ölreserven Hunderte von Jahren. Ich kenne nicht Gertrude Steins Haltung zu diesem Problem, aber meinem Großvater hätte es gefallen, denn er liebte es, mit seinem Auto die Sierra zu erkunden.

Verkaufen Sie im Mai, denn der Januar-Effekt wird Ihre Weihnachtsrallye dämpfen – es sei denn, es ginge mit Zauberei zu

Einen weiterer beliebter Mythos – oder eine Ansammlung von Mythen – werde ich unter der Kategorie „Sell in May" zusammenfassen. „Sell in May" kommt von dem alten Sprichwort „Sell in May, go away" – was besagt, man solle im Mai verkaufen, da im Sommer glanzlose Erträge eingefahren werden. Diese Sorten von Mythen umfassen die unzähligen Monat-des-Jahres, Tag-der-Woche, Feiertags-Mythen und so weiter. Ebenso die Weihnachtsrallyes, der Oktobereffekt, der Montags- oder Freitagseffekt, die Sommerrallye, die so genannten Triple-Witching-Tage (der jeweils dritte Freitag im März, Juni, September und Dezember), der Monatsende-Effekt, der Dritte-Donnerstag-während-eines-zunehmenden-Mondes-Effekt, der Zweite-Dienstag-jeden-Monats-der-Baseball-Saison-Effekt. Ich denke, ich habe mich klar ausgedrückt, obwohl die letzten beiden erfunden waren, aber deswegen nicht weniger sinnlos sind.

Anleger glauben in der Regel nicht an alle diese Effekte, sondern nur an einige ausgewählte, doch überprüfen sie nicht ihre Gültigkeit. „Wer glaubt denn an den Freitagseffekt? So etwas Dämliches", mag der eine Anleger sagen, während er sich selber auf die Weihnachtsrallye vorbereitet. Obwohl Sie instinktiv denken mögen, dass es sich hierbei um Irrglaube handelt, erinnern uns die Medien mit

Vorliebe freitags daran, dass der Markt aus dem und dem Grund genau das getan hat und dass dies und jenes am Montag passieren wird. Es gibt eine beachtliche Anzahl von veröffentlichten Studien – einige in wissenschaftlichen Magazinen, die es besser wissen sollten und andere in Boulevardmedien – die innerhalb des Zeitraumes X bis Y aufzeigen, dass man den Markt hätte austricksen können, wenn man an Tag A gekauft und an Tag C verkauft hätte. Variiert man die Anfangs- und Endtage – oder blickt man nach Übersee – verschwindet der Effekt ohne Ausnahme vollständig und man erkennt die Zeichen eines geplanten oder unbeabsichtigten Data-Mining.

Der zurzeit wohl am weitesten verbreitete Mythos ist „Sell in May, go away", denn er ist gerade sehr erfolgreich. Es kursiert schon seit Jahrzehnten mit mal steigender und mal sinkender Beliebtheit. Zu einer bestimmten Zeit hat er vielleicht mal einen gewissen ökonomischen Sinn gemacht. Vor langer Zeit waren die Sommer, verursacht durch landwirtschaftliche Zyklen und später Urlaubszyklen, von einer Verlangsamung im Wirtschaftsleben der USA gekennzeichnet. Selbst heutzutage fährt ein Großteil der europäischen Bevölkerung während der warmen Sommermonate in den Urlaub. Doch kann man deswegen noch an dem Motto „Sell in May, go away" festhalten? Es ist nie ein wirklicher Aktienmarktzyklus gewesen. Es ist töricht und nachweislich falsch. Kann es im Zeitalter drahtloser, rund um die Uhr-Kommunikation wirklich möglich sein, dass in den Sommermonaten eine Lethargie einsetzt? Viele ehrenwerte Anleger glauben aus tiefstem Herzen, dass die Sommermonate schlecht für Aktien wären. Dies kann wiederum leicht mit Hilfe von Frage eins überprüft werden. Tabelle 5.1 zeigt die Kursgewinne zwischen Juni und August zusammen mit dem Gesamtgewinn für jedes Jahr, beginnend im Jahr 1926.

Wie Tabelle 5.1 zeigt, beträgt der Durchschnitt aller Kursgewinne zwischen Juni und August 4,7 Prozent – wodurch die Kursgewinne im Durchschnitt positiv sind und Cash als auch Anleihen übertreffen. Natürlich bewegt sich der Markt generell häufiger im positiven als im negativen Bereich. Wir stellen also fest, dass oftmals die Sommermonate sehr starke Monate waren. Dass es merklich positiver als negativer ist, zeigt, dass die „Sell in May, go away"-Strategie ein Verlustträger ist. Einige Anleger hingegen werden sagen, dass „Sell in May" in Wirklichkeit bedeutet, dass das Sommerhalbjahr schlechter als der Winterhalbjahr ist – von Mai bis Oktober werden geringere Erträge erzielt als von November bis April. Mein Gott, wie viel Data-Mining kann man wollen? Studiert man die Tabelle, so erkennt man, dass von Mai bis Oktober durchschnittlich Erträge von 4,4 Prozent erzielt wurden gegenüber 7,4 Prozent im Winterhalbjahr. Was lernen wir daraus? Dass wir auf unserem Bargeld sitzen bleiben und weniger Gewinne einfahren sollen? Es gibt keine rationellen Gründe, warum die einen sechs Monate besser sein sollten als die anderen. Warum Mai bis Oktober? Warum nicht „Sell in July, so you won't cry"? Einige Jahre scheinen die Illusion zu bestätigen. Der gepfefferte Ausverkauf im Mai 2006 hat gewiss viele Menschen motiviert, dieser Strategie zu glauben. Hierbei handelt es sich wieder einmal um Bestätigungsfehler und die Illusion von

Gültigkeit. Dieselben Menschen wären auch beeindruckt, wenn die Münze dreimal auf Kopf landet.

Jahr	Rendite im Sommer (Juni-August)	Rendite des gesamten Jahres (Januar-Dezember)	Jahr	Rendite im Sommer (Juni-August)	Rendite des gesamten Jahres (Januar-Dezember)
1925	5,7%	29,6%	1966	-9,7%	-10,1%
1926	12,3%	11,1%	1967	5,9%	23,9%
1927	11,5%	37,1%	1968	0,9%	11,0%
1928	5,4%	43,3%	1969	-6,9%	-8,5%
1929	28,7%	-8,9%	1970	7,6%	3,9%
1930	-11,8%	-25,3%	1971	0,2%	14,3%
1931	7,9%	-43,9%	1972	2,2%	19,0%
1932	91,4%	-8,9%	1973	0,1%	-14,7%
1933	15,9%	52,9%	1974	-16,4%	-26,5%
1934	-3,9%	-2,3%	1975	-3,7%	37,2%
1935	19,3%	47,2%	1976	3,7%	23,9%
1936	12,1%	32,8%	1977	1,9%	-7,2%
1937	-0,1%	-35,3%	1978	7,5%	6,6%
1938	31,9%	33,2%	1979	11,8%	18,6%
1939	-2,4%	-0,9%	1980	11,5%	32,5%
1940	15,7%	-10,1%	1981	-6,2%	-4,9%
1941	12,2%	-11,8%	1982	8,5%	21,6%
1942	7,8%	21,1%	1983	2,3%	22,6%
1943	-1,3%	25,8%	1984	12,0%	6,3%
1944	5,1%	19,7%	1985	0,6%	31,7%
1945	4,5%	36,5%	1986	3,1%	18,7%
1946	-12,3%	-8,2%	1987	14,5%	5,3%
1947	7,7%	5,2%	1988	0,6%	16,6%
1948	-3,0%	5,1%	1989	10,5%	31,7%
1949	9,2%	18,1%	1990	-9,9%	-3,1%
1950	-0,1%	30,6%	1991	2,2%	30,5%
1951	10,0%	24,6%	1992	0,4%	7,6%
1952	6,5%	18,5%	1993	3,7%	10,1%
1953	-3,6%	-1,1%	1994	4,9%	1,3%
1954	3,5%	52,4%	1995	6,0%	37,6%
1955	15,0%	31,4%	1996	-2,0%	23,0%
1956	6,1%	6,6%	1997	6,5%	33,4%
1957	-3,8%	-10,9%	1998	-11,9%	28,6%
1958	9,3%	43,3%	1999	1,8%	21,0%
1959	2,4%	11,9%	2000	7,1%	-9,1%
1960	2,9%	0,5%	2001	-9,4%	-11,9%
1961	3,0%	26,8%	2002	-13,8%	-22,1%
1962	0,0%	-8,8%	2003	5,1%	28,7%
1963	3,2%	22,7%	2004	-1,0%	10,9%
1964	2,6%	16,4%	2005	2,9%	4,9%
1965	-0,7%	12,4%	Durchschnitt	4,7%	12,3%

Tabelle 5.1: Sell in May and Go away?

Quelle: Global Financial Data, S&P 500 Gesamterträge.

Hierbei handelt es sich nicht um einen Mythos wie dem Öl-versus-Aktien-Mythos, bei dem es eine 50-prozentige Chance gibt, dass die beiden Variablen die vorgefertigte Annahme des Anlegers bestätigen (obwohl die, die an solche Mythen glauben, sicher an beidem, der Illusion von Gültigkeit und Bestätigungsfehler, Schuld sind). Wenn ein gewisser Sommer positiv verläuft, wird ein „Sell in May“-Befürworter sich einfach für einen längeren Beobachtungszeitraum aussprechen (oder einen bestimmten kürzeren). Was ihnen entgeht, ist die knallharte Wahrheit, dass positive Märkte in den Sommermonaten weit häufiger vorkommen als negative. Man muss kein origineller Analyst sein, um das herauszufinden. Natürlich wird es auch immer negative Sommer geben; das trifft für jede Jahreszeit und jeden Monat zu.

Was ist mit den anderen Jahreszeit-Gerüchten, die uns Vorsicht walten lassen an bestimmten Tagen, Monaten, Feiertagen und anderem? Steckt in ihnen irgendein Fünkchen Wahrheit? Nein. Mit Hilfe einer statistischen Analyse werden sie hinfällig. Erinnern wir uns, wenn etwas zu korrelieren scheint, muss mit Hilfe von Frage zwei geprüft werden, ob es auch in Übersee funktioniert und wirtschaftswissenschaftliche Grundsätze aufzeigt, warum es funktionieren sollte. Keiner der Mythen bezüglich Jahreszeiten wird einer solchen Prüfung standhalten.

Nehmen wir an, der Montagseffekt, um einen beliebigen zu wählen, sei real. Auf gewisse Weise ist er es, denn der Montageffekt besagt, dass sich der Trend vom Freitag fortsetzt. Wenn der Freitag positiv verlief, wird es der Montag auch tun; war der Freitag negativ, kann am Montag ein Rückgang erwartet werden. Dies widerspricht offensichtlich einem anderen beliebten Mythos – dem Wochenendeffekt, welcher behauptet, dass die Aktienkurse übers Wochenende fallen. Dies soll uns jedoch nicht stören, denn im Moment gehen wir davon aus, dass der Montagseffekt wirklich funktioniert. Was er auch tut, wenn man ihn falsch auslegt. In Jahren, in denen ein positiver Trend am Markt vorherrscht, sind Freitage und Montage sowie alle anderen Wochentage der Wahrscheinlichkeit nach eher positiv als negativ. In diesen Jahren führt ein Freitag – jeder Freitag, ob positiv oder negativ – tendenziell eher zu einem positiven Montag. Und da es mehr positive als negative Freitage in einem Bullenmarktjahr gibt, funktioniert das Schema. In Bärenmarktjahren herrscht an Freitagen, Montagen und allen anderen Tagen eher eine negative als positive Tendenz vor. Auf jeden beliebigen Freitag in einem Bärenmarktjahr folgt der Wahrscheinlichkeit nach eher ein Montag mit einem Tief, als mit einem Hoch – und dasselbe gilt für jeden anderen Tag der Woche. So einfach ist das.

Aber dies heißt, dass lediglich das gesehen wird, was man sehen möchte, denn in einem Bullenmarktjahr darauf zu spekulieren, dass auf einen niedrigen Freitag ein niedriger Montag folgt, führt zu starken Geldverlusten. In einem Bärenmarkt darauf zu spekulieren, dass ein guter Freitag zu einem guten Montag führt, führt ebenso zu Geldverlusten. Die Tatsache, dass ein Markt im Durchschnitt Zweidrittel der Zeit hoch steht, bedeutet, dass jeder Tag gefolgt von einem anderen Tag eher hoch als niedrig steht, wodurch das Basisprinzip funktioniert – wenn man ihn falsch auslegt – und trotzdem eine trügerische, zu Verlusten führende Strategie ist.

Es gibt keinen brauchbaren statistischen Beweis, der einen dieser Mythen unterstützt. Tabelle 5.2 illustriert die durchschnittlichen, monatlichen Gesamterträge für den S&P 500 seit 1926.

Alle durchschnittlichen Renditen sind positiv ausgenommen einem geringfügig negativen (im Durchschnitt) September, weil – sprechen wir im Chor – der Markt öfter positiv als negativ ist. Gäbe es irgendeine Wahrheit in diesen Mythen bezüglich jahreszeitlicher Tendenzen, würde ein Monat (oder einige Monate) die anderen hinwegfegen. Einige Monate sehen geringfügig besser aus als andere – aber es muss bedacht werden, dass es sich hierbei um Durchschnittswerte handelt, inklusive der launischen Natur der Märkte und der Willkür des Zufalls. Selbstverständlich kann nicht jeden April eine Rendite von 1,50 Prozent und jeden November von 1,17 Prozent erwartet werden. Durchschnittwerte der Vergangenheit verraten nichts über die Zukunft, da sie den Zufall der Vergangenheit einschließen, der von dem der Zukunft abweichen mag. Dies demonstriert, dass es keinen Nachweis für irgendeine der sentimentalen Mythen über Tage, Monate, Jahreszeiten oder ähnliches gibt. Bestimmte Monate des Jahres können lediglich verraten, wann die Uhr umgestellt oder Mais angebaut werden soll.

1926-2005	Durchschnittliche monatliche Rendite des S&P 500
Januar	1,69%
Februar	0,26%
März	0,62%
April	1,50%
Mai	0,30%
Juni	1,37%
Juli	1,87%
August	1,25%
September	-0,80%
Oktober	0,62%
November	1,17%
Dezember	1,78%

Tabelle 5.2: Durchschnittliche monatliche Rendite des S&P 500.

Quelle: Global Financial Data.

Vielen von diesen Mythen wurden vor langer Zeit von jemandem propagiert, der Geld mit den Provisionen der viel zu häufigen An- und Verkäufe der Anleger verdienen wollte – und sich mit den Spesen ein schönes Leben machte. Ich bin mir sicher, einige Anlageberater empfehlen diese Dinge aus gut gemeinten, aber starrköpfigen Analysen heraus. Wenn Ihnen nahe gelegt wird, eine Aktientransaktion aufgrund eines vermeintlich jahreszeitlich bedingten Zugs durchzuführen, fragen Sie sich einfach nach weiteren Unterlagen, die die These unterstützen. Vielleicht finden Sie jemanden, der Ihnen einen Projektbericht seiner Firma zukommen lässt oder eine andere Detaillierung der jahreszeitlich bedingten Züge. Beide werden nicht die Ausgangsdaten beinhalten. Die Berichte werden auf den Durchschnittswerten über einen bestimmten Zeitraum bestehen, die den Fehler bestätigen und sie werden nicht die Tendenz des Marktes berücksichtigen, höher oder niedriger zu stehen. Doch Sie können auch die Rohdaten durchaus erhalten. Die monatlichen Renditen sind in Anhang B aufgeführt, auch im Internet sind sie zu finden. Und Sie haben die Tabellenkalkulation des Excel-Programms. Zudem kann man Frage eins durchspielen, um zu sehen, ob es ein dort drüben gibt, dort drüben, und dafür brauchen Sie keinen Anlageberater. Wenn man dies tut, findet man heraus, dass es nichts gibt, dort drüben.

Aufs Jahr umgerechneter versus Durchschnittswert

Oft werden Begriffe wie „aufs Jahr umgerechnete/annualisierte" Rendite und „aufs Jahr umgerechneter/annualisierter" Durchschnitt erwähnt. Also was bedeuten annualisierter Durchschnitt? Und gibt es einen Unterschied zu dem guten alten Durchschnitt? Aber natürlich! Der gute alte Durchschnitt, oder das, was ein Professor der Statistik arithmetischer Durchschnitt (oder arithmetisches Mittel) nennen würde, unterscheidet sich von einem jährlichen Durchschnitt (auch geometrischer Durchschnitt oder Mittel genannt). Beide Arten haben angemessene analytische Daseinsberechtigungen. Doch wenn es um Rendite geht, sollte auf den annualisierten Durchschnitt zurückgegriffen werden, da der arithmetische Durchschnitt nicht die Realität widerspiegelt.

Um dies zu verdeutlichen, betrachtet man einen gedachten Index mit übertrieben extremen Erträgen. Im ersten Jahr steigt unser Index um 75 Prozent, im zweiten Jahr fällt er um 40 Prozent und im dritten Jahr steigt er wieder um 60 Prozent. Der arithmetische Durchschnittswert wird wie folgt ermittelt:

(75 - 40 + 60) : 3 = 31,5 Rendite.

Für den annualisierten Durchschnitt (haben Sie Nachsicht mit mir, denn es klingt albern und ist nicht sehr schwer zu verstehen) berechnet man für jedes betrachtete Jahr die Summe aus eins und der jährlichen Rendite und multipliziert die einzelnen Summen. Von dem Produkt bildet man die n-te Wurzel, wobei n die Anzahl der Jahre ist, also in diesem Fall drei. Sobald man das hat, wird eins subtrahiert – wodurch der jährliche Durchschnittswert von 18,88 Prozent erreicht wird. Dies kann leicht mit Hilfe von Excel getan werden und sollte wie die folgende Gleichung aussehen:

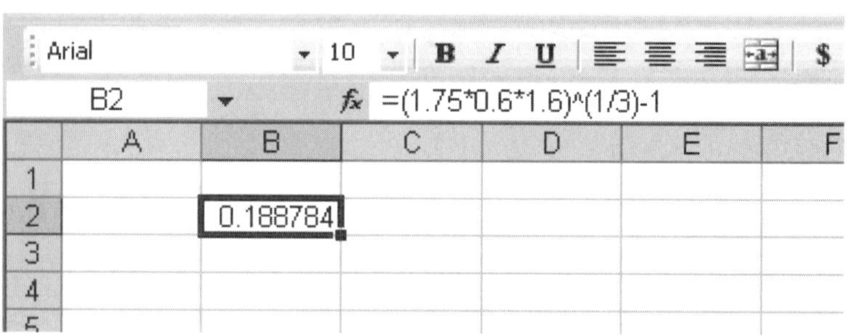

Ich bilde die einzelnen Summen von eins plus den jeweiligen Renditen (75 Prozent werden 1,75, -40 Prozent werden 0,6 und so weiter) multipliziere diese miteinander, bilde davon die n-te Wurzel (in unserem Falle ist n = 3) und ziehe am Ende den Wert eins ab.

Auf diese Weise erhalten wir zwei unterschiedliche Durchschnittswerte – wie kann das sein? Das arithmetische Mittel von 31,7 und der annualisierte Durchschnitt von 18,88. Beide sind technisch gesehen korrekt, doch der annualisierte ist erheblich nützlicher und realer als das arithmetische Mittel.

Wenn Sie zu Beginn des ersten Jahres 10 000 Dollar investiert haben, hätten Sie am Ende des dritten Jahres 16 800 Dollar – dies kann nicht angefochten werden. Doch wenn Ihnen jemand gesagt hätte, der Index beträgt über die drei Jahre durchschnittlich 31,7 Prozent pro Jahr, hätten Sie 22 843,22 Dollar erwartet. Was ist aus den anderen sechs Riesen geworden? Ihr Geld ist nicht verschwunden; die 18,88 Prozent des annualisierten Durchschnittswerts erklären, was mit dem Anlagevermögen passiert ist. Versuchen Sie es nachzurechnen – Rendite in Höhe von 18,88 Prozent auf 10 000 Dollar über drei Jahre aufgezinst ergibt 16 800 Dollar.

Warum sollte Sie das interessieren? Sie sollten in der Lage sein, die Wertentwicklung eines Portfolios korrekt zu berechnen. Gehen wir davon aus, dass Ihnen jemand einen Investmentfonds verkauft. Dieser jemand mag Ihnen sagen, der Fonds würde über zehn Jahre gesehen im Durchschnitt 19 Prozent Rendite abwerfen und damit über dem Durchschnitt der Benchmark von zehn Prozent liegen. Er lügt und gleichzeitig auch nicht – vielleicht führt er eine verzerrte arithmetische Durchschnittfondsrendite und eine annualisierte Benchmarkrendite an – um einen Verkauf abzuschließen. Das höhere arithmetische Mittel des Fonds kann durch ein oder zwei wilde Jahre entstanden sein, die den Durchschnitt verzerren und die jährlichen Renditen können viel niedriger liegen. Denken Sie immer an annualisierte Durchschnitte und erfragen Sie diese.

Zeit für Hausaufgaben

Da Sie nun mehrere Beispiele gesehen haben und selbst Korrelationskoeffizienten sowie R-Quadrate berechnen können, ist es an der Zeit, dass Sie selbst einige dieser Gerüchte überprüfen. Der Anfang ist einfach – wählen Sie irgendetwas, um Frage eins daran auszutesten. Am besten beginnt man mit denen, bei denen Ihnen ein Test am wenigsten notwendig erscheint. Niemand wird Sie für verrückt halten und selbst wenn Sie es tun, schadet es niemandem. Denn wissen Sie, was auch nicht schadet? Weniger Fehler zu begehen und dafür mehr Geld zu verdienen. Sagen Sie das Ihrer Poker-Runde, wenn diese Sie auslachen sollte.

Im Folgenden nenne ich Ihnen einige Geldanlage-Annahmen, an Hand welcher Sie Frage eins üben können. Vielleicht glauben Sie selber an einige, alle oder keine davon, doch im Allgemeinen sind sie weit verbreitet, einfach zu überprüfen und aufzudecken:

Viele Anleger glauben, eine hohe Arbeitslosigkeit sei schlecht für Aktien, niedrigere Arbeitslosigkeit besser. Stimmt das? Ich würde sagen, dass es in beiden

Fällen keine Korrelation gibt, doch dies kann einfach nachgeprüft werden (Arbeitslosenzahlen können beim Amt für Arbeitsstatistik gefunden werden: www.bls.gov).

Wo sie gerade dabei sind: mit diesen Statistiken kann zudem nachgeprüft werden, ob hohe oder niedrige Arbeitslosenzahlen Einfluss auf das Wachstum des BIP haben. Die meisten Anleger würden sagen, dass hohe Arbeitslosenzahlen drohendes Unheil für das BIP darstellen. Ich behaupte jedoch, dass Wachstum Jobs erzeugt, nicht andersherum. Aber prüfen Sie es selber nach.

Der VIX (der *Chicago Board Options Exchange Volatility Index*) ist ein gängiger negativer Indikator für den S&P 500. Es heißt „Wenn der VIX hoch steht, ist es Zeit zu kaufen!“ Wirklich? Führen Sie mehrere Korrelationen durch und sehen Sie selber, dass der VIX statistisch gesehen nutzlos ist.

Hohe Dividendengewinne wurden lange als Voraussage für eine gute Aktienrendite angesehen und niedrige für eine schlechte Rendite. Suchen Sie im Internet Dividendengewinne aus den letzten Jahren, um zu sehen, ob Sie auf dieses Gerücht spekulieren sollten (kleiner Hinweis: Sie sollten nicht).

Experten und Fachleute jammern über die niedrige Zuversicht von Konsumenten und deren Einfluss auf das BIP sowie den Aktienmarkt. Ist das berechtigt? Ich sagen Ihnen, es gibt weder ein „dort drüben“ hier, dort noch anderswo mit den Zahlen bezüglich der Zuversicht von Konsumenten. Überprüfen Sie hierzu zwei Tabellen, veröffentlicht vom Conference Board (http://www.conference-board.org/economics/consumerconfidence.cfm) und der Universität von Michigan (http://www.sca.isr.umich.edu/), um zu sehen, ob Sie meine Aussage widerlegen können.

Insbesondere zurzeit sorgen sich Anleger, die Auseinandersetzungen mit dem Iran und Nordkorea könnten zu einem neuen Krieg führen. Das tue ich auch, doch wird dies den Aktienmarkt beeinflussen? Sehr unwahrscheinlich – es ist bereits eingepreist. Überprüfen Sie, wie die Märkte reagiert haben, als andere Kriege mit amerikanischer Beteiligung ausbrachen und Sie werden sehen, dass Krieg – sogar mit globalem Ausmaß – den Aktienmarkt nicht aus dem Gleichgewicht bringen kann.

Nach kürzester Zeit werden Sie ein Profi im Umgang mit Frage eins sein. Aber am meisten Spaß macht es, wenn Sie einen Mythos aufdecken, der so flächendeckend, leidenschaftlich und unwiderruflich gehalten wird, dass sich niemand traut, eine abweichende Meinung auch nur zu flüstern. Das sind die Stellen, an denen sie Annahmen von Anlegern finden, die so falsch sind, dass das genaue Gegenteil der Fall ist. Lassen Sie uns welche finden!

Anmerkungen

1 Romesh Ratnesar: Gulf Wars I and II, Time 23. März 2003, http://www.time.com/time/covers/1101030331/wgwi.html, diese Zahl setzt sich zusammen aus Truppen aus den USA, Saudi-Arabien, Kuwait, Frankreich, Syrien und Ägypten.

2 Siehe Fußnote 1; diese Zahl setzt sich zusammen aus Truppen aus den USA, Großbritannien, Australien und Polen.

3 US-Energieministerium, Abteilung „Energy Information Administration“: Crude Oil and Total Petrolatum Imports: Top 15 Countries", Februar 2006, http://www.eia.doe.gov/pub/oil_gas/petroleum/data_publications/company_level_imports/current /import.html, am 15. Mai 2006.
4 US-Energieministerium, Abteilung „Energy Information Administration“: World Proved Crude Oil Reserves, January 1, 1980 - January 1, 2006 Estimates (18. Januar 2006), http://www.eia.doe.gov/pub/international/iealf/crudeoilreserves.xls, am 15. Mai 2006.
5 Joe Barton: Barton Releases Discussion Draft of Refinery Bill, U.S. House of Representatives, Committee on Energy and Commerce, http://energycommerce.house.gov/108/News/09262005_1661.htm, am 20. Juni 2006.
6 American Petroleum Institute: Gasoline Taxes: July 2006, http://api-ec.api.org/nlelibrary/2006-gasoline-diesel-taxes-summary.pdf, am 15. August 2006.
7 Society of Petroleum Institute: How Much Oil and Natural Gas is Left?, http://www.spe.0rg/spe/jsp/basic/o,,no4_ioo82i8_iio95ii,oo.html, abgerufen am 15. Mai 2006.
8 Amt für Arbeitslosenstatistik, Maximale monatliche Arbeitslosenrate, Januar 1970 – Dezember 1979, http://data.bls.gov/PDQ/servlet/SurveyOutputServlet.
9 US-Energieministerium, Strategic Petroleum Reserve Inventory, http://www.fossil.energy.gov/programs/reserves, am 16. Mai 2006.
10 John Shages, US Energieministerium Abteilung für Fossile Energien: Releasing Crude Oil from the Strategic Petroleum Reserve, http://www.fossil.energy.gov/programs /reserves, am 16. Mai 2006.
11 Siehe Fußnote 10.
12 Anton Dammer, US Energieministerium Abteilung für Fossile Energien: Oil Shale Activities, http://www.fossil.energy.gov/programs/reserves/npr/NPR_Oil_Shale_Program.html, am 16. Mai 2006.
13 Saudi Aramco, Quick Facts about Saudi Aramco, http://www.saudiaramco.com/bvsm/JSP/content/channelDetail.jsp?BV_SessionID=@@@ ©1282495389 .1147806175(a) @@@&BV_EngineID=cccjaddhkiehdelcefeceefdfnkdfhn .o&datetime=05 percent2Fi6 percent2Fo6+22 percent3Ao3 percent3A25&SA .channelID—1073750311, am 16. Mai 2006.
14 Nationale Energiebehörde Kanadas: Canada's Oil Sands: Opportunities and Chal¬lenges to 2015, aktualisiert Juni 2006, http://www.neb-one.gc.ca/energy/EnergyReports/EMA-OilSandsOpportunitiesChallenges20i5_2004/EMAOiSand Opportunities2015Canada-2004_e.pdf, am 29. Juni 2006.
15 Energie Informationsbehörde, International Energy Annual 2003 (29. Juni 2006), http://www.eia.doe.gov/emeu/international/energyconsumprion .html, am 25. Juli 2006.
16 US-Behörde für Wirtschaftsanalysen: Table 1: Percent Changes in Real Value Added by Industry Group (27. April 2006), http://www.bea.gov/bea/newsrelarchive /20o6/gdpindo-5.xls, am 14. August 2006.
17 US-Behörde für Wirtschaftsanalysen: Table 1.5.5: Gross Domestic Product, Expanded Detail, 28. Juli 2006, http://www.bea.gov/bea/dn/nipaweb/SelectTable.asp ?Selected=Y, am 22. August 2006.
18 US-Behörde für Wirtschaftsanalysen: Current and 'Real' Gross Domestic Product, http://www.bea.gov/bea/dn/home/gdp.htm, am 14. August 2006.
19 Alexander Twin, Skidding on Oil, CNN Money (16. März 2005), http://money.cnn.com/2005/03/16/markets/markets_newyork, am 17. Mai 2006.
20 Jennifer Lee, Stocks Fall as Oil Rises, Forbes (6. Juli 2005), http://www.forbes.com/markets/2005/07/06/video-webcast-oil-cx_jL0706video3.html, am 23. August 2006.
21 Tom Van Riper, Oil falls as Saudis up output, stocks rise, Daily News (22. Mai 2004), http://www.nydailynews.com/business/story/195674p-169057c.html, am 17. Mai 2006
22 Annalisa Burgos, Stocks Rise as Oil Falls, Forbes.com (17. August 2005), http://www.forbes.com/markets/2005/08/17/us-stocks-closer-cx_ab_0817video3 .html, am 17. Mai 2006.
23 Energie Informationsbehörde, Crude Oil Price Summary, http://www.eia .doe.gov/emeu/mer/petro.html, am 14. August 2006.
24 Associated Press, Site for Nuclear Plant Narrowed, 22. September 2005, http://www.cbsnews.com/stories/2005/09/22/tech/main879414.shtml, am 14. August 2006.

6.

Nein, es ist genau andersherum

Wenn Sie falsch liegen – so richtig, richtig falsch

Dieses Kapitel kommt Ihnen möglicherweise etwas verrückt vor. Ist es aber nicht. Kapitel 5 beschäftigte sich damit, wie Frage eins helfen kann, Mythen zu entlarven, die zwar jeder kennt, aber niemand je nachprüft. Neugierde ist Ihre stärkste Waffe – beim Investieren wie im täglichen Leben. Frage eins, zwei und drei sind nicht nur zum Geldverdienen gedacht, sondern lassen sich auf viele Lebensentscheidungen anwenden. Stellen Sie sich zum Beispiel vor, dass Sie sich scheiden lassen müssen. Niemand will das, aber trotzdem kommt so etwas ständig vor. Eine Scheidung kann Sie zugrunde richten – finanziell und emotional. Wenn Sie Frage eins, zwei und drei bei Ihrer Heiratsentscheidung angewendet hätten, dann wären Sie jetzt nicht ruiniert. Alles wäre anders gelaufen, wenn Sie nur ein paar wissenschaftlich basierte Nachforschungen über die Person angestellt hätten, deren Leben und Bankkonto Sie teilen wollten. Wie war das nochmal: Was erscheint mir wirklich falsch? Kann ich einer Sache auf den Grund gehen, die andere für unergründbar halten? Was macht mein Gehirn gerade, um mich auf die falsche Spur zu locken? Sehe ich nur, was ich ohnehin glaube? Falle ich gerade auf eine Gültigkeitsillusion herein? Bin ich zu selbstgewiss? Alles ein und dasselbe. Erst wenn Sie in Ihrer Ehe den steinigen Weg der Scheidung beschreiten, werden Sie sehen, dass Sie richtig, richtig, richtig, richtig danebengelegen haben. Aber ich schweife ab.

Wenn man Frage eins anwendet, entdeckt man immer neue Mythen. Und was noch aufregender ist: Man findet oftmals Mythen, die mit viel Leidenschaft für allgemeingültig und unabänderlich gehalten werden, obwohl das genaue Gegenteil davon wahr ist. Mythen, die so richtig, richtig falsch sind, regelrecht rückwärts – wie unser Beispiel mit dem Haushaltsdefizit, das zu großartigen Aktiengewinnen statt zur Katastrophe führt. Verknüpfen Sie eine Frage eins mit einer Frage zwei und merken Sie sich: Die Umkehrung eines gängigen Mythos führt zu einer todsicheren Wahrheit. Klingt unglaublich, oder? Werfen wir nur einen Blick auf einige der Dinge, die für die meisten Menschen eine unumstößliche Wahrheit darstellen. Möglicherweise werden Sie von Ihren Bekannten als Ketzer betrachtet werden, aber was soll's? (Vergessen Sie nicht: Es kann Ihnen egal sein, was andere Menschen über Sie denken.) Einer der Gründe für den Misserfolg von vielen Investoren ist die Angst, für einen Spinner gehalten zu werden. Fürchten Sie nicht, dass man Sie für einen Spinner halten könnte – fürchten Sie sich eher davor, Wetten auf Lügenmärchen abzuschließen.

Wenn Schuldenmachen gut ist

Fangen wir mit einem Thema an, das einen universellen Aufschrei der Empörung auslösen wird – vom Farmer aus Kansas, der auf seinem Traktor sitzt und Rush Limbaugh hört, bis zum in der Wolle gefärbten Veganer aus San Francisco, der ein „Bush lügt!"-Plakat mit sich herumträgt:

Schulden.

In Kapitel 1 habe ich gezeigt, dass das von jedermann beklagte Bundeshaushaltsdefizit nicht zu schlechten, sondern sogar zu eher guten Aktienkursen führt. Ich habe Ihnen die Daten gezeigt – das Was – aber nicht das Wie und Warum. Dafür brauchen wir ein besseres Verständnis von Schulden und Defiziten. Lernen Sie etwas zu verstehen, was andere nicht wissen, und beobachten Sie, wie die anderen sich benutzen und über den Tisch ziehen lassen und wie sie ausgenommen werden.

Von Kindesbeinen an wird uns beigebracht, dass Schulden schlecht sind. Je mehr Schulden, desto schlechter, und eine sehr große Menge Schulden zu haben wird als richtiggehend unmoralisch betrachtet. Unsere Abneigung gegen das Schuldenmachen ist geradezu biblisch. Viele Jahrhunderte lang wurde das Nehmen von Zinsen für ein Darlehen unter Christen als Sünde angesehen. Das Verleihen von Geld war eine Sache von zwielichtigen Gestalten, die ihr Dasein an der Grenze der Gesellschaft fristeten. Cato der Ältere, den niemand je als besonders freundlichen Zeitgenossen bezeichnet hat, setzte Zinswucher mit Mord gleich. Im frühen Christentum, im Judentum und im Islam war das Verleihen von Geld gegen Zins verboten. (Ursprünglich war es den Juden verboten, von anderen Juden Zinsen zu nehmen, während die Scharia das Zinswesen bis heute unter Strafe stellt.) Die moderne Gesellschaft (nun ja, zumindest die westliche moderne Gesellschaft) kämpft mit Darstellungen wie Shakespeares Shylock. Das elisabethanische Publikum war wenig feinfühlig, indem es den Geldverleiher grundsätzlich als Bösewicht sehen wollte.

Investoren neigen dazu, unsere Schulden als massives ökonomisches Hindernis zu sehen, weil sie am Ende irgendjemand zurückzahlen muss. Auf diese Weise entsteht die Vorstellung eines finanziellen Jochs für unsere Kinder und Kindeskinder, für deren Kinder, für deren Haustiere, für die Außerirdischen, die unsere Ururenkel kolonisieren, und für die Kakerlaken, die diese schließlich besiegen. Als ob wir dann alle in einer schuldbeladenen, verrückten Welt nach dem dritten Weltkrieg leben würden, wie er in dem legendären Film Mad Max dargestellt wird, ohne Mel Gibson und ohne Kevin Kostner, die uns retten könnten (obwohl Mel vielleicht auch keine Geldverleiher mag). Und all das nur wegen der Schulden!

Jeder glaubt zu wissen, dass wir überschuldet sind. Man kann es überall lesen – in vielerlei Formulierungen und aus allen möglichen Quellen – und es scheint sich um einen Fakt zu handeln, den man nicht zu hinterfragen braucht. Auch wenn die US-amerikanische Bundesschuld nicht lange genug existieren wird, um in der nächsten Eiszeit tiefgefroren werden zu können, glaubt doch jeder, dass irgendjemand all dieses Geld zurückzahlen muss. Und wenn Zahltag sein wird, kommt es sicherlich ganz übel. Das würde sich doch nicht mit höheren Aktienkursen erwirtschaften lassen, oder?

Wenden wir einmal Frage eins an und sehen, was passiert. Ist es wahr, dass hohe Schulden schlecht für die Wirtschaft und für die Aktienkurse sind? Sind wir wirklich bis zu einem problematischen Punkt überschuldet?

Um diese Frage zu beantworten, müssen wir wissen, wie viele Schulden wir wirklich haben, ordentlich und schwarz auf weiß. Und dann müssen wir eine Frage stellen, die so grundlegend ist, dass sie nie jemand stellt – aber wir brauchen noch einen Moment Geduld. Wenn also die Flimmerkiste in den Abendnachrichten sagt, dass die US-amerikanische Regierung beinahe fünf Billionen Dollar Schulden angehäuft hat[1], dann werden Sie wahrscheinlich erst einmal schlucken müssen. Fünf Billionen sind in absoluten Zahlen ziemlich viel, egal, was man sich darunter vorstellt.

Eine Billion sind 1000 Milliarden. Wenn unsere Steinzeit-Prozessoren mit Zahlen in der Größenordnung einer einzigen Milliarde umgehen sollen, stehen sie schon vor Problemen. Zum Beispiel lebten vor einer Milliarde Stunden unsere Vorfahren tatsächlich noch in der Steinzeit. Vor einer Milliarde Minuten lebte Jesus. Dann müssen fünf Billionen Kröten doch ziemlich viel sein, oder? Ist das deswegen schon ein Problem? Die meisten Leute würden diese Frage bejahen. Erinnern Sie sich an die Hasen und Elefanten aus Kapitel 3? Sie müssen in Relationen denken und auf den Maßstab achten, wenn Sie mit großen Zahlen umgehen. Was wir brauchen, ist also ein akkurates Bild der US-amerikanischen Wirtschaftsbilanz (siehe Tabelle 6.1).

Sie haben wahrscheinlich niemals eine Bilanzaufstellung wie in Tabelle 6.1 für die Vereinigten Staaten gesehen – es sei denn, Sie sind Kunde meiner Firma. Diese Aufstellung ist übrigens keine Zauberei. Sämtliche Daten sind öffentlich zugänglich. Die Bilanz ist wie eine Geschäftsbilanz eines Unternehmens aufgebaut, in der sämtliche Vermögen und Schulden aufgeführt sind. Sie enthält alle öffentlichen und privaten Schulden, sowie das Vermögen der US-Bürger. Beim Zusammenrechnen der linken Spalte, in der das Gesamtvermögen aufgelistet ist, ergibt sich eine Summe von 111 Billionen Dollar. (Fünf Billionen Dollar Schulden fühlen sich gleich viel weniger an, oder? Relativität!) Die rechte Spalte enthält all unsere ausstehenden Schulden, die sich auf 50 Billionen Dollar belaufen. Wie in jeder Bilanzaufstellung kann man nun die Schulden vom Vermögen abziehen, und man erhält den Nettowert der Vereinigten Staaten von 61 Billionen Dollar. (Anmerkung: Diese Bilanzaufstellung berücksichtigt keine Vermögen und Schulden, die sich gegenseitig neutralisieren, wie Lebensversicherungen und Rücklagen, Renten und Unterstützungszahlungen. Diese wiegen sich gegenseitig auf und spielen deswegen für unsere Analyse keine Rolle. Das gilt auch für bilanzunwirksame Wertpapiere wie Medicare und die staatliche Sozialversicherung, die sich später ganz einfach durch politische Entscheidungen erledigen lassen können.)

Natürlich scheinen 50 Billionen Dollar noch immer eine Menge Schulden zu sein, aber 111 Billionen Dollar Vermögen ist auch nicht gerade wenig. Deshalb ist es gut, wenn man sich Schulden mit Hilfe des Prinzips der Eigenkapitalüberdeckung anschaut, wie es jedes börsennotierte Unternehmen machen würde. Um also unsere Schulden zu verstehen und um sehen zu können, ob sie „schlecht“ sind, müssen wir nur Schulden durch Eigenkapital teilen, um zu unserer Eigenkapitalüberdeckung zu gelangen, die sich derzeit auf 83 Prozent beläuft. Jetzt können wir genau sagen, womit wir es zu tun haben, und wir können uns fragen, ob 83 Prozent Eigenkapitalüberdeckung schlecht ist oder nicht. Aber noch einen Moment Geduld.

Die Schlüsselfrage: Wie viele Schulden sollte eine Gesellschaft haben?

Die bessere Frage – die wirkliche Schlüsselfrage, eine echte Frage zwei – lautet: Wie viele Schulden sind gut für die Gesellschaft? Und wie kann man feststellen, wie viele Schulden gut sind? Das ist eine Frage, die ich noch nie in einer öffentlichen Debatte gehört habe. An den Wurzeln dieser Frage liegen grundlegende Einsichten und deshalb hat – wie im Fall von Newtons berühmtem Apfel – nie jemand so weit gedacht. Was ist die richtige Menge Schulden für verschiedene Arten von Gesellschaften? Die meisten Menschen glauben, dass weniger Schulden zu haben gut und gar keine Schulden zu haben am allerbesten ist. Wenn man nur einen kurzen Blick auf das Finanzverhalten von börsennotierten Unternehmen wirft, kann man sehen, dass das blanker Unsinn ist. Diese Unternehmen nehmen Schulden auf, um ihre Geschäftsaktivitäten abzusichern. Und sie machen das ständig. Der Gedanke dahinter ist einfach: Der Nettowert eines Unternehmens wächst im Laufe der Zeit, wenn das Kapital mehr Rendite erwirtschaftet, als das Geld kostet, was das Unternehmen sich zu diesen Investitionszwecken geliehen hat. Demnach ist es nicht optimal, wenn man keine Schulden hat. Was ist also optimal? Wie kann man das berechnen? Man muss davon ausgehen, dass ein Schuldenstand genau dann optimal wäre, wenn man schlechtergestellt wäre, falls man entweder mehr oder weniger Schulden hätte. Niemand stellt die Frage nach dieser optimalen Menge an Schulden, weil unsere Vorurteile uns weismachen, dass wir möglichst geringe Schulden haben sollten. Vielleicht geht es Ihnen genauso. Sie können jedoch nur dabei gewinnen, wenn Sie sich noch einmal Frage eins vorlegen und sich fragen, ob Sie vielleicht falsch gelegen haben. Trösten Sie sich, Sie sind in guter Gesellschaft.

Um die Frage nach der richtigen Schuldensumme beantworten und beurteilen zu können, ab wann zu viele Schulden „schlecht“ sind, müssen wir uns noch einmal mit den Grundlagen der Wirtschaftslehre und der Finanztheorie beschäftigen, wo wir schon einmal gehört haben, dass Schulden an sich weder schlecht noch unmoralisch oder ein Zeichen von Charakterschwäche sind. Schulden sind ganz klar ein vernünftiges und notwendiges Instrument des Kapitalismus, den wir bereits als von Natur aus gut definiert haben. Eine der ersten Lektionen im Fach Betriebswirtschaftslehre ist die optimale Kalkulation der Kapitalstruktur für ein Unternehmen; man könnte auch sagen: Das richtige Verhältnis von Schulden und Eigenkapital, mit dem aus den Investitionen die größten Renditen fließen. Obwohl dieses Verhältnis von Fall zu Fall und in unterschiedlichen Wirtschaftssektoren unterschiedlich ausfällt, ist die richtige Schuldenmenge fast niemals gleich null. Die meisten Unternehmen sind ohne Fremdfinanzierung überhaupt nicht in der Lage, Gewinne zu machen. Deshalb ist es keineswegs optimal für eine Gesellschaft, keine Schulden zu haben. Aber nochmals: wie viel?

Egal, ob sie Vorstandschef eines Unternehmens mit einem Jahresumsatz von 100 Milliarden Dollar sind oder Hausfrau in einem Fünf-Personen-Haushalt, gilt: Geld leihen ist gut, wenn die Kosten (also die Zinsen) nach Steuern geringer sind als die vorsichtig geschätzte Rendite für die Investition. Die Spanne zwischen diesen beiden Werten ist ganz einfach Profit. Ich glaube nicht, dass mir hierbei irgendjemand widersprechen wird. Ein optimales Verhältnis zwischen Schulden und Eigenkapital wird erreicht, wenn wachsende Kosten für das Leihen von Geld genau mit wachsenden Renditen aus den damit getätigten Investitionen zusammenfallen. Wahrscheinlich macht Ihnen die Formulierung „genau zusammenfallen" Sorgen. Aber wenn wir ein Unternehmen hätten, mit dem wir 15 Prozent Rendite bei einer beliebigen Investition erreichen könnten und wir zu sechs Prozent (4 Prozent nach Steuern) Zinsen Kredit erhalten könnten, dann würden Sie sicher nichts dagegen haben, wenn wir das Geld leihen und in diese Investition stecken würden. Sie wüssten, dass wir Geld verdienen würden, und Sie würden das in Ordnung finden. Natürlich verunsichert Sie die Formulierung „genau zusammenfallen" immer noch ein bisschen.

Haben Sie an der Universität Mikroökonomie belegt? Wenn nicht, ist das kein Problem. Lesen Sie trotzdem weiter, auch wenn die folgenden Sätze für diejenigen unter Ihnen bestimmt sind, die schon ein wenig davon verstehen. Erinnern Sie sich an theoretische Ökonomie und daran, dass Gewinnmaximierung immer dann auftritt, wenn die Grenzkosten mit dem Grenzerlös (Absatz) übereinstimmen. Sie können das in jeder Einführung in die Betriebswirtschaft nachlesen. Ich sage an dieser Stelle nichts besonders Gewagtes. Ein Posten in den Grenzkosten könnten also die Finanzierungskosten unseres geliehenen Geldes darstellen. Wenn die Grenzkosten für unseren Kredit nur geringfügig kleiner wären als der Erlös aus unserer Investition, dann würde das zu Gewinnmaximierung führen. Weil wir einen Kredit aufgenommen haben, könnten wir einen Gewinn erzielen, der desto größer wäre, je effizienter wir das Geld anlegen würden. Das ist schon alles.

Sie bekommen die Antwort – jetzt gleich – im nächsten Satz

Die richtige Schuldengröße für eine Gesellschaft ist diejenige Summe, bei der alle möglichen Grenzkosten wie Zinsen mit allen möglichen Formen von Grenzerlös aus Eigenkapital zusammenfallen. Das ist sehr einfach, vollkommen rational und steht genau so in jedem beliebigen Handbuch der ökonomischen Theorie. Und der Gedanke lässt sich erweitern: Wenn eine Gesellschaft sehr hohe Gewinne aus Kapital hat und gleichzeitig Geld zu niedrigen Zinsen leihen kann, dann sollte die Gesellschaft mehr Kredite aufnehmen, investieren und damit das Kapital weiter erhöhen, um ihre Mitglieder reicher zu machen. Für diejenigen unter Ihnen, die immer noch der Frage nach Schulden und Moral nachhängen, sei es noch einmal gesagt: Das Ziel einer reicheren Gesellschaft ist moralisch gut. Und das Gegenteil ist schlecht. Logisch, oder?

Haben	(Milliarden)	Soll	(Milliarden)
Cash und Cash-Äquivalente	$10.224	Hauskredite	$8.683
Aktien	15.542	Kreditkartenschuld und Autokredite	2.178
andere Unternehmensaktien	6.617	Schulden privater Unternehmen	2.763
private Unternehmen	9.305	Non-financial corporate debt	5.350
festes Einkommen	34.625	Schulden im Finanzsektor	12.880
gesamtes Geldvermögen	76.313	Spar- und Girokonten	11.918
		Schulden des Bundeshaushalts	4.702
Wohneigentum	21.648	Schulden von Bundesstaaten und Gemeinden	1.851
andere Immobilien	13.091	Gesamtschulden	50.325
Immobilien	34.738		
		Nettowert	60.727
Gesamtvermögen	$111.051	Gesamtsoll und Nettowert	$111.051
Bruttoinlandprodukt der USA (BIP)	12.766		

Tabelle 6.1: Gesamtbilanztabelle der Vermögenswerte der USA.

Quellen: Standard & Poors and Federal Reserve Flow of Funds Accounts.

Wenn es um die Frage geht, ob mehr Schulden gut oder schlecht oder weniger Schulden besser oder schlechter sind, dann geht es eigentlich um die Frage des

Gewinns aus Kapital. Wenn der Gewinn im Vergleich zu den Kreditkosten hoch ist, dann sind viele Schulden gut und wenige Schulden schlecht. Wenn das Umgekehrte zutrifft, wenn also der Gewinn niedriger liegt als die Kreditkosten, dann ist es richtig, möglichst wenige Schulden zu haben. Wie können wir aber feststellen, ob die Vereinigten Staaten die richtige Menge an Schulden haben? Ganz einfach, wir müssen nur die Kapitalerträge mit den Kreditkosten ins Verhältnis setzen. Wie macht man das?

Um die Kreditkosten zu bestimmen, gehen wir noch einmal zu unserer Bilanztabelle zurück und schauen die Spalte mit den Schulden an. Sie wissen ungefähr, wie hoch die Zinsen für die verschiedenen Arten von Krediten liegen. Hypotheken sind meistens steuerlich absetzbar, der Zinssatz ist daher niedriger, als Sie denken. Offiziell liegt der Wert im Moment bei etwa 6,8 Prozent bei einer Laufzeit von 30 Jahren.[2] Nach Steuern handelt es sich nur noch um die Hälfte, und tatsächlich haben viele einen niedrigeren Satz bei kürzerer Laufzeit. Kreditkarten haben himmelhohe Zinssätze von 17, 19 oder sogar 23 Prozent nach Verlauf eines Monats, aber die Höhe dieser Kredite ist begrenzt. Tatsächlich stellt der Anteil der Schulden auf Kreditkarten an den gesamten Schulden nur einen sehr kleinen Betrag dar, der viel niedriger liegt, als Sie denken. Die gängigen Kredite für Autokäufe sind im Allgemeinen beinahe zinsfrei, so dass die Gesamtschulden der Konsumenten relativ gesehen gar nicht so hoch sind. Wir haben in diesem Buch sowohl die Zinskosten für Unternehmen wie auch für den Staat betrachtet. Die Zinsen, die der Staat zahlen muss, liegen noch niedriger als die der Unternehmen, weil der Staat keine Steuern zahlen muss. Wenn wir also alles zusammenzählen, erscheint es vernünftig, einen durchschnittlichen Zinssatz von fünf bis sechs Prozent für die US-amerikanischen Gesamtschulden anzunehmen. Vielleicht ein bisschen mehr oder weniger. Nach Steuern fällt der Betrag noch einmal geringer aus und liegt dann bei etwa vier Prozent. Sie werden sehen, dass der genaue Wert für unsere Zwecke nicht so wichtig ist.

Überraschung!

Von allergrößtem Interesse ist nun der US-amerikanische Gesamtkapitalertrag, aber wie lässt sich dieser berechnen? Es ist so simpel, dass einfach noch niemand darauf gekommen ist. Man macht das genauso wie ein Unternehmen. Nehmen Sie das gesamte Einkommen (BIP) der Vereinigten Staaten und teilen Sie es durch das Gesamtkapital. Nach den aktuellsten Zahlen beläuft sich das US-amerikanische BIP auf ungefähr 13 Billionen Dollar.[3] Das BIP ist hierbei das richtige Instrument, weil es das US-amerikanische Gesamteinkommen darstellt. Jeder einzelne Dollar wird von jemandem verdient und trägt zu Wohlstand der Amerikaner bei. Unser Einkommen ist unser „Gewinn". Das ist nicht anders als bei einem Unternehmen oder einer Familie, die ihr Einkommen auf dieselbe Weise berechnen. Bei höherem Einkommen geht es den Leuten besser. Das ist letztlich das Ziel. Mehr Einkommen für mehr Menschen – das ist moralisch gut. Und auch wenn Sie es nicht glauben, diese Zahl ist schon die Nettosumme, auch wenn im BIP die Bruttoeinkommen zusammengezählt sind. Die hier noch enthaltene Einkommenssteuer ist eben einfach der Anteil am Gesamteinkommen, den der Staat bekommt. Wenn wir also das BIP durch unser Gesamtkapital teilen, ergibt sich eine Gewinnspanne von zwölf Prozent.

Wie bitte?

Erlauben Sie mir, die Spannung aufzulösen, indem ich Sie darauf hinweise, dass unsere Kapitalerträge deutlich höher als unsere Kreditkosten nach Steuern sind, die bei ungefähr vier Prozent liegen. Unsere Kapitalerträge sind ungefähr vier Mal so hoch wie unsere Kreditkosten. Wir sind also nicht überschuldet, sondern vielmehr unterschuldet. Ich verstehe, wenn Sie sich jetzt aufregen. Es macht übrigens nichts, wenn die Zahlen in Bezug auf unsere durchschnittlichen Kreditzinsen etwas ungenau sind oder wenn das BIP oder unser Gesamtkapital ein bisschen vage skizziert erscheinen, weil die offiziellen Zahlen immer fehlerhaft sind. Jedenfalls macht es wenig aus, weil unsere Zinssätze im Vergleich zu unseren Kapitalerträgen sehr niedrig sind.

Erstens ist eine Gewinnspanne von zwölf Prozent eine sehr eindrucksvolle Zahl. Zweitens brauchen wir – um optimal zu wirtschaften – mehr Anleihen, die irgendwie investiert werden müssen, bis die Kreditkosten so weit steigen oder unsere Kapitalerträge so weit fallen, dass sie sich beinahe die Waage halten. Bis das passiert, brauchen wir neue Schulden. Wir sind unterschuldet. Sprechen Sie mir nach: „Wir sind nicht überschuldet und waten nicht in einem Sumpf aus Schulden, sondern wir sind unterschuldet und müssen mehr Schulden machen." Autsch, das hat einigen von Ihnen weh getan.

Wir haben noch nie genügend Schulden gehabt. Vom heutigen Standpunkt aus gesehen wäre es gut, mehr Schulden zu haben; weniger Schulden zu haben wäre dagegen schlecht. Wir Amerikaner riskieren nicht genug beim Schuldenmachen. Wenn wir sehr viel mehr Geld leihen würden, dann würde das zu höheren Zinssätzen führen. Wenn wir mehr Kapital anhäufen, finanzieren wir immer mehr unternehmerische Aktivitäten und unsere Kapitalerträge sinken letztendlich. Beides zusammen führt zu Optimierung im Sinne der ökonomischen Theorie. Wir maximieren auf diese Weise Profit und Wohlstand für unsere Gemeinschaft, und solange wir uns nicht auf diesen Weg begeben, werden wir hinter unseren Möglichkeiten zurückbleiben und damit in der Tat unsere morali-schen und staatsbürgerlichen Pflichten verletzen. Und Sie wollen das nicht glauben, nur weil es alles in Frage stellt, was man Ihnen bis heute beigebracht hat. Aber bleiben Sie noch ein bisschen am Ball! Warum? Nun, erstens stelle ich mir gerade vor, wie Sie dieses Buch aus dem Fenster Ihres Autos werfen und beschleunigen, während das Gesagte allmählich wirkungslos verklingt, wie bei einem Doppler-Effekt – und zweitens: Wenn Sie das Buch bis jetzt noch nicht zugeklappt haben, lesen Sie einfach aus Spaß noch ein bisschen weiter!

Spaß haben – hier und jetzt

Ist nicht schon allein die Vorstellung amüsant, dass wir nicht überschuldet, sondern unterschuldet sind? Wir brauchen uns keine Sorgen über die schreckliche Mad-Max-Zukunft zu machen, die wir unseren Nachkommen vermeintlich hinterlassen werden. Das ist ein erleichternder und spaßiger Gedanke an sich. Merke: Niemand hat bis jetzt gefragt, ob wir nicht zu wenig Schulden haben. Das kommt daher, dass alle in dem Glauben leben, man dürfe möglichst keine Schulden haben. Dieser Glaube ist wie eine soziale Religion, in der Zweifel an der reinen Lehre als Häresie betrachtet werden. Dagegen kann man Frage eins auch auf den Kopf stellen und dabei jede Menge Spaß haben. Jetzt wird es richtig pervers: Ist eine höhere Staatsverschuldung gut für die Wirtschaft und den Aktienmarkt? Oder: Wenn wir unterschuldet sind, wie viel höhere Schulden sollten wir haben und was sollten wir damit anfangen? Das ist die Art von Fragen, wie sie aus der Anwendung von Frage zwei hervorgehen und mit denen man Dingen auf den Grund gehen kann, die andere für unergründbar halten. Wir werden die Frage nach dem richtigen Schuldenstand nacheinander aus der Sicht von Unternehmen, Einzelpersonen und des Staates betrachten.

Das durchschnittliche im S&P-500-Index aufgenommene Unternehmen arbeitet mit einer Eigenkapitalüberdeckung von 172 Prozent.[4] Das ist mehr als doppelt soviel wie die 83 Prozent des gesamten US-amerikanischen Wirtschaftsraums.[5] General Electric wird oft als eines der am besten geführten börsennotierten Unternehmen betrachtet. Zur Zeit der Niederschrift hatte es die zweithöchste Marktkapitalisierung der Welt. Dabei liegt die Eigenkapitalüberdeckung von General Electric bei 339 Prozent.[6] Wenn General Electric noch nicht seine optimale Eigenkapitalüberdeckung erreicht hat, dann ist das Unternehmen jedenfalls diesem Punkt sehr nahe. General Electric – andere Unternehmen auch – nutzen ganz rational ihre Schulden zur Optimierung ihrer Kapitalstruktur und zur Maximierung ihres Profits.

Sie sagen jetzt vielleicht: „Ich bin theoretisch damit einverstanden, wenn Unternehmen Schulden machen. Und ich habe kein Problem damit, wenn General Electric Schulden macht, um eine Fabrik zu bauen, oder wenn Unternehmen generell und wohlüberlegt auf diese Weise zu Werke gehen. Aber gilt das auch für schwachköpfige Konsumenten, oder – noch viel schlimmer – für die schwachköpfige Regierung?“

Womit Sie jedenfalls nicht einverstanden sein werden, ist die Vorstellung, dass ein Heroinabhängiger mit seiner Kreditkarte neuen Stoff und Musik von Pink Floyd für seinen Apple iTunes kauft und so seinen ohnehin mageren Kredit für Schnickschnack und Drogen verschwendet. Was für ein Schwachkopf! Trotzdem finden die meisten unter Ihnen die Schulden dieses Heroinabhängigen für seinen iPod weniger schlimm als die Schulden, die die Regierung macht. Das kommt, weil Sie unseren Heroinabhängigen im Grunde als einen pfiffigeren, disziplinierteren und überhaupt besseren Geldausgeber als die Bundesregierung betrachten. Was die Schuldenlast öffentlicher Kassen angeht, so sind Sie auf die Schulden ihrer eigenen Gemeinde besonders schlecht zu sprechen. Sie halten diese Schulden aber für weniger dumm als die ihres Bundesstaats und diese wiederum für weniger dumm als die der Bundesregierung. (Außer, Sie leben in Kalifornien, dann halten Sie die Schulden Ihres Bundesstaats für dümmer.) Wenn Sie nicht glauben, dass Heroinabhängige und Ihre Regierung Geld für idiotische Dinge ausgeben, brauchen Sie die nächsten Absätze nicht zu lesen. Ich persönlich glaube aber, dass diese beiden ihr Geld schwachsinnig ausgeben, und deshalb habe ich die folgenden Absätze geschrieben.

Betrachten wir noch einmal die Unternehmensschulden, um einen anderen Blick auf die Staatsverschuldung und die unseres Heroinjunkies zu bekommen. Stellen Sie sich vor, Sie wären Vorstandsvorsitzender eines durchschnittlichen Qualitätsunternehmens mit einem mittelguten BBB-Kreditranking von Standard & Poor's. Am Ende des zweiten Quartals 2006 könnte Ihr Unternehmen Festgeld mit einer Laufzeit von zehn Jahren zu einem Zins von sechs Prozent aufnehmen.[7] Um sich diese Schulden leisten zu können und gleichzeitig den Gewinn zu erhöhen, brauchen Sie eine Eigenkapitalrendite, die höher als Ihre Nettokreditkosten nach Steuern ist. Nehmen wir an, Sie bezahlen 33 Prozent Unternehmenssteuern. Die sechs Prozent Kreditkosten verringern sich nach Steuern auf vier Prozent. Wenn Sie glauben, dass Ihr Unternehmen auf lange Sicht weniger als vier Prozent wachsen wird, dann sollten Sie nicht CEO sein, und Ihr Vorstand sollte Sie rausschmeißen. Wenn Sie also eine Produktionsanlage bauen oder ein Produkt entwickeln oder irgendetwas tun können, was vielleicht zwölf Prozent Ertrag abwirft – Hauptsache merklich besser als vier Prozent?, dann haben Sie die moralische Pflicht gegenüber Ihren Aktionären, Ihren Kunden und Angestellten (kurz: gegenüber jedem einschließlich des gesellschaftlichen Nutzens), Geld zu leihen und zu investieren, damit der Wohlstand steigt. In diesem Fall ist Schuldenmachen gut für alle und daher moralisch richtig.

Das ist ein gutes Beispiel für Schulden und Unternehmensethik. Stellen Sie sich vor, Sie wären ein Vorstand, und die Aktien Ihres Unternehmens haben ein Kurs-Gewinn-Verhältnis von 16, was auf eine Gewinnrendite von 6,25 Prozent hinausläuft. Erinnern Sie sich, dass die Gewinnrendite wie auch das Kurs-Gewinn-Verhältnis einen Wert nach Steuern darstellen. (Ich hoffe, dass Sie bereits sehen, worauf ich hinauswill.) Wenn Sie zu vier Prozent nach Steuern Kredit aufnehmen und die Aktien Ihres eigenen Unternehmens damit zurückkaufen, dann werden Sie zunächst durch die Verknappung des Angebots den Preis dieser Aktien in die Höhe treiben. Sie können die entstehenden 2,25 Prozent als Profit einstreichen und an Ihre Aktionäre ausschütten. Allein hierdurch werden Sie keinerlei Verlust einfahren, solange Ihr sonstiger Umsatz nicht zurückgeht. Und wenn Sie der CEO wären, wer wüsste so etwas besser als Sie? Nochmals, wenn Sie nicht wüssten, wie man so etwas macht, sollte Ihr Aufsichtsrat Sie feuern. Es geht hierbei schließlich auch um eine moralische Frage, und es wäre unmoralisch, nicht so zu handeln. Aber vielleicht doch nicht! Möglicherweise haben Sie höhere Ziele mit dem geliehenen Geld und können eine Produktionsanlage bauen, die 15 Prozent Gewinn abwirft. Machen Sie das – und verzichten Sie auf den Rückkauf Ihrer Aktien. Oder machen Sie beides. Sie können so lange immer mehr Kredite aufnehmen, wie Sie genügend Möglichkeiten haben, Ihr Geld kurzfristig und gewinnbringend zu investieren und solange der Gewinn die Kreditkosten nennenswert übersteigt. Ich bin sicher, dass Sie das für vernünftig halten.

Auf diese Weise wird Kapital für Produktforschung und -entwicklung sowie für neue Akquisitionen frei; der Kurs Ihrer Aktie steigt, und die langfristige

Entwicklung ihres Unternehmens sieht gut aus. Wir alle können das nachvollziehen. Das Unternehmen bietet seine Produkte und Dienstleistungen zu einem besseren Preis an, was dem Konsumenten zugute kommt. Vergessen wir auch nicht die Angestellten, die bessere Löhne, Krankenversicherungen und andere Zusatzleistungen bekommen werden, weil das Wachstum des Unternehmens es möglich macht. Wie schön!

Multiplikatoreffekte und der heroinabhängige Apple-iPod-Schuldner

Gehen wir noch einmal zu unserem heroinabhängigen Apple-iPod-Schuldner und der genauso idiotischen Regierung zurück. Diejenigen unter Ihnen, die sich bereits mit Ökonomie beschäftigt haben, werden sich an das Folgende erinnern. Wenn eine Bank einen Kredit vergibt, wächst die Gesamtmenge des Geldes. Es ist nebensächlich, wer den Kredit erhält. Die Gesamtmenge des Geldes wächst um den Betrag des Kredits. Wenn eine Bank einen Kredit vergibt, greift sie im Grunde Diamanten aus der Luft. Ich werde hier nicht die Details begründen, wir müssen diesen Fakt als gegeben hinnehmen. (Wer mehr wissen möchte, schlage eine beliebige Einführung in die Volkswirtschaftslehre auf.) Vereinfacht kann man sagen, dass jede Kreditvergabe einen Multiplikatoreffekt hat. In den Vereinigten Staaten wandert das Geld aus Krediten in den ersten zwölf Monaten im Durchschnitt durch sechs verschiedene Hände. Wie schnell tatsächlich existierendes Geld den Besitzer wechselt, ist in der Wirtschaftslehre unter dem Begriff „Umlaufgeschwindigkeit“ bekannt. Nochmals, wenn Sie sich bereits mit Ökonomie beschäftigt haben, wissen Sie all das schon. Es geht also um den Umlauf neu erschaffenen Geldes – erschaffen durch einen Bankkredit.

Stellen wir uns einen Bankangestellten vor, der so dumm ist, dass er einem bekanntermaßen heroinabhängigen Junkie Geld leiht, der genug von seinem alten iPod hat und für das Geld Heroin und einen neuen Apple iPod Nano kaufen will. Ziemlich idiotisch, oder? Der Banker vergibt also den Kredit. Der Junkie kauft ein bisschen Heroin von seinem Drogendealer und den iPod Nano von seinem iPod-Dealer. Das Geld ist idiotisch ausgegeben worden. Aber der iPod-Verkäufer ist rational und normal. Er hat einen Teil des Geldes von unserem Junkie erhalten, zahlt damit seine Gewerbesteuer und sichert seinen Nachschub von Apple. Das ist ziemlich normal, und Apple findet das auch in Ordnung. Und mit einem weiteren Teil dieses Geldes kauft der Händler Lebensmittel für seine Familie ein; alles ganz vernünftige Arten, Geld auszugeben. Wir machen das alle so, und an dieser Stelle wird das Geld also zum zweiten von insgesamt sechs Malen ausgegeben, nachdem es durch einen Kredit entstanden war. Auf diese Weise wird das Geld vor Ablauf eines Jahres noch vier Mal ausgegeben, und jedesmal bis auf das allererste für ziemlich normale, eigentlich langweilige Dinge, die sich normale, rational denkende Personen und Unternehmen kaufen. Nach dem idiotischen Kauf unseres Drogenabhängigen zirkuliert das Geld auf sehr unspektakuläre Weise.

Den Teil des geliehenen Geldes, der nicht an den iPod-Händler geflossen ist, hat unser Junkie in Heroin umgesetzt. Hier wird natürlich keine Gewerbesteuer abgeführt. Der Dealer ist nicht so dumm, oder er säße schon im Gefängnis. Letztendlich besteht die größte homogene Gruppe von US-amerikanischen Gefängnisinsassen aus dummen Drogendealern. Diejenigen, die weiter auf der Straße herumlaufen, sind intelligent genug, sich nicht fangen zu lassen. Unser mit einem etwas über dem Durchschnitt liegenden Intelligenzquotienten ausgestatteter Drogendealer wird mit seinem Anteil des Geldes ungefähr das Gleiche machen wie der iPod-Händler: Er wird Nachschub organisieren (der logischerweise auch wieder nicht im BIP enthalten sein wirdund ansonsten ganz normale Dinge des täglichen Bedarfs für seine Familie kaufen. Zum Beispiel wird unser Dealer Kleidung im Textilwarenladen kaufen, und der Textilwarenladen wird das Geld auch wieder für normale Dinge ausgeben. Vielleicht kauft der Dealer noch das ein oder andere Produkt vom örtlichen Biobauern, der das Geld auch wieder für ziemlich normale Dinge ausgeben wird – vielleicht kauft er sich ein gebatiktes T-Shirt dafür. Vielleicht hat unser Drogendealer noch ein paar Angestellte, denen er ein Gehalt und die Krankenversicherung bezahlt. Das Geld wird dann wieder ausgegeben, und immer für ziemlich normale Dinge – noch viermal im ersten Jahr.

Wenn jemand einen Kredit erhält, auch wenn es sich um einen heroinabhängigen Apple-iPod-Schuldner handelt, dann sorgt der Multiplikatoreffekt dafür, dass das Geld nach dem ersten idiotischen Kauf immer weitergereicht und für ganz normale Dinge ausgegeben wird. Wenn irgendjemand (ein Unternehmen, oder sonstwer! Geld ausgibt, dann kann dieses Geld nur einige wenige Empfänger haben. Entweder handelt es sich um ein Unternehmen, eine andere Person, eine Regierung oder eine wohltätige Einrichtung. Natürlich werden die wenigsten einen Kredit aufnehmen, um das Geld einer Stiftung zu überlassen, aber es kommt natürlich vor. Die Regierung macht so etwas ständig. Und die Stiftung nimmt das Geld und bezahlt damit Babypuder, Glühbirnen, eine Haftpflichtversicherung, Weiterbildungen oder etwas anderes. Und auch hier wird das Geld nach der ersten Transaktion ziemlich normal ausgegeben.

Wenn also unser heroinabhängiger Apple-iPod-Schuldner Geld leiht und es ausgibt, dann ist das Geld natürlich weniger gut investiert, als wenn es von General Electric ausgegeben worden wäre. Aber nachdem das Geld einmal ausgegeben worden ist, wechselt es auf ganz normale Weise immer wieder den Besitzer. Wenn Sie und ich uns Geld leihen und es ausgeben, ist das im Durchschnitt nur wenig pfiffiger als die sechs Besitzerwechsel des Geldes im Falle unseres heroinabhängigen Apple-iPod-Schuldners. Vielleicht geben wir das Geld zu einem Sechstel pfiffiger aus. Das ist nur wenig dümmer, als wenn General Electric einen Kredit aufnimmt, um damit eine Produktionsanlage zu bauen und den Profit einzustreichen. Der einzige Unterschied liegt darin, wofür das Geld zum ersten Mal den Besitzer wechselt. Dasselbe gilt, wenn sich die idiotische Regierung Geld leiht.

Ich glaube wirklich, dass unsere jeweiligen Regierungen Geld im Allgemeinen für ziemlich unsinnige Dinge ausgeben. Das Resultat muss deswegen noch nicht schlecht sein. Das Geld wäre natürlich viel besser von General Electric ausgegeben worden, aber zumindest kommen nach dem ersten unsinnigen Besitzerwechsel des Geldes fünf ganz vernünftige Transaktionen. Ohne Zweifel wäre es besser, wenn die Regierung das Geld klüger ausgeben würde. Es wäre jedenfalls besser, als das Geld für noch unsinnigere Dinge auszugeben. Aber auch wenn die Regierung das Geld für noch viel schwachsinnigere Dinge ausgeben würde, wäre das eher gut als schlecht, weil nur der erste Besitzerwechsel des Geldes unsinnig ist und das Geld ansonsten ganz normal zirkulieren wird. Der erste unsinnige Besitzerwechsel des Geldes durch die Regierung generiert nur etwas weniger wirtschaftliche Aktivität und Wohlstand für alle, als man mit einer optimal effizienten Transaktion erreichen würde.

Egal, ob das Geld in 500-Dollar-Hämmer, in Brücken, Dämme und Straßen oder in hochprozentigen Alkohol für unseren heroinabhängigen Apple-iPod-Schuldner umgesetzt wird – der im übrigen Heroin bevorzugen würde. Es ist egal, wie blöd das Geld ausgegeben wird, weil es nur auf sehr wenige Arten ausgegeben werden kann. Es wird entweder an Mitarbeiter im öffentlichen Dienst (also Personen) oder an Händler (also meistens Unternehmen, die aber manchmal auch Einzelpersonen sind) ausgezahlt, oder es wird in Transferzahlungen für Sozialleistungen, Unternehmen und Wohltätigkeitsorganisationen gesteckt. Oder eine andere Behörde bekommt das Geld. Behalten Sie das im Hinterkopf.

Die Regierung kann auch Geld im Ausland ausgeben, und das ist mit dem Kaufverhalten von Privatleuten vergleichbar, die im Ausland Urlaub machen und ihr Geld dort ausgeben. Sicherlich lässt ein solches Verhalten Geld aus dem Inland abfließen, aber wenn Sie global denken – und das sollten Sie – dann werden Sie wissen, dass mit diesem Geld die Weltwirtschaft angekurbelt wird. Also auch, wenn die Regierung das Geld in Bomben für den Irak investiert, werden bei den nächsten fünf Besitzerwechseln dieses Geldes ganz normale Dinge davon angeschafft. Im Falle des Transfers an eine andere Behörde passiert das Gleiche: Wenn die Bundesregierung Ihrem Staat Geld gibt, und der gibt es an die Gemeinden weiter, dann können die Gemeinden das Geld auch nur an Einzelpersonen, Unternehmen, Wohltätigkeitsorganisationen oder an andere unsinnige Behörden weiterreichen. Es gibt keine andere Möglichkeit. Danach geben die Empfänger das Geld fünf Mal ganz normal aus.

Wenn also eine Gesellschaft unterschuldet ist, wenn sie also im Vergleich zu den Kreditkosten hohe Gewinne mit Eigenkapital machen könnte – was in den Vereinigten Staaten der Fall ist – dann wird es dieser Gesellschaft noch besser gehen, wenn sie mehr Schulden macht. Das gilt auch, wenn das Geld beim ersten Mal für einen unsinnigen, möglicherweise sogar für einen vollkommen schwachsinnigen Zweck ausgegeben wird. Warum? Weil das Geld während der nächsten fünf Besitzerwechsel vollkommen normal zirkuliert und die Wirtschaft von diesen Transaktionen profitiert, die ohne die ursprüngliche Kreditaufnahme durch die Regierung nicht stattgefunden hätten. Wenn mehr Geld ausgegeben, transferiert, investiert wird – egal wie schlau oder dumm die erste Transaktion ausfällt – dann wird es immer wieder ausgegeben, transferiert und investiert, was wiederum zu wirtschaftlichem Wachstum, zu mehr und breiter verteiltem Wohlstand und zu überdurchschnittlich guten Aktienkursen führt.

Ich habe das in Kapitel 1 ausgeführt. Blättern Sie zurück und schauen Sie sich Abbildung 1.8 noch einmal an. Sie werden sich erinnern, dass die Jahre nach Höhepunkten im Haushaltsdefizit für die Märkte deutlich rosiger aussahen als die Jahre, die auf Perioden mit Überschüssen folgten. In Jahren, in denen wir ein Defizit einfahren, erhöhen wir unsere Schulden. Zwar bleiben wir weiter unterschuldet, obwohl wir uns auf unser optimales Schuldenniveau zubewegen. Daraus folgt aber, dass unser zukünftiges Einkommen und der allgemeine Wohlstand steigen werden. Der Markt reagiert darauf mit Preisbewegungen. In Jahren, in denen wir einen Überschuss einfahren, reduzieren wir unsere Schulden, entfernen uns von unserem optimalen Schuldenniveau und machen somit eigentlich Rückschritte. Auch darauf reagiert der Markt, und das hat unerwünschte Auswirkungen. Der Markt scheint zu merken, dass wir unter- statt überschuldet sind, und reagiert auf höhere oder niedrigere Schulden der Staatskasse (also auf Schulden der unsinnigen Art) extrem rational – sehr viel rationaler, als Ihre Freunde sich vorstellen können. Der Markt weiß, dass höhere Schulden gut für uns alle sind, auch wenn es sich um schwachsinnige Staatschulden handelt.

Wenn Sie noch immer nicht überzeugt sind, werfen Sie einen Blick auf die US-amerikanischen Aktiengewinne aus den Jahren nach Haushaltsdefiziten und Haushaltsüberschüssen, wie sie in Kapitel 1 in Tabelle 1.2 aufgeführt sind.

Die Fakten sprechen für sich. Nach hohen Haushaltsdefiziten – die in Abbildung 1.8 als Dellen in der Kurve sichtbar sind – legten die Kurse in den folgenden zwölf Monaten im Durchschnitt um 22 Prozent und in 36 Monaten um durchschnittlich 36 Prozent zu. Perioden mit Überschüssen, Tiefständen bei der Staatsverschuldung und einem beinahe ausgeglichenen Haushalt führten zu viel schlechteren Resultaten mit Kursanstiegen von weniger als einem Prozent nach zwölf Monaten und mageren neun Prozent nach 36 Monaten. Sie werden sicherlich die höheren Gewinne bevorzugen. Aber vielleicht auch nicht. Vielleicht sind Sie Franzose. Oder heroinabhängig. Oder beides! Wenigstens habe ich Ihnen die Vorstellung eines französischen heroinabhängigen Apple-iPod-Schuldners erspart.

Man kann das auch folgendermaßen sehen: Wenn es stimmt, dass ein hoher Schuldenstand im US-Haushalt gute Zeiten für die US-amerikanischen Aktienmärkte einläutet, dann muss das auch für die meisten anderen westlichen, entwickelten und kapitalistisch wirtschaftenden Staaten gelten. Das ist tatsächlich so. Wie Abbildung 6.1 zeigt, haben hohe Haushaltsdefizite in anderen entwickelten Volkswirtschaften auf der ganzen Welt zu hohen Aktiengewinnen geführt, während die Reduzierung der Staatsschulden Gewinneinbrüche zur Folge hatte. Haushaltsdefizite führen überall zu einer Optimierung der Kapitalstruktur, während Überschüsse das Gegenteil bewirken.

Iiih! Nicht schon wieder der Dow Jones!

Man kann noch viel mehr Spaß haben, wenn man all dies noch aus einer anderen Perspektive betrachtet und zu unserer ursprünglichen Frage zurückkehrt: Sind Schulden schlecht? Die US-amerikanischen Staatsschulden sind das kumulierte

Resultat von Haushaltsdefiziten. Das gilt im Großen und Ganzen auch für die Schulden der Einzelstaaten und der Gemeinden. Fangen wir mit der schwachsinnigsten, größten und trotteligsten Regierungsebene an, mit Uncle Sam. Gleichzeitig behalten wir die Frage im Blick, warum die US-amerikanischen Haushaltsdefizite und die daraus entstehenden Schulden zu hohen Aktienrenditen führen, während die Reduzierung der Staatsschuld auf das Gegenteil hinausläuft. Stellen wir uns Uncle Sam als ein Unternehmen vor, das sich Geld leiht, um weiter wachsen zu können. Niemand widerspricht dem Vorstandsvorsitzenden, wenn er mit Krediten das Wachstum fördern will. Die Leute halten weder Mahnwachen, noch tragen sie Plakate, auf denen steht: „Unsere Enkel werden für General Electric' verschwenderische Schuldenmacherei aufkommen müssen!"

Abbildung 6.2 zeigt die gesamte Schuldenlast des US-amerikanischen Staatsbudgets inklusive der Schulden der staatlichen Sozialversicherung geteilt durch das BIP über mehrere Jahre hinweg. Diese Schulden belaufen sich aktuell auf 65 Prozent des BIP.

In Übereinstimmung mit unserer Theorie folgen auf Perioden mit ähnlich hohen Schulden wie 1942, 1956 und 1992 solche mit hohen Renditen bei Aktien und guten Quartalszahlen. Man sieht, dass unser gegenwärtiger Schuldenstand im Vergleich zum BIP auch aus historischer Sicht nicht problematisch ist. Was damals möglich war, wird auch heute möglich sein. Wenn man genau hinsieht, wird man feststellen, dass der US-amerikanische Schuldenstand nur halb so hoch ist wie mitten im Zweiten Weltkrieg – und doch sind wir gut aus der Sache herausgekommen.

Haben Sie schon einmal von den berüchtigten Jahren von 1965 bis 1981 reden hören, in denen sich Investitionen am Aktienmarkt nach allgemeiner Überzeugung überhaupt nicht lohnten? Man hört dann von angeblichen Fachleuten, der Markt hätte während all dieser Jahre kaum etwas hergegeben, was aber nur an deren beschränkter Sichtweise liegt. Man darf nicht den Dow-Jones-Index (der in Kapitel 4 als vollkommen ungeeignetes Instrument zur Betrachtung der ökonomischen Realität beschrieben worden ist) benutzen, um die Wirtschaftsleistung einzuschätzen. Wenn man stattdessen vernünftigerweise den S&P-500-Index als Referenz heranzieht, ergibt sich immerhin noch eine durchschnittliche Jahresrendite von 7,7 Prozent in besagter Flauteperiode.[8] Natürlich ist das weniger als zu anderen Zeiten, aber die Rendite lag im positiven Bereich und fiel höher aus, als man erwartet hätte. Für die meisten Investoren war es sicherlich eine fast zwei Jahrzehnte währende Periode mühsam erwirtschafteter unterdurchschnittlicher Gewinne. Zum Teil hatte das damit zu tun, dass Gewinne eher aus Dividenden statt aus Wertzuwächsen flossen, und gewiss fühlte es sich so an, als würde der Markt sich nie erholen. Nun, diese mühsam erwirtschafteten, unterdurchschnittlichen Gewinne traten immer genau dann auf, wenn die US-amerikanischen Schulden im Vergleich zum BIP wieder einmal auf einen historischen Tiefstand reduziert worden waren. Es ist keine gute Idee, die im Vergleich zum gesamten Wirtschaftsvolumen noch zu geringen Schulden weiter zu reduzieren, weil Unterschuldung schlecht ist. Der Markt weiß das und reagiert darauf.

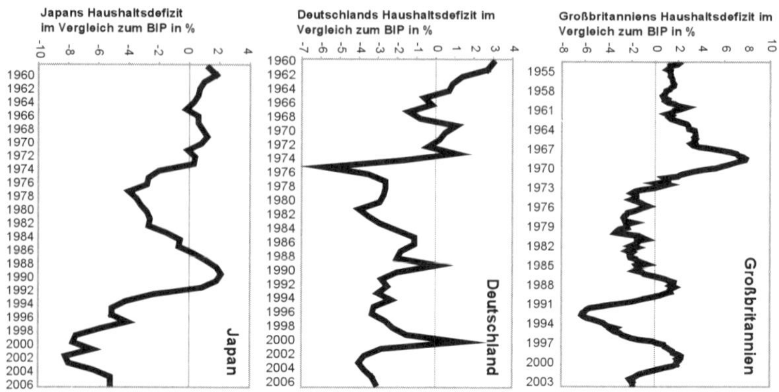

Hochs		Gesamtgewinn aller FTSE-Aktien in der Folge		
Datum		12 M	24 M	36 M
Q3 1970	annualisiert	30,7%	19,8%	9,4%
	kumuliert	30,7%	43,5%	30,8%
Q4 1989	annualisiert	-14,3%	-0,7%	4,2%
	kumuliert	-14,3%	-1,4%	13,2%
Q3 2000	annualisiert	-22,7%	-22,9%	-12,5%
	kumuliert	-22,7%	-40,5%	-33,1%
annualisierter Durchschnitt		-2,1%	-1,3%	0,4%
kumulierter Durchschnitt		-2,1%	0,5%	3,6%

Tiefs		Gesamtgewinn aller FTSE-Aktien in der Folge		
Datum		12 M	24 M	36 M
Q3 1981	annualisiert	29,9%	26,5%	24,4%
	kumuliert	29,9%	60,0%	92,4%
Q1 1994	annualisiert	-1,5%	8,6%	10,4%
	kumuliert	-1,5%	18,0%	34,4%
annualisierter Durchschnitt		14,2%	17,6%	17,4%
kumulierter Durchschnitt		14,2%	39,0%	63,4%

Hochs		DAX-Gewinn in der Folge		
Datum		12 M	24 M	36 M
1969	annualisiert	19,1%	-21,5%	9,3%
	kumuliert	19,1%	-6,5%	2,2%
1977	annualisiert	13,1%	10,3%	-8,4%
	kumuliert	13,1%	24,7%	14,1%
1989	annualisiert	37,1%	-14,7%	4,7%
	kumuliert	37,1%	17,0%	22,5%
2000	annualisiert	-9,9%	-17,9%	-39,9%
	kumuliert	-9,9%	-26,0%	-55,6%
annualisierter Durchschnitt		14,8%	-11,0%	-8,6%
kumulierter Durchschnitt		14,8%	2,3%	-4,2%

Tiefs		DAX-Gewinn in der Folge		
Datum		12 M	24 M	36 M
1967	annualisiert	38,0%	16,1%	19,1%
	kumuliert	38,0%	60,2%	90,7%
1975	annualisiert	35,6%	-4,6%	13,1%
	kumuliert	35,6%	29,3%	46,2%
1981	annualisiert	3,5%	20,6%	39,3%
	kumuliert	3,5%	24,8%	73,9%
1996	annualisiert	22,1%	40,8%	15,5%
	kumuliert	22,1%	72,0%	98,7%
2003	annualisiert	37,6%	6,5%	28,2%
	kumuliert	37,6%	49,2%	91,3%
annualisierter Durchschnitt		27,4%	16,3%	23,0%
kumulierter Durchschnitt		27,4%	47,1%	80,2%

Hochs		Topix-Gewinn in der Folge		
Datum		12 M	24 M	36 M
1961	annualisiert	-3,7%	4,2%	-2,2%
	kumuliert	-3,7%	0,4%	-1,9%
1971	annualisiert	35,5%	117,1%	-25,9%
	kumuliert	35,5%	194,0%	118,0%
1990	annualisiert	-39,4%	-0,4%	-23,0%
	kumuliert	-39,4%	-39,7%	-53,6%
annualisierter Durchschnitt		-2,5%	40,3%	-17,0%
kumulierter Durchschnitt		-2,5%	51,6%	20,9%

Tiefs		Topix-Gewinn in der Folge		
Datum		12 M	24 M	36 M
1966	annualisiert	10,9%	-4,7%	36,8%
	kumuliert	10,9%	5,7%	44,5%
1978	annualisiert	24,3%	8,6%	10,7%
	kumuliert	24,3%	34,9%	49,4%
2002	annualisiert	-17,5%	25,2%	11,3%
	kumuliert	-17,5%	3,3%	15,0%
annualisierter Durchschnitt		5,9%	9,7%	19,6%
kumulierter Durchschnitt		5,9%	14,6%	36,3%

Die Daten für Großbritannien sind auf Quartalsbasis, die für Deutschland und Japan auf jährlicher Basis erstellt.

Abbildung 6.1: Haushaltsdefizite sind gut für Aktien.

Quelle: Thomson Financial Datastream, Office of National Statistics.

Haben die Vereinigten Staaten jemals überhaupt keine Schulden gehabt? Viele denken, dass Staatsschulden eine Erfindung des zwanzigsten Jahrhunderts sind. Das stimmt aber nicht. Die Vereinigten Staaten haben immer Schulden gehabt, außer Mitte der 1830er-Jahre, als Andrew Jackson die gesamte Staatsschuld mit den enormen Gewinnen aus den Landverkäufen im Westen zurückzahlte. Wer sich für eine Chronik der Ereignisse interessiert, sei an mein 1987 erschienenes Buch *The Wall Street Waltz*[9] verwiesen. Jacksons Schuldentilgung hatte katastrophale Auswirkungen und führte zu der berüchtigten Panik von 1837 und in der Folge zur Depression von 1837 bis 1843 – neben denen von 1873 und 1929 eine der größten, längsten und verheerendsten Wirtschafts- und Aktienkrisen in der Geschichte der Vereinigten Staaten. Die Geschichte der Schuldentilgungen zeigt die Gefahren für die Aktienmärkte und die gesamte Wirtschaft. Bei Unterschuldung fährt der Karren unweigerlich in den Dreck.

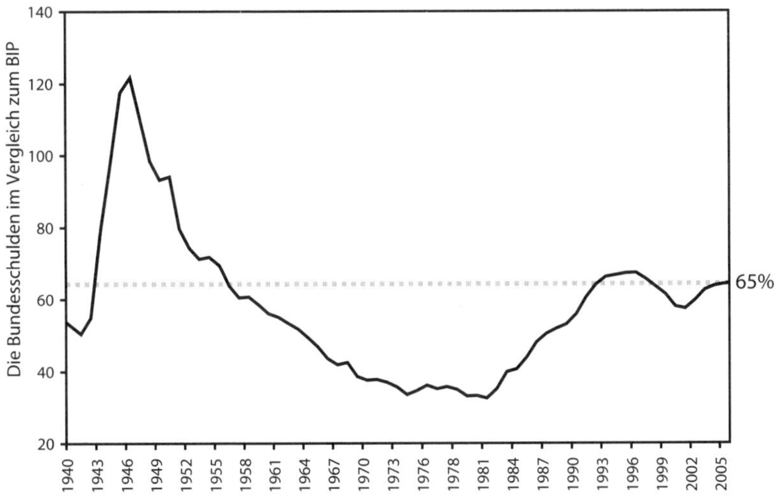

Abbildung 6.2: Bundesschulden der USA in Prozent vom BIP.

Quelle: White House.

Werfen Sie noch einmal einen Blick auf Tabelle 1.2 im ersten Kapitel, die die Auswirkungen von Clintons Anstrengungen zu Tilgung der Staatsschulden zeigt. In den darauffolgenden drei Jahren kam es zum viertgrößten Bärenmarkt in der Geschichte der Vereinigten Staaten. Ironischerweise gab es ähnliche Entwicklungen auch anderswo. Viele europäische Länder machten ebenfalls Anstrengungen, ihre Schulden zu reduzieren. Auch hier folgte die internationale Entwicklung der US-amerikanischen Vorlage, was zum zweitgrößten Bärenmarkt innerhalb eines Jahrhunderts führte. Der Schaden außerhalb der Vereinigten Staaten war noch größer als der für die US-amerikanische Wirtschaft.

Geht mich Präsident George W. Bush etwas an? Aber natürlich! Erstens ist er der Präsident. Zweitens ist er Politiker. Es ist nun einmal so, dass der Präsident das Gesicht der Regierung ist und als Politiker weiß, wie man die Leute mit seinem Politik-Tick zur Weißglut bringt. Natürlich geht er mich etwas an. Sie gehen einen immer etwas an. Aber machen mir seine Haushaltsdefizite Angst?

Nein – weil ich weiß, dass die Vereinigten Staaten unterschuldet sind. Ich weiß nicht, ob er das auch weiß, aber die Märkte kümmern sich nicht um ihn.

Muss irgendjemand diese Schulden zurückzahlen? Nein.

Und noch immer sehe ich einige durch jahrzehntelange Angst vorm Schuldenmachen verbohrte Skeptiker die Köpfe schütteln und sich darüber beklagen, dass wir uns in raffgieriger Weise auf Kosten kommender Generationen bereichern, die irgendwann in der Zukunft dafür werden bezahlen müssen.

Stellen Sie sich eine Frage eins: Müssen wir unsere Schulden tatsächlich zurückzahlen? – Sehen Sie nur, was in solchen Fällen regelmäßig geschieht! Wenn wir uns Schulden leisten können (und das können wir) und wir mit Investitionen aus Eigenkapital gute Gewinne machen (auch das ist der Fall), dann gibt es keinen Grund, Geld für die Tilgung von Schulden zu verschwenden. Die alten Kredite werden verlängert, und je mehr die Wirtschaft dadurch wächst, desto mehr neue Schulden können wir aufnehmen. Wie gesagt, wenn wir unterschuldet sind, sollten wir mehr Schulden aufnehmen, um das Wirtschaftsvolumen zu vergrößern. Wir finden es in Ordnung, wenn Unternehmen das tun. Auch wenn wir wissen, dass die Regierung Geld für schwachsinnige Dinge ausgibt, wissen wir doch auch, dass durch den Multiplikatoreffekt deutlich weniger schwachsinnige Institutionen das meiste von diesem Geld ausgeben werden und dass unter dem Strich schwarze Zahlen dabei herauskommen. Die Antwort auf unsere Frage lautet also: Schulden sind kein Hindernis für die Aktienmärkte und die Wirtschaft. Es ist genau umgekehrt. Schulden sind richtig und gut, und wir müssen unser optimales Schuldenniveau erst noch erreichen. Niemand soll sich vor den Schulden des US-amerikanischen Staates fürchten, sie verteufeln oder sie abbauen wollen.

Verstehen Sie mich nicht falsch. Ich bin für einen schlankeren Staat, und mir gefällt es im Grunde überhaupt nicht, wenn der Staat Geld ausgibt. Am liebsten würde ich es sehen, wenn die Staatsausgaben prozentual zum BIP drastisch sinken würden. Ich habe schon erklärt, dass ich den Staat für einen ziemlich dummen Geldausgeber halte. Ich bin fast in jeder Hinsicht gegen Staatsausgaben – nur ganz bestimmt nicht, damit unser Schuldenstand sinkt! Ich bin gegen den Staat, weil er sich meistens antikapitalistisch verhält, und meiner Ansicht nach alle guten Dinge am Ende vom Kapitalismus herkommen. Die Handlungen der Regierung zu reduzieren hieße antikapitalistische Aktivitäten zu reduzieren – und das wäre gut für uns alle. Aber Sie haben dieses Buch nicht gekauft, um meine sozialpolitischen Anschauungen kennen zu lernen.

Wenn wir also unter- statt überschuldet sind, wie viel mehr Schulden sollten wir – in Dollar ausgedrückt – haben? Ich habe keine Ahnung, nur eine ziemlich grobe Schätzung. Die Antwort auf die Frage nach der richtigen Summe unserer Schulden hängt mit dem Punkt zusammen, an dem die Kreditkosten steigen und die Gewinne aus Aktien fallen, so dass die beiden Kurven sich aufeinander zubewegen. Wie viel ist das in absoluten Zahlen – also in Dollar ausgedrückt? Mit Blick auf unsere Bilanzaufstellung für die Vereinigten Staaten und die darin enthaltenen Gesamtschulden von 50 Billionen Dollar glaube ich, wir könnten ohne weiteres das Doppelte unserer jetzigen Schulden aufnehmen, wenn sich die Proportionen in ihrer Zusammensetzung nicht ändern würden. Das würde also bedeuten: Doppelt so viele Staatsschulden, wie wir heute schon haben, doppelt so viele Unternehmensschulden und doppelt so viele private Schulden. Unsere Kreditkosten und unser Gewinn aus Aktienbesitz würden gleichermaßen auf einen Wert von acht Prozent zustreben. Aber es kann auch sein, dass ich weit danebenliege und die optimale Verschuldung zehn oder 20 Billionen höher oder niedriger liegt. Das ist nur eine wilde Spekulation.

Nehmen wir für einen Moment an, meine Annahme ist richtig. Stellen Sie sich nur vor, was wir alles auf die Beine stellen könnten, wenn wir 50 Billionen mehr Eigenkapital hätten! Das wäre doch ein ziemlicher Spaß. Ich werde Sie nicht mit meinen diesbezüglichen Ideen belästigen, sondern ich will Sie auf den besten Ratschlag verweisen, den ich Ihnen dazu geben kann. Stellen Sie sich Frage zwei und bleiben Sie dabei. Es macht wirklich Spaß.

Die sinkende Sparquote und der Untergang der Menschheit

Ein weiteres Märchen, das die Medien verbreiten, ist das des verschwenderischen Konsumenten. Das Bild des verschwenderischen Konsumenten zeigt den typischen Amerikaner als übergewichtig, faul, maßlos überschuldet und fahrlässig im Umgang mit seiner Kreditkarte. Er weigert sich stur zu sparen und lebt daher ständig an der Grenze zum Bankrott. Wie schändlich! Genau so sehen die Franzosen die Amerikaner. Verdienen Sie und ich diese Kritik? Überprüfen wir es mit Hilfe von Frage eins.

Befürchtungen über zügellose Kreditkartenschulden können Sie mittlerweile ohne weiteres entkräften. Werfen Sie noch einmal einen Blick auf unsere Bilanzaufstellung für die Vereinigten Staaten. Die gesamte Nation hat zwei Billionen Dollar private Schulden. Diese Spalte weist allerdings sowohl die Schulden für Autokäufe wie die Kreditkartenschulden aus. Die Leute brauchen Autos, um zur Arbeit zu fahren, damit sie Lebensmittel und Kniestrümpfe kaufen können. Autokredite sind im Moment so gut wie zinslos – machen wir uns um diese also keine Sorgen. Wie immer, wenn wir es mit großen Zahlen zu tun haben, müssen wir einen Vergleichswert finden und relativ denken. Der Anteil der Privatschulden an den US-amerikanischen Gesamtschulden beträgt lediglich vier Prozent. Der Rest besteht aus Unternehmensschulden, Hypotheken und anderen Schulden, die nichts mit privaten Schulden zu tun haben. Und die gesamten privaten Schulden stellen nur 3,6 Prozent des Gesamtvermögenswertes der USA dar. In Schulden regelrecht zu ertrinken stelle ich mir irgendwie anders vor. Nicht, dass ich Ihnen hiermit empfehlen will, zum nächsten Hugo-Boss-Laden zu gehen, um Ihre Kreditkarte auszureizen. Aber Sie können getrost davon ausgehen, dass Kreditkartenschulden die Wirtschaft keinesfalls ausbremsen werden.

Die Behauptung, dass wir liederlichen Amerikaner nicht genug sparen würden, muss etwas ernster genommen werden. Wie können wir, ohne Ersparnisse zu haben, Geld ausgeben, investieren und Wirtschaft und Märkte vorwärtstreiben? Es stimmt, dass die offizielle Sparquote pro Kopf, wie sie vom Finanzministerium veröffentlicht wird, während der letzten 20 Jahre zurückgegangen ist.[10] Dieser Tage – und ich bin mir sicher, Sie haben davon gehört – entwickelt sich die Sparquote sogar negativ. Das heißt, die Amerikaner sparen nicht mehr, sondern „entsparen" sich. Eine negative Sparquote zusammen mit einem hohen Schuldenstand – so stellt es sich vielen Irregeleiteten dar – wird uns schließlich in den Bankrott führen. Wenn wir nicht sparen, sondern das Geld schon vorher ausgeben, dann muss doch der Aktienmarkt irgendwann zusammenbrechen, oder? Wenn keiner spart, kann auch keiner investieren, oder? Nein! Das ist vollkommen falsch. Ganz, ganz, ganz falsch.

Versuchen wir es noch einmal mit Frage eins: Stimmt es, dass eine niedrige Sparquote der Privathaushalte die Aktienmärkte negativ beeinflusst? Und jetzt Frage zwei: Ist die vom Finanzministerium errechnete Sparquote überhaupt von Interesse? Könnte es nicht sogar sein, dass eine niedrige oder sogar negative Sparquote – so, wie die Zahlen errechnet werden – überhaupt nicht schlecht, sondern im Gegenteil sehr vorteilhaft wäre? (Ich hoffe, Sie sehen spätestens an dieser Stelle, wie jede dieser Fragen neue Fragen aufwirft, die Ihnen immer neue theoretische Möglichkeiten für ihre Aktivitäten am Markt geben werden.)

Um das Problem der Sparquote angehen zu können, benutzen wir einen unserer Lieblingstricks. Denken Sie global! Während die Bürger der Vereinigten Staaten über die letzten zwei Jahrzehnte immer weniger gespart haben, obwohl Unternehmen und Konsumenten gleichermaßen gut verdienten, hat Japan hohe individuelle Sparquoten bei dauerhaft stagnierender Wirtschaft und unbeweglichen Aktienmärkten. Allein von dieser Beobachtung ausgehend könnte man schlussfolgern, dass die Korrelation von Sparquote und wirtschaftlichem Fortschritt nicht stimmt. Japan spart und darbt. Amerika braucht seine Ersparnisse auf und alles ist bestens. Was sagt uns das?

Erstens sind die Daten über die Pro-Kopf-Verschuldung der Amerikaner ungenau und deshalb völlig nutzlos. Wenn es Aktien für die Erhebungen des Finanzministeriums gäbe, würde ich Ihnen tunlichst abraten, sie zu kaufen. Überhaupt sind die staatlich erhobenen makroökonomischen Daten nicht besonders zuverlässig. Das gilt zunächst für das BIP, aber auch für den Verbraucherpreisindex, den Erzeugerpreisindex, die Arbeitslosenzahlen und den ganzen Rest. Die Methodologie dieser Erhebungen und die Verarbeitung der Daten lassen einiges zu wünschen übrig und beruhen auf weitläufigen Annahmen, groben Verallgemeinerungen und einem Rechnungswesen, das die Buchhaltung von Unternehmen vergleichsweise akkurat aussehen lässt – und deren Buchhaltung ist selbst recht primitiv und ungenau. Diese Zahlen sind nichts weiter als ein unscharfer Schnappschuss, der die Wirklichkeit nicht sehr genau abbildet (was auch keiner erwartet). Die neuesten Zahlen werden von wieder neuen Zahlen abgelöst, die selbst wieder viele Male korrigiert werden, bevor die endgültigen Zahlen verfügbar sind – und auch die sind niemals besonders genau. Im Kaffeesatz der Regierungsstatistiken zu lesen ist nicht nur nutzlos, es schadet sogar.

In diesem speziellen Fall bedeutet das: Die offizielle Sparquote beruht auf einer hirnrissigen „Restkalkulation", worunter man die Differenz zwischen dem „persönlich verfügbaren Einkommen" (nach Steuern) und „persönlichen Konsumausgaben" versteht. Schauen wir uns an, wie diese Zahlen erhoben werden und warum man ihnen nicht trauen kann.

Seltsam und hirnrissig – seltsam, seltsam II, seltsam III, seltsam IV

Erstens: Das persönliche Einkommen enthält Aufwendungen des Arbeitgebers für Renten- und sonstige Versicherungen, wobei aber Auszahlungen aus diesen Versicherungen nicht berücksichtigt werden. Senioren haben Einkommen aus ihrer Rente, aber die US-Regierung hält es nicht für nötig, diese in ihrer Einkommensstatistik zu berücksichtigen. Es gibt keinen vernünftigen Grund dafür, dass dieser riesige Anteil am nationalen Einkommen nicht in der offiziellen Sparquote auftaucht. Wer also in seine Rentenversicherung einzahlt, drückt damit die offizielle Sparquote. Wenn das Geld als Rente ausbezahlt wird, erscheint es nicht in der Einkommensstatistik. Seltsam!

Zweitens werden im persönlich verfügbaren Einkommen Auslagen der „Mietzahlungen für vom Besitzer bewohnte, nicht landwirtschaftlich genutzte Wohnräume" berücksichtigt. Im Grunde läuft das auf eine Schätzung des Betrages hinaus, den Hausbesitzer für ihre eigenen Wohnungen zahlen würden, wenn sie ihre eigenen Vermieter wären. Wie bitte? Es handelt sich hier um einen vollkommen fiktiven Posten, der – und das ist nur ein Beispiel von vielen – dazu führte, dass der gesamte Sparbetrag 2005 um 963 Milliarden Dollar gesunken ist.[11] Das ist ein Vielfaches der Kosten für den Irak-Krieg, wenn Ihnen dieser Vergleich etwas sagt. Zum Vergleich: Die gesamten Mietzahlungen tatsächlicher Mieter in den Vereinigten Staaten beliefen sich auf lediglich 257 Milliarden Dollar.[12] Da Hausbesitzer normalerweise ihr Einkommen nicht für Mietzahlungen an sich selbst aufwenden, muss dieses Geld zumindest teilweise irgendwo auf einem Sparkonto liegen, obwohl es in der offiziellen Sparquote nicht auftaucht. Seltsam II!

Drittens berücksichtigt die offizielle Sparquote merkwürdigerweise keine Einkünfte aus Immobilienvermögen und Wertpapieren. So sparen nun einmal die Amerikaner. Während die individuelle Sparquote kontinuierlich gegen null ging, kletterten die gesamten Vermögenswerte der US-amerikanischen Haushalte auf Rekordhöhen. Das hat vor allem etwas mit steigenden Wertpapier- und Immobilienpreisen zu tun, die die Haushalte besserstellen. Gleichzeitig gehen die offiziellen Zahlen davon aus, dass in genau diesen Haushalten wenig oder kein Einkommen gespart wird. Abbildung 6.3 zeigt die abnehmende Sparquote zusammen mit dem steigenden Nettoeinkommen pro Kopf. Es ist klar, dass das US-amerikanische Gesamteinkommen keinesfalls von einer niedrigen (oder negativen) Sparquote negativ beeinflusst wird. Seltsam III!

Schauen wir uns das viertens noch einmal grundlegend und aus einer anderen Perspektive an. Wir haben gesagt, die Amerikaner legen ihr Geld nicht auf dem Sparkonto, sondern in Vermögenswerten an. Amerikas größter individueller Sparer,

Bill Gates, ist mit 50 Milliarden Dollar und dem ersten Platz im *Forbes*-Index von 2006, sowie mit der Führungsposition auf der internationalen *Forbes*-Liste wahrscheinlich der reichste Mann der Erde. Sein Vermögen ist durch die Gründung von Microsoft entstanden, einem Unternehmen, von dem wir alle wissen, dass es einstmals nichts wert war und und jetzt sehr viel wert ist. Wenn man die offizielle Sparquote zugrunde legt, hat Bill Gates in seinem ganzen Leben niemals viel von irgendetwas gespart. Das Einzige, was er demnach gespart hätte, wären ein Teil der Dividenden aus dem Geschäft mit Microsoft und ein Teil seines (relativ) mickrigen Jahresgehalts von 600 000 Dollar.[13] Den größten Teil seines Vermögens von 50 Milliarden Dollar kann er demnach offiziell nicht zusammengespart haben. Es ist einfach so entstanden. Wenn Bill Gates Geld für wohltätige Zwecke spendet, dann gibt er Geld aus, das er niemals offiziell gespart hat. Der Mann ist zur reichsten Person der Welt geworden, ohne jemals im eigentlichen Sinne gespart zu haben. Er hat nichts anderes getan, als ein Unternehmen zu gründen und Kapital und Gewinne in dessen zukünftiges Wachstum zu investieren. Die meisten von uns betrachten das als eine Form des Sparens. Aber weil das Unternehmen so wirtschaftet (während Gates selbst sein Geld zur Bank trägt), haben sich niemals Sparrücklagen gebildet – obwohl Gates der Eigentümer seines Unternehmens war.

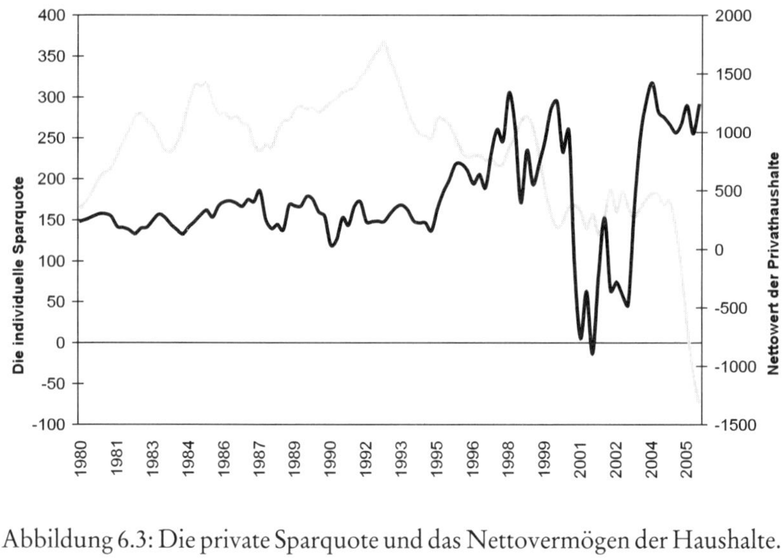

Abbildung 6.3: Die private Sparquote und das Nettovermögen der Haushalte.

Quelle: Federal Reserve, BEA.

Verglichen mit Bill Gates bin ich nur ein kleiner Fisch, der auf etwas mehr als ein Fünfzigstel von dessen Vermögen kommt. Aber auch in meinem Fall geht die offizielle Statistik davon aus, dass ich niemals gespart habe, weil ich mir nur ein bescheidenes Gehalt genehmigt und den Rest in das Wachstum meines Unternehmens gesteckt habe. Wie gesagt, die meisten unter uns betrachten diese Art des Wirtschaftens als Sparen, nur die Finanzbehörde sieht das anders.

Wenn jemand 1956 ein Haus in Kalifornien für 10 000 Dollar gekauft und es bis 2005 nicht wieder verkauft hat, dann hat sich ein Vermögenswert von 1,5 Millionen Dollar gebildet, obwohl die betreffende Person niemals offiziell gespart hat.

Amerika spart eigentlich recht viel und hat möglicherweise eine der höchsten Sparquoten der Welt. Da die Sparbeträge jedoch vor allem in Immobilien und Unternehmenswerte fließen, tauchen sie niemals in der hirnrissigen offiziellen Sparquote auf. In den Medien werden Sie niemals etwas darüber hören, weil sich daraus keine gute Katastrophen-Story stricken lässt. Seltsam IV!

Wenn demnächst die geburtenstarken Jahrgänge in Rente gehen, wird es zu einer Verfestigung des Trends zur negativen Sparquote kommen. Niemand sollte sich deswegen Sorgen machen, und es bedeutet auch nicht, dass Sie mehr verdienen müssen, um die Schulden der anderen zu bezahlen. Das zeigt lediglich, dass das Konstrukt der individuellen Sparquote nicht seinen eigentlichen Zweck erfüllt. Im Grunde genommen ist das nichts anderes als Panikmache von Chefredakteuren, die die Auflage ihrer Blätter steigern wollen. In Wirklichkeit weist eine niedrige Sparquote, so wie sie aktuell von Uncle Sam erhoben wird, eher auf ein starkes Sparverhalten mittels Vermögenswerten hin. Das nächste Mal, wenn Sie mit der Angst vor der Sparquote konfrontiert werden, sollten Sie gelassener reagieren. Die Angst vor einem Märchen ist immer falsch.

Gut, aber die anderen Defizite ...

Vielleicht sind also die Privat- und Staatsschulden ganz in Ordnung. Vielleicht brauchen wir sogar höhere Schulden. Und vielleicht sparen die Leute ja doch. Es gibt aber noch weitere schlagzeilentaugliche und Panik hervorrufende Defizite, die Investoren Angst machen, vor allem das Handelsbilanzdefizit und das Leistungsbilanzdefizit. Das Leistungsbilanzdefizit besteht hauptsächlich aus dem Handelsbilanzdefizit, fangen wir also damit an. Das Handelsbilanzdefizit betrug im Jahr 2005 717 Milliarden Dollar.[14] Wahrlich eine monströse Zahl, meine Freunde! Sie treibt die Leute in den Wahnsinn, vor allem diejenigen, die Angst vor einem schwachen Dollar haben. Die Missbilligung des hohen Handelsbilanzdefizits und der Wunsch, dieses abzubauen, sind außerordentlich weit verbreitet und werden mit Leidenschaft vertreten. Nirgendwo kann man lesen, dass man sich darüber keine Sorgen zu machen braucht. Wer so etwas in der Öffentlichkeit äußert, wird von allen Seiten lächerlich gemacht. So etwas ist immer ein guter Moment, um sich Frage eins zu vergegenwärtigen. Stimmt es tatsächlich, dass Defizite schlecht für die Wirtschaft, die Aktienmärkte und den Dollar sind? Wenn wir schon einmal dabei sind, können wir auch noch Frage zwei nachlegen: Wäre es nicht denkbar, dass das Handelsbilanzdefizit eher gut als schlecht ist? Wie müsste man sich das vorstellen?

Hier haben wir es offensichtlich mit einem hartnäckigen Vorurteil zu tun, das sich aus landläufigen Vorstellungen, Bestätigungsfehlern und der Unfähigkeit, relativ zu denken, speist. Frage drei kann hier Abhilfe schaffen. Ein Handelsbilanzdefizit suggeriert die Vorstellung von hohen Importen gegenüber niedrigeren Exporten, wodurch der Volkswirtschaft Geld entzogen wird. Wer sich dabei unwohl fühlt, sieht die Handelsbilanz als ein gigantisches Nullsummenspiel, bei dem man möglichst viele Plus- und wenige Minuspunkte haben sollte. Nach dieser Logik ist ein Handelsbilanzdefizit schlecht für die Wirtschaft, weil es auf die Dauer untragbar ist und zum Bankrott führt. Das wäre tatsächlich so, wenn Amerika nur ein riesenhafter Baumarkt wäre. Mehr Waren einzukaufen als zu verkaufen führt zu gut gefüllten Warenlagern, aber nicht zu einer klingelnden Kasse. Ein Baumarkt soll mehr Artikel (Muttern, Schrauben, Bohrer) verkaufen, als er einkauft (Computer, Arbeitszeit, Erdnussflips für den Pausenraum), sonst geht er schnell mal bankrott.

Wer so denkt, macht einige kognitive Fehler. Erstens, als allgemeine Hilfe: Denken Sie global! Wenn Sie das tun, werden Sie merken, dass Ihre Sorgen globaler Unsinn sind. Merken Sie sich: Niemand macht sich im Rest der Vereinigten Staaten über das Handelsbilanzdefizit eines einzelnen Bundesstaates wie z.B. Montana Sorgen. Oder nehmen Sie Kalifornien oder New York, wenn Ihnen das besser gefällt. Aus naheliegenden Gründen kann der Planet Erde weder ein Handelsbilanzdefizit noch einen -überschuss aufbauen. Global gesehen, gleichen sich die Defizite aus. Unter den wirtschaftlich entwickelten Nationen spielen Handelsbilanzdefizite und Überschüsse keine Rolle für die weltweiten Warenbestände. Dasselbe gilt für die Handelsbilanz zwischen Montana und New York. Es fällt Ihnen wahrscheinlich ein wenig schwer, das zu akzeptieren, aber ich bringe Sie schon noch dazu.

Einer der wichtigsten Eckpunkte, um diese Sache zu verstehen, ist der, dass die Vereinigten Staaten und die anderen entwickelten Märkte, denen gegenüber wir Defizite haben, sich analog zueinander entwickeln. Die Märkte haben die Tendenz, gemeinsam zu steigen oder zu fallen. Manchmal entwickeln sich die Vereinigten Staaten besser und manchmal die anderen Länder. Das gilt sowohl für Länder mit ähnlich hohen Außenhandelsdefiziten und auch für solche mit Handelsüberschüssen. Die Vereinigten Staaten haben ein großes Handelsbilanzdefizit, ein Leistungsbilanzdefizit, ein Staatshaushaltsdefizit und Schulden. Manche Länder haben keines dieser Defizite, und manche fahren hohe Überschüsse ein. Wenn Defizite schädlich wären, müssten der US-amerikanische Aktienmarkt und die verschiedenen ausländischen Märkte weit auseinanderlaufen. Dem ist aber nicht so.

Seit 1926 gab es 47 Jahre, in denen die US-amerikanischen Börsen Wachstum verzeichnet haben und die ausländischen Märkte ebenfalls gewachsen sind. Wie viele Male ist der US-amerikanische Markt signifikant (über zehn Prozent) geschrumpft, während die ausländischen Märkte gewachsen sind? Das ist lediglich dreimal geschehen, allerdings kein einziges Mal in den letzten 25 Jahren, als die Vereinigten Staaten ihre großen Handelsbilanz- und Leistungsbilanzdefizite aufgebaut haben! Vor vielen Jahrzehnten haben die Märkte also noch nicht so stark korreliert wie heute, aber gerade in den letzten Jahren, wo diese Defizite sich bei uns aufgetürmt haben, behandelt der Markt uns und die übrigen Länder immer ähnlicher. Wenn man sich die Tendenzen der internationalen Märkte in

Abbildung 6.4 anschaut, fällt auf, dass sie sich meistens in dieselbe Richtung bewegen.

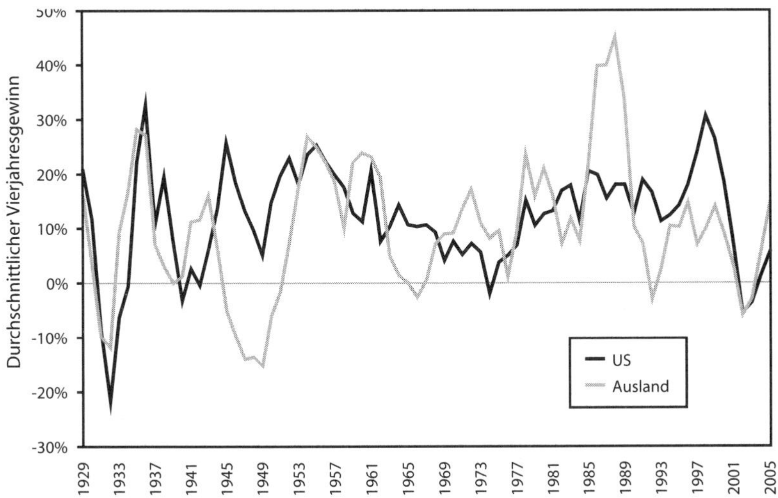

Abbildung 6.4: Die Entwicklung der Aktienmärkte in den USA und im Ausland.

Quelle: Global Financial Data.

Abbildung 6.4 zeigt deutlich, wie sich der US-amerikanische und die internationalen Märkte bewegen. Sie tun das zwar nicht identisch, aber sie gehen in dieselbe Richtung und zwar kurioserweise oft in einem ähnlichen Maße.

Vergegenwärtigen wir uns für einen Moment die dahinterstehende Logik. Wenn Sie einmal verstanden haben, dass der US-Markt sich etwas stärker oder schwächer als die Märkte im Rest der Welt verhält, aber niemals einem völlig entgegengesetzten Trend folgt, dann ist klar, dass Handelsbilanzdefizite für den weltweiten Aktienmarkt bedeutungslos sind. Sie spielen einfach keine Rolle. Wenn es doch so wäre – und Amerika hat tatsächlich ein großes Defizit im Vergleich zum Rest der Welt – warum folgen dann die US-amerikanischen Aktienkurse dem internationalen Trend? Wenn ein US-amerikanisches Handelsbilanzdefizit schlecht für unsere Wirtschaft und unsere Aktienmärkte wäre, dann müsste doch ein Überschuss gut für uns sein. Oder nicht? Wenn ein Handelsbilanzüberschuss gut für die US-Wirtschaft und den Aktienmarkt ist, dann müsste ein solcher Überschuss doch für eine andere entwickelte Volkswirtschaft genauso vorteilhaft sein. Das bedeutet: Ein US-amerikanisches Handelsbilanzdefizit bei gleichzeitigem ausländischen Handelsbilanzüberschuss müsste den Kurs ausländischer Aktien in die Höhe und amerikanische Aktien genau analog dazu in den Keller treiben. Man darf schließlich nicht vergessen, dass der US-amerikanische Aktienmarkt beinahe die Hälfte des internationalen Aktienvolumens hat. Das ergibt doch Sinn, oder? Die Leute reden, als wäre es so. Aber wenn es wirklich so wäre, würden sich US-amerikanische und ausländische Aktien eine negative Korrelation aufweisen und keine positive.

Es wird noch immer davon ausgegangen, dass ein Handelsbilanzdefizit schädlich für die Entwicklung US-amerikanischer Aktien ist, und mit dieser Ansicht bin ich nach wie vor nicht einverstanden. Ich bin immer noch bei Frage eins. Der scheinbar logische Aufbau des Gedankens bricht zusammen, wenn man die Märkte weltweit betrachtet. Wir sind doch wohl alle der Meinung, dass sich der Handel auf globaler Basis in der Summe ausgleicht. Um stichhaltig zu beweisen, dass ein US-Handelsbilanzdefizit international in der Summe zu fallenden Aktienkursen führt, muss sich ein Handelsbilanzdefizit stärker negativ auswirken, als sich ein Handelsbilanzüberschuss positiv auswirkt. Bis jetzt hat noch niemand öffentlich diese Meinung vertreten, geschweige denn eine Erklärung dafür geliefert. Niemand traut sich, so weit zu denken. Alle hören an dem Punkt auf, an dem sie fürchten, dass ihnen der Himmel auf den Kopf fallen könnte, und niemand versteht, dass die Erde als Ganzes kein Außenhandelsdefizit haben kann.

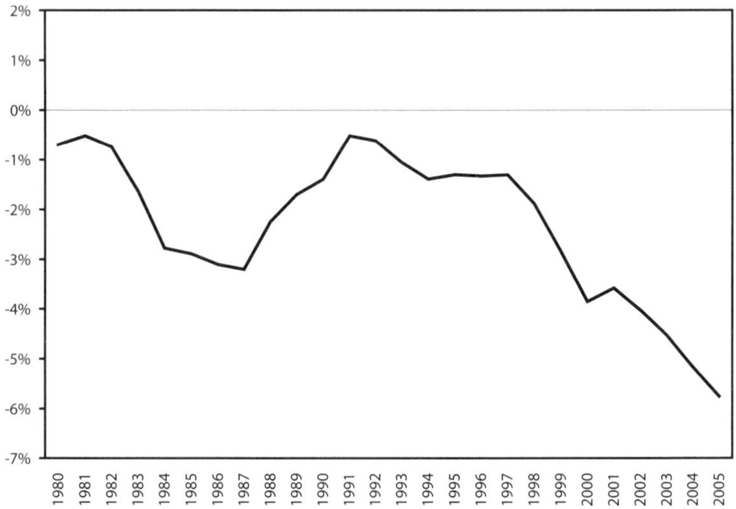

Abbildung 6.5: Das Handelsbilanzdefizit der USA in Prozent vom BIP.

Quelle: U.S. Census Bureau.

Betrachten wir noch einmal unser riesiges Handelsbilanzdefizit und schauen wir uns an, wie es das Leben in den Vereinigten Staaten beeinflusst. Schadet dieses Defizit tatsächlich der US-amerikanischen Aktienentwicklung oder der Wirtschaft? Das ist der Punkt, an dem viele Investoren einen weiteren kognitiven Fehler begehen, da sie vergessen, große Zahlen relativ zu sehen. Das US-amerikanische Handelsbilanzdefizit ist groß, aber die Vereinigten Staaten haben auch eine große Wirtschaft – die größte der Welt. Abbildung 6.5 zeigt die Handelsbilanz der Vereinigten Staaten im Vergleich zum BIP von 1980 bis heute. Das ist die richtige Sichtweise für das Problem. Die Vereinigten Staaten haben während all dieser Jahre ein Handelsbilanzdefizit aufgebaut, das mit dem Wachstum des BIP immer größer geworden ist. Im Moment liegt die Quote bei 5,8 Prozent.[15] Jetzt können wir die Frage genauer stellen: Ist dieses Handelsbilanzdefizit zu groß und schadet das der amerikanischen Wirtschaft und dem Aktienmarkt? Oder, im Lichte von Frage zwei: Ist ein großes Handelsbilanzdefizit nicht vielleicht ein Anzeichen einer gesunden Wirtschaft und eines stabilen Finanzsystems, und nicht etwa ein Symptom für drohenden finanziellen Ruin?

Das US-amerikanische Handelsbilanzdefizit ist seit 1980 deutlich gewachsen. Während des letzten Vierteljahrhunderts haben die Vereinigten Staaten allerdings auch eine Wirtschaft gehabt, die als eine der gesündesten der Welt gilt und die während dieser Zeitspanne beinahe immer gewachsen ist. Die US-amerikanische Wirtschaft ist sogar schneller gewachsen als die meisten anderen entwickelten Volkswirtschaften. Seit die Vereinigten Staaten Anfang der Achtzigerjahre kontinuierlich ein Handelsbilanzdefizit aufgebaut haben, ist das amerikanische BIP in bereinigten Zahlen jährlich um drei Prozent[16] gewachsen und haben die Aktienmärkte eine durchschnittliche jährliche Rendite von 13 Prozent[17] abgeworfen. Wenn das dazugehörige Handelsbilanzdefizit schädlich gewesen wäre, dann dürften sich die Aktiengewinne nur im unterdurchschnittlichen Bereich bewegen, und das BIP hätte sich unmöglich als eines der besten der Welt entwickeln können. Die Länder mit entwickelten Volkswirtschaften schauen neidisch auf Amerika. Mit Ausnahme französischer Studenten, die auf die Straße gehen, um ihr Recht auf lebenslange, glanzlose Beamtenlaufbahnen zu verteidigen. Aber die Franzosen können die Essenz des Kapitalismus eben nicht verstehen, weil sich die französische Wirtschaft im vergangenen Vierteljahrhundert langsam und glanzlos entwickelt hat.

Könnte es sein, dass unser Handelsbilanzdefizit etwas ist, das immer dann auftritt, wenn es der amerikanischen Wirtschaft gut geht? Könnte das tatsächlich stimmen? Die Kritiker halten eine Reihe von Argumenten dagegen. Erstens, sagen sie, dass es uns nur bis jetzt noch nicht weh tut. Es gibt aber keinen triftigen Grund dafür, dass uns unser Handelsbilanzdefizit demnächst auf die Füße fallen könnte. Niemand kann sich ein dermaßen erdrutschartiges Szenario vorstellen, das zu einer wirklich handfesten und weltweiten Wirtschaftskrise führt. Rein theoretisch wäre es interessant zu wissen, bei welcher Größenordnung von US-amerikanischen und/oder internationalen Handelsbilanzdefiziten es zu einer weltweiten Finanzkatastrophe kommen könnte. Bis jetzt hat mir noch niemand eine genaue Zahl nennen können, die mit stichhaltigen Argumenten unterfüttert gewesen wäre. Zweitens geben manche Kritiker zu, dass unser Handelsbilanzdefizit bislang zwar keine Rezession, nicht einmal Stagnation verursacht hat. Aber – so fragen sie – woher wissen wir, wie hoch unser Wachstum möglicherweise gewesen wäre, wenn wir kein Handelsbilanzdefizit gehabt hätten? Die US-amerikanische Wirtschaft hätte also möglicherweise noch viel stärker wachsen können, wenn es dieses Handelsbilanzdefizit nicht gegeben hätte.

Schauen wir uns Großbritannien an. Die Märkte haben sich gut entwickelt und die Währung sogar noch besser als der US-Dollar. Tatsächlich ist das Englische Pfund, verglichen mit den Währungen anderer entwickelter Volkswirtschaften, die stärkste Währung der Welt. Und natürlich sind die Briten stolz darauf, dass sich die Amerikaner mit ihrem Handelsbilanzdefizit selbst Schaden zugefügt haben.

Das stimmt aber ganz und gar nicht. Die Situation in Großbritannien ist ein Lackmustest für viele unserer eigenen ökonomischen Parameter, weil sich das Land in Bezug auf Defizite, Handelsbilanz, eigentlich in allen wichtigen Punkten genauso verhält wie die Vereinigten Staaten. Die Briten haben seit den Achtzigerjahren ein Handelsbilanzdefizit aufgebaut, das – beachtet man die unterschiedlichen Proportionen – in etwa dem US-amerikanischen entspricht, wie Abbildung 6.6 zeigt. Das aktuelle britische Handelsbilanzdefizit (auf denselben Grundlagen erhoben wie das amerikanische) beträgt etwa 5,5 Prozent des BIP[18] und liegt damit nur einen Bruchteil niedriger als das der Vereinigten Staaten. Die britische Wirtschaft und die Märkte waren genauso stark wie die amerikanischen. Der Aktienmarkt hat seit 1984 einen mit dem amerikanischen Markt vergleichbaren durchschnittlichen Jahresgewinn von 13 Prozent abgeworfen.[19] Zufälligerweise ist die britische Wirtschaft gesund und weist ein jährliches Wachstum von 2,7 Prozent auf. Die Werte liegen nur unwesentlich niedriger als während desselben Zeitraums in den Vereinigten Staaten (siehe Abbildung 6.6).

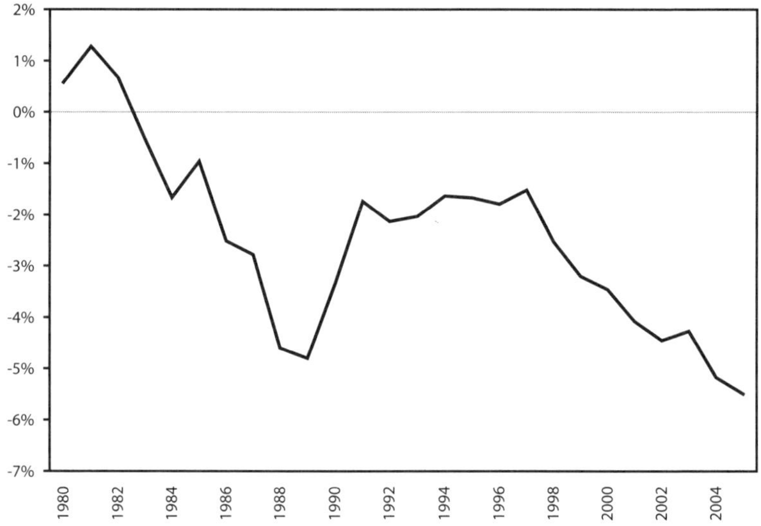

Abb. 6.6: Das Handelsbilanzdefizit von Großbritannien in Prozent vom BIP.

Quelle: Thomson Financial Datastream.

Andere britische Defizite sind in Relation zum BIP ebenfalls vergleichbar, aber das Britische Pfund ist stärker als der Dollar. Na und? Was sagt das über Handelsbilanzdefizite aus? Es sagt nichts anderes aus, als dass sie die Währung nicht beeinträchtigen. Wenn das Britische Pfund in der Vergangenheit stark gewesen ist und Handelsbilanzdefizite Währungen beeinflussen, wie kann es dann sein, dass das britische Handelsbilanzdefizit – das mit dem US-amerikanischen vergleichbar ist – gut für das Britische Pfund ist, während das Gegenteil auf das Handelsbilanzdefizit der Vereinigten Staaten und den Dollar zutreffen soll?

Die Kritiker könnten sagen, es handele sich nur um das aktuelle Jahresdefizit. Schauen wir uns die Tabellen noch einmal an. Man kann deutlich sehen, wie die Kurven ähnlich verlaufen. Was man nicht auf den ersten Blick sehen kann, ist das kumulierte US-amerikanische Handelsbilanzdefizit über all diese Jahre, das sich auf 5,096 Billionen Dollar beläuft. Wenn wir diese Zahl durch die 13 Billionen Dollar Gesamtvolumen der US-amerikanischen Wirtschaft teilen, ergeben sich 39,2 Prozent. Wenn man dieselbe Rechnung für Großbritannien anstellt, erhält man 38,8 Prozent. Der Unterschied ist statistisch nicht signifikant. Aufgrund dieser Daten kann man einfach nicht behaupten, der Dollar würde fallen, während das Britische Pfund unter genau denselben wirtschaftlichen Vorraussetzungen stark geblieben ist. Nur ein Dummkopf würde so etwas behaupten. Gibt es keine anderen Faktoren, die die relative Stärke oder Schwäche von Währungen beeinflussen? Sicher gibt es solche, aber das wird in Kapitel 7 behandelt werden. Dieser Lackmustest wird jedoch nie von brummigen Handelsbilanz-Bären angewendet.

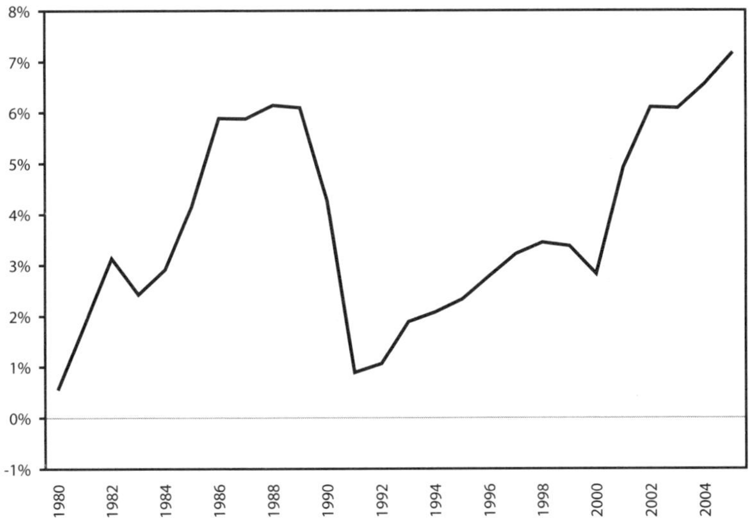

Abbildung 6.7: Die Handelsbilanz von Deutschland in Prozent vom BIP.

Quelle: Thomson Financial Datastream.

Das Welches-Land-möchten-Sie-sein-Spiel

Man kann den Sachverhalt auch noch anders wenden. Wenn ein Handelsbilanzdefizit schädlich und ein Handelsbilanzüberschuss gut ist, lässt sich die Frage an Beispielen von entwickelten Volkswirtschaften mit großen Defiziten und großen Überschüssen lösen. Werfen Sie noch einmal einen Blick auf die Tabellen 6.5 und 6.6, ohne dabei schon etwas zu analysieren, es sei denn, welches Land Sie gerne wären. Beide Tabellen zeigen Länder, die große Volkswirtschaften mit wachsenden Handelsbilanzdefiziten haben. Wären Sie gerne die Vereinigten Staaten oder Großbritannien mit großen und weiter wachsenden Handelsbilanzdefiziten, aber robustem BIP und hohen Gewinnen an den Aktienmärkten in den letzten 25 Jahren? Oder wären Sie lieber ein Land mit einem stetigen Handelsbilanzüberschuss? Nehmen wir zum Beispiel die cleveren Deutschen: Mit richtig guten Automobilen und pünktlich verkehrenden Zügen. Deutschland hat während der letzten 25 Jahre einen Handelsbilanzüberschuss erzielt (siehe Abbildung 6.7).

Unglücklicherweise geht dieser vielgepriesene Überschuss mit einer stockenden Wirtschaft und einem Aktienmarkt einher, an dem die Gewinne leicht unter dem weltweiten Durchschnitt liegen. Und das unglückliche Japan erst! Der große Überschuss der Japaner in den letzten 25 Jahren hat ihnen keineswegs dabei geholfen, ihre Wirtschaft und Aktienmärkte so funktionieren zu lassen, dass die Gewinne über dem weltweiten Durchschnitt liegen würden (siehe Abbildung 6.8).

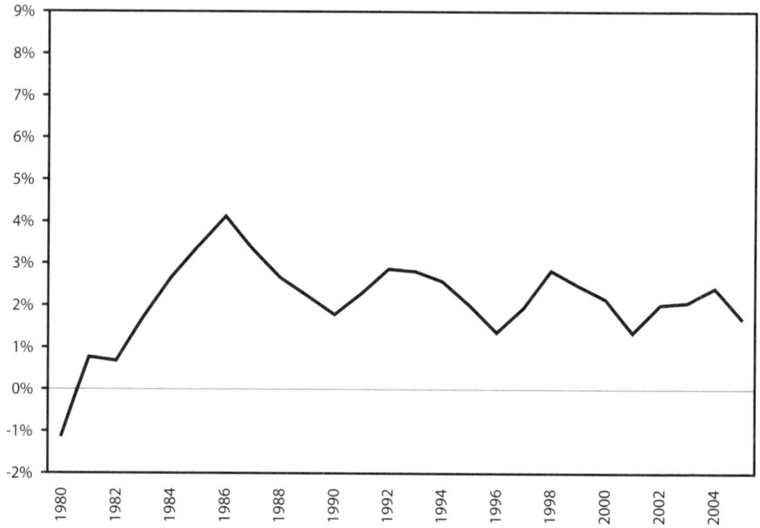

Abbildung 6.8: Die Handelsbilanz von Japan in Prozent vom BIP.

Quelle: Thomson Financial Datastream.

Wer möchten Sie also sein? Wären Sie lieber eines der Länder mit Handelsbilanzdefiziten und den gut funktionierenden Wirtschaften mit überdurchschittlichen Aktiengewinnen? Oder möchten Sie lieber mit einem Handelsbilanzüberschuss angeben können, aber dabei desolate Wachstumsraten haben? Nur wer irrational denkt, würde sich nicht für Defizit und Wachstum entscheiden. Noch einmal: Das Handelsbilanzdefizit ist ein Zeichen von ökonomischer Dynamik und schnellem Wachstum und kein politisches Problem, das gelöst werden muss. Wer anders denkt, erkennt die wahren Zusammenhänge nicht.

Gehen wir noch einmal zu dem Leistungsbilanzdefizit zurück, von dem wir vorhin gesagt haben, es beinhalte und bestehe zum größten Teil aus einem Handelsbilanzdefizit. Wenn Sie wissen, dass Sie sich über das Handelsbilanzdefizit keine Sorgen zu machen brauchen, dann müssen Sie das für das Leistungsbilanzdefizit schon gar nicht tun. Aber manche Leute tun genau das.

Der größte Teil der Argumentation, die wir für das Handelsbilanzdefizit benutzt haben, lässt sich auch auf das Leistungsbilanzdefizit anwenden. Zunächst einmal kann es kein globales Leistungsbilanzdefizit geben. Ansonsten finanziert sich das Leistungsbilanzdefizit per definitionem selbst. Das Leistungsbilanzdefizit ist das Gegenstück zum Kapitalgewinnüberschuss. Aus der Verdrehung von Ursachen und Wirkung in Bezug auf die Leistungsbilanz entsteht eine ganze Menge Verwirrung. Es ist nicht die Leistungsbilanz, die die Kapitalbilanz antreibt, sondern umgekehrt. Amerika „importiert" nicht Kapital, um sein Handelsbilanzdefizit zu „finanzieren". Es ist eher so, dass Ausländer freiwillig (ja, freiwillig) ihr Geld in US-amerikanische Wertpapiere und andere Formen von Direktinvestitionen anlegen. Das hat etwas mit dem im Vergleich zum Rest der wirtschaftlich entwickelten Länder überdurchschnittlich hohen Wachstum und reichlich vorhandenen Investitionsmöglichkeiten zu tun. Dieser aus dem Ausland eintreffende Kapitalstrom hat dazu geführt, dass die Vereinigten Staaten verstärkt Geld für Güter und Dienstleistungen in Übersee ausgegeben haben, was wiederum das Handelsbilanzdefizit erzeugt und die andere Seite der Bilanz erst erschafft. Diese Konstellation erlaubt es Ihnen, mir und jedem Ottonormalverbraucher, mehr ausländische Produkte zu kaufen, was das Leistungsbilanzdefizit steigen lässt. Die Waage zwischen Kapital- und Güterströmen ist im Lot, und es gibt nichts, worüber man sich dabei Sorgen machen müsste. Es macht mir eher Sorgen, wie wenige Menschen in der Lage sind, die Schönheit dieser Konstellation zu würdigen, die in ihrer Einfachheit liegt.

Merkantilisten sind fast genauso schlimm wie rote Socken – und ich hasse rote Socken!

Werden wir uns über das wirkliche Problem klar, das in den Handelsbilanzüberschüssen von Deutschland, Japan und anderen europäischen Nationen liegt. Warum haben sie diese Überschüsse, und warum soll das ein Problem sein? Es muss problematisch sein, weil die Volkswirtschaften mit hohen Handelsbilanzüberschüssen deutlich weniger hohe Wachstumsraten verzeichnen konnten als Länder mit Handelsbilanzdefiziten. Warum? Vor der Entwicklung des amerikanischen und britischen Kapitalismus als wichtigstem Mittel zum Zweck der Herstellung von Gütern und Dienstleistungen herrschte der Merkantilismus. Manche haben das schon wieder vergessen. Besorgen Sie sich eine Einführung in die Geschichte der Ökonomie und lesen Sie einmal etwas darüber! Meine persönliche Lieblingslektüre zu diesem Thema ist Douglas C. North: *Growth and Welfare in America's Past* (Prentice Hall, 1966). Dort werden Sie viele weitere Quellen finden können. Echten Kapitalismus gab es erst, als Amerika geboren wurde. Denken Sie an Adam Smiths legendäres Buch

The Wealth of Nations, das folgenreichste Buch über Kapitalismus überhaupt, das im Gründungsjahr der Vereinigten Staaten erschien.

Der Merkantilismus war eine extreme Form dessen, was wir noch heute an Deutschland und Japan beobachten können. Die beiden Länder haben staatlich gesteuerte Bremsen für ihre Ökonomien entwickelt, um auf diese Weise gezielt auf Außenhandelsüberschüsse hinzuarbeiten, die dem eigenen Wirtschaftsraum zugute kommen sollen. Das ist genauso gedacht wie die Überzeugung, Handelsbilanzdefizite seien schädlich. Deutschland und Japan glauben also, dass Handelsbilanzüberschüsse der eigenen Wirtschaft guttun und Defizite schädlich sind. In der Folge arbeiten beide Länder auf Handelsbilanzüberschüsse hin, indem der Inlandsnachfrage von Staats wegen Fesseln angelegt und dem Export Beine gemacht werden. Aber diese Vermischung von Politik und Ökonomie zu Lasten freierer Märkte und ungebremsten Kapitalismus führt zu suboptimalen Ergebnissen und geringerem Wachstum. Immer! Warum? Um das Wachstum zu maximieren, muss man die kapitalistische Sau rauslassen. Buchstäblich ohne Rücksicht auf Verluste! Das ist die grundlegende ökonomische Lektion der vergangenen 200 Jahre. Defizit-Bären sind bei der Hälfte ihrer Einschätzungen von Gut und Böse fast schon zu clever, sehen aber nicht die Vorteile von Adam Smiths unsichtbarer Hand. Sie wollen ihre Hand im Spiel behalten – und bekommen von einem Politiker die Hand gedrückt, der alles durcheinanderbringt und das Wachstum schlichtweg abwürgt. Setzen Sie auf Kapitalismus und Wachstum, nicht auf Merkantilismus und Leistungsbilanzüberschüsse. Das nationale Wachstum erzeugt die Kapitalströme, um Handelsbilanzdefizite bezahlen zu können, und solange die Wirtschaft kräftig wächst, bleiben Leistungsbilanz- und Außenhandelsdefizite hoch, und allen geht es gut dabei. Wenn sich das Wachstum abschwächt oder zum Stillstand kommt, geschieht dasselbe mit unseren beiden Defiziten. Das ist schon alles.

Fassen wir zusammen. Durch Anwendung von Frage eins und zwei haben wir gelernt, dass Schulden und Defizite im Staatshaushalt, bei der Außenhandelsbilanz und in der Leistungsbilanz gar nicht so schädlich sind, wie die meisten Menschen denken. Es gibt keine stichhaltigen Beweise für die Behauptung, Defizite und Schulden würden die Welt in den Ruin treiben. Die gängigen Argumentationen beruhen allesamt auf vorurteilsbeladenen Spekulationen und eindimensionalem Denken. Sie werden niemals einen genauen Zahlenwert präsentiert bekommen, ab dem die verschiedenen Defizite und Schuldenstände als – im Vergleich zu sonstigen wirtschaftlichen Parametern – zu hoch gelten müssen. Wenn Sie also Unkenrufe wegen „zu hoher“ oder „unvertretbarer“ Defizite oder Schulden oder beidem hören, können Sie ohne Weiteres davon ausgehen, dass an dieser Stelle die Furcht vor einem Fallstrick immer unbegründet ist. Wenn Sie sich der herrschenden Meinung anschließen, trägt das zur Abwärtsbewegung der Märkte bei. Denken Sie immer daran, denn Defizite und Schulden werden von übervorsichtigen Händlern gerne als Investitionshemmnisse dargestellt.

Fürchten Sie dagegen alle Bemühungen eines Abbaus dieser Defizite auf merkantilistische Art, die in den Vereinigten Staaten meist von Senatoren vorgeschlagen werden. Und nehmen Sie sich vor Überschüssen in Acht. Sprechen Sie mir nach: „Ich möchte nicht, dass die amerikanische Wirtschaft Überschüsse im Staatshaushalt, in der Leistungsbilanz oder im Außenhandel erzielt. Stattdessen wünsche ich mir schnelles Wachstum und Defizite." Wenn Sie das auf Ihrer nächsten Cocktailparty äußern, wird Ihnen wahrscheinlich jemand den Inhalt seines Glases ins Gesicht schütten. Was sagt uns das? Erstens: Diese Wahrheit hat es in sich. Und zweitens: toll, ein Freigetränk!

Der neue Goldstandard

Nehmen wir ein anderes Märchen, das sich durch die Anwendung von Frage eins in eine Wahrheit verwandeln lässt. Erinnern Sie sich noch an William Jennings Bryan, den Populisten mit der dröhnenden Stimme und seiner berühmten Rede vom „Goldenen Kreuz", der mit Unterstützung von allen Seiten um 1900 einen Silber- statt des Goldstandards einführen wollte?

Die Vereinigten Staaten haben den Goldstandard 1971 aufgegeben, aber seitdem gibt es einen neuen Standard: Gold gilt als die ultimative Absicherung gegen Kursschwankungen an den Aktienmärkten. Im Jahr 2006 konnte man ständig hören, dass Gold hoch im Kurs liegt, wenn die Aktien nachlassen, und umgekehrt. Der gängige Rat lautete, man solle unbedingt etwas Gold in seinem Portfolio haben, um gut gegen Abwärtsbewegungen an den Märkten gewappnet zu sein. Eine langfristige Anlage wie Gold wird Sie schützen, wenn der Kapitalismus irgendwann zusammenbrechen wird. So in etwa.

Damit geht das Märchen Hand in Hand, dass der Goldpreis ein zuverlässiger Indikator für steigende Inflation ist. Steigende Goldpreise würden demnach eine schlechte Nachricht für Aktienbesitzer sein, weil die Aktienkurse fallen würden und die steigende Inflation das Wachstum bremsen müsste. Stimmt das tatsächlich? Investoren liebäugeln mal mehr mal weniger mit Gold, aber im Allgemeinen verstärkt sich der Trend, wenn sich der Goldpreis über einen längeren Zeitraum positiv entwickelt. Wenn der Goldpreis schnell steigt – wie in den Jahren 2005 und 2006, als er auf ein 25-Jahres-Hoch kletterte –, erreicht auch die Inflationsangst einen fieberhaften Höhepunkt, und die Investoren machen sich Sorgen um ihre Aktien.

Gold hat wie jede andere Anlageform seine eigenen Liebhaber. Als eine Unze Gold erst auf 500, dann auf 600 und dann – vergessen Sie nicht zu atmen! – auf 700 Dollar stieg, wollten auf einmal alle möglichen Leute Gold kaufen, die sich überhaupt nicht dafür interessiert hatten, als der Preis bei 300 Dollar lag. Die Preise für Produkte und Dienstleistungen, die mit Gold in Beziehung stehen, zogen logischerweise ebenfalls an, z.B. in Las Vegas angesiedelte Anlegerseminare oder Fernsehspots für Goldmünzen. Nutzen Sie die historische Chance! Schenken Sie Ihren Lieben eine echte Goldmünze mit Sonderprägung von Szenen aus Der Zauberer von Oz! (Wussten Sie übrigens, dass unser Freund William Jennings Bryan in diesem Streifen verewigt worden ist? Wenn nicht, lesen Sie meinen folgenden Kommentar zu Der Zauberer von Oz!) Man brauchte das Gold noch nicht einmal mehr selbst zu besitzen, um an dem Goldrausch zu verdienen. Es reichte, die Aktien von Goldminen zu kaufen oder Teilhaber in den entsprechenden börsengehandelten Immobilien-Aktiengesellschaften zu werden. Oder Sie eröffneten eine Zahnarztpraxis mit Spezialisierung auf Goldkronen für Stars aus der Rapperszene. Wenn Sie die einschlägigen Newsletter abonniert haben, empfangen Sie wahrscheinlich regelmäßig E-Mails mit der Erinnerung, Gold zu kaufen. Die meisten dieser Newsletter-Autoren verkaufen sich übrigens gegenseitig ihre Mailinglisten – inklusive der dazugehörigen Newsletter.

Der Zauberer von Oz und die Goldunze

Wussten Sie, dass L. Frank Baum, als er anfing, *The Wonderful World of Oz* zu schreiben (das Buch erschien 1900 und wurde später durch den bekannten Kinofilm verewigt, in dem unter anderen Judy Garland, Ray Bolger und Bert Lahr spielen), gar nicht die Absicht hatte, ein Kinderbuch zu schreiben? Im Gegenteil. Er wollte sein Buch als scharfe politische Satire und als Allegorie auf die Geldgier seiner Zeit verstanden wissen, und deshalb kommen darin sowohl die zeitgenössischen ökonomischen Debatten als auch die wichtigsten Akteure des politischen Lebens um 1890 vor.

Suchen Sie in der Verfilmung nicht nach einer versteckten Botschaft. Der Film stammt aus dem Jahr 1939 und ist als leichte Kost in schweren Zeiten gedacht gewesen. Nehmen Sie stattdessen den Originaltext von 1900 in die Hand, in dem kein Zeitgenosse Zweifel an der Bedeutung von Dorothys silbernen Schuhen gehabt haben dürfte. (Im Film sind die Schuhe rot, was wohl in Farbe einfach besser aussah.) Abgesehen davon ist „Oz" im Englischen eine Abkürzung für die Maßeinheit Unze („ounce"). Es folgt die Geschichte, wie sie von Baum ursprünglich gemeint war.

In den Jahren um die Jahrhundertwende wurde eine heftige Debatte zwischen Befürwortern des Goldstandards für den Dollar und Vertretern einer alternativen Richtung, die einen bimetallischen oder sogar einen Silberstandard forderten, ausgetragen. Nachdem Amerika 1879 wieder zum Goldstandard zurückgekehrt war, folgte eine Periode mit heftiger Deflation, in der Preise und Löhne landesweit fielen. Eine Reihe von innen- und außenpolitischen Missgeschicken führte zur Panik von 1893 und zu einer weltweiten Wirtschaftskrise. Es handelte sich zwar nicht um eine der größten Krisen in der Geschichte der Vereinigten Staaten, aber die Störung war nicht unbedeutend. Wohin man blickte, sah es ziemlich düster aus. Obwohl wir heute wissen, dass nicht nur ein einzelner Faktor dafür verantwortlich war und die Probleme der Vereinigten Staaten in einen weltweiten Trend eingebettet waren, so hat doch der amerikanische Goldstandard seinen Anteil an der damaligen Misere.

Glühende Unterstützung für die Aufhebung der Beschränkungen für Münzsilber wurde plötzlich immer populärer. William Jennings Bryan wurde mit seiner dröhnenden Stimme zum Mittelpunkt der Free-Silver-Bewegung. Die Kritiker sahen dessen Ziele als inflationsfördernd. Die Befürworter fanden ein wenig Inflation ganz in Ordnung. In den Zeitungen wurde der Streit häufig als Kampf zwischen dem „Volk" (das von einem Silberstandard und höherer Inflation profitiert hätte) und den Interessen der Banken von der Ostküste, hinter denen die Politiker standen (die beide von der Beibehaltung des Status quo profitiert hätten), dargestellt. Das ist eine grobe Vereinfachung, die jedoch die wichtigsten Elemente zeigt. Nebenbei bemerkt ist der „einfache Mann", der

gegen die großen Geschäftemacher rebelliert, auch heute noch ein glaubwürdiger Mythos. Merkwürdig, wie sich manche Dinge nie zu ändern scheinen.
Vor diesem Hintergrund schrieb Baum seine Geschichte, in der er seine Unterstützung der Free-Silver-Bewegung genauso wie populistische Entrüstung gegenüber Grover Cleveland, William McKinley und ihre vom Goldstandard überzeugten Freunde zum Ausdruck brachte. Alle Figuren aus dem Buch stellten für die Zeitgenossen vertraute Bekannte des öffentlichen Lebens dar.
Dorothy, eine arme, aber unverzagte Farmerstochter aus dem kargen Kansas (wo die Free-Silver-Bewegung ihre Ursprünge hat), spielt die Hauptrolle. Sie ist mutig und hat alle Eigenschaften, die Amerika heilig sind: Sie ist unschuldig, herzensgut, jung, energetisch und hoffnungsvoll. Schon der Name Oz ist dagegen eine kaum versteckte Anspielung auf eine Unze Gold, und die Stadt des Zauberers steht für Amerika, vor allem für die Oststaaten und insbesondere für Manhattan – ein Land, das vom Schein des Goldes blind geworden sowie mit dem Gold und dem Goldstandard verheiratet ist. Denken Sie nur an die gelb gepflasterte Straße, die nach Oz führt. Wofür stehen wohl diese gelben Pflastersteine? Für Gold natürlich!
Die Hexe des Ostens stellt den damaligen demokratischen Präsidenten Grover Cleveland dar, der auf der Seite der Befürworter des Goldstandards stand. Für die Populisten war er der perfekte Bösewicht, weil er das Präsidentenamt 1892 antrat (zum zweiten Mal, denn er war schon von 1885 bis 1888 Präsident der Vereinigten Staaten gewesen, hatte aber 1888 gegen Harrison verloren) und die Panik von 1893 in seine Amtszeit fiel. Er wurde auch als Bösewicht gesehen, weil er als Demokrat den Goldstandard und nicht die Populisten verteidigte, während aus Sicht der Populisten ein Demokrat sich gegen die Republikaner stellen sollte, weil sie für den Goldstandard waren. Genauso wie Cleveland politisch eliminiert wurde, wirft der Wirbelwind (die Free-Silver-Bewegung) Dorothys Haus der Hexe des Ostens auf den Kopf, und nur die silbernen Schuhe der Hexe bleiben zurück. Natürlich verstehen die Munchkins, die in blinder Unterwürfigkeit in einem östlichen Vorstadtviertel von Oz wohnen, die magischen Kräfte der silbernen Schuhe nicht. Die Munchkins konnten wie typische Provinzler von der Ostküste noch nicht einmal Kansas auf der Karte finden, deshalb schickten sie Dorothy zum Zauberer von Oz.
Sie wird zunächst von einer Vogelscheuche begleitet, die für den unterschätzten Farmer aus dem Westen steht, der in Wirklichkeit ein ziemlich gerissener Bursche sein kann. Er befindet sich in glückseliger Unwissenheit über die Silberdebatte, weil die Leute von Oz denken, er wäre ein zu einfältiger Geselle für solch ein komplexes Thema – bis Dorothy ihn mit ihren silbernen Schuhen befreit. Oder Tin Woodsman. Mit grausamen Methoden aus dem Osten ist dem einfachen Arbeiter das Handwerk und damit das Herz gestohlen worden, weswegen die Figur als mechanische Puppe erscheint. Wie so viele in den 1890er-Jahren hat dieser ursprünglich gesunde und leistungsfähige Arbeiter keine Stelle – weswegen er verrostet ist und seine Axt nicht heben kann. Zu guter Letzt tritt der feige Löwe auf. Dieser Löwe ist niemand anderes als William Jennings Bryan selbst, der 1896 und 1900 als Präsidentschaftskandidat für die Demokraten antrat, aber beide Male gegen William McKinley verlor. Bryan hatte eine imposante Stimme, war aber eigentlich eine Null, dem die Fähigkeiten und der Mut eines Löwen fehlten. Als sich die Wirtschaft im Laufe der 1890er-Jahre wieder sta-

bilisierte, schmolz sein Rückhalt dahin. Manche meinten, er solle sich besser auf andere wichtige politische Belange konzentrieren. Andere wollten in ihm weiter den Bannerträger der populistischen Sache sehen, alles andere wäre ein Kniefall vor den Interessen der Ostküste gewesen. Er ließ den Mut sinken. Er hatte kein Löwenherz.

Der Smaragdpalast, in dem der Zauberer von Oz residiert, steht natürlich für das Weiße Haus – in dem lauter duldsame Beamte herumlaufen. Der Zauberer erscheint freundlich und hilfsbereit, und doch schickt er die vier Freunde zur Hexe des Westens, womit deutlich wird, dass er kein Unterstützer ihres Anliegens ist. Der Zauberer ist in Wirklichkeit Marcus Alonzo Hanna, den viele damals als den Strippenzieher hinter McKinleys Präsidentschaft ansahen. Hanna, aus Ohio stammend, verkörperte den Typ des echten amerikanischen Politikerbosses, der seine Geschäfte im Wesentlichen in Hinterzimmern betreibt. Während der 1890er-Jahre kontrollierte er die republikanische Politik weitestgehend selbst, und sein Einfluss erstreckte sich sogar tatsächlich teilweise auf McKinley. Der Zauberer steht somit für die Machtlosigkeit der Politiker, die damals wie heute außer Illusionen nichts zu bieten haben.

Die böse Hexe des Westens ist Präsident William McKinley, der auch aus Ohio stammt. Wie kann jemand aus Ohio stammen und die böse Hexe des Westens sein? Baum war ganz einfach der Meinung, dass die finanzielle Welt Amerikas durch die Interessen einiger böswilliger Banker in der New Yorker City kontrolliert wurde. Aus dieser Perspektive befindet sich alles, was westlich vom Hudson River liegt, im Westen. Zu dieser Zeit war es üblich, Minnesota und Wisconsin als Teil des Nordwestens zu sehen. Deswegen hat die Fluggesellschaft „Northwest Airlines" ihr Hauptquartier noch immer in Minnesota – etymologisch handelt es sich also um dasselbe Wort. Für die Amerikaner liegt Ohio immer noch im Mittleren Westen. Signifikanterweise gibt es aber in der amerikanischen Umgangssprache keine Bezeichnung wie „Mittlerer Osten" für die entsprechenden Gegenden westlich der Ostküste der Vereinigten Staaten.

McKinley war strammer Verfechter von Goldstandard und Steuertarif und galt bei den Populisten als ein noch härterer Gegner als Cleveland. (Seine Annexion von Puerto Rico, Guam, den Philippinen und Hawaii ließ seine Beliebtheit bei seinen Feinden kaum steigen, die ihn als raffgierigen Imperialisten sahen.) Diese Hexe will Dorothy die silbernen Schuhe entwenden, bevor sie von deren Zauberkräften erfährt. Dazu will die Hexe Dorothy (und die Free-Silver-Bewegung) beiseiteschaffen, indem sie das Mädchen einer Reihe von Prüfungen unterzieht (die besagten Annexionen und der Spanisch-Amerikanische Krieg), die die Viererbande auseinanderbringen sollen. Darauf nimmt Glinda, die gute Hexe des Südens, ihren Zauberstab in die Hand und löst die Probleme der vier, genauso wie die Unterstützung für die Populistenbewegung aus den Südstaaten kam. Das war kurz vor dem Scheitern der populistischen Sache, und daher wird auch Dorothy nach Kansas zurückkehren – ohne ihre silbernen Schuhe.

In dieser Geschichte sind noch mehr politische und wirtschaftsgeschichtliche Allegorien versteckt. Die Flügelaffen, die versklavten Winkies (die man in der Version von Metro-Goldwyn-Mayer vergebens sucht), das tödliche Mohnfeld (übrigens auch golden), sogar die kleinen Geschenke, die der Zauberer an unsere Helden verteilt (ein wenig flüssigen Mut für den abstinent lebenden Löwen – Bryan war als Verfechter der Prohibition bekannt) entgingen nicht der Aufmerksamkeit von Baums Publikum. Jeder hat diese Anspielungen verstanden.

Glauben Sie mir nicht? Es gibt einen großartigen Artikel von Hugh Rockloff (1990) mit dem Titel „The Wizard of Oz as a Monetary Allegory[20]", den Sie entweder online oder in Ihrer Bibliothek nachlesen können. Rockloff arbeitet die Charaktere heraus und liefert eine Zusammenfassung, in der viele Details des ökonomischen, monetären und politischen Klimas der damaligen Zeit behandelt werden. Lesen Sie das und nehmen Sie dann noch einmal Baums Klassiker in die Hand. Es werden Ihnen die Augen aufgehen. Manchmal sind eben sogar die liebsten Geschichten der Kindheit nicht, was sie zu sein schienen. Frage eins. Frage zwei. Frage drei.

Die goldene Sicherheit

Die Überzeugung, dass Gold mit finanzieller Sicherheit gleichzusetzen ist, appelliert wie andere verfestigte Investorenmeinungen auch an den gesunden Menschenverstand. Gold ist eine Ware, man kann es anfassen. Aktien sind nur Papierstücke und heutzutage noch nicht einmal mehr das. Meistens bekommt man nur noch eine E-Mail zur Bestätigung eines Firmenanteils, dessen Wert sich ständig ändert. Man möchte meinen, dass sich Gold und Aktien auf dem Markt tatsächlich unterschiedlich verhalten werden. Darüber hinaus haben Regierungen über lange Zeit hinweg den Kurs ihrer Währung mit Gold abgesichert. Sowohl in Amerika wie im Rest der Welt haben die Menschen ein sentimentales Gefühl der Wertschätzung für Gold.

Aber ist das auch gut so? Je mehr ich mir die alten, langgehegten Regierungsstrategien anhöre, die auf die allgemeine Wertschätzung von Gold hinauslaufen, desto skeptischer werde ich – vor allem, wenn ich daran denke, dass Goldstandards zuerst im Zeitalter des Merkantilismus eingerichtet wurden.

Benutzen wir Frage eins. Ist es wahr, dass Gold eine gute Sicherheit ist? Wenn es so wäre, müsste sich der Goldkurs bei hohen Aktienkursen negativ entwickeln und bei niedrigen Aktienkursen positiv. Denken Sie kurz- und mittelfristig. Zur Zeit der Niederschrift im zweiten Quartal 2006 gab es eine wahrscheinlich ziemlich normale Kurskorrektur der globalen Aktienmärkte. Ich verwende das Wort „wahrscheinlich", weil der Aktienkurs ab dem 9. Mai 2006 unerwartet scharf fiel und nicht die üblichen Anzeichen einer allmählichen Abschwächung nach einem kontinuierlichen Anstieg zeigte. Wie dem auch sei, weltweit büßten die Märkte zehn Prozent ein. Wenn Gold eine gute Sicherheit wäre, müsste der Goldpreis steigen oder im schlechtesten Fall gleich bleiben, wenn die Aktienkurse fallen. Abbildung 6.9 zeigt die Entwicklung des Goldpreises zusammen mit dem S&P-500-Index von Anfang des Jahres bis zum zweiten Quartal 2006.

Es ist klar, dass Gold nicht das hält, was es verspricht. In der ersten Hälfte von 2006 entwickelte sich der Goldpreis in Korrelation mit den Aktienmärkten und nicht umgekehrt. Die Märkte gaben deutlich nach, und beim Gold war es nicht anders. Wenn Sie gehofft hatten, sich mit Gold gegen Abwärtsbewegungen bei Aktien absichern zu können, dann werden Sie einen doppelten Verlust gemacht haben. Der Goldpreis bewegt sich zusammen mit den Märkten und ist genauso unbeständig. Dazu kommt noch das Folgende. Wenn Sie Ihr Geld in etwas anlegen, dessen Kurs auf einen historischen Höhepunkt zustrebt und das auf einmal jeder haben möchte, dann begehen Sie höchstwahrscheinlich eine ganze Menge kognitiver Fehler.

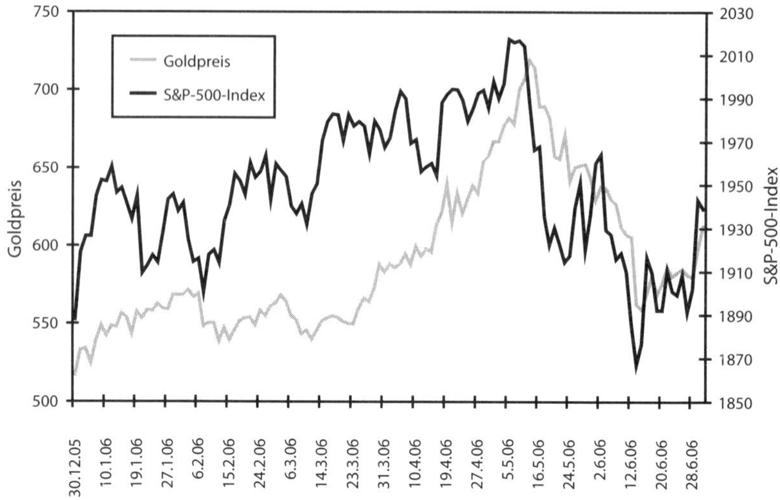

Abbildung 6.9: Goldpreis und S&P 500.

Quelle: Global Financial Data.

Wenn Gold als Absicherung gegen Schwankungen am Aktienmarkt nicht sinnvoll ist, wie steht es dann mit der langfristigen Anlage in Gold? Obwohl die Goldpreise inflationsbereinigt seit 25 Jahren gestiegen sind, waren die Gewinne kümmerlich. Aktien waren während der vergangenen 25 Jahre eine deutlich bessere Investition. Es ist die gleiche Geschichte wie im Jahr 1926. Es ist vorteilhafter, sein Geld in Gold anzulegen, statt es in einen alten Strumpf zu stopfen, aber Aktien und sogar Staatsanleihen werfen mehr ab als Gold. Das ist schwer verdaulich für Goldkäfer. Sogar einige Geldwerte entwickeln sich langfristig besser. Der aktuelle Goldhype ist nichts anderes als eine ganz normale Blase unserer Steinzeitmentalität. Der Goldpreis wird steigen oder fallen, aber eines ist sicher: Gold ist keine gute Absicherung gegen Aktienkursschwankungen und auch keine gute langfristige Investition, wenn Sie an irgendeiner Form von Dividende interessiert sind. Um mit Gold Gewinn zu machen, müssen Sie damit handeln. Wenn Sie darin nicht gut sind, müssen Sie sich fragen, warum Sie im Handel mit Gold bessere Ergebnisse als im Handel mit Aktien erzielen würden. Die Antwort steckt in der Frage: Wissen Sie etwas über Gold, was andere nicht wissen?

Gold, Inflation und 206 Jahre langfristiger Anleihen

Gold könnte sich vielleicht doch noch als guter Indikator für das Inflationsrisiko erweisen. Schauen Sie sich Abbildung 6.10 an, die den Goldpreis und den S&P-

500-Index von 1926 bis heute zeigt. Der Goldpreis ist inflationsbereinigt praktisch nicht gestiegen. Wenn die Steigerung des Goldpreises der Inflationsrate entspricht, wäre es plausibel, ihn als Vorhersage für die Entwicklung der Inflationsrate zu benutzen. Viele Stimmen bestätigen das und warnen aufgrund des hohen Goldpreises vor einem deutlichen Anstieg der Inflation in der nahen Zukunft.

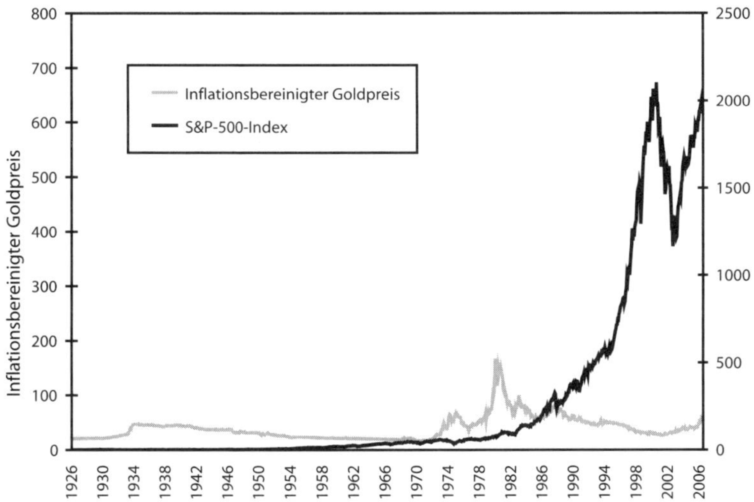

Abb. 6.10: Inflationsbereinigter Goldpreis und S&P 500 (1926–2006).
Quelle: Global Financial Data.

Frage eins zeigt uns allerdings, dass es sich auch hierbei um ein Märchen handelt. Inflation ist ein monetäres Phänomen, das auf die mehr oder weniger strenge Geldpolitik der Zentralbank zurückzuführen ist. Inflation tritt auf, wenn die Zentralbank mehr Geld in Umlauf bringt, als die Gesellschaft Güter und Dienstleistungen produziert. Inflation ist nicht unbedingt schlecht. Wenige Menschen haben Angst vor einer sehr niedrigen Inflationsrate, aber alle haben Angst vor hoher Inflation. Galoppierende Inflation wie in den 70er Jahren ist unzweifelhaft ein Problem, das von niemandem in Frage gestellt wird. Es ist am einfachsten, sich eine galoppierende Inflation an einem extremen Beispiel zu erklären. Versetzen wir uns in die Weimarer Republik, Anfang der 20er Jahre. Die Zentralbank druckte immer mehr Geld, so dass es schließlich wertlos wurde. Die Deutschen haben damals waschkörbeweise Geld im Ofen verbrannt, weil das Geld so wertlos geworden war, dass man keine Kohlen und noch nicht einmal Holz dafür kaufen konnte. Es dauerte dann nicht mehr lange, bevor die Nazis die Macht übernahmen – man sieht, dass Hyperinflation nicht gut sein kann. Bei niedrigen Inflationsraten ist das anders. Möchten Sie eine leichte Inflation oder lieber eine leichte Deflation? Wahrscheinlich werden Sie sich für Inflation entscheiden, obwohl die beiden Formen statistisch gesehen zwei Seiten derselben

Münze sind. Deflation tritt auf, wenn weniger Geld in Umlauf gebracht wird, als Güter und Dienstleistungen produziert werden. Das hat sinkende Preise zur Folge, kann aber auch zu Problemen wie großer Arbeitslosigkeit und wirtschaftlicher Stagnation führen.

Was hat das alles mit dem Goldpreis zu tun? Nichts. Gold ist eine Ware und wird auf einem freien und offenen Markt gehandelt. Inflation ist ein monetäres Phänomen, das – wie Milton Friedman einmal gesagt hat, „immer und überall" existiert. Nur weil der Goldpreis sich ähnlich wie die Inflationsrate entwickelt, sollte man nicht schlussfolgern, dass der Goldpreis ein Indikator für die Inflation ist. Man sollte eher schlussfolgern, dass langfristig gesehen der Handel mit Gold ziemlich magere Gewinne abwirft – was man wiederum vom Handel mit den meisten anderen Waren kennt. So einfach ist das.

Trotzdem hält sich der Glaube, ein steigender Goldpreis sei das erste Anzeichen steigender Inflation. Werfen Sie noch einmal einen Blick auf Abbildung 6.9. Der Goldpreis (wie auch der S&P-500-Index, den wir aber im Moment außer Betracht lassen können) ist in der Vergangenheit tatsächlich genau wie die Inflation gestiegen. Dann sinkt der Preis für Gold plötzlich. Wenn ein steigender Goldpreis ein Anzeichen für höhere Inflation sein sollte, dann müsste ein fallender Goldpreis zu Desinflation (einer Verlangsamung der Preissteigerung) führen.

Offiziell gab es in den Jahren von 2003 bis 2006 praktisch keine Inflation. Seit Jahren steigt also der Goldpreis bei gleichzeitig moderater Entwicklung der Inflation. Manche werden sagen, dass die offiziellen Zahlen die tatsächliche Inflation nicht korrekt widerspiegeln, und wir werden noch darauf zurückkommen müssen. Die meisten Goldfans werden sagen, dass sehr bald eine große Inflation auf uns zukommt, weil der Goldpreis steigt. Wird es in der Zukunft wirklich zu einer galoppierenden Inflation kommen? Vielleicht, vielleicht auch nicht, aber der Goldpreis wird es uns nicht verraten. Es wird höchstwahrscheinlich nicht zu vergleichbar großen geldpolitischen Fehlentscheidungen wie in den Siebziger-Jahren oder davor kommen, weil die Wirtschaftswissenschaft Fortschritte gemacht hat und wir über mehr Erfahrung und bessere Technologien verfügen. Das muss jedoch nicht heißen, dass die Inflationsrate nicht doch hin und wieder auf problematische Höhen steigen könnte. Wie kann man so etwas vorhersagen?

Wenn Sie mit dem Märchen Gold aufgeräumt haben, können Sie Frage zwei benutzen, um herauszufinden, was ein besserer Indikator für steigende Inflation ist. Das ist sogar ziemlich einfach.

Was ist es? Was ist es nicht?

Für diese Frage zwei brauchen wir eine Frage drei als Erinnerung daran, dass wir global denken müssen. Aber lassen Sie uns erst einen Moment lang darüber nachdenken, was Inflation eigentlich ist und was nicht. Inflation ist nicht identisch mit dem Steigen Ihrer Lebenshaltungskosten. Die meisten Menschen verwechseln dieses Phänomen mit Inflation. Inflation ist ein Mittelwert für Preise von neu hergestellten Gütern und Dienstleistungen, unabhängig davon, ob diese

Produkte tatsächlich gekauft werden oder nicht. Inflation hat nichts mit dem Goldpreis oder mit dem Preis für irgendeine andere Ware zu tun. Inflation hat auch nichts mit dem Preis von Kunstsammlungen zu tun, obwohl sich ihr spekulativer Wert durch Inflation ändern kann – oder auch nicht. Inflation hat auch nichts mit dem Preis für gebrauchte Autos zu tun, obwohl diese Preise davon betroffen sein können. Und Inflation hängt auch nicht unmittelbar mit den Löhnen zusammen, obwohl diese ein Teil des Problems sein können. Inflation ist ein Mittelwert für Waren und Dienstleistungen und als solche einfach eine Referenz für den Wert des Geldes, zu dem durchschnittlich eingekauft wird.

Manche Preise steigen deutlich und andere nur ein wenig; manche fallen ein wenig und andere fallen stark. Der Benzinpreis ist stark gestiegen. Die Krankenkassenbeiträge sind ebenfalls stark gestiegen. Elektronische Geräte sind dagegen viel billiger als in der Vergangenheit. Maklergebühren (eine Dienstleistung) sind ein wenig gesunken. Und die Schuhpreise sind ein wenig gesunken! Es stimmt nicht, dass in einer idealen Welt ohne Inflation die Preise niedrig bleiben und sich niemals ändern würden. In einer solchen Welt würde die eine Hälfte der Preise steigen, während die andere Hälfte fällt, und manche Preise würden mehr steigen oder fallen als andere.

Ältere US-Büger, die hohe Beträge für ihre Krankenversicherung und die Ausbildung ihrer Enkelkinder aufwenden, gehen oft davon aus, dass große Inflation herrscht, dass die Inflationsindizes nicht richtig funktionieren und deshalb die Inflation unterbewertet wird. Ich höre das immer wieder von einzelnen meiner Kunden, die ihre hohen Rechnungen mit Inflation verwechseln. Ich werde nicht die Inflationsindizes verteidigen, weil alle offiziellen Daten, die von Regierungsstellen herausgegeben werden, nicht besonders akkurat sind. Ich werde Ihnen eine bessere Perspektive auf die Inflation verschaffen. Ob der Verbraucherpreisindex die Inflation richtig oder unrichtig wiedergibt, hat nichts mit dem Durchschnittspreis von Kosumgütern und folglich auch nichts mit Inflation zu tun. Wenige Menschen haben genau dasselbe durchschnittliche Gefühl in Bezug auf irgendetwas. Das Konsumentenverhalten ist genauso weit gefächert. Es wäre doch merkwürdig, wenn ein sehr junger Konsument die gleichen Waren im Einkaufskorb haben würde wie ein Seniorenpaar oder wie ein Vertreter der mittleren Generation.

Denken Sie weiter. Um 1900 wurde das meiste, was man in den Vereinigten Staaten kaufen konnte, auch in den Vereinigten Staaten hergestellt. Heute, in unserer globalisierten Welt, kommt das meiste von hier, von dort oder von irgendwoher. Viele Dinge, die die Vereinigten Staaten herstellen, kommen in Wirklichkeit nur zum Teil von hier. Heute werden höhere Preise für ein bestimmtes Produkt von niedrigeren Preisen für ein anderes Produkt aus einem anderen Land ganz oder teilweise ausgeglichen. Die Inflation hat globale Aspekte bekommen. In den vergangenen 15 Jahren gab es in den Vereinigten Staaten Inflation, während Japan und weite Teile Asiens mit Deflation zu kämpfen hatten, weil diese Länder mehr Güter produzierten, als sie die Geldmenge aufstockten. Dazu kommt noch, dass es sich meist um Produkte handelte, deren Preise leicht fallen konnten. Aber trotz Deflation sind manche Preise gestiegen, andere gefallen und noch andere haben sogar sehr stark nachgelassen. Inflation als Konzept hat immer etwas mit Durchschnittswerten zu tun. Japan als deflationäre Volkswirtschaft hat mit seinen im eigenen Land hergestellten und in die USA exportierten Waren mitgeholfen, die amerikanische Inflation niedrig zu halten, die sonst höher gelegen hätte. In gewisser Weise haben die Amerikaner ihre Inflation teilweise nach Japan exportiert, während die Japaner ihre Deflation teilweise in die Vereinigten Staaten exportiert haben. Beide heben sich ungefähr auf.

Wenn also der Verbraucherpreisindex nicht unbedingt die Inflation widerspiegelt, dann sind auch die US-amerikanischen Durchschnittspreise nicht ohne Weiteres als Messlatte für die Inflation zu gebrauchen. Es ist besser, sich Inflation als globales Phänomen vorzustellen. Wenn Sie global denken, werden Sie sich weniger Sorgen um die Inflation machen, weil die Globalisierung länderspezifische Inflationseffekte auffangen kann. Der globale Wettbewerb führt zu immer weiterführender Spezialisierung von Arbeit und Technologien. Eine kurzfristige Überproduktion in einem Land gleicht die Unterproduktion in einem anderen Land aus. Die US-amerikanischen Preise für vielerlei Güter und Dienstleistungen mit Konkurrenz auf dem Weltmarkt sinken beständig. Alltägliche Dinge, von Kniestrümpfen über Spielzeuge bis zu Autos, sind heute inflationsbereinigt in den Vereinigten Staaten billiger als vor einigen Jahren. Das will natürlich niemand hören, und der höhere Ölpreis wirkt sich besser auf die Einschaltquoten im Fernsehen aus. Die Medien haben die Konsumenten so stark auf die höheren Preise für Stahl und Rohöl fixiert, dass sie die niedrigeren Preise für die damit hergestellten und fahrenden Autos gar nicht bemerkt zu haben scheinen. Ein billigeres Auto ist genauso gut wie höhere Benzinpreise schlecht sind.

Gibt es aber irgendetwas, das zur Vorhersage der Inflation taugt? Es kann sich nicht um Ihr eigenes Konsumverhalten handeln. Auch nicht um das durchschnittliche Konsumverhalten Montanas und eigentlich auch nicht um das der gesamten Vereinigten Staaten. Es müsste ein Wert sein, mit dem man den Wert des Geldes auf der ganzen weiten Welt messen könnte, denn darum geht es bei Inflation. Nehmen Sie Frage zwei und denken Sie darüber nach, wie man am besten den Wert des Geldes messen könnte. Was kostet Geld heute? Was kostet es morgen?

Wir wissen aus Erfahrung, dass wir heute Geld borgen könnten, damit wir morgen noch welches haben. Wir wissen auch, dass die Zinsen für das Leihen bezahlt werden. Auf lange Sicht ist der Preis für das Leihen von Geld genau das, was wir sonst als Langzeitzinssatz bezeichnen würden. Die Beobachtung der Rendite von Staatsanleihen kann zum Beispiel als eine Methode aufgefasst werden, die Kosten für die Aufnahme eines Langzeitkredits in den Vereinigten Staaten zu bestimmen.

Aus Sicht des Geldverleihers ist der Mechanismus sehr anfällig für starke inflationäre Bewegungen. Geldverleiher wollen daher für eine höhere Inflation und ein höheres Inflationsrisiko höhere Zinsen nehmen. Die Vereinigten Staaten haben zwar nicht genau dassselbe Konsumverhalten wie der Rest der Welt, dafür reagieren aber die weltweiten langfristigen Zinsen sehr empfindlich auf die Langzeitängste der Menschen vor Inflation. Deswegen erscheinen die weltweiten Langzeitzinsen als das geeignete Instrument, die Angst vor der Inflation zu messen. Lesen Sie ruhig noch einmal in Kapitel 2 nach, wo wir das Konzept der globalen Kurz- und Langzeitzinsen eingeführt haben. Der dort vorgestellte weltweite Langzeitzinssatz – den Sie genauso gut selbst mit den Zahlen für das BIP und den aktuellen Zinssätzen von Bloomberg.com oder Yahoo!Finance hätten ausrechnen können – ist der richtige Weg, um festzustellen, ob die weltweite Inflation ihr hässliches Haupt erhebt oder nicht. Zur Zeit der Niederschrift tut sie das ganz deutlich nicht. Wenn die Inflation auf problematische Höhen steigt, dann müssen auch die weltweiten Langzeitzinsen steigen. Wenn die Inflation signifikant fällt, werden die weltweiten Langzeitzinsen auch das widerspiegeln. Denken Sie immer daran: Der weltweite Zinssatz ist der Preis für das Leihen von Geld. Abbildung 6.11 zeigt, wie sich genau dieses Problem am Weltmarkt ablesen lässt. Die Abbildung zeigt den Wert des Geldes – weltweit und länderspezifisch. Da sich die weltweiten Zinsen in den vergangenen Jahren freundlich entwickelt haben, ist klar, dass die Inflation noch nicht in besorgniserregender Weise an Fahrt gewonnen hat. Die US-amerikanischen Zinsen haben in den lezten Jahren ein wenig höher als der Weltdurchschnitt gelegen, was allerdings kein großes Problem darstellt, weil das meiste davon in Übersee wieder ausgeglichen wird.

Sie haben gerade etwas verstanden, wozu die meisten Menschen nicht in der Lage sind. Und was noch wichtiger ist: Der Blick in die Wirtschaftsgeschichte zeigt, dass die Langzeitzinsen auch früher schon auf die Inflationsrate reagiert haben und bis heute ein gutes Maß für die Inflation sind.

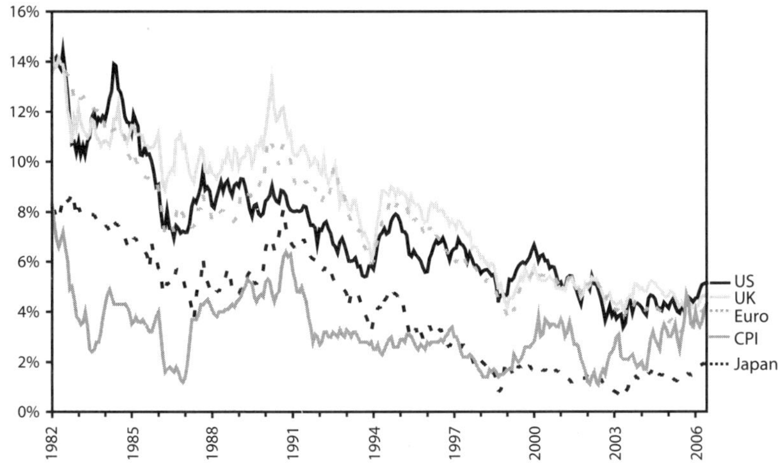

Abbildung 6.11: Langfristige Staatsanleihen weltweit.

Quelle: Global Financial Data.

Abbildung 6.11 zeigt, wie die Zentralbanken nach dem Krieg gegen die Inflation in den 70ern seit den 80er Jahren mit Hilfe des Freihandels und der Globalisierung nach und nach die Oberhand über die hohe Inflation gewannen. Das führte zu einem Sinken der weltweiten Zinsen von ehemals durchgängig hohen Werten. Die Rendite von zehnjährigen Staatsanleihen kehrte erst 2005 nach mehreren Jahrzehnten des Inflationsschocks wieder auf das historische Mittel zurück.

Möglicherweise haben Sie das nicht so in Erinnerung. Abbildung 6.11 stellt den Sachverhalt so dar, als hätte sich die Rendite der Staatsanleihen langfristig – abgesehen von einer kurzen Besserung – im freien Fall befunden. Wie soll das die Inflation vorhersagen? Abgesehen davon haben viele Konjunkturbeobachter während der letzten Jahre geglaubt, dass sich dieser seit 25 Jahren anhaltende Trend umkehren wird. Wenn Sie zu Kapitel 4 zurückblättern, werden Sie sich daran erinnern, dass Konjunkturbeobachter bei der Vorhersage der Langzeitzinsen wie üblich danebengelegen haben. Die Entwicklung der letzten Jahre war keine ungewöhnliche Abwärtsbewegung, sondern die Rückkehr zur historischen Normalität. Abbildung 6.12 zeigt die Entwicklung der Langzeitzinsen in den Vereinigten Staaten zurück bis ins Jahr 1800.

Abbildung 6.12 rückt die Langzeitzinsen in die richtige Perspektive. Erstens tendieren Investoren zu der Überzeugung, die Zinsen für zehnjährige Staatsanleihen seien auf einem „historischen Tiefstand“. Stimmt nicht. In den Siebzigern seien die Zinsen für Staatsanleihen „wahnsinnig hoch“ gewesen. Diese Investoren werden frustriert sein, weil sie keine Staatsanleihen mehr kaufen können, die 13 Prozent Zinsen abwerfen. Das war in den 70er Jahren möglich, als dieselben Investoren noch jung waren. Aber sie erinnern sich nicht mehr an die damals sehr mageren Aktiengewinne, an die stagnierende Wirtschaft und daran, dass die Inflation sogar die sehr hohen Gewinne der Bundesanleihen wieder zunichte machte. Sparen Sie sich Ihre 70er-Jahre-Nostalgie für die Bee Gees auf! Okay, das nehme ich zurück.

Abbildung 6.12: Renditen zehnjähriger US-Staatsanleihen.

Quelle: Global Financial Data.

Zweitens korreliert der Höhepunkt bei den Langzeitzinsen deutlich mit der Abkehr von dem geldpolitischen Missmanagement, das zur Hyperinflation der 70er Jahre geführt hatte. Warum? Weil langfristige Anleihen auf einem freien und offenen Markt gehandelt werden und die Erwartungen des Marktes in Bezug auf die Inflation akkurat widerspiegeln. Halten Sie sich nicht mit den Zinsen für kurzfristige Kredite auf. Denken Sie daran, dass diese auf dem Monopol der Zentralbank beruhen. Die Zinsen für Langzeitkredite werden dagegen überhaupt nicht kontrolliert, und ihre Höhe wird ganz und gar durch den Markt bestimmt. Sie reflektieren daher die Erwartungen des Marktes in Bezug auf die Arbeit der Zentralbank und sind ein zuverlässiger Indikator – zumindest für den Anfang –, um festzustellen, wie der Markt das zukünftige Inflationsrisiko einschätzt.

Jetzt, wo Ihnen Frage eins und die Entlarvung von Märchen langsam anfangen auf die Nerven zu gehen, können Sie einen Schritt weitergehen und neue oder vergessene Muster aufspüren, die – zusammen mit Frage zwei – die Grundlage für ihre eigenen Aktivitäten am Markt sein werden. Mehr Beispiele finden Sie in Kapitel 7.

Anmerkungen

1 http://www.publicdebt.treas.gov/opd/opdpenny.htm (am 30. Juni 2006).

2 Freddie Mac: "Weekly Primary Mortgage Market Survey", http://www.freddiemac xom/dlink/html/PMMS/display/PMMSOutputYr.jsp?year=20o6# (am 29. Juni 2006).

3 U.S. Bureau of Economic Analysis, "Current-Dollar and 'Real' Gross Domestic Product" (die Aufstellung zeigt das aktuelle nominale BIP in US-Dollar am 30. Juni 2006. http://www.bea.gov /bea/dn/gdplev.xls (am 2. August 2006).

4 Nach Analysen von Standard & Poor.

5 Siehe Fußnote 4.

6 Siehe Fußnote 4.

7 Bloomberg, Verkehrswert der für BBB-geratete Unternehmen ausgegebenen Anleihen mit einer Laufzeit von 10 Jahren zum 30. Juni 2006.

8 Quelle: Global Financial Data. Es handelt sich hier um den mittleren jährlichen Aktiengewinn von allen im S&P-500-Index notierten Unternehmen im Zeitraum von 1965 bis 1981.

9 Kenneth L. Fisher: The Wall Street Waltz, Woodside 1987.

10 U.S. Bureau of Economic Analysis, "Personal Saving Rate as of Second Quarter 2006", http://www.bea.gov/briefrm/saving.htm (am 2. August 2006).

11 U.S. Bureau of Economic Analysis, "Table 2.4.5: Personal Consumption Expenditures by Type of Product," http://www.bea.gov/bea/dn/nipaweb /Table View.asp?SelectedTable=-69&FirstYear=2004&LastYear=2005&Freq=Year (am 2. August 2006).

12 Siehe Fußnote 11.

13 Microsoft beziffert Bill Gates' Gehalt abzüglich Bonuszahlungen für 2005 mit 600 000 US-Dollar.

14 U.S. Bureau of Economic Analysis, "Exhibit 1: U.S. International Trade in Goods and Services", http://www.bea.gov/bea/dii.htm (am 10. August 2006).

15 U.S. Census Bureau: "FT900: U.S. International Trade in Goods and Services", http://www.census.gov/foreign-trade/www/index.html (am 30. August 2006).

16 U.S. Bureau of Economic Analysis: "Current-Dollar and 'Real' Gross Domestic Product, nominal current dollar GDP as of June 30, 2006", http://www.bea .gov/bea/dn/gdplev.xls (am 2. August 2006).

17 Global Financial Data: Sämtliche Gewinne der im S&P-500-Index aufgeführten Unternehmen.

18 Quelle: Nationale Statistik für Großbritannien: „UK Trade, as of June 30, 2006", www.statistics.gov.uk/cci/nugget.asp?id=i99 (am 2. August 2006).

19 Quelle: Global Financial Data. Aktiengewinne für sämtliche im FTSE-Index aufgeführte Unternehmen.

20 Hugh Rockloff: The 'Wizard of Oz' as a Monetary Allegory, in Journal of Political Economy, Vol. 98 (August 1990), S. 739-760.

7.

Erstaunlich, aber wahr

Angebot und Nachfrage ... und das war's!

Dieses Buch handelt unter anderem davon, etwas zu erfahren, das andere nicht wissen, und zwar indem man Informationen verarbeitet, die andere unerklärlich finden, und indem man sich neue Finanzmarktinstrumente erschafft. Wenn Informationen von unserem Gehirn nicht gut verarbeitet werden können, formuliert man sie in einer Weise um, in der sie nützlicher sind, wie unsere Umwandlung des KGV zum GKV. Halbieren Sie es und sehen Sie es sich noch einmal an. Womit korreliert es?

Die Nachrichten sind voll von nützlichen Informationen, wenn Sie Frage zwei anwenden können, um die Punkte in Verbindung zu bringen. Seien Sie kreativ und fragen Sie sich: Könnte das nicht irgendetwas bedeuten? Wäre das nicht verrückt?

Ein neues Phänomen, das 2002 aufkam, ist die steigende Fusions- und Übernahmeaktivität. Fusionen und Übernahmen nehmen häufig in Expansionsphasen zu. Firmen mit verbesserten Bilanzen und genügend Bargeld wollen zusätzliche wertvolle Marktanteile erwerben, parallele Produktlinien, vertikale Integration, neue Kernkompetenzen, neue Produktkategorien oder sich nur einfach diversifizieren. Einerseits ist dies unspektakulär und alltäglich.

Aber bedeutet das irgendetwas für die Börse? Konventionelle Marktlehre besagt, dass Fusionsfieber zu schlechten Börsenergebnissen führt. Teilweise kommt das daher, dass Fusionen zustande kommen, nachdem sich die Wirtschaft eine Zeitlang verbessert hat – und danach kommt dann irgendwann eine neue Rezession. Deshalb ist es leicht ersichtlich, warum man glaubt, dass Fusionswahn zu schlechten Zeiten führt. Nehmen Sie die Fusionen in den späten 90ern, die mit der Börsengangsmanie des IT-Sektors zusammentrafen. Nach einer Welle von Geschäften wie der Übernahme von AOL durch Time-Warner wurden wir mit einer schweren Baisse und einer Rezession belohnt.

Es ist leicht verständlich, dass Übernahmen oft fehlschlagen. Schließlich wissen Verkäufer, die das Unternehmen auswendig kennen, normalerweise mehr von dem, was sie verkaufen, als Käufer von dem, was sie kaufen, da sie Außenstehende sind. Stimmt es denn nicht, dass es Käufern weniger gut geht als Verkäufern – und sie später, wenn die Wirklichkeit einsetzt, niedrigere Preise in Kauf nehmen müssen und sie und ihre Aktionäre erkennen, dass sie ausgenommen worden sind?

Ich habe dieses Argument in meinem zweiten Buch, *The Wall Street Waltz*, vorgebracht. Und ich habe mich geirrt. Historisch hat diese Position teilweise Gültigkeit, aber ich habe einige Zeitperioden zu sehr betont und andere zu wenig. Ich habe meine Schlüsse zu sehr von den Übernahmen in den 20er und späten 60er Jahren abhängig gemacht. In dem, was ich damals gesagt habe, war sehr viel unbeabsichtigte Datenverfälschung und waren sehr viele Bestätigungsfehler enthalten. Jetzt würde ich sagen, dass ich mich damals geirrt habe und das Ganze sehr ausgeglichen war. Es hängt von der Art der Geschäfte ab, um die es geht, die Hälfte funktioniert und die andere nicht, das ändert sich von Zeit zu Zeit.

Bargeld, Aktien oder eine Mischung?

Es gab einen entscheidenden Unterschied darin, wie die meisten Fusionen in den 90er Jahren sowie die Geschäfte der späten 60er und 20er Jahre strukturiert waren, verglichen mit den Geschäften nach 2002. Der Großteil der Konzernfusionen, die 2003, 2004, 2005 und 2006 stattfanden, wurde hauptsächlich mit Bargeld bezahlt, wohingegen jene in den drei früheren Perioden hauptsächlich mit Aktien abgewickelt wurden. Im einen Fall zahlt ein Käufer Bargeld für die Anteile des übernommenen Unternehmens; im anderen gibt der Käufer einfach neu geschaffene Aktien aus, um die Übernahme zu finanzieren. Frage zwei: Gibt es einen Unterschied zwischen den beiden Möglichkeiten und ihrem potenziellen Einfluss auf die Börse? Was können Sie an dieser Situation anders sehen, das andere nicht sehen? Was können Sie ergründen, das für die meisten unergründlich ist?

Wenn Firma A Firma B für Bargeld kauft, tauscht sie das Bargeld gegen die Aktienanteile der Firma B und zerstört dann einfach jene Anteile. Nach dem Geschäft gibt es die gleiche Anzahl von Anteilen der Firma A wie vor dem Geschäft und keine Aktien mehr der Firma B. Firma A hat nun ihren eigenen Ertrag und den Ertrag von Firma B, und somit steigen für die Firma A die Erträge pro Aktie. Sehr einfach! Dabei geht man davon aus, dass die Firma B über das Jahr gewinnbringend arbeitet und ihr Gewinn die Zinszahlungen von Firma A zur Finanzierung des Kaufs von Firma B übersteigt. Aber abgesehen von dieser Überlegung schlägt sich der Erwerb der anderen Firma im Ertrag sofort positiv nieder – Aktien werden zerstört und, während alles andere gleich bleibt, steigt der Ertrag des Käufers pro Aktie sofort. Das Angebot an zur Verfügung stehendem Aktienkapital reduziert sich in diesem Fall, sobald die Aktien der erworbenen Firma zerstört werden. Lassen Sie mich das wiederholen. Mit Bargeld getätigte Übernahmen reduzieren das Aktienkapital. Wenn die Nachfrage konstant bleibt und das Angebot sinkt, steigen die Preise. Mit Bargeld getätigte Übernahmen treiben den Aktienkurs also tendenziell nach oben.

Übernahmen, die komplett über Aktien abgewickelt werden, sind anders. Nach ihnen fällt normalerweise der Ertrag der Aktie des Käufers, da mehr Aktien auf den Markt geworfen werden und deren Wert abnimmt. Sehen Sie es so: Firma A hat einen Wert von X. Firma B hat einen Wert von Y. Um Firma B zu erwerben, muss Firma A ein Angebot machen, das den Wert von Firma B übersteigt. Vielleicht übersteigt das Angebot der Firma A den Wert von Firma B um 25 Prozent und liegt dann bei 1,25Y. Diese zusätzlichen 25 Prozent werden durch die Erhöhung der Aktienanzahl von Firma A bezahlt – also neu geschaffene, vorher nicht existierende Aktien. Firma A gibt genug neue Aktien aus, um den gesamten vorherigen Wert von Firma B zu decken, plus genug neue Aktien, um den 25-prozentigen Preisaufschlag zu bezahlen. Also gibt es nach dem Geschäft größere Aktiengegenwerte als vorher. Wenn Firma B jetzt bei 1,25Y ein höheres KGV hat als Firma A, fallen die Erträge der Firma A pro Aktie nach dem Geschäft. Dies war der Fall bei den meisten Geschäften in den 20ern, späten 60er und 90er Jahren. So war es auch bei AOL Time Warner. Sie erhöhen das Angebot an Aktienkapital, verwässern den Aktienkurs und lassen den Ertrag pro Aktie fallen.

Es gibt eine dritte Art von Geschäft: Firma A kauft Firma B teilweise für Bargeld und teilweise für neu geschaffene Aktien. Hybridgeschäfte sind üblich und haben Eigenschaften beider Fusionsarten, sind aber normalerweise Geschäfte mit mehr Bargeld als Aktieneinsatz. Warum? Normalerweise kann der Käufer bei solchen Geschäften nicht genug Bargeld aufnehmen, um Firma B ganz zu übernehmen, deshalb borgt er sich, soviel er kann, und gibt Aktien aus, um für die Differenz aufzukommen. Normalerweise sind dies größere Geschäfte.

Nehmen Sie an, Firma A ist zehn Milliarden Dollar wert und Firma B 20 Milliarden. A kauft B. Geldgeber würden vielleicht davor zurückschrecken, dass die kleinere Firma A die größere Firma B schluckt. Vielleicht würden Geldgeber der Firma A nur 14 Milliarden Dollar leihen, um Firma B zu kaufen – warum genau, ist nicht besonders wichtig für dieses Beispiel. Vor dem Geschäft standen aus A und B zusammen 30 Milliarden Dollar an Aktienkapital zur Verfügung. Um Firma B zu kaufen, erhöht Firma A das Angebot für Firma B um 20 Prozent, so dass diese jetzt 24 Milliarden Dollar wert ist. Sie nimmt dafür die 14 Milliarden Dollar, die sie sich geliehen hat, und gibt noch zehn Milliarden Dollar an neu geschaffenen eigenen Aktien heraus, um die 24 Milliarden Dollar zusammenzubekommen, die sie braucht. Am Ende gibt es dann 20 Milliarden Dollar Aktienkapital anstatt 30 Milliarden Dollar vor dem Geschäft. Das zur Verfügung stehende Aktienkapital schrumpfte um zehn Milliarden Dollar, nicht so viel, wie wenn die ganze Sache mit einer Kreditaufnahme finanziert worden wäre, aber das Kapital wurde dennoch geringer. Fast immer reduziert ein Hybridgeschäft die Menge an Aktienkapital und steigert die Erträge – aber nicht um ganz so viel wie bei einem reinen Bargeldgeschäft.

Dies sind keine radikal neuen Ideen. Jeder, der einen Buchhaltungs- oder vielleicht einen Volkswirtschaftskurs an der Hochschule belegt hat (und das sind nicht wenige), sollte den Unterschied zwischen wertsteigernd und verwässernd kennen. Außerdem können Sie leicht verfolgen, welche Firmen Übernahmen machen und welche wertsteigernd und welche verwässernd wirken. In unserer überregulierten Geschäftswelt erhalten wir genügend Nachrichten, wenn eine Firma eine Fusion, eine Übernahme, einen Börsengang, eine Aktienneuemission oder eine globale Verschwörung zum Öldiebstahl vorhat, oder was sonst. Wir wissen, wann und in welcher Form die Fusionen stattfinden und wie viel bezahlt wird.

Ein Fusionshype, der durch neu geschaffene Aktien finanziert wird, erhöht das verfügbare Aktienkapital und beeinflusst die Kurse daher negativ. Bei einem mit Bargeld abgewickelten Fusionswahn wird das Aktienangebot reduziert; reduziertes Angebot bedeutet, dass die Preise steigen, und das heißt wiederum, dass in Zeiten erhöhter Fusionsaktivität, bei sonst gleich bleibenden Umständen, die Aktienrenditen gut sein sollten. Aber wenige Leute erkennen diesen Unterschied.

Was die Aktienkurse wirklich bewegt

Bevor wir davon sprechen, was Sie über den Einfluss von Bargeldfusionen an der Börse wissen können, sollten wir uns in das vertiefen, was die Aktienkurse wirklich antreibt. Hier verbinden sich die Fragen eins und zwei. Es gibt unzählige Märchen über das, was nach Ansicht der Leute Preisbewegungen verursacht, die Sie mit Frage eins entlarven können. Aber Frage zwei ist leicht zu beantworten: Was können Sie über die Gründe für die Bewegung der Aktienkurse herausfinden, das andere sich nicht vorstellen können? Die Antwort ist viel zu leicht, als dass Menschen das ergründen wollten.

Es gibt nur zwei Faktoren in dieser ganzen, großen, wunderbaren und verrückten Welt, die Aktienkurse bewegen. Immer und überall leiten sich Aktienkurse von den Änderungen von Angebot und Nachfrage ab. Ich habe das mehrmals in diesem Buch gesagt, aber manchmal sind die leichtesten Gedanken am schwersten zu akzeptieren. Angebot und Nachfrage sind die bekanntesten Konzepte, aber wenige Investoren machen den kognitiven Sprung zu der Preisbildung von Wertpapieren. Die meisten Leute, die einen Volkswirtschaftskurs an der Universität belegt haben, vergessen Angebot und Nachfrage so schnell wie möglich, nachdem sie ihr Examen hinter sich haben, und denken niemals über die Preisbildung von Wertpapieren in Hinsicht auf Angebot und Nachfrage nach. Promovierte Wirtschaftswissenschaftler haben eine Ausbildung, aber normalerweise nicht in der Kursfindung von Wertpapieren, und denken noch Jahrzehnte später nicht über Angebot und Nachfrage von Wertpapieren nach.

„Forschungsberichte" von Myriaden von Maklerfirmen zeigen Ihnen, wo sich nach deren Meinung der Markt hinbewegt, aber fast niemals auf der Grundlage einer Analyse von Angebot und Nachfrage. Ihre Nachrichtensprecher, Politiker, Börsenmakler oder Tennispartner machen Sie glauben, dass es eine beliebige Anzahl wirtschaftlicher oder technischer Indikatoren, Belange der Popkultur, politische Verschwörungen oder selbstverwirklichende Prophezeiungen gibt, die die Aktienkurse antreiben. Gehen Sie auf Ihre Lieblingsfinanzseite im Internet, und Sie werden sehen:

Zinssätze treiben Aktien an
Arbeitslosenzahlen lassen Aktien fallen
Panik um Ölpreise verängstigt den Aktienmarkt

Sie hören nie einen Sprecher sagen: „Das Angebot an Aktien blieb heute stabil. Die Nachfrage nahm aber aus uns unbekannten Gründen zu, so dass die Aktienkurse stiegen." Das ist langweilig. Angebot und Nachfrage von Aktien verkauft als Schlagzeile keine Anzeigen und veranlasst Sie nicht dazu, in einer politischen, gesellschaftlichen oder wirtschaftlichen Streitfrage Partei zu ergreifen. Medien haben kein Interesse daran, so unauffällig zu sein. Diese beiden miteinander ringenden Interessen bestimmen die Preise von allem, was wir kaufen. Scheinbare Interessen wie eine verstärkte Regulierung oder eine Invasion von Außerirdischen sind weitere Kräfte, die sich auf Angebot und Nachfrage auswirken – eine Invasion von Außerirdischen reduziert wahrscheinlich die Nachfrage nach Aktien und verschärfte Sicherheitsbestimmungen reduzieren wahrscheinlich das Angebot an Aktien.

Änderungen von Angebot und Nachfrage erklären, warum die Leute bereitwillig außerordentliche Summen für eine original Beatlesplatte zahlen, einen original Le-Corbusier-Stuhl oder für eine limitierte Ausgabe von Star-Wars-Plakaten – wenn Sie auf solche Dinge abfahren. Aber niemand bezahlt mehr für einfache alte Büroklammern. Erstens liegen überall Milliarden von Büroklammern vernachlässigt in Schreibtischsets. Zweitens, wenn Sie ausgegangen sind und Sie nicht unbedingt zu Ihrem Schreibwarenladen gehen wollen, können Sie auf die Schnelle auch einen Schnellhefter oder zur Not sogar ein Gummiband benutzen. Das nennt sich Ersatz. Dinge, die man leicht ersetzen kann, erzielen niemals Höchstpreise wie jene, die man nicht ersetzen kann. Drittens sind Büroklammern leicht herzustellen. Außer wenn Andy Warhol eine Büroklammer zu einem besonderen Bild von Marilyn Monroe zurechtgebogen hätte, wird eine Büroklammer nie Höchstpreise erzielen.

Im Volkswirtschaftskurs an der Hochschule wird Ihr Professor Ihnen erzählt haben, dass es sowohl beim Angebot als auch bei der Nachfrage um Begierde geht. Begierde ist emotional. „Nachfrage" sagt aus, wie emotional begierige Verbraucher etwas zu verschiedenen Preisen kaufen. Typischerweise, aber nicht immer, kaufen Verbraucher bei höheren Preisen weniger als bei niedrigeren Preisen. Das ist sinnvoll! Im Gegensatz dazu ist „Angebot" ein Konzept, das darstellt, wie begierig Lieferanten ein Produkt oder eine Dienstleistung zu verschiedenen Preisen produzieren. Im Allgemeinen, aber nicht immer, wollen Lieferanten mehr Dinge zu höheren Preisen produzieren als zu niedrigeren Preisen. Wenn der Preis zu niedrig ist, werden sie überhaupt nicht produzieren wollen.

Es fängt an interessant zu werden, wenn Produzenten oder Verbraucher bei gleichbleibenden Preisen begieriger werden, etwas nachzufragen oder anzubieten. Wenn Produzenten anfangen, begieriger zu liefern – das heißt, das Angebot wächst –, aber die Verbraucher nicht begieriger werden zu konsumieren, dann wird der Markt mit Angebot überflutet, und die Preise sinken. Sie sagen: „Warum sollten Anbieter das machen?" Vielleicht verringern neue Technologien ihre Kosten und spornen ihren Eifer an – etwa so wie das Moore'sche Gesetz die Preise von Halbleitern jahrzehntelang immer weiter drückte und Elektronikfirmen begieriger machte, immer mehr zu immer niedrigeren Preisen zu produzieren. Wenn andererseits Verbraucher begieriger werden – das heißt, wenn die

Nachfrage steigt –, aber Produzenten nicht ihr Angebot der erhöhten Nachfrage anpassen, dann steigen die Preise. Ganz klar.

Der Wunsch zu kaufen oder zu liefern kann sich aus psychologischen Gründen verlagern, die sich aus einer Anzahl von Faktoren ableiten lassen. Denn ein Wunsch ist eine Emotion, und Emotionen sind psychisch. Und Märkte sind psychisch. Alles, was ich gesagt habe, ist eine Vereinfachung und Zusammenfassung von dem, was Sie in jedem Volkswirtschaftskurs hören würden, und ist nicht im Entferntesten kontrovers.

Aber Angebot und Nachfrage verhalten sich in mehrfacher Hinsicht anders, wenn es um Wertpapiere geht. Wenn Sie in der Universität nicht gerade sehr ungewöhnliche Arbeiten geschrieben haben, haben Sie nie eine Diplomarbeit zum Thema Angebot und Nachfrage von Wertpapieren gesehen. Bei der Nachfrage nach Wertpapieren geht es um die Begierde, bestimmte Wertpapiere zu besitzen oder nicht zu besitzen. Wollen wir lieber eine GE-Aktie als eine Anleihe oder eine Marilyn-Monroe-Büroklammer von Andy Warhol besitzen? Hat sich das aus irgendeinem Grund verändert? Was halten wir davon, Pfizer-Aktien, statt GE zu besitzen? Die Gesamtemotion für die Nachfrage nach Aktien kann sich innerhalb der Bandbreite unserer menschlichen Emotion sehr schnell und frei verlagern, ganz genauso wie Launen sich zuspitzen oder ein Film Sie plötzlich zum Weinen oder Lachen bringen kann. Das können Sie bestätigt finden, wenn Sie das Volumen des täglichen Aktienhandels beobachten. In unserer supervernetzten Welt können Menschen aufgeputscht werden und entscheiden sich zu kaufen oder zu verkaufen und schließen sofort eine Transaktion ab. Wenn ihr Wunsch ab- oder zunimmt, können sie fast augenblicklich in großem Umfang handeln. Stunden, Tage oder Monate später können sie ihre Meinung vollständig umkehren, wenn sie – emotional – dazu neigen.

Die Nachfrage kann sich schnell verlagern, aber nur so weit, wie die Menschen sich gefühlsmäßig engagieren oder nicht. Sehen Sie es so: Sie können nur so wütend oder glücklich sein, wie Sie werden können, und Sie können schnell unter den richtigen Umständen von einem Extrem ins andere fallen, aber nur so weit, wie Sie persönlich gehen können. Jemand anderes könnte viel wütender oder viel alberner werden als Sie. Vielleicht leiden Sie unter Depressionen. Manchen Leuten geht das so, anderen niemals. Vielleicht sind Sie manisch depressiv, gnade Ihnen Gott. Vielleicht sind Sie sehr ausgeglichen – zu sehr, und Ihr Partner oder Ihre Partnerin beklagt sich darüber. Wir weichen sehr stark voneinander ab, aber als Gruppe sind wir durchschnittlich. Für die Menschen im Allgemeinen verändert sich die Gesamtnachfrage nur innerhalb der durchschnittlichen Bandbreite unserer „addierten" Emotionen, obwohl das sehr schnell gehen kann, fast augenblicklich. Denken Sie daran, wie sehr sich die Emotionen in den Stunden nach dem 11. September veränderten. Daher hat die Nachfrage kurzfristig eine so ungeheuer starke Wirkung auf die Preisbildung, weil sie sich so schnell verändern kann. Langfristig hat sie weniger Macht, weil sie sich nur innerhalb unserer emotionalen Bandbreite verändern kann, und nicht weiter. Sie kann sich nur so und so weit verändern.

Betrachten Sie das noch einmal anders. Es ist schwierig, auf lange Zeit Emotionen auf extremen Niveaus zu halten. Darum können die meisten Leute nicht sehr lange sehr wütend oder sehr glücklich bleiben. Es ist wie bei dieser tollen Party, als Sie 23 waren und etwas beschwipst eine warme Sommernacht mit den richtigen Freunden verbracht haben. Der Abend war perfekt, und Sie haben sich sehr glücklich gefühlt. Aber am nächsten Tag waren Sie sehr müde. Bestimmte Dinge fügen uns auch Narben zu, und der Einzelne kommt vielleicht nicht darüber hinweg. Im Laufe unseres Lebens verändern uns diese Dinge. Aber neue Veränderungen – gute oder schlechte – können uns nur bis zu einem bestimmten Grad hochbringen oder herunterziehen. Insgesamt tendieren wir dazu, nicht sehr lange sehr wütend oder sehr glücklich zu bleiben, weil es zu viel Energie kostet, uns zu lange von unserem emotionalen Normalzustand zu entfernen. Änderungen in der Nachfrage tendieren dazu, kraftvoll, schnell und nicht zu weitgehend zu sein, um dann mit der Zeit auf einen Normalwert zurückzukommen. Deswegen verändert die Nachfrage die kurzfristige Preisbildung mehr als die langfristige Preisbildung.

Veränderungen im Angebot sind anders. Kurzfristig ist das tatsächliche Angebot von Wertpapieren fast vollständig festgelegt, und es braucht Zeit, Anstrengung und eine komplexe Koordinationsleistung verschiedener Akteure, um neue Aktien zu schaffen oder bestehende zu zerstören. Überlegen Sie einmal, wie lange ein Börsengang oder eine Fusion oder auch nur die Ausgabe einer Anleihe dauert und wie lange vorher die Firmen diese laut Gesetz ankündigen müssen. Eine Zunahme des Angebots bedeutet ein erhöhtes Interesse, Aktien anzubieten. Aber das anfängliche Interesse wird früh gedämpft, weil niemand sicher ist, ob das Geschäft zustande kommt. Es gibt keine Absicherung, ob alle notwendigen Teile des Angebots zusammenkommen werden – ein Prozess, der viele Monate dauert, wenn er denn überhaupt passiert. Sie können nicht übermäßig begeistert von etwas sein, von dem Sie wissen, dass es vielleicht nicht klappt. Die Begeisterung für ein Geschäft wächst im Laufe der Zeit, in der das Geschäft erfolgreich verfolgt wird.

Nehmen Sie eine Neuemission von Aktien oder einen Börsengang, im Englischen IPO oder, wie ich es nenne, „It's Probably Over-priced (es ist wahrscheinlich überteuert)". Oder eine Wandelanleihe. Wenn eine Firma beschließt, Aktien oder Anleihen auszugeben, muss sie zuerst eine Investmentbank finden, um den Prozess zu begleiten. Das allein braucht Zeit, insbesondere wenn, was normal ist, eine Ausschreibung mit mehreren teilnehmenden Banken stattfindet. Zu diesem Zeitpunkt wissen die potenziellen Emittenten nicht, wie das Geschäft aussehen könnte, wenn es abgeschlossen wird, ob sie es *schaffen*, es abzuschließen, und nicht einmal, *wann* es abgeschlossen wird, wenn sie denn dazu bereit und in der Lage sein sollten. Die betreuende Bank braucht eine frisch geprüfte Finanzauskunft von einer Wirtschaftsprüfungsgesellschaft, üblicherweise einer der vier Großen in der Branche, und auch das braucht Zeit. In einem ebenso unsicheren Prozess, der Ausgabe einer Unternehmensanleihe, arbeitet der Investmentbankier mit dem Emittenten daran, ein akzeptables Rating von den drei Ratingagenturen Moody's, Standard & Poor's und Fitch zu sichern. Gleichzeitig beginnen sie den Anmeldeprozess bei den Behörden, die das Angebot genehmigen müssen, von der SEC (Securities and Exchange

Commission) auf Bundesebene bis hinunter zu den Behörden in jedem Bundesstaat, wo das Papier emittiert werden soll (oder entsprechenden Behörden, wie der Financial Services Authority [FSA] in Großbritannien). Dann wird das Angebot vermarktet, was noch einmal ein paar Monate dauert. Erst gegen Ende dieses Prozesses hat der Emittent eine wirkliche Vorstellung davon, wie finanziell interessant für ihn die Emission sein wird.

Vielleicht ist bis dahin der Markt verschwunden. Vielleicht schwand er während des gesamten Marketingprozesses. Vielleicht ist ein ähnlicher Mitbewerber zwei Monate vor Ihnen an die Börse gegangen, ist Ihnen zuvorgekommen und hat die Nachfrage in Ihrer Angebotskategorie ausgeschöpft. Viele Geschäfte werden in letzter Minute zurückgezogen. Was glauben Sie, wie deprimierend das sein kann!

Auch unter den besten Umständen, wenn die Sterne günstig stehen, ist dies nie ein schneller, schmerzloser Prozess, in dem Sie die Nachfrage kurzfristig vorherplanen könnten. Auf der anderen Seite, egal was jemand Sie glauben machen möchte, kann auch niemand das Angebot in der fernen Zukunft vorhersagen. Dies ist einer der Gründe, warum langfristige mechanische Vorhersagen normalerweise weit, weit danebenliegen. Niemand weiß, welche schrägen Dinge bei der Schaffung oder Zerstörung von Aktienkapital in den nächsten fünf bis 20 Jahren passieren werden. Wenn Sie jemanden Aktien für die nächsten zehn oder 20 Jahre als gute oder schlechte Anlage vorhersagen hören, haben Sie es mit jemandem zu tun, der Ihnen mehr darüber verrät, was er nicht vom Kapitalmarkt weiß, als über das, was er weiß.

Die Aktienkurse in zehn Jahren werden mehr als alles andere davon bestimmt werden, was mit dem Angebot in sieben, acht und neun Jahren passiert. Niemand hat im Jahr 2007 die Analyseinstrumente oder das Know-How, das ihm erlauben würde, so etwas vorherzusagen. Im Allgemeinen sind Aktien eher positiv als negativ. Über diese Verallgemeinerung hinaus sollte niemand eine Vorhersage für mehr als ein bis zwei Jahre abgeben. Anders gesagt, sind Änderungen der Nachfrage oft kurzfristig sehr stark und Änderungen des Angebots langfristig. Manchmal können Sie Änderungen in der Nachfrage sehen, die andere nicht sehen, das kann eine 12- bis 24-monatige Vorhersage rechtfertigen. Aber bei längeren Voraussagen schauen Sie nur in den Nebel. Auf sehr lange Sicht wird die Nachfrage viele Male von sehr niedrig auf sehr hoch springen, aber das Angebot, das grundsätzlichen Kräften unterworfen ist, kann fast unbegrenzt bullish oder bearish sein, wenn die richtigen Bedingungen existieren, um neues Angebot an Aktienkapital zu schaffen oder altes zu vernichten.

Weil das Angebot an Wertpapieren kurzfristig relativ festgelegt ist, müssen Sie als Investor nur die Nachfrage bewerten. Wenn Sie die Richtung der Nachfrage herausgefunden haben, haben Sie herausgefunden, wie man eine kurzfristige Voraussage macht. (Normalerweise – manchmal muss man auch das Angebot berechnen, aber dazu kommen wir später.) Das ist etwas, was Ihre Mitinvestoren wahrscheinlich nicht sehr klar erkennen, und etwas, das Sie wissen könnten und das Sie typischerweise nicht wissen. Und Sie werden es nicht sehen, nur weil ich dieses Buch geschrieben habe. Legen Sie alles andere zur Seite, zum Beispiel, was

Sie in den Medien oder von Freunden hören und was Ihnen so genannte Experten von ihren technischen oder fundamentalen Kenntnissen des Investierens erzählen, und konzentrieren Sie sich darauf, was Einfluss auf die Nachfrage hat. Dafür sind die drei Fragen sehr praktisch. Es sind drei starke Kräfte im Spiel, die die Nachfrage der Investoren beeinflussen – Wirtschaft, Politik und Stimmung.

Kurven von Angebot und Nachfrage

Das, was ich Ihnen jetzt zeigen werde, hat so ziemlich niemand auf der Welt bisher gesehen. Es ist ein lustiger, aktiver Weg, wie Sie selbst die Macht von Angebot und Nachfrage auf Wertpapierkurse demonstrieren können. Die Abbildung auf der linke Seite stellt das Angebot an Aktien dar und die Abbildung auf der rechten Seite die Nachfrage:

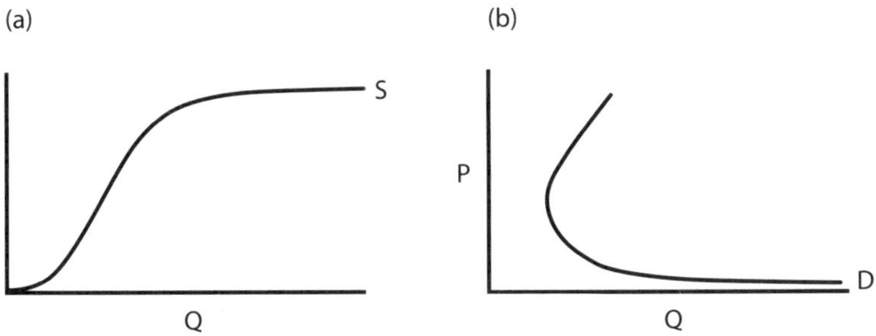

Die Angebotskurve ist eine S-Kurve und zeigt eine Zunahme des Gesamtangebotes, wenn die Preise steigen. Wenn die Preise sehr niedrig sind, ist meist auch das Angebot eher niedrig. Warum nicht? Das ist wie überall. Wenn die Preise (P) niedrig genug sind, wollen die Firmen keine neuen Anteile ausgeben. Wenn Sie ein Geschäftsführer wären, wären Sie nicht sehr interessiert daran, neue Aktien zum Kurs des vierfachen Gewinns (ein GKV von 25 Prozent) auszugeben, wenn Sie sich jederzeit Geld viel billiger leihen können. Umgekehrt möchte eine Firma oberhalb eines Scheitelpunkts desto mehr Wertpapiere ausgeben, je höher der Kurs ist. Warum? Wenn der Kurs steigt, werden die Kosten der Kapitalbeschaffung am Aktienmarkt proportional zur Zunahme des Aktienkurses immer geringer. Auf einem bestimmten Preisniveau würden die Emittenten praktisch unendlich viele Aktien anbieten, da die Firmen einen endlosen, unbegrenzten Wunsch haben, mehr Aktien auszugeben, wenn ihre Kosten für Kapital gleich null sind. Denken Sie an eine Firma mit einem realen KGV von 1 000 (ein GKV, Gewinn-Preis-Verhältnis, von 1/1 000) – jährliche Kosten von 0,1 Prozent nach Steuern. Warum nicht unendlich viele Aktien ausgeben bei diesen Kapitalkosten? Machen Sie das – kaufen Sie ein Finanzministerium und erhöhen Sie Ihren Ertrag pro Aktie fast ins Unendliche! Daher flacht die Angebotskurve ab, wenn sie entlang der Quantitätslinie (Q) gegen unendlich geht.

Die Nachfragekurve ist eine sich rückwärts krümmende Hyperbel. Wenn Sie Volkswirtschaft lernen, werden Sie es bis zur Universität nie mit einer sich rückwärts krümmenden Nachfragekurve zu tun bekommen, wenn überhaupt. Wenn der Aktienkurs niedrig genug ist, erreicht an einem Extrempunkt die Quantität der Nachfrage 100 Prozent. Denken Sie an eine Firma, die schon bankrott ist, die Sie für 20 Dollar kaufen können. Ich meine nicht 20 Dollar pro Aktie – ich meine die ganze Firma für 20 Dollar. Da ein Konzern seine Verluste nicht an seine Besitzer weitergeben kann wie bei einer allgemeinen Partnerschaft, haben Sie nichts zu verlieren, wenn Sie den ganzen Laden kaufen. Jeder, der bei Sinnen ist, würde das ganze Ding kaufen. Sie können es kontrollieren, wenn Sie wollen, oder auch ignorieren. Wenn etwas Gutes dabei rauskommt, machen Sie den Gewinn. Wenn nichts Gutes dabei rauskommt, haben Sie keinen Schaden. Wie wäre es bei 25 Dollar? Sie würden noch immer kaufen, auch wenn Sie ein Bier weniger haben am Ende der Transaktion. Wenn der Preis klettert, würden Sie immer noch die ganze Firma übernehmen, mit leicht verminderter Begeisterung vielleicht, je mehr der Preis steigt. Ab einem bestimmten Preis wird alles rational. Je höher der Preis, desto geringer wird Ihr Kaufwunsch, das ist genauso, wie Sie es im Unterricht am College gelernt haben. Wenn der Preis um 20 Prozent steigt, würden Sie die Firma immer noch mögen und wären an ihr interessiert, aber nicht so sehr wie bei einem niedrigeren Preis. Oberhalb eines bestimmten Preises geschehen plötzlich seltsame Dinge. Dann wird eine Substanzfirma nicht mehr als eine Substanzfirma gesehen, sondern als eine Wachstumsfirma. Je höher der Preis jetzt ist, desto mehr Prestige wird damit assoziiert, Aktien zu besitzen. Je mehr die Aktien nach oben gehen, desto mehr Interesse gibt es an ihnen, und die Menge der Aktien, die zu jedem Preis nachgefragt werden, steigt. Das war so bei Microsoft in den 90er Jahren und bei Yahoo! 1999. Das ist eine euphorische Nachfrage, etwa wie das, was wir am Höhepunkt einer Spekulationsblase sehen können. Statt Wachstumsaktien nennen manche sie nun „Glamour"-Aktien – mit dem Preis steigt auch die Nachfrage, des Glamours wegen. Substanzwert-Investoren betrachten das als irrational. Zum Beispiel kam es von 1995 bis 2000, bevor die IT-Blase platzte, zu einer erhöhten Nachfrage nach IT-Aktien, wobei die Preise stiegen. Qualcomm, Amazon, eBay und all die anderen – es gab Aktieninvestoren, die dachten, dass sie sie besitzen müssten, und je höher der Preis war, desto mehr wollten sie sie. Das Gleiche gilt für Google in jüngster Zeit. Innerhalb solcher Bereiche entwickelt sich eine Blase – höhere Preise führen tatsächlich zur Nachfrage nach mehr Aktien.

Versuchen Sie diese Übung: Kopieren Sie jede Kurve im gleichen Maßstab auf ein eigenes Blatt Transparentpapier. Legen Sie die Nachfragekurve über die Angebotskurve, indem sie die Achsen übereinander legen. Die Kreuzung der Kurven stellt die derzeitige Preisbildung dar, und Sie sollten so etwas wie die folgende Abbildung herausbekommen:

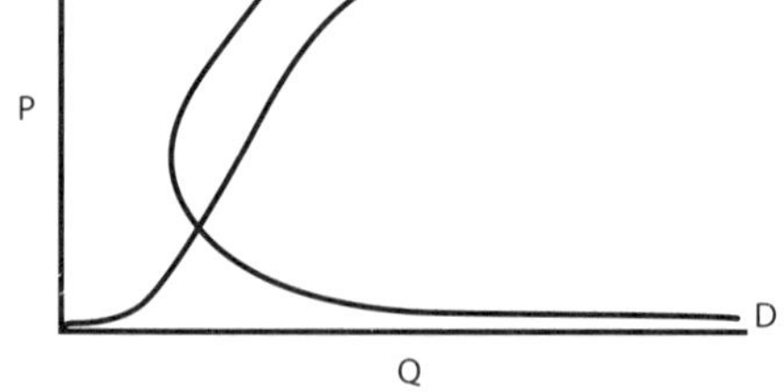

Erinnern Sie sich, als Sie im College waren und Sie diese Strichzeichnungen von Angebot und Nachfrage gemacht haben? Eine Zunahme bedeutete, dass sich die ganze Kurve nach rechts bewegte, bei einer Abnahme nach links. Die Verschiebung nach rechts bedeutete eine Erhöhung der Nachfrage und hieß, dass die Leute bei jedem Preis mehr kaufen wollten. Eine Abnahme bedeutete eine Verschiebung nach links, und die Leute wollten zu jedem Preis weniger kaufen. Eine Zunahme des Angebotes bedeutete eine Verschiebung nach rechts, so dass die Lieferanten zu jedem Preis mehr liefern wollten (vielleicht aufgrund neuer Technologien oder Änderungen der Gesetze). Und eine Abnahme des Angebotes bedeutete, dass sich die ganze Kurve nach links verlagerte und Lieferanten zu jedem Preis weniger liefern wollten. Spielen Sie mit den Kurven, und Sie werden sehen, dass sich seltsame Dinge ereignen.

Schieben Sie die Nachfragekurve nur ein Quäntchen nach rechts, was kurzfristig eine Steigerung der Gesamtnachfrage darstellt. Diese führt logischerweise zu höheren Preisen. Verlagern Sie die Kurve wieder ein bisschen zurück nach links (Abnahme der Nachfrage), und die Preise sinken. Jetzt verlagern Sie Ihre Nachfragekurve weit genug nach rechts, so dass die Angebotskurve am Wendepunkt der Nachfragekurve vorbeikommt und anfängt, entlang der Rückwärtsbiegung der Hyperbel zu laufen. Wenn das passiert, überlappen sich die Kurven von Angebot und Nachfrage scheinbar für eine längere Strecke von Preisniveaus, und das führt zu nichtlinearen Preisbildungen. Die Preise explodieren nach oben. In diesem Gebiet, wo sich die Linien überschneiden, wird momenthaftes Investment schnell glamourös („Glamour"-Aktien), und die Preise steigen dramatisch – genau wie viele der Dot-com-Aktien 1999.

Wenn Sie die Nachfragekurve auch nur ein bisschen zurück nach links bewegen, was eine leichte Abnahme der Nachfrage reflektiert, oder die Angebotskurve nach rechts, was eine Zunahme im gesamten Angebot demonstriert, können Sie sehen, wie schnell Glamour-Aktien aus der Gunst fallen können, was sehr schnell zu niedrigen Preisen führt. Genauso schnell wie es nach oben ging. Erinnern Sie sich nur, wie schnell die angesagten Dot-com-Aktienkurse 2000 implodierten. Genau das passierte damals. Die Zunahme des Angebots überholte die Nachfrage in dem gleichen Bereich, und das führte zu einem Platzen der Blase, danach sank die Nachfrage, und die Technologieaktien fielen ins Bodenlose.

Wenn man mit den Grafiken auf diese Weise spielt, zeigt sich das natürliche Sinken oder Ansteigen der Kurse von Aktien oder Kategorien von Aktien als ein Ergebnis von Änderungen in Angebot und Nachfrage. Wiederholen Sie diese einfache Übung jedes Mal, wenn Sie eine scheinbar seltsame Preisveränderung beobachten, und das wird Ihnen helfen, sie zu verstehen. Auf kurze Sicht hat die Nachfrage den größten Einfluss auf die Preise, während langfristig die Preisbildung fast vollständig eine Funktion des Angebots ist. Spielen Sie, und Sie werden sehen.

Die drei Treiber der Aktiennachfrage

Wirtschaftliche Treiber

Phänomene wie das Wachstum des Bruttoinlandsproduktes (BIP), Firmengewinne, technologische Innovationen, Haushaltsdefizite, währungspolitische

Bedingungen und Ähnliches sind wirtschaftliche Treiber. Mit Ausnahme von Technologie hat nichts davon direkten Einfluss auf das Wohlergehen der Firmen und den Wert der Aktien selbst. Nur weil die Vereinigten Staaten eine Periode mit einem starken BIP genießen, bedeutet das nicht, dass eine bestimmte Firma mehr oder weniger wertvoll oder produktiv ist. Eine Firma hat vielleicht eine normale, zyklische Ertragsflaute, während sie ein neues innovatives Produkt entwirft und ein neues und besseres Management organisiert, was sie wertvoller macht. Wenn das BIP mit rasanter Geschwindigkeit wächst und die Firmenerträge alle Erwartungen übertreffen, sind die Menschen gewöhnlich zuversichtlicher für die wirtschaftliche Zukunft und mehr dazu geneigt, Anlagerisiken einzugehen (es sei denn, sie denken, dass alles zu gut ist und es wieder schlechter werden muss, was manchmal auch geschieht). Wenn die Wirtschaft in einer Rezession ist und Geschäftsführer entlassen werden, sind Investoren weniger interessiert an Aktien.

Investoren geraten hier in Schwierigkeiten, wenn entweder sie oder ihre Informationsquelle Wirtschaftsnachrichten fehlinterpretieren. Darüber hinaus konzentrieren sich Investoren auf bekannte Informationen. Wenn ein überraschend guter Arbeitslosigkeitsbericht herauskommt, ist es für Sie zu spät, darauf zu reagieren. Der Markt bewegt sich entweder vor oder während guter und schlechter Nachrichten, aber nicht, nachdem sie verbreitet wurden.

Politische Treiber

Wahlen, Regierungswechsel, die eine neue Steuergesetzgebung erwarten lassen, und dergleichen sind Beispiele für politische Treiber. Erinnern Sie sich an Kapitel 2: Die Gefahr substanziell neuer Gesetze, insbesondere solcher, die die Eigentumsrechte bedrohen, verursacht vielleicht eine allgemeine Verlustaversion und Angst vor politischer Wegelagerei. Politiker haben mehr Einfluss auf die Vermeidung von Marktrisiken, als ihre narzisstischen kleinen Gehirne begreifen können.

Manchmal hat das nichts mit Gesetzgebung zu tun. Als Ronald Reagan seine Werbekampagne „Morning in America“ begann, hat er vielleicht nicht daran gedacht, dass er den Amerikanern Amerika verkaufte. Die Anzeigen wirkten Wunder und brachten die Amerikaner dazu, besser über ihr Land zu denken, und gaben ihren Gefühlen Auftrieb. Von da war es nur ein Schritt, Hüpfer oder Sprung zu Lee Greenwoods Musikschlager von 1984, *God Bless the U.S.A.*, welcher das Gleiche bewirkte. Manchmal braucht man nur eine gute Wahlrede, um einen politischen Treiber zu erzeugen.

Im Allgemeinen fürchten Kapitalmärkte Veränderung, und deshalb funktioniert eine Anlagestrategie, die auf den Vier-Jahres-Zyklus von Präsidentschaftswahlen ausgerichtet ist. Der Markt ist nie sicher, ob ein Politiker ein Fanatiker, ein Schwindler, ein echter Gauner oder nur ein Geisteskranker ist. Normalerweise ist es das Beste, wenn sich in der Politik nichts bewegt, weil es dann wenig Änderung gibt, wie wir von der Mitte bis in die späten 90er Jahre gesehen haben. Es ist kein Zufall, dass sich die Märkte von den Wahlen im November 1994 bis zum Jahr 2000 bei vollständigem politischem Stillstand so gut entwickelt haben. Der

Markt war nicht daran interessiert, ob bei einer hauchdünnen Mehrheit der Republikaner im Kongress und einem demokratischen Präsidenten, der vielfach in Skandale verwickelt und von Umfrageergebnissen besessen war, noch viele Gesetze verabschiedet werden konnten.

Ein politisches Märchen im Sinne der Frage eins, das Sie schon kennen und auf das Sie eine Marktwette abschließen können, ist der allgemeine Glaube, dass Steuersenkungen zu Haushaltsdefiziten führen, die schlecht für die Wirtschaft sind. Leitartikel und Kommentare in den Medien sind voll von ansonsten vernünftigen Leuten, die ihre politische Agenda voranbringen wollen, indem sie Sie glauben machen, dass Defizite aufgrund von Steuersenkungen die Regierung dringend benötigten Kapitals für die richtige Regierungsarbeit beraubt, was dann zu Rezession, Aktienbaisse, hoher Arbeitslosigkeit und zerstörten Hoffnungen führt. Unsinn. Diese Leute haben nicht verstanden, was wir in Kapitel 6 behandelt haben – Defizite haben allgemein und messbar zu schwungvollerem BIP-Wachstum und hohen Erträgen an den Börsen geführt. Die wichtigste Lehre ist, dass die Regierung nichts besonders gut macht, egal ob Sie einen demokratischen oder republikanischen Kongress oder Präsidenten haben – oder, wie Präsident Ford einmal sagte: „Wenn die Regierung Bier brauen würde, würde ein Sixpack 50 Dollar kosten und nicht besonders gut schmecken."

Dritter Treiber: Die Stimmung der Investoren

Der dritte Treiber, die Stimmung der Investoren, ist reine Emotion. Die Stimmung verändert sich ständig, wöchentlich, täglich, sogar von Sekunde zu Sekunde. Sie besteht aus allem anderen, das die Gefühle von Investoren beeinflusst. In vieler Hinsicht ist es nicht komplizierter als bei der Party, die ich oben erwähnte. Sie hat Sie in großartige Stimmung gebracht. Am nächsten Morgen haben Sie sich nicht mehr so großartig gefühlt. Am Tag danach haben Sie sich wahrscheinlich wieder besser gefühlt. Ein Teil der Wahrheit ist, dass wir unsere Emotionen nicht lange auf Extremen halten können, wie ich vorhin bereits erwähnt habe. Aber wir können sie vorübergehend künstlich ins Extreme steigern.

Die Mauer der Sorgen

Wenn die Schlagzeilen schlecht sind und Ihre Freunde und Kollegen sich beklagen, wie schrecklich alles ist, können Sie sicher sein, dass sich Ihre Bekannten später besser fühlen werden und ihre Stimmung sich aufhellen wird. Diejenigen, die am meisten beunruhigt waren und ihre Aktien mit Rückschaufehler an einem Tief verkauften, fassen allmählich wieder Zuversicht und fangen wieder an zu kaufen. Die anfängliche Reaktion auf höhere Kurse ist Freude. Aus Höhenangst werden Sie wieder in die Mitte Ihrer emotionalen Bandbreite zurückgeworfen. Erneut höhere Preise erschrecken die Leute. Weil sie nicht erwartet haben, dass die Aktien so ansteigen, fürchten sie nun, dass sie vielleicht wieder fallen. Weil Investoren Verluste mehr fürchten, als sie Aussichten auf Gewinne genießen, schafft dies wachsende Sorgen. Dies ist die sprichwörtliche „Mauer der Sorgen", an der Bullenmärkte hinaufsteigen. Je höher die Kurse steigen, desto mehr Angst haben jene, die das nicht vorhergesehen haben. Da sie nicht verstanden hatten, warum es nach oben gehen würde, können sie auch nicht wissen, warum es nicht heruntergehen wird. Da sie Verluste viel mehr hassen, als sie Gewinne mögen, dominiert die Angst vor dem Fall.

Dies wird gut illustriert durch den Ertrag im ersten Jahr nach einem Bärenmarkt. Wenn die Leute annehmen, dass sie dem größten Marktrisiko gegenüberstehen, verpassen sie eine Periode mit bemerkenswert wenig Risiko. Die Erträge im ersten Jahr, das auf einen richtigen Bärenmarkt folgt, sind super-überdurchschnittlich, wie die folgende Tabelle zeigt:

Bärenmarkt Tief	**S&P 500 12-Monate-Erträge nach dem Tief**
8. Juli 1932	171.2%
31. März 1938	29.2%
28. April 1942	53.7%
19. Mai 1947	18.9%
13. Juni 1949	42.1%
22. Oktober 1957	31.0%
26. Juni 1962	32.7%
7. Oktober 1966	32.9%
26. Mai 1970	43.7%
3. Oktober 1974	38.0%
12. August 1982	58.3%
4. Dezember 1987	21.4%
11. Oktober 1990	29.1%
9. Oktober 2002	33.7%
Durchschnitt	45.4%

Aktiengewinne nach Bärenmärkten.

Quelle: Global Financial Data.

Der Grund dafür, dass die Glockenkurven aus Kapitel 4 für Aktien funktionieren, ist, dass sie ein guter Stimmungsindikator sind. Die Glockenkurven haben gezeigt, wo die Stimmung zu einem bestimmten Zeitpunkt stand, und nicht, wohin sie ging. Wenn Sie das wissen, können Sie die zukünftige Richtung voraussehen. Zum Beispiel war in den späten 90er Jahren der Vorhersagekonsens nicht optimistisch genug. Die Märkte stiegen, weil die Nachfrage so gering war, dass sie höher werden musste. Die Glockenkurven waren eine gute Innovation der Kapitalmarktanalyse, um die Stimmung von Investoren zu messen.

Wie Angebot funktioniert

Angebot ist wie ein endloses Akkordeon, das ununterbrochen auseinandergezogen oder zusammengedrückt werden kann. Außer dem, was der Markt verkraften kann, gibt es keine Grenze dafür, wie viele Aktien bei einem Börsengang oder einer Kapitalaufstockung ausgegeben oder wie viele Schulden aufgenommen werden können, wenn die zugrunde liegenden wirtschaftlichen Daten dies rechtfertigen. Oder wie viele Anteile zurückgekauft werden oder durch Barübernahmen vernichtet werden können.

Wenn es genügend Anreize gibt, den Markt mit neuen Angeboten zu überschwemmen, werden die Preise schließlich fallen und jede Nachfrage überwältigen. So funktioniert es. Nehmen Sie einen begehrten Sektor wie die IT-Branche in den späten 90er Jahren. Wenn die Preise schnell steigen, will jeder dabei sein. Nehmen Sie an, dass Firma A ein neuartiges Produkt herstellt und eine Marktkapitalisierung von einer Milliarde Dollar hat. Sie wirft ein heißes Angebot zu einem hohen Preis aus und beschafft sich damit viel Geld, während sie sehr wenig von der Kontrolle über die Firma abgibt – Sie bringt 250 Millionen Dollar auf, gibt aber nur 20 Prozent der Firma in neu geschaffenen Aktien heraus. Die zuvor existierenden 80 Prozent der Aktien bleiben wie vorher. Effektiv hat die Firma A vor der Emission einen Wert von einer Milliarde Dollar. Mit dem Geld steigt der Wert auf 1,25 Milliarden Dollar. Die Gründer und andere Altaktionäre, die vorher private Anteile von fragwürdiger Liquidität hatten, haben jetzt frei handelbare Aktien mit einem Tageskurs, der sie zu Multimillionären macht. Sie sind glücklich. Die Investmentbanker sind begeistert von ihren sieben Prozent Provision von 250 Millionen Dollar – 17,5 Millionen Dollar Gebühren!

Eifrige Beobachter sehen den Kursanstieg nach der Marktplatzierung und hoffen, dass der Markt mit einem weiteren Angebot von ähnlicher Größe fertig werden kann. Deshalb suchen sie sich einen Unternehmer und Risikokapital und gründen die Firma B, die ein Doppelgänger von Firma A ist. Sie bringen ihre Investmentbank dazu, mit Firma B an die Börse zu gehen, um sich an dem billigen Geld beteiligen zu können. Vielleicht haben sie auch nur einen Plan und keine Erträge, wie viele der Dot-coms in den 90ern. Wenn der Börsengang von B gut geht, wird es jemand anders mit den Firmen C, D, E und sogar F versuchen. Das kann sogar bis zu A-2, B-2, C-2 und so weiter gehen.

Firma A erkennt jetzt, als der Großvater dieser Produktlinie, der noch hohe Qualität besaß, dass sie noch mehr Kapital mit weiteren neu geschaffenen Aktien einsammeln kann. Sie bemerkt, dass sie gegenüber der Gruppe unerfahrener Neulinge und Möchtegern-Nachmachern erstklassige Bewertungen bekommt. Dieses Mal beschafft sie noch weitere 350 Millionen Dollar, gibt aber nur 17,5 Prozent von Firma A an neu geschaffenen Aktien heraus. Jetzt wird Firma A am Markt mit zwei Milliarden Dollar bewertet.

Jetzt kommt Firma X, eine erfahrene, langweilige Firma mit einem Wert von 100 Milliarden Dollar, dass sie das Risiko nicht eingehen kann, auf die begehrte neue Produktkategorie zu verzichten. Sie initiiert einen feindlichen Übernahmeversuch, um Firma A für drei Milliarden Dollar zu erwerben, und bezahlt mit neuen Aktien der Firma X. Die Aktien der Firma A verschwinden und werden durch die neuen von Firma X ersetzt, die eine Milliarde Dollar mehr wert sind als die zwei Milliarden Dollar, die Firma A vorher wert war. Wieder werden die

Aktionäre der Firma A belohnt, aber plötzlich gibt es sehr viel mehr neue Aktien auf dem Markt. Der Gewinn ist genauso hoch wie zuvor. Wie die meisten Aktienfusionen wirkt auch diese verwässernd auf die Gewinne. Der Gewinn bleibt gleich, aber es gibt sehr viel mehr Aktien. Alle Börsengänge und Neuemissionen überschwemmen den Markt mit Aktien in den begehrten Kategorien. Irgendwann ertränkt das Angebot die Nachfrage, und die Preise werden aus der Kurve getragen. Wenn die Nachfrage fällt, implodieren die Preise.

Genauso geschah es, als der IT-Markt im Gefolge des Börsenrausches im März 2000 abstürzte.[1] Die Nachfrage sackte durch auf das ultimative globale Doppeltief in den Jahren 2002 und 2003.[2] Sündenböcke für die IT-Blase gab es viele. Die Leute suchten die Schuld in der Überbewertung der IT-Branche. Ich bin mir nicht sicher, was das bedeutet – Firmen sind zu einem bestimmten Zeitpunkt so viel wert, wie die Leute für sie zahlen. Wenn Investoren einen hohen Preis für einen bekloppten Laden ohne erkennbare Geschäftsstrategie bezahlen, dann ist das die Schuld der Investoren, nicht die der Firma. Gierige Geschäftsführer bekamen auch ihr Fett weg. Die Buchführungsregeln wurden als zu locker oder als nicht weit reichend genug erachtet.

In Wirklichkeit platzte die IT-Blase, weil der Markt mit Angeboten überschwemmt wurde, die Nachfrage konnte damit nicht schritthalten und fiel. Das ist die einzige Erklärung. Einige beschuldigen Investmentbanken, aber das ist nicht fair oder angebracht – egal, wie Sie über sie denken. Investmentbanken reagieren einfach nur auf die Wünsche der Investoren nach mehr Angebot (Nachfrage). Die wirklichen Schuldigen (sprechen Sie mir nach!) waren die allzu optimistischen Gehirne von Investoren – denen diese freien Lauf ließen, wodurch sie zu viel Geld in einen Sektor steckten. Die Investoren waren zu gierig, und die Nachfrage war zu hoch. Ohne ihre Nachfrage hätten die Investmentbankiers und Emittenten den Markt nicht mit Angeboten überschwemmen können.

Sie sollten immer ziemlich auf der Hut sein bei übermäßiger Euphorie, die Börsengänge im neuesten „heißen Sektor" begleitet. Jedes Mal wenn wir einen heißen Sektor sehen – die gesamte Investitionsgeschichte hindurch – behaupten die Investoren: „Dieses Mal ist es anders." Es ist nie diesmal anders – nur die kleinlichen Details unterscheiden sich. Es ist nie etwas anders an einer Überschwemmung mit Angeboten, die die Nachfrage überholt und einen Preissturz veranlasst. (Um mehr Beweise zu sehen, warum es nie dieses Mal anders ist, schauen Sie sich den folgenden Neudruck meiner am 6. März 2000 erschienenen *Forbes*-Kolumne an: „1980 Revisited", die Parallelen zieht zwischen der Spitze der IT-Blase und der Energieblase von 1980.)

Wie damals, 1980

IT-AKTIEN SIND IM späten Stadium der Blasenbildung. Diese wird vermutlich später, im Laufe dieses Jahres platzen. Ich mag normalerweise den Ausdruck „Blase" nicht, ein Wort, das zu oft von Extremisten benutzt wurde. Aber ich habe vor 19 Jahren eine ähnliche Blase gesehen, und ich habe gesehen, wie sie endet. Im Moment sind die IT-Aktien da, wo die Ölaktien Anfang 1981 waren.

Erinnern Sie sich, wie unaufhaltsam der Energiesektor 1980 erschien. Es war eine Zeit hoher, steigender Inflation, boomender Rohstoffpreise, des Erfolgs der OPEC als Kartell und des Iran-Irak-Kriegs. Später im Jahr 1980 war ein Barrel Öl 33 Dollar wert, und die Prognosen sahen übereinstimmend einen Anstieg auf 100 Dollar innerhalb der nächsten vier Jahre voraus. Niemand stellte sich vor, dass der Ölpreis fallen würde.

Es passiert alles noch einmal. Dieses Mal sind es nicht die Ölpreise, die sich in den nächsten vier Jahren verdreifachen sollen, sondern die Anzahl der Internetbenutzer.

Hier sind einige weitere beunruhigende Ähnlichkeiten. Der Anteil von IT-Werten am S&P 500 ist von sechs Prozent 1992 auf 19 Prozent 1998 und 30 Prozent 1999 gestiegen. Das Gewicht von Energie im S&P stieg von sieben Prozent 1972 über 22 Prozent 1979 bis auf 28 Prozent zum Jahresende 1980.

Sie wissen von den großartigen Gewinnen im IT-Bereich: Zuwächse von 44 Prozent 1998 und 130 Prozent 1999. 1979 waren die Energieaktien um 68 Prozent gestiegen und 1980 um 83 Prozent.

Dann platzte die Blase. Das Gewicht des Energiesektors fiel bis Ende 1981 auf 23 Prozent, hauptsächlich in der zweiten Hälfte des Jahres. Die Energieaktien verloren 21 Prozent. Der S&P 500 verlor 4,5 Prozent. 1982 fielen die Energieaktien noch einmal um 19 Prozent, während der S&P um 21 Prozent anstieg. Seit 1980 hat der Energiesektor neun Prozent Gewinn pro Jahr verzeichnet. Er lag jedes Jahr drei Punkte hinter dem nächstschlechtesten Sektor des S&P 500. Doch der Energieverbrauch ist ständig gewachsen.

Die Parallelen zwischen den Energieaktien von 1980 und den IT-Aktien heute sind unheimlich.

Schauen Sie sich die 30 größten Aktien Amerikas an. Sie repräsentieren 36 Prozent der gesamten Marktkapitalisierung der USA. Genau die Hälfte von ihnen sind IT-Aktien. Zum Jahresende 1980 waren genau die Hälfte der 30 größten Aktien Energieaktien. Natürlich, wenn Sie an die Nachfrage und die Zukunft der IT-Branche glauben, ist die heutige Gewichtung vielleicht sinnvoll. Aber wenn Sie an das zunehmende Angebot an Aktien glauben, ist sie nicht sinnvoll. Und es gibt eine weitere unheimliche Ähnlichkeit: Damals verkauften sich Energieaktien zum Doppelten des durchschnittlichen Kurs-Buchwert-Verhältnisses des S&P. Heute verkaufen sich die IT-Aktien zum zweieinhalbfachen Kurs-Buchwert-Verhältnis des Marktes.

Schauen Sie sich die Börsengänge von 1980 und jetzt an. Jenes Jahr war betriebsam, und der Energiesektor machte 20 Prozent aller Emissionen aus. Das hat die Gesamtzahl von US-Aktien um zwei Prozent erhöht. 1999 fanden im IT-Sektor 21 Prozent der Börsengänge statt, was wieder das gesamte Aktienangebot um zwei Prozent erhöht hat. Vielleicht klingt das nicht nach sehr viel, aber es ist viel. Neue Aktiengesellschaften sind es, die die Blase zum Platzen bringen, wenn ihnen das Bargeld ausgeht.

Die meisten Börsengänge der Energiebranche wurden veranstaltet, um eine esoterische Energietechnologie zu entwickeln oder an bizarren Stellen nach Öl zu bohren. Das waren nicht die vertikal integrierten Riesen wie Exxon, die extrahieren, raffinieren und Öl verkaufen. Und sie waren nicht riesig: Keine der 50 größten Energieaktien von 1980 war einer der Börsengänge von 1979 oder 1980. Irgendwann platzten sie alle. Aber jetzt sind elf unserer 50 größten IT-Aktien Börsengänge aus den Jahren 1998 oder 1999, was heißt, dass der Schaden größer sein wird, wenn sie scheitern.

Die meisten neuen IT-Firmen sind genauso oberflächlich auf ihrem Gebiet wie die Energie-Börsengänge von 1980. Wer hat die meisten Internetverkäufe? Amazon? Nein. Intel, das Chips an seine Kunden verkauft, machte 1999 mehr Online-Geschäft als alle anderen Dot.commies zusammen. Federal Express macht mehr Umsatz im Netz als America Online und 17-mal mehr als Yahoo.

Die meisten Internetaktien sind reine Werbefirmen mit keiner eindeutig definierten oder nachweisbaren Strategie. Die meisten Internetverkäufer haben keine wirklichen Rohmargen bei ihren Verkäufen, und dieser Mangel ist eine Katastrophe, die nur darauf wartet stattzufinden – und zwar im Laufe dieses Jahres.

Wie bei den Energiebörsengängen von 1980 verbrauchen diese neuen IT-Firmen schnell ihr Bargeld und hoffen, bei der Öffentlichkeit Anklang zu finden. Später im Laufe dieses Jahres wird, genau wie es vor zwei Jahrzehnten passiert ist, Dutzenden von ihnen das Bargeld ausgehen. Es gibt zurzeit 140 Firmen mit Liquidität für weniger als zwölf Monate. Die Leute werden sich dann darüber sorgen, wem als Nächstes das Bargeld ausgeht, und das wird wiederum viele gesündere Aktien in den Keller treiben. Ein Verkaufstrend wird von den kleinen auf die großen IT-Firmen übergreifen, der sogar den soliden IT-Aktien Schaden zufügen wird.

Ich habe keine Ahnung, welche zuerst implodieren werden. Einige werden mehr Aktien ausgeben und damit das ihnen geliehene Leben verlängern. Aber die große Gruppe ohne lebensfähiges Geschäftsmodell sind die Topkandidaten, die hart abstürzen werden. Ich sehe das nicht unmittelbar vor uns, aber stattdessen in der zweiten Hälfte 2000.

Letzten Monat habe ich für 2000 einen flachen S&P 500 vorhergesagt, mit um 15 Prozent gefallenen IT-Aktien. Ich stehe zu meiner Vorhersage. Im Laufe von 2000 sollten Sie Ihre Aktienbestände im IT-Sektor verringern und die der größten und solidesten Firmen behalten. In diesem Jahr sollten Sie sich auf ausländische Aktien konzentrieren, während Sie die Erwartungen an amerikanische Aktien zurückschrauben sollten.

Fusionswahn

Das Angebot an Aktien kann endlos zunehmen (was auf lange Sicht nicht so gut für die Aktienkurse wäre), aber es kann auch reduziert werden, wenn eine Firma, die glaubt, dass ihre Aktien zu billig sind, Bargeld benutzt, um ihre eigenen Anteile zurückzukaufen. Durch Aktienrückkauf, wie wir es in Kapitel 6 besprochen haben, und mit Bargeld getätigte Übernahmen, die wir früher behandelt haben, kann das Angebot beinahe unbeschränkt verringert werden. Wenn wir auf Frage zwei zurückgreifen, wissen wir, dass auf einen auf Bargeld beruhenden Fusionswahn ein guter Börsenertrag folgen sollte. Wenn die Nachfrage gleich bleibt (oder noch größer wird), aber das Angebot reduziert wird, müssen die Kurse steigen. Was bedeutet dies in diesem Moment für Sie, im Jahr 2007? Da in großem und andauerndem Maßstab Aktien vernichtet worden sind, sollte der Markt steigen, wenn Sie sich für 2007 und möglicherweise 2008 positionieren – falls das Angebot nicht wieder zu wachsen anfängt. Während die Bargeldübernahmen in Amerika 2002 weniger als eine Milliarde Dollar betrugen, waren es

2006 mehr als 50 Milliarden Dollar. Außerhalb Amerikas war die Summe noch größer. Während alles andere gleich blieb, sollte eine massive Verringerung des Angebots helfen, Nachfrage und Aktienkurse in die Höhe zu treiben. Natürlich wird das nicht der einzige kurstreibende Faktor sein, aber es könnte ein bedeutender Punkt gegen irgendwelche Baisse-Sorgen sein.

Nehmen wir an, dass Sie dieses Buch nicht in seiner ersten Auflage gekauft haben – wie wird es Ihnen helfen, die Wahrheit dieser Frage zwei zu kennen? Denken Sie einfach an den Unterschied zwischen auf Aktien basierenden (verwässernden) und auf Bargeld basierenden (wertsteigernden) Fusionen. Gibt es viele neue Börsengänge am Markt, und finden im Durchschnitt mehr aktienbasierte Fusionen statt? Das ist ein potenzielles Warnzeichen. Umgekehrt stellen viele Bargeldfusionen wahrscheinlich eine wenig beachtete positive Überraschung dar – Nachrichten, die die meisten Investoren nicht korrekt verarbeiten, weil sie nicht wissen, wie.

Das Wissen, dass erhöhte Bargeldübernahmeaktivitäten zu gesünderen Aktienmärkten führen, hilft Ihnen, die Richtung des Marktes grob vorherzusagen. Aber gewährt Ihnen das einen zusätzlichen Einblick, auf welche Sektoren Sie Ihr Hauptgewicht legen und welche Aktien Sie im Einzelnen kaufen sollten? Definitiv! Blicken Sie auf die Sektoren, in denen Fusionen geschehen, und arbeiten Sie sich der Reihenfolge nach von oben bis unten durch auf der Suche nach einem Übernahmekandidaten. Wenn Sie mit einigen Ihrer Kandidaten richtig liegen, bekommen Sie einen netten Preisaufschlag, sobald die Fusion verkündet wird. Das ist leichter, kostenloser Gewinn. (Falls Sie nicht sicher sind, wie Sie das machen sollen, wird Ihnen im folgenden Abschnitt durch einige Beispiele gezeigt, wie man Übernahmekandidaten identifizieren kann.)

Auf der M&A-Welle surfen

Wenn Firmen Gewinnrenditen (GKVs) haben, die größer sind als die Nettokosten ihrer Kreditaufnahme, haben sie einen großen Anreiz, Geld billig zu leihen und es darin zu investieren, ihre eigenen Aktien zurückzukaufen oder Mitbewerber aufzukaufen. Durch den Erwerb mit billig geliehenem Geld integrieren Firmen faktisch das Einkommen der erworbenen Firma und erhöhen ihren eigenen Ertrag pro Aktie. Durch Aktienrückkauf erreicht man das Gleiche. Es ist leicht verdientes Geld!

Übernahmeziele finden

Sie können auf der M&A-Welle surfen, indem Sie Aktien finden, die reif für eine Übernahme sind. Aufschläge, die an Aktionäre von Übernahmekandidaten gezahlt werden, bringen oft einen großen Anstieg der Kurse mit sich. Gute Übernahmekandidaten haben höchstwahrscheinlich einige oder alle der folgenden Merkmale:

Niedrige Bewertungen
Hoher freier Cashflow
Gute Bilanzen
Besitz von Qualitätsmarken

Regionale Stärken
Hoher relativer Marktanteil
Kleinere Firmengröße
Starke Vertriebsnetze
Keine einzelnen dominierenden Aktionäre

Die gute Nachricht ist, dass Sie diese Eigenschaften überprüfen können, indem Sie Geschäftsberichte lesen – die auf den Internetseiten der Firmen frei erhältlich sind. Hier sind zwei Beispiele von Aktien, die ich in *Forbes* als Übernahmekandidaten identifiziert habe und die ihren Aktionären gute Gewinne bescherten, als die Übernahmen verkündet wurden.

MBNA (KRB)

Ich habe über MBNA in einer *Forbes*-Kolumne vom 9. Mai 2005[3] geschrieben. MBNA war die größte Kreditkartenfirma der Welt und gab bekannte Karten wie Visa, MasterCard und American Express heraus, mit einer erfolgreichen Strategie, sich auf Affinitätsgruppen wie Verbände und finanzielle Institutionen zu konzentrieren. Wenn Sie eine jener Karten hatten (und wer hatte keine?), wurde Ihnen diese, ob Sie es wussten, oder nicht, wahrscheinlich von MBNA ausgestellt. Neben Kreditkarten machten sie gute Geschäfte mit Privatkrediten und Hypotheken. Sie hatten alle Eigenschaften eines perfekten Übernahmekandidaten – ein starker Markenname, gesunde Bilanzen – und bewertet mit dem zwölffachen Jahresgewinn nach Steuern, erschienen sie verdammt billig. Die Bank of America dachte genauso. Sie verkündeten ihre Absicht, MBNA zu kaufen, am 30. Juni 2005, und MBNA stieg an diesem Tag um 24 Prozent.[4] Hätten Sie an dem Tag gekauft, den ich Ihnen empfahl, wären Sie auf sehr hübsche 30 Prozent[5] gekommen.

CP Ships (TEU)

Viel zu viele amerikanische Investoren vermeiden zu ihrem Nachteil ausländische Investitionen. CP Ships war ein genialer Übernahmenkandidat, über den ich in meiner *Forbes*-Kolumne[6] vom 8. April 2005 geschrieben habe. Obwohl dieser Containerschiffer in England angesiedelt war (die Briten sind ohnehin viel amerikanischer als europäisch), konzentrierte sich 80 Prozent seiner Geschäftsaktivität auf Nordamerika. Mit einer Flotte von 80 Schiffen war es der Marktführer auf den meisten seiner Strecken. 2005 wurden diese kleinen britischen Aktien übersehen, da Schifffahrt ein zyklisches Geschäft ist. Aber es ist auch eine Wachstumsbranche, und diese Aktien sahen sehr billig aus, beim 13-fachen der Erträge von 2005 und 3,7 Milliarden Dollar sehr realer Einnahmen. Die deutsche TUI AG, ein robustes, gut diversifiziertes Tourismus- und Schifffahrtsunternehmen, erweiterte am 22. August 2005 ihr Schifffahrtsgeschäft schnell und günstig durch das Verkünden einer Fusion mit CP Ships. CP-Ships-Aktionäre bekamen an diesem Tag einen netten achtprozentigen Aufschlag.[7] Wenn Sie aber gekauft hätten, als ich es empfahl, hätten Sie 56 Prozent gewonnen.[8]

Grundsätzlich wissen Sie, dass der Großteil der mit Bargeld getätigten Geschäfte mit Aktiengesellschaften gemacht wird, die insofern billig sind, als dass sie eine hohe Gewinnrendite im Vergleich zu den vorsteuerlichen Kosten des Käufers für die langfristige Kreditaufnahme haben. Nehmen wir an, dass der durchschnittliche Zinssatz eines Unternehmensdarlehens (zehnjährige BBB-geratete Anleihe) sechs Prozent beträgt und der durchschnittliche Steuersatz des Unternehmens 33 Prozent ist. Die durchschnittlichen Kosten des Darlehens nach Steuern betragen somit vier Prozent. Übernahmekandidaten haben meist Gewinnrenditen von mehr als vier Prozent, auch noch nachdem sie um eine vielleicht 25-prozentige Kursprämie aufgewertet worden sind. Also werden die meisten Übernahmeziele eine Gewinnrendite über fünf Prozent haben, bevor das Geschäft verkündet wird, was sich in einem KGV von unter 20 ausdrückt. Um den Ertrag pro Aktie des Käufers so weit wie möglich zu erhöhen, muss die Gewinnrendite möglichst hoch sein. Tendenziell sind die meisten mit Bargeld getätigten Übernahmen Substanzwerte mit niedrigem KGV (hohen Gewinnrenditen). Suchen Sie solche Aktien, um von der Bargeld-Fusionsmanie zu profitieren.

Kein einheitlicher Aktienstil ist immer der beste Stil – Punkt!

Angebot und Nachfrage sind die einzigen Determinanten bei der Aktienkursgestaltung – und die Möglichkeit, neue Aktien zu emittieren oder zu vernichten, ist fast grenzenlos –, deshalb ist kein genau kalkulierter Index, keine bestimmte Unternehmensgröße, keine Branche, kein Land und keine Kategorie für alle Zeiten am besten. (Erinnern Sie sich an unsere Grafiken in Kapitel 4?) Auch wenn Sammler eines bestimmten Segments (Nebenwert, Hauptwert, Japan, Bio-Tech) glauben, dass ihr Segment immer das beste ist – das stimmt nicht und kann auch nicht stimmen.

Wenn Ihnen ein Segment-Sammler sagt, dass sein Segment immer das bessere ist – und das tun sie immer –, dann erfahren Sie, was der Sammler nicht von den Märkten versteht. Die Schaffung von Angebot ist unendlich elastisch, wenn genug Zeit und die richtigen Umstände vorliegen. Und die Nachfrage springt kurz- und mittelfristig immer auf und ab. Es gibt keinen Beweis dafür, dass das Angebot irgendeiner Aktienkategorie begrenzt ist, nicht zurückgekauft und vernichtet werden kann oder auf lange Sicht vorhersehbar ist. Bedenken Sie: Wenn es eine Nachfrage nach einer Kategorie gibt, werden die Investmentbanken sie bedienen – ihnen ist es egal, welche Auffassung die Investoren darüber haben, ob eine bestimmte Kategorie oder ein Marktsegment auf lange Sicht überlegen sein sollte.

Seit 2000 sind Nebenwerte heiß begehrt. Ich gebe Ihnen einen einfachen Tipp. Jedesmal wenn das Wachstum von Blue Chips schlecht ist, dann geht es den Nebenwerten gut, denn sie verhalten sich immer diametral gegensätzlich. Wenn man sagt, dass es den einen gut geht, ist es das Gleiche, wie wenn man sagt, dass es den anderen schlecht geht. Heutzutage gibt es viele Investoren, die sagen, dass ein Nebenwert immer besser ist. Ich habe vor drei Jahrzehnten angefangen, mich mit Nebenwert-Substanzaktien zu beschäftigen, lange bevor das Wort „Nebenwert" existierte. In meinem ersten Buch *Super Stocks* (1984 veröffentlicht) ging es um das Kurs-Umsatz-Verhältnis – im besonderen darum, wie man mit KUVs Nebenwerte finden kann, die andere nicht finden konnten. Sogar zu dieser Zeit existierte der Begriff „Nebenwert" noch nicht. Der Begriff entwickelte sich Mitte der 80er Jahre in der Folge einer Phase, in der sich Nebenwertaktien gut entwickelten. Eine Phase ganz ähnliche den vergangenen sechs Jahren.

1989, als Callan Associates, ein bedeutendes Beratungsunternehmen für Institutionen (das vor allem Pensionspläne ausarbeitete), die allererste Nebenwert-Beratergruppe für institutionelle Investoren zusammenstellte, um die Leistung von Managern zu beurteilen, gehörten nur zwölf von uns dazu. Mehr Portfolio-Manager, die sich ausschließlich mit Nebenwerten beschäftigten, konnten sie nicht finden, und diese primitiven Zustände sind noch nicht einmal 20 Jahre her.

Heute verwaltet meine Firma noch immer über eine Milliarde Dollar für große Pensionspläne, Stiftungen und gemeinnützige Institutionen in diesem Segment. Es ist ein vollkommen anerkannter Teil des Marktes, den man in ein viel größeres Portfolio integrieren kann (das alle diese institutionellen Investoren haben). Aber diese Kategorie hat gute und schlechte Zeiten. Die Leute vergessen das – viele, die es besser wissen sollten.

Einer von Amerikas besten Gelehrten, ein neureicher, unerschrockener Nebenwertfan, schrieb einen Meinungsartikel für die redaktionelle Seite des *Wall Street Journal*, der am 14. Juni 2006 veröffentlicht wurde. Er versicherte mit Nachdruck, dass auf historische Sicht der Nebenwert für alle Zeiten besser ist. Falsch! Die vermeintliche langfristige Überlegenheit von Nebenwerten hat etwas von einer Datenmine. Man kann sie tatsächlich aus den Daten herauslesen, aber man kann nicht wirklich davon profitieren, wie ich Ihnen in Kapitel 4 zeigte. Sie können Zeiten durchleben, die so lang sind, dass Sie fast Ihren Verstand verlieren, weil die Nebenwerte am schlechtesten von allen Marktsegmenten abschneiden – jahrzehntelang. Wenn Sie zwei Jahrzehnte auf Überlegenheit warten müssen, ist das keine wirkliche Überlegenheit.

Die Periode seit 1928 (seitdem die Entwicklung der Nebenwerte aufgezeichnet wurde) demonstriert zwar in der Tat, dass Nebenwertaktien besser laufen als Blue Chips oder auch als der Markt insgesamt[9], aber die meisten dieser Nebenwertgewinne stammten von furchtbar winzigen Aktien, die fast zu klein sind, um sie zu besitzen, wenn man kein illiquides und riskantes Portfolio haben will. Niemand erwähnt das je. Auch hatten diese Firmen früher viel höhere Geldkurs-Briefkurs-Spannen. Damals in den 30er und 40er Jahren betrugen die Geldkurs-Briefkurs-Spannen dieser winzigen Aktien oft 20 bis 30 Prozent des Kaufpreises, und diese Spannweiten waren nicht in der Kalkulation enthalten. Während eines Kauf- und Verkauf-Zyklus wurden die meisten Erträge genau zwischen dem Geldkurs und dem Briefkurs aufgezehrt – was in den Transaktionskosten nicht auftauchte.

Ich spreche mich nicht dagegen aus, Nebenwerte zu besitzen, oder dafür, nur in Hauptwerte oder den Markt als Ganzes zu investieren. Ich sage nur, dass es schmerzlich lange Wegstrecken gibt, auf denen Dinge, die sehr langfristig zu funktionieren scheinen, überhaupt nicht funktionieren. Und diese Zeiten sind zu lang, um nicht jeden, einschließlich Sie, verrückt zu machen. In Zeitabschnitten von fünf, zehn oder 20 Jahren sind es die Änderungen im Angebot, die die meisten Erträge des Marktes und seiner Segmente bestimmen. Über sehr lange Zeitspannen und viele ihrer Teilspannen werden alle bedeutenden Segmente, korrekt berechnet, sehr ähnlichen Gewinn haben. Mit demselben Segment in ewige Dauer-Liebe zu verfallen, wird Ihnen in der Zukunft keine überlegenen Dauererträge einbringen.

Schwacher Dollar, starker Dollar – Ist das wichtig?

Kann das, was Sie über Angebot und Nachfrage wissen, im Großen und Ganzen auf jede frei gehandelte Wertpapierart angewandt werden? Sicher. Wir können es auf den Dollar anwenden und entdecken immer neue, unbemerkte Frage-zwei-Wahrheiten über Investitionen (während wir weitere Märchen zerstreuen).

Der niedrige US-Dollar wurde in den letzten Jahren sehr verteufelt. Nach vorherrschender Weisheit wird seine Schwäche uns ins wirtschaftliche Verderben führen. Ansichten dieser Art gleichen fast religiösen Glaubenssätzen. Investoren vergessen: In den späten 90er Jahren waren wir alle besorgt, dass ein zu starker Dollar Ausländer davon abhielte, mit uns Handel zu treiben, was zu unserem wirtschaftlichen Verderben führen würde. Was führt dieser Logik zufolge nicht zu unserem wirtschaftlichen Verderben? Vielleicht gibt es einen optimalen Wechselkurs mit jeder anderen Währung der Welt, den wir anstreben sollten. Ich weiß nicht, wo dieser Wechselkurs wäre oder wie wir ihn in einem freien Markt aufrechterhalten könnten. Und ich werde jeden Tag und jedes Jahr meines Lebens einen freien Markt jedem staatlichen Korsett vorziehen. Aber Investoren müssen glauben, dass ein Zustand des perfekten Planungskorsetts existiert, da sie es lieben, über den Dollar zu klagen, und meinen, dass seine Richtung uns in die Hölle führt.

Warren Buffett ist wohlbekannt dafür, gegen den Dollar zu setzen. Leider war sein Dollar-Timing meist nicht besonders gut. Buffett ist ein extrem kluger Typ, aber den Gesamtmarkt, Zinssätze und Rohstoffpreise (glauben Sie mir, Währungen sind Rohstoffe) vorherzusagen, ist nicht seine größte Stärke, weder ist er darin ausgebildet, noch hat er sehr gute Vorhersagen gemacht. In einem Artikel im *Fortune*-Magazin vom 10. November 2003 warnte Buffett davor, dass unser Handelsdefizit den US-Dollar (auf ewig) schwächen und unserer Wirtschaft irreparablen Schaden zufügen wird.[10] Mittelfristig war das ein eindeutiger Irrtum. Wie wir in Kapitel 6 beschrieben haben, wächst unser Handelsdefizit und schrumpft nicht, und doch haben wir ein beeindruckendes durchschnittliches jährliches BIP-Wachstum von drei Prozent genossen, seit er seine Weltuntergangsverkündigungen machte, und hatten gute Marktgewinne, seitdem 2002 der Aufschwung anfing. Zwar war der Dollar 2004 und 2006 schwach, aber 2005 war er so stark, dass dies den Verlust der anderen beiden Jahre aufwog. Von Januar 2004 bis zum 30. Juni 2006 ist der Dollar handelsbasiert genau um 1,96 Prozent[11] gefallen, kaum genug, um begeistert zu sein oder auf irgendeine Art reagieren zu müssen. Er hat einfach nicht das gemacht, was Buffett orakelte.

Currencies	1990	1991	1992	1993	1994	1995	1996	1997	1998	1999	2000	2001	2002	2003	2004	2005
USD/EUR	(12.2%)	1.7%	10.7%	8.5%	(9.3%)	(6.4%)	4.9%	13.5%	(5.4%)	16.4%	6.8%	5.4%	(15.2%)	(16.8%)	(7.2%)	14.6%
USD/GBP	(16.4%)	3.2%	23.4%	2.4%	(5.5%)	0.8%	(9.3%)	3.7%	(0.5%)	2.7%	8.0%	2.8%	(9.6%)	(9.9%)	(6.9%)	11.4%
USD/JPY	(5.5%)	(8.1%)	0.0%	(10.6%)	(10.8%)	3.8%	12.0%	12.7%	(13.1%)	(10.0%)	12.0%	14.5%	(9.3%)	(9.7%)	(4.3%)	14.9%
USD/Australia	2.3%	1.6%	10.5%	1.3%	(12.4%)	4.3%	(6.4%)	22.2%	6.2%	(6.7%)	17.4%	9.1%	(8.8%)	(25.5%)	(3.5%)	6.6%
USD/Canada	0.2%	(0.4%)	10.0%	4.1%	6.0%	(2.7%)	0.4%	4.4%	7.0%	(5.6%)	3.8%	6.5%	(1.5%)	(17.7%)	(7.1%)	(3.3%)
USD/New Zealand	1.0%	8.9%	5.0%	(8.1%)	(12.6%)	(2.0%)	(7.6%)	21.3%	10.4%	1.0%	17.8%	6.5%	(20.6%)	(20.1%)	(8.7%)	5.2%
USD/Switzerland	(17.3%)	6.4%	8.0%	1.3%	(11.9%)	(11.8%)	16.1%	9.1%	(6.1%)	16.0%	1.3%	3.0%	(16.7%)	(10.4%)	(8.0%)	15.4%
EUR/JPY	7.2%	(9.3%)	(10.1%)	(17.3%)	(1.8%)	8.2%	9.1%	(0.6%)	(7.5%)	(22.4%)	4.6%	8.9%	6.3%	8.3%	2.9%	(1.5%)
EUR/GBP	(5.0%)	1.9%	11.0%	(5.5%)	3.9%	5.4%	(11.9%)	(8.3%)	6.3%	(12.2%)	1.2%	(2.8%)	6.4%	8.2%	0.3%	(2.8%)
EUR/Australia	15.9%	(1.4%)	(2.2%)	(8.8%)	(3.5%)	11.9%	(10.6%)	4.6%	14.4%	(20.0%)	10.3%	2.9%	7.1%	(10.2%)	3.6%	(7.3%)
GBP/JPY	12.9%	(10.7%)	(19.1%)	(12.6%)	(5.5%)	2.6%	24.0%	7.7%	(12.3%)	(12.1%)	3.4%	11.8%	0.2%	0.4%	2.5%	3.0%
GBP/Australia	22.5%	(1.5%)	(10.5%)	(1.1%)	(7.5%)	3.5%	3.2%	17.2%	7.4%	(9.2%)	9.1%	5.8%	0.6%	(16.9%)	3.1%	(4.4%)
GBP/Canada	19.9%	(3.5%)	(10.6%)	1.3%	12.0%	(3.5%)	10.8%	0.4%	8.5%	(8.5%)	(4.1%)	3.5%	9.5%	(9.0%)	(0.6%)	(12.8%)
GBP/Switzerland	1.1%	(3.0%)	14.3%	0.9%	7.3%	14.6%	(22.3%)	(4.3%)	5.0%	(11.4%)	6.6%	0.2%	8.6%	0.5%	1.4%	(3.5%)

Tabelle 7.1: Die Dreierregel der Währung.

Quelle: Thomson Financial Datastream.

Inzwischen wissen Sie aus Kapitel 6, dass große Handelsdefizite das Symptom einer starken Wirtschaft sind und nicht zu einer schwachen führen – somit haben sie nichts damit zu tun, dass der Dollar stark oder schwach ist. Hier ist eine Frage zwei: Ist ein schwacher oder starker Dollar überhaupt wichtig? Ziemlich schwer, das zu ergründen, oder? Obwohl der Dollar ein monetärer Indikator ist, ist er als wirtschaftlicher Treiber der Nachfrage einzustufen. Es kann für Sie sehr wertvoll sein, wenn Sie wissen, wohin der Dollar sich bewegt und wie er die Börse beeinflusst, vor allem, wenn Sie es ergründen und Ihre Mitinvestoren es nicht begreifen können. Das wäre eine weitere gute Frage zwei: Wie können Sie vorhersehen, wohin der Dollar sich bewegt? Aber als Erstes müssen wir Frage eins beantworten: Was ist nach Ihrer Ansicht falsch an den Gründen für die Bewegungen der Währungskurse? Schauen wir uns ein paar populäre Mythen an.

Fünf Märchen und Weiteres über Angebot und Nachfrage

Erstes Märchen: Der Dollar fällt immer noch

Während ich dies 2006 schreibe, glauben die meisten Investoren, dass der Dollar sehr tief und für immer gefallen ist. Eine falsche Auffassung der verhältnismäßigen Stärke des Dollars ist weit verbreitet. Fragen Sie einen Freund (Kollegen, Familienmitglied oder Golfpartner), wo der Dollar seiner Ansicht nach steht, und Sie werden sehen, dass er normalerweise denkt, dass der Dollar in den vergangenen Jahren genau das getan hat, was er immer getan hat – bis vor ein paar Monaten. Viele Profis gründeten ihre Vorhersagen für 2005 und 2006 auf die Annahme, dass der Dollar weiterhin sehr viel schwächer werden wird. Was sie nicht sehen, ist, dass der Dollar keinesfalls nur in eine Richtung geht. Nachdem er 2004 schwach war, wurde er 2005 sehr viel stärker. Mitte 2006 hatte sich seine Tendenz umgedreht und war gegenüber 2004 gleichbleibend.[12] Beachten Sie: Während dieser ganzen Zeit gab es Auf- und Abwärtsbewegungen. Währungen sind wie alle anderen Wertpapiere, die auf einem offenen Markt gehandelt werden – sie sind volatil. Und trotzdem herrscht der Glaube vor, dass der Dollar im Allgemeinen schwach ist und immer fällt.

Hier eine einfache Frage eins: Ist es wahr, dass der Dollar immer schwächer wird (oder immer stärker)? Werfen wir einen Blick auf Abbildung 7.1.

Abildung 7.1 schlüsselt Dollar, Euro, Pfund Sterling gegenüber anderen wichtigen Währungen auf. Jahre, in denen der Dollar schwächer wurde, sind grau hinterlegt, und Jahre, in denen er stärker wurde, nicht. Wenn Sie nur auf die Schattierungen schauen und nicht auf die Zahlen, sehen Sie, dass der Dollar nicht immer in eine Richtung ging. Keine Währung eines entwickelten westlichen Landes tut das.

Wenn Sie sich die Bewegung der Währungskurse in diesem Format anschauen, wird schnell klar, dass die wichtigsten westlichen Währungen gegenüber anderen wichtigen Währungen Stärke- und Schwächezyklen von normalerweise nicht mehr als zwei bis vier Jahren durchlaufen – meistens keine vier –, bevor sie wieder die Richtung wechseln. Längere Zyklen sind selten. Ich nenne das die Drei-Jahres-Regel. Es gibt einige Stellen, an denen die Drei-Jahres-Regel gebrochen wird. Zwischen 1993 bis 1996 schwächte sich der Dollar gegenüber dem neuseeländischen Dollar vier Jahre hintereinander ab. Aber es ist wohl überzogen, den Kiwidollar eine bedeutende Währung zu nennen, da Neuseeland ungefähr so bevölkerungsreich ist wie Colorado. Wenn Sie den Yen dem Euro und Pfund Sterling gegenüberstellen, erhalten Sie mehrere Vier- und Fünfjahreszyklen. Aber der Yen ist eine asiatische Währung, nicht eine wirklich westliche Währung, und die besagte Regel hat nur Bestand, wenn man westliche Währungen miteinander vergleicht. Sie scheinen sich nicht länger als ungefähr drei Jahre in eine Richtung bewegen zu wollen. Daher der Name Drei-Jahres-Regel. Ende 2004 und während des ganzen Jahres 2005 haben die meisten Prognostiker schwache Börsen vorausgesagt, zum Teil aufgrund eines kollabierenden Dollars, der zu Tod und Teufel führt. Ohne Weiteres zu wissen, war mir klar, dass ich aufgrund der Drei-Jahres-Regel irgendwo nach einem Wendepunkt zu suchen hatte. Ich wusste auch, dass sich die globalen und heimischen Märkte 2005 voraussichtlich positiv entwickeln würden (wie ich es in meiner *Forbes*-Kolumne vom 31. Januar 2005 vorhergesagt habe) – zum Teil, nicht hauptsächlich, wegen der positiven Überraschung eines stärkeren Dollars und des Ausbleibens einer Dollarkatastrophe. Halten Sie fest, dass es aus sich heraus keinen Grund dafür gibt, dass ein starker Dollar zu stärkeren Märkten führen soll; wenn die Menschen große Angst vor einem schwächeren Dollar haben und dieses Szenario nicht eintritt, werden sie am Ende angenehm überrascht sein, und ihre Stimmung sowie die Nachfrage nach Aktien sollten sich verbessern. (Alles weist uns zurück auf das Angebot von und die Nachfrage nach Aktien.) 2005 waren der starke Dollar und der ausbleibende Untergang eine positive Überraschung, die noch nicht in die Kurse eingeflossen war – so einfach ist das.

Zweites Märchen: Das Haushaltsdefizit wird einen Abwärtstrend des US-Dollars verursachen

Sie sind inzwischen Profi auf dem Gebiet der Defizite, also wissen Sie schon, dass dies lächerlich ist. Dennoch sind Haushaltsdefizite ein weiterer beliebter Sündenbock für einen schwachen Dollar. (Und wieder wird angenommen, dass ein schwacher Dollar schlecht ist und ein starker Dollar gut.) Dieser Unsinn funktioniert ungefähr so: Die Ausländer fürchten, dass wir unseren Finanzhaushalt nicht in Ordnung bringen können, und fragen deswegen weniger Dollar nach.

Erstens ist, wie in Kapitel 6 beschrieben, ein Staatsdefizit in den Vereinigten Staaten nicht schlecht für die Wirtschaft oder die Börse. Es ist eher eine gute Sache, da es: die Geschwindigkeit des Geldumlaufs erhöht, die Schulden erhöht (wovon Sie wissen, dass es eine gute und keine schlechte Sache ist), mehr Geld in die Hände des privaten Sektors legt (Ihnen, mir und sogar unserem heroinsüchtigen Apple-iPod-Ausleiher). Historisch gesehen, wie wir in Kapitel 1 gesehen haben, folgten auf Zeiten von Höchstständen des Bundeshaushaltsdefizits Zeiten mit üppiger Wirtschaftsentwicklung und steigenden Börsenkursen, wohingegen Budgetüberschüsse weniger rosige Bedingungen zur Folge hatten.

Zweitens sind Wechselkurse währungspolitische Phänomene, während Haushaltsdefizite steuerliche Phänomene sind. Sie sind völlig getrennt voneinander zu betrachten. Das eine erzeugt nicht das andere. Ganz sicher nicht! Es gibt keinen verbindenden Mechanismus. Ja, wenn die Fed die Defizitschulden durch neu gedrucktes Geld bezahlen würde, würde dieses neue Geld den Dollar schwächen. Aber warum konzentrieren wir uns nicht direkt auf das Geldmengenwachstum, da es das Geldmengenwachstum ist, das alles verändert? Nur neues Geld kann den Dollar schwächen, mit oder ohne Defizit.

Drittens hatten die Vereinigten Staaten die gesamten 80er und frühen 90er Jahre hindurch riesige Haushaltsdefizite (einige davon in Prozent vom BIP noch größer als das heutige). Während vieler dieser Perioden, wie der von 1992 bis 1993, schnellte der Dollar in die Höhe. Heute sind es die Briten, Deutschen und Japaner, die Haushaltsdefizite haben, wie in Kapitel 6 beschrieben. Wenn ein Haushaltsdefizit schlecht für den US-Dollar ist, warum ist es dann nicht schlecht für das Pfund, den Euro und den Yen? Wenn der Dollar schwach ist, wird er gegenüber den genannten Währungen schwach sein. Wenn all die Haushaltsdefizite auch die Währungen jener Länder schwächen, gegenüber was werden sie schwächer? Dem malaysischen Ringgit? Die Wahrheit ist, dass kein Haushaltsdefizit oder -überschuss eines westlichen Landes eine Beziehung hat zu der verhältnismäßigen Stärke seiner Währung.

Drittes Märchen: Das Leistungsbilanzdefizit verursacht den Abwärtstrend des Dollars

Inzwischen ist das für Sie auch kein Thema mehr. Ich werde nicht viel Zeit damit verschwenden. Seit Kapitel 6 wissen Sie, dass dieses Märchen aus den gleichen Gründen falsch ist wie das des Handelsbilanzdefizits. Es gilt genau die gleiche Logik. Nur zwei Punkte. Die Vereinigten Staaten haben seit 1981 ohne Unterbrechung ein Leistungsbilanzdefizit; doch haben wir Zeiten mit einem starken und schwachen Dollar erlebt. Wenn Sie einen Korrelationskoeffizienten zwischen diesem Defizit als Prozentsatz des BIP und dem Dollarkurs laufen lassen, bekommen Sie im Verlauf dieser 25 Jahre eine Korrelation nahe null, ohne Rücksicht darauf, ob Sie tägliche, wöchentliche, monatliche oder vierteljährliche Daten benutzen.[13]

Der neuseeländische und australische Dollar und das Pfund Sterling wurden 2002, 2003 und 2004 alle im Verhältnis zum US-Dollar stärker, doch hatten all diese Nationen ebenfalls große Leistungsbilanzdefizite. Niemand hat bisher eine Erklärung dafür angeboten, warum unser Leistungsbilanzdefizit schlecht für unsere Währung sein soll, während deren Defizite für deren Währungen gut sind. Wahrscheinlich, weil es absolut keine nachweisbare Beziehung gibt. Und vielleicht, weil die Leute den Leistungsbilanzdefiziten von Neuseeland und Australien keine Aufmerksamkeit schenken! Ich wette, dass Sie das nie tun!

Viertes Märchen: Währungen werden von Handelsbilanzen, Außenpolitik, internationaler Popularität usw. beeinflusst

Handelsbilanzdefizite wurden zum größten Teil in Kapitel 6 behandelt. Sie können nicht argumentieren, dass unsere Handelsbilanzdefizite schlecht für den Dollar, aber die von England, Australien und Neuseeland gut für deren starke

Währung sind. Handelsbilanzdefizite werden nie „zurückbezahlt". Nach Kapitel 6 ist dies eine merkantilistische Ansicht und ungefähr seit 250 Jahren überholt. Wir haben viele Dauermerkantilisten, und ich nehme an, weil sie unverbesserlich sind, wird es sie immer geben. Sie aber sind nicht gezwungen, zu ihnen zu gehören. Wir leben in einer Welt, in der Apple Speicherchips und andere Bestandteile importiert, die im Ausland billigst hergestellt wurden und somit Handelsbilanzdefizite erzeugen.

Aber Apple verkauft dann die letzte iPod-Kreation (an Heroinsüchtige und normale Leute) mit einer satten 50-Prozent-Marge (den Marktforschern von iSuppli zufolge[14]) und erhöht somit seinen Ertrag pro Aktie, der wiederum den Wert für die Aktionäre erhöht. Die Köpfe der Merkantilisten würden explodieren, wenn sie sich eine Welt vorstellen müssten, in der Handelsbilanzdefizite mit einem erhöhten Reichtum für alle einhergehen würden. Aber so ist unsere Welt, und sie ist schön so.

Damit und mit dem Leistungsbilanzdefizit zusammenhängend besteht der Mythos, dass Ausländer unseren Dollar „stützen". Das stellt man sich meist so vor wie „auf die Freundlichkeit der Ausländer angewiesen zu sein". Ich habe einfach keinen Beweis dafür, dass Ausländer freundlich sind. Eindeutig erscheinen mir die Amerikaner freundlicher. Nicht nur, dass Amerika proportional bei weitem mehr Entwicklungshilfe zahlt als andere Länder zusammen. Wir spenden auch weitaus mehr Gelder für wohltätige Zwecke als der Rest der Welt zusammen. So viele nette Amerikaner kenne ich zwar auch nicht. Aber nette Ausländer? Welche Ausländer kennen Sie, die so handeln? Oder eine bessere Frage ist: Warum sollte ein Ausländer anders handeln als Sie? Wenn Sie investieren, legen Sie Ihr Geld dort an, wo Sie glauben, dass es sich am wahrscheinlichsten vermehrt, oder dort, wo Sie glauben, dass es für die Welt am besten ist? Wo die Welt am meisten Unterstützung braucht? Ausländer stützen in Amerika nichts. Merkantilisten denken, dass Ausländer uns „stützen bis zum Umfallen" („prop till they drop"). Wer richtig denkt, weiß, dass sie „dort investieren, wo es für sie am besten ist" („invest where they think best"). Sie investieren hier, weil sie glauben, dass sie hier einen höheren Gewinn für ihr Geld bekommen als anderswo. Wenn sie das nicht glauben würden, würden sie woanders investieren. Es gibt keine andere vernünftige Erklärung dafür.

Schließlich das fünfte Märchen: Ein schwacher Dollar ist schlecht für die Aktien

Wenn Sie in einer Zeit, in der der Dollar fällt, ausländische Wertpapiere besitzen, werden Ihre fremden Wertpapiere vielleicht einen höheren Nettoertrag haben. Das Gegenteil ist aber auch wahr – Aktien, die in einem Land mit einer relativ schwachen Währung angesiedelt sind, scheinen zum Umtauschzeitpunkt nicht sehr gut zu laufen. Vergessen Sie nicht, dass Sie nicht Ihre Dollar in Euro, Yen oder Ringgit umtauschen müssen, wenn Sie global investieren wollen. Ausländische Stammaktien zu kaufen (Aktien aus fremden Ländern in der örtlichen Währung) kann eine Geduldsprobe für private Investoren bedeuten, denn

Sie müssen eventuell ein Depotkonto in diesem Land eröffnen. Vermeiden Sie diesen Ärger. Handeln Sie, wenn Sie Amerikaner sind, mit American Depository Receipts – ausländischen Aktien, die in Ami-Dollars gehandelt werden.

Da Währungen zyklisch verlaufen, wird der Währungseinfluss sich auf lange Sicht ohnehin nahezu ausgleichen. Seit 1970 hat die Benutzung von Landeswährungen bei globalen Investitionen die Erträge amerikanischer Investoren um 27 Prozent geschmälert, während der MSCI World kumuliert um 2000 Prozent gestiegen ist.

Über 36 Jahre ist ein kumulierter Unterschied von 27 Prozent nicht viel – die Wirkung der Währung entspricht genau 0,7 Prozent pro Jahr – absichern lohnt sich kaum, insbesondere wenn Transaktionskosten erwogen werden. Sie würden etwas besser fahren, wenn Sie Ihre globalen Anlagen in US-Dollar belassen. Ja – in US-Dollar belassen – aber nicht so viel besser, um deswegen einen kleinen Freudentanz zu machen. Im Laufe von 36 Jahren hätten Sie mit Ihrem Überschussertrag ein paar Strafzettel für Geschwindigkeitsüberschreitungen bezahlen können.

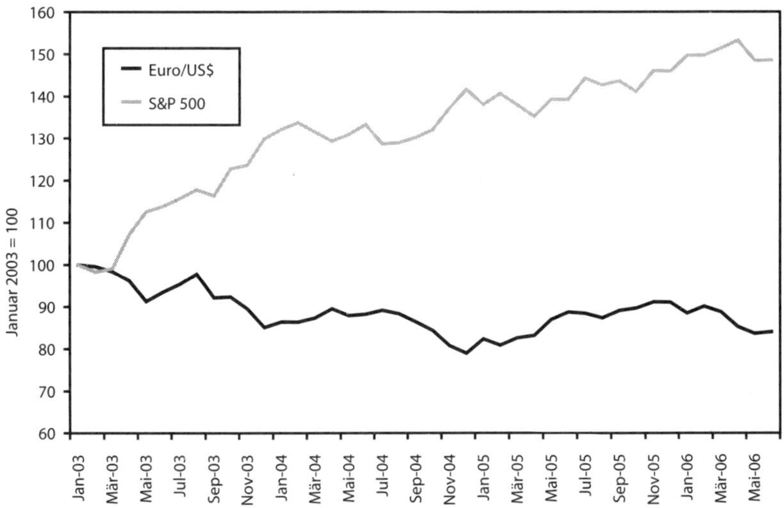

Abbildung 7.1: Eine schwache Währung weist nicht auf einen schwachen Börsenertrag hin: USA.

Quelle: Thomson Financial Datastream.

Gut, Wirkung gleich null, aber was kann uns der Dollar darüber sagen, wohin die Börse tendiert? Es kann einen Sinn ergeben, dass ein starker US-Dollar den amerikanischen Aktien helfen könnte und umgekehrt. Wir können überprüfen, ob die Tatsachen diese Theorie unterstützen. Wenn der Dollar schwach ist, dann wären Aktienrenditen ähnlich schwach. Aber wie wir in Abbildung 7.1 sehen, können die Aktiengewinne stark sein – sogar sehr stark – sogar wenn der Dollar schwächer wird.

Und das ist etwas, das in den Vereinigten Staaten und auf der ganzen Welt zutrifft. Währungen bestimmen nicht die Richtung der Börse oder umgekehrt (siehe Abbildung 7.2).

Es gibt keine Grundlage für die Ansicht, dass ein starker Dollar zu guten Erträgen führt oder umgekehrt. Der Dollar erlaubt keine Voraussage für das Verhalten der amerikanischen, weltweiten oder polnischen Börse – für keine von ihnen. Ärgern Sie sich nicht über Währungen, egal ob sie schwach oder stark sind.

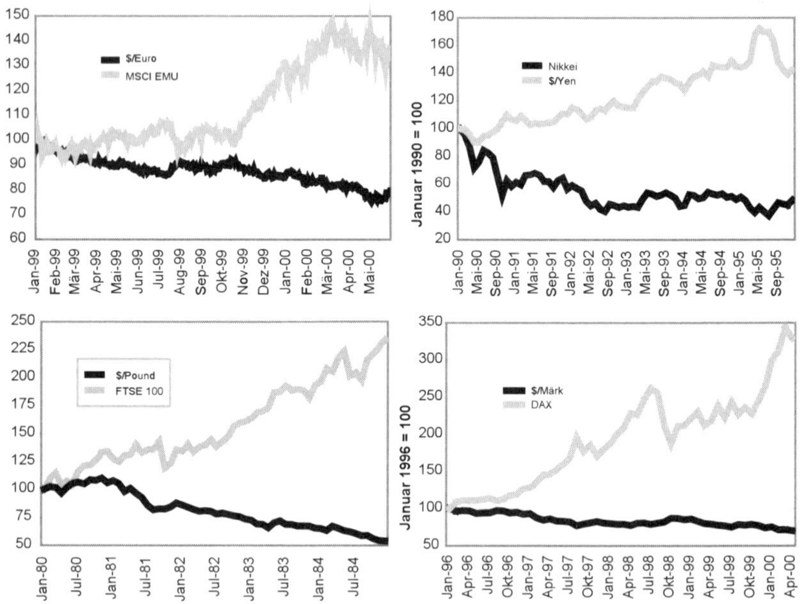

Abbildung 7.2: Eine schwache Währung weist nicht auf einen schwachen Börsenertrag hin.

Quelle: Thomson Financial Datastream.

Beginnen wir mit Frage drei und denken wir in der gleichen Weise über den Dollar, wie wir über das Leistungsbilanzdefizit der USA und unserer Börse gegenüber dem Rest der Welt nachgedacht haben. Wenn der globale Aktienhandel einen Satz nach oben macht, wissen Sie, dass der amerikanische Markt dies wahrscheinlich auch tut, nicht wahr? Beides korreliert positiv miteinander. Wenn die globalen Märkte implodieren, wissen Sie, dass die amerikanische Börse wahrscheinlich auch fallen wird. Manchmal steigt der amerikanische Markt stärker an als die Aktien im Rest der Welt, und ein anderes Mal fällt er stärker. Aber beide tendieren dazu, in die gleiche Richtung zu verlaufen, sofern es eine nennenswerte Richtung überhaupt gibt. Und der amerikanische Aktienmarkt steuert schon fast die Hälfte des Weltmarktes bei. Wenn also der fallende Dollar angeblich so schlecht für die US-Aktien ist, sollten dann nicht die steigenden Nicht-Dollar-Währungen gut sein für Nicht-US-Aktien? Aber die Gesamtsumme muss sich immer ausgleichen. Und es gibt keine globale Währung, die fallen kann, nur eine globale Inflation. Ebenso kann es kein globales Handelsdefizit oder Leistungsbilanzdefizit geben, doch glauben die meisten Leute, dass das Negative stärker ist als das Positive, obwohl sie dies nie explizit aussprechen. (Trotz der Tatsache, dass sie es nie sagen, gibt es eine behavioristische Grundlage dafür – im kurzsichtigen Konzept der Verlustvermeidung.) Iiieh! Merkantilisten!

Anders gesagt, stellen die Vereinigten Staaten ungefähr 38 Prozent des globalen BIP, und das ergibt ungefähr 62 Prozent für den Rest der Welt. Wenn ein fallender Dollar schlecht für die amerikanische Wirtschaft ist, sollte dann nicht ein steigender Nicht-Dollar gut für die anderen 62 Prozent sein und die sich verschlechternde US-Wirtschaft mit Verbesserungen für die Nicht-US-Wirtschaft mehr als ausgleichen? Ach, leider denkt niemand global, so dass sie es nicht schaffen, es so zu sehen. Diese Merkantilisten sind nicht 1960 sondern 1690 stehengeblieben.

Falls Sie es vergaßen: Angebot und Nachfrage bestimmen die Währungskurse

Unterschiedliche Währungen sind einfach verschiedene Arten von Geld, die von ihren Ausstellern (den Zentralbanken) und ihrem Bankensystem gekennzeichnet werden. Weil sie Rohstoffe sind, die auf freien und offenen Märkten gehandelt werden, wird ihr relativer Wert auf die gleiche Weise ermittelt wie der anderer Rohstoffe, und zwar durch Angebot und Nachfrage.

Ein Wechselkurs reflektiert den Wert einer Währung, der in den Begriffen einer anderen Währung ausgedrückt wird. Er ist vollständig relativ und hat keine absolute Bedeutung. Jeder einzelne Wechselkurs wird bestimmt von einer komplexen Kombination aus Angebots- und Nachfragemerkmalen von jeder der beiden Währungen. Eine relative Zunahme der Nachfrage oder eine Abnahme des Angebots wird den Wechselkurs einer Währung gegenüber einer anderen hochtreiben und umgekehrt.

Währungsangebot

Das Grundangebot einer Währung wird einzig und allein von der ausgebenden Zentralbank bestimmt und von den ihr unterstehenden Banken umgesetzt. Sie hat ein Monopol auf die Schaffung oder Vernichtung ihrer Währung. Zentralbanken wünschen sich relativ stabile Preise mit mäßigem Geldzuwachs, was dann wiederum relativ niedrige Inflationsraten erzeugen sollte. Wenn sie verantwortungsbewusst handeln, sollten die großen Währungen langfristig recht stabile Wechselkurse haben – obwohl Preisschwankungen in kürzeren Phasen normal sind.

Jedoch kann eine unverantwortliche Zentralbank oder eine Regierung, die die Leitung der Zentralbank ihres Landes übernimmt, die Position ihres Landes als großes, entwickeltes Land untergraben: Erinnern Sie sich an die Weimarer Jahre in Deutschland? Das war wohl ein einzigartiges Beispiel in der modernen Geschichte, da sie die deutsche Währung in den frühen 20er Jahren wegen übermäßiger Geldschaffung vollkommen auslöschte und Deutschland in eine

Hyperinflation führte. Entwicklungsländer, wie Brasilien in den frühen 90er Jahren, haben oft keine unabhängigen Zentralbanken und können viel längere Währungsbewegungen in eine Richtung erleben, die fast immer zu einer Schwächung führen. Aber große Länder haben ziemlich vernünftige und unabhängige Zentralbanken, wie unsere Fed, und hier werden keine permanent in dieselbe Richtung verlaufenden Währungsbewegungen vorkommen.

Die Nachfrage nach einer Währung wird von mehreren Faktoren bestimmt. Der hauptsächliche Faktor ist der Umfang wirtschaftlicher Aktivität, die in dieser Währung ausgeführt wird (z.B. nimmt ein Lebensmittelgeschäft in Dallas Dollars und keine Yen). Je mehr wirtschaftliche Aktivität in einer bestimmten Währung stattfindet, desto größer ist die Nachfrage nach dieser Währung. Eine weitere wichtige Quelle für die Nachfrage nach Geld ist die „Wertbewahrung". Wenn Investoren glauben, dass Vermögenswerte in einer bestimmten Währung ihren Wert behalten oder gegenüber Vermögenswerten anderer Währungen wachsen, dann steigt die Nachfrage nach dieser Währung.

Auf lange Sicht bestimmt, genau wie bei Aktien, das Angebot die relative Stärke oder Schwäche einer Währung. Wenn eine Zentralbank im Verhältnis zu den wirklichen wirtschaftlichen Erfordernissen ein übermäßiges Geldmengenwachstum erlaubt, drückt das Überangebot den Währungskurs und fördert die Inflation. Mehr Geld für die gleiche Menge von Vermögenswerten vermindert die Anlagebeträge in einer Währung. Das Gegenteil tritt ein, wenn die Zentralbank zu restriktiv beim Geldmengenwachstum ist, doch eine zu starke Währung ist auch nicht das Ziel. Es gibt absolut nichts, was Investoren gegen das monopolistische Zentralbanksystem machen können, außer zu hoffen, dass sie nicht zu viele Fehler machen, und es gibt auch keinen Weg vorherzusagen, in welche Richtung das Angebot langfristig geht. Vergessen Sie nicht, dass unsere Bankiers der Zentralbanken in den letzten Jahren besser geworden sind. Wir machen keinen Fehler, wenn wir sagen, dass die Federal Reserve zwischen 1929 und 1932 eine Katastrophe war, als sie die Quantität des Geldes zum schlechtestmöglichen Zeitpunkt um 30 Prozent reduzierte und dadurch die Weltwirtschaftskrise bei weitem schlimmer machte als notwendig und diese damit wohl überhaupt erst verursachte. Das war ihr Tiefpunkt, das ist sicher. Seitdem war die Fed nicht immer sehr gut, aber im Durchschnitt hat sie sich verbessert.

Schon immer wurden die Vorsitzenden der Fed im Nachhinein für ihre vielen Fehler beim Managen der Wirtschaft ausgelacht. William McChesney Martin Jr., Arthur Burns, G. William Miller – alle wurden nach ihrer Zeit weithin und scharf kritisiert. Bevor Burns Vorsitzender wurde, kritisierte er Martin beinahe grenzenlos. Martin leitete die Fed von 1951 bis 1970, und das gab Burns viel Zeit, ihn anzugreifen. Burns behauptete, dass Martin es eigentlich besser wissen müsste, als bestimmte Fehler zu machen. Martin behauptete später, wenn man Vorsitzender der Fed werde, nehme man eine kleine Pille, die bewirke, dass man alles vergesse, was man vorher gewusst habe, und die genau so lange wirke, wie man Vorsitzender der Fed sei. Nachdem er Vorsitzender der Fed geworden war und selbst angegriffen wurde, behauptete Burns, dass er „Martins kleine Pille genommen" habe. (Für Leute unter 50: Dies war eine Anspielung auf ein berühmtes Medikament, das „Carter's Little Liver Pill" hieß und alles andere als gut für Ihre Leber war. Der Name wurde umgeändert zu „Carter's Little Pill", in Wirklichkeit handelte es sich um ein Abführmittel.) Sie wurden alle kritisiert. Und zu Recht, denn sie machten alle viele Fehler – jedoch im Lauf der Jahrzehnte immer weniger, da sie alle aus früheren Fehlern lernten.

Paul Volcker war der erste nicht rundherum kritisierte Vorsitzende der Fed – obwohl Volcker die Rezessionen von 1980 und 1982 erzwang, um der Inflation das Rückgrat zu brechen. Einige waren der Meinung, dass das zu grobschlächtig war, aber insgesamt machte er seine Sache besser als irgendeiner seiner Vorgänger. Greenspan folgte und war noch besser, da er Ahnung hatte und auf noch mehr Erfahrung zurückgreifen konnte. Deren Vorgänger waren ganz gewiss keine Idioten (obwohl Miller politisch ein Idiot gewesen sein könnte, aber er ist eine ganz andere Frage) – sie haben das beste aus dem gemacht, was sie hatten – sie mussten im Dunkeln tappen und hatten nur unbewiesene Theorien und nach heutigen Standards sehr primitive Möglichkeiten der Datenerhebung sowie überaus minderwertige elektronische Analysefähigkeiten zur Verfügung. Erst mit dem Einsatz von verbesserter Technologie und der ständigen und zeitnahen Verfügbarkeit von Informationen konnten die Vorsitzenden der Fed Theorien überprüfen und nach Wechselbeziehungen suchen (z.B. Frage eins anwenden), bevor sie mit einer Strategie furchtbaren Schaden anrichteten. Und sie konnten schneller reagieren und aus vorhergehenden Fehlern lernen. Als Ergebnis haben in den letzten Jahrzehnten strategische Fehler stark abgenommen.

Irrtümer passieren immer noch, zum Beispiel als Greenspan 1999 aus Angst vor dem Jahr-2000-Problem viel zu viel Geld drucken ließ und die Wirtschaft damit anheizte. Dann hat er es 2000 wieder vom Markt genommen, nachdem der Jahrtausendwechsel unproblematisch verlaufen war, was das Boomende von 1999 und 2000 schärfer als nötig machte. Aber Fehler werden weniger regelmäßig und gravierend gemacht als in den Zeiten vor Volcker. Greenspans größte Fehler waren verglichen mit denen früherer Jahrzehnte noch ziemlich gut. Das Gleiche ist im Ausland passiert. Ich vermute, dass die Zentralbankiers in Zukunft von den verbesserten Informationsströmen und den angesammelten Lehren aus der Vergangenheit profitieren und im Durchschnitt zwar weiter Fehler machen werden, aber weniger und nicht so schlimme wie früher. Wenn die großen nationalen Zentralbanken tendenziell weniger dumme Fehler machen, wird die mittelfristige Volatilität der Währungen vielleicht von ihrem bisherigen Niveau fallen (und die Gültigkeit und Regelmäßigkeit unserer Drei-Jahres-Regel für die Währung erhöhen).

Währungsnachfrage

Ein kurzfristiger Effekt, der die Nachfrage beeinflusst, ist zum Beispiel, wenn ein höherer Beamter der Regierung oder der Zentralbank sich positiv oder negativ über eine Währung oder Zinssätze auslässt, was die kurzfristige Stimmung ändern und die Nachfrage verlagern könnte. Dies hat eine ziemlich flüchtige Wirkung – manchmal bewegen sich die Währungsmärkte für einige Minuten bis zu einem Monat lang. Denken Sie daran, was jedes Mal an der Börse passierte, wenn Greenspan einen seiner erstklassig unverständlichen Kommentare abgab: Grummel, mümmel, nuschel, murr, und all das in demütigem Tonfall! Die Börse glaubte dann zu verstehen, worauf er hinauswollte, und ließ sich kurzfristig betrügen. Gewöhnlich ist die Börse am nächsten Tag wieder zu ihrem normalen Tagesgeschäft zurückgekehrt.

Auch Ermessenshandlungen der Zentralbank am offenen Markt können einen kurzfristigen Einfluss haben – wenn eine Zentralbank eine Währung im Austausch für eine andere kauft. Aber keine Bank auf der Welt hat gewissermaßen ein so gut gefülltes Bankkonto, dass sie durch einen schlichten Währungstausch alle anderen Faktoren ausschalten kann, die den Währungsmarkt beeinflussen.

Sogar die häufig dämonisierten Spekulanten können eine kleine, flüchtige Wirkung auf die Nachfrage und die relativen Währungskurse haben, aber sie haben eine noch kleinere Wirkung als die Zentralbanken, weil ihr Handlungsrahmen noch viel kleiner ist. Vor Jahrzehnten hat George Soros die Bank of England ziemlich stark ins Rutschen gebracht – aber er schaffte es nur, weil sich die Bank damals selbst in eine Position manövriert hatte, in der sie ins Rutschen gebracht werden konnte. Und Soros wird oft mit der Aussage zitiert, dass das Gleiche heute nicht wieder passieren könnte. Die Tatsache, dass die Spekulanten im Allgemeinen nicht organisiert auftreten, zerstreut weiter ihren Einfluss. Sie spekulieren darauf, dass verschiedene Währungen in verschiedene Richtungen tendieren, und in gewissem Maße heben sie ihren Einfluss gegenseitig wieder auf.

Ähnlich wie bei den Aktien sind Währungsbewegungen kurzfristig äußerst unbeständig. Sie sollten sich ohnehin nicht so sehr darum kümmern, was eine Währung von Tag zu Tag oder sogar Monat zu Monat macht (außer wenn Sie auf Währungen setzen – was genau die gleichen Eigenschaften hat, wie wenn man auf irgendeinen anderen Rohstoff setzt).

Was die Währungsnachfrage wirklich antreibt

Zeit für eine weitere Frage zwei: Was sehen Sie, das die Währungen und ihre Nachfrage antreibt, das andere nicht sehen? Es gibt ein paar Faktoren, die offenkundig zu kurzfristigen Änderungen von Angebot von und Nachfrage nach Währungen beitragen. Erstens automatische Handlungen der Zentralbanken. Wenn ein Land seine Währung an eine andere Währung koppelt (zum Beispiel den chinesischen Yuan an den US-Dollar), dann muss die ankoppelnde Zentralbank, um das Verhältnis aufrechtzuerhalten, die andere Währung entweder kaufen oder verkaufen. Zweitens nimmt, wenn die Wirtschaft eines Landes schneller als die eines anderen wächst, die Nachfrage nach seiner Währung zu, weil mehr Transaktionen in dieser Währung stattfinden. Beides ist leicht zu begreifen, dazu brauchen Sie Frage zwei nicht. Aber was kann sonst noch Währungen antreiben? Was können Sie sich vorstellen?

Tagein, tagaus schließen Spekulanten Wetten auf Wechselkurse ab, die *carry trade* genannt werden. Ein *carry trade* funktioniert so:

Sie leihen sich in einer Währung kurzfristig Geld, konvertieren es in eine andere Währung und kaufen kurzfristig eine Anleihe in der neuen Währung (oder Sie entschließen sich vielleicht dazu, eine längerfristige Wette mit einer langfristigen Anleihe abzuschließen). Die Idee ist, zu einem niedrigeren Zinssatz zu leihen und eine Anleihe mit höherer Verzinsung zu kaufen in der Annahme, dass der höhere Zinssatz nicht so tief fällt, dass die Zinsspanne sich umkehrt, solange Sie die Anleihe halten. Die Differenz zwischen den zwei Zinssätzen ist leicht verdientes Geld, und jeder mag leicht verdientes Geld.

Der Schlüssel liegt darin, das Geld in einer Währung zu leihen, von der Sie denken, dass sie nicht besonders steigen wird gegenüber der Währung, in der Sie das Geld parken – eine großartige Frage zwei. Wenn viele Leute gleichzeitig die geborgte Währung verkaufen und die Währung kaufen, in der sie das Geld anlegen, müsste die erworbene Währung steigen. Dann bekommen Sie nicht nur die Zinsdifferenz, sondern auch die Wertsteigerung der Währung. Sahne auf dem Kuchen. Sehr attraktiv.

Es wäre vollkommen irrational, Geld zu einem höheren Zinssatz zu leihen und eine Anleihe mit einem niedrigeren Zinssatz dafür zu kaufen. Das ist das Gegenteil von freiem Geld. Das ist unfreies Geld. Wenn also der kurzfristige Zinssatz von Land A niedriger ist als der von Land B, leihen Investoren wahrscheinlicher eher Geld zu dem niedrigeren Satz von Land A und investieren zu dem höheren Satz von Land B; damit üben sie einen kurssenkenden Druck auf die Währung von A und einen kurstreibenden Druck auf die Währung von B aus. Währungskurse werden dann so etwas wie eine selbstverwirklichende Prophezeiung, da *carry trades* täglich in riesigem Umfang stattfinden.

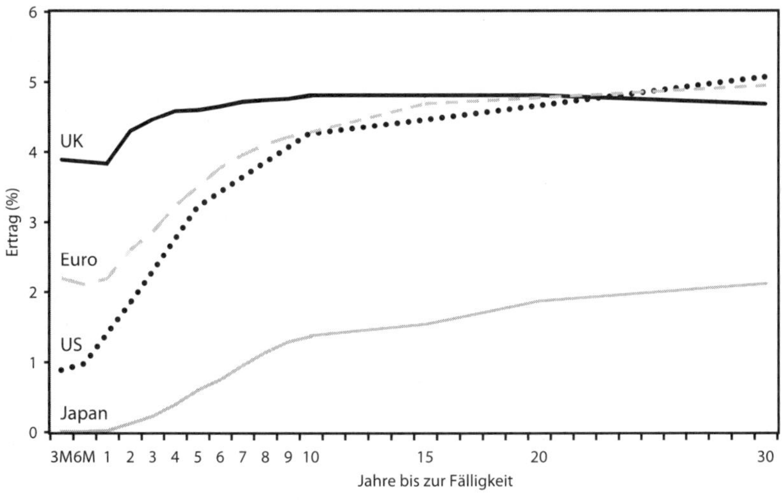

Abbildung 7.3: Globale Ertragskurven, 1. Januar 2004.

Quelle: Bloomberg.

Theoretisch ergibt das Sinn, aber lassen Sie uns einige reale Szenarien durchspielen, um zu überprüfen, ob es funktioniert. Abbildung 7.3 zeigt die Ertragskurven der USA, Großbritanniens, des Eurolandes und Japans von Anfang 2004. Am kurzen

Ende der Kurve ist die US-Kurve klar unter der von Großbritannien und Euroland, aber noch über der von Japan. Denn der Dollar war das ganze Jahr über schwach. Investoren liehen in Amerika und investierten in kurzfristige Werte im Ausland, und das trug zu einem verhältnismäßig schwachen Dollar bei. Wenn Sie in Amerika zu einem Zinssatz von einem Prozent auf die sechsmonatige Anleihe Geld liehen und in Euroland zu einem um ein Prozent höheren Satz verliehen, haben Sie aus der Ein-Prozent-Spanne freies und leichtes Geld gemacht, solange der Euro nicht im Wert fiel. Weil so viele Leute das zugleich taten, Dollars verkauften und Euro kauften, fiel der Dollar, und der Euro wurde aufgewertet. Die Gelegenheit war noch günstiger, wenn Sie das Geld in Großbritannien verliehen, aus diesem Grund war auch das Pfund Sterling so stark.

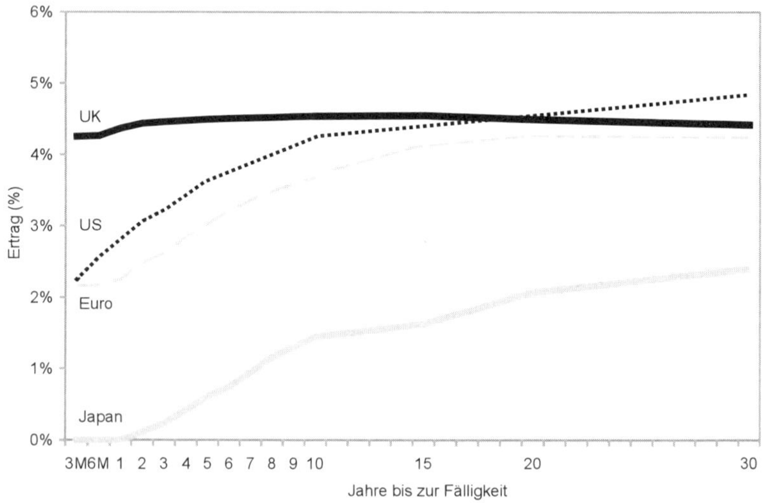

Abbildung 7.4: Globale Ertragskurven, 1. Januar 2005.

Quelle: Bloomberg.

2005 ist, nach mehrfachen Erhöhungen der Leitzinsen durch die Fed, das kurze Ende der US-Ertragskurve über die von Deutschland und Japan gestiegen und hat die Lücke zu Großbritannien fast geschlossen. Der Dollar stieg 2005 beachtlich gegenüber so ziemlich jeder bedeutenden Weltwährung, und zugleich fingen die *carry trades* an, in die andere Richtung zu gehen. Als die Fed wirksam die kurzfristigen Zinsen anhob, hat sie effektiv die *carry trades* erstickt, die den Dollar niedergehalten hatten (siehe Abbildung 7.4).

Dieses Beispiel unterstützt die Theorie, aber suchen Sie sie weiter. Abbildung 7.5 zeigt die Spanne zwischen den kurzfristigen Zinsen der USA und des Eurolandes über die vergangenen 20 Jahre sowie die relative Stärke des Dollar (wir setzen einen BIP-gewichteten Korb europäischer Währungen vor der Einführung des Euro 1999 ein). Wenn der Spread, also die Zinsspanne zunimmt (d.h. unser kurzfristiger Satz über deren Satz steigt), verstärkt sich der Dollar im Allgemeinen gegenüber dem Euro, und wenn unser kurzfristiger Satz sinkt, wird der Dollar meistens schwächer. Das trifft nicht immer und nicht in jedem Jahr zu, da auch andere Faktoren das Angebot beeinflussen, aber oft genug, um daraus einen zuverlässigen Indikator zu machen.

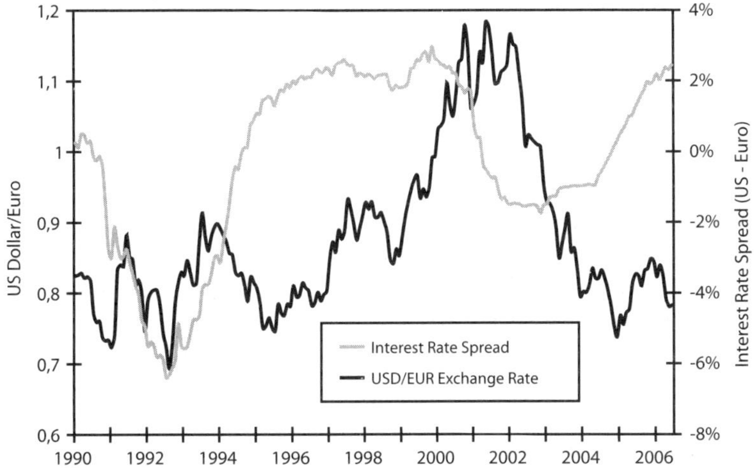

Abbildung 7.5: Zinssätze und Dollarstärke: Eurozone.

Quelle: Bloomberg.

Das funktioniert normalerweise nicht, wenn die Börse antizipiert, dass das Niedrigzinsland den Satz erhöhen und somit die *carry trades* der Währung abwürgen wird. Dann bewegen sich die Währungen vor den Zentralbanken, aber normalerweise werden Währungstendenzen von einem tatsächlich eingetretenen Zinsgefälle gebrochen oder von Spekulationen auf zukünftige Zinsgefälle.

Mit einigen Ausnahmen innerhalb der westlichen Nationen haben Länder mit höheren kurzfristigen Zinssätzen, die sich nach oben bewegen, tendenziell stärkere Währungen. Länder mit niedrigen kurzfristigen Zinssätzen, die unerwartet niedrig bleiben, haben meist schwächere Währungen. Dieses Muster ist zwingend und ergibt wegen der *carry trades* einen gesunden wirtschaftlichen Sinn. Man kann es auch anders sagen: Die Nachfrage nach einer Währung nimmt zu und somit auch der Preis, wenn durch die Bewegung der Ertragskurvendifferenzen zwischen zwei Ländern die Leute dazu bewegt werden, eine bestimmte Währung besitzen zu wollen.

Deswegen ist das britische Pfund Sterling so lange so stark gewesen – sie haben nur ihre Zinssätze höher gehalten als alle anderen. Ganz einfach! Als die Fed 2005 die Zinsen erhöhte, hörten die Leute auf, sich US-Dollar zu leihen, um diese im Ausland zu investieren, und taten stattdessen das Gegenteil – sie liehen Geld im Ausland und kauften Dollar – und so stieg der Dollar wieder. Die Nachfrage nach der Währung erhöht sich, wenn die Zentralbanken Leute bezahlt, um mehr Nachfrage nach ihrer Währung zu erzeugen, was dazu führt, dass sie die Nachfrage an ihr Angebot anpassten. Was ich Ihnen mitteile, ist allgemein bekannt, aber wenige nehmen davon Notiz, und noch weniger Leute glauben es, darum wird es auch noch für einige Jahre gelten. Sie können diese Informationen benutzen, um nichts auf starke Währungsstimmungen zu geben, die auf Märchen beruhen, die wir oben in diesem Kapitel entlarvt haben. Und Sie können sie als eine vernünftige Grundlage für einen Börseneinsatz benutzen.

Angst vor falschen Fakten treibt die Kurse an

Was ist, wenn Sie die Richtung des Dollars für etwa das nächste Jahr voraussehen können? Erstens können Sie die Währung direkt umtauschen wie irgendeine andere Ware. Wenn Sie wissen, was andere nicht wissen, haben Sie die Grundlage für eine Wette. Zweitens, was können Sie über die Börse herausfinden, wenn Sie die Richtung des Dollars kennen? Das wäre eine große Frage zwei. Sie wissen jetzt, dass die relative Stärke des Dollars nicht die Aktienkurse vorhersagt. Aber die Stärke des Dollars ist wichtig, wenn Profis ihre Vorhersagen mit der Tendenz des Dollars begründen, wie es 2005 geschah. Wenn Beobachter eine Baisse in Verbindung mit einem Abrutschen des Dollarkurses vorhersagen, haben Sie etwas, gegen das Sie eine Wette abschließen können. Sie haben dann einen Vorteil, weil die Angst vor einem falschen Faktor die Kurse beflügelt. Wenn die meisten Leute sich davor fürchten, dass ein schwacher Dollar schwache Aktienkurse zur Folge hat, Sie aber erkennen, dass der Dollar nicht sehr schwach werden wird, ist das tatsächlich eine kurssteigernde Überraschung, die der Stimmung und damit der Nachfrage nach Aktien hilft (genau wie 2005) – obwohl es keine fundamental begründbare oder mechanistische Abhängigkeit gibt.

Investoren sprechen über Angebot und Nachfrage und wissen instinktiv, dass Angebot und Nachfrage die Preise bewegen, aber sie wenden diese Konzepte einfach nicht auf die Wertpapiere, Anleihen und Rohstoffkontrakte an, die sie kaufen. Und wenn sie es tun, denken sie normalerweise nicht im richtigen Sinne über Angebot und Nachfrage nach. Jetzt, da Sie wissen, dass die Preisgestaltung von Wertpapieren immer und überall ein Ergebnis von Angebot und Nachfrage ist, können Sie sich auf das konzentrieren, was zählt, und Ihre Energie darauf verwenden, zuverlässigere Zwölfmonats-Vorhersagen zu machen. Und das ist etwas, von dem Sie wissen können, dass es andere nicht wissen. Aber wie können Sie eine Vorhersage machen? Und wie können Sie wissen, was der Markt wahrscheinlich tun wird? Dafür gehen wir über zu Kapitel 8.

Anmerkungen

1 Thomson Financial Datastream: Der Nasdaq Composite Index erreichte seinen Höchststand am 10.3.2000.
2 S. FN 1: Der MSCI World Index erreichte seinen Tiefststand am 9.10.2002.
3 Kenneth L. Fisher: „That Wall of Worry," Forbes (9.5.2005), S. 142.o
4 Bloomberg, Preisrendite eines Tages v. MBNA, am 30.6.2005.
5 S. FN 4, Preisrendite v. MBNA, v. 9.5. bis einschl. 30.6. 2005.
6 Kenneth L. Fisher: „Surprise: America Owes Too Little," Forbes (18.4. 2005), S. 244.
7 S. FN 1, CP Ships Preisrendite v. 22.8.2005.
8 S. FN 1, CP Ships Preisrendite v. 18.4. bis einschl. 22.8.2005
9 Ibbotson Analyst: Aktien mit kleinem Zinsdeckelwert, gemessen v. Fama-French Small Value Total Returns Index.

10 Warren Buffett u. Carol J. Loomis: „America's Growing Trade Deficit Is Selling the Nation out from under Us. Here's a Way to Fix the Problem—And We Need to Do It Now“, Fortune (10.11.2003, S. 106-116..
11 Global Financial Data.
12 Global Financial Data, handelsbasierter Dollar-Index der U.S. Federal Reserve vom 30.6.2006.
13 U.S. Bureau of Economic Analysis: „Current-Dollar and 'Real' Gross Domestic Product“, nominal current dollar GDP as of June 30, 2006, http://www.bea.gov/bea/dn/gdplev.xls (am 2.8.2006). Global Financial Data: Der Korrelationskoeffizient des Kontokorrentdefizits der USA in Prozent des BSP, sowie des handelsgewichteten US-Dollar v. 1. Quartal 1981 bis einschl. 1. Quartal 2006 ist 0,05.
14 Chris Crotty, „iSuppli Teardown Reveals Apple's Surprising Choices for iPod Nano“, iSuppli (22.9.2005), http://www.isuppli.com/marketwatch/default.asp?id=3i6.

8.

Der Große Demütiger und Ihr Steinzeitgehirn

Dieser vorhersagbare Markt

Gehen Sie davon aus, dass der Markt bei jeder Wende tatsächlich darauf aus ist, Sie zu kriegen. Ich bin nicht paranoid. Das ist wirklich wahr. Es ist nicht von ungefähr, dass ich den Markt den „Großen Demütiger" (GD) nenne. Stellen Sie ihn sich als ein gefährliches, seinen Instinkten folgendes Raubtier vor, das nichts unversucht lässt, um Sie in niederträchtigster Weise um Ihren letzten Cent zu bringen. Diesen Umstand zu kennen und zu akzeptieren ist der erste Schritt, um den GD zu bändigen. Ihr Ziel ist es, sich den GD zunutze zu machen, ohne eine Demütigung zu erfahren. Im nächsten Kapitel geht es darum, wie man eine Strategie aufbauen kann, um den Markt zu schlagen. Zunächst aber lassen Sie uns darüber sprechen, wie genau man die drei Fragen nutzen kann, um die Funktionsweise des Marktes genauer zu verstehen, damit Sie sich nicht mehr länger gedemütigt fühlen.

Der GD führt Sie in die Irre, indem er sich in unklaren Mustern bewegt. Wir wissen, dass in der Vergangenheit über lange Zeiträume auf dem Markt im Schnitt zehn Prozent Rendite erzielt wurden.[1] Viele Investoren sagen, dass sie nichts weiter wollen als eine absolute Rendite von zehn Prozent in jedem einzelnen Jahr, aber diese sind dem GD außerordentlich schwierig zu entlocken. Seit 1926 gab es nur relativ wenige Jahre, in denen der Aktienmarkt tatsächlich zehn bis zwölf Prozent Rendite gebracht hat, es waren genau fünf: 1926, 1959, 1968, 1993 und 2004.[2] Ansonsten sind normale Marktjahre alles andere als durchschnittlich. Dieses ist eine einfache Frage-eins-Wahrheit, die Sie in Tabelle 8.1 dargestellt finden.

Nicht nur, dass die Renditen wild variieren; es handelt sich hier auch um eine globale Wahrheit. Denken Sie global und schauen Sie auch anderswo nach. So funktionieren Märkte. In den Vereinigten Staaten ist es eben „The Great Humiliator", und im Vereinigten Königreich haben sie „Ye Olde Humiliatour" und in Deutschland den „Großen Demütiger". Renditen werden weiterhin von Jahr zu Jahr wild variieren.

In dieser Unordnung verkennt Ihr Gehirn, dass der Markt in jedem einzelnen Jahr eines von nur vier Dingen tut. Diese vier Marktszenarien lauten:

1. Der Markt bewegt sich schwach aufwärts.
2. Der Markt bewegt sich stark aufwärts.
3. Der Markt bewegt sich schwach abwärts.
4. Der Markt bewegt sich stark abwärts.

S&P 500 Spanne der jährlichen Renditen			Auftreten seit1926	Häufigkeit	
	>	40%	5	6,25%	Hohe Renditen 38,75% der Zeit
30%	bis	40%	13	16,25%	
20%	bis	30%	13	16,25%	
10%	bis	20%	14	17,50%	Mittlere Renditen 32,50% der Zeit
0%	bis	10%	12	15,00%	
-10%	bis	0%	13	16,25%	Negative Renditen 28,75% der Zeit
-20%	bis	-10%	5	6,25%	
-30%	bis	-20%	3	3,75%	
-40%	bis	-30%	1	1,25%	
	<	-40%	1	1,25%	
Auftreten insgesamt			80		
Einfacher Durchschnitt				10,0%	
Annualisierter Durchschnitt				9,8%	

Tabelle 8.1: Durchschnittsrenditen sind nicht normal. Normale Renditen sind extrem (USA).

Quelle: Ibbotson Analyst.

Investoren werden stammeln: „Aber der Markt macht Rückwärts-, Seitwärts- und Aufwärtsbewegungen, abwegige Rückfälle und mitunter Dreifachflips." Der Markt macht alle (oder die meisten) dieser Bewegungen, und das sehr oft in einer scheinbar ungeordneten Art und Weise. Aber im Grunde vollführt er immer eines der vier Grundmuster. Suchen Sie doch einmal ein Jahr, in dem der Markt etwas anderes als eines dieser vier Dinge getan hat. Diese vier Szenarien vereinfachen schlicht die möglichen Resultate und helfen Ihnen, klarer zu sehen und wesentlich disziplinierter Entscheidungen zu treffen. Sie ermöglichen es Ihnen, Selbstkontrolle über Ihr Verhalten auszuüben, und ich meine wirklich Verhalten, nicht Ihre Fähigkeit. Das wiederum ist die Essenz von Frage drei, die Sie sich stellen sollten.

Ihr Gehirn wird bei seiner Arbeit mit dem GD versuchen Sie zu überzeugen, dass der Markt alle möglichen Dinge tut. Sie aber müssen sich einzig und allein darauf konzentrieren, ob sich der Markt schwach oder stark aufwärts oder abwärts bewegen wird, und darauf etwa ein Jahr lang achten. Alles dazwischen ist nur ein Ablenkungsmanöver des GD. Vier Dinge! Drängt der Markt eher ein wenig nach oben oder unten, oder handelt es sich um einen starken Auf- oder Abschwung (Investoren denken so gut wie nie über einen Aufschwung nach, aber er ist genauso wichtig wie ein Abschwung).

Richtung, nicht Ausmaß

Sich auf diese vier Marktbedingungen zu konzentrieren hilft Ihnen bei den Entscheidungen, die sich am meisten auf Ihr Portfolio auswirken – die Entscheidungen über Ihre Vermögensstrukturierung (*asset allocation*). Die vier Szenarien sind eine Art Gerüst für Sie, an dem sich Ihr *Verhalten* orientieren kann und das Ihr Gehirn vor Irrwegen bewahrt. Für Ihre Prognose ist vor allem von Bedeutung, dass Sie die Richtung des Marktes, nicht das Ausmaß der Bewegung, richtig einschätzen. (Das ist für die meisten Investoren schwer zu verstehen.) Warum? Weil Sie dadurch, dass Sie das Marktszenario richtig beurteilen, auf der richtigen Seite des Marktes bleiben. Achtung: Wenn ich stark aufwärts, schwach aufwärts oder sogar schwach abwärts voraussage, dann würde ich zu 100 Prozent in Aktien investiert sein. Es spielt dabei keine Rolle, ob Sie vom Markt eine Rendite von acht oder 88 Prozent erwarten. In jedem Fall würde Ihre Entscheidung bezüglich der Vermögensstrukturierung zugunsten von Aktien ausfallen. Ja, Ihre Sektorengewichtungen könnten von einer Vorhersage „stark aufwärts" gegenüber einer Vorhersage „schwach aufwärts" beeinflusst werden, aber wenn Sie all das falsch verstehen und dennoch die richtige Entscheidung treffen, überhaupt investiert zu sein, werden Sie sich der Rendite erfreuen können, die Sie allein dadurch erhalten, dass sie über die Vermögensstrukturierung richtig entschieden haben. Es geht also darum, das Pferd vor den Karren zu spannen und nicht umgekehrt.

UK FTSE All-Share Spanne der jährlichen Renditen			Auftreten seit 1926	Häufigkeit	
	>	40%	7	8,75%	Hohe Renditen 35% der Zeit
30%	bis	40%	5	6,25%	
20%	bis	30%	16	20,00%	
10%	bis	20%	18	22,50%	Mittlere Renditen 40% der Zeit
0%	bis	10%	14	17,50%	
-10%	bis	0%	12	15,00%	Negative Renditen 25% der Zeit
-20%	bis	-10%	5	6,25%	
-30%	bis	-20%	2	2,50%	
-40%	bis	-30%	0	0,00%	
	<	-40%	1	1,25%	
Auftreten insgesamt			80		
Einfacher Durchschnitt				10,0%	
Annualisierter Durchschnitt				9,7%	

Tabelle 8.2: Durchschnittsrenditen sind nicht normal. Normale Renditen sind extrem (Großbritannien).

Sie mögen dagegen protestieren, den Aktien die Treue zu halten, wenn Sie ein Jahr mit einer schwachen Abwärtsbewegung erwarten. Sollten Sie nicht versuchen, die Abwärtsbewegung zu vermeiden, und lieber verkaufen? Nur wenn Sie wirklich sicher (und dabei nicht übertrieben selbstsicher) sind, dass Sie von Dingen Kenntnis haben, die andere nicht wissen. Anderenfalls laufen Sie viel zu sehr Gefahr, falsch zu liegen, und der mögliche Nutzen ist dagegen gering. Zu versuchen, einem Jahr mit einer schwachen Abwärtsbewegung aus dem Weg zu gehen, ist ein perfektes Beispiel dafür, dass das Gehirn der eigenen übergroßen Selbstsicherheit zum Opfer fällt. Selbst wenn Sie eine schwache Abwärtsbewegung erwarten, sollten Sie sich auf eine relative Rendite konzentrieren. Den Markt schlagen heißt den Markt schlagen, selbst wenn Ihre absolute Rendite negativ ist. Wenn

Sie glauben, der Markt wird sich schwach abwärts bewegen, dann stellen Sie sich Frage drei. Erstens, Sie leiden an einer kurzsichtigen Verlustangst, für die Sie etwas Bedauern verdienen. Zweitens, Sie können falsch liegen, und der Markt könnte sich stattdessen schwach oder stark aufwärts bewegen. Die Differenz zwischen fünf Prozent auf- oder abwärts in einem Jahr ist eigentlich nichts weiter als ein psychologisches Wackeln zum Jahresende, das auf einem glücklichen Zufall basiert. Aber selbst wenn Sie Recht haben und der Markt sich schwach abwärts bewegt, können die Transaktionsgebühren, die für den Verkauf der Aktien oder Fonds anfallen, sowie die sich daraus ergebenden Kapitalertragssteuern und die mit dem Aus- und Wiedereinsteigen verbundenen Timing-Fehler jedweden finanziellen Gewinn, den Sie haben könnten, indem Sie einer negativen fünfprozentigen Bewegung aus dem Weg gehen, stark reduzieren.

Wenn Sie aussteigen, dann fragen Sie sich, ob Sie wissen werden, wann der richtige Zeitpunkt ist, wieder einzusteigen. Werden Sie das Gefühl für den richtigen Zeitpunkt haben? Wahrscheinlich nicht, und perfekt wird das schon gar nicht sein! Wenn Sie wirklich nach marktgemäßen Renditen Ausschau halten, dann denken Sie immer daran, dass das langjährige Marktmittel auch negative Jahre umfasst und dass ihre langfristige Rendite von einigen wenigen negativen Jahren nicht so stark beeinträchtigt wird. Wenn sich der Markt um sieben Prozent nach unten bewegt und Ihr Portfolio um fünf Prozent fällt, dann ist das überhaupt nicht schlimm; auf lange Sicht wird Sie das nicht von Ihren Zielen fernhalten. Gewinnen Sie Ihren Glauben an den Kapitalismus zurück. Beißen Sie die Zähne zusammen und gehen Sie davon aus, dass wieder bessere Zeiten kommen werden.

Anleger stellen sich vor, ein Portfolio zu haben, das oben ist, wenn der Markt unten ist, aber solch ein Portfolio hinkt voraussichtlich hinterher, wenn der Markt oben ist – das ist ein wesentlich wichtigerer und prozentual größerer Zeitraum. Wenn der Markt häufiger positiv als negativ ist (was der Fall ist) und Sie ein Portfolio haben, das dem Markt zuwiderläuft oder das Abwärts auf Kosten des Aufwärts unterbindet, dann werden Sie im Schnitt nicht besonders glücklich damit sein.

Denken Sie immer daran: Wenn Sie verkaufen, gehen Sie ein erhebliches Benchmark-Risiko ein. Sie entfernen sich vollständig von Ihren Vergleichswerten. Und was ist, wenn Sie wirklich falsch liegen und es zu einem Aufschwung kommt? Die entstandenen Transaktionsgebühren, gezahlten Steuern und der Verlust können sich gegenüber der Benchmark auf 25 Prozent oder mehr belaufen, was auf die nächsten 25 Jahre gerechnet jährlich ein Prozent ausmachen würde und sehr schwer wieder aufzuholen ist. Das ist genau das, was die Menschen am Tiefpunkt von Bärenmärkten tun, wenn sie sich vom Markt zurückziehen, um erst mal abzuwarten, „bis die Dinge klarer werden“. Für die Vermeidung einer möglichen schwachen Abwärtsbewegung geben sie einen sich stark aufwärts bewegenden Markt auf.

Passen Sie unten auf!

Was das vierte Szenario betrifft, das Szenario mit der starken Abwärtsbewegung, so ist das der einzige Zeitpunkt, der EINZIGE ZEITPUNKT, an dem es sich lohnt, ein erhebliches Benchmark-Risiko einzugehen, indem man verkauft oder eine andere defensive Haltung einnimmt. Hier besteht Ihr Ziel darin, Ihre defensive Haltung damit zu verbinden, den GD geschickt in Schach zu halten. Es ist der einzige Zeitpunkt, zu dem Sie überhaupt versuchen sollten, den Markt mit Geschick zu schlagen. Dann, und nur dann, sollten Sie sich mehr auf die absolute als auf die relative Rendite konzentrieren, aber wenn Sie richtig liegen, dann bekommen Sie auch die relative Rendite, und es fallen keine Extrakosten an. Wenn Sie denken, der Markt geht so richtig in den Keller, 20 Prozent oder mehr, vielleicht 35 Prozent, 40 oder sogar 50 Prozent, dann wollen Sie sichere einstellige Bargeld- oder anleiheähnliche Renditen bekommen. Eine fünfprozentige Barrendite zu bekommen, klingt zwar nicht nach besonders viel, aber wenn der Markt stark fällt, haben Sie diesem – relativ gesehen – ein Schnippchen geschlagen.

Das sollte eher die Ausnahme sein und nur dann passieren, wenn Sie von etwas Kenntnis haben, was die meisten anderen nicht wissen. Sie sollten sich dabei nicht von Ihrem Bauchgefühl, von Angst oder der Meinung des Nachbarn leiten lassen. Mit den drei Fragen sollten Sie es hinbekommen. Und der Gewinn kann riesig sein. Wenn Sie 30 Jahre lang einfach in einen passiven Indexfonds investiert haben und Sie in diesen Jahren einmal einem 25-prozentigen Kursrückgang aus dem Weg gegangen sind und dabei eine Barauszahlung mit einer Rendite von fünf Prozent erhalten haben, dann wären Sie ein Prozent besser als der Markt. In der Summe hätten Sie – lediglich durch einen einzigen korrekten Wetteinsatz – mehr als 90 Prozent aller professionellen Investoren geschlagen. In der Defensive erfolgreich zu agieren, selbst wenn Sie das nicht perfekt machen, kann Ihrer Performance wirklich dauerhaft auf die Sprünge helfen.

Zu Spitzenzeiten eines Bullenmarktes kann man endlose Ratschläge hören, die besagen, dass man sich niemals als Bär verhalten und Limits setzen soll, damit man den großen Anstieg nicht verpasst. Im Jahre 2000 war dieser Ratschlag weit verbreitet. Die Finanzdienstleistungsbranche warf jedem Profi, der sich bearish verhielt, vor, ein Quacksalber oder Scharlatan zu sein. Dieser Rat führt schlicht dazu, dass der GD Sie in den Bärenmarkt saugt, wenn dieser sich ungeordnet auf einem Pfad abwärts bewegt, den nur wenige begreifen werden. Machen Sie keinen Fehler; die Belohnung dafür, dass man gelegentlich einen Bärenmarkt korrekt einschätzt, ist groß genug, um den Aufbau eines Bärenmarkt-Muskels zu rechtfertigen, sofern Sie wissen, dass Sie ihn nur extrem selten benutzen werden.

Nach einem Bärenmarkt sind diejenigen die Helden, die das richtige Timing hatten und mit fallenden Kursen rechneten. Viele sind viel zu früh zu Bären geworden, oftmals Jahre vor dem Höhepunkt des Bullenmarktes, und sind dadurch zu „Dauerbären" geworden (obwohl sie mit miserablen Renditen ausgestiegen sind, werden sie nun dennoch kurzzeitig zu Medienhelden). Und so erklärt der GD die Bären abwechselnd zu Helden und zu Schurken, das ist der GD in Höchstform. Er dreht den Investoren die Köpfe um, so dass sie immer rückwärts statt vorwärts schauen müssen.

Am Ende eines jeden Bärenmarktes sprechen die Medien einen jeden heilig, der sich bereits am Anfang als Bär verhalten hat. Am Ende eines jeden Bärenmarktes werden Timing-Services immer beliebter, genau dann, wenn man sie auf Jahre nicht braucht. Das passiert *jedes* Mal. Der Schlüssel ist, die Timing-Fertigkeiten für den Bärenmarkt über lange Zeiten aufrechtzuerhalten, wenn sie nicht genutzt werden – der Feuerlöscher für die wenigen Tage, an denen man ihn braucht.

Ich habe mich erst dreimal defensiv verhalten – Mitte 1987, Mitte 1990 und Ende 2000. Jedes Mal habe ich großes Glück gehabt. Das nächste Mal werde ich es vermutlich vermasseln. (Mich selbst daran zu erinnern ist eine Methode, um meine Selbstüberschätzung einzuschränken.) Einem starken Abschnitt solcher Bärenmärkte aus dem Weg zu gehen macht einen großen Teil meiner Karriere aus. Wenn Sie ein einziges Stück eines starken Sinkflugs auslassen, dann erkaufen Sie sich schlicht etliche Jahre mit einem Mehr an Rendite. Wenn Sie einmal in einen Bullenmarkt etwas zu spät einsteigen, dann lässt Sie ein erfolgreiches Umgehen eines Bärenmarktes den Anschluss wieder herstellen und bringt Sie nach vorn. Es ist schwierig, eine fein ausgebildete Fähigkeit immer parat zu haben, wenn man sie nur wenige Male in seinem Anlegerleben braucht. Die meisten werden genau das nicht tun, weshalb Sie es unbedingt tun sollten. Die anderen bevorzugen die Ausbildung von Fähigkeiten, die sie täglich brauchen, nicht nur einmal alle zehn Jahre.

S&P 500 Tägliche Renditen
1. Januar 1982 - 31. Dezember 2005

Durchschnittliche Jahresrendite = 10,6%

Was, wenn Sie die BESTEN Tage verpasst haben?

Wenn Sie die BESTEN verpasst haben...	...fiel Ihre durchschnittliche Rendite auf:
10 der 6261 Handelstage (0,16%)	8,1%
20 der 6261 Handelstage (0,32%)	6,2%
30 der 6261 Handelstage (0,48%)	4,6%
40 der 6261 Handelstage (0,64%)	3,1%
50 der 6261 Handelstage (0,80%)	1,8%

Was zählt, ist die Zeit im Markt, nicht den Markt zu timen.

Quelle: Global Financial Data.

Viele verstehen all das sehr falsch. Wie damals im Jahr 2000! Meine Firma und ich wurden zu Bären, und wir schichteten für unsere Kunden auf Bargeld und Bargeldäquivalente um. Der Markt fällt. Es läuft außerordentlich gut. Jedes Jahr kommen neue Kunden zu uns. Unsere gute Handelsentscheidung zieht ganze Heerscharen von Kunden an. Einige Kunden kommen zu meiner Firma in dem Jahr, bevor wir wieder auf den Markt gehen. Sie schwimmen in Bargeld. Einige Kunden kommen nur wenige Wochen, bevor wir wieder auf den Markt gehen. Sie schwimmen in Bargeld. Wie bereits erwähnt, sind wir 2002 zu früh auf den Markt gegangen, und die Portfolios fielen mit dem Markt. Einige dieser Kunden blieben uns treu. Andere verließen uns. Diejenigen, die uns verließen, dachten, dass Sie durch uns Geld verloren hätten. Denken Sie einmal nach. Weder meine Firma noch ich haben jemals behauptet, immer das richtige Gefühl für den absolut perfekten Zeitpunkt zu haben. Wenn wir das hätten, würden wir in kürzester Zeit die Welt besitzen. Wenn Sie einer unserer Kunden gewesen wären, als wir ins Bärenlager wechselten und uns damit etwas vom Markt distanzierten, wie gerade besprochen, und zwar ohne perfektes Markt-Timing, hätten wir Ihnen dennoch dazu verholfen, Ihr langfristiges Ziel schneller zu erreichen. Wären Sie unser Kunde geworden, bevor wir zu früh in den Markt gegangen sind, hätten wir Sie dennoch nicht von Ihrem langfristigen Ziel ferngehalten: aktienähnliche Renditen zu erzielen und zu versuchen, über einen längeren Zeitraum etwas besser als der Markt zu sein. Mit diesem „Durch Sie haben wir Geld verloren" legten Sie den Schwerpunkt in kurzsichtiger Weise auf kurzfristige Ergebnisse, was Ihnen auf lange Sicht nicht dienlich sein wird. Sie verpassten das Jahr 2003, ein kolossal großartiges Jahr, das die Verluste wettmachte, und mehr noch 2004 und 2005, in denen es mit den positiven Renditen weiterging. Diejenigen, die 2002 ein- und ausgestiegen sind, haben all das schlicht verpasst. Hier erscheint der GD in Hochform: Er bringt die Menschen dazu, zur schlechtesten Zeit auszusteigen und niemals wirklich zu verstehen, was geschehen ist. Wenn sie sich Frage drei gestellt hätten, hätte ihnen das eine Menge helfen können.

Vergessen Sie niemals, wie schnell sich der Markt bewegt. Ihre jährliche Rendite kann in nur einigen wenigen Tagen großer Bewegung generiert werden (wie Sie es in der Tabelle illustriert sehen). Wissen Sie, welches diese Tage sein werden? Ich bin sicher, dass ich es nicht weiß, und ich bin seit über einem Dritteljahrhundert professionell im Geldmanagement tätig. Niemand weiß, was der Markt in den nächsten oder an welchen Tagen auch immer tun wird. Niemand kann Ihnen sagen, welche drei, sechs oder neun Tage in diesem Jahr Ihnen den Großteil Ihres Gewinns oder Verlusts einbringen werden. Wenn Sie marktähnliche Renditen erzielen wollen, dann müssen Sie auf dem Markt bleiben. Schauen Sie sich 2005 an. Obwohl die wichtigsten Indizes positiv waren (außer diesem schmutzigen Dow) war es ein wenig eindrucksvolles Jahr. Der Weltmarkt bewegte sich gegenüber dem MSCI World Index 9,5 Prozent nach oben.[3] Der S&P 500 bewegte sich weniger als fünf Prozent nach oben.[4] Nicht gerade toll! Ende 2005 waren die Medien – wie vorzusehen war – verdrießlich. Viele Investoren entschieden, dass sie die Nase voll hatten von diesem Markt, der nirgendwohin zu gehen schien. Dann gab es in den ersten beiden Wochen des Januars 2006 einen Anstieg von vier Prozent an den weltweiten Märkten.[5] In nur zwei Wochen hat der Markt die Hälfte von dem geschafft, was er in dem gesamten Jahr zuvor zurückgelegt hatte! Investoren, die, von der Stagnation des Vorjahres müde, ausgestiegen waren, haben das verpasst, worauf sie gewartet haben. Der GD hatte auf der Lauer gelegen und auf sie gewartet, und ihr Steinzeitgehirn hat sie ihm direkt in die Hände getrieben. Innezuhalten und sich die drei Fragen zu stellen kann viele kognitive Fehler vermeiden helfen, zu denen es aufgrund der Marktmüdigkeit kommt.

Wie baut man ein defensives Portfolio auf?

Sie haben Ihre drei Fragen gestellt und sind überzeugt, dass das wahrscheinlichste Marktszenario für (ungefähr) das nächste Jahr „stark abwärts", also ein richtiger Bärenmarkt ist. Was machen Sie? Wie sollte ein defensives Portfolio aussehen? Das kommt darauf an. Sie hören das überhaupt nicht gern, ich weiß, aber es stimmt. Verschiedene Bären sind nun mal unterschiedlich. In einigen Bärenmarktjahren überleben manche Sektoren schwimmend, aber Sie werden nicht wissen, welche, bevor Sie es nicht selbst erfahren, und vielleicht noch nicht einmal dann.

In den Jahren eines Bärenmarktes sind Sie am sichersten in einem überwiegend auf Bargeld orientierten Portfolio. Liquidität ist der Schlüssel; die Märkte bewegen sich am Anfang von Bullenmärkten schnell, und Sie müssen auf den Wiedereinstieg vorbereitet sein. Wenn Sie nicht liquide sind oder den Wiedereinstieg eher gemächlich gestalten, dann könnten Sie den großen Sprung nach oben verpassen. Nutzen Sie Geldmärkte und kurzfristige Staatsanleihen. Kaufen Sie nichts mit einer langen Laufzeit, sofern es nicht umgehend verkauft werden kann. Lassen Sie sich nicht auf von Banken begebene Festgeldpapiere ein, wodurch Sie für eine bestimmte Zeit festgelegt sind, denn wenn die Zeit für den Wiedereinstieg kommt, dann wollen Sie nicht zurückgehalten werden. Seien Sie defensiv, aber liquide.

Marktneutral

Während des Bärenmarktes von 2000 bis 2002 wollte ich ein Portfolio, das bargeldorientiert agiert, aber bessere Renditen erwirtschaftet als der Geldmarkt. Ich wollte immun sein gegen Abwärtsvolatilität, aber auch sehr liquide, um genau dann wieder einzusteigen, wann ich es brauchte. Ich wollte Steuereffizienz. Und ich wollte den Umstand nutzen, dass ich das eine oder andere besser wusste, indem ich bestimmte Sektoren stärker und andere schwächer gewichtete. Da ich erwartete, dass der Technologiesektor schwach sein würde und ich erhebliche Ressourcen für diese Erkenntnis aufgewendet hatte, wollte ich etwas davon haben. Um das zu tun, musste ich marktneutral sein – Wertpapiere mit einer Sektorenausrichtung besitzen, ohne aber netto für Kursverluste des Gesamtmarktes anfällig zu sein. Was heißt das?

Ich schuf etwas, was ich das „synthetische Cash-Portfolio" nenne, welches all diese Ziele umfasste. Meine Vermögensstrukturierung während dieser Zeit umfasste 130 Prozent meines wirklichen Portfolios. Das sah so aus:

- Erstens hatte ich 30 Prozent in riesigen, defensiven europäischen und US-amerikanischen Blue-Chip Aktien: wichtige Pharma-Unternehmen, Banken und Konsumgüter. Alles, was als defensiv galt; somit blieben Zykliker draußen. Ich wollte Firmen mit einer unelastischen Nachfrage nach ihren Produkten, keine Firmen mit einer elastischen Nachfrage, denn im Allgemeinen neigt der Mensch dazu, zu Zeiten des Bärenmarktes seine Ausgaben zurückzuschrauben. Eine ganze Reihe davon waren Super-Cap-Aktien, die in den späten 1990er Jahren gekauft worden waren, mit Kapitalgewinnen, die ich nicht realisieren musste, da ich sie nicht zu verkaufen brauchte. Sie können wie folgt herangehen: Wenn die Zeit kommt, synthetisches Bargeld zu schaffen, verkaufen Sie, was Sie ohne Kapitalgewinn verkaufen können, und dann verkaufen Sie den Index leer (kurz erwähnt), um sicherzustellen, dass Sie kein Kapital verlieren wegen des Kursrückgangs auf dem Bärenmarkt.

- Außerdem hatte ich rund 38 Prozent in liquiden US-Staatsanleihen (nicht zu risikoreich).
- Ich hatte zwei Prozent in Index-Puts gegen den S&P 500. Ich kaufte Puts, die nach ca. einem Jahr ausliefen. Index-Puts sind ein klassischer Traum – sie sind eine relativ billige Versicherung mit relativ geringen Prämien zur richtigen Zeit (wenn der Markt oben ist) und eine sehr teure Versicherung zur falschen Zeit (wenn der Markt unten ist). Index-Puts sind wie eine Unfallversicherung, wobei der Unfall in einem starken Nachgeben des Index besteht. Die Puts würden sich auszahlen, wenn das passieren würde, und schlichtweg wertlos auslaufen, wenn es nicht dazu kommt. Ich hatte wenig zu verlieren mit einem so kleinen Posten. Ein zweiprozentiger Verlust würde, wenn sie sich nicht auszahlen würden, von meinem Anleihengewinn auf breiter Linie aufgefangen werden. Aber das Portfolio würde erheblichen Saft bekommen, wenn sich die Wette auszahlen würde. Jedes Mal, wenn die Aktien nachgaben, schnellte der Wert der Puts in die Höhe.
- Was weitere 30 Prozent betrifft, so verkaufte ich den Nasdaq 100 und den Russell 2000 leer (20 bzw. 10 Prozent), nahm die Gewinne und hielt sie als Bargeld. (30 Prozent + 38 Prozent + 2 Prozent + 30 Prozent + 30 Prozent = 130 Prozent. So kam ich auf die 130 Prozent.) Wer von Ihnen Einzelinvestor ist, hat vermutlich nicht genug Druckmittel gegenüber seinem Broker, als dass er Ihnen das Geld für einen Leerverkauf leihen würde, und da kann ich Ihnen leider auf keine Weise helfen. Ich setzte darauf, dass die Kombination von Nasdaq und Russell mehr fallen würde als die Aktien, die ich hielt. So lieh ich die Indizes und verkaufte sie leer in der Hoffnung, dass ich sie zu einem geringeren Kurs wieder zurückkaufen können würde, wenn ihr Wert gefallen war, und die Differenz wäre dann mein Gewinn, der größer wäre als die Verluste, die ich mit meinen gehaltenen fallenden Aktien erlitt. Anstatt den Erlös aus dem Index-Leerverkauf wieder zu investieren, hielt ich das Bargeld für den Fall, dass ich falsch lag. Aber selbst das Bargeld erbrachte mir einen Gewinn.

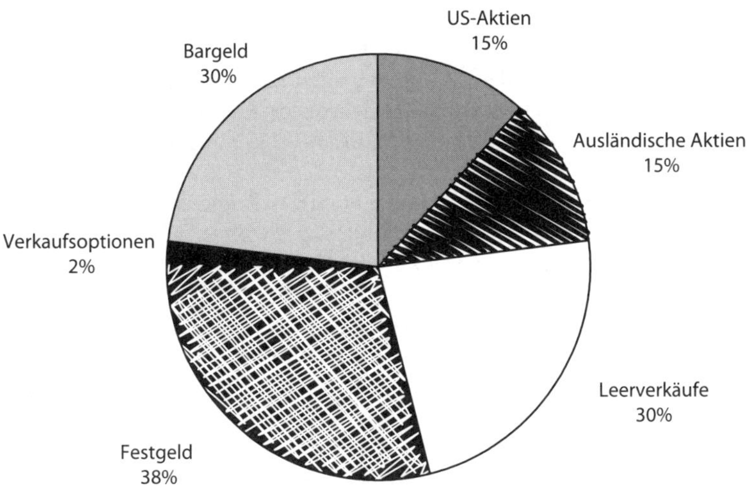

Hypothetische defensive Portfolio Allocation

Dieses Mal lag ich nicht falsch, und der Markt fiel während dieser Baissejahre sehr stark ab. Dieses Portfolio lief unter diesen Bedingungen sehr gut. Der Nasdaq-100-Leerverkauf machte sich wesentlich besser als der des Russell 2000, aber zusammen war das Ergebnis passabel, der Gesamtwert stieg noch an, während die Aktien, die ich hielt, fielen. Ich weiß noch nicht, wie ich mein nächstes Bärenmarktportfolio aufbaue, aber beim nächsten Mal, werden wir – von den dann herrschenden Bedingungen ausgehend – wieder versuchen, vorübergehend synthetisches Bargeld zu schaffen, das nicht volatil, aber liquide und steuereffizient ist und das eine oder andere Aktien- bzw. Sektoren-Picking noch zulässt.

Anatomie einer Blase

Wie bereits erwähnt, gelang es mir, die letzten drei Bärenmärkte vorauszusehen – 1987, 1990 und 2000 – und Sie wollen das nicht hören, aber das ist die absolute Wahrheit, ich habe nicht die geringste Ahnung, was den nächsten verursachen wird. Mit etwas Geschick und Glück werde ich es erkennen, wenn ich es sehe, und das werden Sie hoffentlich auch, wenn Sie die drei Fragen benutzen und sich nicht von den Märchen blenden lassen.

Ich werde gleich mein Wissen darüber mit Ihnen teilen, wie man einen Bären ausmacht, und aufzeigen, wie man erkennt, wenn es kein Bär ist. Aber zunächst das: Was mich den Technologie geführten Bärenmarkt vom März 2000 erkennen ließ, waren beunruhigende Tatsachen, die andere wohl übersahen. Etwas Furchtbares zu erkennen, was andere übersehen, ist die Grundlage einer jeden erfolgreichen Bärenjagd.

Die Optimisten waren 1996, 1997, 1998 und 1999, als der GD jedes einzelne Jahr über 20 Prozent erreichte, jeweils zu zurückhaltend, und der Markt erwartete immer negative oder einstellige Renditen. Optimistisch wurde der Konsens erst im Jahre 2000, wie von meiner glockenförmigen Stimmungskurve (die, wie Sie sich erinnern werden, damals immer noch funktionierte) gemessen, und man war sich einig, dass der Markt die Zehn-Prozent-Marke überschreiten würde. Die Glockenkurve von 2000 ist noch einmal in Abbildung 8.1. dargestellt.

Ich wusste, ich konnte eigentlich unter dieser Konsensglocke so gut wie alles ausschließen – von einer Stagnation bis hin zu 20 Prozent. Es konnte ein Jahr mit einer starken Aufwärtsbewegung werden und zwei Löchern auf der Bärenseite oder aber ein Jahr mit einem schwachen oder starken Abwärtstrend. Ich wollte nicht allein deshalb ins Bärenlager wechseln, um meine Opposition zu zeigen. Aber ich war beunruhigt über eine umgekehrte Renditekurve, da niemand darüber sprach. Wie Sie wissen, sagen negative Renditekurven ziemlich verlässlich Bärenmärkte und Rezessionen voraus (wenn sie denn von wenigen zur Kenntnis genommen werden) – und das passierte global. Aber niemand sprach darüber, also gab es auch keine Angst davor. 1998 dagegen hatte die Finanzpresse gar nicht aufgehört, eine negative US-Renditekurve herbeizureden, obwohl sich die Renditekurve nicht unter den flachen Bereich bewegte. Aber im Jahr 2000, nein. (Sie sprachen dann im Jahre 2005 darüber, vermutlich weil niemand darüber geredet hat, als es im Jahre 2000 passiert ist.) Zudem waren in den Vereinigten Staaten, Großbritannien und vielen anderen Ländern gerade erst Haushaltsüberschüsse aufgetaucht, ein Zeichen für einen kommenden Bärenmarkt. Die Anleihenrenditen waren sehr hoch im Vergleich zu den Unternehmensgewinnen (siehe Abbildung 1.5 in Kapitel 1). Es hatte jede Menge aktienbasierter Übernahmen gegeben. Das einzig reale Zeichen für einen Bullenmarkt war, dass sich der Präsident im vierten Jahr seiner Amtszeit befand.

Und es war ganz sicher keine Zeit der Angst. Die Januarausgabe der *BusinessWeek* aus dem Jahr 2000 lobte mit ihrer Titelstory die „New Economy[6]". Im Nachhinein ist der lautstarke Artikel von Anfang bis Ende eher zum Brüllen komisch – Sie finden ihn auf deren Webseite. (Dort sehen Sie auch, was *BusinessWeek* über mich zu sagen hatte. Auch das ist lustig.) Der Autor konnte gar nicht genug positive Adjektive hineinpacken, um den Zustand der amerikanischen und globalen Wirtschaft zu beschreiben. Aber *BusinessWeek* war nicht der einzige Übeltäter. Wenige hegten wirklich ernsthaft Bedenken, die in Richtung Bärenmarkt gingen, abgesehen von den Dauerbären. Genau ein Jahr zuvor sollte Y2K das Ende allen Lebens sein, wie wir erfahren haben. Zwei Jahre zuvor sollten die russische Rubelkrise und der Bankrott eines zweitrangigen Hedgefonds die Welt lahmlegen. Nachdem sie das alles durch hatten, beschlossen die Menschen, optimistisch zu sein. Allein vom Gefühl her war es vernünftig, die Möglichkeit einer defensiven Haltung in Erwägung zu ziehen. Aber bis zum tatsächlichen Wechsel ins Bärenlager ist es ein langer Weg.

Etwas stimmte nicht, und niemand sah es. Nach Jahren von Börsengängen im Technologiesektor drohte das Angebot die Nachfrage zu ersticken. Der Technologieboom der späten 1990er Jahre war von seiner Struktur her fast identisch mit dem gestörten Gleichgewicht zwischen Angebot und Nachfrage bei den Energieaktien im Jahre 1980. Ich schrieb darüber in meiner Kolumne vom 6. März 2000 in *Forbes* unter dem Titel „1980 Revisited" (der in Kapitel 7 abgedruckt ist). Dass der Artikel nur wenige Tage vor dem Kurshöchststand des Technologie- und des US-Marktes erschien, war purer Zufall; ich hatte keine Ahnung, dass diese spezielle öffentliche Ansage ein so gutes Timing haben würde. Ich hatte den Bestand an Technologieaktien von meinen Kunden Anfang 2000 auf die Hälfte ihres Benchmark-Gewichts heruntergefahren, und zum März hinkte ich der Indexentwicklung hinterher, weil die Technologieaktien in den ersten zwei Monaten des Jahres 2000 stark zugelegt hatten. Es gab einen steilen Anstieg von Kündigungen durch Kunden bei uns, als wir die Gewichtung der Technologieaktien reduzierten. Der Fakt, dass viele Kunden ärgerlich darüber waren, nicht an einem vermeintlich neuen auf Dauer heißen Sektor partizipieren zu können, stärkte weiter meinen Glauben, dass die Zeit reif war, den Technologiesektor zu verlassen, selbst wenn es zu früh sein sollte.

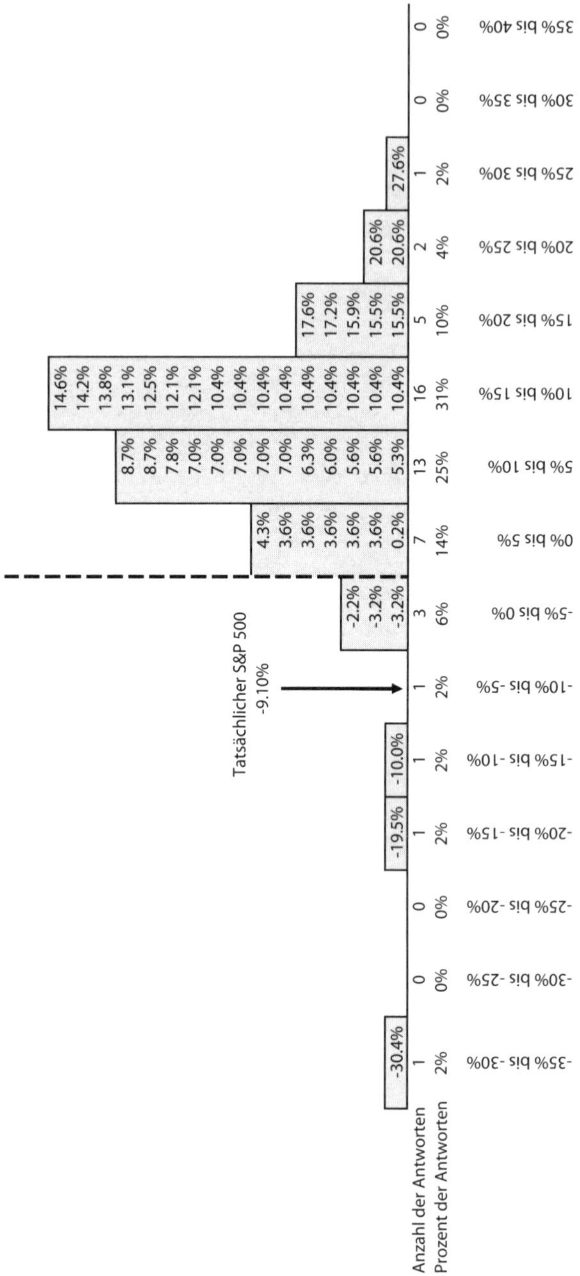

Abbildung 8.1: Die glockenförmige Stimmungskurve bewegt sich nach rechts (S&P 500 Vorhersage 2000).

Quelle: BusinessWeek.

Ärger mit der Börsenblase? Welche Blase? – Es ist immer ein neues Paradigma

Wie es in der Kolumne hieß, zögerte ich, das Wort „Blase“ zu benutzen, da es von so vielen, die von Blasen so wenig verstehen, überstrapaziert worden war. Während ich dies im Jahre 2006 schreibe, rechnet die Welt seit vier Jahren mit einem Platzen der Blase im Bereich der Wohngrundstücke. Nicht nur überall in Amerika, sondern auch in London, Paris und weiten Teilen Kontinentaleuropas wird dies ängstlich erwartet. Seit vier Jahren! Warum platzt sie nicht, verdammt nochmal? Journalisten, die in Manhattan arbeiten und überteuerte Schlauchwohnungen mit Durchgangszimmern mieten, warten darauf, schadenfroh tanzen und singen zu können: „Ich habe es euch doch gesagt! Ich habe es euch doch gesagt!“ Die Uhren sind angehalten! Auf jeden Fall sind wirkliche Blasen äußerst dünn gesät. Das Wort „Blase“ sollte man niemals leichtfertig benutzen.

Ein paar Bemerkungen zu der vermeintlichen Blase im Bereich der Wohngrundstücke: In der Weltgeschichte hat es niemals eine Blase gegeben, die in weiten Kreisen als Blase bezeichnet worden ist, bevor sie dann platzte. Bevor sie platzt, wird eine echte Blase weitgehend als neues Paradigma, als eine neue, sich fundamental von der Vergangenheit unterscheidende Ära angesehen, wo die alten Regeln nicht mehr gelten würden und wo man große Renditen erzielen könne, ohne oder nur mit einem geringen Risiko, weil jetzt eben alles anders wäre. Bevor Japans Börsenblase 1990 zu platzen begann, wurden die Japaner als überdurchschnittliche Geschäftsleute angesehen, mit denen man im Westen nicht konkurrieren konnte. Als der Technologiesektor eine Blase war, war es eben die „New Economy, Stupid“. Aber wenn etwas als eine Blase bezeichnet wird, das noch nicht geplatzt ist, dann meint man damit, dass der Preis stark in die Höhe gegangen ist, wie jetzt bei den Wohngrundstücken, und dass viele Menschen Angst haben, es könnte wieder runtergehen. (Genau, wie wir es in der Höhe erwarten.) Diese Angst herrscht bereits auf dem Markt und hat allein durch ihre Anwesenheit einen guten Teil vom Risiko genommen.

Eine tatsächliche Blase wird nie als solche bezeichnet und von den Menschen auch nicht gefürchtet. In den Jahren 1997, 1998 und 1999 gab es keinerlei Presseberichte, in denen der Technologiesektor als Blase dargestellt wurde. Tony Perkins schrieb Ende 1999 ein Buch, in dem er die Internetaktien als eine Blase bezeichnete, aber es verkaufte sich nicht sonderlich gut. Meine Kolumne in der *Forbes*, in der der Technologiesektor als eine Blase bezeichnet wird, war eine der ersten Erwähnungen dieses Wortes in der überregionalen Presse, die mit dem Technologiesektor zu tun hatte. Was jedermann als eine wahrscheinliche Blase erkennt, ist keine. Aber was ich Anfang 2000 wahrgenommen habe, war auf unheimliche Weise ganz ähnlich dem, was ich im Energiesektor im Jahre 1980 gesehen und später verstanden habe, ohne es tatsächlich vorausgesehen zu haben: eine echte Blase – mit dem Potential, in einen heftigen, wellenartig verlaufenden sektorgeführten Bärenmarkt zu münden.

Denken Sie an 1980 zurück und daran, wie unaufhaltsam der Energiesektor damals schien. Dank der groben finanziellen Misswirtschaft der weltweiten Zentralbanken in den 1970er Jahren schnellte die Inflation in die Höhe, und die

Rohstoffpreise boomten. Die OPEC war mächtig, während der Iran-Irak-Krieg tobte. Ein Barrel Öl kostete 33 Dollar, und es gab einen Konsens in der Vorhersage, dass es in vier Jahren pro Barrel 100 Dollar kosten würde. Es gab keine Stimmen, die ein Sinken der Ölpreise vorhersagten. Genauso war es Anfang 2000, Konsens gab es in der Prognose, dass sich die Internetnutzer weltweit in vier Jahren verdreifachen würden, und die meisten, nicht nur die Exzentriker von der *BusinessWeek*, verkündeten die „New Economy". Erträge spielen keine Rolle. Es ist ein neues Paradigma. *Clicks, not bricks* (dt.: Klicks, keine Ziegelsteine)! Erinnern Sie sich?

Es gab eine erdrückende Fülle von Parallelen zwischen dem 1980er Energie- und dem 2000er Technologiesektor: das rapide Wachstum beider Sektoren, die im Verhältnis zur Gesamtmenge der Aktien riesige Zahl der Aktien, die in Neuemissionen auf den Markt geworfen wurden, das wachsende Angebot und die auf den Markt drängenden zweifelhaften Geschäftsmodelle. Im März 2000 machten die 30 größten US-amerikanischen Firmen 49 Prozent[7] allen US-amerikanischen Aktienkapitals aus, und die Hälfte davon waren Technologieaktien. Gehen wir in das Jahr 1980 zurück: Auch dort hatten die 30 größten US-amerikanischen Aktien ein Drittel des Werts des US-amerikanischen Marktes ausgemacht, und die Hälfte davon waren Energieaktien gewesen. In der Tat sah das Bild, das das Aktienangebot und die -nachfrage für den Technologiesektor bot, fast genauso aus wie das Bild von 1980; so konnte ich ermessen, dass das Ergebnis nicht viel anders ausfallen würde als 1980. Das Verhältnis von der Gesamtgröße des Energiemarktes zu seiner Börsenbewertung von 1980 war dem entsprechenden Verhältnis für den Technologiesektor im Jahre 2000 sehr ähnlich. Es gab zu viele Parallelen, aber anscheinend wurden sie von niemandem bemerkt. Im Kasten führe ich detailliert zwei Parallelen auf, die wir genau untersucht haben und die enorm zu der Entscheidung beigetragen haben, aus dem Technologiesektor auszusteigen.

Die Entstehung von zwei Blasen

US Energie-Aktien	**31.12.79**	**31.12.80**	**Differenz**
Anzahl d. Energiefirmen	229	301	72
Wert d. Energiefirmen (in Tsd.)	$189,795	$324,629	$134,833

US Technologie-Aktien	**31.12.98**	**29.12.99**	**Differenz**
Anzahl d. Firmen	1460	1652	192
Wert (in Tsd.)	$2.307,384	$4.930,559	$2.623,175

Alle US-Aktien	**31.12.79**	**31.12.80**	**Differenz**
Anzahl d. Firmen	4291	4417	126
Wert (in Tsd.)	$1.024,832	$1.325,489	$300,656

Alle US-Aktien	**31.12.98**	**29.12.99**	**Differenz**
Anzahl d. Firmen	8656	8785	129
Wert (in Tsd.)	$12.881,072	$15.748,729	$2.867,657

Neue Energiefirmen in % von allen neuen Firmen	20,3%	Neue Technologiefirmen in % von allen neuen Firmen	21,2%
Neue Energiefirmen in % von allen Firmen	1,7%	Neue Technologiefirmen in % von allen Firmen	2,2%
Anstieg d. Energiewerts in Relation zum Gesamtmarktwert	44,8%	Anstieg d. Technologiewerts in Relation zum Gesamtmarktwert	91,5%
Kurs/Buchwert von Energieaktien	2,6x	Kurs/Buchwert von Technologieaktien	13,9x
Kurs/Buchwert von S&P 500	1,3x	Kurs/Buchwert von S&P 500	5,6x

Quelle: Standard & Poor's Research Insight.

Die explodierenden Börsengänge im Technologiesektor von 1999 und Anfang 2000 erinnerten mich auf unheimliche Weise an die Energieblase von 1980, die den gesamten Markt in einen Bärenmarkt geführt hat. Nach meinem Ermessen konnte der Technologiesektor das Gleiche bewirken. Mit Blick auf Frage zwei versuchte ich, so viele Parallelen wie möglich zwischen diesen beiden Sektoren zu finden, die von niemandem kommentiert wurden.

Weil ich weiß, dass die Aktienkurse immer und überall von Angebot und Nachfrage bestimmt werden, begann ich mit dem Gedanken, dass eine Angebotsflut die Preise kippen könnte. Die folgende Tabelle zeigte den rapiden Anstieg des Aktienangebots in diesen beiden Sektoren durch die jeweiligen Börsenbooms in den späten 1970er und späten 1990er Jahren. 1980 kam fast die Hälfte des Wertanstiegs der neuen und bereits existierenden US-amerikanischen Firmen aus dem Energiesektor. 1999 kam fast der gesamte Anstieg aus dem Technologiesektor.

Achten Sie auch darauf, wie das prozentuale Verhältnis von neuen Technologieaktien zu allen neuen Aktien und allen US-amerikanischen Aktien im Jahre 1999 dem entsprechenden Verhältnis während der Energieblase von 1980 gleicht. Achten Sie auch auf das Verhältnis von Kurs und Buchwert eines jeden Sektors im Verhältnis zum Markt. Beide wurden ungefähr mit einem doppelten Bewertungsaufschlag gehandelt. Wer erinnert sich heute daran, dass im Jahre 1980 die Energieaktien wie Wachstumswerte ausgepriesen wurden? Furchterregende Zeiten. Der springende Punkt ist, dass es niemand wahrgenommen oder erwähnt hat.

Nun schauen Sie sich die relativen Gewichtungen dieser beiden Sektoren in der folgenden Tabelle an. Die oberen drei Aufstellungen zeigen den Energiesektor im Verhältnis zum S&P 500 während der Blase und nach dem Crash in den Jahren 1979, 1980 und 1981, die unteren drei zeigen den Technologiesektor in den Jahren 1998, 1999 und 2000.

	Dezember 1979	Dezember 1980	Dezember 1981
Rohstoffe	9,64%	8,88%	8,58%
Anlagegüter	10,28%	10,82%	10,03%
Telekommunikation-Service	6,05%	4,62%	6,53%
Konsumgüter	10,90%	9,23%	10,58%
Zyklische Konsumgüter	9,86%	8,00%	8,84%
Energie	22,34%	27,93%	22,80%
Finanzen	5,79%	5,34%	6,01%
Gesundheit	6,42%	6,54%	7,42%
Technologie	10,86%	10,69%	10,33%
Verkehr	2,17%	2,89%	2,95%
Versorger	5,70%	5,07%	5,92%
	100,00%	100,00%	100,00%

	Dezember 1998	Dezember 1999	Dezember 2000
Rohstoffe	3,11%	2,99%	2,41%
Anlagegüter	8,07%	8,40%	9,01%
Telekommunikation-Service	8,33%	7,93%	5,47%
Konsumgüter	14,89%	10,88%	11,35%
Zyklische Konsumgüter	9,13%	9,14%	7,56%
Energie	6,22%	5,43%	6,45%
Finanzen	15,59%	13,20%	17,22%
Gesundheit	12,07%	9,05%	14,10%
Technologie	18,54%	30,02%	21,85%
Verkehr	0,93%	0,70%	0,67%
Versorger	3,11%	2,28%	3,91%
	100,00%	100,00%	100,00%

Eine kurze Geschichte der Sektorenblasen. Sektorengewichtungen im S&P 500.

Quelle: Standard & Poor's Research Insight, Thomson Financial Datastream.

Achten Sie auf die Ähnlichkeiten zwischen der relativen Gewichtung von Energie und Technologie. Zu Spitzenzeiten im Jahre 1980 lag der Energiesektor bei 28 Prozent des US-amerikanischen Marktes. Aber die Explosion des Technologiesektors war noch bemerkenswerter – von fünf Prozent im Jahre 1992 stieg sie auf über 30 Prozent im Jahre 1999. Aus meiner Sicht musste der Technologiesektor tiefer fallen. Aber er musste nicht viel weiter fallen, um einen gleich schlimmen Bärenmarkt hervorzubringen, wie ihn der Energiesektor zwischen 1980 und Sommer 1982 hervorgebracht hatte. (Heute macht der Technologiesektor 15 Prozent des US-amerikanischen Marktes aus, wie ihn der S&P 500 abbildet.)[8] Diese beiden Beobachtungen hatten großen Einfluss auf meine Entscheidung, öffentlich einen Höchststand im Technologiemarkt im Jahr 2000 zu vermuten.

In gewisser Weise ahnte ich, dass die Technologieblase schlimmer werden könnte als die Ölblase. 1980 lag der Börsengang für keine der 50 größten Energieaktien nur wenige Jahre zurück, sagen wir 1978 oder 1979. Die Börsengänge von 1978 bis 1980 waren zwar auch zahlreich, fanden aber nicht in so großem Stil statt wie 2000. Im Jahre 2000 waren elf der 50 größten Aktien Erstemissionen aus den Jahren 1998 und 1999. Das erhöhte das Risiko. Am beunruhigendsten war, dass niemand die Parallelen zwischen dem High-Tech-Fieber und der letzten Sektorenblase vor 20 Jahren bemerkte. Ich war ja weiß Gott nicht der Einzige mit Erfahrung in der Finanzbranche, der den Energie-Crash miterlebt hatte. Ich war doch nicht die einzige Person auf der Welt, die Zugang zu Vergleichsdaten hatte. Es gab eine Menge Leute, die das vor mir hätten erkennen müssen. Aber ich konnte nicht erkennen, dass irgendjemand überhaupt etwas sah, was Furcht erregend war. Man saß um das gleiche Lagerfeuer und schaute in verschiedene Richtungen.

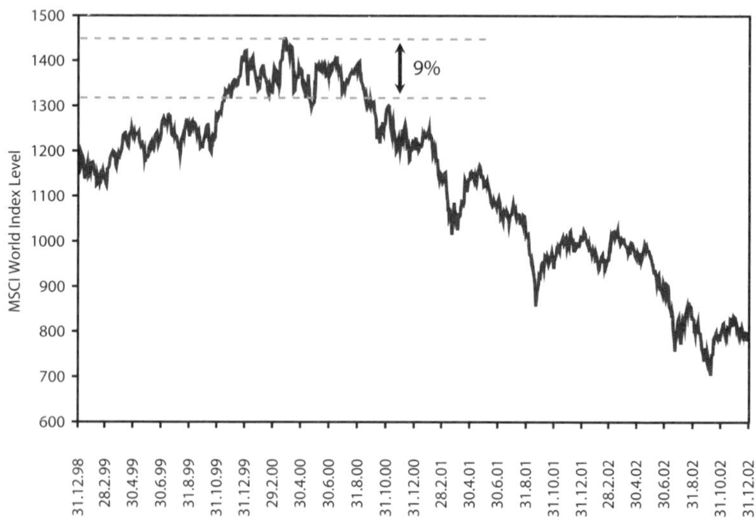

Abbildung 8.2: Bullenmärkte sterben mit einem Wimmern, nicht mit einem Knall.

Quelle: Thomson Financial Datastream.

War ich sicher, dass der Technologiesektor implodieren und der Markt fallen würde? Nein, aber es war naheliegend. Erstens waren all diese grässlichen Parallelen zum Jahr 1980 für jedermann unsichtbar. Zweitens musste man sich fragen, wer denn noch da war, um zu kaufen, da es doch schon jeder getan hatte? Wer war überhaupt noch als Frischfutter für den GD übrig? Vom Gefühl her und aufgrund der Renditekurve, der Haushaltsüberschüsse, der aktienbasierten Übernahmen und der Ölparallelen konnte ich sicher die Möglichkeit einer starken bzw. schwachen Aufwärtsbewegung ausschließen. Auch eine schwache Abwärtsbewegung schien unwahrscheinlich. Durch meinen Rückblick auf 1981 wusste ich auch, dass es lange gedauert hatte, bis der Abschwung in der Ölbranche auf die anderen Sektoren übergegriffen hatte. Das Platzen einer Sektorenblase erschüttert die anderen Sektoren nicht sehr schnell. So nahm ich also an, dass der Technologiesektor fallen würde, und zwar sehr stark. Aber es würde eine Zeit dauern, um den Rest des Marktes mit herunterzuziehen. Auf einen umfangreichen Abschwung des Marktes würden wir länger warten. Schließlich wusste ich, dass Bullenmärkte mit einem Wimmern sterben, nicht mit einem Knall. Eine Grundregel! Normalerweise haben Bullenmärkte keinen dramatischen spitzen Höchststand, sondern kippen langsam über. Um die Spitze von 2000 gab es eine zehnmonatige Phase, in der der weltweite Aktienmarkt niemals aus einer Neun-Prozent-Spanne herauskam (siehe Abbildung 8.2).

Am Ende des Jahres 2000, als die Nasdaq aufs Jahr gesehen um 39 Prozent gefallen war und der S&P 500 um neun Prozent[9] und Investoren und professionelle Propheten sich immer noch bullish verhielten, beschloss ich endgültig, dass die Zeit reif war, um ins Bärenlager zu wechseln. Nicht nur in Bezug auf den Technologiesektor, sondern auf der ganzen Linie. Zu dem Zeitpunkt war die Blase schon am Platzen. Zusätzlich konnte ich sehen, wie neue Technologiefirmen fieberhaft ihr Bargeld verheizten, genau wie das die neuen Energiefirmen 1980 getan hatten, fast genau in dem gleichen Verhältnis (wie ich detailliert im folgenden Kasten aufzeige). Wir konnten ermessen, wie vielen das Geld ausgehen würde, wenn sie nicht auf den öffentlichen Kapitalmarkt zurückgehen würden, um noch mehr Geld zu beschaffen, was nur noch die Möglichkeiten einer Firmenimplosion oder eines weiteren Anstiegs des Aktienangebots offen ließ; beides waren keine guten Zukunftsaussichten.

Die Internet-Geldverbrennungsrate

Im September 2000, nachdem der Nasdaq-Index 16 Prozent unter seinen Höchststand gefallen war und der S&P 500 aufs Jahr gesehen bei vier Prozent plus lag, blieben die Investoren mehrheitlich Bullen, obwohl wir heute wissen, dass wir an der Schwelle eines nachhaltigen Abschwungs standen. Rückschaufehler bei der Bewertung von Stimmung und Kampfesgeist kann man leicht überprüfen, indem man alte Zeitschriftencover und -artikel durchsieht. Die Stimmung blieb weitestgehend euphorisch.

Ich hatte mein Marktverhalten bereits auf die Technologieblase ausgerichtet, und meine Firma hatte sich bereits seit neun Monaten defensiv gegenüber Technologieaktien verhalten. Wir dachten darüber nach, vollständig ins Bärenlager zu wechseln. Zusätzlich studierten wir die Flut von neuen Firmen, die den Markt während des Technologie-Börsenbooms überschwemmten.

Viele der neuen Technologieaktien verließen sich darauf, dass die Kapitalmärkte die Lichter an und die Computer laufen lassen würden. Sie generierten selbst kein Bargeld, und so wandten sie sich an Investmentbankiers, auf dass diese ihnen das Kapital beschaffen. (Und die Investmentbankiers tun das immer liebend gern angesichts der hohen Provisionen!) Diese Firmen gaben gnadenlos Geld aus in der Hoffnung, eines Tages größer als die Blase zu sein. Das Problem bestand darin, dass viele dieser Anfänger-Dotcoms, wenn sie kein Geld beschaffen konnten, schlicht und einfach die Firma ohne jedes Bargeld gegen die Wand fahren würden und diese dann implodieren würde. Man hatte die Wahl, entweder neue Aktien zu verkaufen und noch mehr Angebot zu schaffen oder zu sterben. Das eine vergiftet den Aktienmarkt; das andere ist tödlich.

	Kürzel	Firmenname	Marktkapitalisierung	Gesamtverschuldung	Q1 Liquidität	Q2 Liquidität	Q4 1999	Netto-Gewinn Q1 2000	Q2 2000	Verbrennungsrate
1	ONEM	ONEMAIN.COM INC	282,12	30,45	17,06	1,42	-32,73	-39,84	-35,88	0,04
2	FLAS	FLASHNET COMMUNICATIONS INC	52,3	8,61	0,23	-	-11,42	-4,96	-	0,05
3	GENI	GENESISINTERMEDIA.COM INC	86,98	33,15	0,35	0,41	-6,66	-5,13	-7,34	0,06
4	HCOM	HOMECOM COMMUNICATIONS INC	8,14	0,48	0,08	-	-2,3	-1,49	-	0,06
5	3EFAX	EFAX.COM INC	16,07	1,5	1,6	0,18	-10,14	-5,38	-2,56	0,07
6	CLAI	CLAIMSNET.COM INC	23,19	0	2,49	-	-2,39	-1,93	-9,31	0,27
7	NETZ	NETZEE INC	120,52	16,22	1,33	5,41	-18,85	-15,67	-17,77	0,3
8	LUMT	LUMINANT WORLDWIDE CORP	235,83	6,79	9,44	-	-24,47	-29,65	-29,12	0,32
9	3ESYN	ESYNCH CORP	83,41	0,11	0,5	-	-2,14	-1,49	-	0,33
10	RMII	RMI NET INC	66,39	3,78	3,26	-	-12,24	-7,4	-8,41	0,39
11	DGV	DIGITAL LAVA INC	26,88	0,27	2,59	0,68	-2,25	-1,54	-1,74	0,39
12	ECMV	E COM VENTURES INC	22,18	54,42	2,91	-	-0,13	-6,62	-	0,44
13	ZDZ	ZDNET	135,59	0	0,02	1,21	2,05	-1,57	-2,64	0,46
14	MRCH	MARCHFIRST INC	2679,63	20	369,83	176,43	8,36	-117,33	-374,45	0,47
15	GEEK	INTERNET AMERICA INC	48,92	0,73	3,3	1,72	-0,9	-1,58	-3,27	0,53
16	ROWE	ROWECOM INC	51,25	6,96	9,29	10,13	-1,61	-15	-19,16	0,53
17	PRGY	PRODIGY COMMUN CORP -CL A	677,28	109,36	21,13	20,73	-29,76	-34,91	-38,95	0,53
18	WAVO	WAVO CORP	22,19	3,37	10,23	4,77	-14,42	-3,51	-8,91	0,54
19	ELTX	ELTRAX SYS INC	150,96	17,7	14,2	-	-1,66	-5,24	-26,34	0,54
20	KANA	KANA COMMUNICATIONS	5575,49	1,72	35,67	162,84	-	-14,45	-284,94	0,57
21	ATHM	AT HOME CORP	7578,71	873,23	502,28	388,73	-723,01	-676,52	-668,26	0,58
22	PILL	PROXYMED INC	30,88	1,75	7,91	7,38	-	-5,72	-10,48	0,7
23	AHWY	AUDIOHIGHWAY.COM	14,36	0,46	8,34	3,47	-5,86	-4,01	-4,78	0,73
24	BFLY	BLUEFLY INC	10,77	2,87	3,91	3,93	-5,69	-5,67	-5,3	0,74
25	ELIX	ELECTRIC LIGHTWAVE -CL A	941,85	710,4	25,99	-	-35,02	-35,14	-34,96	0,74

Die Internet-Geldverbrennungsrate

Quelle: Standard & Poor's Research Insight

Als Richtwert berechneten wir die *Geldverbrennungsrate* für so viele neue Technologieaktien, wie wir Daten finden konnten. Die Geldverbrennungsrate misst, wie schnell einer Firma das Bargeld ausgehen wird, wenn es zu keinem neuen Zufluss an Bargeld kommt. Um die Geldverbrennungsrate zu messen, verglichen wir die Liquiditäts- und Nettoverluste im zweiten Quartal des Jahres 2000 (im September taten wir das zum letzten Mal). Von der Annahme ausgehend, dass diese Firmen keinerlei weitere Finanzierung von außen finden würden, teilten wir das gegenwärtig vorhandene Bargeld durch den Nettoverlust des zweiten Quartals, um auf die Geldverbrennungsrate zu kommen. Zum Beispiel, Wavo Corp (erinnern Sie sich an sie? Nein? Ich auch nicht. Mit Wavo war es schnell vorbei gewesen), die auf Platz 18 standen, am 30. Juni 2000 noch 4,7 Millionen Dollar Bargeld besaßen und einen Quartals-Nettoverlust von 8,9 Millionen Dollar auswiesen. Das Bargeld durch das Nettoeinkommen geteilt, ergibt eine Geldverbrennungsrate von 0,54 Quartalen. Das hieß, dass die Verrückten bei Wavo nur noch für einen halben Monat Bargeld übrig hatten, vorausgesetzt, sie fuhren fort, das Geld in demselben Tempo durchzubringen, und sie waren nicht in der Lage, sehr schnell neue Aktien auf den Markt zu bringen. Das ist nicht clever. Das ist dämlich!

Insgesamt fanden wir 223 öffentlich gehandelte Firmen, die so klamm waren, dass sie, wenn sie nicht ganz schnell neue Aktien anbieten würden, in kürzester Zeit nur noch eine verschwommene Erinnerung sein würden. Die Tabelle listet die 25 schlimmsten Übeltäter auf. In nur einem Quartal stieg die gesamte Marktkapitalisierung von Firmen, die in diese Schablone passten, von 140 Milliarden auf über 312 Milliarden Dollar, nicht durch Kursanstiege, sondern weil so viele kurz davor waren, die Firmen gegen die Wand zu fahren, und niemand nachrechnete. Der Markt wurde mit einem riesigen Angebot an Aktien von unrentablen Firmen überschwemmt. Durch diese Fülle von Fehlinvestitionen waren so ziemlich alle diese Firmen zwölf Monate später weg vom Markt. Und das Platzen der Blase hatte gerade erst begonnen.

Eine solche Aufstellung ist leicht überschaubar, sollten Sie jemals selbst Geldverbrennungsraten ausrechnen wollen. Alle aufgeführten Informationen sind öffentlich zugänglich. Sie brauchen nur eine schnelle Internetverbindung und einen verdächtigen Sektor.

Achten Sie darauf, dass der Technologiesektor im Jahr 2000 mit 30 Prozent des gesamten S&P 500 startete. Wenn ein 30-Prozent-Sektor um 39 Prozent fällt, wie es an der Nasdaq im Jahr 2000 geschehen ist, und der Rest stagniert, dann sollte der Gesamtmarkt um 11,7 Prozent absacken. Aber der S&P ging im Jahr 2000 nur um neun Prozent runter. In der Tat hatte sich der Rest des Marktes – der Nicht-Technologie-Teil – rein technisch ein winziges Stück nach oben bewegt. Der Sektorzusammenbruch hatte noch nicht zu einem Zusammenbruch vom Rest des Marktes geführt.

Noch hatte sich nichts geändert, um die bargeldhungrige Angebotsflut an öffentlichen Erst- und Zweitemissionen im Technologiesektor abzumildern. Ich wusste, dass nun das Angebot die Nachfrage erstickt hatte. Einem Dotcom nach dem anderen ging das Geld aus. Und jetzt konnte das auch kein sektorenspezifisches Problem mehr bleiben – der Rest des globalen Marktes musste die Geldverbrennung einpreisen. Wenn es auch nur ein wenig Angst auf dem Markt gegeben hätte in Bezug auf den Technologiesektor oder die Renditekurve oder etwas anderes, hätte ich die Bewegung des Marktes auch mit „schwach abwärts“ für 2001 einschätzen können. Wenn fast niemand Angst hat, ist es die beste Zeit, richtig ängstlich zu sein. Sprechen Sie mir Mr. Buffetts wundervolles Mantra nach: „Sie sollten habgierig sein, wenn andere ängstlich sind, und ängstlich, wenn andere habgierig sind.“ Ich erkannte Ende 2000, dass es im Jahre 2001 einfach keinen Kaufdruck geben würde, um den Markt vor einer starken Abwärtsbewegung zu bewahren.

Solidarisierung

Oft geht es in einem Bärenmarkt zunächst nur einigen Sektoren schlecht. Das Verkaufen greift auf andere Sektoren in einem Prozess über, den ich „Solidarisierung" nenne. Das funktioniert so. Nehmen wir einmal an, Sie wären ein gewöhnlicher Technologiefonds. Sie besitzen kleine Dotcoms und große etablierte Technologiegiganten. Aus dem Nichts ziehen mit der Implosion einiger Ihrer Dotcoms zugleich Anleger ihr Kapital aus dem Fonds ab. Sie müssen etwas verkaufen, um an Bargeld zu kommen, mit dem die Rücknahmen ausgeglichen werden können. Was verkaufen Sie? Sie können nicht die kleinen Dotcoms verkaufen, auf die die Hammerschläge nur so herunterprasseln – sie sind nicht so liquide, und Sie hoffen, dass sie rasch wieder auf die Beine kommen – und so verkaufen Sie Ihre Intel-, Microsoft- und Oracle-Aktien, weil Sie das tun können. Und dieser Verkauf trifft diese Aktien. Aber das passiert auch mit allen anderen gewöhnlichen Technologiefonds. Aber einige Wachstumsfonds besitzen auch Technologieaktien, Pharmaaktien, Aktien von Konsumgüterfirmen und Sonstiges. Da Intel, Microsoft und Oracle getroffen sind, muss der Fondsmanager etwas anderes verkaufen, um seine Rücknahmen auszugleichen, und so greift er nach Merck- und Procter-and-Gamble-Aktien und verkauft sie. Das setzt sich von Fonds zu Fonds fort, wobei die stärkste Wirkung dort zu verzeichnen ist, wo der Prozess begonnen hat. Schließlich jedoch reicht dieser Prozess so weit, dass er fast den gesamten Markt trifft. Zwischen 2000 und 2003 waren die einzigen Bereiche, die verschont blieben, die kleinen, mit einem extremen Abschlag auf den Buchwert gehandelte Substanzaktien – also genau das Gegenteil von dem, womit der Schlamassel begonnen hatte: mit hochpreisigen Wachstumswerten aus dem Technologiesektor.

So kürzte ich im Jahr 2000 meine Technologiebestände, und am Ende des Jahres wurde ich vollkommen defensiv, hielt zu 100 Prozent Bargeld oder Bargeldäquivalente und beließ es dabei für 18 Monate.

Einige grundlegende Bären-Regeln

Warum 18 Monate, mögen Sie jetzt fragen? Während die Dauer von Bullenmärkten erheblich schwankt, dauern die meisten Bärenmärkte zwischen etwa einem Jahr und 18 Monaten, wenn es hoch kommt. Sehr wenige Bärenmärkte der jüngsten Geschichte haben zwei Jahre oder länger angehalten. Sie sollten nicht darauf wetten, dass es so lange dauert. Je länger ein Bärenmarkt dauert, desto wahrscheinlicher ist es, dass Sie zu lange warten, um wieder einzusteigen. Der Bärenmarkt von 2000 bis 2002 zumindest war ungewöhnlich lang, und Sie sollten das nicht als Norm ansehen. Ein Bärenmarkt von diesem Ausmaß und dieser Dauer war so global seit der Großen Depression nicht vorgekommen.[10] Wir werden vermutlich für lange Zeit, womöglich jahrzehntelang, keinen weiteren drei Jahre währenden Bärenmarkt erleben. Selbst wenn ein solcher früher eintritt, würde Sie ein 18-monatiger Ausstieg immer noch in eine sehr gute Position bringen. Wenn Sie sich länger wie ein Bär verhalten, dann verpassen Sie den raketenartigen Start, mit dem die nächste Bullenphase meistens beginnt. Das kann sehr kostspielig sein.

Und wenn Sie erfolgreich ausgestiegen sind und die Zeit Ihnen Recht gibt, dann wird Ihr Steinzeitgehirn gern versuchen, Sie so lange draußen zu halten, bis die Initialzündung des nächsten Bullenmarktes vorbei ist. Es wird Sie nicht kampflos wiedereinsteigen lassen. Draußen zu bleiben fühlt sich eine längere Zeit besser an, vor allem, wenn Sie sich selbst überzeugen, dass der raketenartige Start gar nicht real ist. Ihr Gehirn sonnt sich in dem Stolz, rechtzeitig rausgekommen zu sein. Wieder ins Bullenlager zu wechseln bedeutet, dass man falsch liegen könnte und die anderen sich über einen lustig machen würden. (Sie können es mir glauben, im Jahr 2002 habe ich mich ziemlich lächerlich gemacht, als ich zu früh wieder eingestiegen bin – der GD hatte mich diesmal voll erwischt, danke.)

Bärenmärkte dauern selten so lange, wie Ihr Gehirn Sie glauben machen möchte, wenn es Sie einmal erfolgreich da herausgeholt hat. Man kann eine Menge Rhetorik hören über „zyklische Bullen mit Langzeitbären“, was wohl besagen soll, dass positive Jahre nur Leuchtzeichen in einem insgesamt abwärtsgerichteten Superzyklus sind. Welch ein Unsinn! Das sind alles Leute, die von dem GD an der Nase herumgeführt worden sind. Seit 2002 konnte man das ständig hören, aber seit 2003 ist der Markt jedes Jahr gestiegen, wie auch immer Sie es betrachten. Denjenigen, die darauf bestehen, dass Bullenmarktperioden eher die Ausnahme als die Norm sind, würde ich empfehlen, nicht mehr Doom zu spielen, die Schlafanzüge gegen richtige Kleidung einzutauschen und die Kellergeschosse ihrer Eltern zu verlassen, wo sie zweifelsohne Büchsennahrung und Wasser gehortet haben, um auf die Apokalypse vorbereitet zu sein. Sofort!

Wenn man das Wesen der Bärenmärkte versteht, dann wird einem auch klar, warum es gut ist, im Voraus einen Zeitrahmen für den Wiedereinstieg festzulegen. Im Rückblick entsteht nur ein geringer Teil der Verluste im Bärenmarkt, vielleicht ein Drittel, in den ersten beiden Dritteln seiner Zeitdauer.

Das nenne ich meine „Zwei-Drittel-ein-Drittel-Regel“. Es ist eine grobe Verallgemeinerung, aber etwa zwei Drittel aller Verluste passieren zum Ende eines Bärenmarktes. Die Zeit des Bärenmarktes von 1973 bis 1974 war ein gutes Beispiel, wie auf Abbildung 8.3 anschaulich dargestellt ist.

Sie werden den Zeitpunkt für Ihren Wiedereinstieg nicht perfekt festlegen (mir ist es das letzte Mal jedenfalls nicht gelungen!), demzufolge sollten Sie sich von dieser Vorstellung freimachen. Dass ein Bärenmarkt zum Ende so brutal ist, heißt nur, dass der GD Sie nur in demütigender Weise von dem raketenartigen Initialstart in einen neuen Bullenmarkt fernhalten will.

Die andere Seite der Regel ist: Ein Bärenmarkt beginnt nicht mit einer steilen Abwärtsbewegung. Dazu kommt es erst später. Während der ersten zehn bis 20 Prozent der Zeit nach einem Höchststand rutscht der Markt langsam ab. Gemäß Abbildung 8.2 war das Jahr 2000 ein perfektes Beispiel dafür. Das trifft nicht auf alle Länder zu – kleinere Länder können nach einem Höchststand stark absacken. Aber für Amerika, die Gesamtsumme ausländischer Märkte sowie die Welt als Ganzes stimmt es auf jeden Fall. Wenn Sie also nach einem echten Bärenmarkt Ausschau halten, dann brauchen Sie sich in Voraussagen gar nicht versuchen, bevor es nicht einen Höchststand gegeben hat. Warten Sie auf die ruhige Zeit nach den Höchstkursen, prüfen Sie, was sich bereits ereignet hat, und versuchen Sie nicht, im Voraus Visionen zu entwerfen. Es ist immer leichter, einen Höchststand zu erkennen, nachdem etwas passiert ist, als im Voraus, wenn noch gar nichts geschehen ist.

Zu Zeiten eines Markttiefstands gilt das Gegenteil. Während die Höchststände von Bullenmärkten nicht als Spitze erscheinen, tun das die Tiefststände der Bärenmärkte sehr wohl, sie sind V-förmig oder mitunter W-förmig. Denken Sie sich einen Markttiefstand wie ein V (oder ein W, wenn es ein Doppeltiefstand ist) – wie auf Abbildung 8.4. Wenn Sie nach dem Höchststand erfolgreich defensiv werden, spielt es dann eine Rolle, auf welcher Seite des V Sie wieder einsteigen? Nicht wirklich. Sie gelangen immer zur selben Stelle, egal, ob Sie nun auf der rechten oder linken Seite des V einsteigen (abgesehen von einem geringen Zinsverlust aus einem zu frühen Einstieg).

Der GD möchte, dass Sie sich in Verlustängsten und Rückschaufehlern suhlen und so lange mit dem Einstieg warten, dass Sie den Kursanstieg verpassen. Sobald Sie wieder erfolgreich eingestiegen sind, macht sich eine gewisse Trägheit bemerkbar. Zur rechten Zeit auszusteigen, das erfordert Mumm. Wieder einzusteigen ist ebenso qualvoll. Die 18-Monats-Regel hilft dabei, die nötige Disziplin und Selbstkontrolle aufzubringen. Wenn Sie über meine 18-Monats-Regel hinaus warten wollen, auch gut. Aber setzen Sie Ihren eigenen Zeitpunkt im Voraus fest, ob 20 oder 22 Monate oder einen anderen Zeitraum, aber bleiben Sie dann auch dabei. Eine Möglichkeit, meine Regel mit Ihren zu verbinden, wäre, dass Sie einfach nach 18 Monaten schauen, wo Sie sich befinden. Wenn Sie nach 18 Monaten glauben, dass Sie immer noch besser als andere wissen, warum der Markt weiterhin schwächer laufen sollte, dann lassen Sie ihn schwächer laufen. Wenn das einen Monat später vorbei ist, dann zwingen Sie sich zum Wiedereinstieg. Wenn der Markt noch schwächer ist, dann lassen Sie ihn fallen, aber wenn er wieder auf den Stand steigt, den er nach den 18 Monaten hatte, dann zwingen Sie sich, einzusteigen. Sie sind genau an derselben Stelle, nur eben auf der anderen Seite vom V. Beide Herangehensweisen werden Ihnen ähnliche Resultate liefern, solange Sie wirklich dabei bleiben und Ihrem Gehirn und dem GD keine Chance geben, Sie davon abzubringen.

Versuchen Sie, eine gewisse Zeit nach dem Höchststand defensiv zu sein. Einen Kanten aus dem Abschwung herauszuschneiden kann langfristig zu erheblicher Wertsteigerung führen. Die Differenz zwischen einem etwas zu frühen Einstieg und einem etwas zu späten Einstieg ist nur der Zinsverlust für eine alternative Anlage, der heutzutage wahrscheinlich sehr gering ist. Versuchen Sie, irgendwo um den Tiefstand herum wieder einzusteigen.

Es gibt noch einen anderen Grund, warum Sie den Beginn eines Bärenmarktes nicht so perfekt timen müssen. Jeder US-amerikanische und globale Bärenmarkt, den wir uns angeschaut haben – bis auf einer –, hatte einen durchschnittlichen monatlichen Kursrückgang zwischen 1,25 Prozent und 3,0 Prozent, 2,0 Prozent wären davon also das gute Mittel – der Zeitraum von 1973 bis 1974 ist dafür wieder ein gutes Beispiel (siehe Abbildung 8.5). 1987 war die Ausnahme von der Regel, aber das war wiederum von so kurzer Dauer, dass man reichlich dumm dastand und sich auch so fühlte, da sich der Markt, kaum dass man ausgestiegen war, schnell wieder erholt hatte. (Der GD!!!)

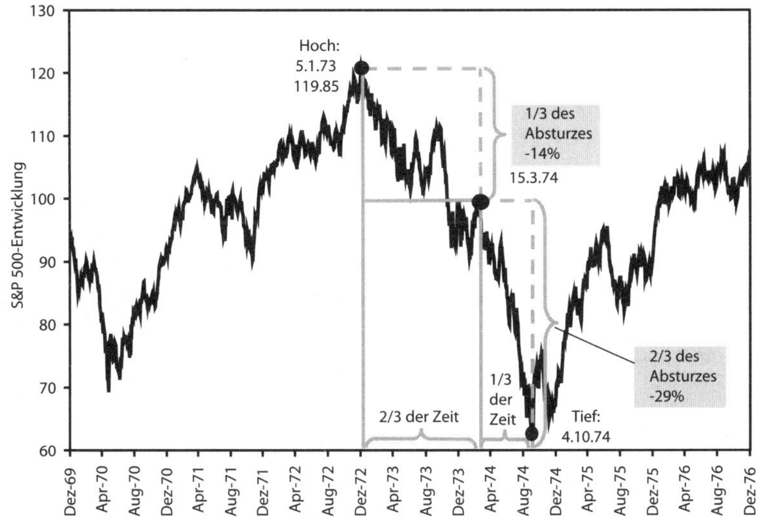

Abbildung 8.3: Die Zwei-Drittel-Ein-Drittel-Regel.

Quelle: Thomson Financial Datastream.

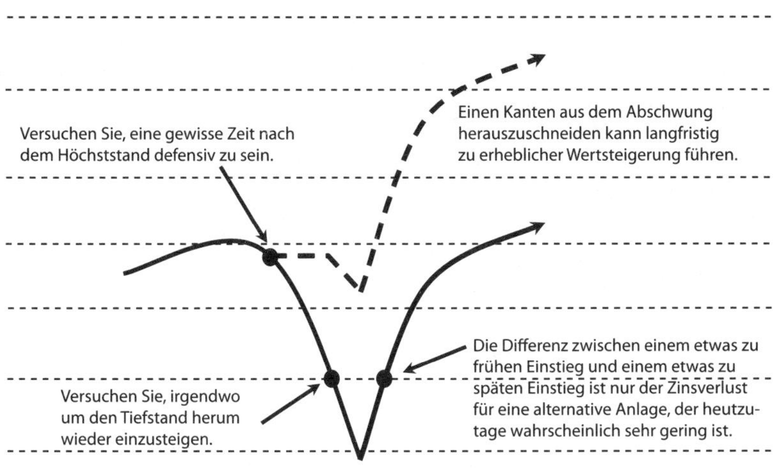

Abbildung 8.4: Auf jeden Bärenmarkt folgt ein Bullenmarkt.

Wenn Sie vermuten, dass Sie einen Bärenmarkt erleben, dann seien Sie geduldig und auf der Hut. Wenn Sie einen Kursrückgang sehen, der über die Zwei-

Prozent-Marke hinausgeht, dann warten Sie darauf, dass der Kurs noch einmal zurückspringt, bevor Sie rausgehen. Es könnte sich auch einfach um eine Korrektur handeln. Bei einem typischen Bärenmarkt werden Sie jedoch schon bald einen kurzlebigen Rückzug auf höhere Preise erleben innerhalb dieser „Zwei-Prozent-pro-Monat-Rückgangsspanne" und eine bessere Chance haben, rauszukommen. Geduld ist hier eine Tugend.

Joe Goodman war ein weiser Mann, und der Kolumnist, der am viertlängsten bei *Forbes* war (und den ich hoffe im August 2007 in dieser Eigenschaft zu überholen). Aus meiner Sicht war er der beste Kolumnist, den *Forbes* jemals hatte. Er riet Lesern in den 1940er und 1950er Jahren, niemals zu voreilig einen Höchststand zu verkünden. Er empfahl, drei Monate zu warten, wenn Sie vermuten, dass es zu einem Kurshöchststand gekommen ist, bevor Sie einen Bären als einen Bären bezeichnen (wie ich Ihnen in der vorhergehenden Illustration gezeigt habe). Der Gedanke, dass Bullenmärkte mit einem Wimmern sterben, nicht mit einem Knall, die Zwei-Drittel-ein-Drittel-Regel, die Zwei-Prozent-Regel und Goodmans Drei-Monats-Regel bewahren Sie davor, die Reißleine zu früh zu ziehen, wenn es sich nur um eine Marktkorrektur handelt und der Bullenmarkt danach weiter in die Höhe steigt. Wenn es ein echter Bärenmarkt ist, bietet Ihnen der sich wälzende, mahlende und wimmernde Höchststand noch genug Möglichkeiten zum Ausstieg, ohne dass sie mehr als sechs bis zehn Prozent – von dem Kurshöchststand aus gesehen – verlieren. Ein wenig zu verlieren ist in Ordnung, wenn Sie einen Kanten von einem großen Bärenmarkt herausschneiden und diesen damit umgehen können.

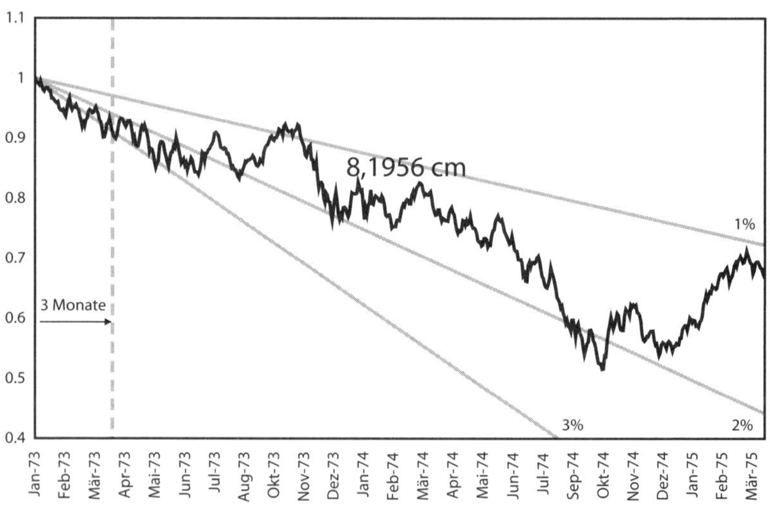

Abbildung 8.5: Die Zwei-Prozent-Regel.

Quelle: Thomson Financial Datastream.

Wenn Sie einmal draußen sind, dann gibt es unendlich viele rationale Gründe, nicht wieder in den Markt zu gehen. Als Investoren erinnern wir uns oft falsch an vergangene Ereignisse und unsere Reaktionen darauf (*Rückschaufehler*), so dass wir denken, wir hätten diese besser gehandhabt, als es tatsächlich der Fall war. Wir machen nachträglich Typen aus uns, die während vergangener nationaler Tragödien und anderer historischer Ereignisse cool geblieben sind, während wir in Wirklichkeit oft über alle Maßen emotional waren. Wir denken daran zurück, wie der Markt im Juli und August 1998 fast 20 Prozent[11] verlor, und „erinnern" uns scheinbar daran, dass wir „wussten", es würde sich nur um eine Korrektur handeln, was uns cool und besonnen bleiben ließ. Wir denken, dass der Irakkrieg im Jahre 2006 verheerender war als der in Vietnam oder Korea, oder dass wir niemals einem solchen Feind wie Al-Qaida gegenübergestanden haben oder unsere Nation „niemals so sehr politisch geteilt gewesen ist" oder ... oder ... oder.

Sehen Sie sich die Aufstellung historischer Ereignisse in Tabelle 8.3 an und versuchen Sie sich – ehrlich – daran zu erinnern, was Sie z.B. während der Kubakrise empfunden haben (wenn Sie die miterlebt haben). Oder als John F. Kennedy erschossen wurde. Oder als die amerikanische Botschaft im Iran besetzt wurde. Oder als es auf Y2K zuging.

Die Liste all dieser großen Ereignisse soll Ihnen nicht das Gefühl geben, dass für die Menschheit alles verloren ist. Sie zeigt vielmehr, wie widerstandsfähig die Märkte sind. Lassen Sie sich nicht von Hysterie übermannen. Das ist genau das, was der GD will.

Wenn Bullen sich tarnen

Der GD will Sie zu der Annahme verführen, dass jeder Bullenmarkt in Wirklichkeit ein verkappter Bärenmarkt ist. Der GD schmiedet seine Komplotte so, dass ein neuer Bullenmarkt als „Langzeitbärenmarkt" getarnt erscheint. Bullenmärkte sind unverfroren, wenn es um ihre Tarnung geht. Ich habe noch nie einen Bullenmarkt gesehen, der zu einer Party nicht in einer vollen Bärenmontur erschienen wäre. Leider halten die meisten Investoren nicht nach solchen „Transvestiten" Ausschau. Alles, was sich diesen dann zu später Stunde auf der Party offenbart, ist, dass sie sich haben foppen lassen und dachten, sie hätten ein paar Lacher mit einem Bären geteilt und PENG! haben sie die ersten 50 Prozent davon verpasst, wie der Bulle seine Hörner einsetzt. Und all das nur, weil der GD ihnen das Gehirn verdreht hat.

Wappnen Sie sich gegen den GD und lernen Sie, einen „Transvestiten" von einer echten Erscheinung zu unterscheiden, sprich eine Korrektur von einem Bärenmarkt. Die Hauptunterschiede zwischen den beiden sind Ausmaß und Dauer. Eine Korrektur ist eine kurzfristige zehn- bis 20-prozentige Furcht einflößende globale Abwärtsbewegung.

Tabelle 8.3: Es gibt keine falschen Zeitpunkte.

Jahr	Ereignisse	S&P 500
1934	Depression; erste Mindesteinzahlungsbeträge; Hitler erklärt sich selbst zum deutschen Führer	-1.4%
1935	Italien marschiert in Nordafrika ein; Hitler lehnt den Vertrag von Versailles ab	47.7%
1936	Spanischer Bürgerkrieg; wirtschaftliche Probleme; Kurs-Gewinn-Verhältnis in Rekordhöhe; Hitler besetzt das Rheinland	33.9%
1937	Kapitalinvestitionen & Industrieproduktion gehen stark zurück; Rezession	-35.0%
1938	Wolken des nahenden Weltkriegs brauen sich zusammen; Wall-Street-Skandale aufgedeckt	31.1%
1939	Nachrichten vom Krieg in Europa dominieren die Schlagzeilen; Deutschland & Italien unterzeichnen einen Zehn-Jahres-Militärpakt	-0.4%
1940	Frankreich fällt an Hitler; Schlacht um Großbritannien; die USA führen die Wehrpflicht ein	-9.8%
1941	Pearl Harbor; Deutschland marschiert in die UdSSR ein; die USA erklären Japan, Italien und Deutschland den Krieg	-11.6%
1942	Preiskontrollen der Kriegszeit; Schlacht um Midway	20.3%
1943	Fleisch und Käse rationiert in den USA; Präsident Roosevelt friert Preise und Löhne ein	25.9%
1944	Engpässe bei Konsumgütern; die Alliierten marschieren in der Normandie ein	19.8%
1945	Nachkriegsrezession vorausgesagt; Einmarsch von Iwo Jima; Roosevelt stirbt; Atombombenabwurf in Japan	36.4%
1946	Gesetz zur Aufrechterhaltung der Vollbeschäftigung von 1946 verabschiedet; Streik der Stahl- und Werftarbeiter	-8.1
1947	Beginn des Kalten Krieges	5.7%
1948	Berlinblockade; Regierung der USA besetzt Eisenbahnlinien, um einen Streik abzuwenden	5.5%
1949	Russland zündet die Atombombe; Großbritannien wertet das Pfund ab	18.8%
1950	Korea-Krieg; McCarthy und die „Rote Furcht"	31.7%
1951	Mehrgewinnsteuer	24.0%
1952	Die USA besetzen ein Stahlwerk, um einen Streik abzuwenden	18.4%
1953	Russland zündet die Wasserstoffbombe; Volkswirtschaftler sagen für 1954 eine Depression voraus	-1.0%
1954	Dow steigt auf über 300 – allgemeiner Glauben, dass der Markt zu hoch ist	52.6%
1955	Krankheit Eisenhowers	31.6%
1956	Ägypten besetzt den Suezkanal	6.6%
1957	Russland startet den Sputnik; Finanzminister Humphrey warnt vor einer Depression, und Präsident Eisenhower stimmt zu	-10.8%
1958	Rezession	43.4%
1959	Machtergreifung Castros in Cuba 1	2.0%
1960	Russland schießt amerikanisches Aufklärungsflugzeug vom Typ U-2 ab; Castro besetzt US-amerikanische Ölraffinerien	0.5%
1961	Errichtung der Berliner Mauer; Entsendung der Green Berets nach Vietnam; Einmarsch in der Schweinebucht schlägt fehl	26.9%
1962	Kubakrise – Gefahr der globalen Zerstörung; Präsident John F. Kennedy greift hart bei den Stahlpreisen durch und versetzt die Wall Street in Schrecken	-8.7%

1963	Attentat auf Präsident John F. Kennedy; Sturz der Regierung von Südvietnam	22.8%
1964	Golf von Tonkin; Rassenunruhen in New York	16.5%
1965	Bürgerrechtsmärsche; Gerüchte von einem Herzinfarkt von Präsident Lyndon B. Johnson; Finanzministerium warnt vor Goldspekulation	12.5%
1966	Vietnamkrieg eskaliert – USA bombardieren Hanoi; höchstes Preis-Schulden-Verhältnis im Jahrzehnt	-10.1%
1967	Rassenunruhen in Newark und Detroit; Johnson unterzeichnet ein Gesetz über hohe Verteidigungsausgaben	24.0%
1968	USS Pueblo gekapert; Tet-Offensive; Attentate auf Martin Luther King und Robert Kennedy	11.1%
1969	Geldknappheit – die Märkte fallen; Leitzinssatz auf Rekordhöhe	-8.5%
1970	USA marschiert in Kambodscha ein – Ausweitung des Vietnamkriegs; Geldumlauf geht zurück; Bankrott von Penn Central	4.0%
1971	Einfrieren der Löhne und Preise; Abwertung des US-Dollars	14.3%
1972	Größtes US-Handelsdefizit in der Geschichte; die USA verminen vietnamesische Häfen	19.0%
1973	Energiekrise – arabisches Ölembargo; Watergate-Skandal; Agnew tritt zurück	-14.7%
1974	Stärkster Kursabfall seit vier Jahrzehnten; Nixon tritt zurück; Yen abgewertet; Franklin National Bank bricht zusammen	-26.5%
1975	New York City bankrott; düstere Wirtschaftsaussichten	37.2%
1976	Langsame Erholung der Wirtschaft; die OPEC erhöht die Ölpreise	23.8%
1977	Starkes Absacken des Marktes; Anhebung der Social Security Beiträge	-7.2%
1978	Steigende Zinsen	6.6%
1979	Ölpreise schießen in die Höhe; Unfall im Kernkraftwerk Three Mile Island; Iran besetzt die Botschaft der USA	18.4%
1980	Durchweg hohe Zinsen; Gesundheitsrisiken in New York (Love-Kanal); Carter stoppt Getreideexport in die Sowjetunion	32.4%
1981	Steile Rezession beginnt; Attentat auf Reagan, Energiesektor beginnt zusammenzubrechen; AIDS erstmalig identifiziert	-4.9%
1982	Schlimmste Rezession seit 40 Jahren – Gewinne stürzen in die Tiefe, Arbeitslosigkeit steigt	21.4%
1983	USA marschieren in Grenada ein; US-Botschaft in Beirut bombardiert; WPPSS (Washingtoner Kommunales Stromversorgungssystem) – größter Vorfall in der Geschichte, bei dem kommunale Anleihen nicht mehr bedient werden konnten	22.5%
1984	Staatsdefizit in Rekordhöhe; Rettungsaktion der FDIC (Bundesversicherungsanstalt für Krediteinlagensicherung) für Continental Illinois; AT&T aufgeteilt	6.3%
1985	Beginn des Rüstungswettlaufs Sowjetunion – USA; Banken von Ohio schließen, um plötzlichen Preissturz zu stoppen; USA werden zur größten Schuldnernation	32.2%
1986	USA bombardieren Libyen; Boesky bekennt sich verbotener Insidergeschäfte für schuldig; die Challenger explodiert; Tschernobyl	18.5%
1987	Rekord-Kursrückgang während eines einzigen Tages; Vorwürfe gegen Reagan in der Iran-Contra-Affäre	5.2%
1988	First Republic Bank geht bankrott; Noriega von den USA angeklagt	16.8%
1989	Staatliche Rettungsaktion für den Spar- und Darlehenskassenskandal in den USA; Ereignisse auf dem Pekinger Platz des Himmlischen Friedens; Erdbeben in San Francisco; US-Truppen marschieren in Panama auf	31.5%
1990	Irak marschiert in Kuwait ein und schafft so die Voraussetzungen	

	für den Golfkrieg; Vertrauen der Konsumenten sinkt; Arbeitslosigkeit steigt	-3.2%
1991	Rezession; die USA beginnen den Krieg in Irak; Arbeitslosigkeit steigt auf 7% an	30.6%
1992	Arbeitslosigkeit steigt weiter; wirtschaftliche Ängste; Drosselung der Geldversorgung; erbitterter Wahlkampf	7.6%
1993	Steuererhöhung; Erholung der Wirtschaft unsicher – Furcht vor einer doppelten Rezession	10.0%
1994	Versuch, das Gesundheitswesen zu verstaatlichen	1.3%
1995	Panik vor einem schwachen Dollar	37.5%
1996	Furcht vor Inflation	22.9%
1997	Technologie-"Mini-Crash" im Oktober und „Krise der pazifischen Randgebiete"	33.3%
1998	Russische Rubelkrise; „Asiatische Grippe"; Lang anhaltendes Kapitalmanagement-Debakel	28.6%
1999	Jahr-2000-Paranoia und Korrektur	21.0%
2000	Dotcom-Blase beginnt zu platzen	-9.1%
2001	Rezession, Terroranschlag vom 11. September	-11.9%
2002	Bilanzskandale in US-Unternehmen, Terrorismusangst, Spannungen mit Irak	-22.1%
2003	Investmentfondsskandale, Konflikt im Irak, SARS	28.7%
2004	Furcht vor einem schwachen Dollar und US „Dreifachdefizite"	10.9%

Quelle: Global Financial Data.

Eine Korrektur ist kurz und heftig und erscheint aus dem Nichts mit einer scharfen Spitze und einer phantastischen Story, die Sie glauben lassen soll, dass ein weiteres Absacken bevorsteht. Dabei ist sie im Nu vorüber, und ebenso schnell, wie sie gefallen sind, schießen die Kurse erneut in die Höhe. Die Kurse bleiben ein bis vier Monate unten, um dann wieder hochzugehen. Vier Monate später hört sich die Story, von der die Abwärtsbewegung durchdrungen war, ziemlich verrückt an, aber zu dem Zeitpunkt, da sie das erste Mal auftaucht, können Sie sie nicht wirklich widerlegen.

Sie mögen denken, dass 20 Prozent, wie Mitte 1998, eine ganze Menge ist und schon stark auf einen Bärenmarkt hindeutet, aber die entscheidenden Worte hier sind „kurz und heftig" – es geht direkt von der Klippe nach unten, unserer Zwei-Prozent-Regel zum Trotz. Korrekturen sind in Bullenmärkten nichts Ungewöhnliches (sie tauchen im Schnitt alle ein oder zwei Jahre auf) und sind zeitlich sehr schwer einzuschätzen – Sie sollten es gar nicht erst versuchen, da sie sich so furchtbar schnell auf und ab bewegen. Um diese kleinen Sauger erfolgreich abpassen zu können, müssten Sie an beiden Enden zur Stelle sein. Ansonsten ist es sehr wahrscheinlich, dass Sie entweder einen guten Zeitpunkt zum Ausstieg bzw. Wiedereinstieg oder beides verpassen. Kümmern Sie sich nicht darum. (Niemand – ich betone: niemand – in der Geschichte der Vermögensverwaltung mit ihren zehntausenden von alten Hasen hat jemals auf lange Zeit erfolgreich diese kurzfristigen Abwärtsbewegungen des Marktes zeitlich richtig einschätzen können. Wenn dies möglich wäre, dann hätte es mindestens einer bis jetzt schon getan. Aber das ist noch nicht geschehen. Niemals. Und wenn Sie das könnten, dann würden Sie nicht dieses Buch lesen.)

Ähnlich dem Szenario einer schwachen Abwärtsbewegung könnten allerdings die Vorteile davon, dass Sie unter Umständen großes Glück haben und eine

Korrektur zeitlich exakt einschätzen, durch die Transaktionskosten und -steuern aufgefressen werden. Verhalten Sie sich einfach ruhig, wohl wissend, dass Sie vermutlich von einem gebremsten Bullen unterhalten werden, und lassen Sie sich dann für Ihre Geduld belohnen.

Wenn Bären sich tarnen

Der Beginn eines Bärenmarktes fühlt sich ganz und gar nicht wie eine Marktkorrektur an. Er fühlt sich gut an. Ein Höchststand im Bullenmarkt wird sich nicht durch ein plötzliches Absacken der Preise ankündigen. Es gibt keinen Ankündigungseffekt (außer 1987, die Ausnahme von der Regel). Anstatt eines als Bär getarnten Bullen, haben Sie es jetzt mit einem als Bullen getarnten Bären zu tun. Wie schon gesagt: Bullenmärkte haben wälzende, mahlende und wimmernde Höchststände und zeichnen sich durch die relative Abwesenheit einer Bärenstimmung aus (abgesehen von den Dauerbären). Sie werden keinen Knall hören. Sie werden es nicht „fühlen", dass Sie kurz davor stehen, eine lange Abwärtsbewegung zu erleben. Tatsächlich „fühlen" könnten Sie, dass Ihr gestreutes Portfolio langweilig ist und Sie größere Summen auf einzelne Aktien setzen sollten oder auf spektakuläre Sektoren, um die Erträge in die Höhe zu treiben.

Wenn die Märkte in der Vergangenheit 71 Prozent der Zeit im Plus waren[12] und es in einigen der negativen Jahre nur eine schwache Abwärtsbewegung gab, dann haben Sie es nur mit sehr wenigen Jahren zu tun, die in ihrer starken Abwärtsbewegung wirklich bearish und Furcht einflößend sind. Da es seit 1980 nur vier davon gegeben hat[13], sollten Sie diese nicht allzu oft zu Gesicht bekommen. Das dürfte auch in Zukunft nicht viel anders sein. Man kann es auch noch anders sehen: Wenn Sie sich öfter als drei oder vier Mal in zwei Jahrzehnten wie Bären verhalten, dann übertreiben Sie. Denken Sie immer daran, als menschliche Wesen richten wir grundsätzlich mehr Anstrengungen darauf, Schmerz zu vermeiden als Gewinn zu erzielen. Vergessen Sie das nicht. Wenn Ihnen Ihr Gehirn weiterhin versucht klarzumachen, dass der Bär immer auf der Lauer liegt, dann irrt es. Sie müssen allein handeln, ohne andere. Aber wenn Sie die drei Fragen haben, dann sind Sie niemals wirklich allein.

Was wirklich schief gelaufen ist

Eine erfolgreiche Handelsentscheidung in Bezug auf einen Bärenmarkt zu treffen, das ist nur die halbe Miete. Wenn Sie auf dem Aktienmarkt in die Defensive gehen, müssen Sie dennoch die Entscheidung über den Wiedereinstieg treffen. Unser Steinzeitgehirn lässt uns Letzteres als größeres Wagnis erscheinen als den Ausstieg. Genauso wie es keine allgemein gültigen Anzeichen für den Ausstieg gibt, gibt es keinen magischen Weg zum erneuten Einsteigen. Wie schon erwähnt: Wäre ich im Oktober 2002 in den Markt zurückgekehrt, hätte ich den globalen Tiefstand zeitlich exakt eingeschätzt. Ich war nicht davon ausgegangen, dass ich ihn perfekt eingeschätzt hatte, aber es ist nie angenehm, in den Markt zu kommen und vom GD mit einem heftigen Absturz begrüßt zu werden, wie es mir passiert ist.

Im Folgenden sind die Gründe dafür aufgeführt, warum wir im Mai 2002 wieder eingestiegen sind. Davon abgesehen, dass wir falsch lagen und zu früh dran waren, können Sie sehen, dass es sich um rationale, disziplinierte Entscheidungen handelt, getroffen auf der Grundlage der drei Fragen:

- Gemäß meiner 18-Monats-Regel war ich verpflichtet, bis zum Juni 2002 wieder in Aktien investiert zu sein. Ich fühlte mich nicht wohl dabei, Kunden, die aktienähnliche Renditen erwarteten, länger als für diesen Zeitraum das Engagement in Aktien vorzuenthalten.
- Der Konsens war zum ersten Mal seit dem Beginn des Bärenmarktes auf der Seite der Bären. Deswegen dachte ich, dass eine starke Abwärtsbewegung das am wenigsten wahrscheinliche Szenario wäre. Wie sich herausstellte, war der globale Markt zwölf Monate später zwar gesunken, aber auf Zwölfmonatssicht eben nur schwach. Es ist und bleibt aus meiner Sicht unmöglich, jemals mit Sicherheit zu wissen, wohin sich der Markt in den nächsten Monaten bewegen wird. Dieses Mal hatte ich zwar Recht damit, dass der Markt im Verlauf eines Jahres nicht stark nach unten gehen würde. Nein, die Abwärtsbewegung erfolgte sofort. Ich trat in ein Loch. Keiner liebt negative Erträge, aber ich bleibe immer in Aktien investiert, wenn ich eines der ersten drei Szenarien erwarte.
- Bärenmarkt-Investmentprodukte waren dabei, sich stark zu vermehren, z.B. Investmentfonds, die speziell dafür ausgelegt waren, zu Zeiten rückläufiger Kurse gut zu laufen. Newsletter mit Bärenstimmung waren sehr populär, und ihre Autoren hielt man für rationale Weise.
- Hauptquellen schlechter Nachrichten waren jedermann bekannt und beeinträchtigten die Bewertungen, ihr „Überraschungseffekt" hatte sich allerdings während der vergangenen zweieinhalb Jahre weitestgehend aufgebraucht. Dazu gehörten Rezession, Ertragsrückgang und potenzielle Bankrotte, Terroranschläge und der bevorstehende Krieg, Bilanzskandale (Enron, WorldCom) und der ganze Rest.
- Damals schien es, als hätte sich ein doppelter Boden gebildet zwischen September 2001 (kurz nach den Terroranschlägen in New York, Washington DC und über Pennsylvania) und den Tiefständen im Mai 2002.
- Die monetären Bedingungen waren insgesamt günstig. Das breite Geldmengenwachstum war größer als die Inflationsrate, die kurzfristige Liquidität nahm zu, und wir hatten eine steile US-amerikanische und globale Renditekurve. Höchst wichtig, aber von wenigen bemerkt.
- Zum ersten Mal agierten die ausländischen Märkte stärker als die amerikanischen und signalisierten damit eine potenzielle Verschiebung und ein mögliches Ende des globalen Bärenmarktes (obwohl das wieder abflaute, um dann mit aller Macht 2003 zurückzukommen).
- Ein von uns entwickeltes Kapitalmarktwerkzeug, der „Indikator für die Stärke der Kursentwicklung" zeigte, dass der Markt gewaltig überverkauft und bereit war, sich nach oben zu bewegen. Leider hatten wir dieses Werkzeug mit Daten aus kleineren globalen Bärenmärkten aus den Jahren nach dem Zweiten Weltkrieg aufgebaut, und als es sich das erste Mal bewähren sollte, spiegelte es die Wirklichkeit nicht adäquat wider.

Der Indikator für die Stärke der Kursentwicklung

Der Indikator für die Stärke der Kursentwicklung war ein Maß für die Stimmungsmüdigkeit. Er ist ein großartiges Beispiel für ein Kapitalmarktwerkzeug, das meine Firma unter Verwendung der Frage zwei entwickelt hatte. Mit seiner Hilfe kann man die kurzfristige Stimmung messen, die eine Haupttriebkraft für die Aktiennachfrage ist und zu einem großen Teil kurzfristig die Aktienkurse mitbestimmt. Es war ein komplizierter Algorithmus, der viele Faktoren verband, die grundsätzlich darauf hoffen ließen, dass man erkennen konnte, wann sich der Markt wie bewegen würde: nach oben oder unten oder ob er einfach zu müde war für Bewegungen. Mit der Vergabe einer Indexnummer zwischen null und 100 hatten wir beobachtet, dass eine starke Kursaufwärtsbewegung folgte, wenn eine Reihe von verschiedenen Aktienindizes unter 20 fielen. Wenn sie dagegen auf über 80 anstiegen, lag eine Situation vor, in der der Markt extrem überkauft war, und die Preise fielen normalerweise. Wir machten den Umkehrtest, und es funktionierte.

Im Mai 2002 fiel der Indikator auf extreme Tiefstände, auf weit unter 20 – was uns eine vermeintliche Situation signalisierte, in der der Markt extrem überkauft war. Wir konnten das an den wichtigsten Indizes sehen. Dieses scheinbare extreme Überkauftsein hatte es viele Jahrzehnte nicht gegeben und wird es möglicherweise auch in Zukunft viele Jahrzehnte nicht geben. Das besagte Werkzeug nicht so einzusetzen, wie wir es taten, hätte bedeutet, dass wir es in absehbarer Zeit auch nicht tun würden. Aber es war vorher noch nie unter Echtzeitbedingungen im Einsatz gewesen. Zwar führten wir intensive Tests durch, konnten das Werkzeug aber eben nicht unter wirklich relevanten Echtzeitbedingungen testen. Aber Zeit war wesentlich. Der Indikator für die Stärke der Kursentwicklung war schlichtweg nicht in der Lage, so etwas Extremes wie diesen Bärenmarkt zu messen, sondern spiegelte eher normalere Bärenmärkte wider. Mit normalem Maß gemessen, war die Stimmung extrem tief gesunken. Im Nachhinein wusste man, dass die Stimmung noch viel schlechter werden konnte (und es auch tat).

Ende Juni wussten wir, dass der Indikator als Timing-Mechanismus nicht richtig funktioniert hatte. Noch aber galten alle anderen Regeln, und so hatten wir keinen Grund, umzudrehen und auszusteigen. Mein Bedauern wuchs, und ich lernte einige gute Lektionen (um mich so eines Tages wenigstens etwas an dem GD zu rächen).

Ein Kapitalmarktwerkzeug für extrem seltene Phänomene zu schaffen erfordert die Verwendung historischer Daten, die vergleichbar sind. Aber sind diese Daten sauber? Ich wusste bereits (erfuhr das aber noch besser in diesem Prozess), dass alte Daten ziemlich ausnahmslos korrupt waren, und zwar auf eine Weise, die man schwer durchschauen kann. Diese Erfahrung machte mir ein für alle Mal klar, dass man sicher sein muss, dass die alten Daten gut sind. Im Ergebnis haben wir jetzt stringentere und exaktere Wege, um historische Daten zu bestätigen und dadurch sicherzustellen, dass wir mit unseren darauf basierenden Annahmen so dicht wie möglich an die Realität herankommen. Je extremer und seltener, desto sicherer müssen sie sein. Wirklich saubere Daten sind quasi göttliche Daten und faktisch eine Unmöglichkeit.

Ich habe noch eine andere wichtige Lektion gelernt. Ich habe gelernt, mehr auf meine Kunden zu hören, aber nicht in der Art, wie Sie vielleicht vermuten. Als wir im Mai 2002 wieder in Aktien investiert waren, bemerkten wir, dass sich praktisch niemand unserer Kunden dagegen aussprach. Sie waren auf unheimliche Weise zufrieden mit der

Entscheidung, sich mit ihrem Vermögen, das zu diesem Zeitpunkt gänzlich als Bargeld und synthetisches Bargeld vorlag, vollständig in Aktien zu engagieren. Als wir aus dem Technologiesektor ausstiegen, hatten sie sich mit Händen und Füßen dagegen gewehrt. In beiden Fällen verließen uns Kunden – unsere Kündigungsquote wuchs von den normalen fünf Prozent pro Jahr auf bis zu zehn Prozent an. Damals entschieden sie sich für den Technologiesektor und für den Verbleib im Markt. Aber im Mai 2002, als wir in den Markt zurückgingen, stellten sie sich gar nicht gegen uns. Unsere Bestandskunden gaben uns sogar insgesamt mehr Geld zum Investieren. Aus heutiger Sicht wird klar, dass sie ihren Optimismus noch nicht vollständig genug abgelegt hatten.

Damals dachten wir, dass unser Kundenstamm repräsentativ für den Rest der Welt war. Da wir der Abwärtsbewegung im Bärenmarkt weitestgehend aus dem Weg gegangen waren, schlussfolgerten wir, dass sie einfach starkes Vertrauen in uns hatten und deshalb die Aktien nicht fürchteten. Innerhalb eines Monats fanden wir heraus, dass das nicht gestimmt haben konnte, da der Markt fiel und die Kunden absprangen.

Im Ergebnis hatten wir ein überflüssiges Werkzeug geschaffen, das in Echtzeit genau die Vorgänge registrierte, die wir genauso gut in unserer Kundendatenbank messen konnten. Unser Kundenstamm ist groß genug, um repräsentativ zu sein für amerikanische Investoren mit hohem Eigenkapital insgesamt und demzufolge ein großes Labor zum Testen der Stimmung. Wenn unsere Kunden keine Angst verspüren, dann existiert die da draußen vermutlich auch nicht. Heute können wir das täglich eingehende Volumen an Kaufaufträgen von Kunden messen und abgleichen und daraus den Grad schlussfolgern, in dem unser Kundenstamm sich gegen uns stellt. Wenn zukünftige Zyklen herangereift sind, wird das ein wertvoller Stimmungsmesser sein.

Natürlich lagen meine Versäumnisse auch in anderen Bereichen. Ich sah die Sarbanes-Oxley-Gesetzgebung vom Juli 2002 nicht auf uns zukommen, welche negativ war und bleibt. Ich unterschätzte den Grad, bis zu dem die Gesellschaft zum Ende des Jahres 2002 die Haltung „Alle Vorstände sind Ganoven" annehmen würde, die sowohl zu Sarbanes-Oxley geführt hatte, aber offensichtlich dadurch auch teilweise genährt wurde. So ging z.B. im Juli ungezügelt das Gerücht um, dass Jack Welch ein Böser sei und GE der nächste Enron sein würde. Wenn GE den Bach runtergehen konnte, dann konnte das mit anderen auch geschehen. All das war natürlich eine reine Stimmungsmache, aber ich habe es einfach nicht vorausgesehen. Allerdings ist es sehr schwierig und deshalb so fehlerbehaftet, die verschlungenen Wege der Stimmung in den letzten Stadien eines Bullen- oder Bärenmarktes zu erkennen. Und dieses Mal war ich wirklich zu früh dran und lag zudem falsch. Zu früh wieder reinzugehen war ein großer Fehler, aber so lange Sie mehr richtig als falsch machen, und selbst wenn Sie ab und zu völlig danebenliegen, können Sie den Markt auf lange Sicht immer noch schlagen, worum es ja letztendlich geht. Als ich wieder drin war, bewegte ich mich immer noch mit dem Markt.

Die 70-30 -Regel

Das ganze Jahr 2006 hindurch hat mich die CXO Advisory Group, eine unabhängige Webseite, die Marktprognostiker bewertet, auf der Grundlage meiner *Forbes*-Kolumnen als den öffentlichen Prognostiker mit den genauesten langfristigen Vorhersagen eingeschätzt. (Meine Kolumnen in der *Forbes* sind gut, entsprechen aber nicht durchweg den Marktstrategien, die meine Firma für unsere Kunden einsetzt.) Sie können diese CXO-

Analyse im Vergleich mit anderen auf www.cxoadvisory.com finden. Interessant ist, dass sie – die mich ziemlich korrekt bewerten, was an sich schon äußerst dubios ist – behaupten, ich würde zu 70 Prozent richtig liegen. Nach ihren Berechnungen irre ich mich also nur in 30 Prozent der Fälle. Das ist großartig. 70 Prozent ist wahnsinnig viel. Wenn Sie zu 70 Prozent Recht haben, dann sitzen Sie ganz oben. Wenn Sie das über eine lange Zeit hinbekommen, werden Sie ein Superheld, vielleicht sogar eine Legende. Wenn man nur zu 30 Prozent falsch liegen würde, dann könnte man sich bequem zurücklehnen. Wenn ich einfach einen Vertrag unterzeichnen könnte, mit dem ich sicher zu 70 Prozent die richtigen und zu 30 Prozent die falschen Marktentscheidungen treffen würde, dann würde ich das tun, mein Geld einzahlen und nie wieder darüber hinaus auf irgendetwas setzen. Und wenn man zeitweise noch so falsch setzt, aber die Tatsache, dass Sie insgesamt ja mehr richtig als falsch liegen, würde Sie letztlich immer auf der Gewinnerseite stehen lassen.
War ich denn nun bestürzt, dass ich im Jahr 2002 wieder zu früh eingestiegen war? Darauf können Sie Gift nehmen. Ich wünschte, ich könnte die Zeit zurückdrehen und das noch einmal anders machen, aber das ist unmöglich, und so muss ich nach vorn schauen. Aber wenn ich die Wahl hätte zwischen einem zu frühen und einem zu späten Einstieg, dann würde ich mich dennoch immer für den zu frühen Einstieg entscheiden. Den Zeitpunkt, wenn der Markt von seinem Tiefstand zurückfedert, möchte man nicht verpassen, selbst wenn man dafür kurzfristig einen Rückschlag in Kauf nehmen muss.

Was verursacht einen Bärenmarkt?

Auf die Frage „Was verursacht einen Bärenmarkt?“ gibt es keine einzelne Antwort. Es können die monetären Bedingungen sein, die Renditekurve, Haushaltsüberschüsse, eine Sektorenimplosion, ein übermäßiger Rückgang der Nachfrage oder eine schlechte Gesetzgebung, die sich auf die Eigentumsrechte auswirkt. In jedem Fall wird es beim nächsten Mal etwas anderes sein. Zwei Bärenmärkte in Folge beginnen selten aus denselben Gründen, da die meisten Investoren immer die letzte Schlacht kämpfen und genau auf das vorbereitet sind, was sie beim Mal davor auf dem falschen Fuß erwischt hat. Der letzte Bärenmarkt wurde durch eine Implosion des Technologiesektors eingeleitet. Auf den nächsten wird das bestimmt nicht zutreffen. Es muss noch nicht einmal sein, dass ein Sektorabsturz die Ursache ist.

Vielleicht vermuten Sie, dass ein Bärenmarkt beginnt, weil ein Bullenmarkt schon zu lange angehalten hat. Frage eins: Gibt es eine „richtige“ Zeit, die ein Bullenmarkt andauern muss? Nein! Es gibt keine richtige Länge für einen Bullenmarkt. Wenn Bullenmärkte länger als durchschnittlich dauern, gibt es immer viele, die sagen, dass er zu Ende gehen müsste, weil er schon zu alt ist. Das ist nicht richtig. Es gibt für jeden Bullenmarkt eigene Gründe zu enden, und sie werden schließlich auch enden, aber ihr Alter spielt dabei keine Rolle. Die Menschen begannen bereits 1994, den Bullenmarkt der 1990er Jahre für zu alt zu erklären – nicht weniger als sechs Jahre zu früh!

„Irrationale Überschwänglichkeit“ wurde erstmalig 1996 geäußert, wieder viel zu früh. Bullenmärkte können zu jedem Zeitpunkt sterben.

Benutzen Sie Ihre Fragen, um einige von ihnen zu testen. Suchen Sie sich ein paar von Ihren bevorzugten Indikatoren heraus und prüfen Sie, ob diese in der Vergangenheit zuverlässig zu Bärenmärkten geführt haben. Sie werden sehen, dass es keinen wichtigen Indikator gibt, der für sich allein, auch keinen technischen Indikator, der für sich allein, keine einzige Wunderwaffe, nichts, was allein einen Bärenmarkt voraussagen kann. Auch können Sie sich nicht auf Ihr „Gefühl" für den richtigen Ausstiegszeitpunkt verlassen. Ich höre viel zu oft von vielen Lesern, Investoren und Kunden, dass sie so ein „komisches Gefühl haben" in Bezug auf die eine oder andere Richtung, die der Markt einschlägt, das sie nicht erklären könnten, „sie würden es eben einfach wissen". Das ist der GD. Nehmen Sie in einem solchen Fall eine Aspirin und stehen Sie das durch. Dann nehmen Sie die Frage drei, da es die ist, die Sie für diesen Fall wirklich brauchen. Wenn Sie denken, dass Sie in der Vergangenheit mir Ihrem „komischen Gefühl" schon einmal richtig gelegen haben, dann kann das ja stimmen. Jeder hat mal Glück. Aber auch Sie machen Rückschaufehler und vergessen gern die Zeiten, in denen Sie auch ein „komisches Gefühl" hatten und trotzdem völlig falsch lagen.

Osama Bin Laden, Katrina und Foghorn Leghorns Besuch in einer Bar

Einige von Ihnen mögen sagen: „Aber wir leben doch jetzt in einer anderen Welt. Ein Terroranschlag sollte den Markt in die Knie zwingen, oder?" Die Frage ist nur recht und billig. Die tragischen Anschläge vom 11. September 2001 haben sich ereignet, als ein real bereits vorher existierender Bärenmarkt und eine Rezession schon zu zwei Dritteln durch waren, und haben möglicherweise eine Wiederbelebung des Marktes unterbunden (obwohl wir letztlich nicht einschätzen können, ob das tatsächlich stimmt). Hier nehmen Sie Frage eins zu Hilfe. Ist es wirklich wahr, dass der 11. September eine anhaltende verheerende Auswirkung auf den Markt hatte (siehe Abbildung 8.6a)?

An diesem Tag schlossen die US-Aktienmärkte und blieben bis zur Wiederaufnahme des Handels am 17. September geschlossen; die Wall-Street-Bewohner verstreuten sich in alle Winde. Der S&P 500 stürzte ins Bodenlose, als der Markt öffnete; bis zum 21. September fiel er um 11,6 Prozent.[14] Aber erstaunlicherweise lag das Handelsniveau des US-Marktes nach nur 19 Tagen über dem vom 10. September und blieb dort auch mehrere Monate lang. Unsere Erinnerung daran ist anders, da die globale Wirtschaft lange vor dem Anschlag in einer Rezession und einem Bärenmarkt war. Hat der Anschlag die Situation verschlimmert? Vielleicht! Aber lesen Sie diesen Absatz noch einmal und sprechen Sie mir nach: „Der Markt war nach nur 19 Tagen auf seinem vorherigen Stand und danach für Monate höher." Denken Sie daran, dass dieser Zeitraum mit den höheren Kursen auch all die Ängste um Anthrax im Herbst 2001 umschloss. Erinnern Sie sich noch an Anthrax? Der Markt bewegte sich durch diese Phase ohne Unterbrechung aufwärts und hob die Kurse stetig auf ein Niveau an, das das vom 10. September überstieg. Lassen Sie uns das noch vertiefen, denken Sie global (wie immer) und schauen Sie sich an, wie die jüngsten Terroranschläge in westlichen Ländern den Aktienmarkt beeinflusst haben (siehe Abbildung 8.6b).

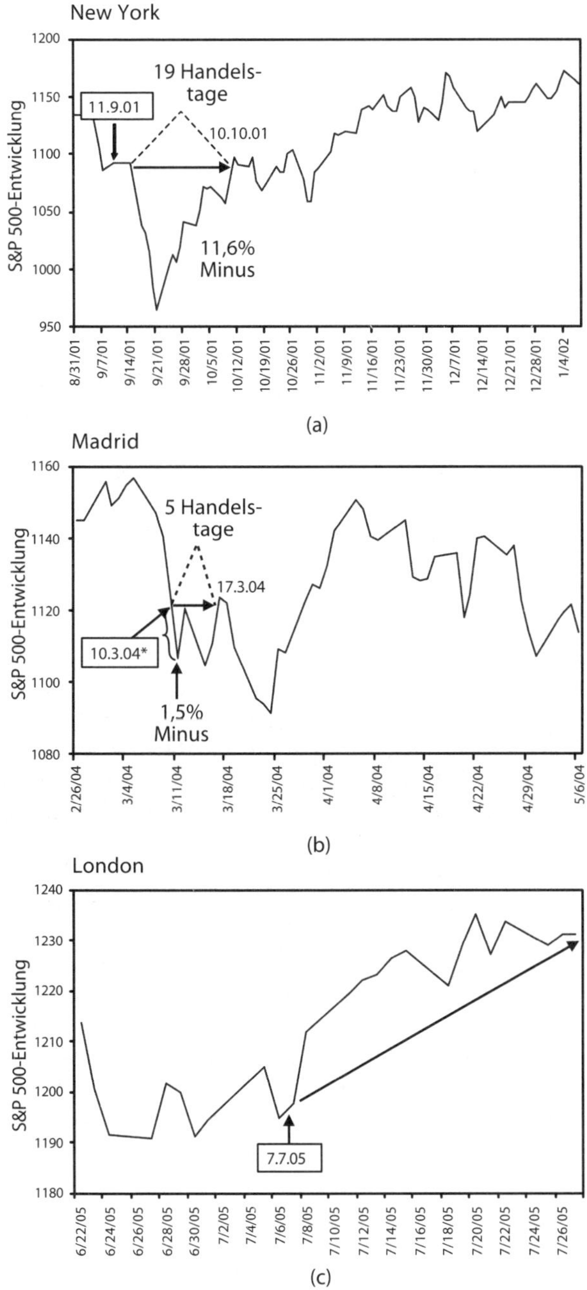

Abbildung 8.6: Haben Sie keine Angst: Der Markt hat auch keine.

Quelle: Thomson Financial Datastream.

Am 11. März 2004 schrieben sich weitere Dummköpfe von Al-Qaida mehrere Bombenanschläge in Madrid auf ihr Verdienstkonto. Die Spanier bezeichneten es als „Unser 9/11". Mit anderen Worten, diese „Überraschung" war eine verheerende nationale Tragödie. Und dennoch fiel der S&P 500 an diesem Tag zwar um 1,5 Prozent, wurde aber nur knappe fünf Handelstage später auf dem gleichen Niveau gehandelt wie vor den Anschlägen.

Am 7. Juli 2005 gab es den Bombenanschlag auf die Londoner U-Bahn (siehe Abbildung 8.6c), nicht weit von dem Ort, wo Angestellte meiner Firma leben und arbeiten. Natürlich waren wir erst wieder beruhigt, als wir wussten, dass unseren Leuten in London nichts passiert war. Aber dem Markt war ihr Wohlergehen egal. Der S&P 500 war an diesem Tag positiv. Der Markt blieb diesem Anschlag gegenüber gleichgültig. Die Terroristen hatten diesen Kampf verloren.

Der Terrorismus ist seitdem weitergegangen, beschränkte sich aber weitestgehend auf den Nahen Osten und Afrika. Dann jedoch versuchte eine Gruppe am 10. August 2006, kurz nachdem die Rohfassung dieses Buches fertig war, Bomben für elf Flüge mit Großraumflugzeugen von London nach Amerika aus Flüssigkeiten zusammenzubrauen. Sie wurden festgenommen. Daraufhin wurden die Sicherheitsstandards für Flüge nach Amerika und Europa angezogen, wodurch es zu Verspätungen bei den Flügen und Unannehmlichkeiten kam, da neue Regeln für mitgeführte Gegenstände in Kraft gesetzt wurden. Der Markt gähnte. Er fiel in den nächsten zwei Tagen minimal und stieg in der Woche darauf um drei Prozent an. Der Markt stumpft Terroristen gegenüber ab.

Ob alle zukünftigen Anschläge bereits eingerechnet worden sind oder nicht, ist fraglich. Seit dem 11. September ist ihnen jedenfalls kein weiterer großer erfolgreicher Anschlag gelungen. Denken Sie daran, dies waren Jungs mit Teppichmessern in einer Welt, wo Piloten die Anweisung hatten, Entführer dahin zu bringen, wohin sie wollten. Aber seitdem hat es nirgendwo eine Marktpanik wegen Terroranschlägen gegeben. Wie können Investoren so gleichgültig gegenüber dem Terrorismus sein? Dies ist eine neue schreckliche und sehr reale Bedrohung für uns alle, ganz gleich, wo wir leben, arbeiten, reisen und uns sowie unsere Freunde verteidigen. Oder etwa nicht? Es hat auch früher schon Terroranschläge in den USA und gegen ihre Interessen gegeben. Es gab den Bombenanschlag auf den Raketenzerstörer USS Cole im Jahre 2000. Und die Bombardierung der Khobar Towers im Jahr 1996. Und den ersten Anschlag auf die Twin Towers im Jahr 1993. Und den Anschlag auf die Marinebaracken im Libanon 1983. Und der Pan-Am-Flug 103. Und die gesamte Geschichte Israels. Und die IRA in Großbritannien. Die Briten leben auf ihrem Territorium schon immer mit dem Terrorismus, und die Märkte liefen gut. Der Erste Weltkrieg entzündete sich an einem Terrorakt. Es gab die Berberpiraten und Tripoli. Sie verstehen, was ich sagen will? Terrorismus an sich ist nicht neu, so verheerend er natürlich auch ist. Aber wir sind belastbar, und unsere Märkte sind es auch. Abbildung 8.7 zeigt eine Reihe von Terroranschlägen in der jüngsten Geschichte und die Zeit, die die Märkte gebraucht haben, um sich wieder zu erholen.

Aber würde ein großer Terroranschlag heute einen Zusammenbruch des Marktes bewirken? Fragen Sie sich als Erstes, ob Sie ein weiterer Terroranschlag überraschen würde. Das wird Sie vielleicht noch mehr überraschen – klopfen Sie auf Holz –, aber wir werden noch einen großen Anschlag auf Amerika erleben (nach dem Zeitpunkt, da ich dies schreibe). Versetzen Sie sich zurück in die Zeit des 10. September 2001. Wenn Ihnen jemand gesagt hätte, dass 19 Verbrecher, die nur mit Messern und Teppichmessern bewaffnet sind, einen koordinierten Anschlag verüben würden, indem sie Flugzeuge und ihre Insassen als Bomben benutzen, dann hätten Sie das für die Handlung eines Films mit Bruce Willis gehalten, nicht aber für die Realität. Das, was da passierte, schien undenkbar.

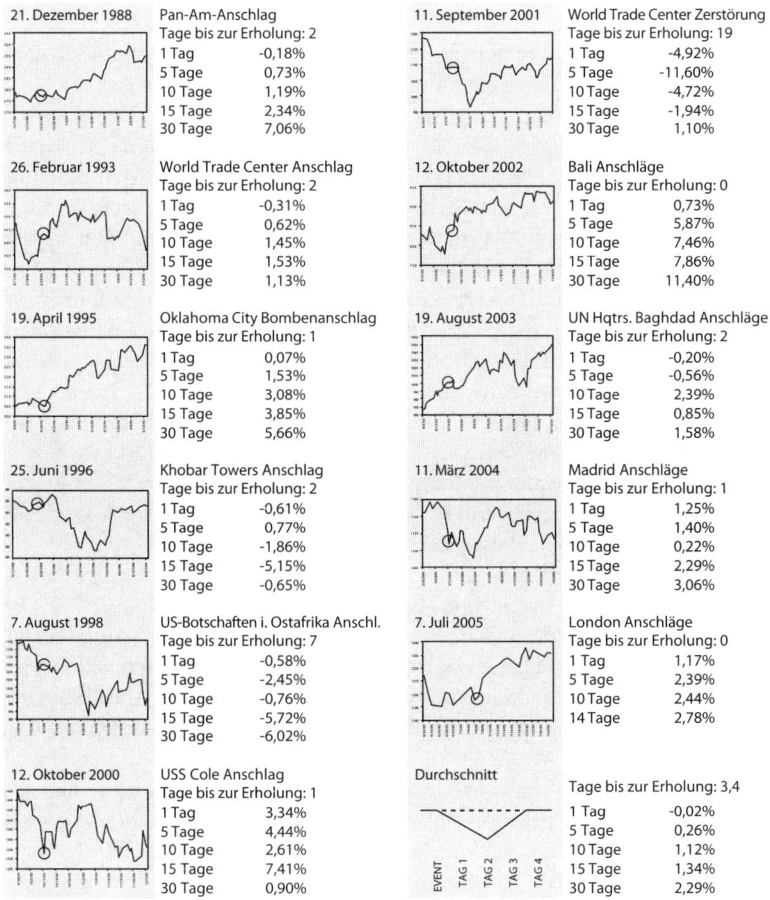

Abbildung 8.7: Haben Sie keine Angst: Der Markt hat auch keine - Historische Perspektive.

Quelle: Thomson Financial Datastream.

Heute gibt es nichts, was sie tun könnten, das uns überraschen könnte. Ja, es wäre negativ, aber was auch immer es ist, es würde einen geringeren Einfluss auf den

Markt haben, als Sie vielleicht befürchten, weil wir uns psychologisch seit fünf Jahren darauf vorbereiten.

Was wäre, wenn sie eine große amerikanische Stadt zerstören würden?

Was wäre, wenn die Terroristen eine große amerikanische Stadt zerstören würden? Natürlich wäre das schrecklich. Aber wie groß wäre die Auswirkung auf den Markt? Geringer, als Sie denken mögen. Schauen Sie doch einmal zum Vergleich auf die Auswirkung, die der Hurrikan Katrina in New Orleans auf den Markt hatte.

New Orleans und Teile der Golfküste waren durch den Doppelschlag der Hurrikane Katrina und Rita ausradiert. Große Teile der Ölraffinerien des Golfes von Mexiko wurden lahmgelegt. Hunderttausende in Texas, Louisiana und Mississippi waren obdach- oder heimatlos. Geschäfte schlossen, Angestellte waren ohne Arbeit. Dennoch reagierte der Markt vollständig apathisch angesichts der Notlage dieser armen Menschen. An dem Tag, als Katrina in Louisiana zuschlug, am 29. August 2005, stieg der Markt um 0,6 Prozent an.[15] Ein ziemlich normaler Tag in Anbetracht der Überflutungen und des darauf folgenden Chaos. Das BIP-Wachstum für das vierte Quartal des Jahres 2005 betrug 1,8 Prozent[16], und der S&P 500 stieg um 2,1 Prozent[17]. Nicht gerade ein umwerfendes Wachstum, aber es war jedenfalls nicht das Wirtschafts- und Marktchaos, das viele Experten vorausgesagt hatten. Der globale Markt stieg um 3,1 Prozent[18] im vierten Quartal des Jahres 2005. Das heißt, der US-Markt war selbst nach Katrina nicht weit hinter den Weltmarkt zurückgefallen. Und der Markt stieg weiter von September bis Dezember und sogar noch etwas weiter in den ersten Wochen des Jahres 2006. Vielleicht wäre der Kursanstieg ohne Katrina noch größer gewiesen. Aber wer kann das beweisen?

Hätte das BIP nicht stark angeschlagen sein müssen wegen des Stopps bzw. der Arbeitsunterbrechung in den Ölraffinerien der Golfregion? New Orleans war stark dezimiert. Das kann man hervorragend mit Frage zwei untersuchen. (Sehen Sie, wie viel einfacher das wird, wenn man einmal erfolgreich dabei ist?) Die Frage ist, warum sollten das BIP und die Aktienrenditen nach einer so großen Katastrophe nicht gut dastehen? Schauen Sie sich – wie immer – das Größenverhältnis an!

Nehmen wir einmal an, dass jede Person in Louisiana nach den beiden Stürmen plötzlich arbeitslos war. Das war nicht der Fall, aber gehen wir einmal von dem schlimmstmöglichen Szenario aus. Es gibt 4,5 Millionen Einwohner in Louisiana. Das Pro-Kopf-Einkommen in Louisiana beträgt historisch gesehen schon immer nur Dreiviertel des amerikanischen Durchschnitts.[19] Dann denken Sie sich die Bevölkerung von Louisiana als rund ein Prozent der 300 Millionen Seelen der Vereinigten Staaten. Wenn jede einzelne Person im Staate Louisiana durch den Hurrikan aufgehört hätte, zum BIP beizutragen, wäre das BIP-Wachstum einmal um ca. ein Prozent beschnitten gewesen. Für ein Jahr hätten wir vielleicht statt eines vierprozentigen Wachstums ein dreiprozentiges gehabt und uns dann wieder im normalen Tempo weiterbewegt. Das hätte im schlimmsten Fall passieren können. Ich will damit nicht sagen, dass die Menschen in Louisiana nicht produktiv und bedeutend sind – aber Sie sollten nicht überrascht sein, dass die Auswirkung der Sturmschäden auf die Wirtschaft insgesamt so gering war. Amerika ist riesig. Louisiana ist zu klein, um Amerikas BIP stark beeinträchtigen zu können. Und dann vergessen Sie nicht, dass wir es mit einem globalen Markt und einer globalen Wirtschaft zu tun haben, und Amerika macht nur 38 Prozent des globalen BIP[20] aus, somit wäre die Auswirkung auf das globale Wachstum sogar noch geringer. Es ist eben alles relativ.

Erinnern Sie sich an Opa Fisher?

Wir müssen zum Vergleich auch immer historische Daten heranziehen. Nachdem Katrina zugeschlagen hatte, zog ich als Erstes meine Aktiencharts und Geschichtsbücher zu Rate, um meine Erinnerung an die Naturkatastrophe aufzufrischen, die meine Heimatstadt verwüstet hatte. Als das Feuer im Jahr 1906 und das Erdbeben vom 18. April 1906 San Francisco dem Erdboden gleichgemacht hatte, war kaum mehr etwas übrig. Opa Fisher (siehe Kapitel 5) musste seine Hochzeit mit meiner Großmutter auf einen späteren Zeitpunkt in demselben Jahr verschieben. Die beiden und ihre Familien lebten mit den meisten anderen, die in der Stadt übrig geblieben waren, in Zeltlagern im Golden Gate Park. Die Arbeit in der Arztpraxis meines Großvaters ruhte für Monate, da mein Großvater sich unentgeltlich denen widmete, die während der Tragödie verletzt worden waren. Es war wirklich eine große Tragödie. Aber der Markt knickte nicht ein. Der US-Markt machte eine ganz leichte Abwärtsbewegung im April, zu der es vielleicht sowieso und möglicherweise aus anderen Gründen gekommen wäre (ich weiß es wirklich nicht), aber er war im Mai und Juni wieder höher und implodierte in diesem Jahr nicht. Der große Zusammenbruch kam im nächsten Jahr, 1907, mit einer von New York ausgehenden Panik im Bankwesen und einem Marktabsturz von 49 Prozent vom Höchst- auf den Tiefpunkt.[21] Aber San Francisco 1906 war für Amerika wichtiger als New Orleans im Jahr 2005. Dass San Franciscos Untergang den Markt 1906 nicht zusammenbrechen ließ, kann Ihnen aus der Geschichte heraus als gute Leitlinie dienen, sich über Katrina nicht zu viel Sorgen zu machen. Und auch nicht über die Märkte, wenn es die Terroristen, möge es der Himmel verhüten, jemals schaffen sollten, ein wirkliches Chaos in einer amerikanischen Stadt anzurichten.

Sie können die Fragen und diese Methode benutzen, um andere Ereignisse, die vermutlich Wasser auf die Mühlen der Bären sind, unter die Lupe zu nehmen: das Ausbrechen von SARS, die Vogelgrippe, Ebola, den Hanta-Virus, Anthrax, die Windpocken oder Kaubonbons (Letzteres soll nur ein Witz sein, um Sie wach zu halten). Genau wie SARS im Jahr 2003 große Angst um die Gesundheit auslöste und jetzt längst vergessen ist, so ging in den Jahren 2005 und 2006 überall die Sorge um, die Vogelgrippe könnte auf Menschen übergreifen. Hätte es passieren können? Ich denke schon. Blättern Sie zu Kapitel 5 zurück, dort haben wir darüber gesprochen. Aber nach der Vogelgrippe wird es eine andere Bedrohung geben und noch eine, und jedes Mal können Sie die Fragen stellen. Stellen Sie Ihre

Fragen, um zu prüfen, ob irgendein geopolitisches Ereignis, eine Naturkatastrophe, eine Gesundheitskrise oder irgendetwas, worüber wir uns alle Sorgen machen, uns aufregen, wofür wir planen und was wir in den Nachrichten hören, den Markt bewegen kann. Sie werden feststellen, dass keines dieser Ereignisse eine geeignete Wunderwaffe ist, um Bärenmärkte vorauszusagen.

Jetzt, wo Sie die drei Fragen als Werkzeug in der Hand haben, um die wahrscheinliche Richtung des Marktes bestimmen zu können, und Sie verstehen, wie ein wirklicher Bärenmarkt aussieht und wie nicht, sind Sie bereit. Bereit, nicht mehr länger von dem GD Ge-De-mütigt zu werden. Bereit, diese drei Fragen auch zu benutzen. Bereit, den Markt zu schlagen. Bereit, sich eine wirkliche Strategie aufzubauen, die Ihnen Ihr ganzes Leben dienlich sein wird. Lesen Sie weiter.

Anmerkungen

1 Ibbotson Analyst, der annualisierte Durchschnitt des S&P 500 Gesamtertrags von 1926 bis 2005 beträgt 10,4 Prozent. (Vielleicht haben Sie auch gehört, dass die Marktrendite im Schnitt zwölf Prozent pro Jahr betrug. Beide Zahlen stimmen, wobei die zwölf Prozent der arithmetische und die zehn Prozent der annualisierte Durchschnitt ist, was der bessere Betrachtungsweise darstellt. Weshalb das so ist, geht aus Kapitel 5 hervor. Wenn Sie sich bei einer solchen Analyse verschiedene Daten oder Indizes heraussuchen, werden Sie bemerken, dass Sie fast jeden annualisierten Durchschnitt, den Sie wollen, zwischen fünf und 15 Prozent rechtfertigen können.)

2 Global Financial Data. S&P 500-Gesamtertrag.

3 Thomson Financial Datastream. MSCI World Index-Nettorendite im Jahr 2005.

4 Global Financial Data, S&P 500-Gesamtertrag im Jahr 2005.

5 Global Financial Data. MSCI World Index Nettorendite, 1. Januar 2006 bis 13. Januar 2006.

6 Michael J. Mandel: The New Economy: It Works in America. Will It Go Global? BusinessWeek, 31. Januar 2000, http://www.businessweek.com/2000/00._05/b3666oo1.htm

7 Standard & Poor's Research Insight. Top 30 Aktien nach Marktkapitalisierung des S&P 500 Index.

8 Standard & Poor's "S&P 500 Index Description" http://www2.standardandpoors.com/servlet/Satellite?pagename=sp/Page/IndicesIndexPg&l=EN&b=4&f=I&S=6&ig=48&i=56&r=i&so=o&fd=&xcd=5oo&dt=30-JUN-2006 (am 14. Juli 2006).

9 Global Financial Data. Nasdaq Composite Index-Kursrendite und S&P 500-Gesamtertrag.

10 Der Bärenmarkt von 1930 wies einen Verlust von 86 Prozent für Aktien auf und dauerte 34 Monate. Der Bärenmarkt von 2000 gab 49 Prozent nach, dauerte jedoch 31 Monate.

11 Zum Börsenschluss am 17. Juli 1998 betrug die Jahres-Performance mehr als +22 Prozent. Von dem Zeitpunkt an bis 31. August fand eine Korrektur am S&P 500 um 19 Prozent statt.

12 Der Gesamtertrag des S&P 500 Index war im Zeitraum von 1926 bis 2005 in 57 von 80 Jahren positiv.

13 Global Financial Data.

14 Siehe Vermerk 3, S&P 500 Composite Price Index Performance.

15 Global Financial Data. S&P 500-Gesamtertrag.

16 U.S. Bureau of Economic Analysis. "Table 1: Real Gross Domestic Product and Related Measures", http://www.bea.gov/bea/newsrelarchive/2006/gdp106f.xls (am 2. August 2006).

17 Global Financial Data. S&P 500-Gesamtertrag.

18 Siehe Vermerk 3 MSCI World-Nettorendite.

19 U.S. Census Bureau, "State & County Quick Facts: Louisiana", http://quickfacts.census.gov/qfd/states/22000.html (am 6. Juni 2006).

20 International Monetary Fund, http://www.imf.org (am 3. August 2006).

21 Ned Davis Research, Inc., Ertrag auf den Dow Jones Industrial Average.

9. Alles zusammenfügen

Kurs halten und es ihm zeigen

In diesem Kapitel geht es zum größten Teil um Investitionsratschläge zur Verwaltung eines Wertpapierbestandes, die Auswahl von Aktien sowie um das Vermeiden häufiger Fehler. Es geht nicht mehr darum, mit den drei Fragen Dinge herauszufinden, die andere nicht wissen – inzwischen haben Sie die drei Fragen zur Genüge im Einsatz beobachtet. Ich habe Beispiele dessen gezeigt, was ich über die Jahre mit den Fragen gelernt habe. In den Kapiteln 5 bis 8 haben Sie vor allem ein Beispiel nach dem anderen für die Betrachtung der Welt durch die Brille der drei Fragen gelesen. Ich hoffe, dass Sie anfangen können zu investieren, weil Sie Dinge sehen, die anderen verborgen bleiben. Ich hoffe, dass Sie sogar Dinge sehen können, die ich nicht sehen kann.

Doch damit wären wir noch nicht am Ende. Wie ich in Kapitel 3 schon angedeutet habe, kann man, um bei den drei Fragen diszipliniert zu bleiben, sein skurriles Gehirn in Schach zu halten und nicht vom GD gedemütigt zu werden, unter anderem eine umfassende Strategie anwenden, Entscheidungen zu treffen. Nur die drei Fragen zu benutzen ist großartig! Doch mit einer Strategie haben Sie die Basis und einen Rahmen, innerhalb derer Sie die drei Fragen anwenden und kleine (oder auch große) Einsätze machen können, die Sie auf dem Weg zu Ihrem Ziel halten.

Vielleicht glauben Sie, dass Sie schon eine ganz gute Strategie haben. Mag sein, aber viele Investoren, die meinen, sie hätten eine Strategie, verwechseln eigentlich Taktik mit Strategie. Wollen zum Beispiel manche Investoren marktübliche Gewinne machen, so besteht ihre „Strategie" darin, Investmentfonds ohne Ausgabeaufschlag zu kaufen. Das ist eine Weltanschauung und keine Strategie. Verhalten Sie sich gemäß dieser Weltanschauung, aber ohne Strategie, so werden sie zehn Jahre später feststellen, dass Sie zwar keine Ausgabeaufschläge bezahlt haben, aber auch keine großartigen Gewinne haben erzielen können. Eine Strategie bedeutet u.a. Planung: Welche Fonds, warum, und wie wird gewechselt.

Eine weitere unangebrachte Taktik heißt „statische Vermögensstrukturierung", also das starre Festhalten an festen Anteilen von Aktien, Anleihen bzw. Barmitteln. Makler und Medien haben jahrzehntelang die statische Vermögensstrukturierung gepredigt. Sie ist eine gute Selbstdisziplinierungsmaßnahme für Leute, denen es ansonsten an Selbstdisziplin mangelt, genau so, wie man etwa seine Mahlzeiten durch jemand anderen zubereiten lassen könnte, um abzunehmen, wenn man es anders nicht schafft. Aber eine statische Vermögensstrukturierung bedeutet auch, dass man die drei Fragen nicht nutzen kann, wenn sich eine Gelegenheit ergibt.

Investoren benutzen auch Stop-loss-Limits und Cost-Average-Verfahren (ebenfalls Selbstdisziplinierungsmaßnahmen, die nachweislich zum Scheitern verurteilt sind, wie ich unten im Kasten darstellen werde), Call- und Putoptionen sowie gedeckte Kaufoptionen (auch diese ein Verlustrezept, wie ich in einem weiteren Kasten darstelle). Ein Leerverkauf hier, dafür dort ein Übergewicht, wobei sie meinen, sie hätten eine funktionierende Strategie, und nicht erkennen, dass sie sich nur mit Taktik im Leerlauf drehen. Dabei gibt es tatsächlich gute und weniger gute Taktiken – aber es bleiben eben Taktiken. Aus einem Schwarm kunstvoller, aber wirkungsloser Taktiken wird noch lange keine Strategie. Nichts gegen den Einsatz der geeigneten Taktik zum gegebenen Zeitpunkt, doch das ist genauso wenig eine Strategie, wie etwa ein Hammer oder ein ähnliches Werkzeug die Blaupause für ein Haus ist. Außerdem: Wozu eine Taktik einsetzen, wenn man nichts weiß, was andere nicht auch wissen? Sie wollen nur einen Hammer haben, wenn er das richtige Werkzeug ist, also die richtige Taktik, um die Strategie durchzusetzen. Viel besser sind Sie dran, wenn Sie die drei Fragen benutzen, um etwas herauszufinden, was andere nicht wissen, und wenn Sie dieses Wissen benutzen, um voranzukommen, statt zuzusehen, wie Ihr Geld langsam wegrieselt, weil Sie geschickt Taktiken ohne Strategie einsetzen.

Beliebt, aber problematisch

Viele populäre taktische Märchen sind problematisch und kostspielig, bleiben aber populär, da sie die blinden Flecken unseres Gehirns ansprechen – sie kommen uns eben richtig vor –, und wir können sie in der Regel nicht richtig zu Ende denken. Manchmal wurden sie, wie etwa die Stop-Loss-Limits, vor Jahrzehnten von der Broker-Branche befördert, da sie das Handels- und daher auch das Gebührenvolumen aufblähten. Fragen eins und drei sind hier hilfreich, da Sie damit messen können, ob die Taktiken wirklich funktionieren, und sehen können, warum Ihr Gehirn sie sympathisch findet. Hier sind zwei davon:

Stop-Loss-Limits? Eher Stop-Win!

Die Vorstellung eines Stop-Loss-Limits – schon der Name – ist so sympathisch, dass man unschwer erkennt, warum dieses Manöver so beliebt ist. Bei den Stop-Loss-Limits setzt man willkürlich einen maximalen Prozentsatz bzw. einen Festbetrag an Verlust fest. Wenn eine Aktie dieses Niveau erreicht, erkennt man sie als Verlustwert an, verkauft sie und kauft etwas anderes, das sich dann vielleicht besser verhält. Wenn Sie zum Beispiel ihre Verluste immer bei 15 Prozent kappen, werden Sie nie Aktien haben, die mehr als 15 Prozent Verluste aufweisen. Keine Katastrophen. Keine Enrons. Klingt gut. Wenn nicht 15 Prozent, können Sie auch jedes andere willkürlich ausgesuchte Niveau, etwa zehn Prozent, 20 Prozent, 12,725 Prozent o.ä. nehmen. Das ist unerheblich, denn es handelt sich um einen Steuerungsmechanismus.

Doch die Stop-Loss-Limits leisten nicht das, was Investoren von ihnen verlangen. Im Durchschnitt erzeugen sie Verluste und keine Erträge. Sie scheinen sympathisch, sind aber schlecht. Warum? Weil Aktien keine Serienkorrelation aufweisen. Wie bitte?

Für den Statistiker sind Aktienkurse eine *serienmäßig* nicht korrelierte Gruppe, d.h., wenn eine Aktie sich in irgendeine Richtung bewegt, und zwar von selbst, ist die Wahrscheinlichkeit 50:50, dass sie weiter in dieser Bewegungsrichtung fortfährt oder umkehrt. Es gibt einen riesigen Korpus an gelehrter, auf wirklichen Daten fußender Forschung, der beweist, dass die vergangene Kursbewegung an sich überhaupt keine Bedeutung für die künftige hat. Die Absenkung um irgendeinen willkürlichen Betrag oder Prozentsatz sagt nichts darüber aus, wie sich eine Aktie danach verhalten wird. Überhaupt nichts.

Gäbe es bei den Aktien eine Serienkorrelation, so könnten Sie einfach diejenigen Aktien kaufen, die sich aufwärts bewegt haben, und keine solchen kaufen, die sich abwärts bewegt haben. Das ist die Verhaltensregel der prozyklischen Investoren: Die Verlierer werden abgestoßen, die Gewinner lässt man weiterlaufen. Gäbe es bei den Aktien eine langfristige Serienkorrelation, so würden die prozyklischen Investoren eine deutlich überdurchschnittliche Performance aufweisen. Dies ist jedoch nicht der Fall.

Auch wenn Sie unbedingt, trotz meiner Bestrebung, Ihnen davon abzuraten, Stop-Loss-Limits einsetzen wollten, welches Niveau würden Sie dann wählen? Es besteht die Tendenz, runde Zahlen wie zehn Prozent oder 20 Prozent zu wählen. Diejenigen, die Stop-Loss-Limits benutzen, nehmen in der Regel keine größere Zahl als 20 Prozent, denn, wie Sie meinen, wenn das Stop-Loss-Limit funktioniert, warum 30 Prozent nehmen und nicht 20 Prozent? In der Tat: Warum dann 20 Prozent und nicht 15 Prozent? Man könnte so weiterfragen, bis man bei einem Prozent landet. Wenn eine Aktie um einen bestimmten Betrag bis zum Limit abgesunken ist, besteht eine 50-prozentige Wahrscheinlichkeit, dass sie weiter fällt, und eine 50-prozentige Wahrscheinlichkeit, dass sie steigt. Sie setzen also auf einen Münzwurf.

Was ist, wenn Sie für eine bestimmte Aktie ein 20-prozentiges Stop-Loss-Limit setzen, und dann gibt es eine, die um 22 Prozent absackt und dann um 50 Prozent hochschießt? Sie haben sich einen Verlust von 20 Prozent eingehandelt, haben eine Transaktionsgebühr bezahlt und müssen diese wiedergutmachen. Können Sie gewährleisten, dass das, was Sie danach kaufen, nur steigen wird? Was, wenn die Ersatzaktie wieder fällt? Sie können fortfahren, so lange 20-Prozent-Verlierer zu kaufen, bis Sie bei null angelangt sind. Die geschichtliche Erfahrung zeigt, dass kein Stop-Loss-Niveau – seien es nun zehn Prozent, 20 Prozent, 30 Prozent oder gar 53 Prozent – Erträge einbringt, die die Börse übertreffen.

Ein anderes Szenario: Die Rahmen anders setzten, um klar sehen zu können. Amy kauft eine Aktie bei 50 Dollar. Sie steigt auf 100 Dollar. Susan kauft sie dann bei 100 Dollar, und sie fällt auf 80 Dollar – ein 20-prozentiger Verlust vom Höhepunkt. Hätten beide bei 80 Dollar verkaufen müssen? Oder nur Susan, da ihre Einsatzbasis höher war? Auf diese Frage gibt es keine richtige Antwort, da vergangene Kursbewegungen keinen Hinweis auf künftige liefern.

Es gibt auch Anhänger der Theorie, man müsse die verkaufte Aktie durch eine ähnliche aus der gleichen Branche ersetzen. Nur: Warum sollte das besser sein? Außerdem: Steigt diese Branche wieder, so ist es wahrscheinlich, dass beide Aktien gleichermaßen steigen. Die Entscheidung zum Kauf bzw. Verkauf sollte nicht von willkürlichen Kursbewegungen oder Zielen abhängen, sondern von einer zukunftsgerichteten Prognose der jeweiligen Aktie.

Eine weitere Taktik lautet, Stop-Loss-Limits ohne Ersatzkauf einzusetzen, damit man nie unter einem Bärenmarkt leidet. Aber dann forcieren bei der normalen Korrektur eines Bullenmarktes die Stop-Loss-Limits tendenziell den Verkauf der meisten Aktien an einem verhältnismäßig tiefen Punkt. Eigentlich sollte man doch tief kaufen und hoch verkaufen, nicht das Gegenteil, oder? Das an absolute Stop-Loss-Limits gebundene Ergebnis ist völlig zufällig. Mit anderen Worten: Es funktioniert nicht.

Das Einzige, was bei den Stop-Loss-Limits sicher ist, sind die erhöhten Transaktionskosten. Bei einem ansonsten zufallsbasierten Vorgang sind die Stop-Loss-Limits schon damit eine Geldverluststrategie. Die Makler lieben die Stop-Loss-Limits und werben bis zum heutigen Tage dafür, weil sie wissen, dass Aktienkurse volatil sind und dass, wenn sich eine Aktie über ein Limit bewegt, zwei Provisionen für sie anfallen: eine beim Verkauf, die zweite beim Ersatzkauf!

Das Cost-Average-Verfahren: Höhere Gebühren, niedrigere Renditen

Für die meisten Investoren ist es keine Frage: Das *Cost-Average-Verfahren*, wobei Investitionszusätze bzw. Teilkäufe über eine längere Zeit verteilt werden, ist eine gute Strategie, um Risiken zu reduzieren und möglicherweise die Rendite zu erhöhen. Wenn Sie etwa regelmäßig ihren 401(k)-Plan oder einen ähnlichen Altersvorsorgeplan aufstocken, so setzten Sie das Cost-Average-Verfahren ein.

Eine solche regelmäßige Aufstockung ist durchaus sinnvoll. Erstens gibt es viele Investoren, deren Gehälter nicht ausreichen, um ihren Altersvorsorgeplan vollständig zu finanzieren. So ziehen sie es vor, monatlich oder in anderen Abständen regelmäßige Beiträge zu zahlen. Zweitens gibt es den Arbeitgeberbeitrag zum Altersvorsorgeplan, der einem risikofreien Wachstum Ihres Kontos gleichkommt. Kostenloses Geld ist immer eine feine Sache. Drittens sollte jedes Mittel zur Altersvorsorge immer voll ausgenutzt werden.

Jede andere Form von Cost-Average ist aber kostspielig. Instinktiv wirkt auch dieses Verfahren sympathisch. Investoren plagt die Sorge, der Tag, an dem sie kaufen, könne ein verhältnismäßig hoher Punkt in der Entwicklung der Aktie sein. Verteile man die Anschaffung über eine längere Zeit, so verringere man das Risiko, an einem „schlechten" Tag mit dem ganzen Geld auf einmal einzusteigen. Denn wer an einem „schlechten" Tag mit seinem ganzen Geld einstiegt, wird das sehr bereuen, und man bereut nicht gern.

In guten Börsenzeiten, etwa in den späten 1990ern, hört man in den Medien wenig zu Cost-Average. In Boomzeiten wird dessen vermeintlicher Nutzen nur von den Maklern gelobt. Denn auch das Cost-Average ist ein Segen für Makler. Warum? An der Börse werden in der Regel höhere Courtagesätze auf kleine Aktienpakete verlangt als auf größere. Wenn Sie Ihr Geld scheibchenweise anlegen, steigt die Gesamtmenge der Courtagen deutlich an, die Ihr Makler sich auszahlen lässt. Er wird seinen Kunden erzählen, er tue es nur, um des Risikos Herr zu werden, und die Kunden blicken selten durch.

Doch die Statistiken zeigen, dass Cost-Average sowohl den Risiko- als auch den Ertragscharakteristika eines Wertpapierbestandes schadet. Michael Rozeff von der University of Buffalo (SUNY) führte vor etwa zehn Jahren eine besonders gründliche Untersuchung durch, wobei er Cost-Average mit einmaligen Gesamtsummen-Investments verglich.

Mit dem S&P 500 als Anlagenwahl verglich Rozeff in jedem Kalenderjahr von 1926 bis 1990 über zwölf Monate die Ergebnisse eines einzelnen Pauschalkaufes mit einem Cost-Averaging-Kauf. Die Ergebnisse waren deutlich: In mehr als zwei Drittel der Jahre erwies sich die Gesamtsummenmethode – bei weniger Renditevariabilität – gegenüber dem Cost-Average als gewinnbringender. Noch wichtiger war, dass die Einmalkaufweise über die gesamte Zeitspanne einen jährlichen Durchschnittsgewinn ergab, der um 1,1 Prozent höher war als der beim Cost-Average. Bezogen auf einen Wertpapierbestand aus kleinen Aktien war der Vorteil der Pauschalkaufweise noch dramatischer, mit einer durchschnittlichen jährlichen Rendite, die um 3,9 Prozent höher lag als die bei der Cost-Average-Strategie.[1]

Meine Firma hat eigene Untersuchungen mit ähnlichen Schlussfolgerungen durchgeführt. Pauschalinvestitionen funktionieren im Durchschnitt besser als Cost-Average, weil sich die Börse zukünftig eher nach oben bewegt als das Gegenteil. Nicht immer, aber häufig genug, um Cost-Average irrational erscheinen zu lassen.

Das Cost-Average als minderwertige Strategie zu enttarnen verlangt keine kunstvolle Mathematik oder Analyse, vielmehr drängt sich diese Schlussfolgerung geradezu auf. Die Begründung für die Langlebigkeit dieses Märchen kann mit Frage drei entkräftet werden sowie mit der Feststellung, dass man den Schmerz eines finanziellen Verlustes mehr als doppelt so schwer empfindet, als man die Freude eines ähnlich großen Gewinns genießt.[2]

Die Investoren neigen dazu, eine minderwertige Strategie wie Cost-Average zu akzeptieren, weil es jede Möglichkeit eines einzigen großen Fehlers ausschließt, den man im großen Stil bereuen müsste und der vielleicht eine Ehekrise auslösen würde, falls diese nicht ohnehin schon wütet. Die Meinung herrscht vor, das Cost-Average-Verfahren reduziere das Risiko, daher kommt man sich dabei schlau vor. Doch eigentlich erhöht Cost-Average das Risiko und reduziert künftige Gewinne. Doch unabhängig davon, welche beträchtlichen Gewinne ihnen langfristig entgehen, haben die meisten Investoren den Eindruck, dass entgangene Gewinne nur etwa halb so viel weh tun wie erlittene Verluste.

Lange Rede, kurzer Sinn: Das Cost-Average-Verfahren funktioniert nicht und nützt nur Ihrem Makler durch höhere Courtagen. Ohne Cost-Average sind Sie besser dran, auch wenn Ihnen das gegen den Strich geht. Ihre Gefühle sind hier wieder mal Ihr Feind, der dafür bereitsteht, vom GD gerade dann gegen Sie eingesetzt zu werden, wenn Sie meinen, Sie könnten ihn übertreffen.

Gedeckte Kaufoptionen – was wird eigentlich gedeckt?

Jahrelang haben Maklerfirmen Klienten gedeckte Kaufoptionen angeboten, wobei eine reale Aktienposition und eine ausgeschriebene Kaufoption kombiniert werden. Die Investoren mögen diese Variante aus zwei Gründen: Erstens können sie aus der Prämie für die Ausschreibung der Option sofort Erträge erzielen; zweitens sehen sie die Taktik als sicher an, da aus der Option ein beschränktes Risiko erwächst. Der allgemeine Konsens unter Investoren wäre wohl, gedeckte Kaufoptionen seien sicher bzw. „konservativ".

Aber was genau ist eine gedeckte Kaufoption? Dies sieht man am besten, indem man die potenziellen Auszahlungen am Ausübungstag graphisch darstellt. Wie bei allen Optionspositionen ist die Palette möglicher Ausübungsgewinne und -verluste bekannt. Die x-Achse zeigt den Aktienkurs zum Ausübungstag, und die y-Achse zeigt die Gewinne oder Verluste dieser Position. Die x-Marke zeigt den Strike-Wert des Optionspapiers:

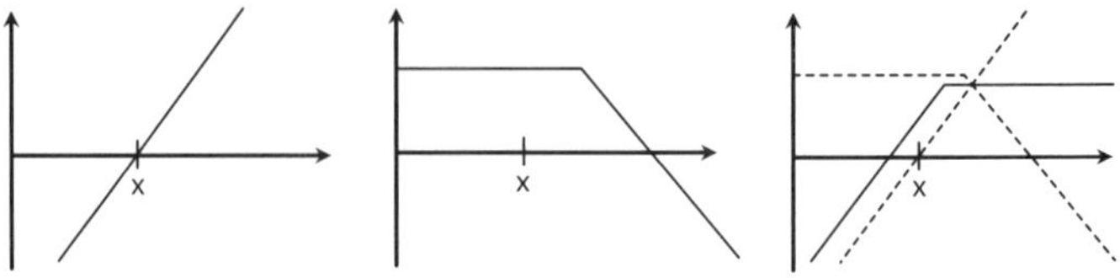

(a) Die Aktie S hat einen Wert und eine Auszahlung, die immer gleich bleiben. S hat ein unbegrenztes Gewinnpotenzial und ein Verlustpotenziell gleich dem Kaufpreis.

(b) Eine ausgegebene Kaufoption hat einen durch die erhaltene Prämie beschränkten Gewinn und ein unbegrenztes Verlustpotenzial für steigende Aktienkurse.

(c) Durch die Kombination von S und der ausgegebenen Kaufoption wird der Gewinn für Werte größer als x zu einer festen positiven Menge. Diese Kombination hat immer noch ein Verlustpotenzial mit dem Abfall von S hin zum Nullpunkt.

Daher bewirkt eine gedeckte Kaufoption die Auszahlung einer festen Summe für einen steigenden Aktienkurs, wodurch ihr potenzieller Gewinn beschränkt wird, aber das Verlustrisiko der Aktie bleibt, nur abzüglich der Prämie, weiterhin bestehen.

Dies klingt dann nicht mehr so sympathisch. Tatsache ist: Dies ist genau die gleiche Auszahlung, die eine ungedeckte Put-Option auch hätte! Es gibt keinen Unterschied. Denn laut der Finanztheorie sind zwei Wertpapiere, die die gleiche Auszahlung haben, auch tatsächlich das gleiche Wertpapier:

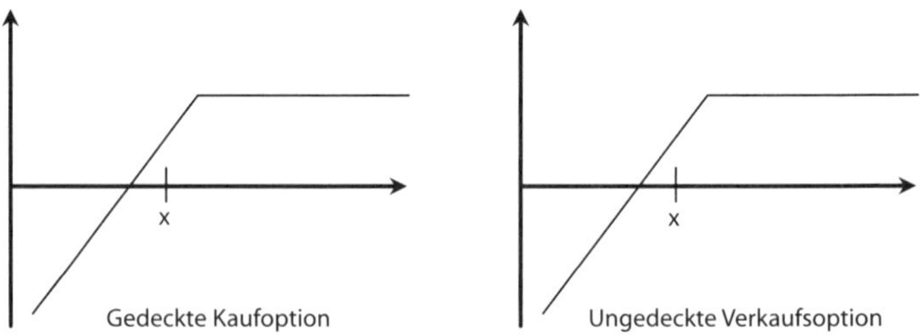

Die meisten Investoren würden über die Idee die Stirn runzeln, eine ungedeckte Verkaufsoption zu verkaufen, aber bei einer gedeckten Kaufoption tun sie eigentlich nichts anderes.

Also ist die scheinbare Sicherheit einer gedeckten Kaufoption eben auch nur das: Der Schein. Da eine ausgegebene ungedeckte Verkaufsoption und eine gedeckte Kaufoption das gleiche sind, sollte man sie als gleich betrachten. Dies ist ein klarer Fall, bei dem sich die Investoren vom Rahmen verwirren lassen, innerhalb dessen die gleichen Informationen bereitgestellt werden. In der normalen Finanztheorie sind Investoren rational und lassen sich vom Rahmen nie verwirren, aber in der Wirklichkeit kaufen Menschen blindlings gedeckte Kaufoptionen und meinen, diese seien sicher, wobei sie niemals eine ungedeckte Verkaufsoption zeichnen würden, da ihnen das hochriskant erscheint. Der Rahmen täuscht.

Daher: Wenn jemand Sie das nächste Mal überreden will, in eine gedeckte Kaufoption zu investieren, fordern Sie ihn auf, eine ungedeckte Verkaufsoption zu verkaufen, denn das ist genau das gleiche! Eine Strategie ist ein Plan, der jede Ihrer Entscheidungen leitet. Es diszipliniert Sie, wenn Sie in Versuchung geraten, vom rechten Weg abzukommen. Die Börse ist einfach kein Ort für das Intuitive, was auch ein Grund dafür ist, warum so viele dort scheitern. Normalerweise ist das, was sich richtig anfühlt, falsch, und das, was sich falsch anfühlt, ist oft richtig. Daher benötigen Sie die Fragen sowie eine Strategie, um Ihr Gehirn in Gang zu halten.

Bevor Sie anfangen, über eine Strategie nachzudenken, setzen wir zunächst einige Grundregeln über das fest, was Sie sich erhoffen können. Fragen Sie jemanden, was seine Investitionsziele sind, und Sie werden eine Unmenge verwirrender Antworten hören. Denken Sie über Ihre eigenen Ziele nach. Können Sie diese in vier Worten oder weniger beschreiben? Wenn Ihre Antwort sich aber über zehn Seiten mit Grafiken erstreckt, so sind Sie einem Finanzhändler auf den Leim gegangen, der Sie glauben machen wollte, dass Sie einmalige Ziele verfolgen, die ganz anders sind als die von Millionen anderer Leute und die dann auch eine atemberaubende Palette kunstvoller Finanzprodukte notwendig machen.

Dabei müsste es verhältnismäßig einfach sein. Seit langem weist die Finanzdienstleistungsbranche die Investoren an, ihre Ziele, die ein breites Spektrum oftmals verwirrender bzw. widersprüchlicher Kategorien umfassen, zu ordnen. Wer sich mit einem Makler oder einem Finanzplaner getroffen hat, wurde wahrscheinlich gefragt, wie „risikotolerant" er sei. Die meisten Investoren wissen das nicht und sind auch nicht qualifiziert, ihre eigene Risikotoleranz einzuschätzen. Sie sehen das nach einem Bullenmarkt in einem Licht und nach einem längeren Bärenmarkt in einem ganz anderen. Ihr Berater hat Sie vielleicht einen Fragebogen ausfüllen lassen, um festzustellen, was für ein Investor Sie sind, wobei Ihre Antworten wohl eher zeigen, wie Sie sich an dem Tag gerade fühlen. Sind Sie ein „Wachstums" oder gar „aggressiver Wachstumsinvestor"? Oder gehören Sie zur Kategorie „Wachstum und Einkommen"? Vielleicht durften Sie sich aus einer Auswahl bunter Tortendiagramme bedienen oder sich in eine Skala einordnen, die von 1 bis 7, 1 bis 10, oder auch 1 bis 37 reicht.

Das schmutzige kleine Geheimnis ist aber: Diese so genannten Risikoskalen bedeuten gar nichts, sie geben ganz einfach überhaupt keinen Teil der Wirklichkeit wieder. Die so genannte „Risikotoleranz" eines jeden ändert sich angesichts sich ändernder Umstände. Die gleichen Leute, die 1999 Fragebögen ausfüllten, wonach sie hoch risikotolerant gewesen seien und alljährlich 20-prozentige Gewinne anstrebten, sagten dann 2002 oder 2003, sie stünden dem Risiko ablehnend gegenüber und wollten nur niedrige, sichere absolute Gewinne. Aber es wird auch viel detaillierter. Die meisten Leute sind einfach unfähig zu bewerten, wie risikotolerant sie sind, genauso wenig wie die meisten Menschen, die noch nie einen harten Schlag in den Bauch hinnehmen mussten, wissen können, wie man sich dabei fühlt, bis sie es wie ein Boxer wiederholt und auf unterschiedliche Weise erlebt haben. Ich habe früher geboxt und weiß das aus meinem Bauch.

Ich habe wenige Anleger getroffen, die ihre eigene Risikotoleranz wirklich im Griff hätten. Die meisten haben einfach nicht die geringste Ahnung; sie haben nur irgendwann ein Gefühl. Ihr Verständnis der eigenen Risikotoleranz wird von dem geformt, was sie in letzter Zeit gelesen haben mögen, was ihnen in letzter Zeit passiert ist, mit wem sie reden und welche Antwort auf solche Fragen sich ihrer Meinung nach gehört. Oft hängt die Antwort davon ab, ob der

Ehegatte bzw. die Gattin und die Kinder dabei sind oder nicht. Ein Typ kann sich vielleicht eher als Pirat auf Abenteuerfahrt und Beutezug in der Südsee vorstellen, wenn er allein einen Piratenfilm ansieht, als wenn er mit seiner Frau zusammensitzt. Oft fragt man einen Mann, wie risikotolerant er sei, und erhält die Antwort, er sei sehr risikotolerant und könne mit Volatilität gut umgehen. Später trifft man seine Frau und beschreibt ihn als risikotolerant, und sie lacht. Wirklich, das kommt immer wieder vor. Wer hat hier Recht? Der Mann? Die Frau? Weder noch! Beide haben Unrecht, denn beide gehen davon aus, das Risiko sei eine eindimensional messbare Größe. Und das ist es nicht!

Meir Statman und ich haben in einer Fachzeitschrift einen Artikel publiziert, dessen Titel übersetzt lautet: „Das Puzzle der Mittelwertvarianzoptimierung: Wertpapierbestände und Lebensmittelbestände[3]“. Dort legen wir dar, dass das Risiko vielschichtig ist und zu einem gegebenen Augenblick für jeden Menschen praktisch unmöglich im vollen Umfang eingeschätzt werden kann. Ihr Gehirn geht mit Investitionsrisiken ähnlich um wie mit Nahrung und Diät. Esser wie Investoren wollen bei der Investition bzw. bei der nächsten Mahlzeit mindestens sechs Sachen auf einmal. Das Risiko, das sie zu jeder Zeit empfinden, hängt davon ab, was sie gerade nicht bekommen, ohne Rücksicht darauf, wie sie sich fühlen würden, wenn sie die Dinge nicht bekämen, die sie gerade bekommen. Ihr Gehirn kann einfach nicht alles auf einmal zusammenfügen. Es ist auf das fixiert, was es nicht bekommt, und das ist dann für Sie das empfundene Risiko.

Ich werde hier keine Neuauflage dieses Artikels vorlegen. Aber Investoren wollen natürlich nicht nur Rendite. Sie wollen auch mit dem Nachbarn Schritt halten oder nicht übermäßig auf Opportunitätskosten sitzen bleiben. Dies ist auch der Grund, warum einer, der vorgibt, nur zehn Prozent im Jahr anzuvisieren, eigentlich Angst empfindet, wenn die Börse 35 Prozent gestiegen ist, und sein Portfolio ist nur um 20 Prozent gestiegen. Das ist Risiko. Investoren fürchten auch Volatilität und betrachten sie als Risiko. Sie ist auch eines. Die Finanztheorie hat zur Genüge die Volatilität als den Risikomaßstab schlechthin dargestellt. Aber sie ist nur eins der Risiken und sucht die einen mehr heim als die anderen. Natürlich wollen die Investoren die Einpreisung. Unterschiedliche Investoren wollen sie unterschiedlich, aber sie empfinden Risiko, wenn sie nicht mehr dem entspricht, was sie ihrem Empfinden nach sein sollte. Sie wollen auch eine schöne Verpackung. Das wirkt sich auch auf alle anderen Risiken aus. Es beinhaltet die Präsentation, die Benutzerfreundlichkeit und ein Stück weit das Gefühl des Vertrauens, das Sicherheit und Risikominderung andeutet, welches jedem Marketing zu Grunde liegt. Sie wollen Prestige. Das kann vieles bedeuten, z.B. eine Markenerstellung, was zum Gefühl der Einmaligkeit beiträgt, ein allgemeines Gefühl der Sicherheit bzw. der Risikofreiheit aufgrund wahrgenommener Qualität oder das Gefühl, gesellschaftlich höher zu stehen als andere. Man könnte das auch so etwas nennen wie „das Recht, anzugeben“, etwa: „Ich war beim Börsengang von Google dabei und du nicht!“ Aber: Nehmen wir das Prestige aus der Formel heraus, und plötzlich empfindet man das Ganze als „Risiko“.

Was die Investoren ebenso wollen, ist die Ordnungspräferenz. Den wenigsten ist bewusst, wie wichtig die Ordnungspräferenz für alle ist, aber nehmen wir zwei

Beispiele aus der Esskultur. Erstens: Warum isst man morgens Frühstück und abends warm statt umgekehrt? Kalorienmäßig mag es aufs Gleiche hinauslaufen, doch zum größten Teil gehorcht man den Geboten der Ordnung, auch wenn niemand zusieht. Zweitens: Wieso experimentiert man in der Regel nicht mit neuen Speisekombinationen, etwa mit Salatsoße im Kaffee, oder Schlagsahne auf dem Salat oder dem Steak, was vielleicht sogar schmecken würde? Vielleicht sogar besser! Sie tun es nicht, weil es der Ordnungspräferenz widerspricht. Wenn Sie es in der Öffentlichkeit versuchten, würden die Leute, mit denen Sie essen, nie wieder mit Ihnen essen gehen, sondern Sie als Fall für die Psychiatrie abstempeln.

Mein Punkt ist: Zu jedem Zeitpunkt hängt das Risiko, das Sie bemerken und das Sie ängstigt, mit dem zusammen, was Sie *nicht* bekommen. Und Sie können Ihr Gehirn nicht dazu bringen, all die anderen Dinge zu erkennen, die Sie doch bekommen, und wie Sie es finden würden – d.h.: wie Sie das Risiko erleben würden –, irgendeine Kombination dieser Dinge nicht zu bekommen. Sehr wenige Menschen haben ein wirkliches Gefühl dafür, wie sie ein sich in der Zukunft stellendes Risiko empfinden würden. Bislang ist dies weder in den USA noch im Ausland jemals sinnvoll erhoben worden, aber ich schätze – und es handelt sich hierbei wirklich nur um eine Vermutung –, dass weniger als fünf Prozent der Menschen eine wirkliche Vorstellung von ihrer eigenen Risikotoleranz besitzen, und ich zähle mich gern selbst zu den anderen 95 Prozent. Und ich wette, auch Sie finden sich da wieder.

Ein weiterer wichtiger Punkt ist: Die vielen Fragebögen, die „Anleger-Typ"-Einteilungen und die farbigen Tabellen und Diagramme sind nichts für Sie. Sie sind vielmehr etwas für den Verkäufer und seine Firma. „Risikotoleranz", in die Gedankensprache der Verkäufer übersetzt, bedeutet: „Erstens: Was kauft dieser Trottel am wahrscheinlichsten? Zweitens: Wie rette ich meine Haut, wenn er mich später verklagt?" Es handelt sich hierbei um eine Verkaufstechnik und eine Prozessverteidigungstechnik und sonst um fast gar nichts. Sobald die wissen, wie Sie sich selber einordnen, wissen sie nicht nur, was Ihnen zu verkaufen wäre, sondern auch, gemäß der Regel: „Kenne deinen Kunden", wie sie sich ggf. vor Gericht oder in einer Schlichtung verteidigen könnten. Diesen Katechismus hinunterzuleiern heißt nicht, dass das, was man Ihnen verkauft hat, das für Sie Geeignete gewesen wäre, sondern nur, dass Sie an diesem Tag dazu geneigt waren. Erdbeer bitte, und keine Schokolade.

Wachstum oder Erträge oder beides – Das ist es!

Sie sind eine einmalige, wunderbare Person, da habe ich keinen Zweifel; aber Sie sind wahrscheinlich genauso einmalig wie fast alle anderen. Das heißt: Statistisch gesehen sind Sie nicht einmalig. Das würde nämlich bedeuten, Sie wären bezüglich einer Reihe von Eigenschaften ganz hinten am schmalen Ende irgendeiner Glockenkurve. Wenn Sie wirklich einmalig sind, sind Sie technisch gesehen etwas seltsam. Einmalig bedeutet seltsam. Die meisten Menschen halten sich gern für einmalig. Sie sehen sich aber nicht gern als Sonderlinge. Sie haben wahrscheinlich sehr ähnliche Investitionsziele wie etwa 98 Prozent der Menschheit.

Ihre Ziele empfinden Sie zwar als einmalig, weitgehend stimmen diese aber sicherlich mit denen der meisten Menschen überein. Wer sich am sichersten ist, einmalig zu sein, ist fast immer Narziss, und zwar per definitionem. Der Narziss glaubt immer, er sei einmalig – und ist es schon damit nicht. Er unterliegt einem Wahrnehmungsfehler. Doch behauptet die Gesellschaft im Allgemeinen, jeder sei einmalig. Das ist kuschelig und politisch korrekt und öffnet der finanziellen Dienstleistungsbranche mit ihrer Palette von Produkten, die angeblich einzigartig zu Ihnen passen, Tür und Tor. Sie sind aber nicht einmalig, es sei denn, Sie sind äußerst seltsam. Die wirklichen und allen gemeinsamen Investitionsziele der Menschen sind ziemlich unkompliziert, und man braucht keinen Fragebogen und kein Diagramm, um sie herauszufinden. Sie lauten wie folgt:

Maximierung des endgültigen Wertes für einen Hauptzweck

Entweder Sie wollen Ihren Wertpapierbestand ausbauen, um ihren Ruhestand zu finanzieren, jetzt oder in der Zukunft etwas kaufen – ein Eigenheim oder eine Zweitwohnung, eine Hochschulausbildung oder vielleicht ein Boot –, oder Sie wollen Ihren Nächsten oder einer wohltätigen Einrichtung etwas zukommen lassen. Sie könnten dieses Ziel auch als „Wachstum" bezeichnen. Doch „Endwertmaximierung" bedeutet nicht notwendigerweise, dass Ihre Geldbörse voller wird. Vielleicht ziehen Sie jährlich mehr Bargeld ab, um Ausgaben zu bestreiten, als Ihre Anlage einbringt, wodurch Ihr Konto absichtlich leerer wird, aber Sie müssen Ihr Vermögen trotzdem noch weiter strecken. Zum Beispiel lautet die Antwort auf die Frage, was der Hauptzweck der Anlage sei, sehr häufig: Sich und den Lebenspartner für den Rest des Lebens zu versorgen. Das heißt entweder, seinen Kontostand wachsen zu lassen, oder es einfach zu strecken, so dass es länger reicht. Absicherung ist wahrscheinlich bei Investoren überhaupt das häufigste Ziel. Es ist sehr real und sehr fundamental!

Cashflow

Viele Investoren sagen, Zweck ihres Geldes sei es, „Erträge" zu erwirtschaften, um Lebenskosten zu decken. Sie wollen jetzt oder in der Zukunft ein gewisses Niveau an Einkommen bzw. an „Cashflow". Im Extremfall würden manche Leute wohl sehr froh sein, wenn Vati einfach stürbe und einen garantierten Einkommensfluss hinterließe, wobei sie selbst keine Verfügungsgewalt über die Anlage hätten und nicht unbedingt wissen müssten, wie die Vermögenswerte investiert würden. Wie Gertrude Stein. Partyzeit!

Natürlich will der partyfreudige Erbe nicht wirklich „Erträge" in dem Sinne, wie man diesen Fachbegriff normalerweise versteht. Er will einen vorhersagbaren und sicheren „Cashflow". Das ist richtig und gut so. Die Finanztheorie sagt klar und deutlich, wir sollten steuer- und risikobereinigt keine Vorlieben für eine bestimmte Art von Cashflow hegen. Zum Beispiel sollte es uns nach Steuern egal sein, ob unser Cashflow aus Dividenden (die risikoreich sein können oder auch nicht) oder aus Kapitalgewinnen (die risikoreich sein können oder auch nicht) herrührt. Ertragsausschüttungen sind weder besseres noch schlechteres Geld als Spekulationsgewinne. Wichtig für uns sollte die Gesamtrendite nach Abzug von Steuern und Bereinigung von Risikofaktoren sein; ansonsten ist es einerlei, wo dieser Cashflow herkommt.

Cashflow-Angelegenheiten sind für Investoren äußerst wichtig. Zu viele Investoren sind herangezogen worden ohne das notwendige Verständnis dafür, wie man solche Fragen betrachten muss. Daher gehört es bei meiner Firma – und es sollte überall so sein – in erster Linie zur Kundenschulung, den Kunden beizubringen, ihren Cashflow in Einklang mit ihren Bedürfnissen zu bringen, da sie dies in der Regel früher nicht gelernt haben.

Endwertmaximierung oder Cashflow: Das ist der Punkt! In der Regel verfolgen die meisten Investoren entweder das eine oder das andere Ziel oder eine Kombination der beiden. (Natürlich gibt es eine sehr große Vielfalt an Unterteilungen, etwa der Art: „Ich möchte nach meinem Tod so viel wie möglich dem Verein zur Rettung der Robben vermachen", also Endwertmaximierung, in diesem Fall für einen wohltätigen Zweck.) Klingt das gut? Zum Beispiel sieht ein 50-jähriger Anleger vielleicht den Hauptzweck seines Geldes darin, sich und seine Frau für den Rest ihres Lebens zu versorgen, und hat auch das zusätzliche Ziel, eine bestimmte Menge für die Kinder und auch noch etwas für wohltätige Zwecke zu hinterlassen. Sie wollen die Wahrscheinlichkeit, dieses Ziel erfolgreich zu erreichen, dadurch maximieren, dass sie den am Ende ihres Lebens bestehenden Endwert maximieren. Dadurch erreichen sie einen Cashflow, mit dem sie ihren Lebensstil finanzieren und immer noch ein Geschenk für ihre Kinder hinterlassen können – und in diesem Fall auch für die Robben. Damit wäre ihr Ziel erreicht. Fast jeder Investor bewegt sich irgendwo auf der Linie zwischen Endwertmaximierung und Cashflow: Er benötigt das eine oder das andere oder eine Kombination von beiden. Um als wirklich einmalig (oder eben als seltsam) zu gelten, müssten Sie sich schon abseits von dieser Linie befinden.

Es gibt noch ein drittes mögliches Ziel: Die Vermögenserhaltung. Eine echte Vermögenserhaltung würde bedeuten, überhaupt kein Risiko einzugehen, um den nominellen Wert Ihres Vermögens zu bewahren. Investoren behaupten oft, dass sie die Vermögenserhaltung wünschen, aber dies wird unendlich viel öfter behauptet, als es wahr ist. Als langfristiges Ziel ergibt es selten einen Sinn. Eine echte langfristige Vermögenserhaltung ist nur dann angebracht, wenn Sie wissen, dass Sie jetzt schon viel mehr Geld haben, als Sie je bräuchten, also haben Sie keinen Wunsch nach mehr, und Sie wollen vor allem Ihre Stress- und Ärgerfaktoren minimieren. Dann könnte es sinnvoll sein, aber Sie gehörten dann auch zu einer sehr kleinen Minderheit.

Kurzfristig könnte es z.B. auch dann sinnvoll sein, wenn Sie jung sind und die Anzahlung auf ein Eigenheim in den nächsten sechs Monaten ansparen wollen. Es wäre durchaus vernünftig, das hierfür benötigte Bargeld zu bewahren, indem Sie ein risikoarmes Instrument wie eine Festgeldanlage in Anspruch nehmen. Aber wenn Sie schon dieses Buch gekauft haben, haben Sie im Allgemeinen Ihr Bargeld wohl nicht unter der Matratze versteckt und haben irgendein längerfristiges Ziel, das Sie mit Ihrem Geld erreichen möchten. Vermögenserhaltung ist der Gegenpol von Wachstum. Sie hören oft Investoren, die „Vermögenserhaltung und Wachstum" wünschen – und selbstverständlich gibt es daher auch Firmen, die dieses angeblich anbieten. Die meisten Leute, die so etwas wünschen, würden auch gern ein fettfreies Steak bekommen. Wenn ich so darüber nachdenke, möchte ich auch eins, aber ich weiß, dass es unmöglich ist. Lassen Sie sich von niemandem erzählen, beides sei gleichzeitig möglich. Es stimmt nicht.

Warum sind gleichzeitiges Wachstum und Vermögenserhaltung eine absolute Unmöglichkeit? Für Wachstum müssen Sie etwas Risiko eingehen. Vermögenserhaltung ist die Abwesenheit von Risiko. Beides zu kombinieren würde risikolose Gewinne bedeuten, was unmöglich ist. Wenn also Ihr Ziel Wachstum ist und Sie nach 20 Jahren Ihr Geld dreimal verdoppelt haben (was nicht ganz unwahrscheinlich wäre, falls Sie sich an einem Aktienindex orientieren), dann haben Sie im Grunde Ihren Bestand ausgebaut und Ihr anfängliches Vermögen obendrein noch erhalten. Sicherlich bewegte sich während jener 20 Jahre Ihr Portfolio mit der Börse auf und ab – na und? Sie werden Wachstum erzielt haben, während Sie die Stürme der Volatilität und anderer Risiken durchmachten. Sie haben in einem langen Zeitrahmen letztendlich eine aktienähnliche Rendite erhalten. Aber wenn Sie sich wirklich Vermögenserhaltung zum Ziel setzen, haben Sie nach 20 Jahren immer noch Ihr anfängliches Kapital und sonst nichts.

Wenn jemand in der Finanzbranche Ihnen „Vermögenserhaltung und Wachstum" anbietet, wissen Sie, dass er entweder nicht weiß, was er tut, oder Sie betrügt. Glückseliger Narr oder böswilliger Schuft – beides ist gefährlich. „Vermögenserhaltung und Wachstum" ist eine Formel wie „ein selbstloser Politiker", „ein reifes Kind" oder „Liebe plus Vergewaltigung". Die beiden haben nichts miteinander zu tun. Die Branche verkauft mit Vorliebe „Vermögenserhaltung und Wachstum". Es klingt warm, tröstlich und kuschelig, wie ein süßer kleiner Hund. Wer wollte nicht das schützen, was er hat, und es gleichzeitig vermehren? Wer liebt nicht süße kleine Hunde? Daher ist auch der Gedanke an Wachstum bei gleichzeitiger Vermögenserhaltung so heimtückisch.

Täuschen Sie sich nicht: Die meisten Investoren brauchen etwas Wachstum, sonst würden sie gleich auf Aktien, Anleihen und andere risikobehaftete Anlagen verzichten. Wenn man echte Vermögenserhaltung zum Ziel hat, also niemals, über welchen Zeitraum auch immer, bereit ist, auch nur einen Groschen zu verlieren, hätte man sich den Kaufpreis dieses Buches sparen und das Geld unter der Matratze verstecken sollen. Allerdings: Wenn es Ihr Ziel ist, jeden Verlust zu vermeiden, dann hilft auch die Matratze nicht, da es die Inflation gibt. Das Inflationsrisiko ist die Schwachstelle all jener, die Vermögenserhaltung suchen. Wie sein Kapital risikofrei bewahren, wenn die Inflation um sich greift? Es ist wirklich schwierig, wenn nicht unmöglich, jedem Risiko aus dem Weg zu gehen.

Die Reichsten haben es schwer!

Sehen wir uns einmal an, wie es am reichsten Ende der Skala aussieht. Seit dem Herbst 1982 untersucht die Zeitschrift Forbes alljährlich die 400 reichsten US-

Amerikaner und listet sie auf – die so genannten *„Forbes 400“*. Die Zusammensetzung ändert sich mit den Jahren erheblich. Auf dieser Liste zu bleiben ist kein Leichtes. Neue kommen von unten hinzu, die sehr erfolgreich gewesen sind, andere trifft ein Schicksalsschlag, und sie fallen heraus. Die unteren 50 Ränge bilden die Auf- bzw. Abstiegsplätze. Laut der 2005er-Ausgabe war das ärmste Mitglied der *Forbes 400* immerhin 900 Millionen Dollar wert[4], oder besser gesagt: Die ärmsten 17 teilten sich mit diesem Wert den untersten Platz. 1982 jedoch, knapp zwei Jahre bevor ich bei *Forbes* mit meiner regelmäßigen Kolumne anfing, nannte das ärmstes Mitglied auf Platz 400 gerade einmal 75 Millionen Dollar sein Eigen.[5] Das heißt, wollte der 1982 ärmste unter den reichen Jungs über die darauffolgenden 23 Jahre gerade noch auf der Liste bleiben, so hätte er sein Nettovermögen um mindestens 11,5 Prozent pro Jahr netto vergrößern müssen – unvorstellbar! Es heißt: Nur um seinen Platz unter den *Forbes 400* zu behalten, hätten diese 400 Menschen netto etwa so gut abschneiden müssen wie der S&P-500 – und Sie wissen, dass die Wenigsten das schaffen. So sind auch nur etwa zehn Prozent der ursprünglichen, 1982 gelisteten Mitglieder der *Forbes 400* immer noch dabei. Das passt zu dem Raster, wonach nur sehr wenige professionelle Investoren die Börse übertreffen können. Sicherlich gab es dabei auch Todesfälle, doch bei den meisten war der Grund ganz einfach der, dass sie nicht genügend Wachstum erreichten, um mit ihren Kollegen Schritt zu halten. Denn das ist nicht einfach.

Wie wäre es, den Cashflow als Ziel zu nehmen? Seitdem die Firmenpension immer mehr wegfällt, müssen viele Anleger auf Ersparnisse, sei es den 401(k)-Plan oder andere Mittel, zurückgreifen, um ihren Ruhestand zu finanzieren. Aber wie viel konsumierbaren Cashflow können Sie von Ihrem Vermögen erwarten, ohne Gefahr zu laufen, mit 85 wieder einen Job suchen zu müssen? Eine sehr ungenaue Faustregel lautet: etwa vier Prozent Ihres Wertpapierbestandes oder weniger. Das ist eine sehr grobe Verallgemeinerung. Wenn Sie einen kürzeren Zeithorizont haben, können Sie problemlos mehr konsumieren, mit einem längeren Zeithorizont weniger. Aber wenn Sie nach heutigem Wert 50 000 Dollar brauchen, um Ihren Lebensstil aufrecht zu erhalten, und Sie einen langen Zeithorizont haben, sollten Sie wenigstens mit 1,25 Millionen Dollar (wieder nach heutigem Wert) in Pension gehen. Und auch dann könnte es nicht reichen, falls die Kursanstiege in Zukunft niedriger ausfallen bzw. die Inflation überdurchschnittlich hoch ist. Bedenken Sie: Es gibt keine Garantien. Das Risiko ist immer präsent.

Glauben Sie, dass Sie vielleicht mehr als vier Prozent an Cashflow aus Ihrem Vermögen benötigen werden? Je höher der Prozentsatz, desto höher auch die Wahrscheinlichkeit, dass Ihr Geld am Ende ist, bevor Sie es sind. Falls Sie keine Erben haben oder Ihren Kindern immer noch nicht verziehen haben, dass sie damals die Saufparty im Haus veranstalteten, während Sie Europa bereisten, dann ist für Sie der Vermögensschwund vielleicht weniger beunruhigend. Lass den letzten Scheck ruhig platzen, wie es so schön heißt.

Um herauszufinden, mit welcher Wahrscheinlichkeit Ihr Vermögen Ihren Lebensstil langfristig finanzieren kann, können Sie eine einfache „Monte-Carlo-Simulation“ machen. Einen guten Monte-Carlo-Simulator finden sie unter http://www.uni-ulm.de/~leibing/diplom/node20.html. Im Allgemeinen werden Sie feststellen, dass jährliche Ausschüttungen von maximal vier Prozent Ihre Chancen verbessern und dass Sie damit am besten fahren. Bei höherem Bedarf werden Sie im Ruhestand den Rasen mähen, statt darauf Golf zu spielen.

Vier wichtige Regeln

Also entscheiden Sie sich: Endwert oder Cashflow oder beides zusammen! Aber wie erreichen Sie diese Ziele? Und wie kommen Sie aus dem Teufelskreis des Misserfolgs heraus und fangen an, öfter richtig zu liegen als falsch? Sie müssen kein Gelehrter sein, um die drei Fragen zu benutzen, und genauso brauchen Sie, um eine Strategie aufzubauen, einfach nur die folgenden vier Regeln anzuwenden, die ich täglich beim Verwalten von Vermögen einsetze:

Regel eins: Suchen Sie sich eine geeignete Benchmark aus.
Regel zwei: Analysieren Sie die Bestandteile der Benchmark und legen Sie die zu erwartenden Risiken und Erträge fest.
Regel drei: Mischen Sie nichtkorrelierende bzw. negativ korrelierende Wertpapiere, um das Risiko relativ zur zu erwartenden Rendite zu mäßigen.
Regel vier: Bedenken Sie stets, dass Sie sich irren können, also weichen Sie nicht von den ersten drei Regeln ab.

Untersuchen wir diese vier Regeln genauer.

Regel eins: Suchen Sie sich eine geeignete Benchmark aus.

Sie wissen, dass eine Benchmark für den Erfolg unerlässlich ist. Sie wissen, wie eine Benchmark sein sollte, nämlich gut konstruiert, und auch, wie sie nicht sein sollte, nämlich kursgewichtet wie der Dow. Ebenso wichtig: Ihre Benchmark sollte für Sie geeignet sein. Sie wird Ihnen die Volatilität und die Renditeerwartung vorschreiben, und in gewissem Maße auch, was sich letztlich in Ihrem Wertpapierdepot wiederfindet. Sie ist Ihre Richtschnur, Ihr Maßstab. Sie werden sie nicht so bald verändern können, es sei denn, es passiert etwas wirklich Extremes, das den Hauptzweck Ihrer Geldanlage umwirft, etwa dass – Gott bewahre! – Ihre Frau oder Ihr Mann und alle Kinder sterben, was Sie dann auch noch veranlasst, sich weniger wohltätig zu verhalten. Daher ist es entscheidend wichtig, die für Sie richtige Benchmark zu finden.

Ihre Benchmark kann, wie oben besprochen, ganz aus Aktien, ganz aus festverzinslichen Wertpapieren oder aus einer Mischung von beidem bestehen. Diese Auswahl, also die Entscheidung, ob Sie nur Aktien, eine Mischung, oder sogar nur festverzinsliche Anlageformen vorziehen, hängt von vier Faktoren ab, und zwar nur von vier Faktoren. Werfen Sie den ganzen „Risikotoleranz"-Unsinn aus dem Fenster. Die einzigen vier Faktoren, um festzustellen, welcher Benchmark-Index für Sie geeignet ist, sind: (1) Ihr Zeithorizont, (2) wie viel

Cashflow Sie brauchen und wann, (3) Ihre Renditeerwartungen und (4) die unwahrscheinliche Möglichkeit, dass Sie seltsame, aber starke Vorurteile hegen, wie Hass für alles Französische, oder dass Sie keine Aktien halten wollen, die mit der Herstellung von Tofu zu tun haben, oder was auch immer.

Der erste Faktor: Der Zeithorizont

Ihr Zeithorizont ist mit größter Wahrscheinlichkeit gleich Ihrer Lebenserwartungszeit, aber möglicherweise auch länger. Wenn Sie Ihren Ehepartner nicht hassen, sollten Sie auch dessen Lebenserwartung mit in Betracht ziehen, was Ihren Zeithorizont verlängern wird, wenn dieser Sie vielleicht überlebt. Wenn Sie Ihre Kinder mögen und etwas für sie zurücklassen wollen, verlängert auch das Ihren Zeithorizont. Kurz gesagt: Ihr Zeithorizont ist gleich der Zeitspanne, in der Ihr Vermögen weiter bestehen muss. Ihr Zeithorizont ist ganz entschieden nicht die Zeit, bis Sie in Rente gehen oder anfangen, Ausschüttungen in Anspruch zu nehmen. Viel zu viele Investoren denken genau das Falsche über die Frage des Zeithorizonts, denn sie benutzen nicht die Fragen eins und zwei, um hier klar zu sehen. Die Branche fördert sogar falsches Denken, wahrscheinlich um statische Vermögensstrukturierungen oder andere sympathisch wirkende, aber unpassende Produkte zu verkaufen.

Ich kann Ihnen gar nicht sagen, wie oft ich gehört habe: „Ich gehe in Rente, daher muss ich konservativ werden und kann keine Risiken mehr eingehen." Die Leute reden alle so, aber es ist meistens falsch. Nehmen Sie an, Sie sind ein 65-jähriger Mann, Ihre Frau ist 60 und lebt wahrscheinlich bis 90 (gar nicht ungewöhnlich). Dann haben Sie einen Zeithorizont von 30 Jahren, der ein Drittel des gesamten Lebens Ihrer Frau umfasst. Also werden Sie etwas riskieren müssen und eine aktienbasierte Benchmark erstellen, sonst ist die Wahrscheinlichkeit groß, dass Ihre Frau Altersarmut erleidet. Nun, wenn Sie Ihre Frau wirklich hassen, dann ist Altersarmut eigentlich eine ganz gute Idee, denn es ist langfristig viel brutaler, als sie nur zu schlagen. Sie verstehen, was ich sagen will. Aber Sie glauben gar nicht, wie oft ich älteren Männern mit jüngeren Ehefrauen begegnet bin, also mit Frauen, die einen langen Zeithorizont haben, wobei die Männer dann so investierten, als ob sie ihre Frauen hassten, ohne zu erkennen, was sie taten, da sie ihr Geld so verwalteten, als ob die eigene Lebenserwartung und nicht die der Frau das Entscheidende wäre. Bisweilen frage ich sie, ob sie ihre Frauen hassen, und sie werden dann immer wütend. Sie haben vielleicht vernünftig ein Datum ausgerechnet, ab dem Sie von Ihren Vermögenswerten leben wollen, aber das Geld muss trotzdem Ihr ganzes Leben halten oder noch länger, sonst müssten Sie oder Ihre Angehörigen leiden. Diese ganze Zeit bestimmt Ihren Zeithorizont.

Sie könnten aus irgendeinem Grund einen kürzeren Zeithorizont haben. Vielleicht sind Sie 32 Jahre alt, männlich und brauchen in drei Jahren jeden Cent, um Ihr Eigenheim zu bezahlen. Doch in den meisten Fällen unterschätzen Anleger ihren Zeithorizont stark. Da mein Vater mit 96 starb und meine Mutter mit 87 noch lebt und ich beider Pfleger gewesen bin, kann ich mir lange

Zeithorizonte ziemlich einfach vorstellen. Gerade im Alter braucht man sein Geld, da es so viel Komfort gibt, den man im Alter nützlich findet, der aber von keiner Krankenversicherung gedeckt wird.

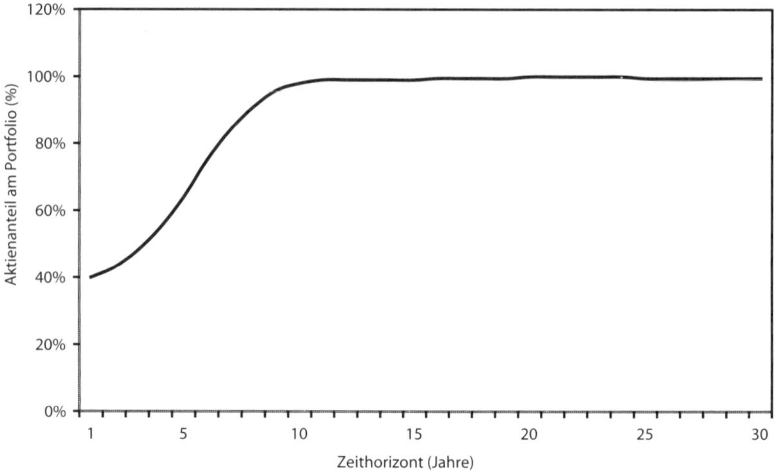

Abbildung 9.1: Gewichtungen im MSCI World.

Quelle: Thomson Financial Datastreams, Stand 30.6.2006.

Abbildung 9.1 kann Ihnen helfen, darüber nachzudenken, wie Ihr Zeithorizont zu Ihrer Benchmark passt. Je länger Ihr Zeithorizont, desto mehr Aktienanteil ist für Ihre Benchmark angemessen.

Aktien oder Anleihen? Die 929-Prozent-Frage

Wenn Ihr Zeithorizont mehr als 15 Jahre beträgt – und wenn Sie dieses Buch lesen, dann ist das wahrscheinlich der Fall –, so ist eine Benchmark vollständig auf Aktienbasis wahrscheinlich für Sie am besten. Über lange Zeitspannen sind Aktien bei weitem die ertragreichste Klasse liquider Vermögenswerte, und die Wahrscheinlichkeit, dass die Aktien die Anleihen übertreffen, ist groß. Seit 1926 hat es in den USA 66 mögliche 15-Jahres-Perioden gegeben. In 61 davon (92 Prozent) übertrafen die Aktien die Anleihen und erzielten einen Durchschnittsertrag von 481 Prozent, wogegen die Anleihen nur 150 Prozent ergaben.[6] Damit übertrafen die Aktien die Anleihen um das 3,2-fache. Nimmt man die fünf Perioden zusammen, in denen die Anleihen die Aktien übertrafen, so ergibt sich ein Verhältnis von nur 2,3 zu 1.

Wenn Ihr Zeithorizont 20 Jahre oder mehr beträgt, was wahrscheinlich der Fall ist, so stehen Ihre Chancen noch günstiger, wenn Sie eine gänzlich aktienbasierte Benchmark haben. In 60 der 61 20-jährigen Perioden seit 1926 haben Aktien die Anleihen mit einer noch höheren Marge übertroffen[7] – also in mehr als 98 Prozent der Fälle. Dafür, dass sie über einen Zeitraum von 20 Jahren in

Aktien investierten, erhielten die Leute durchschnittliche Erträge von 929 Prozent, verglichen mit 240 Prozent bei den Anleihen. Während des einzigen 20-jährigen Zeitraumes, in dem in den USA die Anleihen besser verdienten als die Aktien, vom 1. Januar 1929 bis zum 31. Dezember 1948, erreichten jene eine Rendite von 115 Prozent und diese 84 Prozent.[8] Nun ja! In diesem Zeitraum gab es nun einmal die Weltwirtschaftskrise und einen Weltkrieg (dazu die Gründung der Börsenaufsicht in den USA, die Entstehung des Blues, und nebenbei Al Capone, Gertrude Stein und Stalin). Selbst im sehr unwahrscheinlichen Fall, dass die Anleihen im Verlauf der nächsten 20 Jahre die Aktien übertreffen sollten, so wird deren Mehrertrag wahrscheinlich nicht besonders groß sein. Es ist eindeutig besser, sich dem Risiko zu stellen, um die größere Rendite zu erhalten.

Sie meinen vielleicht, ich würde Werbung machen für die Aktienvariante. Ich bekenne mich schuldig im Sinne der Anklage. Ich bin ein großer Aktien-Fan wegen deren deutlich höherer längerfristiger Gewinne und auch aus vielen anderen Gründen. Sie werden sich erinnern, dass ich am Altar der zahlreichen Segnungen des Kapitalismus bete, wobei immer noch gilt: kein Kapitalismus ohne Aktien. Aber es gibt auch Zeiten, in denen die Aktien fallen, bei einem Bärenmarkt also. Wer dann die schlechte Konjunktur durch Barvermögen vermeidet, taktiert nicht schlecht. Aber das ist noch keine Strategie.

Der zweite Faktor: Cashflow

Ein anderer Fall, in dem eine 100-prozentig auf Aktien fußende Benchmark möglicherweise unpassend sein könnte, hat mit dem zweiten Faktor der Benchmark-Auswahl zu tun: mit dem Cashflow also. Falls Sie jährlich drei Prozent oder weniger von Ihrem Vermögen benötigen, brauchen Sie wahrscheinlich keine gemischte Benchmark, und die 100-Prozent-Aktien-Variante ist wahrscheinlich für Sie sehr geeignet. Eine Benchmark ganz aus Aktien müsste Ihnen dann inflationsbereinigt den Cashflow einbringen, den Sie benötigen, und dabei immer noch das Stammkapital anwachsen lassen. Nehmen Sie an, dass Sie jedes Jahr vier Prozent abschöpfen (oder auch mehr, obwohl ich nicht empfehlen würde, so viel zu nehmen), aber Sie wollen vor allem, dass der Wert Ihres Vermögens im Laufe Ihres Zeithorizonts so stark wie möglich wächst. Dann sollten Sie eine Benchmark ganz aus Aktien benutzen.

Nehmen wir nun an, Sie gehen bald in den Ruhestand oder planen aus irgendeinem anderen Grund, regelmäßig Geld aus Ihrem Wertpapierbestand abzuschöpfen. Sie haben eine Million Dollar in einem Pensionsplan bzw. in steuerpflichtigen Spareinlagen. Sie wissen, dass Sie ab in drei oder fünf Jahren oder vielleicht schon ab dem nächsten Monat 40 000 Dollar pro Jahr benötigen werden, um Ihre Lebenshaltungskosten zu decken. Nehmen wir auch an, Sie kümmern sich nicht die Bohne darum, Ihren undankbaren und abartigen Kindern und Enkelkindern etwas zu überlassen. In erster Linie wollen Sie sicherstellen, dass Sie Ihre 40 000 Dollar im Jahr bekommen, natürlich inflationsbereinigt. Dann wäre es vielleicht sinnvoll, etwas Festeinkommen in Ihrer Benchmark zu haben, etwa 70 Prozent Aktien und 30 Prozent festverzinsliche Papiere.

Eigentlich bin ich aber etwas unsicher über diese Mischformel, und zwar wegen des wohlbekannten „Geizhalsfaktors". In meiner jahrzehntelangen Karriere als Vermögensverwalter habe ich einigen ziemlichen Geizhälsen beigestanden. Und ich hege Zweifel, dass Sie ein größerer Geizhals sind, als ich es bin. Sie haben wohl inzwischen gemerkt, dass ich sehr rechthaberisch und völlig unabhängig bin. Beobachtet man die Geizhälse, wie sie altern, so stellt man fest, dass sich des Öfteren ihr Herz zugunsten der „undankbaren, abartigen Brut" erweicht. Sie wünschen schließlich, dass sie mehr hätten, was sie ihnen hinterlassen können, und dass sie besser gefahren wären, wenn sie sich früher für einen längeren Zeithorizont und ein Bedürfnis nach höherem Gewinn entschieden hätten. Denken Sie darüber nach.

Auch mit einer gemischten Benchmark aus 60 Prozent Aktien und 40 Prozent fester Verzinsung oder 70 zu 30 Prozent oder was auch immer kann die Zeit kommen, wenn Sie Ihr Bargeld auf 100 Prozent erhöhen sollten, um vorübergehend in die Defensive zu gehen, und Sie sollten sich nicht durch eine feste Kontierung in ein falsches Sicherheitsgefühl einlullen lassen. Ihre Benchmark ist Ihre Landkarte, aber sie ist nicht notwendigerweise immer das, was Sie besitzen. Mit einer starren Kontierung werden Sie bei einem schlimmen Bärenmarkt immer noch Geld verlieren. Manchmal brauchen Sie einen Umweg. Oder eine Dividende!

Selbstgemachte Dividenden

Ein weiterer Grund, warum Anleger im bzw. kurz vor dem Ruhestand in Panik geraten und all ihre sauer verdienten Vermögenswerte in Anleihen und Aktien mit hohen Dividenden hineinschaufeln, ist, dass sie glauben, dass sie die Zinszahlungen und die Dividenden für ihr Einkommen brauchen. Sie glauben, wenn sie einen anständigen Prozentsatz an Einkommen abzweigen, können sie sich zurücklehnen und den Wertpapierbestand für Ihren Ruhestand sorgen lassen. Wie oben erwähnt, verwechselt man dabei *Einkommen* mit *Cashflow*.

Für dieses Märchen – denn es ist ein Märchen – benötigen Sie Frage eins. Ist es wahr, dass ein Wertpapierbestand aus lauter Anleihen und defensiven Aktien Ihr Einkommen für den gesamten Ruhestand sichern kann? Vielleicht! Vielleicht sind Sie zehn Millionen Dollar wert und wollen nur 50 000 Dollar pro Jahr. Vielleicht muss der Wert Ihres Vermögens nicht wachsen, damit Ihr Einkommen inflationsbereinigt gleich bleibt. Vielleicht ist es gar nicht so wichtig, ob Sie zusehen müssen, wie Ihre Vermögenswerte durch das Wiederanlagerisiko geschmälert werden oder ob der Wert Ihrer Hochdividenden-Aktien abstürzt.

Aber die meisten Leute können sich nicht leisten, im Ruhestand ihre Vermögenswerte stagnieren oder gar sinken zu lassen. Was passiert, wenn Sie eine abgelaufene Neun-Prozent-Anleihe von 1997 reinvestieren müssen, 2007 jedoch, abgesehen von Riskantem, nichts kaufen können, was mehr als fünf Prozent Erträge einbringt? Und was ist, wenn diese schöne Versorger-Aktie, die acht Prozent Dividende ausschüttet, plötzlich 40 Prozent ihres Kurses einbüßt? Acht Prozent des dann um 40 Prozent verkleinerten Börsenwertes ist wahrscheinlich nicht das, was Sie erwartet hatten. Und was ist mit der Inflation?

Es stimmt einfach nicht, dass Zinszahlungen und Dividenden der „sichere“ Weg wären, Einkommen aus Ihrem Wertpapierbestand herauszuholen. Aber wie wollen Sie sonst an Bargeld herankommen? Wenn Sie eine Benchmark ganz aus Aktien benutzen und Cashflow brauchen, dann wollen Sie doch keine Aktien verkaufen, um sich Bargeld zu verschaffen. Oder?

Ich kann Ihnen nicht sagen, wie viele Anleger ich über die Jahrzehnte gehört habe, die sagten: „Das letzte, was ich je tun werde, ist, ein Stück meines Stammkapitals aufzuzehren.“ Warum zum Teufel nicht? Wozu ist es denn da? Dies ist eine Frage-zwei-Lösung, die ich mir ausgedacht habe, um gesundes Wachstum aufrecht zu erhalten und gleichzeitig Cashflow aus Wertpapierbeständen zu gewinnen. Ich nenne sie die „selbstgemachten Dividenden“.

Sagen wir einmal, Sie haben einen Wertpapierbestand von einer Million Dollar, und Sie schöpfen 40 000 Dollar pro Jahr ab, in gleichen monatlichen Raten von etwa 3 333 Dollar. Sie sollten stets etwa die doppelte Summe in bar in Ihrem Portfolio behalten, damit Sie nicht jeden Monat ein winziges Aktienpaket verkaufen müssen. Damit können Sie taktisch überlegen, was Sie verkaufen wollen und wann. Aber Sie wollen immer den Bestand zurückfahren, Sie planen ihre Ausschüttungen einen oder zwei Monate im Voraus. Sie können Aktien als Steuerverlust verkaufen, um etwaige Gewinne auszugleichen. Sie können übergewichtete Positionen kürzen. Sie werden wahrscheinlich immer einige Aktien haben, die Dividenden ausschütten und damit zu den Barentnahmen beitragen, aber das bringt die richtige Auswahl an Aktien automatisch mit sich. Selbstgemachte Dividenden sind steuergünstig, können kostengünstig erzeugt werden und ermöglichen es Ihnen, vollständig und angemessen zu investieren.

Der dritte Faktor: Ihre Renditeerwartung

Der dritte Faktor bei der Auswahl einer geeigneten Benchmark ist die Renditeerwartung. Wenn Sie 50 sind, in fünf Jahren in Rente gehen, 500 000 Dollar pro Jahr brauchen, um Ihren Lebensstil aufrechtzuerhalten, und zwei Millionen Dollar besitzen, so erwartet Sie ein böses Erwachen. Ihre Renditeerwartungen sind astronomisch hoch. Sie sollten eher erwarten, um die 80 000 Dollar im Jahr oder weniger zu entnehmen, und es dabei bewenden lassen, es sei denn, Sie träumen davon, in Zukunft irgendwann einen plötzlichen Gewinn von etwa zehn Millionen Dollar zu machen. Oder Sie können weiterarbeiten. Sie sollten umgehend darüber nachdenken, wie Sie das Ihrer Frau (oder Ihrem Mann) erklären.

Stellen Sie sich dagegen eine Anlegerin vor, nennen wir sie Jane, die sich eine zuverlässige Einkommensquelle für ihren Ruhestand, etwa eine Pension und etwas Mieteinkommen, zurechtgelegt hat. Ihre Vermögenswerte müssen nicht wachsen, damit sie für ihren Ehemann und sich selbst sorgen kann. Jane will ihr Geld ihren Kindern hinterlassen, die „Endwertmaximierung“ kümmert sie aber wenig, sondern eher die Volatilität – Sie möchte einfach ruhig schlafen können. Ich würde Ihr eine Benchmark ganz aus Aktien und etwas warme Milch empfehlen.

Warum? Weil Jane einen langen Zeithorizont hat und kein Einkommen braucht. Sie meint vielleicht, sie sei „Risiko-abgeneigt“, aber erinnern wir uns: Wie viel Risiko ein Investor wirklich vertragen kann, hat nichts mit seinem vorherigen Gefühl zu tun. Wie schon gesagt: Die wenigsten Anleger können ihre künftige Risikoorientierung richtig einschätzen. Ich wiederhole: *Es hat nichts mit Gefühlen zu tun.* Viele in der Branche wollen Sie glauben machen, es sei anders, aber es stimmt einfach nicht. In einigen Jahren wird sich Jane an Volatilität gewöhnt haben.

Der vierte Faktor: Persönliche Eigentümlichkeiten

Bloß weil die meisten Investoren ähnliche Ziele haben und nicht so einmalig sind, wie sie meinen, heißt das nicht, dass sie keine Eigenheiten hätten. Hierbei geht es nicht etwa darum, „ein ungutes Gefühl“ bei Auslandsinvestitionen, IT- bzw. Gesundheitsaktien, Schwellenländern oder was auch immer zu haben. Das ist eher Sturheit als Eigenheit. Hierbei geht es vielmehr darum, starke Gefühle bezüglich einer bestimmten Firma oder einem eng definierten Wirtschaftssektor zu haben, aufgrund von persönlichem Glauben oder persönlicher Eigenart. Es spricht nichts dagegen, eine Benchmark als „Sonderanfertigung“ zu kreieren, die Ihre eigenen seltsamen Besonderheiten wiedergibt.

Nehmen Sie an, Sie hassen wirklich die Franzosen und wollen keine französischen Aktien besitzen. An Ihrer Stelle würde ich es zwar vorziehen, die Vermögenswerte der Franzosen billig zu kaufen und sie später zu einem höheren Preis wieder zu verkaufen, was so etwa das grausamste ist, was Sie denen antun können, die Sie nicht mögen, und zwar legal und erhobenen Hauptes. Doch vielleicht sehen Sie das anders – viele sehen es anders. Sie wollen vielleicht einfach niemals eine französische Aktie besitzen. Oder die Aktien einer Firma, die Tabakprodukte herstellt. Oder eine Firma, die Tofu herstellt (pfui!). Was auch immer! Ihre Eigenheiten sind Ihre Sache. Es ist kein Problem, eine selbstkonstruierte Benchmark zu haben, die da lautet: die Welt ohne Frankreich. Oder die Welt ohne Frankreich und ohne Tofu. Oder welchem bizarren (oder nicht so bizarren) moralischen Kodex Sie auch immer folgen. Da alle bedeutenden Kategorien ähnliche langfristige Gewinne aufweisen, wird die Abweichung von der weitaus größeren, vielleicht globalen Benchmark nicht ins Gewicht fallen. Und Sie werden sich besser fühlen mit dem, was Sie tun, und werden daher mit größerer Wahrscheinlichkeit dranbleiben. Es gibt keine Anleger, die ihr Portfolio gut gemanagt haben und nur deswegen eine schlechte Investitionsbiographie aufweisen, weil sie beschlossen hätten, ihre eigene, sondergefertigte Benchmark zu schaffen, die „die Welt ohne Bundesstaat Iowa“ hieß, falls Sie z.B. zu denen gehören, die von einer Frau aus Iowa geschieden wurden. Dennoch: Ich bleibe dabei, ich würde mich lieber an Iowa rächen, indem ich Iowa-Aktien unter Wert kaufte.

Vielleicht hegen Sie genügend starke persönliche Ressentiments, um eine besondere Benchmark welcher Art auch immer zu verlangen, die bestimmte anstößige Aktien oder auch einen Mikrosektor ausschließt. Passen Sie aber auf, wenn Sie anfangen, gegenüber ganzen Sektoren solche Gefühle zu entwickeln, da diese dann möglicherweise eher aus Verlustangst bzw. durch einen Rückschaufehler herrühren als aus Ihren Eigenheiten. Viele Investoren kamen in der Zeit nach 2002 zu dem Schluss, sie hätten eine schwere Allergie gegen IT-Aktien entwickelt. Das war aber ein Wahrnehmungsfehler und keine Eigenheit.

Also hat das Risikoniveau, mit dem Sie fertig werden können (wir wiederholen das jetzt alle gemeinsam), erstens mit dem Zeithorizont, zweitens mit Ihren Einkommensbedürfnissen, drittens mit Ihren Renditeerwartungen und viertens mit starken eigenen Präferenzen und Abneigungen zu tun. Jane glaubt, sie sei jetzt risikoabgeneigt, schätzte sich aber 1999 als aggressiv wachstumsorientiert ein und war mit IT-Aktien überfrachtet; jetzt glaubt sie, sie hätte daraus gelernt. Vielleicht hat sie in Zukunft andere Gefühle, ist etwa aggressiv bezüglich Energieaktien. Gefühle können sich schnell ändern, sie bedeuten aber nicht viel. Was aber viel bedeutet, ist, wie lange Ihre Vermögenswerte ausreichen müssen und wie viel Cashflow Sie abschöpfen wollen. Und selbstverständlich: Wenn Sie jetzt eine moralische Abneigung gegen Tabak haben, werden Sie diese wohl auch in Zukunft beibehalten, sie wird nicht in Rauch aufgehen.

Ich sage ja nicht, dass Sie unbedingt eine Benchmark ganz aus Aktien haben müssen, wenn diese Ihnen Magengeschwüre verursacht bzw. sie verschlimmert. Ich sage nur, die Ursache der Geschwüre könnte etwas anderes sein. Denken Sie ein bisschen darüber nach.

Die Jagd nach heißen Sachen: Umstellen oder nicht umstellen, das ist hier die Frage

Wählen Sie Ihre Benchmark sorgfältig, denn wenn Sie sie einmal ausgewählt haben, werden Sie sehr lange Zeit damit leben müssen, vielleicht das ganze Leben Ihres Vermögens lang. Bis in alle Ewigkeit, Amen. Eine oberflächliche Benchmark-Wechselei wäre ein Rezept für die Katastrophe. Nennen wir mal das Benchmark-Wechseln beim richtigen Namen: Heißen Sachen hinterher sein. Wenn einer seine Benchmark vom Nasdaq (1999) zum Russell 2000 Value Index (2005) umstellt, wissen Sie, dass er seine Benchmark dem anpasst, was gerade „heiß" scheint – Jagd auf heiße Sachen in Reinstform. Die Schnäppchenjäger, die ständig hinter besseren Gewinnen her sind, vergessen Transaktionskosten und Steuern und vollführen ein ständiges und relativ rückwärtsgewandtes Rein-und-Raus, wobei sie der Börse hinterherhinken und das versuchen, was funktioniert hat, statt das, was funktionieren wird.

Sie wissen inzwischen, dass gut konstruierte Benchmarks langfristig alle etwa an die gleiche Stelle gelangen werden. Wenn Sie den Drang verspüren, Ihre Benchmark umzustellen, gehen Sie in sich und stellen Sie sich die Frage drei. Die Umstellung von Benchmarks ist das direkte Ergebnis des Abschüttelns von Bedauern, von angestautem Stolz, möglicherweise auch etwas Ordnungspräferenz und Selbstüberschätzung. Geben Sie nicht nach. Wenn Sie wechseln, enden Sie normalerweise beim Schnäppchenjagen und verpassen Gewinne vollends. Das Ergebnis ist nur Ärger und Schaden.

Es gibt zwei gute Ausnahmen von dieser zweiten Regel – und nur zwei: erstens wenn sich etwas ändert, das den Hauptzweck Ihres Vermögens, etwa Ihren Zeithorizont, drastisch beeinflusst. Z.B. haben wir den 75-jährigen Mann mit schlechter Gesundheit aus einer Familie, in der die meisten früh sterben, dessen 70-jährige Ehefrau gesund ist und aus einer Familie von Langlebigen stammt, die aber dann wider Erwarten bei einem Autounfall stirbt. Keine Kinder, keine Wohltätigkeit, und nun ist sein Zeithorizont zusammengebrochen. Das ist eine guter Grund, auf eine Benchmark umzusteigen, die dem neuen, kürzeren und traurigeren Zeithorizont angepasst wäre. Oder andersherum! Vielleicht heiraten Sie im hohen Alter eine jüngere oder gesündere Person und verlängern dadurch Ihren Zeithorizont. Auch hier wäre es angebracht, zu einer besser geeigneten Benchmark zu wechseln.

Der neben der Änderung Ihrer grundlegenden Lebensumstände zweite Grund, die Benchmark umzustellen, wäre, wenn eine neue Benchmark erstellt würde, die die gleichen Rahmenbedingungen widerspiegelt wie Ihre aktuelle, aber irgendwie besser konstruiert ist. Dies wäre rein taktisch. Ein Beispiel: Der MSCI World Index ist eine ausgezeichnete, breite Benchmark, schließt aber die so genannten Schwellenländer aus und beschränkt sich auf die entwickelten Märkte. Der MSCI hat aber den ACWI geschaffen: Gleiche Konstruktion, nur breiter – er müsste die ganze Welt besser repräsentieren.

Sollten Sie den einen gegenüber dem anderen vorziehen? Nach meinem Dafürhalten macht das so oder so keinen großen Unterschied. Ich neige eher nicht dazu umzustellen, und man wird schwer begründen können, dass die eine Benchmark der anderen haushoch überlegen sei. Wenn Sie gegenwärtig den MSCI-World benutzen, wäre der richtige Umstiegszeitpunkt, wenn der ACWI etwas älter ist, nach einer Periode, in der die Schwellenländer jahrelang schlechte Ergebnisse erzielt haben.

Die Frage World oder ACWI ist wie die Wahl zwischen der Nordstrecke über die Interstates 80 und 90 oder der Südroute über die 70, 44 und 40 für eine Fahrt quer durch die USA. Beide sind als Benchmark ganz in Ordnung, Sie kommen so oder so von der Ost- bis zur Westküste. Gäbe es aber einen neuen Weltindex, der so verbessert ist, dass er die ganze Aktienwelt bedeutend besser widerspiegelt, so würde auch das einen Umstieg rechtfertigen. Mein Punkt aber ist, dass man einen sehr gewichtigen Grund haben muss, um einen Benchmark-Umstieg zu rechtfertigen.

Regel zwei: Analysieren Sie die Bestandteile der Benchmark und legen Sie die zu erwartenden Risiken und Erträge fest

Die zweite Regel der Wertpapierverwaltung hilft Ihnen zu bestimmen, was genau in Ihr Portfolio hinein soll, wie viel und wann. Das ist erheblich weniger kompliziert, als es klingt. Ihre Benchmark, insbesondere wenn Sie eine breite benutzen, wird sich aus unterschiedlichen Bestandteilen zusammensetzen, wie schon im Kapitel 4 besprochen. Der Nasdaq-Index ist ziemlich einfach: Glauben Sie, die IT-Aktien werden dieses Jahr gut laufen oder nicht? Wir haben aber schon begründet, warum Sie den Nasdaq-Index nicht als Ihre Benchmark benutzen sollten, es sei denn, Sie wollen eine äußerst holprige Fahrt.

Egal, welche Benchmark Sie auswählen, sie ist der Leitfaden zum Aufbau Ihres Wertpapierbestandes. Wenn Ihre Benchmark aus ungefähr 60 Prozent US-Aktien besteht, so sollte auch Ihr Wertpapierbestand ungefähr aus 60 Prozent US-Aktien bestehen, es sei denn, Sie haben die Fragen benutzt, um etwas zu wissen, was andere nicht wissen (in einem solchen Fall könnte es irgendwann sein, dass Sie überhaupt keine Aktien besitzen). Wenn Ihre Benchmark aus ungefähr zehn Prozent Energie-Aktien besteht, sollte auch Ihr Wertpapierbestand aus ungefähr zehn Prozent Energiesektor bestehen, falls Sie nicht durch die drei Fragen etwas wissen, was andere nicht wissen. Doch wenn Sie meinen, dass Sie etwas wissen, was andere nicht wissen, könnte es sein, dass Sie keine Energieaktien besitzen oder fünf Prozent Energieaktien oder auch eine doppelte Gewichtung mit 20 Prozent Energieaktien halten, da Sie eine Grundlage für eine Wette haben. Ihr Ziel müsste sein, ein Ergebnis ähnlich Ihrer Benchmark zu erzielen, falls Sie nichts wissen, was andere nicht auch wissen, und ein besseres Ergebnis als die Benchmark, falls Sie doch etwas wissen. Natürlich werden Sie, je nachdem, wie viel mehr Sie wissen, was andere nicht wissen, umso größere Wetten setzen und demzufolge entsprechend größere Unterschiede gegenüber Ihrer Benchmark aufweisen. (Wenn Sie sich nicht mehr erinnern können, wie sie feststellen können, welche Bestandteile in Ihrer Benchmark vorhanden sind, schauen Sie noch einmal im Kapitel 4 nach.)

Sind Sie nicht sicher, wie Sie es richtig machen sollen? Es ist nicht so schwierig. Wenn Sie weniger als rund Dollar 200 000 zu investieren haben, werden Sie wahrscheinlich in erster Linie Anlagefonds kaufen. Es gibt viele Indexfonds, die Ihnen das notwendige Engagement verschaffen können. Ist z. B. der S&P 500 Ihre Benchmark, so sind Sie schon mit dem S&P 500-Indexfonds hervorragend bedient. Benutzen Sie den MSCI World oder den ACWI als Ihre Benchmark? Schauen Sie unter www.mscibarra.com, um das ungefähre Gewicht der Vereinigten Staaten im Verhältnis zur übrigen Welt zu ermitteln (es schwebt in letzter Zeit um die 50:50). Kaufen Sie den oben genannten S&P 500-Indexfonds mit der Hälfte Ihres Geldes, sowie einen MSCI-EAFE-Indexfonds (EAFE=Europa, Australien, Fernost). Wollen Sie die Börse übertreffen? Es ist schwieriger, wenn Sie weniger Auswahl haben, wie das bei den Fonds der Fall ist. Daher haben Sie mit einer breiten Benchmark mit vielen Bestandteilen mehr Möglichkeiten, die Börse zu übertreffen. Sie können Ihre drei Fragen benutzen, um auf US- bzw. Auslandswerte zu wetten. Und Sie können andere börsengehandelte Fonds benutzen, um auf Sektoren oder Arten von Unternehmen zu wetten, ohne je einzelne Aktien zu besitzen, was bei kleineren Wertpapierbeständen schwieriger ist.

Sind Sie etwas reicher, können Sie einzelne Aktien kaufen, und Sie sollten es auch. Je mehr Geld Sie haben, desto höher der Anteil, der in Basiswerten investiert werden sollte, denn bei großen Volumina sind Aktienportfolios in der Verwaltung billiger als Investmentfonds, Indexfonds oder jede sonstige Anlageform. Ein Vorteil von Aktien ist, dass man sie billig kaufen und fast umsonst halten kann.

Aber ob Fonds oder einzelne Aktien: Behalten Sie ab sofort immer die einzelnen Sektoren und Subsektoren im Blick. Alle diese Informationen stehen auch auf der Webseite des jeweiligen Index. Zum Beispiel werden Ihre Bestandteile und deren Gewichte in etwa so aussehen wie Tabelle 9.1, wo wir die prozentuale Gewichtung von Ländern und Sektoren im MSCI World Index vom 30. Juni 2006 aufgeführt haben.

Sie sollten regelmäßig sicherzustellen, dass nichts verkehrt läuft. Fühlen Sie sich nicht verpflichtet, umzuschichten, wenn Ihr Wertpapierbestand bzw. die Benchmark sich einmal um ein paar Prozent in die eine oder andere Richtung verschoben hat. Halten Sie sich nicht mit Kleinigkeiten auf. Denken Sie ein- bis zweimal pro Jahr daran, umzuschichten, es sei denn, es gibt eine größere Bewegung in einem Sektor bzw. Land, oder Sie stoßen zwischendurch auf etwas, wodurch Sie plötzlich etwas wissen, was andere nicht wissen. Sie werden weniger Fehler machen und weniger an Gebühren zahlen. Allzu viele Transaktionen sind eine Folge des übermäßigen Selbstvertrauens – dann nämlich, wenn man meint, man habe die Grundlage für eine Wette, obwohl das nicht der Fall ist.

Mit den Bestandteilen Ihrer Benchmark in der Hand können Sie jetzt damit fortfahren, Ihre Risiko- und die Renditeerwartungen festzusetzen. Auch dies ist einfacher, als es klingt. Nehmen wir an, Sie benutzen den ACWI, der aus 48 Ländern besteht und die USA einschließt.[9] Welche Länder sollten dieses Jahr gut laufen und welche hinterherhinken? Sie können sich das z.B. auch so überlegen: Welche Länder haben eine kleinere Volkswirtschaft, die eher für Volatilität anfällig wäre? Die USA haben eine sehr breit aufgestellte Volkswirtschaft, die breiteste überhaupt, und ist wahrscheinlich weniger volatil als die von Finnland, dessen Wirtschaft extrem vom Schicksal von Nokia abhängt, im Guten wie im Schlechten.

Das Gleiche gilt für die Sektoren. Werfen Sie einen Blick auf die Sektoren und darauf, wie sie auf Marktbedingungen reagieren. Hier ein Beispiel: Einige Sektoren wie it, Luxusgüter oder Finanzen laufen in Zeiten guter Konjunktur oft hervorragend, da die Nachfrage nach diesen Produkten elastisch ist. (Das ist natürlich eine grobe Verallgemeinerung: In den Jahren 2004, 2005 und 2006 wuchs die Wirtschaft, und die IT-Branche hinkte merklich hinterher. Man muss immer noch etwas wissen, was andere nicht wissen). Neigen die Menschen eher in guten Zeiten dazu, Fernseher mit Flachbildschirmen zu kaufen? Sicher. Werden Firmen ihr Geld ausgeben, um ihre Rechner und ihre andere Ausrüstung auf den neusten Stand zu bringen, nachdem sie in den mageren Jahren diese Ausgaben auf die lange Bank geschoben hatten? Sicher. Rennen die Leute jetzt plötzlich in die Läden und kaufen doppelt soviel Zahnpasta oder Herz-Kreislauf-Medikamente? Eher nicht, es sei denn, es sind ihnen plötzlich zusätzliche Zähne oder Herzkammern gewachsen. Sektoren mit unelastischer Nachfrage wie Gesundheit und Konsumgüter laufen normalerweise besser in wirtschaftlich schweren Zeiten, aber wiederum nicht immer. Immerhin wird man wegen der Wirtschaftslage nicht aufhören, sich die Zähne zu putzen oder seine Herzmedizin zu schlucken. Daher spricht man bei der Gesundheit oft von einem „defensiven“ Sektor.

SEKTOR	GEWICHTUNG
FINANZEN	25,6%
KONSUMGÜTER	11,2%
VERARBEITENDES GEWERBE	10,8%
IT	10,4%
ENERGIE	9.9%
GESUNDHEIT	9,6%
LUXUSGÜTER	8,0%
ROHSTOFFE	6,1%
TELEKOMMUNIKATION	4,2%
VERSORGER OHNE ENERGIE	4,1%
GESAMTSUMME	100,0%

LAND	GEWICHTUNG
USA	49,5%
JAPAN	11,5%
GROẞBRITANNIEN	11,3%
FRANKREICH	4,6%
KANADA	3,8%
DEUTSCHLAND	3,3%
SCHWEIZ	3,2%
AUSTRALIEN	2,5%
SPANIEN	1,8%
ITALIEN	1,8%
NIEDERLANDE	1,5%
SCHWEDEN	1,1%
HONGKONG	0,8%
FINNLAND	0,7%
BELGIEN	0,5%
NORWEGEN	0,4%
SINGAPUR	0,4%
IRLAND	0,4%
DÄNEMARK	0,3%
GRIECHENLAND	0,3%
ÖSTERREICH	0,3%
PORTUGAL	0,2%
NEUSEELAND	0,1%
GESAMTSUMME	100,0%

Tabelle 9.1: MSCI World – Gewichtung.

Quelle: Thomson Financial Datastream, Stand 30. Juni 2006.

Ziel ist es, weitgehend die Benchmark zu treffen oder zu übertreffen und dabei das Risiko im Verhältnis zur Benchmark im Griff zu haben. Legen Sie für jeden Sektor und jedes Land, das die Benchmark umfasst, ein zu erwartendes Risikound eine Rendite fest. Es ist Ihre Zuordnung, Ihre Option. Sie entscheiden. Letztendlich haben Sie Recht oder Unrecht, aber es hängt von Ihnen ab und von sonst niemandem. Sie brauchen dafür keine komplizierte Formel; nutzen Sie die drei Fragen, um herauszufinden, was Sie wissen können, das andere nicht wissen, und was Sie ungestraft ignorieren können. Benutzen Sie Ihre Ermittlungsergebnisse, um die Sektoren und, wenn Sie global investieren, die Länder hinsichtlich ihrer Volatilitätsniveaus von hoch bis niedrig einzuordnen, wobei Sie annehmen, die Volatilität sei ein Risiko. Machen Sie eine Liste und ordnen Sie jeder Kategorie einen „Risiko"-Faktor von 1 bis 10 zu, wobei 10 die risikoreichste Bewertung darstellt. Komplizierter muss es nicht sein. Dann ordnen Sie die Kategorien danach an, welche nach Ihrer Einschätzung am besten laufen sollten. Dazu brauchen Sie meine Research-Leute nicht. Ihre Einschätzung ist das Wichtige, da Sie später diese Rangordnung benutzen werden, um Ihren Wertpapierbestand zu mischen und Ihr gesamtes Risiko (denken Sie an Regel 3) zu senken. Tabelle 9.2 ist ein Beispiel dafür, wie Ihre Liste aussehen könnte. Lassen Sie sich nicht von unserer Rangordnung beeinflussen, die Zahlen sind lediglich Attrappen des Autors.

Risiko	Rendite	Sektoren
6	3	Luxusgüter
8	10	Konsumgüter
1	1	Energie
5	2	Finanzen
4	9	Gesundheit
9	8	Verarbeitendes Gewerbe
2	4	IT
10	6	Rohstoffe
3	5	Telekommunikation
7	7	Versorger ohne Energie

Tabelle 9.2: Rangordnung Ihrer Präferenzen.

Wenn Sie die Börsenbedingungen in bestimmten Sektoren und Ländern voraussehen, können Sie entsprechende Gewichtungen bei der Zusammenstellung Ihres Wertpapierbestandes unternehmen. Schätzen Sie anhand der drei Fragen die Chancen einiger Länder oder Sektoren als besonders gut ein? Weisen Sie diesen eine höhere Rendite-Rangordnung zu, vielleicht eine 7 oder eine 8, damit Sie dann daran denken, hier das kleine Benchmarkrisiko einer Übergewichtung einzugehen; Entsprechendes gilt auch für die, bei denen Sie meinen, sie würden schlecht laufen, denen weisen Sie dann einen niedrigeren Rang zu, um sie dann unterzugewichten. Gibt es einen Sektor, von dem Sie etwas Einmaliges wissen, das ihn bullish macht? Geben Sie ihm den höchsten Rang, um ihn stärker überzugewichten. Vielleicht hat er global ein siebenprozentiges Gewicht und Sie verdoppeln ihn auf 14 Prozent, weil Sie einfach sicher sind, dass Sie Recht haben und nicht nur überoptimistisch sind.

Was ist, wenn Sie nichts finden können, was andere nicht wissen, und Sie fühlen sich nicht kompetent, eine spezifische Vorhersage für ein Land bzw. einen Sektor zu machen? Was sagt Meister Yoda? Bleiben Sie nah an der Benchmark. Weisen Sie hier eine mittlere Rangstelle zu. Wenn Sie die drei Fragen nicht benutzt haben und Sie nichts wissen, was andere nicht wissen, sind Sie besser beraten, sich einfach an die Benchmark zu halten. Es geht darum, öfter richtig als falsch zu liegen, nicht manchmal glücklich und richtig und öfter unglücklich und falsch.

Zweck dieser Liste ist es nicht, Ihre Zeit mit einer unsinnigen Übung zu verschwenden. Sie ordnet vielmehr Ihre Analyse und vereinfacht Ihre Entscheidungsfindung. Sie müssen Ihre Gedanken dann nicht vor jeder Entscheidung erneut durchlaufen, sondern werden wissen, wie man eine Zwei gegenüber einer Fünf, einer Acht oder einer Zehn zu gewichten hat. Und damit sind Sie auch für die Regel drei bereit.

Regel drei: Mischen Sie nichtkorrelierte bzw. negativ korrelierte Wertpapiere, um das Risiko relativ zur zu erwartenden Rendite zu mindern

Diese Regel bezieht sich auf den Umgang mit Risiko in Bezug auf die Benchmark. Die meisten Investoren, auch neue Investoren, verstehen instinktiv, dass Diversifizierung hilft, Risiken zu begrenzen. Erinnern Sie sich an die armen Enron-Angestellten mit ihren 401(k)-Pensionsplänen, in denen nichts als Enron-Aktien drin waren? So etwas kann man durch Diversifizierung vermeiden. Firmen gehen aus vielen Gründen bankrott. Aktien implodieren wegen einer noch größeren Vielfalt an Gründen. Vielleicht haben die Direktoren gar nichts Schlimmes getan sondern konnten nur nicht gegen eine feuerspeiende Konkurrenz bestehen. Die Aktie einer vollkommen gesunden Firma kann, scheinbar ohne vernünftigen Grund, ohne Vorwarnung absaufen. Daher sollte keine einzige Aktie einen allzu hohen Anteil Ihres Wertpapierbestandes ausmachen.

Mein Vater war ein lebenslanger Befürworter konzentrierter Portfolios. Auch Warren Buffett ist immer ein Befürworter konzentrierter Portfolios gewesen. Ich aber sage Ihnen: Der einzige Grund für einen konzentrierten Wertpapierbestand wäre der schier unerschütterliche Glaube, man wisse eine Menge, was andere nicht wissen. Dann dürfen Sie aber keinesfalls Opfer von Selbstüberschätzung werden. Man muss sicher sein, dass man nicht allzu optimistisch geworden ist. Wenn man nicht wirklich eine Menge weiß, was andere nicht wissen, zeugt ein konzentrierter Wertpapierbestand einfach von Selbstüberschätzung und stellt ein erhöhtes Risiko dar. Der Grundsatz, weniger als fünf Prozent des Kapitals in eine Aktie zu stecken, gilt für alle Ihre Konten zusammengerechnet. Wenn Sie einen 401(k), einen weiteren Pensionsplan und ein steuerpflichtiges Wertpapierdepot haben, versichern Sie sich, dass der Besitz an einzelnen Aktien in Ihrem gesamten Depotbestand unter der Fünf-Prozent-Hürde bleibt.

Sie haben vielleicht das Sprichwort gehört: „Konzentrieren, um reich zu werden, diversifizieren, um reich zu bleiben." Wer aber mit einer, zwei oder zehn Aktien reich wurde, hat mehr Glück als Verstand gehabt. Ja, mit einer einzigen Aktie werden Sie aufregende Haussen erleben – und ebenso niederschmetternde Baissen. Sicherlich: Der Narr, der Glück hat und so gewinnt, sammelt Hochmut an und hält sich für klug. Seine Frau und seine Kinder werden es aber besser wissen, desto besser, je größer sein Erfolg ist. Natürlich meine ich damit nicht den Besitz der Einzelaktie einer Firma, die man gegründet hat und leitet. So ist etwa Bill Gates, der reichste Mann der Welt, genauso wie viele andere Superreiche auch zu seinem Vermögen gekommen: Sie alle haben eine Firma gegründet und aufgebaut, sonst nichts, und sind dabei phänomenal reich geworden. Hier meine ich aber die Konzentration in einer oder einigen wenigen Aktien, deren Schicksal man nicht selbst steuert.

Die Magie der Diversifizierung

Da kein Sektor dauerhaft die anderen übertrifft (was Sie selbst anhand der Frage eins prüfen können), hilft die Diversifizierung, das Risiko auf verschiedene Länder, Branchen und Firmen zu verteilen. Im Krisenfall (etwa einem Krieg oder einer Ölkrise), bei einem unvorhersehbaren Ereignis wie einem Fehlertrag, einem Buchführungsskandal oder einer Naturkatastrophe bzw. einer Kombination aus ihnen (eine Ölkrise veranlasst durch eine Naturkatastrophe) geht man so auf Nummer sicher.

Es gibt zwar viele Arten von Risiko, die Finanztheorie definiert aber das Risiko an sich als die durch die Standardabweichung bzw. die Renditevarianz gemessene Volatilität. Die meisten Anleger meinen, wenn die Börse oben ist, geht es ihr gut, und wenn sie unten ist, sei sie volatil. Aber die Volatilität ist ein zweischneidiges Schwert – sie ist immer dabei, in guten wie in schlechten Zeiten. Ihre Frage sollte lauten: Ist diese Aktienkategorie mehr oder weniger volatil als vergleichbare? Die Diversifizierung reduziert die Volatilität Ihres gesamten Vermögens und daher auch das Risiko. Die moderne Wertpapierbestandsanalyse hat gezeigt, dass sogar eine zufällige Mischung von Anlagen weniger volatil ist als das Setzen auf eine einzige Kategorie.

Stellen Sie sicher, dass Ihr Wertpapierbestand Elemente umfasst, die sich bei unterschiedlichen Marktszenarien unterschiedlich verhalten. Haben Sie eine genügend breite Benchmark und richten Sie sich danach, so geschieht das von selbst. Jeder Sektor bzw. jedes Land in Ihrer Benchmark bewegt sich anders als die anderen. Wenn Sie Regel drei befolgen und immer Sektoren und Länder halten, die niedrige bzw. negative Korrelationen untereinander aufweisen, auch wenn Sie bei der einen oder anderen Anlage den Verdacht hegen, dass sie in Ihrem Wertpapierbestand nicht das gelbe Trikot tragen wird, so reduzieren Sie die Volatilität insgesamt und verbessern langfristig die Performance.

Erinnern Sie sich bitte an unsere Diskussion über Sektoren mit elastischer bzw. nichtelastischer Nachfrage, IT bzw. Gesundheit. Diese beiden Sektoren sind gute Beispiele, da sie normalerweise eine kurzfristig negative Korrelation aufweisen, d.h. wenn der eine hoch steht, steht der andere niedrig. Abb. 9.2 zeigt, wie die Performance der beiden im Jahre 2000 beinahe spiegelbildlich war.

Bei der Regel drei, unterschiedliche Elemente zu mischen, geht es darum, das Risiko relativ zur Rendite zu steuern. Der Risikomaßstab „Standardabweichung" betrug für die jeweiligen Sektoren während der vorliegenden Zeitspanne 3,5 Prozent für IT und 2,5 Prozent für Gesundheit. Wer aber je die Hälfte seines Wertpapierbestandes in diese beiden Sektoren gesteckt hatte (auch keine so gute Idee, aber hier zur Darstellung nützlich), der hatte eine Standardabweichung – und daher auch ein Volatilitätsrisiko – von 2,0 Prozent.[10] Sie erreichen ein niedrigeres Risiko, einfach indem Sie zwei unterscheidende Arten von Aktien halten, die über eine gewisse Zeitspanne eine negative Korrelation aufweisen.

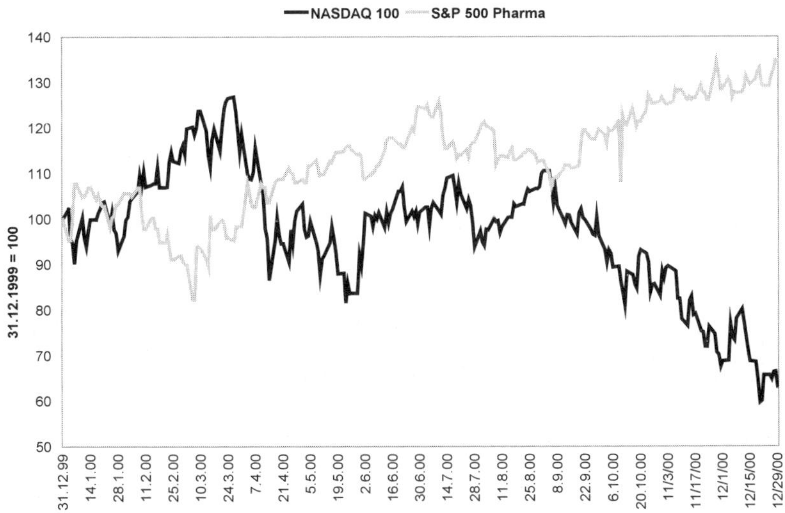

Abbildung 9.2: Pharma- gegenüber IT-Branche.

Performance, 1999=100. Quelle: Thomson Financial Datastream.

Vielleicht benutzten Sie aber auch die drei Fragen, um eine starke Zuversicht zu entwickeln, dass ein Sektor den anderen schlagen wird. Sie sollten dann auf jeden Fall den einen über- und den anderen untergewichten. Ihre Liste aus der Regel zwei hilft Ihnen dabei – stellen Sie nur sicher, dass Sie alle Bestandteile Ihrer gesamten Benchmark einbeziehen, und Sie sollten ein gut gemischtes Portfolio haben. Benutzen Sie die Liste, um Entscheidungen darüber zu treffen, wie stark oder nicht-stark Sie ggf. etwas übergewichten wollen. Lassen Sie sich von Ihrer Rangfolge leiten, die daraus resultiert, was Sie mit den drei Fragen herausgefunden haben. An den Stellen aber, wo Sie sich weniger sicher sind, kommt das Belassen der umgekehrt korrelierten Position in Ihrem Wertpapierbestand der Zahlung einer Versicherungsprämie dafür gleich, dass Sie sich irren könnten. Das stimmt nicht nur für Bestandteile mit negativen Korrelationen. Jede Mischung aus unterschiedlichen Kategorien, sei es mit negativer, niedriger, oder gar keiner Korrelation, verbessert langfristig die Erträge und vermindert das Risiko. (Setzen Sie Frage eins ein, um das auszuprobieren: Nehmen Sie jede Kombination von zwei, vier oder sechs Aktien aus unterschiedlichen Kategorien und prüfen Sie diese über eine längeren Zeitraum.)

Regel vier: Bedenken Sie stets, dass Sie sich irren können, also weichen Sie nicht von den ersten drei Regeln ab

Bei der Regel vier, möglicherweise die wichtigste der vier Regeln, geht es darum, Ihr Verhalten zu steuern. Es hilft Ihnen dabei, Frage drei immer einzubeziehen. Ohne diese Regel werden Sie von Wahrnehmungsfehlern in die Irre geleitet. Regel vier zwingt Sie, Bedauern anzusammeln und Selbstüberschätzung zu vermeiden. Mit der Regel vier reduzieren Sie das Risiko, allzu optimistisch zu sein. Wenn Sie irgendwann in Versuchung geraten, die ersten drei Regeln zu ignorieren und eine nicht auf den drei Fragen, sondern auf irgendeinem Herdenverhalten oder einem steinzeitlichen Instinkt basierende Entscheidung zu treffen, wird Sie die Regel vier auf Linie halten. Bei jeder Entscheidung, unabhängig davon, wie selbstsicher Sie sind, können Sie sich immer irren. Sobald Sie das einsehen, verringern Sie die Wahrscheinlichkeit, etwas allzu Schädliches zu tun.

Die Regel vier zwingt Sie, Ihre Benchmark wie die Leine zur Erziehung eines jungen Hundes zu benutzen. Mit einer kurzen Leine kann Ihr junger Hund nicht so leicht in Schwierigkeiten geraten. Der gleiche Hund an einer langen Leine kann einen Garten umgraben, es mit einem Kampfhund aufnehmen, vor ein Auto laufen oder eine streunende Katze durch die Stadt jagen.

Nehmen wir zum Beispiel an, dass Sie sicher sind, dass die IT-Branche dieses Jahr gut laufen wird. Dieser Sektor liefert 15 Prozent Ihrer Benchmark. Ihnen genügt es aber nicht, ihn auf 20 Prozent oder sogar 25 Prozent überzugewichten. Sie sind sich einfach völlig sicher: IT wird Spitze. Diese Zuversicht führt Sie in Versuchung, Ihr ganzes Gesundheitspaket abzustoßen, um ein noch größeres IT-Paket zu kaufen, denn Sie wissen: Gesundheit bleibt typischerweise niedrig, wenn IT heiß läuft. Bevor Sie Ihren Wertpapierbestand umschichten, fragen Sie sich: „Was mache ich falsch?“ Sind Sie auf die Folgen einer derart großen Wette vorbereitet?

Kern- und Gegenstrategie

Diese Regel ist der Hauptgrund, warum ich eine Kernstrategie und eine Gegenstrategie zur Portfolioverwaltung einsetze. Die Kernstrategien sind die Marktwetten, die ich mache: relative Benchmark-Übergewichtungen auf Basis dessen, was ich glaube zu wissen, das andere nicht wissen. Wenn ich zum Beispiel glaube, dass die USA das Ausland, der IT- den Gesundheitssektor, die Luxusgüter- die Konsumgüterbranche übertreffen wird, so setze ich bei den entsprechenden Kategorien meine Übergewichtungen gegenüber der Benchmark. Das sind dann meine Kernstrategien.

In meinen untergewichteten Sektoren baue ich meine geplanten Gegenstrategien auf. Diese sind die Bereiche, von denen ich nicht erwarte, dass sie gut laufen. Ich führe sie trotzdem, denn ich könnte mich ja irren! Das kommt gar nicht so selten vor. Glücklicherweise lag ich in meiner Karriere öfter richtig als falsch, aber ich weiß auch, dass ich mich geirrt habe und mich auch wieder irren werde, und zwar noch oft. Jede meiner Gegenstrategien ist ein Bereich, von dem ich erwarte, dass er in dem Fall gut laufen sollte, dass eine meiner Kernstrategien versagt oder schlecht läuft. Wenn ich mich bei IT irre, wird Gesundheit wahrscheinlich eine bessere Performance aufweisen. Wenn die amerikanischen Aktien nicht das Zugpferd sind, dann sind es eben die ausländischen; also will ich hier nichts verpassen, wenn ich mich irre. Ich frage mich immer: „Was müsste wirklich gut laufen, wenn das, was ich für aussichtsreich halte, aus irgendeinem Grund, den ich nicht voraussehen kann, in Wirklichkeit schlecht läuft?" Auch davon will ich etwas haben. Die meisten Investoren denken nie so.

Eine Gegenstrategie bedeutet, dass man immer „niedrige" oder „langsame" Aktien haben wird. Wenn Sie wirklich so Recht haben, wie Sie erwarten, müssten Ihre Gegenstrategieaktien der Börse hinterherhinken. Wenn Ihre Gegenstrategieaktien unten sind, bedeutet das, dass Ihre Kernstrategieaktien in die Gänge kommen und Ihr Wertpapierbestand insgesamt sehr gut läuft. Wenn die Gegenstrategieaktien am Boden liegen, ist das nicht schlecht, denn diese bewahren Sie vor dem Tod, falls Sie sich irren sollten. Das ist Risikomanagement, und das ist gut. Eines der Dinge in meiner Karriere, über die ich mich wirklich freue, ist, dass ich, wenn ich mich geirrt habe und hinter meiner Benchmark zurückgeblieben bin, nie sehr weit zurückgefallen bin. Und der Grund dafür ist, dass ich Gegenstrategien eingebaut habe.

Es folgt ein praktisches Beispiel von Kern- bzw. Gegenstrategien; konsequenterweise bleiben wir bei den Sektoren IT und Gesundheit. Nehmen wir an, Sie sind gegenüber der Benchmark auf allen Sektoren außer IT und Gesundheit neutral. Diese ganze Drei-Fragen-Sache ist Ihnen ein bisschen neu, daher konzentrieren Sie sich erst einmal auf Gesundheit. Sie glauben, dass Sie etwas entdeckt haben, das sonst niemand sieht, und dass die Gesundheitsbranche in die Höhe schießen wird. Vielleicht haben Sie gehört, dass alle Kongressabgeordneten sich im Verlauf des Wochenendes die Köpfe gestoßen haben (was ich befürworten würde). Sie wissen auch, dass die Kongressabgeordneten am Dienstag über eine neue Arzneimittelverordnung abstimmen. Sie wollen natürlich ein neues Schmerzmittel, und zwar sofort, also werden sie entgegen ihrem staatsbezogenen Instinkt die staatliche Regulierung reduzieren. Daher vermuten Sie, dass die Bundesarzneimittelkontrollbehörde wohl ein ganze Reihe unglaublich wirksamer Mittel genehmigen wird (ich sagte ja schon, das ist alles nur Annahme). All diese Zusammenhänge sieht sonst niemand. Alle anderen meinen, Kongressabgeordnete mit Kopfschmerzen seien ein Kursrisiko, da sie benommen und blöd wären. Aber Sie wissen es besser! Sie wissen, das waren bereits vorher Idioten.

Auf Grundlage dieser einmaligen Einblicke entscheiden Sie sich, den Sektor Gesundheit überzugewichten. Als Sie Regel zwei angewandt haben, haben Sie diesem Sektor einen erwarteten Renditerang von 8 zugewiesen, daher entscheiden Sie sich nun aufgrund einer Benchmark-Neugewichtung, Ihre Gesundheits-Investments von zehn auf 15 Prozent auszubauen. Das ist eine 50-prozentige Übergewichtung und stellt Ihre Kernstrategie dar.

Ihre Vermögenswerte müssen sich aber auf 100 Prozent und nicht auf 105 Prozent summieren, es sei denn, Sie arbeiten mit Margin, daher müssen Sie Ihre Guthaben an anderer Stelle um fünf Prozent reduzieren. Wo? Nehmen wir an, der IT-Sektor stellt zwölf Prozent Ihrer Benchmark dar. Wenn Pharma-Aktien wider Erwarten schlecht laufen, wird Ihre IT-Gewichtung von zwölf Prozent den Schlag abfedern. Wenn Sie aber bei Ihrem Pharma-Spiel sehr selbstsicher sind, werden Sie Ihre ganzen fünf Prozent aus dem Bereich IT herausnehmen, womit dieses Paket von zwölf auf sieben Prozent zurückfällt. Die eigentliche Größe Ihres Wetteinsatzes wird dadurch maximiert, dass Sie den Umfang der entsprechenden Gegenstrategie minimieren. Sie haben immer noch ein Gegengewicht von sieben Prozent, aber es ist eine kleinere Gegenstrategie, als sie es wäre, wenn Sie die fünf Prozent anderswo abschneiden würden.

Wenn man das Ganze mit den Fragen durchdenkt, kommt man darauf, dass die meisten Leute der Ansicht zustimmen würden, IT-Aktien seien unterbewertet, da IT-KGVs niedrig sind. Auch ist der Dollar in letzter Zeit stärker gewesen (was für ein Argument!), und die Leute erwarten, dass sich das fortsetzt, und daher denken sie, US-Aktien werden steigen. Jeder erinnert sich an die 1990er, als Amerikas Aktien wie auch der weltweite IT-Sektor jeweils am besten abschnitten.

Aber Sie wissen, dass niedrigere KGVs nicht automatisch weniger Risiko bzw. einen höheren Ertrag bedeuten. Sie wissen, ein starker Dollar im letzten Jahr bedeutet nicht unbedingt auch dieses Jahr einen starken Dollar. Sie wissen auch, ein starker Dollar lässt die amerikanischen Aktien nicht unbedingt die ausländischen übertreffen. Wegen der nahezu flächendeckenden Bullenstimmung gegenüber dem IT-Sektor kommen Sie zu dem Schluss, dass Sie eigentlich keine volle Gegenstrategie brauchen, und entschließen sich zu einer Reduktion von zwölf auf sieben Prozent. Sie haben immer noch eine Gegenstrategie, die Sie stützt, sollte Ihre Kernstrategie scheitern. Wenn Sie im Bereich Gesundheit recht behalten, werden Sie wahrscheinlich (aber nicht notwendigerweise) auch in Sachen IT ein glückliches Händchen haben, und Sie werden einen heißen Sektor über- und einen lahmen Sektor untergewichtet haben. Sie haben die Börse übertroffen, nur indem Sie eine Kern- und eine Gegenstrategie richtig gehandhabt haben (in diesem Fall, indem Sie einen großen Einsatz gemacht und Ihre Gegenstrategie minimiert haben).

Nun, Sie hätten extremer handeln können. Sie hätten Ihre Pharma-Gewichtung von zehn auf 22 Prozent und Ihre IT-Gewichtung von zwölf auf null Prozent umschichten können. Und wenn das funktioniert hätte, hätten Sie einen riesigen Gewinn gemacht. Aber Sie haben es nicht getan. Sie haben Ihre sieben Prozent im IT-Bereich behalten.

Nehmen wir an, Sie irren sich in Ihrer Kopf-Verletzungs-Theorie, und der Kongress tritt mit nur geringen Kopfschmerzen zusammen. Die Politiker verbieten alle Arzneimittel außer Aspirin. Niemand hat das erwartet, also stürzt der Gesundheitssektor ab, und die Leute ziehen massenweise in die „heißeren“ Sektoren wie eben IT. Doppelt auf den falschen Sektor gesetzt. Sie haben weniger am heißen Sektor teilgenommen und mehr am lahmen – zu dumm! Sie hinken der Benchmark hinterher. Aber nicht um viel, weil Sie keine null auf den heißen Sektor gesetzt und den Nachzügler nicht allzu stark übergewichtet haben. Es ist nicht so schlimm, in einem einzigen Jahr um ein paar Prozentpunkte hinter der Benchmark zurückzubleiben, etwa mit 16 oder 17 Prozent Rendite, wenn die Benchmark 20 Prozent schafft. Schließlich ist dies kein Spiel, bei dem leichte Unterschiede in der Performance eines Jahres allzuviel bedeuten. Wenn Sie wenige Jahre lang ein bisschen zurückbleiben, können Sie das immer noch nachholen (die wichtigen Wörter sind hier „ein bisschen zurückbleiben“). Ihnen bleibt noch Ihr ganzes Leben, um öfter richtig als falsch zu liegen.

In einem Jahr, in dem Ihre Kernstrategien eher richtig laufen, werden Sie dann Ihre Benchmark treffen bzw. übertreffen. Es hat Jahre gegeben, in denen ich mich bezüglich der meisten meiner Kernstrategien geirrt habe, aber da ich bei den großen Entscheidungen recht behielt – etwa Aktien statt Anleihen oder Bargeld zu halten –, bin ich zwar hinter meiner Benchmark geblieben, aber nicht extrem und nicht in einer Höhe, die ich nicht später aufholen konnte. Warum? Weil ich nie einen größeren Vorsprung vor der Benchmark anstrebe, als ich an Rückstand zu verkraften in der Lage bin. Die Gegenstrategien bewahren Sie davor, in den Jahren, in denen Sie sich irren, allzu viel zu verlieren.

Die einzige Situation, in der ich kein Problem habe, die Benchmark um sehr viel zu übertreffen – d.h. ein massives Benchmark-Risiko einzugehen –, ist, wenn ich glaube, dass ein großer Absturz das mit Abstand wahrscheinlichste Szenario ist. Dann werde ich versuchen, die Benchmark um einen großen Betrag zu übertreffen, um den größten Teil eines Bärenmarktes zu vermeiden. Es ist das riskanteste, dass ich je für meine Klienten mache, aber wenn man im langfristigen Durchschnitt die Benchmark übertrifft und durch die gelegentlich auftretenden Bärenmärkte deutliche Vorsprünge herausarbeitet, so hat man den GD ein erhebliches Stück hinter sich gelassen. Das ist die einzige Situation, in der ich ein riesiges Benchmark-Risiko eingehen will.

Endlich! Wie man Aktien findet, die immer steigen

Diese Überschrift war natürlich nur ein Witz. Hoffentlich hat das gewirkt! Ich weiß nicht, wie man Aktien findet, die nur steigen. Viele behaupten, sie könnten das – doch niemand kann es. Ich habe noch nie jemanden gesehen, der das geschafft hätte. Ihre Ziele bei der Aktienauswahl sind zweierlei und nur zweierlei. Erstens: Finden Sie die Aktien, die gute Vertreter der Kategorie darstellen, die Sie in den Griff kriegen wollen; und zweitens: Finden Sie die Aktien, die Ihrer Meinung nach wahrscheinlich besser abschneiden werden als diese Kategorien. Sie merken, ich habe nicht gesagt: „Finden Sie die Aktien, die am meisten steigen werden“, sondern: „Finden Sie die Aktien, die besser abschneiden als ihre

Kategorie." Ihr Ziel ist es, die Eigenschaften der Kategorie zu erhalten, plus ein bisschen, wobei das „am wahrscheinlichsten" Ihr Ziel ist.

Beim Aufbau Ihres Wertpapierportfolios sollten Sie auf jeden Fall die meiste Zeit darauf verwenden, die drei Fragen für die wichtigsten Entscheidungen zu stellen und sich nicht von den am wenigsten wichtigen Entscheidungen ablenken lassen, etwa von der Auswahl der spezifischen Aktien. Die Aktienauswahl hat erstaunlicherweise die geringste Wirkung auf die Performance Ihres Wertpapierbestandes. Vielleicht ist das für Sie ein Schock und ein Sakrileg. Vielleicht haben Sie dieses Buch gekauft, um zu lernen, wie man Aktien auswählt, und nun habe ich mehrere hundert Seiten lang über alles Mögliche geredet, nur nicht darüber, wie man Aktien auswählt. Dafür gibt es mehrere Gründe. Erstens: Es ist einfach nicht so sehr wichtig. Es gibt bändeweise gelehrte Forschungsmeinungen bei allgemeiner Übereinstimmung der Wissenschaft, dass der größte Teil Ihrer Rendite nicht von der Aktienauswahl, sondern von der Vermögensstrukturierung abhängt, d.h. von der Entscheidung, in einem gewissen Jahr Aktien, Anleihen oder Bargeld zu halten, und zwar der richtigen Kategorien. Die Wissenschaftler streiten sich darüber, wie viel das ausmacht. Manche Studien sagen, 90 Prozent der Rendite käme von der Vermögensstrukturierung, andere meinen, es sei weniger. Ich will mich nicht in den Details verstricken. „Der größte Teil" – das reicht mir.

Nach meinen eigenen Recherchen stammt langfristig mehr als 70 Prozent der Rendite aus der übergeordneten Vermögensstrukturierung (Aktien, Anleihen oder Bargeld) und etwa 20 Prozent aus den Entscheidungen über Subkategorien, z.B. Entscheidungen über die Sektoren, die man über- oder untergewichten sollte (oder wo man sich an der Benchmark orientiert), über in- bzw. ausländische Werte, Substanz oder Wachstum, Größe usw. Nur wenige Finanzwissenschaftler würden bestreiten, dass die Aktienauswahl nur für einen kleinen Teil Ihrer gesamten Portfoliorendite verantwortlich ist. Es ist eine zweit- oder drittrangige Frage.

Betrachten Sie es folgendermaßen: Hätten Sie in den 1990ern unter den Big-Cap-Wachstumswerten 30 Aktien per Dartwurf ausgesucht, wären Sie nicht schlecht gefahren. Es war nicht so wichtig, ob Sie GlaxoSmithKline oder Merck besaßen, denn beide waren Big-Cap-Wachstumsaktien der Pharmabranche, und sie verhielten sich ähnlich. Es gab Investoren, die nervös Mercks Pipeline und Glaxos Einkommen analysierten und bei der einen Gesellschaft die Bilanz und bei der anderen den 90-Tage-Bewegungsdurchschnitt durchforsteten, aber solche Anstrengung haben wenig an zusätzlichem Nutzen gebracht.

Denn Merck und Glaxo liefen während der 1990er so ziemlich gleich gut, mit Zuwächsen von 552 bzw. 534 Prozent. Wie hätten Sie die drei Fragen benutzen können, um etwas herauszufinden, was andere über Merck bzw. Glaxo nicht wussten? Wäre es nicht einfacher gewesen, etwas über den Gesundheitssektor insgesamt herauszufinden? Oder über Big-Cap-Aktien? Oder über Wachstumswerte? Aus den USA gegenüber denen aus Großbritannien? Hätten Sie das getan, so hätten Sie sich möglicherweise dafür entschieden, beide Aktien zu halten – kein schlechter Entschluss (siehe Abbildung 9.3).

Nun schnell weiter zu den Jahren 2000 bis 2002: In diesen Jahren wäre die beste Entscheidung gewesen, sich defensiv aufzustellen und größtenteils Bargeld und Anleihen zu halten. Wenn das nicht ging, dann kleine Substanzwerte. Wenn Sie das getan haben, sind Sie gut gefahren. Wenn Sie irgendwo anders auf der Börse unter den Aktien ausgewählt haben, sind Sie schlecht gefahren. Was die Rendite bestimmte, war die Entscheidung, ob man Aktien halten sollte bzw. welche Kategorie, nicht aber genau welche Aktien.

Die Leute glauben an Stock Picking. Die guten Stock Picker sind Helden. Es gibt jede Menge Werbebroschüren für Investmentfonds, die Analysten mit Bauhelm, Klemmbrett und nachdenklicher Miene zeigen, wie sie Flugzeuge oder Telefonstangen oder ähnliches inspizieren oder sonst irgendwelchen Unsinn treiben. Wenn Sie sich fragen, was der Typ mit seinen Nadelstreifen zwischen den schweren Maschinen verloren hat, sehen Sie das richtig. Verstehen Sie mich nicht falsch: Die Aktienauswahl ist auch wichtig. Die Auswahl der richtigen Aktien wird auf jeden Fall über eine längere Zeitspanne Zuwächse an Wert bringen. Wäre das anders, würde ich jedem empfehlen, auch wenn er größere Summen zu investieren hätte, sich die Fonds-Verwaltungsgebühren zu sparen und Index- oder andere börsengehandelte Investmentfonds zu kaufen. Und wie bei allen anderen Investitionsentscheidungen müssen Sie nicht unbedingt die besten Aktien aller Zeiten auswählen, sondern Sie müssen nur öfter richtig als falsch liegen und die Benchmark ihre Arbeit verrichten lassen.

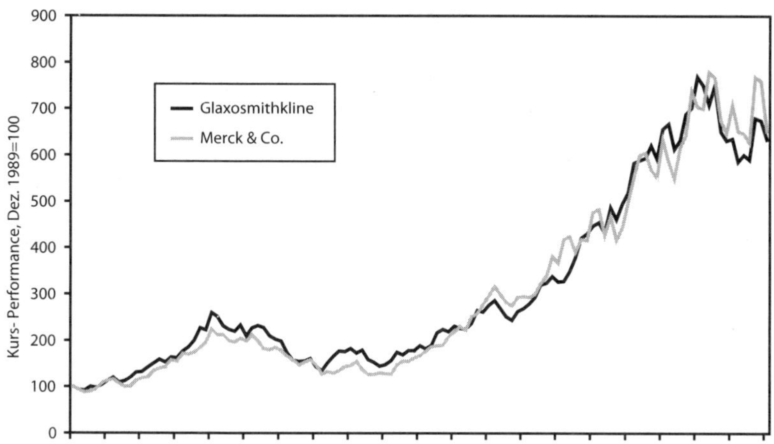

Abbildung 9.3: Gleicher Sektor, gleiche Performance.

Quelle: Thomson Financial Datastream.

Wie wollen Sie also den Großteil der Zeit nutzen, die Sie für Investitionsentscheidungen aufwenden? Bei den Entscheidungen, die 70 oder sogar 90 Prozent Ihrer

Rendite bestimmen, oder bei den Entscheidungen, die für ungefähr zehn Prozent Ihrer Rendite verantwortlich sind? Das war nur eine rhetorische Frage.

Nun sagen Sie mir doch einfach, wie ich Aktien auswählen soll!

Schon gut! Das habe ich aber schon einmal getan. Das war mein erstes Buch, *Super Stocks.* Heute würde ich es nicht mehr so schreiben wie damals, und ich tue es auch nicht. Obwohl das, was ich damals gemacht habe, so schlecht nicht war. Damals war das mehr oder weniger Stand der Technik. Wenn ich es mir überlege, gibt es kaum noch etwas, das ich jetzt so tue, wie ich es schon vor 25 Jahren getan habe – das wäre auch ziemlich peinlich. Hoffentlich erfahre ich auch in zehn Jahren noch etwas, das mich veranlasst, mich anders zu verhalten. An diesem Punkt der Evolution ist Veränderung angesagt, und mein Ziel ist es, immer etwas neues zu entwickeln und mich zu verändern. Also: Wie würde ich es jetzt tun?

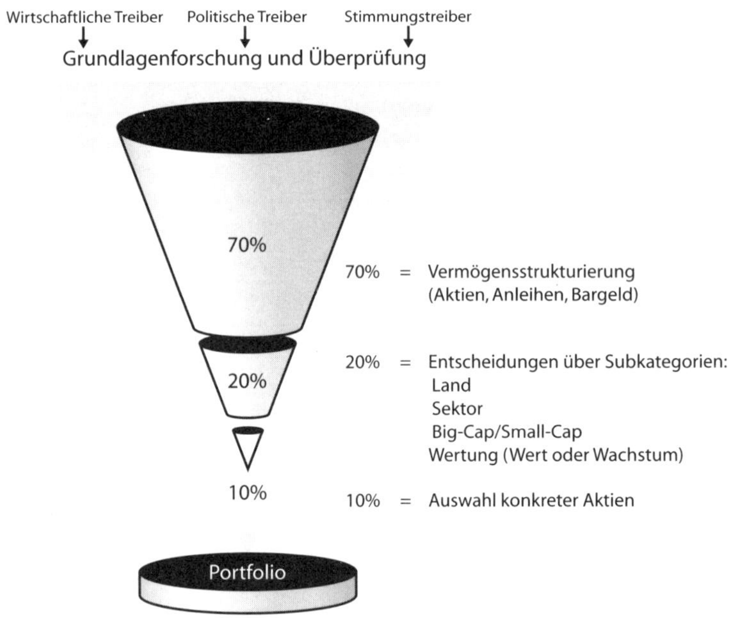

Abbildung 9.4: Trichter zur Zusammenstellung des Portfolios.

Stellen Sie sich die Konstruktion des Portfolios als Trichter vor wie in Abbildung 9.4. In diesen Trichter gießen Sie die Wertpapiere der ganzen Welt: Aktien, Anleihen, Bargeld, den ganzen Haufen. Die einzigen Wertpapiere, die bis unten durchkommen, sind die, die auf jeder Ebene durchs Raster fallen.

Schritt 1: Benutzen Sie die drei Fragen, um sich zu entschließen, ob Sie dieses Jahr Aktien haben oder sich eher defensiv verhalten wollen. Untersuchen Sie die drei Treiber Wirtschaft, Politik und Stimmung, um festzustellen, welches Börsenklima am wahrscheinlichsten ist. Im höchstwahrscheinlichen Fall, dass Sie zu dem Schluss kommen, dass die Börse einem der ersten drei Szenarien entsprechen wird (deutlich nach oben, ein wenig nach oben oder ein wenig nach unten), ist Ihre Arbeit einfach. Sie sind mit vollem Engagement den Aktien verpflichtet, wie von Ihrer Benchmark vorgeschrieben. Die Aktien aus der ganzen Welt fallen also oben durchs erste Gitter in den Trichter hinein.

Nun sind Sie am Gitter für die Entscheidungen über Subkategorien angelangt. Benutzen Sie die drei Fragen, um sich zu entscheiden, wie Sie die Länder und Sektoren im Vergleich zu Ihrer Benchmark gewichten wollen. (Kennen wir schon – weiter oben in diesem Buch.) Hier rastern Sie die Kategorien auf Grundlage Ihrer Kern- und Gegenstrategien, d.h. Sie entscheiden, was Sie über- bzw. untergewichten wollen. Im Mittelteil des Trichters bestimmen Sie die prozentualen Gewichtungen des Wertpapierbestands, ohne an auch nur einen einzigen Aktiennamen zu denken. Wenden Sie einiges von dem an, was wir in diesem Buch aufgezeigt haben. Am Ende Ihrer wissenschaftlichen Untersuchung haben Sie dann eine einfache Liste von Ländern und Sektoren mit ihren jeweiligen prozentualen Gewichtungen. Die Aktien fallen nun auf der Grundlage Ihrer Entscheidungen über Subkategorien durchs Gitter in einen Eimer. Erst dann sind Sie für die Aktienauswahl bereit.

Mehr sein als scheinen: Gewichteter Mittelwert

Folgendes ist eine Frage-zwei-Wahrheit, die Sie wegen eines Frage-drei-Problems nicht erkennen können: Investoren erkennen nicht, dass die meisten Aktien, die sie für Big-Cap halten, sich eher wie Nebenwerte benehmen, vielleicht sogar genau wie diese. Man weiß einfach nicht, wie man diesen „großen" Aktien dieses Nebenwert-Verhalten abgewöhnen kann. Und das kommt daher, dass man die Größe wegen Problemen der natürlichen Skalierung nicht richtig einschätzen kann.

Bei einer Nebenwert-Wette richtig zu liegen kann Sie genauso voranbringen, wie dies mit einem Big-Cap möglich ist. Aber viele Investoren können die Small-Cap- und Big-Cap-Wirkung taktisch nicht richtig erzielen, weil sie Größen falsch betrachten. Erstens scheuen sich einige Investoren vor Nebenwerten wegen der potenziellen Probleme kleinerer Firmen. Wenn Sie aber von Zeiten vermeintlicher Nebenwerte-Dominanz profitieren wollen, müssen Sie die Landschaft nicht nach winzigen, illiquiden, unbekannten Namen absuchen, bei denen Sie alt aussehen könnten, wenn die Dinge schlecht laufen.

Ein interessantes Frage-zwei-Muster zeigt, dass Sie mit Aktien, die Sie als Big-Cap betrachten, Nebenwertperformance erreichen können. Federal Express und Gap klingen vielleicht nicht wie Nebenwerte, aber sie verhalten sich so – mehr als Sie vielleicht denken. Unsere Recherchen zeigen, dass die Aktien im S&P 500, die eine kleinere Marktkapitalisierung haben als der dollargewichtete Durchschnitt des Gesamt-S&P, sich mehr wie Nebenwertindizes verhalten als wie der S&P 500. „Dollargewichteter Durchschnitt" ist ein statistischer Begriff, der Sie vielleicht verwirrt. Es ist eine andere Form des Mittelwertes als der Median der Marktkapitalisierung. Es ist der Mittelwert dessen, wie sich die Börse tatsächlich verhält, d.h. die Börse insgesamt verhält sich so wie eine Aktie mit dieser Marktkapitalisierung.

Nebenwertperformance mit Big-Cap-Aktien?

Keine Panik, so funktioniert es: Die zehn größten S&P 500-Werte sind so groß, dass ihr gesamter Marktwert beinahe dem des restlichen S&P zusammen gleicht. Die unten stehende Tabelle zeigt für jedes Jahr den Gesamtmarktwert der zehn größten S&P 500-Werte und im Vergleich dazu die Zahl der kleinsten Werte im S&P 500, die man brauchen würde, um den gesamten Marktwert der Großen aufzuwiegen. Es zeigt auch die Performance jeder Gruppe im Vergleich zum S&P 500 insgesamt sowie zum Russell 2000 Nebenwertindex:

In den meisten Jahren verhielten sich die kleineren S&P-500-Aktien zusammengenommen den Nebenwerten sehr ähnlich, da sie verglichen mit dem echten Mittelwert des Index klein sind. Die zehn größten Aktien haben eine enorme Wirkung auf die Rendite des S&P 500, da ihr summierter Marktwert normalerweise so groß ist wie 300 oder 400 der „kleinsten" S&P Werte zusammen. Die größten Werte haben Marktkapitalisierungen, die größer sind als der korrekte Mittelwert der Börse, und ziehen so die kleineren Aktien hinauf zu diesem Mittelwert.

Ein Blick auf die S&P-500-Renditen insgesamt verrät Ihnen einfach nicht, dass die „kleineren" S&P-500-Werte als Gruppe Nebenwertgewinne erzielen. Der Gesamtmarkt verhält sich, als sei er ein Wert mit der Marktkapitalisierung seines dollargewichteten Durchschnitts, und alle Aktien, die kleiner sind als dieser, haben eine Kleinheit an sich, auch wenn sie Ihnen groß vorkommen. Aber an der S&P-500-Gesamtrendite können Sie das nicht ablesen.

	Marktkapitalisierung (in Milliarden)		Performance			
	10 größte Werte	Kleinste S&P- Werte (Zahl der Werte in der Gruppe)	10 größte Werte	S&P 500	Kleinste S&P Werte	Russell 2000
1992	$595	$ 593 (334)	-1.2%	7.6%	17.8%	18.4%
1993	$579	$ 579 (310)	1.7%	10.1%	16.7%	18.9%
1994	$581	$ 580 (288)	2.2%	1.3%	0.7%	-1.8%
1995	$596	$ 594 (292)	40.2%	37.6%	26.5%	28.4%
1996	$812	$ 813 (293)	29.5%	23.0%	16.9%	16.5%
1997	$1,051	$ 1,052 (306)	35.0%	33.4%	25.0%	22.4%
1998	$1,386	$ 1,387 (304)	40.0%	28.6%	9.2%	2.6%
1999	$2,053	$ 2,050 (304)	34.3%	21.0%	19.2%	21.3%
2000	$3,122	$ 3,112 (403)	-26.9%	-9.1%	12.7%	-3.0%
2001	$2,680	$ 2,688 (370)	-7.6%	-11.9%	5.1%	2.5%
2002	$2,544	$ 2,540 (371)	-24.7%	-22.1%	-16.0%	-20.5%
2003	$1,844	$ 1,839 (362)	14.5%	28.7%	47.1%	38.8%
2004	$2,337	$ 2,331 (347)	-0.2%	10.9%	19.4%	18.3%
2005	$2,397	$ 2,379 (325)	-0.2%	4.9%	2.6%	4.6%

Quelle: Standard & Poor's Research Insight.

Ihr Gehirn meint, ein Elefant sei groß und ein Kaninchen klein. Und Sie halten einen Kapitalisierungswert von zehn Milliarden Dollar oder 20 Milliarden Dollar für riesig. Was für eine Party wir uns für zehn Milliarden Dollar leisten könnten! Aber in Wirklichkeit

beträgt die mittlere dollargewichtete Marktkapitalisierung der Börse zur Jahresmitte 2006 86 Milliarden Dollar[11] und verhält sich wie eine Aktie mit einem Gewicht von 86 Milliarden Dollar. Eine zehn Milliarden- Dollar-Kapitalisierung hat nur zwölf Prozent der Durchschnittsgröße der Gesamtbörse und verhält sich vergleichsweise als kleiner Wert.
Die gute Nachricht? Sie müssen nicht auf der Suche nach unbekannten „kleinen" Werten die Finanzseiten der Zeitung durchforsten, um den Nebenwertbonus zu erhalten. Sie können auch Nebenwerterträge realisieren, indem Sie einfach am kleineren Ende des S&P 500 verbleiben, wo es Hunderte von liquiden, respektablen Namen gibt, unter denen Sie wählen können. Namen, die gar nicht so seltsam klingen: Black & Decker, Clorox, Dow Jones & Co., Eastman Kodak, H&R-Block, Goodrich, Hershey, Hilton Hotels, Liz Claiborne, Mattel, Radio Shack, Stanley Works, die New York Times und Whirlpool. Das sind nur einige Beispiele!
Die schlechte Nachricht? Sie können keine Big-Cap-Wirkung mit Zehn-, 20- oder gar 50-Milliarden-Dollar-Aktien erzielen. Für eine Big-Cap-Wirkung brauchen Sie Marktkapitalisierungen, die größer sind als der dollargewichtete Durchschnitt der Börse, d.h. größer als 86 Milliarden Dollar, die Sie ansonsten vielleicht für Super-Cap-Werte halten würden. Leider gibt es in Amerika, während ich dies schreibe, davon nur 25.[12] Diese können Sie völlig problemlos kaufen, doch die Auswahl ist eben sehr begrenzt. In der Wirklichkeit ist es schwieriger, eine Big-Cap-Diversifizierung zu erreichen als eine Nebenwertdiversifizierung.

Nehmen wir die Kategorien eine nach der anderen. Die Aktienauswahl so anzugehen ist viel einfacher und klarer. Statt durch die ganze Aktienwelt zu waten, schauen Sie nur die Aktien an, die in die jeweiligen Kategorien fallen, die Sie brauchen. Sie schauen sich dann nicht mehr 15 000 Aktien an und hoffen, davon eine Handvoll guter Werte zu finden, sondern Sie schauen sich 15 oder 20 Namen pro Kategorie durch, um drei oder vier Aktien auszuwählen.

Vermuten wir, Ihre Entscheidungen im höheren Trichter-Bereich haben zur Folge, dass Sie einen bestimmten Prozentsatz an US-Nebenwerten im Sektor Verarbeitende Industrie benötigen. Sie brauchen ein paar ganz anständige Aktien, die als Gruppe wahrscheinlich so gut oder besser als die Kategorie insgesamt abzuschneiden versprechen. Es geht darum, Aktien zu finden, die verglichen mit ähnlichen Werten relativ günstige Kurse aufweisen. Außerdem und vor allem suchen Sie eine Sache, die, sollte sie zünden, die Erträge hochtreibt. Dabei meine ich nicht das, was auf der ersten Seite des *Wall Street Journal* steht, sondern das, was Sie anhand der drei Fragen entdecken können.

Hier ein Beispiel: Anfang 2005 erwartete ich, dass US-Nebenwerte im Verarbeitenden Gewerbe weiterhin gut laufen würden. Ein Wert, über den ich Anfang 2005 in *Forbes* berichtete, hieß Flowserve (FLS).[13]

Nebenbei bemerkt: Normalerweise berichte ich für *Forbes* nicht über Aktien, die ich für die Portfolios meiner Klienten auswähle. Ich mache aus meiner Strategie kein Geheimnis, aber ich will meine Klienten nicht kriminalisieren, und mich selbst auch nicht. Wenn meine Klienten Aktien hielten, über die ich in *Forbes* schreibe, könnten sie des Insiderhandels angeklagt werden, oder ich könnte angeklagt werden, gegen Bezahlung für sie geschrieben zu haben. Es würde so funktionieren: Ich kaufe für meine Klienten Werte, empfehle diese dann in *Forbes*, bewege dadurch die *Forbes*-Leser, sie zu kaufen, um den Kurs hochzutreiben, und verkaufe dann die Werte meiner Klienten und streiche den Gewinn ein. Das wäre kriminell, eine Art Insiderhandel, was ein Verbrechen ist. Ich hasse Verbrechen, schon immer! Ich habe mein Leben lang eine Philosophie, die da lautet: „Keine Verbrechen." Um gar nicht in den Grenzbereich zu geraten und auf der blitzsauberen Seite des Gesetzes zu bleiben, schreibe ich über Aktien, die vollkommen großartig sind, aber die ich, aus welchen Gründen auch immer, nicht in den Wertpapierbeständen meiner Klienten führe. Denn, wie schon gesagt: Die Auswahl der Werte macht nur einen kleinen Teil der Portfolio-Rendite aus, daher kann ich für *Forbes* andere Werte auswählen als für meine Klienten, und an beiden Stellen funktioniert es prima. Es gibt für jeden mehr als genug – mehr als genug dessen, was wir für Klienten und für *Forbes* brauchen, ohne die beiden Gruppen miteinander unangenehm zu verquicken. Gelegentlich rufe ich das meinen Lesern in Erinnerung, der vollen Transparenz wegen.

Wie dem auch sei, zurück zu Flowserve. Das Unternehmen stellt Pumpen und Ventile für problematische Flüssigkeiten (ätzende zum Beispiel) in der Chemikalien-, Erdöl- und Lebensmittelverarbeitungsbranche her. Spannend, was? Richtig sexy. Denn Sie stehen bestimmt morgens auf und denken über Pumpen und Ventile für ätzende Flüssigkeiten nach, oder etwa nicht? Wie profitiert man von Firmen, die eine flotte Arbeit mit Pumpen und Ventilen machen? Das wird sicher irgendwann ein Spielfilm. Solche Aktien finden Sie nicht, indem Sie sie als Nadel im Heuhaufen suchen. Sie finden sie, indem Sie die Kategorien durchsieben.

Warum Flowserve? Warum nicht Kennametal oder Idex Corp.? Das sind schließlich auch großartige US-amerikanische Nebenwerte in der Maschinenbaubranche. Nichts gegen letztere. Aber über Flowserve habe ich folgendes in Erfahrung bringen können, das, wie ich meinte, sonst niemand wusste. Anfang 2005 waren Investoren immer noch sehr sensibel bezüglich „Unregelmäßigkeiten in der Buchführung". Ende 2004 verkündete Flowserve die Berufung eines neuen Finanzvorstands, was etwas verdächtig sein kann. Einige Tage später trat der Buchführungsvorstand zurück, und nur einige Tage danach machte er diese Entscheidung wieder rückgängig. Als nächstes durfte man erfahren, dass die Firma die Einreichung ihres 10-Q-Berichtes an die Börsenaufsicht für das 3. Quartal aufgeschoben hatte. Da war etwas total faul, und die Aktien verhielten sich auch in Folge dessen sehr unbeständig. Eine Fundamental-Situation zum davonlaufen, da die Bilanz auch nicht besonders überzeugend war. Sogar der Preis war bei einem KGV von 26 nicht gerade berauschend.

Alles deutete also darauf hin, dass die meisten Investoren wegbleiben würden. Jeder weiß, dass eine faule Buchführung zusammen mit überteuerten Aktien Probleme bedeutet. Aber es war *doch* preiswert. Die Aktien verkauften sich zu 60 Prozent der jährlichen Umsätze. Das ergab ansehnliche mögliche Gewinne, falls sich die Profitabilität auf ein für eine Produktionsfirma normales Niveau verbessern sollte. Jede positive Nachricht über diese Firma wäre eine angenehme konjunkturelle Überraschung. Der Kurs versprach keine guten Nachrichten, sondern nur noch weitere schlechte Nachrichten und Rückgang. Daher müsste jede gute Nachricht den Kurs nach oben treiben, und in einer Kategorie, die gut laufen sollte, sollte diese Aktie relativ zur Kategorie gut laufen, und das ist ja das Ziel.

Ich setzte die Frage drei ein, indem ich sicherstellte, dass ich nicht von Selbstüberschätzung oder anderen Wahrnehmungsfehlern fehlgeleitet würde. Ich fragte mich, ob ich mich irrte. Was, wenn der Wert nicht das liefert, was ich mir erwarte? In diesem Fall würde ich erwarten, dass er im Bereich ähnlicher Werte herumschwimmt und vielleicht nicht ganz so gut läuft. Da ich erwartete, dass die Kategorie ganz gut laufen würde, glaubte ich, dass ich von einem Nachzügler, von dem jeder erwartete, dass er einer wird, nicht allzu sehr enttäuscht werden könnte.

Sie haben vielleicht bemerkt, dass ich nicht zum Firmensitz von Flowserve in Texas geflogen bin, um in der Fabrik in einem Bauhelm herumzulaufen, um hinter ihre Hütchenspielertricks zu kommen. Ich traf mich nie mit dem Vorstandsvorsitzenden, stellte auch keinen Maulwurf ein, um den Vorstand zu infiltrieren, um etwas herauszufinden, was andere nicht wussten (was nicht nur lächerlich, sondern auch illegal wäre, auch wenn man darüber einen tollen Firmenspionagefilm mit Bruce Willis drehen könnte). Ich las das, was öffentlich verfügbar war – die gleichen Informationen, die Sie ohne weiteres finden könnten. Dann machte ich das, was ich immer mache, wenn ich mir einzelne Aktien anschaue. Ich frage mich: „Was macht den anderen Sorge?“ Dann lege ich das zur Seite und frage mich: „Was kann ich zwischen den Zeilen lesen? Was könnte Verrücktes passieren, das für den Kursanstieg bzw. den Kursrückgang überraschend wäre? Wie wahrscheinlich ist es, dass diese verrückte Sache passiert?“ Schließlich sage ich wie Homer Simpson: „Na gut, Gehirn, du magst mich nicht, und ich mag dich nicht“, und finde heraus, wie mein neuronales Netz, meine Vorurteile und mein Ich mich dazu verführen könnten, eine schlechte Entscheidung über Aktien zu treffen. Das war's. So wählen Sie Aktien aus, die immer gewinnen. War nur ein Scherz. Das war's. So wählen Sie Aktien aus, die öfter besser sind als vergleichbare Werte.

Wenn Sie *Forbes* gelesen hätten und auf meine Empfehlung hin Flowserve gekauft hätten, wären Sie sehr glücklich geworden. 2005 brachte die Aktie 44 Prozent[14] gegenüber zwei Prozent für den Sektor[15], fünf Prozent für den S&P und neun Prozent für den breiten globalen Markt.[16] Flowserve war eine gute Aktie, die besser lief als ihre Kategorie. Hatte das Unternehmen die beste Performance unter den US-amerikanischen Nebenwerten in der Maschinenbau-Branche? Nein. Sie hätten vielleicht auf JLG Industries Inc. oder Joy Global Inc. stoßen können, die um 133 bzw. 109 Prozent stiegen.[17]

Beide hätten es ebenfalls durch die Trichter-Auswahl geschafft. Vielleicht wären diese beiden Aktien anstelle von Flowserve durch Ihren Trichter gefallen (oder vielleicht hätten Sie sich entschieden, alle drei zu kaufen). Aber was hätte Sie dazu gebracht, sie auszuwählen? Sie hätten etwas sehen müssen, was andere nicht sehen konnten, was einfacher ist, wenn sie nur im unteren Teil Ihres Trichters eine kleine Gruppe von Aktien untersuchen müssen und nicht einen Ozean voll im oberen Teil. Zuerst die wirklich großen Entscheidungen zu treffen erhöht die Wahrscheinlichkeit, bessere Aktien wie Flowserve, JLG Industries oder Joy Global aus den Kategorien auszuwählen, die Sie brauchen. Wenn Sie Stunden damit verbringen, Websites und CNBC zu durchkämmen, um irgendeinen deutschen Nebenwert im Sektor „Versorger ohne Energie“ zu untersuchen, ohne zuerst zu sehen, ob Sie überhaupt in diesem Jahr Aktien dieser Kategorie halten wollen, verschwenden Sie Zeit und Hirnschmalz.

Wiederholen Sie diesen Vorgang für all Ihre Aktienkategorien, und Sie werden eine gute Darstellung Ihrer Benchmark haben. Seien Sie sicher, dass Sie nie immer nur die besten Aktien auswählen werden. Gewöhnen Sie sich jetzt schon daran. Sie werden immer eine Aktie im Depot haben – oder drei oder fünf –, die vor die Hunde geht. Die besten Vermögensverwalter der Welt wählen nicht immer nur die Aktien aus, die steigen.

Ist es möglich, dass man es schafft, die richtigen Entscheidungen für die Struktur der Subkategorien zu treffen, d.h. die richtige Größe und Art, das richtige Land, den richtigen Sektor, alles, und dennoch ausgerechnet die Aktie auszuwählen, die Erträge verpasst, in eine politische Streitigkeit verwickelt wird, einen Buchführungsskandal veranstaltet oder aus irgendeinem anderen Grund viel schlechtere Ergebnisse aufweist als ihre Schwesteraktien? Sicherlich ist das möglich.

Wir haben festgestellt, dass Sie diversifizieren sollten. Wenn der Energiesektor zehn Prozent Ihres Wertpapierbestands darstellt, sollten Sie dort drei, fünf oder sogar sieben verschiedene Aktien auswählen. Wenn Sie eine schlechte auswählen – und das wird passieren –, werden Sie sich nicht übermäßig wehtun (Regel vier). Sie wollen drei, fünf oder sieben, die Ihrer Ansicht nach am wahrscheinlichsten die Kategorie schlagen. Ich habe Flowserve nicht deswegen ausgewählt, weil ich dachte, das Papier würde so enorm steigen, sondern weil ich glaubte, es würde wahrscheinlich seine Kategorie übertreffen. Wenn man das macht, gibt es dann einige, wie in diesem Fall Flowserve, die sehr viel besser sind.

Sich bei der Diversifizierung auf diejenigen Aktien zu konzentrieren, von denen man meint, dass sie am wahrscheinlichsten ihre Kategorie übertreffen werden, heißt nicht, dass man das Stock Picking aufgeben muss. Muss man nicht. Aber es bedeutet auch, dass man nicht alles mit einer Aktie aufs Spiel setzt und dann erfährt, dass man falsch gewählt hat – die Aktie lief schrecklich, während die Kategorie gut lief, ihre Wirkung aber nicht in Ihr Depot hinein entfalten konnte. Ich will immer die Wirkung der Kategorie, die ich in meinem Portfolio brauche. Für die meisten Anleger bedeutet Stock Picking ohne hierarchischen Planungsansatz letztendlich die Rettung der Niederlage vor dem sicheren Sieg. Wer das nicht erkennt, hat in der Regel ein Ego, das größer ist als sein Gehirn.

Was ist mit dem Stock Picking für kleinere Sektoren oder Kategorien? Sagen wir einmal, es reizt Sie, zwei oder drei Prozent in eine Schwellenland-Position zu stecken. Die Schwellenländer machen nur einen kleinen Prozentsatz Ihrer Benchmark aus, aber sind eine sehr begrenzte, kontrollierte, Marktwette (gut gemacht!). Sie wollen nicht nur eine Aktie kaufen, denn das würde kaum Ihre Schwellenland-Kategorie diversifizieren. Was wählen Sie aus? Eine simbabwische Aktie? Eine chilenische Aktie? Wenn Sie aber genug verschiedene Aktien kaufen wollen, um eine so kleine Position zu diversifizieren, müssen Sie krumme

Mengen kaufen und zahlen dann mit Sicherheit enorme Transaktionsgebühren. Hier könnten Sie einfach einen preisgünstigen börsengehandelten Fonds finden und Feierabend. Ich bin kein Fan der Fonds, aber sie haben auch ihren Zweck. Denn: Wissen Sie wirklich etwas, was andere nicht wissen, was es rechtfertigen würde, Simbabwe gegenüber Chile zu präferieren oder einzelne Aktien der Ostpatagonischen Paprikagesellschaft statt der Klausenburger Nahverkehrsbetriebe zu kaufen? Auch das ist eine rhetorische Frage.

Wann zum Teufel soll man verkaufen?

Die Aktienauswahl ist nur die halbe Miete. Wie können Sie erkennen, wann Sie verkaufen sollten? Ebenso wie beim Aktienkauf sollte die Verkaufsentscheidung von oben nach unten angegangen werden. Die erste und einfachste Antwort, wann zu verkaufen ist, wäre, wenn Sie erkennen, dass das wahrscheinlichste Börsenszenario für das nächste Jahr stark abwärts sein wird. Dann wäre es gut, die meisten Ihrer Aktien zu verkaufen – das ist aber auch selten. Was ist mit der Zeit zwischen den echten Bärenmärkten? Wie finden Sie heraus, dass Sie davonlaufen müssen? Ganz einfach: Wenn Sie die drei Fragen benutzt und entdeckt haben, dass sich etwas Wesentliches an dem Grund verändert hat, aus dem Sie die Aktien halten. Zum Beispiel wird die Ertragskurve, nachdem sie ganz flach war, plötzlich sehr steil. Sie könnten sich dann entscheiden, Ihre Wachstumswerte zugunsten von mehr Substanzaktien zurückzufahren.

Wenn Sie meinen, dass Firmen mit elastischer Nachfrage aus Sektoren wie IT oder Luxusgütern besser laufen werden als die mit unelastischer Nachfrage, also Gesundheits- oder Konsumgüter-Werte, können Sie Ihre Gewichtung verlagern, was den Verkauf einiger Aktien notwendig machen könnte. Oder vielleicht erkennen Sie irgendeinen anderen wirtschaftlichen, politischen oder stimmungsbezogenen Faktor, der auf einen bestimmten Sektor einwirkt. Zum Beispiel erfahren Sie, dass der Kongress zusätzliche Buchführungsbeschränkungen verabschieden wird, die Sie (und wenige andere) als schädlich für den Finanzsektor erkennen. Oder vielleicht haben über einen längeren Zeitraum Hochdividenden-Aktien eine extrem gute Performance gehabt, und alle sind verrückt nach Versorgerwerten, also wissen Sie irgendwie, dass es Zeit ist, Versorger unterzugewichten und auf Aktien umzusteigen, die keine Dividenden ausschütten. Wohlgemerkt: Das bedeutet nicht, dass die Aktien, die Sie verkaufen, schlecht sind. Sie passen nur nicht zu dem, was Sie jetzt brauchen als Ergebnis der drei Fragen. Sie brauchen die Aktien, die Ihre Vermögens- und Sub-Sektor-Entscheidungen widerspiegeln.

Gewinne sichern?

Was ist, wenn eine Aktie stark gestiegen ist? Sollte man sie nicht dann verkaufen und die Gewinne „sichern"? „Gewinne sichern" gehört zu den albernsten Anleger-Praktiken. Wieso „sichern"? Die Gewinne, die Sie aus Aktien ziehen, die hoch stehen, werden nicht irgendwo in einen Panzerschrank eingesperrt, sondern Sie reinvestieren dieses Geld (oder etwa nicht?), und die Aktien, die Sie mit den so „gesicherten" Gewinnen kaufen, steigen nicht unbedingt. Die nächsten Aktien, die Sie kaufen, könnten fallen und so die vermeintlich gesicherten Gewinne wieder vernichten, was bedeutet, dass der Gewinn von den ersten Aktien erst einmal versteuert werden muss, und bei den zweiten verlieren Sie noch einmal Geld. Es gibt keinen „gesicherten Gewinn". Das ist etwas, was nur verrückte Höhlenmenschen zu ihren Golfpartnern sagen, das sind Selbstüberschätzungen und Rückschaufehler. Verkaufen Sie nicht, um „Gewinne zu sichern". Verkaufen Sie, um auszusteigen, um eine Gewichtung zu reduzieren, die reduziert werden muss, oder weil die Aktie wahrscheinlich nicht mehr ihre Kategorie schlagen wird, mit der Wirkung, die Sie in Ihrem Portfolio benötigen.

Nur weil eine Aktie gestiegen ist, bedeutet das nicht, dass sie nicht weiter steigen kann. Das passiert ständig. Vergessen Sie nicht: Aktien sind nicht seriell korreliert, sondern die Wahrscheinlichkeit steht 50:50, dass sich ihre Entwicklung entweder fortsetzen oder umkehren wird. Behalten Sie eine steigende Aktie, wenn die Grundlagen, die Sie dazu führten, die Aktie zu kaufen, bestehen bleiben. So einfach ist das.

Das Erwürgen junger Hunde und andere Gewinnmörder

Was ist, wenn eine Aktie stark fällt? Sollten Sie nicht die auf den Hund gekommene Aktie abstoßen, die Verluste abhaken, steuerpflichtige Gewinne gegenrechnen lassen und Ihres Weges gehen? Vielleicht, vielleicht auch nicht – aber wahrscheinlich nicht.

Erst einmal: Warum fällt sie so stark? Vielleicht weil die ganze Börse eine Korrektur durchmacht und die Aktie sich nur wie die Börse insgesamt verhält? Wenn ja, nicht davonlaufen. Der relative und nicht der absolute Ertrag ist wichtig – normalerweise. Fällt sie, weil der Sektor bzw. die Kategorie der Aktie abschüssig ist, entweder weil der Sektor eine Korrektur durchmacht (auch Sektoren machen Korrekturen durch) oder weil sie unpopulär geworden ist? Oder fallen die Aktien etwa, weil sie Teil Ihrer Gegenstrategie sind? Diese Aktie verhält sich aber dann genau so, wie eine Gegenstrategie-Aktie sich verhalten sollte – kein Grund, sie abzustoßen. Sich auf die Performance einer einzigen Aktie bzw. eines einzigen Sektors zu konzentrieren anstatt auf die des gesamten Portfolios erfüllt den Tatbestand der Ordnungspräferenz, ein Wahrnehmungsfehler, den Sie mit der Frage drei bekämpfen. Ist die Aktie abschüssig, weil irgendeine schreckliche Nachricht aufgetaucht ist? Der Vorstandsvorsitzende hat die Bilanz gefälscht, das Geld der Anleger für Orgien missbraucht oder unterhält in Bulgarien eine Fabrik, wo kleine Hunde erwürgt werden?

Mit großer Wahrscheinlichkeit wird die Börse bereits auf die schlechte Nachricht reagiert haben, bevor sie veröffentlicht wird, und Sie werden den großen Kurssturz nicht mehr vermeiden können. Sie können jetzt beim absoluten Tiefpunkt verkaufen und Ihr Geld woandershin legen, aber damit haben Sie teuer eingekauft und billig verkauft. Außerdem wissen Sie bei der Aktie, in die

Sie reinvestieren, nicht, ob sie steigt oder fällt. Wenn auch sie fällt, haben Sie sich richtig geirrt, und das zweimal. Es gibt immer noch die 50-zu-50-Chance, dass die frühere Kursrichtung sich fortsetzt, oder eben, dass sie sich umkehrt.

Schauen Sie also die Firma an, so wie wir es getan haben, als wir gekauft haben. Ignorieren Sie den Rummel, denn der ist im Kurs schon eingerechnet, und suchen Sie das, was Sie erkennen können, das andere nicht erkennen. Sind die „schlechten Nachrichten" derart, dass sich die Firma davon erholen kann? Ich weise im Kasten auf zwei Beispiele hin, aber ist die Firma im Wesentlichen gesund? Vielleicht ist die Fabrik mit den Hundewürgern winzig und wurde ohne Wissen des Vorstandes gegründet, die Würger können entlassen und die jungen Hunde gerettet werden. Vielleicht wurde der Vorsitzende zwar mit beiden Händen am Hals eines jungen Hundes erwischt, aber das war nicht sein typisches Verhalten, es gibt einen guten Nachfolgeplan, und der Nachrücker heißt Jack Welch oder, noch besser, der nächste ist Gordon Moore.

Wann Sie eine Aktie verkaufen sollten

Manchmal erlebt man eine Überraschung, und eine ansonsten scheinbar gute Aktie stürzt ab. Dann müssen Sie sich entscheiden: Ist die Aktie auf dem neuen, billigeren und vielleicht auch preiswerteren Kurs es wert, sie zu behalten, oder sollten Sie sie besser verkaufen? Ich wurde von zwei Aktien überrascht, die ein gutes Beispiel für die beiden Varianten darstellen. Besser gesagt: Ich wurde „gespitzert" – wie viele andere Investoren auch.

Am 14. Oktober 2004 kam Elliot Spitzer, damals Justizminister des Bundesstaates New York und bis heute ein Ritter der gerechten Sache, zu dem Schluss, dass Hank Greenberg, damals Vorstandsvorsitzender von AIG, irgendeines Vergehens schuldig sei.[18] Es hat wohl noch nie ein männliches Mitglied der Familie Greenberg gegeben, von dem Spitzer nicht glaubt, er sei irgendeines Vergehens schuldig. Irgendwie ist er schon hinter ziemlich allen her gewesen.

Inzwischen leitete einer von Greenbergs Söhnen, Jeff, eine andere große Versicherung, die Fa. Marsh & McLennan, die auch die Putnam Investmentfondsgruppe besitzt, die Spitzer im Jahr davor schwer angegriffen hatte. Im Grunde behauptete Spitzer, Marsh & McLennan habe bei ihren Versicherungsverträgen Angebote manipuliert, und nannte andere Versicherungsfirmen, einschließlich der AIG, als Mittäterinnen. Später hat Spitzer ganz öffentlich AIG und namentlich Hank Greenberg beschuldigt, an den angeblichen Missetaten beteiligt gewesen zu sein. Irgendwann hat der Vorstand von Marsh & McLennan wegen der Attacken Spitzers Jeff Greenberg zum Rücktritt gezwungen. Dann hat auch der AIG-Vorstand, wahrscheinlich aus Angst vor Spitzers Macht, Hank Greenberg zum Rücktritt gezwungen. Schließlich wurden die Beschuldigungen gegen AIG fallengelassen und Marsh & McLennan ließ sich auf einen Vergleich ein. Während dieser Zeit haben Spitzer und Hank Greenberg sich in der Presse gegenseitig angegriffen, und einige von Greenbergs Freunden sprangen ihm zur Seite, u.a. der ehemalige Goldman-Sachs-Vorstandsvorsitzende John Whitehead, dem Spitzer vielleicht körperliche oder berufliche Gewalt angedroht hat oder auch nicht, je nach dem, wem Sie glauben wollen.

Jedenfalls sind beide Aktien ob der Nachrichten mächtig abgesackt. Börsen hassen Überraschungen, insbesondere Überraschungen, die mit dem New Yorker Justizminister und Heiligen Krieger zu tun haben. Beide Aktien fielen sofort, nachdem die Nachricht am 14. Oktober 2004 veröffentlicht wurde, die AIG um zehn Prozent[19] und die MMC um ganze 25 Prozent.[20] Was tun?

Den Absturz vorzeitig zu vermeiden wäre nahezu unmöglich gewesen. Wie sollte man wissen, dass Spitzer so etwas plante, es sei denn, man hatte einen besonderen und illegalen Einblick in seine Absichten? Wenn so ein Marktereignis geschieht, brauchen Sie insbesondere die Frage drei. Abrupte Aktienstürze bewirken, dass die Verlustabneigung mit voller Kraft durchschlägt. Nach einem großen Sturz zu verkaufen ist zwar manchmal sinnvoll, manchmal ist es aber dramatisch dumm – und Sie werden erst später wissen, was der Fall ist, von den Börsen oder der *New York Times* erhalten Sie keine geeigneten Hinweise, und schon gar nicht vom freundlichen Heiligen Krieger, der immerhin ein gewählter Politiker und künftiger Gouverneur von New York ist.

Ich war für den Finanzsektor und insbesondere den Versicherungsbereich optimistisch. Bezüglich der Kategorie war alles für beide Aktien richtig. Der einzige Grund, eine Aktie, die in die großen Linien meines Portfolios passte, zu verkaufen, war, wenn etwas spezifisch an ihnen faul war. Nun hatte ich ein paar Male Hank Greenberg getroffen. Er kann zwar etwas rüpelhaft sein – wie ich auch –, aber er war sehr lange Zeit ein hervorragender Vorstand, wirklich hervorragend, und ich konnte nicht glauben, dass er wirklich etwas sehr Schlimmes gemacht hatte, weil er das nicht nötig hatte (Grundregel: Die fähigsten Leute müssen die Regeln nicht brechen, und sie tun es auch nicht.) Andererseits war er 80 und würde also nicht mehr lange hervorragend bleiben.

Aber ich hatte auch keine Ahnung, dass Spitzer gegen Ende 2005 Greenberg von jeder kriminellen Machenschaft entlasten würde. Er tat das in der Thanksgiving-Woche[21], dem Friedhof aller Nachrichtenmeldungen. Wenn Sie eine Pressemitteilung begraben wollen, verkünden Sie sie an einem Feiertag wie Weihnachten, Ostern oder dem Unabhängigkeitstag, dann werden die wenigsten Menschen sie jemals mitbekommen. Ich wusste wie jeder andere, dass die AIG eine riesige Firma mit einer gut diversifizierten Produktpalette war. Ich habe zwar verstanden, was es mit dem Verbrechen auf sich hatte, das der AIG vorgeworfen worden war, aber ich konnte mir nicht vorstellen, dass die langfristige Gesundheit der AIG insgesamt dadurch in Frage gestellt werden könnte – das Verbrechen war nicht groß genug. Wenn sich herausgestellt hätte, dass etwas an der Tochtergesellschaft faul war, der mit der angeblichen Angebotsmanipulation zu tun gehabt hatte, hätte die AIG diese Gesellschaft leicht abstoßen, die Bösewichte hinausschmeißen oder sonst irgendwie das (behauptete) Krebsgeschwür entfernen können.

Ich konnte keinen Grund ausmachen, warum der Rest der AIG infiziert sein sollte. Es gab Spekulationen über den möglichen Rücktritt Greenbergs, und obwohl er die AIG zu dem gemacht hatte, was sie war, hätte sein Weggang mit 80 nicht allzu sehr wehgetan. Außerdem konnte es sein, dass sein Rückzug der Börse gefällt und den Druck auf die Aktie mindert. Schließlich, da eine so miese Stimmung in Bezug auf die AIG herrschte, waren alle schlechten Nachrichten bereits in den Kurs eingepreist worden, daher konnte ich davon ausgehen, dass jede gute Nachricht, egal wie klein, eine angenehme, kurssteigernde Überraschung sein würde. Ich entschied mich, AIG zu behalten.

Bei der Marsh & McLennan (MMC) sah das anders aus. Marsh & McLennan war wegen Machenschaften in ihrem Hauptgeschäftszweig und ihrer Kernkompetenz angeklagt. Die Anklage schien hier auf stärkeren Beinen zu stehen. Um zu überleben, würde MMC mindestens eine bedeutende Klage durchstehen müssen, mit möglichen weiteren Klagen in anderen Bundesstaaten. Sie würden wahrscheinlich eine strategische Neuausrichtung vornehmen, sich von mehreren Vorständen trennen und sich monate- oder jahrelang in einem Zustand des allgemeinen Chaos befinden. Aber das war noch das geringste.

Der neue Vorstandsvorsitzende, der geholt wurde, Michael Cherkasky, war ein feiner Kerl, der diesen Posten bei Kroll innehatte, einer Aktiengesellschaft, die sich auf Firmensicherheit spezialisiert hatte und im Vorjahr von der MMC gekauft worden war. Cherkasky wurde nicht berufen, weil er der optimale Typ gewesen wäre, um eine große Versicherung zu leiten, nicht, weil er etwa umfangreiche und Erfahrung und Erfolge in der Versicherungsbranche vorweisen konnte, denn das war nicht der Fall. Er wurde vielmehr berufen, weil er Erfahrung im Umgang mit der staatlichen Aufsicht mitbrachte und früher mit Elliot Spitzer zusammengearbeitet hatte, was die Annahme ermöglichte, er würde sich mit Spitzer vertragen können. Mir schien das alles falsch und schlecht. Cherkaskys wichtigste Erfahrung war die des Direktors einer kleinen Firma, Kroll, die kleiner ist als meine. Eines weiß ich mit Sicherheit: Ich bin bestimmt nicht qualifiziert, einen Konzern von der Größe der MMC zu leiten. Oder andersherum: Ich bin genauso qualifiziert, Vorstandsvorsitzender der MMC zu sein, wie Cherkasky es war, denn obwohl ich kein Versicherungsmann bin, bin ich wenigstens ein Finanzexperte, und Cherkasky war weder das eine noch das andere und außerdem noch nie Vorstand von irgendetwas, das auch nur annährend den Maßstab gehabt hätte, um ihn für die Leitung der weitläufigen und diversen Geschäftstätigkeiten der MMC zu qualifizieren. Ich wusste: Wenn ich die Firma nicht gut leiten könnte, dann würde er es auch nicht können. Deshalb beschloss meine Firma, unseren zweistelligen Verlust zu schlucken und die Aktie abzustoßen.

Die Klienten meiner Firma fanden diese Entscheidung merkwürdig. Warum verkaufen Sie die eine und nicht auch die andere? Sind sie nicht aus dem gleichen Stoff gemacht? War Spitzer nicht hinter beiden her? Sollten wir nicht Verlierer abstoßen und Gewinner kaufen? Theoretisch klingt das gut, aber wir alle wissen: Die Aktien, die man als Ersatz für die vor die Hunde gegangenen kauft, könnten den gleichen Weg gehen.

Verkaufen Sie niemals Aktien, weil sie im Keller sind. Verkaufen Sie sie, weil sich etwas Wesentliches an dem Grund verändert hat, aus dem Sie sie gekauft hatten. Denken Sie über den Trichter nach und über die wesentlichen Gründe, von oben nach unten, warum Sie verkaufen könnten. Der wesentliche Grund könnte sein, dass Sie ein stark fallendes Szenario erwarten und sowieso den größten Teil ihrer Aktien abstoßen. Oder Sie schichten von Wachstums zu Substanzwerten, von klein zu groß oder umgekehrt um. Oder vielleicht hat sich Ihre Sicht eines Sektors verändert, und Sie müssen eine Übergewichtung in eine Untergewichtung ändern. Vielleicht sind Sie gefährlich übergewichtet, weil die Aktie so stark gestiegen ist, dass sie weit mehr als zwei oder drei Prozent Ihres Gesamtportfolios ausmacht. Oder vielleicht lesen Sie beim

Frühstück, dass die Firma etwas Illegales getan hat, von dem sie sich entweder nur langfristig oder gar nicht erholen wird.

Als Spitzer im Februar 2005 gegen die AIG Anklage erhob, erfuhr die Aktie nochmals einen erdrutschartigen Absturz – um mehr als 31 Prozent, auf einen relativen Tiefpunkt im April.[22] Seit dem Oktober des Vorjahres hatte sich überhaupt nichts geändert, außer dass sich die Angst vor Spitzer gesteigert hatte, daher hielten wir an ihr fest. Wegen anderer, größerer Portfolio-Fragen verkauften wir die AIG-Anteile schließlich im Januar 2006, nachdem sie vom Tiefpunkt des Jahres 2005 um 42 Prozent[23] gestiegen waren, auf einen 19-prozentigen[24] Nettogewinn gegenüber dem 14. Oktober 2004, als der Aufruhr losging. Wir konnten nicht garantieren, dass etwas anderes, das wir am 14. Oktober mit dem Erlös eines etwaigen Verkaufs gekauft hätten, um 19 Prozent gestiegen wäre, denn die AIG lief in etwa so gut wie der S&P 500[25] in der gleichen Zeit. Als wir AIG verkauften, war MMC immer noch mehr als drei Prozent niedriger als zu der Zeit, als die Nachricht eingeschlagen war, und hinkte seiner Kategorie ordentlich hinterher. Ich habe mich mit meiner Entscheidung ganz gut gefühlt.

Sie sollten auch sorgfältig überlegen, ob die schlechte Nachricht korrekt oder glaubwürdig ist, denn sie könnte eine Ente sein. Ich will nicht überspitzen, aber häufig haben die Journalisten nicht die geringste Ahnung von dem, worüber sie reden. Oft ist das, was sie berichten, übertrieben oder einfach falsch. Die meisten von ihnen wissen nichts über Wirtschaft. Die meisten haben Journalismus oder Anglistik studiert. Etwas sehr Alltägliches kann leicht fehlinterpretiert oder aufgebauscht werden, so dass es erderschütternd klingt. Oder es kann eine kleinere Unkorrektheit, die nicht den Kern der Firmentätigkeit berührt, durch Falschinformierte an die große Glocke gehängt werden. Oder der Journalist verlässt sich vielleicht auf das Hörensagen von einem verstimmten Angestellten und verzichtet auf eine weitergehende Tatsachenprüfung. Das passiert immer wieder! Mir ist es immer wieder passiert. Journalisten haben sich häufig mit ihren Nachrichten sehr geirrt und werden es auch in Zukunft tun.

Wenn die belagerte Firma trotz der Hysterie gesund ist, werden die Aktien wahrscheinlich zurückkommen, und man kann sie dann zu einem relativ höheren Kurs verkaufen. Außerdem, da die Stimmung bezüglich einer Aktie, die einen so abrupten Absturz erlitten hat, so schlecht sein wird, wird jede gute Nachricht, egal wie dürftig (ja, sie haben junge Hunde umgebracht, aber auf humane Weise), den Kurs nur hochtreiben.

Was ist, wenn Sie einen kühlen Kopf bewahren und nicht verkaufen, bloß weil alle anderen es tun (Respekt!), und Sie schauen sich ganz analytisch an, was an der Ursache des Absturzes Wahres dran ist? Und dann stellen Sie fest, die schlechte Nachricht deutet tatsächlich darauf hin, dass im Staate Dänemark etwas faul ist, was sogar mit einem größeren Ausräumen in der Chefetage nicht zu beseitigen sein wird, etwas, das das Kerngeschäft angreift? Trotz des relativen Tiefpunktes wäre es nun an der Zeit, die Sache als Verlust abzuschreiben, ein paar Mal leise zu fluchen und sich mit der Wahrheit zu trösten, dass man einfach nicht jeden Schlag aus dem Hinterhalt vermeiden kann. Deswegen diversifizieren Sie ja auch und setzen nie mehr auf irgendeine Einzelaktie, als Sie bereit sind zu verlieren.

Wenn Sie das fürchterlich deprimiert, bedenken Sie: Wenn Sie Ihr Portfolio gut verwaltet haben, werden Sie nie viel mehr als einige Prozent in eine Aktie gesteckt haben. Wenn eine Aktie morgen von einer katastrophal schlechten Nachricht halbiert wird, verlieren Sie vielleicht ein Prozent Ihres Vermögens. Wenn Sie relativ denken und (immer!) skalieren, können Sie die Ordnungspräferenz bekämpfen und sich auf den gesamten Wertpapierbestand konzentrieren, nicht auf die eine kleine, angeschlagene Position. Sie haben ein Prozent verloren. Naja. In Wirklichkeit verlieren Aktien selten schnell 100 Prozent ihres Wertes. Sie können den zehn- bis 20-prozentigen Sturz einer Aktie erleben, die Gesamtwirkung ist aber minimal. Sogar der massive Sturz einer Aktie wird auf einen gut geführten Wertpapierbestand eine minimale Wirkung haben. Schwamm drüber, sammeln Sie Bedauern, lernen Sie, was fürs nächste Mal zu lernen ist, und machen Sie weiter. Wenn sich nichts Wesentliches ereignet hat, halten Sie erst einmal fest, aber behalten Sie jede Änderung im Auge.

Vergessen Sie nicht: Sie sammeln keinen Haufen hochfliegender Aktien. Sie sind kein Aktiensammler. Aktiensammler werden von Ordnungspräferenz und Überoptimismus behindert. Sie konzentrieren sich auf die beiden Aktien, die gut laufen, und vergessen dabei ihr Gesamtportfolio – vom Risikomanagement ganz zu schweigen. Ihr Ziel sollte auf gar keinen Fall sein, die nächste heiße Aktie zu finden, mit der Sie am Skattisch angeben können (oder beim Yogakurs oder, schlimmer noch, auf der Tofu-Verkostungsparty). Vielmehr maximieren Sie die Wahrscheinlichkeit, Ihre Benchmark zu übertreffen. Sie brauchen Aktien, die sich wie die Bestandteile Ihrer Benchmark verhalten. Darum geht es in dieser Übung.

Damit haben Sie eine Strategie, sich zu disziplinieren – eine Strategie, die die ständige Anwendung der drei Fragen verlangt. Marktähnliche Renditen zu erwirtschaften, während Ihr steinzeitliches Gehirn so gern dem GD auf den Leim gehen möchte und entweder ständig nur Tore schießen oder sich mit ein paar CDs und Geldmarktfonds zurückziehen will, ist eine wirkliche Leistung. Aber ich will, dass Sie nach mehr streben. Ich will, dass Sie sich mit einer Strategie disziplinieren. Ich will, dass Sie die Wissenschaft der Kapitalmarkttechnologie voranbringen und zu jenen gehören, die schneller die Lernkurve schaffen. Ich will, dass Sie die drei Fragen meistern und sie ständig einsetzen. Ich will, dass Sie es dem Großen Demütiger zeigen. Und zwar so richtig.

Anmerkungen

1 Michael S. Rozeff: „Lump-Sum Investing versus Dollar-Averaging“, Journal of Portfolio Management (Winter 1994), S. 45–50.
2 Richard H. Thaler, Amos Tversky, Daniel Kahneman, u. Alan Schwartz: „The Effect of Myopia and Loss Aversion on Risk Taking: An Experimental Test“, Quarterly Journal of Economics (Mai 1997), S. 647–661.
3 Kenneth L. Fisher u. Meir Statman: „The Mean Variance Optimization Puzzle: Security Portfolios and Food Portfolios“, Financial Analysts Journal (Juli/August 1997), S. 41–50.
4 Matthew Miller u. Peter Newcomb: „The Forbes 400“, Forbes (22.9.2005), S. 89–320.
5 Harold Seneker, Jonathan Greenberg u. John Dorfman: „The Forbes 400“, Forbes (13.9.1982), S. 100–186.

6 Ibbotson Analyst: Gesamtrendite d. S&P 500 u. US-Obligationsanleihen, 1926 bis 2005.
7 S. FN 5.
8 Ebenda.
9 Morgan Stanley Capital International, Stand 30.6. 2006.
10 Thomson Financial Datastream: IT gemessen mit dem Nasdaq-100-Index und Gesundheit gemessen mit dem S&P 500 Pharmaceuticals Index, der inzwischen nicht mehr geführt wird. Standardabweichungen sind pro Index 50:50 Wertpapierbestand sowie Standardabweichung aus der Kombination der IT- und Gesundheits-Indizes jährlich neu bilanziert.
11 Standard & Poor's Research Insight: Dollargewichteter Durchschnitt der S&P-500-Composite-Index-Unternehmen, Stand 30.6.2006.
12 S. FN 10: 20 Aktien im S&P-500-Composite-Index haben eine Börsenbewertung von 100 Mrd. Dollar und mehr. Ihre jeweilige Gewichtung im Index liegt zwischen 0,9 u. 3,1 Prozent.
13 Kenneth L. Fisher: „Give it Time“, Forbes (31.1.2005), S. 142.
14 S. FN 10, Gesamtrendite im Kalenderjahr 2005.
15 Global Financial Data: S&P 500-Index der jährlichen Gesamtrendite, 2005.
16 S. FN 10, Gesamtrendite im Kalenderjahr 2005, S&P 500 Composite Index u. Gesamtrendite 2005, MSCI World Index.
17 Ebenda.
18 Amt des New Yorker Justizministers Elliot Spitzer; PM: „Investigation Reveals Widespread Corruption in Insurance Industry“, (14.10. 2004).
19 S. FN 10.
20 S. FN 18.
21 Ian McDonald u. Leslie Seism: „AIG's Ex-Chief Clears a Hurdle but Faces More“, Wall Street Journal (25.11.2005), http://online.wsj.com/article/SB113288840104206370.html.
22 S. FN 10, AIG Gesamtrendite v. 11.2 – 22.4.2005.
23 Ebenda, AIG Gesamtrendite vom 22.4.2005 – 11.1.2006 betrug 42 Prozent.
24 Ebenda, AIG Gesamtrendite vom 14.10.2004 – 11.1.2006 betrug 19 Prozent.
25 Ebenda, S&P 500 Gesamtrendite vom 14.10.2004 – 11.1.2006 betrug 20 Prozent.

Fazit

Time to say Goodbye

Erlauben Sie mir, bevor ich Auf Wiedersehen sage und sich unsere Wege trennen, etwas Persönliches zu erzählen – als Erklärung dafür, warum ich dieses Buch überhaupt schreiben wollte. Schuld ist wahrscheinlich der U.S. Forest Service. Ich habe mich als Kind in die Wälder verliebt. Meine Eltern lebten in einem Vorort, und der Zaun unseres Gartens grenzte direkt an den Wald. Als Kind sprang ich einfach über den Zaun und war mitten in einem ursprünglichen Eichenwald. Vom Haus meiner Eltern konnte ich, in einer Welt vor langer Zeit, per Anhalter zu den Kings Mountains fahren, die nur 20 Minuten entfernt waren; dort befand ich mich dann in den Redwoods, in 2 000 Fuß Höhe. Dort lebte und lebe ich seit mehr als einem Dritteljahrhundert. Als Kind dachte ich, ich würde immer in den Wäldern leben und arbeiten – als Förster. Ich ging also zur Forstschule, denn ich liebte die Bäume.

Ein Sommerjob, in dem ich für ein Team des U.S. Forest Service die Säge anwerfen durfte, hat mich überzeugt, auf keinen Fall und unter keinen Umständen mehr für die Regierung zu arbeiten. Und Forstarbeit besteht heute eigentlich immer darin, auf die eine oder andere Art für die Regierung zu arbeiten oder aber gegen sie. Dieser Sommer lehrte mich, dass Arbeit für die Regierung Unterdrückung bedeutet. Zugleich verstand ich, dass ich niemals ein Berufspolitiker sein könnte, denn auch da würde ich für die Regierung arbeiten. Vermutlich hat dieser Sommer meine Seele gerettet. Irgendwie hoffte ich, dass ich mit meinem Leben etwas Besseres anfangen könnte. Ohne eine Ahnung zu haben, was ich als Nächstes tun wollte, wählte ich Wirtschaft als neues Hauptfach, weil ich früher schon gut darin gewesen war.

Wälder begeistern mich noch immer, vor allem die Redwoods. Ich bin sehr stolz darauf, dass der einzige Stiftungslehrstuhl der Welt, der einer einzigen Baumsorte gewidmet ist, meinen Namen trägt und der Erforschung meiner geliebten Redwoods dient. Ich habe aus der Beschäftigung mit den Redwoods ein wirkliches Hobby fürs ganze Leben gemacht; ich habe sogar mehr als 30 dampfbetriebene Redwood-Sägewerke von vor 1920 ausfindig gemacht und die übrig gebliebenen Teile gesammelt und katalogisiert. Ich habe auch die wohl weltgrößte nicht-institutionelle Bibliothek der Waldgeschichte zusammengestellt, die mehr als 3 000 Bände umfasst. Aber niemals könnte man mich dazu kriegen, für die Regierung zu arbeiten. Ernsthafte Hobbys sind okay, aber es ist wichtig, seinen Beruf von dem zu unterscheiden, was man nur zum Spaß macht.

Kapitalmärkte können Spaß machen, aber sind auch Arbeit. Ich hoffe, die Anwendung der drei Fragen wird profitabel für Sie sein, doch nebenbei hoffe ich auch, dass Ihnen dieses Buch gefallen hat und dass es lehrreich für Sie war. Als ich begann, meine Kolumne für *Forbes* zu schreiben, sagte mir Jim Michaels, der damalige *Forbes*-Herausgeber und der wichtigste amerikanische Wirtschaftsjournalist, dass eine Kolumne drei Eigenschaften haben sollte: Sie sollte unterhaltsam, lehrreich und profitabel sein. Ein ziemlich gutes Motto fürs ganze Leben! Aber auch wenn die Märkte Spaß machen, sie sind auch mit viel Arbeit verbunden – das sehen Sie schon an der Menge von Daten und Analysen in diesem Buch. Die drei Fragen sind ein Werkzeug, mit dem Sie das herausfinden können, was Sie brauchen um gut zu agieren. Aber die Mühe müssen Sie sich schon machen. Das kann kein Buch für Sie übernehmen.

Das Gegenteil eines Regierungsangestellten ist ein Anhänger der freien Märkte und des Kapitalismus. Als ich mit der Universität fertig war, hatte es mich erwischt. Ich begann also, für meinen Vater zu arbeiten. Ich lernte von ihm vieles – unter anderem, dass ich kein besonders guter Angestellter bin. Also machte ich mich selbständig. Ich war zu jung, um zu wissen, dass ich viel zu jung war, um allein erfolgreich zu sein – also war ich es einfach. 35 Jahre und so manchen Tiefschlag vom GD später bin ich immer noch dabei. Warum tue ich mir eine so lange Laufbahn der Geißelung durch den GD an? Warum gehe ich noch zur Arbeit und beschäftige mich mit all den langweiligen Problemen der wirklichen Welt, wenn ich mich auch zurückziehen könnte und den Rest meines Lebens mit Redwoods, meinen Katzen und meiner Frau verbringen könnte? Warum mache ich immer noch sehr öffentliche Vorhersagen in *Forbes*, auf die mich jeder festnageln kann, der mich widerlegen oder angreifen möchte? Ich hätte mich vor 15 Jahren zurückziehen können, ohne je wieder über Geld nachdenken zu müssen, und irgendetwas anderes tun können. Warum also mache ich gerade dies?

Dafür gibt es mehrere Gründe: Zum einen liebe ich den Nervenkitzel – den Kampf mit dem GD. Manche Leute klettern auf den Mount Everest. Andere durchschwimmen den Ärmelkanal. Ich bin kein Sportler. Sie werden mich nicht dabei erwischen, wie ich mir eine Sauerstoffflasche umschnalle und den Aconcagua besteige. Lieber nehme ich es mit dem GD auf. Was könnte spannender sein?

Transformationalismus

Zum anderen liebe ich die Möglichkeit, Dinge zu entdecken und immer wieder etwas Neues zu tun. Zu diesem Zeitpunkt der Geschichte scheint es mir mehr denn je darauf anzukommen, Neues zu tun. In den Kapiteln 5 und 9 habe ich von meinem Großvater erzählt. Bei seinem Tod im Jahr 1958 hatte er zahlreiche verblüffende Entwicklungen wie Autos, Radio, Film, Antibiotika, Flugzeuge und vieles andere mit angesehen. Er konnte in seinem Wohnzimmer sitzen und den Präsidenten aus einer hölzernen Kiste zu ihm sprechen sehen – direkt vor ihm! Hätte er im Jahr 1880, mit fünf Jahren, die Gelegenheit gehabt, dies oder andere Errungenschaften des Jahres 1958 seinem eigenen Großvater Isaac Fisher zu erzählen, hätte mein Urgroßvater ihn sicher für verrückt erklärt. Er hätte sich seinem Sohn, Philip Isaac Fisher, zugewandt und gesagt: „Wie erziehst du deinen Sohn, Philip, dass er solchen Unsinn erzählt!" Aber er hätte sich geirrt. Die Generation meines Großvaters sah mehr relativen Wandel als jede Generation davor oder danach. Sie befanden sich am Wendepunkt der explosionsartigen Entwicklung – jenen dynamischen Ausgangspunkt, den die Amerikaner immer wieder unterschätzen, der industriellen Revolution Amerikas: Diese einzigartige Entfesselung geistiger Kraft, die gewaltiger war als jede andere davor oder danach. Pure kapitalistische Kraft – die stärkste überhaupt! Zuvor lebte jede Generation ungefähr das gleiche Leben wie vorher schon ihre Großväter. Vielleicht zog man um oder ging in den Krieg, schlug die eine oder andere Laufbahn ein. Aber die Grundlagen des Lebens veränderten sich nur sehr langsam in den Jahrhunderten, bevor mein Großvater geboren wurde.

Mein Vater, der im Jahr 1907 geboren wurde, erlebte ebenfalls einen gewaltigen Wandel – vermutlich einen größeren absoluten, dafür aber einen geringeren relativen Wandel. Er sah Düsenflugzeuge, integrierte Schaltkreise und die Anfänge der Biotechnologie, bevor er im Jahr 2004 starb. Meine Generation hat enormen absoluten Wandel gesehen und wird noch mehr erleben – aber weniger relativen Wandel als mein Vater oder mein Großvater. Meine drei Söhne sind zwischen 30 und 35. Für sie ist Wandel völlig normal. Tatsächlich ist er das mittlerweile, und doch ist das ein neuer Zustand. Als ganz normaler Mensch täglich aufzuwachen und die Welt ein wenig zu verändern, wie es mein Großvater als einer der Pioniere vom Hopkins Med oder mein Vater als wachstumsorientierter Investor taten, ist eine neue Sache. Vor Jahrhunderten war das einigen wenigen Sonderlingen wie Isaac Newton vorbehalten. Normale Menschen taten so etwas einfach nicht. Das ist jetzt anders. Wir leben in ungewöhnlichen Zeiten, weil wir – wenn wir uns dafür entscheiden – jeden Tag an der Entwicklung früher undenkbarer Dinge mitwirken können, die von zukünftigen Generationen für selbstverständlich gehalten werden.

Ich nenne diesen Vorgang Transformation. Inzwischen können gewöhnliche Menschen ihr Arbeitsgebiet durch die Neuerungen verändern, die sie entwickeln. Newton war ein Transformationalist, bevor dies an der Tagesordnung war. Die industrielle Revolution hat überall Transformationalisten hervorgebracht – Menschen, deren Vorstellungskraft keine Grenzen kennt und die sich das Unvorstellbare vorstellen können.

Das ist vor allem unter Wissenschaftlern und Kapitalisten verbreitet. Julius Rosenwald war ein Transformationalist; mit Sears, Roebuck und Co., die mit dem berühmten Sears-Katalog das Konzept des Versandhandels einführten, veränderte er den Einzelhandel grundlegend. Carnegie war einer; Ford ebenfalls. Adam Smith war einer, als er *The Wealth of Nations* schrieb. Die meisten Autoren sind keine Transformationalisten – nur Fortentwickler. Einstein dagegen war mit Sicherheit einer, und es gibt viele andere in den Wissenschaften – manche berühmt und andere nicht. In jüngerer Zeit gelang es Bob Noyce und Gordon Moore, den Gründern von Intel, wissenschaftlichen Hintergrund mit Geschäftswissen zusammenbringen; sie veränderten ihren kleinen Teil der Welt. Bill Gates war einer. Er hat die Welt auf eine Art verändert, die gleiche

Wettbewerbsbedingungen für kleine Firmen im Kampf gegen große ermöglichte. Chuck Schwab, der Gründer einer der größten Investmentfirmen der Welt, war einer. Die Liste ließe sich fortsetzen – fast beliebig lang. Aber Sie müssen nicht zu den Großen gehören, um ein Transformationalist zu sein – es reicht, seinen kleinen Teil der Welt permanent zu verändern, so dass andere sie mit Hilfe der Forschung, des Wissens, der Technologie oder der Visionen, die Sie geschaffen haben, neu verstehen können.

Unser Leben wird durch jeden Transformationalisten verändert. Manchmal wissen wir es nicht, weil es unsichtbar stattfindet. Als ich den Kenneth L. Fisher-Lehrstuhl für die Ökologie der Redwoods stiftete, tat ich das zum Teil, weil ich Redwoods liebe, aber auch deshalb, weil der anfängliche Lehrstuhlinhaber – Steve Sillett – ein Transformationalist ist, der unser Denken über den Redwood grundsätzlich verändert hat. In seinem Geist gibt es keine Grenzen bezüglich der Fragen, für die es eine Antwort gibt und die wir nur nie zu stellen wagten. Er verändert die Art, wie wir über Redwoods und über große Bäume im Allgemeinen denken. Ich hätte den Lehrstuhl nicht gestiftet, wenn es keinen Transformationalisten gegeben hätte, den ich dadurch unterstützen konnte.

Bezüglich der Kapitalmärkte sind die Möglichkeiten, Neues zu lernen und neue Analysetechniken zu entwickeln, unbegrenzt. Sie können ein Transformationalist der Kapitalmärkte sein – das war vor 200 Jahren noch nicht möglich. Heute dagegen können Sie morgens aufstehen und Fragen stellen, die alles herausfordern, was wir zu wissen glauben – und damit den Blick auf Neues öffnen. Die drei Fragen sind genau für diesen Zweck gedacht – damit einige von denen, die dieses Buch lesen, sich zur Decke strecken und selbst zu Transformationalisten werden können.

Als ich das KUV entwickelte, versuchte ich, genau das zu tun. Es war auch mein Antrieb, als ich mich mit dem Wert von Small-Caps beschäftigte (bevor dieses Wort überhaupt existierte) und zeigte, wie er bezüglich Varianz und Kovarianz in die herkömmliche Markowitzsche Beschreibung der optimierten Mittelwertabweichung einbezogen werden kann. Ich bin kein Newton oder Bob Noyce; ich bin kein Ausnahmetalent. Aber ich kann Fragen stellen. Und das können Sie auch! Vielleicht sind Sie sogar ein großes Talent und können Dinge ergründen, bei denen mir das nie gelingen würde, und ein bedeutender Transformationalist werden.

Ich tue, was ich tue, weil es zu diesem Zeitpunkt der menschlichen Entwicklung das Beste und Spannendste ist, das Neue zu entwickeln und alte Ammenmärchen zurückzudrängen. Sicher werden wir dabei Fehler machen. Aber ebenso sicher ist, dass wir vorankommen. Sie können das genauso gut oder sogar besser als ich. Wenn Sie jung sind, können Sie es noch viel länger versuchen als ich und wirklich etwas verändern. Die meisten werden das nicht tun, weil sie es einfach nicht wollen. Aber wenn nur einige meiner Leser jung genug und bereit sind, die drei Fragen zu stellen, können sie große Auswirkungen auf die Zukunft haben.

Der wichtigste Grund dafür, dass ich mich weiter anstrenge, liegt darin, dass ich jeden Morgen aufstehen und in meinem kleinen Teil der Welt nach dem

Neuen suchen kann. Vielleicht werde ich im Jahr 2007 mit Hilfe von Frage zwei etwas wirklich Neues und Bahnbrechendes herausfinden. Oder vielleicht Sie?

Es stimmt: Vermögensverwaltung ist ein wertvoller Service, und es ist wichtig, seine Arbeit gut zu machen, in einer Welt in der viele das nicht tun. Aber ich mache mir keine Illusionen, dass ich Menschenleben retten kann wie die Absolventen von Hopkins Med vor 100 Jahren. Ich bin keine kapitalistische Ausgabe von Mutter Theresa. Natürlich verlassen sich meine Kunden für ihr Wohlergehen auf den Service meiner Firma, und das ist eine wichtige Verantwortung, die ich gerne übernehme. Aber mein Unternehmen kommt inzwischen ohne mich aus. Wenn ich mich zurückziehen würde, würde es weiterhin funktionieren wie bisher, weil wir es so angelegt haben. Der Grund dafür, dass ich mich in diesem Stadium meines Lebens noch jeden Tag in die Arbeit stürze, ist die Freude am Neuen und Anderen und an der Herausforderung.

Und ich habe mich gut geschlagen. Langfristig gesehen gehöre ich zu jener kleinen Gruppe von Investmentmanagern, von denen für eine lange Zeitspanne dokumentiert ist, dass sie den Markt schlagen konnten. Einiges dazu befindet sich in Anhang K. Hätte jemand mit dem notwendigen Vermögen Mitte 1995 sein Geld meinem Unternehmen anvertraut, hätte er seitdem 231 Prozent netto nach Gebühren hinzugewonnen. Hätte dieselbe Person passiv im weltweiten Markt investiert, hätte sie passable 131 Prozent verdient. Das ist ein jährlicher Unterschied von 3,6 Prozent, wiederum nach Abzug aller Kosten. Hätten Sie in den S&P 500 investiert, hätte unser Management sie nach Gebühren um 1,7 Prozent pro Jahr geschlagen – und das, obwohl wir im Lauf der Zeit viele Fehler gemacht haben. Ein erfreuliches Ergebnis.

Ich habe diesen Zehn-Jahres-Zeitraum verwendet, weil es dafür ein anderes öffentlich dokumentiertes Ergebnis gibt, mit dem man es vergleichen kann: meine monatliche *Forbes*-Aktienempfehlung. (Ich schreibe seit 22 Jahren für *Forbes*, aber sie haben erst vor zehn Jahren begonnen, diese Entwicklung zu bilanzieren.) Das Material dazu befindet sich in Anhang L. Es handelt sich nicht um tatsächlich verwaltetes Geld, sondern um eine Abschätzung der Entwicklung der Aktienauswahl meiner *Forbes*-Kolumne.

Für diesen Zeitraum errechnen sie einen Vorsprung für mich gegenüber dem S&P 500 von jährlich fünf Prozent. Das ist zu viel. Während die hypothetische Maklercourtage für Käufe und Verkäufe mit einberechnet ist, fehlen andere im wirklichen Leben auftretende Transaktionskosten, die durch die Geld-Brief-Spanne, Reibungsverluste und Management-Gebühren entstehen. Trotz allem hat jeder, auch wenn er nicht genug Geld hat, um Kunde meines Unternehmens zu sein, die Möglichkeit, *Forbes* zu kaufen oder kostenlos einzusehen (wie kapitalistisch ist das eigentlich?). Es gab Jahre, in denen meine *Forbes*-Aktienauswahl die Performance, die mein Unternehmen für seine Kunden erreicht hat, schlagen konnte, aber auch umgekehrt. Das hat nicht viel zu sagen – ich wähle meistens sehr viel weniger Aktien für *Forbes* aus, als in einem Kundenportfolio enthalten sind, daher ist eine gewisse Abweichung zwischen einem kleineren, hypothetischen Portfolio und einem größeren, tatsächlich vorhandenen Portfolio mit zusätzlicher Risikoabsicherung ganz normal.

Ich bin stolz auf diese Ergebnisse – sie zeigen, was ich geleistet habe, und können Sie vielleicht davon überzeugen, dass ich ungefähr weiß, worüber ich rede. Aber beim Investieren ist die Vergangenheit immer nur das Vorspiel. Ich kann mich nicht auf meinen Lorbeeren ausruhen, wenn ich weiterhin am Ball bleiben will.

Das bringt mich zum dritten Grund dafür, warum ich das tue, was ich tue. Ich liebe den Kapitalismus. Meiner Ansicht nach ist er die heiligste und perfekteste Erfindung der Menschheit. Im Kapitalismus gibt es Chancen für alle. Die Armen werden reich; die Reichsten sind meistens nicht reich geboren worden. Die auf der *Forbes* 400-Liste Genannten verschwinden meistens wieder davon. Bill Gates entstammt nur der oberen Mittelklasse und wurde schon als Jugendlicher der reichste Mensch der Welt, der die größte Stiftung aller Zeiten gründete. Die großen Innovationen, Veränderungen und Transformationalisten der letzten 200 Jahre kamen alle aus kapitalistischen Gesellschaften. Die elitären Intellektuellen der Gegenwart schauen schon lange zu Unrecht auf den Kapitalismus herab, aber sie haben mit ihrer Vision genauso wenig Recht wie Gertrude Stein (siehe Kapitel 5).

Die Börse ist reiner Kapitalismus. Die Aktie, die Sie kaufen, weiß nicht, ob Sie weiß oder schwarz, männlich oder weiblich, alt oder jung, Amerikaner oder Franzose sind. Die Preise werden durch Angebot und Nachfrage diktiert – und durch nichts sonst. Es ist global, effizient, sehr volatil, immer überraschend, rau und schön. In vieler Hinsicht pflegen der GD und ich Hassliebe zueinander.

Indem ich dieses Buch schreibe, gebe ich diese Botschaft an Sie weiter – der Kapitalismus ist gut, und die Börse ist unvorhersehbar, kann aber dennoch geschlagen werden. Was sollten Sie also jetzt tun? Ich möchte, dass Sie den Lernprozess schnell vollziehen – hoffentlich schneller als andere! – und die Wissenschaft von den Kapitalmärkten voranbringen. Wie ich wiederholt gesagt habe, kann man langfristig gesehen keine Marktwetten abschließen und gewinnen, wenn man nicht etwas weiß, das andere nicht wissen. Ich habe nicht einen Teil meines Wissens deswegen verraten, um Sie mit analytischen Tricks zu amüsieren. Vielmehr sollte das eine Demonstration sein, wie man eine wissenschaftliche Methode auf den Markt anwendet. Die Chancen für Marktwetten, die ich Ihnen gezeigt habe, werden alle eines Tages verschwunden sein; manche vielleicht früher als andere, aber alle irgendwann. Doch die drei Fragen zu stellen, wird immer aktuell sein. Das Einzige, was mir oder Ihnen beim Wettrennen mit dem Markt helfen kann, ist Innovation. Meines Wissens gibt es zwar viele Bücher, die Investmenttools vorführen – so wie mein erstes Buch aus dem Jahr 1984 Innovationen wie das KUV darstellte –, aber mir ist kein Investment-Buch vor diesem bekannt, das die Möglichkeit zur eigenen Innovation demonstriert.

Hier ist es also. Vielleicht halten Sie all das für falsch, oder zumindest einiges davon. Das ist okay. Es stört mich nicht, dass Sie glauben, ich sei im Irrtum. Ich will nur nicht, dass es bei der bloßen Meinung bleibt; Sie sollten es auch beweisen. Wenn Sie nicht glauben, was ich Ihnen gezeigt habe, dann benutzen Sie einfach die dargestellten Methoden, um mich zu widerlegen! Zeigen Sie mir ein R-Quadrat, zeigen Sie mir einen Wahrnehmungsfehler, zeigen Sie etwas auf wissenschaftliche Art, das ich nicht verstanden habe – und schreiben Sie es mir! Aber beweisen Sie tatsächlich, dass ich mich irre. Und seien Sie nicht unhöflich dabei; die Wissenschaft ist nicht unhöflich. Wenn Sie mir nur schreiben, um mich einen Idioten zu nennen, achte ich nicht darauf. Das geht mich nichts an. Und wirklich, Sie sollten alles in diesem Buch in Frage stellen – ich habe Ihnen jede Menge Daten im Anhang gegeben, und Sie können noch viel mehr auf Ihren Lieblings-Internetseiten finden. Besorgen Sie sich die Daten, analysieren Sie sie, probieren Sie es über längere Zeiträume mit verschiedenen Startpunkten, überprüfen Sie es auch für andere Länder, um sicher zu sein, dass nicht irgendein Zufallsfaktor das Bild verzerrt. Zeigen Sie mir die Daten und die Statistik – und sagen Sie mir dann, dass ich mich irre!

Aber Sie sollten nicht denken, ich irre mich, ohne es zu beweisen. Das hilft Ihnen nicht weiter; es ist bloße Zeitverschwendung. Wenn Sie denken, ich liege falsch, zeigen Sie mir die Daten und die Analyse und demonstrieren Sie mir, in welcher Hinsicht ich mich irre; das tut niemandem weh. Im Gegenteil, Sie haben sich selbst geholfen, weil Sie einen Teil der Wirklichkeit bestätigt haben. Wenn Sie bis zu diesem Fazit durchgehalten haben, werden Sie wohl auch der Ansicht sein, dass das allgemein Akzeptierte nicht immer richtig ist. Also zeigen Sie mir meine Fehler! Ich kann damit umgehen! Zeigen Sie mir die Daten und wie Sie ihre Analyse vorgenommen haben. Vielleicht finden Sie ja eine neue Art, es dem GD zu zeigen; und dafür zolle ich Ihnen Respekt. Aber wenn Sie herausfinden, dass ich mich irre, dann haben Sie meine Methoden bestätigt – und das heißt, ich habe auf andere Art immer noch Recht gehabt. Ist das nicht schön?

Anhang A

Entwicklung der US-Aktien von 1830 bis 1925

Quelle: Global Financial Data. Total returns as calculated by GFD to simulate a backtested S&P 500 index; not official S&P 500 data.

Jahr	% Entwickl.	Jahr	% Entwickl.	Jahr	% Entwickl.	Jahr	% Entwickl.
1830	14,29 %	1854	23,68 %	1878	11,44 %	1902	4,88 %
1831	12,50 %	1855	6,90 %	1879	49,11 %	1903	-14,65 %
1832	11,11 %	1856	9,68 %	1880	24,25 %	1904	30,95 %
1833	0,00 %	1857	-26,47 %	1881	7,71 %	1905	19,66 %
1834	20,00 %	1858	24,00 %	1882	2,01 %	1906	6,81 %
1835	8,33 %	1859	-6,45 %	1883	-3,07 %	1907	-29,61 %
1836	-7,69 %	1860	24,14 %	1884	-13,35 %	1908	44,52 %
1837	0,00 %	1861	5,56 %	1885	26,11 %	1909	18,94 %
1838	8,33 %	1862	68,42 %	1886	12,84 %	1910	-7,88 %
1839	-7,69 %	1863	46,88 %	1887	-2,75 %	1911	5,72 %
1840	8,33 %	1864	13,83 %	1888	1,89 %	1912	7,97 %
1841	-7,69 %	1865	-2,80 %	1889	7,59 %	1913	-9,60 %
1842	-8,33 %	1866	10,58 %	1890	-10,15 %	1914	-3,67 %
1843	45,45 %	1867	8,70 %	1891	22,61 %	1915	35,51 %
1844	25,00 %	1868	17,60 %	1892	5,94 %	1916	8,94 %
1845	15,00 %	1869	8,16 %	1893	-15,93 %	1917	-25,26 %
1846	-8,70 %	1870	11,95 %	1894	2,11 %	1918	25,56 %
1847	9,52 %	1871	13,48 %	1895	4,47 %	1919	20,67 %
1848	4,35 %	1872	12,87 %	1896	1,81 %	1920	-19,69 %
1849	4,17 %	1873	-6,58 %	1897	16,96 %	1921	14,59 %
1850	28,00 %	1874	9,39 %	1898	23,20 %	1922	27,80 %
1851	3,13 %	1875	2,15 %	1899	9,87 %	1923	4,18 %
1852	27,27 %	1876	-12,18 %	1900	18,67 %	1924	25,70 %
1853	-9,52 %	1877	-3,83 %	1901	19,78 %	1925	29,55 %

Anhang B

Entwicklung des S&P 500 Composite

Quelle: Global Financial Data.

Jahr	% Entwickl.	Jahr	% Entwickl.	Jahr	% Entwickl.	Jahr	% Entwickl.
Jan. 26	0,23 %	Dez. 26	2,10 %	Nov. 27	7,16 %	Okt. 28	1,76 %
Feb. 26	-4,02 %	Jan. 27	-1,66 %	Dez. 27	2,26 %	Nov. 28	12,31 %
März 26	-5,53 %	Feb. 27	5,21 %	Jan. 28	-0,16 %	Dez. 28	0,58 %
Apr. 26	2,45 %	März 27	1,06 %	Feb. 28	-1,41 %	Jan. 29	5,99 %
Mai 26	1,46 %	Apr. 27	2,14 %	März 28	11,21 %	Feb. 29	-0,31 %
Juni 26	4,75 %	Mai 27	5,64 %	Apr. 28	3,58 %	März 29	0,03 %
Juli 26	2,31 %	Juni 27	-0,55 %	Mai 28	1,58 %	Apr. 29	1,88 %
Aug. 26	4,80 %	Juli 27	6,91 %	Juni 28	-3,73 %	Mai 29	-4,02 %
Sep. 26	2,71 %	Aug. 27	4,84 %	Juli 28	1,59 %	Juni 29	11,53 %
Okt. 26	-2,71 %	Sep. 27	3-59 %	Aug. 28	7,76 %	Juli 29	4,83 %
Nov. 26	2,67 %	Okt. 27	-3,96 %	Sep. 28	2,71 %	Aug. 29	10,07 %

Anhang B
Entwicklung des S&P 500 Composite

Monat	% Veränd.	Monat	% Veränd.	Monat	% Veränd.	Monat	% Veränd.
Sep. 29	-4,66 %	Feb. 33	-18,10 %	Juli 36	7,22 %	Dez. 39	2,80 %
Okt. 29	-19,71 %	März 33	3,87 %	Aug. 36	1,11 %	Jan. 40	-3,11 %
Nov. 29	-13,06 %	Apr. 33	42,87 %	Sep. 36	0,48 %	Feb. 40	1,06 %
Dez. 29	2,90 %	Mai 33	16,46 %	Okt. 36	793 %	März 40	1,47 %
Jan. 30	6,65 %	Juni 33	13,50 %	Nov. 36	0,72 %	Apr. 40	-0,08 %
Feb. 30	2,50 %	Juli 33	-8,66 %	Dez. 36	-0,24 %	Mai 40	-23,52 %
März 30	8,29 %	Aug. 33	11,82 %	Jan. 37	4,17 %	Juni 40	8,33 %
Apr. 30	-0,65 %	Sep. 33 .	-11,12 %	Feb. 37	1,84 %	Juli 40	3,58 %
Mai 30	-1,30 %	Okt. 33	-8,71 %	März 37	-0,63 %	Aug. 40	3,12 %
Juni 30	-16,15 %	Nov. 33	10,72 %	Apr. 37	-7,90 %	Sep. 40	1,60 %
Juli 30	4,02 %	Dez. 33	2,47 %	Mai 37	-0,65 %	Okt. 40	4,42 %
Aug. 30	1,14 %	Jan. 34	10,92 %	Juni 37	-4,84 %	Nov. 40	-3,70 %
Sep. 30	-12,72 %	Feb. 34	-3,45 %	Juli 37	10,63 %	Dez. 40	0,18 %
Okt. 30	-8,50 %	März 34	0,29 %	Aug. 37	-5,11 %	Jan. 41	-4,23 %
Nov. 30	-1,71 %	Apr. 34	-2,43 %	Sep. 37	-13,81 %	Feb. 41	-0,94 %
Dez. 30	-7,01 %	Mai 34	-7,89 %	Okt. 37	-9,67 %	März 41	0,95 %
Jan. 31	5,40 %	Juni 34	2,41 %	Nov. 37	-9,64 %	Apr. 41	-5,87 %
Feb. 31	11,88 %	Juli 34	-11,28 %	Dez. 37	-4,50 %	Mai 41	0,88 %
März 31	-6,58 %	Aug. 34	5,73 %	Jan. 38	2,05 %	Juni 41	6,01 %
Apr. 31	-9,20 %	Sep. 34	-0,06 %	Feb. 38	6,73 %	Juli 41	6,09 %
Mai 31	-13,27 %	Okt. 34	-2,98 %	März 38	-24,51 %	Aug. 41	-0,28 %
Juni 31	14,46 %	Nov. 34	8,81 %	Apr. 38	14,79 %	Sep. 41	-0,42 %
Juli 31	-7,06 %	Dez. 34	-0,19 %	Mai 38	-3,77 %	Okt. 41	-6,21 %
Aug. 31	1,47 %	Jan. 35	-3,78 %	Juni 38	25,39 %	Nov. 41	-3,61 %
Sep. 31	-29,63 %	Feb. 35	-3,67 %	Juli 38	7,66 %	Dez. 41	-3,91 %
Okt. 31	9,08 %	März 35	-2,81 %	Aug. 38	-2,29 %	Jan. 42	2,04 %
Nov. 31	-9,30 %	Apr. 35	10,06 %	Sep. 38	2,02 %	Feb. 42	-2,53 %
Dez. 31	-13,90 %	Mai 35	3-59 %	Okt. 38	7,86 %	März 42	-5,42 %
Jan. 32	-2,31 %	Juni 35	7,70 %	Nov. 38	-2,93 %	Apr. 42	-3,68 %
Feb. 32	5,95 %	Juli 35	8,07 %	Dez. 38	4,09 %	Mai 42	7,11 %
März 32	-11,32 %	Aug. 35	2,49 %	ran-39	-6,54 %	Juni 42	2,51 %
Apr. 32	-19,75 %	Sep. 35	2,65 %	Feb. 39	3,63 %	Juli 42	3,76 %
Mai 32	-22,75 %	Okt. 35	795 %	März 39	-13,24 %	Aug. 42	1,31 %
Juni 32	-0,05 %	Nov. 35	4,15 %	Apr. 39	-0,17 %	Sep. 42	3,26 %
Juli 32	38,51 %	Dez. 35	4,10 %	Mai 39	6,63 %	Okt. 42	7,00 %
Aug. 32	38,28 %	Jan. 36	6,87 %	Juni 39	-6,02 %	Nov. 42	-0,86 %
Sep. 32	-3,21 %	Feb. 36	1,96 %	Juli 39	11,33 %	Dez. 42	5,69 %
Okt. 32	-13,61 %	März 36	2,80 %	Aug. 39	-6,72 %	Jan. 43	7,67 %
Nov. 32	-5,34 %	Apr. 36	-745 %	Sep. 39	16,85 %	Feb. 43	5,54 %
Dez. 32	5,73 %	Mai 36	4,91 %	Okt. 39	-1,05 %	März 43	5,72 %
Jan. 33	1,21 %	Juni 36	3,38 %	Nov. 39	-4,51 %	Apr. 43	0,52 %

Anhang B
Entwicklung des S&P 500 Composite

Monat	% Veränd.	Monat	% Veränd.	Monat	% Veränd.	Monat	% Veränd.
Mai 43	4,91 %	Okt. 46	-0,36 %	März 50	0,97 %	Aug. 53	-5,32 %
Juni 43	2,39 %	Nov. 46	-0,79 %	Apr. 50	5,09 %	Sep. 53	0,61 %
Juli 43	-5,02 %	Dez. 46	4,69 %	Mai 50	4,48 %	Okt. 53	5,64 %
Aug. 43	1,46 %	Jan. 47	2,70 %	Juni 50	-5,27 %	Nov. 53	1,36 %
Sep. 43	2,79 %	Feb. 47	-1,05 %	Juli 50	1,48 %	Dez. 53	0,69 %
Okt. 43	-0,90 %	März 47	-1,25 %	Aug. 50	3,87 %	Jan. 54	5,62 %
Nov. 43	-7,12 %	Apr. 47	-3,48 %	Sep. 50	6,19 %	Feb. 54	0,76 %
Dez. 43	6,36 %	Mai 47	-0,86 %	Okt. 50	1,04 %	März 54	3,46 %
Jan. 44	1,98 %	Juni 47	6,13 %	Nov. 50	0,52 %	Apr. 54	5,36 %
Feb. 44	0,18 %	Juli 47	4,08 %	Dez. 50	5,24 %	Mai 54	3-73 %
März 44	2,13 %	Aug. 47	-2,46 %	Jan. 51	6,75 %	Juni 54	0,50 %
Apr. 44	-0,81 %	Sep. 47	-0,97 %	Feb. 51	1,23 %	Juli 54	6,11 %
Mai 44	4,48 %	Okt. 47	2,63 %	März 51	-1,25 %	Aug. 54	-2,99 %
Juni 44	5-53 %	Nov. 47	-2,40 %	Apr. 51	5,42 %	Sep. 54	8,72 %
Juli 44	-1,67 %	Dez. 47	2,57 %	Mai 51	-3,48 %	Okt. 54	-1,55 %
Aug. 44	1,29 %	Jan. 48	-3,49 %	Juni 51	-2,00 %	Nov. 54	8,47 %
Sep. 44	0,10 %	Feb. 48	-4,23 %	Juli 51	7,47 %	Dez. 54	5,45 %
Okt. 44	0,42 %	März 48	8,15 %	Aug. 51	4,49 %	Jan. 55	2,15 %
Nov. 44	0,81 %	Apr. 48	3,14 %	Sep. 51	0,46 %	Feb. 55	0,73 %
Dez. 44	3,92 %	Mai 48	8,27 %	Okt. 51	-0,87 %	März 55	-0,13 %
Jan. 45	1,84 %	Juni 48	0,80 %	Nov. 51	0,25 %	Apr. 55	4,10 %
Feb. 45	6,56 %	Juli 48	-4,98 %	Dez. 51	4,40 %	Mai 55	0,2,1 %
März 45	-4,24 %	Aug. 48	1,25 %	Jan. 52	2,08 %	Juni 55	8,58 %
Apr. 45	9,20 %	Sep. 48	-2,54 %	Feb. 52	-3,16 %	jul.55	6,43 %
Mai 45	1,51 %	Okt. 48	7,25 %	März 52	5,27 %	Aug. 55	-0,47 %
Juni 45	0,03 %	Nov. 48	-10,35 %	Apr. 52	-3,79 %	Sep. 55	1,45 %
Juli 45	-1,64 %	Dez. 48	3,60 %	Mai 52	2,79 %	Okt. 55	-2,74 %
Aug. 45	6,17 %	Jan. 49	0,71 %	Juni 52	5,13 %	Nov. 55	7,82 %
Sep. 45	4,55 %	Feb. 49	-3,44 %	Juli 52	2,27 %	Dez. 55	0,20 %
Okt. 45	3,37 %	März 49	3,58 %	Aug. 52	-0,96 %	Jan. 56	-3,31 %
Nov. 45	3,57 %	Apr. 49	-1,53 %	Sep. 52	-1,48 %	Feb. 56	3,78 %
Dez. 45	1,31 %	Mai 49	-3,18 %	Okt. 52	0,37 %	März 56	7,26 %
Jan. 46	7,30 %	Juni 49	0,33 %	Nov. 52	5,16 %	Apr. 56	0,10 %
Feb. 46	-6,64 %	Juli 49	6,93 %	Dez. 52	3,99 %	Mai 56	-6,28 %
März 46	4,96 %	Aug. 49	1,75 %	Jan. 53	-0,27 %	Juni 56	4,26 %
Apr. 46	4,07 %	Sep. 49	2,89 %	Feb. 53	-1,37 %	Juli 56	5,47 %
Mai 46	2,54 %	Okt. 49	3,57 %	März 53	-1,93 %	Aug. 56	-3,51 %
Juni 46	-3,62 %	Nov. 49	0,71 %	Apr. 53	-1,67 %	Sep. 56	-4,21 %
Juli 46	-2,24 %	Dez. 49	4,96 %	Mai 53	-0,33 %	Okt. 56	0,84 %
Aug. 46	-6,97 %	Jan. 50	2,31 %	Juni 53	-1,16 %	Nov. 56	-0,79 %
Sep. 46	-9,79 %	Feb. 50	1,57 %	Juli 53	3,05 %	Dez. 56	3,84 %

Anhang B
Entwicklung des S&P 500 Composite

Monat	% Veränd.	Monat	% Veränd.	Monat	% Veränd.	Monat	% Veränd.
Jan. 57	-3,87 %	Juni 60	2,24 %	Nov. 63	-0,80 %	Apr. 67	4,49 %
Feb. 57	-2,95 %	Juli 60	-2,19 %	Dez. 63	2,70 %	Mai 67	-4-99 %
März 57	2,30 %	Aug. 60	2,90 %	Jan. 64	2,95 %	Juni 67	2,02 %
Apr. 57	4,02 %	Sep. 60	-5,75 %	Feb. 64	1,24 %	Juli 67	4,80 %
Mai 57	4,01 %	Okt. 60	0,06 %	März 64	1,77 %	Aug. 67	-0,91 %
Juni 57	0,18 %	Nov. 60	4,33 %	Apr. 64	0,86 %	Sep. 67	3,54 %
Juli 57	1,45 %	Dez. 60	4,92 %	Mai 64	1,39 %	Okt. 67	-2,65 %
Aug. 57	-5,31 %	Jan. 61	6,59 %	Juni 64	1,89 %	Nov. 67	0,37 %
Sep. 57	-5,87 %	Feb. 61	2,95 %	Juli 64	2,07 %	Dez. 67	2,89 %
Okt. 57	-2,85 %	März 61	2,81 %	Aug. 64	-1,38 %	Jan. 68	-4,13 %
Nov. 57	1,97 %.	Apr. 61	0,63 %	Sep. 64	3,12 %	Feb. 68	-2,24 %
Dez. 57	-3,79 %	Mai 61	2,16 %	Okt. 64	1,06 %	März 68	0,57 %
Jan. 58	4,64 %	Juni 61	-2,63 %	Nov. 64	-0,27 %	Apr. 68	8,32 %
Feb. 58	-1,71 %	Juli 6i	3,52 %	Dez. 64	0,64 %	Mai 68	1,51 %
März 58	3,45 %	Aug. 61	2,21 %	Jan. 65	3,57 %	Juni 68	1,16 %
Apr. 58	3,53 %	Sep. 61	-1,73 %	Feb. 65	0,09 %	Juli 68	-1,59 %
Mai 58	1,83 %	Okt. 61	3,08 %	März 65	-1,21 %	Aug. 68	1,40 %
Juni 58	2,94 %	Nov. 61	4,18 %	Apr. 65	3,68 %	Sep. 68	4,11 %
Juli 58	4,63 %	Dez. 6i	0,56 %	Mai 65	-0,53 %	Okt. 68	0,97 %
Aug. 58	1,49 %	Jan. 62	-3,55 %	Juni 65	-4,62 %	Nov. 68	5,04 %
Sep. 58	5,14 %	Feb. 62	1,87 %	Juli 65	1,61 %	Dez. 68	-3,93 %
Okt. 58	2,83 %	März 62	-0,34 %	Aug. 65	2,51 %	Jan. 69	-0,57 %
Nov. 58	2,52 %	Apr. 62	-5,95 %	Sep. 65	3,46 %	Feb. 69	-4,49 %
Dez. 58	5,48 %	Mai 62	-8,34 %	Okt. 65	2,99 %	März 69	3,71 %
Jan. 59	0,65 %	Juni 62	-7,90 %	Nov. 65	-0,63 %	Apr. 69	2,40 %
Feb. 59	0,25 %	Juli 62	6,67 %	Dez. 65	1,14 %	Mai 69	0,03 %
März 59	0,32 %	Aug. 62	1,83 %	Jan. 66	0,74 %	Juni 69	-5,31 %
Apr. 59	4,15 %	Sep. 62	-4,53 %	Feb. 66	-1,54 %	Juli 69	-5,75 %
Mai 59	2,15 %	Okt. 62	0,76 %	März 66	-1,93 %	Aug. 69	4,29 %
Juni 59	-0,10 %	Nov. 62	10,47 %	Apr. 66	2,32 %	Sep. 69	-2,23 %
Juli 59	375 %	Dez. 62	1,63 %	Mai 66	-5,15 %	Okt. 69	4,58 %
Aug. 59	-1,25 %	Jan. 63	5,20 %	Juni 66	-1,34 %	Nov. 69	-3,14 %
Sep. 59	-4,31 %	Feb. 63	-2,61 %.	Juli 66	-1,06 %	Dez. 69	-1,58 %
Okt. 59	1,39 %	März 63	3,82 %	Aug. 66	7,49 %	Jan. 70	-7,36 %
Nov. 59	1,59 %	Apr. 63	5-'3 %	Sep. 66	-0,39 %	Feb. 70	5-57 %
Dez. 59	3,02 %	Mai 63	1,70 %	Okt. 66	5,07 %	März 70	0,44 %
Jan. 60	-6,88 %	Juni 63	-1,76 %	Nov. 66	0,61 %	Apr. 70	-8,75 %
Feb. 60	1,21 %	Juli 63	-0,08 %	Dez. 66	0,15 %	Mai 70	-5,78 %
März 60	-1,10 %	Aug. 63	5,14 %	Jan. 67	8,12 %	Juni 70	-4,66 %
Apr. 60	-1,46 %	Sep. 63	-0,85 %	Feb. 67	0,47 %	Juli 70	7,69 %
Mai 60	2,98 %	Okt. 63	3,49 %	März 67	4,22 %	Aug. 70	4,78 %

Anhang B
Entwicklung des S&P 500 Composite

Monat	% Veränd.	Monat	% Veränd.	Monat	% Veränd.	Monat	% Veränd.
Sep. 70	3,62 %	Feb. 74	-0,07 %	Juli 77	-1,54 %	Dez. 80	-3,02 %
Okt. 70	-0,83 %	März 74	-2,05 %	Aug. 77	-1,42 %	Jan. 81	-4,18 %
Nov. 70	5,06 %	Apr. 74	-3,59 %	Sep. 77	0,16 %	Feb. 81	1,74 %
Dez. 70	5,98 %	Mai 74	-3,02 %	Okt. 77	-3,90 %	März 81	4,00 %
Jan. 71	4,32 %	Juni 74	-1,14 %	Nov. 77	3,16 %	Apr. 81	-1,93 %
Feb. 71	1,17 %	Juli 74	-7,42 %	Dez. 77	0,75 %	Mai 8i	0,26 %
März 71	3,94 %	Aug. 74	-8,64 %	Jan. 78	-5,74 %	Juni 81	-0,63 %
Apr. 71	3,89 %	Sep. 74	-11,52 %	Feb. 78	-2,03 %	Juli 81	0,21 %
Mai 71	-3,91 %	Okt. 74	16,81 %	März 78	2,94 %	Aug. 81	-577 %
Juni 71	0,33 %	Nov. 74	-4,89 %	Apr. 78	9,02 %	Sep. 81	-4,93 %
Juli 71	-3,87 %	Dez. 74	-1,56 %	Mai 78	0,92 %	Okt. 81	5,40 %
Aug. 71	3,88 %	Jan. 75	12,72 %	Juni 78	-1,38 %	Nov. 81	4,13 %
Sep. 71	-0,44 %	Feb. 75	6,38 %	Juli 78	5,83 %	Dez. 8i	-2,56 %
Okt. 71	-3,91 %	März 75	2,54 %	Aug. 78	3,01 %	Jan. 82	-1,31 %
Nov. 71	0,02 %	Apr. 75	5,10 %	Sep. 78	-0,32 %	Feb. 82	-5,59 %
Dez. 71	8,88 %	Mai 75	4,76 %	Okt. 78	-8,72 %	März 82	-0,52 %
Jan. 72	2,06 %	Juni 75	4,77 %	Nov. 78	2,15 %	Apr. 82	4,52 %
Feb. 72	2,77 %	Juli 75	-6,44 %	Dez. 78	1,96 %	Mai 82	-3,41 %
März 72	0,83 %	Aug. 75	-1,76 %	Jan. 79	4,43 %	Juni 82	-1,50 %
Apr. 72	0,68 %	Sep. 75	-3,12 %	Feb. 79	-3,21 %	Juli 82	-1,78 %
Mai 72	1,97 %	Okt. 75	6,53 %	März 79	5,96 %	Aug. 82	12,14 %
Juni 72	-1,94 %	Nov. 75	2,82 %	Apr. 79	0,63 %	Sep. 82	1,25 %
Juli 72	0,48 %	Dez. 75	-0,81 %	Mai 79	-2,17 %	Okt. 82	11,51 %
Aug. 72	3,69 %	Jan. 76	12,17 %	Juni 79	4,35 %	Nov. 82	4,04 %
Sep. 72	-0,25 %	Feb. 76	-0,84 %	Juli 79	1,34 %	Dez. 82	1,93 %
Okt. 72	1,19 %	März 76	3,37 %	Aug. 79	5,77 %	Jan. 83	3,72 %
Nov. 72	4,81 %	Apr. 76	-0,78 %	Sep. 79	0,43 %	Feb. 83	2,29 %
Dez. 72	1,42 %	Mai 76	-1,11 %	Okt. 79	-6,40 %	März 83	3,69 %
Jan. 73	-1,49 %	Juni 76	4,43 %	Nov. 79	4,75 %	Apr. 83	7,88 %
Feb. 73	-3,53 %	Juli 76	-0,48 %	Dez. 79	2,14 %	Mai 83	-0,87 %
März 73	0,08 %	Aug. 76	-0,18 %	Jan. 80	6,22 %	Juni 83	3,89 %
Apr. 73	-3,83 %	Sep. 76	2,58 %	Feb. 80	-0,01 %	Juli 83	-2,95 %
Mai 73	-1,63 %	Okt. 76	-1,86 %	März 80	-9,72 %	Aug. 83	1,50 %
Juni 73	-0,40 %	Nov. 76	-0,41 %	Apr. 80	4,62 %	Sep. 83	1,38 %
Juli 73	4,07 %	Dez. 76	5,61 %	Mai 80	5,15 %	Okt. 83	-1,16 %
Aug. 73	-3,41 %	Jan. 77	-473 %	Juni 80	3,16 %	Nov. 83	2,11 %
Sep. 73	4,27 %	Feb. 77	-1,82 %	Juli 8o	6,96 %	Dez. 83	-0,52 %
Okt. 73	0,17 %	März 77	-1,05 %	Aug. 80	1,01 %	Jan. 84	-0,56 %
Nov. 73	-11,09 %	Apr. 77	0,42 %	Sep. 80	2,94 %	Feb. 84	-3,52 %
Dez. 73	1,98 %	Mai 77	-1,96 %	Okt. 80	2,02 %	März 84	1,73 %
Jan. 74	-0,72 %	Juni 77	4,94 %	Nov. 80	10,65 %	Apr. 84	0,95 %

Anhang B
Entwicklung des S&P 500 Composite

Monat	% Veränd.	Monat	% Veränd.	Monat	% Veränd.	Monat	% Veränd.
Mai 84	-5,54 %	Okt. 87	-21,54 %	März 91	2,42 %	Aug. 94	4,10 %
Juni 84	2,17 %	Nov. 87	-8,24 %	Apr. 91	0,24 %	Sep. 94	-2,45 %
Juli 84	-1,24 %	Dez. 87	7,61 %	Mai 91	4,31 %	Okt. 94	2,25 %
Aug. 84	11,04 %	Jan. 88	4,21 %	Juni 91	-4,58 %	Nov. 94	-3,64 %
Sep. 84	0,02 %	Feb. 88	4,66 %	Juli 91	4,66 %	Dez. 94	1,48 %
Okt. 84	0,39 %	März 88	-3,09 %	Aug. 91	2,37 %	Jan. 95	2,59 %
Nov. 84	-1,12 %	Apr. 88	1,11 %	Sep. 91	-1,67 %	Feb. 95	3,90 %
Dez. 84	2,63 %	Mai 88	0,87 %	Okt. 91	1,34 %	März 95	2,95 %
Jan. 85	7,79 %	Juni 88	4,57 %	Nov. 91	-4,03 %	Apr. 95	2,94 %
Feb. 85	1,22 %	Juli 88	-0,38 %	Dez. 91	11,44 %	Mai 95	4,00 %
März 85	0,07 %	Aug. 88	-3,40 %	Jan. 92	-1,86 %	Juni 95	2,32 %
Apr. 85	-0,09 %	Sep. 88	4,25 %	Feb. 92	1,30 %	Juli 95	3,32 %
Mai 85	5,78 %	Okt. 88	2,82 %	März 92	-1,94 %	Aug. 95	0,25 %
Juni 85	1,57 %	Nov. 88	-1,43 %	Apr. 92	2,94 %	Sep. 95	4,22 %
Juli 85	-0,15 %	Dez. 88	1,74 %	Mai 92	0,49 %	Okt. 95	-0,36 %
Aug. 85	-0,85 %	Jan. 89	7,31 %	Juni 92	-1,49 %	Nov. 95	4-39 %
Sep. 85	-3,13 %	Feb. 89	-2,48 %	Juli 92	4,09 %	Dez. 95	1,93 %
Okt. 85	4,62 %	März 89	2,32 %	Aug. 92	-2,05 %	Jan. 96	3,40 %
Nov. 85	6,86 %	Apr. 89	5,21 %	Sep. 92	1,18 %	Feb. 96	0,93 %
Dez. 85	4,84 %	Mai 89	4,05 %	Okt. 92	0,35 %	März 96	0,96 %
Jan. 86	0,56 %	Juni 89	-0,57 %	Nov. 92	3,40 %	Apr. 96	1,47 %
Feb. 86	747 %	Juli 89	9,03 %	Dez. 92	1,23 %	Mai 96	2,58 %
März 86	5,58 %	Aug. 89	1,95 %	Jan. 93	0,84 %	Juni 96	0,38 %
Apr. 86	-1,13 %	Sep. 89	-0,41 %	Feb. 93	1,36 %	Juli 96	-4,42 %
Mai 86	5,32 %	Okt. 89	-2,32 %	März 93	2,11 %	Aug. 96	2,11 %
Juni 86	1,69 %	Nov. 89	2,04 %	Apr. 93	-2,42 %	Sep. 96	5,63 %
Juli 86	-5,59 %	Dez. 89	2,40 %	Mai 93	2,68 %	Okt. 96	2,76 %
Aug. 86	7,42 %	Jan. 90	-6,71 %	Juni 93	0,29 %	Nov. 96	756 %
Sep. 86	-8,27 %	Feb. 90	1,30 %	Jid-93	-9,40 %	Dez. 96	-1,98 %
Okt. 86	5,77 %	März 90	2,64 %	Aug. 93	379 %	Jan. 97	6,25 %
Nov. 86	2,43 %	Apr. 90	-2,49 %	Sep. 93	-0,77 %	Feb. 97	0,78 %
Dez. 86	-2,55 %	Mai 90	9,75 %	Okt. 93	2,07 %	März 97	-4,11 %
Jan. 87	13,47 %	Juni 90	-0,67 %	Nov. 93	-0,95 %	Apr. 97	5,97 %
Feb. 87	3,95 %	Juli 90	-0,32 %	Dez. 93	1,21 %	Mai 97	6,09 %
März 87	2,89 %	Aug. 90	-9,04 %	Jan. 94	3,40 %	Juni 97	4,48 %
Apr. 87	-0,89 %	Sep. 90	-4,87 %	Feb. 94	-2,71 %	Juli 97	7,96 %
Mai 87	0,87 %	Okt. 90	-0,43 %	März 94	-4,36 %	Aug. 97	-5,60 %
Juni 87	5,05 %	Nov. 90	6,46 %	Apr. 94	1,28 %	Sep. 97	5,48 %
Juli 87	5,07 %	Dez. 90	2,79 %	Mai 94	1,64 %	Okt. 97	-3,.34 %
Aug. 87	3,73 %	Jan. 91	4,35 %	Juni 94	-2,45 %	Nov. 97	4,63 %
Sep. 87	-2,19 %	Feb. 91	-7,15 %	Juli 94	3,28 %	Dez. 97	1,72 %

Anhang B
Entwicklung des S&P 500 Composite

Monat	% Veränd.	Monat	% Veränd.	Monat	% Veränd.	Monat	% Veränd.
Jan. 98	1,11 %	März 00	9,78 %	Mai 02	-0,74 %	Juli 04	-3,31 %
Feb. 98	7,21 %	Apr. 00	-3,01 %	Juni 02	-7,12 %	Aug. 04	0,40 %
März 98	5,12 %	Mai 00	-2,05 %	Juli 02	-779 %	Sep. 04	1,08 %
Apr. 98	1,01 %	Juni 00	2,47 %	Aug. 02	0,66 %	Okt. 04	1,53 %
Mai 98	-1,72 %	Juli 00	-1,56 %	Sep. 02	-10,87 %	Nov. 04	4,05 %
Juni 98	4,06 %	Aug. 00	6,21 %	Okt. 02	8,80 %	Dez. 04	3,40 %
Juli 98	-1,06 %	Sep. 00	-5,28 %	Nov. 02	5,89 %	Jan. 05	-2,44 %
Aug. 98	-14,46 %	Okt. 00	-0,42 %	Dez. 02	-5,87 %	Feb. 05	2,10 %
Sep. 98	6,41 %	Nov. 00	-7,88 %	Jan. 03	-2,62 %	März 05	-1,77 %
Okt. 98	8,13 %	Dez. 00	0,49 %	Feb. 03	-1,5,0 %	Apr. 0,5	-1,90 %
Nov. 98	6,06 %	Jan. o1	3,55 %	März 03	0,97 %	Mai 05	3,18 %
Dez. 98	5,76 %	Feb. 01	-9,12 %	Apr. 03	8,24 %	Juni 05	0,14 %.
Jan. 99	4,18 %	März 01	-6,33 %	Mai 03	5,27 %	Juli 05	3,72 %
Feb. 99	-3,11 %	Apr. 01	7,77 %	Juni 03	1,28 %	Aug. 05	-0,91 %
März 99	4,00 %	Mai 01	0,67 %	Juli 03	1,76 %	Sep. 05	0,81 %
Apr. 99	3,87 %	Juni 01	-2,43 %	Aug. 03	1,95 %	Okt. 05	-1,67 %
Mai 99	-2,36 %	Juli o1	-0,98 %	Sep. 03	-1,06 %	Nov. 05	3,78 %
Juni 99	5-55 %	Aug. 01	-6,26 %	Okt. 03	5,66 %	Dez. 05	0,03 %
Juli 99	-3,12 %	Sep. 01	-8,08 %	Nov. 03	0,88 %	Jan. 06	2,65 %
Aug. 99	-0,49 %	Okt. O1	1,91 %	Dez. 03	5,24 %	Feb. 06	0,27 %
Sep. 99	-2,74 %	Nov. 01	7,67 %	Jan. 04	1,84 %	März 06	1,24 %
Okt. 99	6,33 %	Dez. 01	0,88 %	Feb. 04	1,39 %	Apr. 06	1,34 %
Nov. 99	2,03 %	Jan. 02	-1,46 %	März 04	-1,51 %	Mai 06	-2,88 %
Dez. 99	5,89 %	Feb. 02	-1,93 %	Apr. 04	-1,57 %	Juni 06	0,14 %
Jan. 00	-5,02 %	März 02	3,76 %	Mai 04	1,37 %		
Feb. 00	-1,89 %	Apr. 02	-6,06 %	Juni 04	1,94 %		

Anhang C
Entwicklung des Technologie-Sektors (simuliert)

Monat	% Veränd.	Monat	% Veränd.	Monat	% Veränd.	Monat	% Veränd.
Jan. 39	0,32 %	Okt. 39	3,07 %.	Juli 40	2,77 %	Apr. 41	-3,50 %
Feb. 39	-3,16 %	Nov. 39	1,30 %	Aug. 40	-1,12 %	Mai 41	-2,53 %
März 39	0,92 %	Dez. 39	-1,04 %	Sep. 40	5,92 %	Juni 41	1,73 %
Apr. 39	-10,23 %	Jan. 40	1,68 %	Okt. 40	5,10 %	Juli 41	3,95 %
Mai 39	4,38 %	Feb. 40	3,39 %	Nov. 40	2,63 %	Aug. 4i	-0,63 %
Juni 39	574 %	März 40	1,46 %	Dez. 40	-4,37 %	Sep. 41	0,68 %
Juli 39	2,93 %	Apr. 40	1,12 %	Jan. 41	2,07 %	Okt. 41	-5,01 %
Aug. 39	-0,95 %	Mai 40	-16,07 %	Feb. 41	-5,12 %	Nov. 41	-0,86 %
Sep. 39	7,67 %	Juni 40	1,22 %	März 41	1,51 %	Dez. 41	-10,27 %

Anhang C
Entwicklung des Technologie-Sektors (simuliert)

Monat	% Veränd.	Monat	% Veränd.	Monat	% Veränd.	Monat	% Veränd.
Jan. 42	6,09 %	Juni 45	4,15 %	Nov. 48	-3,14 %	Apr. 52	-4,46 %
Feb. 42	-2,36 %	Juli 45	-1,39 %	Dez. 48	-4,03 %	Mai 52	2,02 %
März 42	-4,51 %	Aug. 45	0,44 %	Jan. 49	-0,12 %	Juni 52	3,36 %
Apr. 42	-1,84 %	Sep. 45	7,68 %	Feb. 49	-1,61 %	Juli 52	1,42 %
Mai 42	-1,41 %	Okt. 45	6,44 %	März 49	-1,61 %	Aug. 52	-2,02 %
Juni 42	2,79 %	Nov. 45	3,90 %	Apr. 49	-1,92 %	Sep. 52	-1,07 %
Juli 42	4,28 %	Dez. 45	1,15 %	Mai 49	-4,04 %	Okt. 52	-2,29 %
Aug. 42	0,83 %	Jan. 46	1,53 %	Juni 49	-4,24 %	Nov. 52	4,84 %
Sep. 42	0,11 %	Feb. 46	-1,35 %	Juli 49	8,34 %	Dez. 52	0,33 %
Okt. 42	3,52 %	März 46	-1,37 %	Aug. 49	2,25 %	Jan. 53	2,81 %
Nov. 42	2,66 %	Apr. 46	9,11 %	Sep. 49	3,28 %	Feb. 53	-1,63 %
Dez. 42	-0,93 %	Mai 46	1,54 %	Okt. 49	3,81 %	März 53	-0,24 %
Jan. 43	5,12 %	Juni 46	-0,21 %	Nov. 49	0,12 %	Apr. 53	-3,32 %
Feb. 43	4,12 %	Juli 46	-4-53 %	Dez. 49	3,29 %	Mai 53	-1,04 %
März 43	3,20 %	Aug. 46	-2,73 %	Jan. 50	2,53 %	Juni 53	-2,23 %
Apr. 43	3,28 %	Sep. 46	-17,46 %	Feb. 50	1,41 %	Juli 53	3,02 %
Mai 43	3,27 %	Okt. 46	1,42 %	März 50	-1,45 %	Aug. 53	-1,23 %
Juni 43	0,22 %	Nov. 46	-0,64 %	Apr. 50	1,30 %	Sep. 53	-2,99 %
Juli 43	3,72 %	Dez. 46	5,53 %	Mai 50	2,24 %	Okt. 53	3,30 %
Aug. 43	-1,21 %	Jan. 47	1,75 %	Juni 50	-4,92 %	Nov. 53	0,56 %
Sep. 43	1,43 %	Feb. 47	2,46 %	Juli 50	1,13 %	Dez. 53	0,77 %
Okt. 43	1,00 %	März 47	-4,97 %	Aug. 50	6,21 %	Jan. 54	6,21 %
Nov. 43	-2,10 %	Apr. 47	-2,15 %	Sep. 50	5,90 %	Feb. 54	1,12 %
Dez. 43	-1,56 %	Mai 47	-5,05 %	Okt. 50	0,99 %	März 54	3,23 %
Jan. 44	5,09 %	Juni 47	8,73 %	Nov. 50	1,42 %	Apr. 54	2,16 %
Feb. 44	0,81 %	Juli 47	4,31 %	Dez. 50	4,50 %	Mai 54	1,81 %
März 44	1,33 %	Aug. 47	-0,75 %	Jan. 51	10,50 %	Juni 54	1,29 %
Apr. 44	0,44 %	Sep. 47	0,48 %	Feb. 51	0,69 %	Juli 54	6,53 %
Mai 44	2,34 %	Okt. 47	5,15 %	März 51	-4,07 %	Aug. 54	2,06 %
Juni 44	2,36 %	Nov. 47	-0,96 %	Apr. 51	4,66 %	Sep. 54	1,92 %
Juli 44	2,61 %	Dez. 47	-2,66 %	Mai 51	-2,90 %	Okt. 54	0,65 %
Aug. 44	1,40 %	Jan. 48	-0,99 %	Juni 51	-3,39 %	Nov. 54	7,41 %
Sep. 44	-0,11 %	Feb. 48	-7,61 %	Juli 51	4,46 %	Dez. 54	4,01 %
Okt. 44	5,21 %	März 48	2,38 %	Aug. 51	5,13 %	Jan. 55	0,86 %
Nov. 44	-0,80 %	Apr. 48	7,40 %	Sep. 51	0,90 %	Feb. 55	3,02 %
Dez. 44	1,12 %	Mai 48	2,94 %	Okt. 51	-5,42 %	März 55	-1,12 %
Jan. 45	1,19 %	Juni 48	0,51 %	Nov. 51	-u8 %	Apr. 55	6,20 %
Feb. 45	4,86 %	Juli 48	-4,45 %	Dez. 51	1,77 %	Mai 55	-0,21 %
März 45	-1,20 %	Aug. 48	-1,05 %	Jan. 52	3,04 %	Juni 55	4,32 %
Apr. 45	0,36 %	Sep. 48	-1,54 %	Feb. 52	-4,08 %	Juli 55	2,31 %
Mai 45	1,84 %	Okt. 48	0,80 %	März 52	0,76 %	Aug. 55	-2,72 %

Anhang C
Entwicklung des Technologie-Sektors (simuliert)

Monat	% Veränd.	Monat	% Veränd.	Monat	% Veränd.	Monat	% Veränd.
Sep. 55	-0,93 %	Feb. 59	2,58 %	Juli 62	5,02 %	Dez. 65	4,82 %
Okt. 55	-1,29 %	März 59	-2,04 %	Aug. 62	1,12 %	Jan. 66	0,93 %
Nov. 55	4,54 %	Apr. 59	2,75 %	Sep. 62	-2,92 %	Feb. 66	-1,22 %
Dez. 55	-0,20 %	Mai 59	0,38 %	Okt. 62	-2,50 %	März 66	-4,31 %
Jan. 56	0,26 %	Juni 59	-1,92 %	Nov. 62	12,68 %	Apr. 66	3,72 %
Feb. 56	2,67 %	M-59	1,93 %	Dez. 62	0,96 %	Mai 66	-4,41 %
März 56	6,79 %	Aug. 59	-0,35 %	Jan. 63	4,42 %	Juni 66	-1,31 %
Apr. 56	0,88 %	Sep. 59	-5,00 %	Feb. 63	-0,22 %	Juli 66	-0,95 %
Mai 56	-3,83 %	Okt. 59	1,03 %	März 63	3,30 %	Aug. 66	-10,00 %
Juni 56	3,16 %	Nov. 59	0,55 %	Apr. 63	3,92 %	Sep. 66	1,18 %
Juli 56	7,09 %	Dez. 59	3,81 %	Mai 63	1,73 %	Okt. 66	8,85 %
Aug. 56	-345 %	Jan. 60	-4,21 %	Juni 63	0,29 %	Nov. 66	1,69 %
Sep. 56	-4,41 %	Feb. 60	-0,45 %	Juli 63	-0,03 %	Dez. 66	2,41 %
Okt. 56	1,14 %	März 60	2,02 %	Aug. 63	4-35 %	Jan. 67	6,47 %
Nov. 56	-0,10 %	Apr. 60	-0,64 %	Sep. 63	-1,25 %	Feb. 67	0,85 %
Dez. 56	1,37 %	Mai 60	-0,69 %	Okt. 63	1,69 %	März 67	4,66 %
Jan. 57	0,84 %	Juni 60	1,77 %	Nov. 63	-3,02 %	Apr. 67	3,30 %
Feb. 57	-3,84 %	Juli 60	-3,83 %	Dez. 63	3,88 %	Mai 67	-0,59 %
März 57	4,00 %	Aug. 60	3,83 %	Jan. 64	2,50 %	Juni 67	3-93 %
Apr. 57	2,61 %	Sep. 60	-744 %	Feb. 64	1,86 %	Juli 67	4,17 %
Mai 57	0,92 %	Okt. 60	-2,21 %	März 64	0,91 %	Aug. 67	-0,78 %
Juni 57	-0,10 %	Nov. 60	549 %	Apr. 64	3,62 %	Sep. 67	2,67 %
Juli 57	2,37 %	Dez. 60	577 %	Mai 64	0,93 %	Okt. 67	-3,32 %
Aug. 57	-6,65 %	Jan. 61	9,80 %	Juni 64	2,09 %	Nov. 67	1,03 %
Sep. 57	-6,01 %	Feb. 61	3,75 %	Juli 64	2,62 %	Dez. 67	1,84 %
Okt. 57	-8,88 %	März 61	4,19 %	Aug. 64	0,26 %	Jan. 68	0,13 %
Nov. 57	-0,42 %	Apr. 61	-1,87 %	Sep. 64	4,51 %	Feb. 68	-3,72 %
Dez. 57	-4,13 %	Mai 61	-0,21 %	Okt. 64	1,55 %	März 68	-3,46 %
Jan. 58	10,34 %	Juni 61	-2,07 %	Nov. 64	0,51 %	Apr. 68	10,38 %
Feb. 58	-4,04 %	Juli 61	0,66 %	Dez. 64	-0,27 %	Mai 68	7,71 %
März 58	5,88 %	Aug. 61	2,90 %	Jan. 65	8,09 %	Juni 68	4,42 %
Apr. 58	0,25 %	Sep. 61	0,37 %	Feb. 65	0,69 %	Juli 68	-1,83 %
Mai 58	2,62 %	Okt. 61	5,67 %	März 65	-2,71 %	Aug. 68	2,40 %
Juni 58	0,63 %	Nov. 61	6,28 %	Apr. 65	5,67 %	Sep. 68	345 %
Juli 58	5,29 %	Dez. 61	-0,92 %	Mai 65	-5,10 %	Okt. 68	1,48 %
Aug. 58	2,72 %	Jan. 62	-1,22 %	Juni 65	-7,33 %	Nov. 68	3,38 %
Sep. 58	3,71 %	Feb. 62	1,96 %	Juli 65	2,37 %	Dez. 68	-0,23 %
Okt. 58	2,95 %	März 62	-0,65 %	Aug. 65	2,58 %	Jan. 69	-1,19 %
Nov. 58	1,92 %	Apr. 62	-4,62 %	Sep. 65	5,27 %	Feb. 69	-5,34 %
Dez. 58	3,63 %	Mai 62	-16,05 %	Okt. 65	0,39 %	März 69	-1,29 %
Jan. 59	3,38 %	Juni 62	-7,25 %	Nov. 65	2,36 %	Apr. 69	1,70 %

Anhang C
Entwicklung des Technologie-Sektors (simuliert)

Monat	% Veränd.	Monat	% Veränd.	Monat	% Veränd.	Monat	% Veränd.
Mai 69	0,88 %	Nov. 69	-1,12 %	Mai 70	-13,24 %	Nov. 70	3,08 %
Juni 69	-7,88 %	Dez. 69	-2,37 %	Juni 70	2,58 %	Dez. 70	7,48 %
Juli 69	-730 %	Jan. 70	-3,93 %	Juli 70	4,90 %	Jan. 71	10,22 %
Aug. 69	6,95 %	Feb. 70	4,04 %	Aug. 70	0,66 %	Feb. 71	2,61 %
Sep. 69	4,96 %	März 70	-0,80 %	Sep. 70	6,70 %		
Okt. 69	11,40 %	Apr. 70	-16,67 %	Okt. 70	-1,78 %		

Anhang D
Entwicklung des Nasdaq Composite Index

Quelle: Global Financial Data.

Monat	% Veränd.	Monat	% Veränd.	Monat	% Veränd.	Monat	% Veränd.
März 71	4,57 %	Aug. 73	-3,47 %	Jan. 76	12,15 %	Juni 78	0,05 %
Apr. 71	5,97 %	Sep. 73	6,04 %	Feb. 76	3,69 %	Juli 78	5,00 %
Mai 71	-3,61 %	Okt. 73	-0,93 %	März 76	0,40 %	Aug. 78	6,88 %
Juni 71	-0,42 %	Nov. 73	-15,12 %	Apr. 76	-0,60 %	Sep. 78	-1,57 %
Juli 71	-2,35 %	Dez. 73	-1,41 %	Mai 76	-2,26 %	Okt. 78	-16,38 %
Aug. 71	2,99 %	Jan. 74	2,97 %	Juni 76	2,59 %	Nov. 78	3,21 %
Sep. 71	0,56 %	Feb. 74	-0,61 %	Juli 76	1,07 %	Dez. 78	2,87 %
Okt. 71	-3,60 %	März 74	-2,20 %	Aug. 76	-1,74 %	Jan. 79	6,65 %
Nov. 71	-1,08 %	Apr. 74	-5,86 %	Sep. 76	1,74 %	Feb. 79	-2,59 %
Dez. 71	9,76 %	Mai 74	-7,67 %	Okt. 76	-1,00 %	März 79	7,51 %
Jan. 72	4,16 %	Juni 74	-5,29 %	Nov. 76	0,85 %	Apr. 79	1,56 %
Feb. 72	5,48 %	Juli 74	-7,86 %	Dez. 76	7,42 %	Mai 79	-1,79 %
März 72	2,20 %	Aug. 74	-10,89 %	Jan. 77	-2,39 %	Juni 79	5,11 %
Apr. 72	2,49 %	Sep. 74	-10,74 %	Feb. 77	-1,02 %	Juli 79	2,32 %
Mai 72	0,91 %	Okt. 74	17,17 %	März 77	-0,47 %	Aug. 79	6,45 %
Juni 72	-1,85 %	Nov. 74	-3,50 %	Apr. 77	1,43 %	Sep. 79	-0,31 %
Juli 72	-1,79 %	Dez. 74	-4,97 %	Mai 77	0,12 %	Okt. 79	-9,63 %
Aug. 72	1,72 %	Jan. 75	16,65 %	Juni 77	4,33 %	Nov. 79	6,44 %
Sep. 72	-0,26 %	Feb. 75	4,61 %	Juli 77	0,92 %	Dez. 79	4,77 %
Okt. 72	0,49 %	März 75	3,64 %	Aug. 77	-0,55 %	Jan. 80	7,02 %
Nov. 72	2,09 %	Apr. 75	3,81 %	Sep. 77	0,75 %	Feb. 80	-2,30 %
Dez. 72	0,58 %	Mai 75	5,81 %	Okt. 77	-3,30 %	März 80	-17,10 %
Jan. 73	-3,99 %	Juni 75	4,72 %	Nov. 77	577 %	Apr. 80	6,86 %
Feb. 73	-6,22 %	Juli 75	-4,40 %	Dez. 77	1,84 %	Mai 80	7,47 %
März 73	-2,45 %	Aug. 75	-5,02 %	Jan. 78	-4,00 %	Juni 80	4,87 %
Apr. 73	-8,18 %	Sep. 75	-5,92 %	Feb. 78	0,61 %	Juli 80	8,89 %
Mai 73	-4,83 %	Okt. 75	3,58 %	März 78	4,66 %	Aug. 80	5,65 %
Juni 73	-1,62 %	Nov. 75	2,35 %	Apr. 78	8,46 %	Sep. 80	3,44 %
Juli 73	7,59 %	Dez. 75	-1,50 %	Mai 78	4,39 %	Okt. 80	2,67 %

Anhang D
Entwicklung des Nasdaq Composite Index

Monat	% Veränd.	Monat	% Veränd.	Monat	% Veränd.	Monat	% Veränd.
Nov. 80	797 %	Apr. 84	-1,33 %	Sep. 87	-2,35 %	Feb. 91	9,38 %
Dez. 80	-2,79 %	Mai 84	-5,91 %	Okt. 87	-27,23 %	März 91	6,46 %
Jan. 81	-2,24 %	Juni 84	2,93 %	Nov. 87	-5,61 %	Apr. 91	0,50 %
Feb. 81	0,10 %	Juli 84	-4,15 %	Dez. 87	8,29 %	Mai 91	4,41 %
März 81	6,15 %	Aug. 84	10,86 %	Jan. 88	4,29 %	Juni 91	-5,97 %
Apr. 81	3,12 %	Sep. 84	-1,85 %	Feb. 88	6,47 %	Juli 91	549 %
Mai 81	3,11 %	Okt. 84	-1,16 %	März 88	2,10 %	Aug. 91	4,71 %
Juni 81	-345 %	Nov. 84	-1,82 %	Apr. 88	1,23 %	Sep. 91	0,23 %
Juli 81	-1,91 %	Dez. 84	1,99 %	Mai 88	-2,34 %	Okt. 91	3,06 %
Aug. 81	-7,50 %	Jan. 85	12,67 %	Juni 88	6,57 %	Nov. 91	-3,51 %
Sep. 81	-8,03 %	Feb. 85	1,96 %	Juli 88	-1,86 %	Dez. 91	11,92 %
Okt. 81	8,45 %	März 85	-1,75 %	Aug. 88	-2,78 %	Jan. 92	5,78 %
Nov. 81	3-14 %	Apr. 85	0,49 %	Sep. 88	2,96 %	Feb. 92	2,14 %
Dez. 81	-2,75 %	Mai 85	3,65 %	Okt. 88	-1,35 %	März 92	-4,69 %
Jan. 82	-3,80 %	Juni 85	1,86 %	Nov. 88	-2,88 %	Apr. 92	-4,16 %
Feb. 82	-4,76 %	Juli 85	1,72 %	Dez. 88	2,67 %	Mai 92	1,15 %
März 82	-2,11 %	Aug. 85	-1,19 %	Jan. 89	5,22 %	Juni 92	-3,71 %
Apr. 82	5,15 %	Sep. 85	-5,84 %	Feb. 89	-0,40 %	Juli 92	3,06 %
Mai 82	-3,34 %	Okt. 85	4,36 %	März 89	1,76 %	Aug. 92	-3,05 %
Juni 82	-4,06 %	Nov. 85	7,32 %	Apr. 89	5,12 %	Sep. 92	3,58 %
Juli 82	-2,31 %	Dez. 85	3,33 %	Mai 89	4,36 %	Okt. 92	3,75 %
Aug. 82	2,92 %	Jan. 86	3,5,%	Juni 89	-2,44 %	Nov. 92	7,86 %
Sep. 82	8,95 %	Feb. 86	7,08 %	Juli 89	4,26 %	Dez. 92	3,71 %
Okt. 82	13,31 %	März 86	4,22 %	Aug. 89	3,18 %	Jan. 93	2,86 %
Nov. 82	9,26 %	Apr. 86	2,27 %	Sep. 89	0,99 %	Feb. 93	-3,67 %
Dez. 82	0,04 %	Mai 86	4,41 %	Okt. 89	-3,66 %	März 93	2,89 %
Jan. 83	6,86 %	Juni 86	1,34 %	Nov. 89	0,10 %	Apr. 93	-4,16 %
Feb. 83	4,96 %	Juli 86	-8,42 %	Dez. 89	-0,28 %	Mai 93	5,91 %
März 83	3,89 %	Aug. 86	3,09 %	Jan. 90	-8,58 %	Juni 93	0,49 %
Apr. 83	8,22 %	Sep. 86	-8,41 %	Feb. 90	2,41 %	Juli 93	0,11 %
Mai 83	5-35 %	Okt. 86	2,88 %	März 90	2,28 %	Aug. 93	5,41 %
Juni 83	3,23 %	Nov. 86	-0,33 %	Apr. 90	-3,55 %	Sep. 93	2,68 %
Juli 83	-4,63 %	Dez. 86	-2,99 %	Mai 90	9,26 %	Okt. 93	2,16 %
Aug. 83	-3,80 %	Jan. 87	12,40 %	Juni 90	0,72 %	Nov. 93	-3,19 %
Sep. 83	1,45 %	Feb. 87	8,39 %	Juli 90	-5,20 %	Dez. 93	2,97 %
Okt. 83	-7,45 %	März 87	1,20 %	Aug. 90	-13,01 %	Jan. 94	3,05 %
Nov. 83	4,05 %	Apr. 87	-2,85 %	Sep. 90	-9,63 %	Feb. 94	-1,00 %
Dez. 83	-2,47 %	Mai 87	-0,30 %	Okt. 90	-4,26 %	März 94	-6,19 %
Jan. 84	-3,65 %	Juni 87	1,95 %	Nov. 90	8,86 %	Apr. 94	-1,29 %
Feb. 84	-5,91 %	Juli 87	2,42 %	Dez. 90	4,12 %	Mai 94	0,18 %
März 84	-0,71 %	Aug. 87	4,61 %	Jan. 91	10,80 %	Juni 94	-3,98 %

Anhang D

Entwicklung des Nasdaq Composite Index

Monat	% Veränd.	Monat	% Veränd.	Monat	% Veränd.	Monat	% Veränd.
Juli 94	2,29 %	Dez. 97	-1,89 %	Mai 01	-0,27 %	Okt. 04	4,12 %
Aug. 94	6,02 %	Jan. 98	3,12 %	Juni 01	2,43 %	Nov. 04	6,17 %
Sep. 94	-0,17 %	Feb. 98	9,33 %	Juli 01	-6,23 %	Dez. 04	3,75 %
Okt. 94	1,73 %	März 98	3,68 %	Aug. 01	-10,94 %	Jan. 05	-5,20 %
Nov. 94	-3,49 %	Apr. 98	1,78 %	Sep. 01	-17,60 %	Feb. 05	-0,52 %
Dez. 94	0,22 %	Mai 98	-4,79 %	Okt. 01	12,79 %	März 05	-2,56 %
Jan. 95	0,43 %	Juni 98	6,51 %	Nov. 01	14,22 %	Apr. 05	-3,88 %
Feb. 95	5,10 %	Juli 98	-1,18 %	Dez. 01	1,03 %	Mai 05	7,63 %
März 95	2,96 %	Aug. 98	-19,93 %	Jan. 02	-0,84 %	Juni 05	-0,54 %
Apr. 95	3,28 %	Sep. 98	12,99 %	Feb. 02	-10,47 %	Juli 05	6,22 %
Mai 95	2,44 %	Okt. 98	4,58 %	März 02	6,58 %	Aug. 05	-1,50 %
Juni 95	7,97 %	Nov. 98	10,06 %	Apr. 02	-8,51 %	Sep. 05	-0,02 %
Juli 95	7,26 %	Dez. 98	12,47 %	Mai 02	-4,29 %	Okt. 05	-1,46 %
Aug. 95	1,89 %	Jan. 99	14,28 %	Juni 02	-9,44 %	Nov. 05	5,31 %
Sep. 95	2,30 %	Feb. 99	-8,69 %	Juli 02	-9,22 %	Dez. o5	-1,23 %
Okt. 95	-0,72 %	März 99	7,58 %	Aug. 02	-1,01 %	Jan. 06	1,96 %
Nov. 95	2,23 %	Apr. 99	3,31 %	Sep. 02	-10,86 %	März 06	4,06 %
Dez. 95	-0,67 %	Mai 99	-2,84 %	Okt. 02	13,45 %	Apr. 06	-0,74 %
Jan. 96	0,73 %	Juni 99	8,71 %	Nov. 02	11,21 %	Mai 06	-6,19 %
Feb. 96	3,80 %	Juli 99	-1,76 %	Dez. 02	-9,69 %	Juni 06	-0,31 %
März 96	0,12 %	Aug. 99	3,82 %	Jan. 03	-1,09 %	Jan. 26	0,44 %
Apr. 96	8,09 %	Sep. 99	0,25 %	Feb. 03	1,26 %	Feb. 26	-0,38 %
Mai 96	4,44 %	Okt. 99	8,02 %	März 03	0,27 %	März 26	-1,45 %
Juni 96	-4,70 %	Nov. 99	12,46 %	Apr. 03	9,18 %	Apr. 26	0,04 %
Juli 96	-8,81 %	Dez. 99	21,98 %	Mai 03	8,99 %	Mai 26	2,19 %
Aug. 96	5,64 %	Jan. 00	-3-17 %	Juni 03	1,69 %	Juni 26	2,39 %
Sep. 96	7,48 %	Feb. 00	19,19 %	Juli 03	6,91 %	Juli 26	-0,20 %
Okt. 96	-0,44 %	März 00	-2,64 %	Aug. 03	4,35 %	Aug. 26	2,37 %
Nov. 96	5,82 %	Apr. 00	-15,57 %	Sep. 03	-1,30 %	Sep. 26	1,22 %
Dez. 96	-0,12 %	Mai 00	-11,91 %	Okt. 03	8,13 %	Okt. 26	-1,07 %
Jan. 97	6,88 %	Juni 00	16,62 %	Nov. 03	1,45 %	Nov. 26	1,43 %
Feb. 97	-5,13 %	Juli 00	-5,02 %	Dez. 03	2,20 %	Dez. 26	0,25 %
März 97	-6,67 %	Aug. 00	11,66 %	Jan. 04	3,13 %	Jan. 27	2,46 %
Apr. 97	3,20 %	Sep. 00	-12,68 %	Feb. 04	-1,76 %	Feb. 27	1,40 %
Mai 97	11,07 %	Okt. 00	-8,25 %	März 04	.1,75 %	März 27	-0,27 %
Juni 97	2,97 %	Nov. 00	-22,90 %	Apr. 04	-3,71 %	Apr. 27	1,37 %
Juli 97	10,53 %	Dez. 00	-4,90 %	Mai 04	3,47 %	Mai 27	1,22 %
Aug. 97	-0,41 %	Jan. 01	12,23 %	Juni 04	3,07 %	Juni 27	0,28 %
Sep. 97	6,20 %	Feb. 01	-22,39 %	Juli 04	-783 %	Juli 27	0,70 %
Okt. 97	-5,46 %	März 01	-14,48 %	Aug. 04	-2,61 %	Aug. 27	0,99 %
Nov. 97	0,44 %	Apr. 01	15,00 %	Sep. 04	3,20 %	Sep. 27	1,26 %

Anhang E

Entwicklung des Aktienmarkts in Großbritannien

Quelle: Global Financial Data.Gesamtrendite, zurückgerechneter FTSE All Share Index nach GFD-Methode, keine offiziellen FTSE-Daten.

Monat	% Veränd.	Monat	% Veränd.	Monat	% Veränd.	Monat	% Veränd.
Okt. 27	1,60 %	März 31	0,71 %	Aug. 34	-1,86 %	Jan. 38	0,67 %
Nov. 27	0,28 %	Apr. 31	-4,46 %	Sep. 34	3,01 %	Feb. 38	0,03 %
Dez. 27	1,04 %	Mai 31	-9,38 %	Okt. 34	2,38 %	März 38	-5,14 %
Jan. 28	1,04 %	Juni 31	1,87 %	Nov. 34	-0,02 %	Apr. 38	-5,64 %
Feb. 28	0,21 %	Juli 31	2,20 %	Dez. 34	2,75 %	Mai 38	6,82 %
März 28	3,06 %	Aug. 31	-6,41 %	Jan. 35	-0,24 %	Juni 38	-7,20 %
Apr. 28	2,31 %	Sep. 31	-8,42 %	Feb. 35	3,57 %	Juli 38	4,26 %
Mai 28	2,35 %	Okt. 31	12,93 %	März 35	-4,14 %	Aug. 38	0,96 %
Juni 28	-2,90 %	Nov. 31	-0,76 %	Apr. 35	-3,25 %	Sep. 38	-4,29 %
Juli 28	-0,30 %	Dez. 31	-8,37 %	Mai 35	447 %	Okt. 38	-8,21 %
Aug. 28	1,99 %	Jan. 32	2,78 %	Juni 35	3,88 %	Nov. 38	10,37 %
Sep. 28	1,96 %	Feb. 32	-0,75 %	Juli 35	2,57 %	Dez. 38	-0,43 %
Okt. 28	1,62 %	März 32	1,51 %	Aug. 35	0,19 %	Jan. 39	-2,01 %
Nov. 28	0,80 %	Apr. 32	-8,48 %	Sep. 35	-0,98 %	Feb. 39	-3,44 %
Dez. 28	-0,04 %	Mai 32	-2,56 %	Okt. 35	-2,57 %	März 39	7,96 %
Jan. 29	3,27 %	Juni 32	-3,36 %	Nov. 35	3,42 %	Apr. 39	-2,18 %
Feb. 29	-0,54 %	Juli 32	7,58 %	Dez. 35	5,02 %	Mai 39	-3,44 %
März 29	-0,23 %	Aug. 32	9,90 %	Jan. 36	1,17 %	Juni 39	8,76 %
Apr. 29	-0,65 %	Sep. 32	5,05 %	Feb. 36	4,76 %	Juli 39	-3,44 %
Mai 29	-0,99 %	Okt. 32	-0,17 %	März 36	0,54 %	Aug. 39	-0,15 %
Juni 29	0,66 %	Nov. 32	0,88 %	Apr. 36	-1,83 %	Sep. 39	-5,17 %
Juli 29	2,94 %	Dez. 32	-0,69 %	Mai 36	1,64 %	Okt. 39	0,52 %
Aug. 29	1,84 %	Jan. 33	0,97 %	Juni 36	-2,07 %	Nov. 39	11,77 %
Sep. 29	0,96 %	Feb. 33	0,01 %	Juli 36	1,78 %	Dez. 39	-0,71 %
Okt. 29	-2,45 %	März 33	0,43 %	Aug. 36	2,60 %	Jan. 40	-0,38 %
Nov. 29	-8,25 %	Apr. 33	0,41 %	Sep. 36	2,66 %	Feb. 40	0,84 %
Dez. 29	0,45 %	Mai 33	4,59 %	Okt. 36	1,68 %	März 40	7,58 %
Jan. 30	0,12 %	Juni 33	4,99 %	Nov. 36	2,80 %	Apr. 40	-1,66 %
Feb. 30	o.u%	Juli 33	6,60 %	Dez. 36	1,20 %	Mai 40	-1,61 %
März 30	-0,29 %	Aug. 33	6,82 %	Jan. 37	-0,14 %	Juni 40	-14,02 %
Apr. 30	2,18 %	Sep. 33	3,27 %	Feb. 37	0,00 %	Juli 40	-20,87 %
Mai 30	-2,49 %	Okt. 33	-1,76 %	März 37	-3,43 %	Aug. 40	10,49 %
Juni 30	-5-34 %	Nov. 33	5,16 %	Apr. 37	-0,35 %	Sep. 40	5,32 %
Juli 30	1,67 %	Dez. 33	-2,98 %	Mai 37	-2,32 %	Okt. 40	3,97 %
Aug. 30	-4,12 %	Jan. 34	1,73 %	Juni 37	1,56 %	Nov. 40	6,88 %
Sep. 30	3,21 %	Feb. 34	2,13 %	Juli 37	-2,70 %	Dez. 40	1,36 %
Okt. 30	-5,25 %	März 34	1,25 %	Aug. 37	0,85 %	Jan. 41	3,16 %
Nov. 30	-0,99 %	Apr. 34	1,93 %	Sep. 37	0,86 %	Feb. 41	-2,83 %
Dez. 30	-4,95 %	Mai 34	1,50 %	Okt. 37	-2,98 %	März 41	-0,48 %
Jan. 31	1,04 %	Juni 34	-1,52 %	Nov. 37	-3,45 %	Apr. 41	-0,49 %
Feb. 31	0,12 %	Juli 34	-1,95 %	Dez. 37	-4,64 %	Mai 41	2,82 %

Anhang E
Entwicklung des Aktienmarkts in Großbritannien

Monat	% Veränd.	Monat	% Veränd.	Monat	% Veränd.	Monat	% Veränd.
Juni 41	3,36 %	Nov. 44	2,01 %	Apr. 48	2,94 %	Sep. 51	4,02 %
Juli 41	9,00 %	Dez. 44	0,46 %	Mai 48	2,15 %	Okt. 51	0,88 %
Aug. 41	4,47 %	Jan. 45	0,70 %	Juni 48	-6,44 %	Nov. 51	-7,60 %
Sep. 41	2,72 %	Feb. 45	1,04 %	Juli 48	-0,95 %	Dez. 51	-1,96 %
Okt. 41	0,09 %	März 45	0,58 %	Aug. 48	2,64 %	Jan. 52	-6,04 %
Nov. 41	6,46 %	Apr. 45	1,95 %	Sep. 48	0,75 %	Feb. 52	-0,74 %
Dez. 41	-1,22 %	Mai 45	-4,29 %	Okt. 48	3,32 %	März 52	-3,27 %
Jan. 42	2,56 %	Juni 45	2,02 %	Nov. 48	2,90 %	Apr. 52	5,27 %
Feb. 42	-3,94 %	Juli 45	-2,79 %	Dez. 48,	-1,09 %	Mai 52	-6,17 %
März 42	-0,42 %	Aug. 45	1,33 %	Jan. 49	1,77 %	Juni 52	-3,68 %
Apr. 42	1,45 %	Sep. 45	1,79 %	Feb. 49	-1,86 %	Juli 52	7,29 %
Mai 42	2,11 %	Okt. 45	4,11 %	März 49	-5,78 %	Aug. 52	5,68 %
Juni 42	0,42 %	Nov. 45	-0,90 %	Apr. 49	1,55 %	Sep. 52	0,53 %
Juli 42	3,25 %	Dez. 45	-1,60 %	Mai 49	-3,94 %	Okt. 52	1,16 %
Aug. 42	2,68 %	Jan. 46	2,23 %	Juni 49	-8,32 %	Nov. 52	0,32 %
Sep. 42	4,04 %	Feb. 46	0,81 %	Juli 49	4,46 %	Dez. 52	1,99 %
Okt. 42	5,42 %	März 46	-0,43 %	Aug. 49	1,08 %	Jan. 53	2,89 %
Nov. 42	4,44 %	Apr. 46	3,37 %	Sep. 49	2,36 %	Feb. 53	3,62 %
Dez. 42	0,51 %	Mai 46	4,73 %	Okt. 49	-3,71 %	März 53	0,98 %
Jan. 43	4,12 %	Juni 46	-0,07 %	Nov. 49	0,17 %	Apr. 53	-1,92 %
Feb. 43	-0,04 %	Juli 46	-0,10 %	Dez. 49	3,60 %	Mai 53	-3,15 %
März 43	1,04 %	Aug. 46	2,56 %	Jan. 50	-2,26 %	Juni 53	1,78 %
Apr. 43	0,64 %	Sep. 46	-2,57 %	Feb. 50	1,96 %	Juli 53	3,48 %
Mai 43	1,16 %	Okt. 46	3,19 %	März 50	0,24 %	Aug. 53	3,68 %
Juni 43	-0,16 %	Nov. 46	4,02 %	Apr. 50	0,55 %	Sep. 53	3,09 %
Juli 43	2,89 %	Dez. 46	3,69 %	Mai 50	2,54 %	Okt. 53	2,92 %
Aug. 43	2,57 %	Jan. 47	0,04 %	Juni 50	3,02 %	Nov. 53	2,86 %
Sep. 43	1,00 %	Feb. 47	-1,66 %	Juli 50	-1,67 %	Dez. 53	1,11 %
Okt. 43	-0,65 %	März 47	-0,38 %	Aug. 50	3,01 %	Jan. 54	4,02 %
Nov. 43	-1,93 %	Apr. 47	4,51 %	Sep. 50	4,76 %	Feb. 54	3,38 %
Dez. 43	1,68 %	Mai 47	1,26 %	Okt. 50	0,15 %	März 54	0,64 %
Jan. 44	1,65 %	Juni 47	0,66 %	Nov. 50	1,28 %	Apr. 54	4,63 %
Feb. 44	0,12 %	Juli 47	-5,59 %	Dez. 50	-1,65 %	Mai 54	5,01 %
März 44	0,62 %	Aug. 47	-8,00 %	Jan. 51	3,66 %	Juni 54	0,24 %
Apr. 44	1,51 %	Sep. 47	1,74 %	Feb. 51	3,96 %	Juli 54	4,75 %
Mai 44	3,88 %	Okt. 47	-1,69 %	März 51	-3,89 %	Aug. 54	6,09 %
Juni 44	2,78 %	Nov. 47	6,01 %	Apr. 51	8,66 %	Sep. 54	2,72 %
Juli 44	2,95 %	Dez. 47	5,88 %	Mai 51	3,71 %	Okt. 54	5,38 %
Aug. 44	-1,16 %	Jan. 48	0,69 %	Juni 51	0,30 %	Nov. 54	-0,74 %
Sep. 44	-1,41 %	Feb. 48	-9,40 %	Juli 51	-574 %	Dez. 54	-0,28 %
Okt. 44	1,19 %	März 48	4,22 %	Aug. 51	2,99 %	Jan. 55	5,70 %

Anhang E
Entwicklung des Aktienmarkts in Großbritannien

Monat	% Veränd.	Monat	% Veränd.	Monat	% Veränd.	Monat	% Veränd.
Feb. 55	-6,89 %	Dez. 56	5,89 %	Okt. 58	3,73 %	Aug. 60	5,84 %
März 55	-0,82 %	Jan. 57	7,30 %	Nov. 58	1,44 %	Sep. 60	-0,62 %
Apr. 55	2,80 %	Feb. 57	1,25 %	Dez. 58	7,03 %	Okt. 60	1,74 %
Mai 55	5,13 %	März 57	0,98 %	Jan. 59	-1,44 %	Nov. 60	-4,58 %
Juni 55	6,19 %	Apr. 57	6,38 %	Feb. 59	2,98 %	Dez. 60	1,70 %
Juli 55	1,69 %	Mai 57	1,11 %	März 59	1,04 %	Jan. 61	4,43 %
Aug. 55	-6,48 %	Juni 57	1,70 %	Apr. 59	4,97 %	Feb. 61	5,32 %
Sep. 55	-1,40 %	Juli 57	0,86 %	Mai 59	3,62 %	März 61	4,67 %
Okt. 55	-3,06 %	Aug. 57	-2,31 %	Juni 59	0,62 %	Apr. 61	2,56 %
Nov. 55	2,11 %	Sep. 57	-8,76 %	Juli 59	-1,37 %	Mai 61	-0,89 %
Dez. 55	3,14 %	Okt. 57	-5-45 %	Aug. 59	9,02 %	Juni 61	-7,65 %
Jan. 56	-4,32 %	Nov. 57	1,83 %	Sep. 59	-1,67 %	Juli 61	-2,34 %
Feb. 56	-4,67 %	Dez. 57	-1,04 %	Okt. 59	14,99 %	Aug. 61	-3,47 %
März 56	0,09 %	Jan. 58	-1,54 %	Nov. 59	2,82 %	Sep. 61	-0,99 %
Apr. 56	9,54 %	Feb. 58	-4,64 %	Dez. 59	7,24 %	Okt. 61	-2,02 %
Mai 56	-3,47 %	März 58	7,18 %	Jan. 60	-0,19 %	Nov. 61	1,76 %
Juni 56	k.A.	Apr. 58	5,23 %	Feb. 60	-1,77 %	Dez. 61	2,02 %
Juli 56	0,52 %	Mai 58	1,23 %	März 60	1,16 %	Jan. 62	0,69 %
Aug. 56	2,18 %	Juni 58	5,54 %	Apr. 60	-5,19 %	Feb. 62	1,41 %
Sep. 56	-0,37 %	Juli 58	0,70 %	Mai 60	4,01 %	März 62	-2,10 %
Okt. 56	-1,20 %	Aug. 58	6,36 %	Juni 60	-2,34 %	Apr. 62	5,17 %
Nov. 56	-6,38 %	Sep. 58	3,85 %	Juli 60	0,57 %		

Anhang F
Entwicklung des Aktienmarkts in Großbritannien (FTSE All Share)

Quelle: Global Financial Data.

Monat	% Veränd.	Monat	% Veränd.	Monat	% Veränd.	Monat	% Veränd.
Mai 62	-11,09 %	Juni 63	-0,56 %	Juli 64	4,26 %	Sep. 65	6,19 %
Juni 62	-1,86 %	Juli 63	1,38 %	Aug. 64	1,36 %	Okt.65	5,31 %
Juli 62	-1,43 %	Aug. 63	3,33 %	Sep. 64	0,88 %	Nov. 65	1,56 %
Aug. 62	6,33 %	Sep. 63	1,84 %	Okt. 64	-2,10 %	Dez. 65	-1,40 %
Sep. 62	-1,40 %	Okt. 63	1,89 %	Nov. 64	-4,25 %	Jan. 66	3,62 %
Okt. 62	1,55 %	Nov. 63	1,41 %	Dez. 64	-3,29 %	Feb.66	1,34 %
Nov. 62	5,87 %	Dez. 63	1,90 %	Feb. 65	-0,94 %	März66	-2,35 %
Dez. 62	1,86 %	Jan. 64	-1,81 %	März 65	-0,44 %	Apr. 66	0,36 %
Jan. 63	0,75 %	Feb. 64	-2,92 %	Apr. 65	1,03 %	Mai 66	4,33 %
Feb. 63	2,12 %	März 64	3,12 %	Mai 65	-0,14 %	Juni 66	2,55 %
März 63	2,60 %	Apr. 64	1,66 %	Juni 65	-4,46 %	Juli 66	-9,68 %
Apr. 63	-2,81 %	Mai 64	-1,01 %	Juli 65	0,38 %	Aug. 66	-8,73 %
Mai 63	0,85 %	Juni 64	-1,05 %	Aug. 65	1,40 %	Sep. 66	3,74 %

Anhang F
Entwicklung des Aktienmarkts in Großbritannien (FTSE All Share)

Monat	% Veränd.	Monat	% Veränd.	Monat	% Veränd.	Monat	% Veränd.
Okt. 66	-3,51 %	März 70	1,86 %	Aug. 73	-3,12 %	Jan. 77	10,12 %
Nov. 66	1,89 %	Apr. 70	-10,01 %	Sep. 73	3,66 %	Feb. 77	3,02 %
Dez. 66	3,47 %	Mai 70	-6,73 %	Okt. 73	3,33 %	März 77	3,88 %
Jan. 67	2,50 %	Juni 70	5,15 %	Nov. 73	-12,71 %	Apr. 77	3,15 %
Feb. 67	-1,54 %	Juli 70	4,32 %	Dez. 73	-7,48 %	Mai 77	3,32 %
März 67	4,56 %	Aug. 70	0,17 %	Jan. 74	-4,12 %	Juni 77	2,81 %
Apr. 67	5,22 %	Sep. 70	6,88 %	Feb. 74	4,82 %	Juli 77	-2,16 %
Mai 67	-0,05 %	Okt. 70	-0,05 %	März 74	-20,38 %	Aug. 77	11,75 %
Juni 67	4,78 %	Nov. 70	-6,31 %	Apr. 74	8,98 %	Sep. 77	9,13 %
Juli 67	0,65 %	Dez. 70	6,08 %	Mai 74	-7,89 %	Okt. 77	-1,73 %
Aug. 67	2,53 %	Jan. 71	0,92 %	Juni 74	-9,89 %	Nov. 77	-4,69 %
Sep. 67	5,21 %	Feb. 71	-2,12 %	Juli 74	-4,06 %	Dez. 77	3,38 %
Okt. 67	5,32 %	März 71	7,16 %	Aug. 74	-11,61 %	Jan. 78	-4,51 %
Nov. 67	5,19 %	Apr. 71	n.94 %	Sep. 74	-12,09 %	Feb. 78	-4,77 %
Dez. 67	-3,03 %	Mai 71	3,86 %	Okt. 74	3,56 %	März 78	6,69 %
Jan. 68	7,01 %	Juni 71	2,22 %	Nov. 74	14,82 %	Apr. 78	1,99 %
Feb. 68	-2,08 %	Juli 71	7,73 %	Dez. 74	1,37 %	Mai 78	4,48 %
März 68	9,16 %	Aug. 71	0,63 %	Jan. 75	54,10 %	Juni 78	-2,34 %
Apr. 68	8,63 %	Sep. 71	0,42 %	Feb. 75	24,47 %	Juli 78	6,89 %
Mai 68	-0,84 %	Okt. 71	-1,66 %	März 75	-5,94 %	Aug. 78	2,92 %
Juni 68	5,87 %	Nov. 71	2,99 %	Apr. 75	18,59 %	Sep. 78	-0,15 %
Juli 68	3,38 %	Dez. 71	6,26 %	Mai 75	4,61 %	Okt. 78	-3,47 %
Aug. 68	3,53 %	Jan. 72	4,65 %	Juni 75	-11,35 %	Nov. 78	1,93 %
Sep. 68	-0,21 %	Feb. 72	6,24 %	Juli 75	-2,72 %	Dez. 78	-0,60 %
Okt. 68	-0,87 %	März 72	2,03 %	Aug. 75	14,22 %	Jan. 79	2,06 %
Nov. 68	-0,14 %	Apr. 72	4,28 %	Sep. 75	3,17 %	Feb. 79	6,68 %
Dez. 68	7,80 %	Mai 72	-3,78 %	Okt. 75	4,38 %	März 79	12,60 %
Jan. 69	4,46 %	Juni 72	-4,79 %	Nov. 75	1,87 %	Apr. 79	5,37 %
Feb. 69	-9,78 %	Juli 72	6,06 %	Dez. 75	4,25 %	Mai 79	-6,10 %
März 69	0,98 %	Aug. 72	2,23 %	Jan. 76	9,69 %	Juni 79	-4,72 %
Apr. 69	-4,56 %	Sep. 72	-10,40 %	Feb. 76	-2,81 %	Juli 79	-3,88 %
Mai 69	-3,64 %	Okt. 72	3,93 %	März 76	-1,04 %	Aug. 79	4,85 %
Juni 69	-4,96 %	Nov. 72	8,09 %	Apr. 76	3,37 %	Sep. 79	3,46 %
Juli 69	-7,24 %	Dez. 72	-1,61 %	Mai 76	-6,42 %	Okt. 79	-6,27 %
Aug. 69	4,39 %	Jan. 73	-9,68 %	Juni 76	-1,04 %	Nov. 79	-2,04 %
Sep. 69	2,53 %	Feb. 73	-3,55 %	Juli 76	-2,12 %	Dez. 79	-0,10 %
Okt. 69	-3,81 %	März 73	0,62 %	Aug. 76	-4,33 %	Jan. 80	10,18 %
Nov. 69	5,48 %	Apr. 73	0,90 %	Sep. 76	-5,75 %	Feb. 80	5,34 %
Dez. 69	5,18 %	Mai 73	1,30 %	Okt. 76	-10,61 %	März 80	-8,39 %
Jan. 70	1,05 %	Juni 73	-0,03 %	Nov. 76	8,25 %	Apr. 80	4,39 %
Feb. 70	-4,13 %	Juli 73	-4,95 %	Dez. 76	18,52 %	Mai 80	-1,79 %

Anhang F

Entwicklung des Aktienmarkts in Großbritannien (FTSE All Share)

Monat	% Veränd.	Monat	% Veränd.	Monat	% Veränd.	Monat	% Veränd.
Juni 80	11,24 %	Nov. 83	6,03 %	Apr. 87	2,74 %	Sep. 90	-7,91 %
Juli 80	5,30 %	Dez. 83	2,27 %	Mai 87	7,50 %	Okt. 90	3,40 %
Aug. 80	0,66 %	Jan. 84	6,96 %	Juni 87	5,47 %	Nov. 90	4,36 %
Sep. 80	3,18 %	Feb. 84	-1,29 %	Juli 87	4,44 %	Dez. 90	0,53 %
Okt. 80	6,07 %	März 84	6,70 %	Aug. 87	-4,21 %	Jan. 91	0,62 %
Nov. 80	0,78 %	Apr. 84	2,39 %	Sep. 87	5,73 %	Feb. 91	11,33 %
Dez. 80	-4,46 %	Mai 84	-10,41 %	Okt. 87	-26,51 %	März 91	4,19 %
Jan. 81	-0,51 %	Juni 84	2,60 %	Nov. 87	-9,93 %	Apr. 91	1,58 %
Feb. 81	5,75 %	Juli 84	-2,23 %	Dez. 87	9,70 %	Mai 91	0,25 %
März 81	2,34 %	Aug. 84	10,08 %	Jan. 88	5,33 %	Juni 91	-3,03 %
Apr. 81	7,73 %	Sep. 84	3,33 %	Feb. 88	-0,46 %	Juli 91	7,14 %
Mai 81	-4,54 %	Okt. 84	1,85 %	März 88	-0,68 %	Aug. 91	2,94 %
Juni 81	2,07 %	Nov. 84	3,48 %	Apr. 88	4,01 %	Sep. 91	0,37 %
Juli 81	0,15 %	Dez. 84	6,22 %	Mai 88	-0,10 %	Okt. 91	-2,00 %
Aug. 81	5,23 %	Jan. 85	3,78 %	Juni 88	4,58 %	Nov. 91	-5,33 %
Sep. 81	-16,36 %	Feb. 85	-0,84 %	Juli 88	0,55 %	Dez. 91	2,00 %
Okt. 81	3,36 %	März 85	2,24 %	Aug. 88	-5,08 %	Jan. 92	3,67 %
Nov. 81	10,61 %	Apr. 85	1,34 %	Sep. 88	4,33 %	Feb. 92	0,51 %
Dez. 81	-0,12 %	Mai 85	2,34 %	Okt. 88	2,32 %	März 92	-4,16 %
Jan. 82	6,19 %	Juni 85	-5,74 %	Nov. 88	-2,99 %	Apr. 92	10,17 %
Feb. 82	-3,82 %	Juli 85	2,26 %	Dez. 88	-0,27 %	Mai 92	2,44 %
März 82	3,60 %	Aug. 85	6,96 %	Jan. 89	13,96 %	Juni 92	-6,76 %
Apr. 82	0,96 %	Sep. 85	-2,66 %	Feb. 89	-0,75 %	Juli 92	-5,64 %
Mai 82	3,34 %	Okt. 85	7,21 %	März 89	3,59 %	Aug. 92	-3,62 %
Juni 82	-3,87 %	Nov. 85	4,10 %	Apr. 89	1,93 %	Sep. 92	10,50 %
Juli 82	3,96 %	Dez. 85	-1,70 %	Mai 89	0,55 %	Okt. 92	4,49 %
Aug. 82	3,33 %	Jan. 86	2,09 %	Juni 89	1,30 %	Nov. 92	4,84 %
Sep. 82	5,89 %	Feb. 86	8,23 %	Juli 89	7,01 %	Dez. 92	4,17 %
Okt. 82	2,61 %	März 86	8,27 %	Aug. 89	3,26 %	Jan. 93	0,19 %
Nov. 82	2,00 %	Apr. 86	1,38 %	Sep. 89	-2,79 %	Feb. 93	2,48 %
Dez. 82	2,29 %	Mai 86	-3,05 %	Okt. 89	-7,26 %	März 93	1,84 %
Jan. 83	3,78 %	Juni 86	3,84 %	Nov. 89	5,76 %	Apr. 93	-1,05 %
Feb. 83	1,48 %	Juli 86	-5,13 %	Dez. 89	6,18 %	Mai 93	1,42 %
März 83	3,60 %	Aug. 86	6,14 %	Jan. 90	-2,95 %	Juni 93	2,29 %
Apr. 83	7,05 %	Sep. 86	-5,35 %	Feb. 90	-3,46 %	Juli 93	1,40 %
Mai 83	0,03 %	Okt. 86	5,15 %	März 90	-0,01 %	Aug. 93	6,54 %
Juni 83	5,28 %	Nov. 86	1,30 %	Apr. 90	-5,96 %	Sep. 93	-1,52 %
Juli 83	-2,45 %	Dez. 86	2,85 %	Mai 90	n.15 %	Okt. 93	4,16 %
Aug. 83	1,40 %	Jan. 87	8,22 %	Juni 90	1,86 %	Nov. 93	-0,33 %
Sep. 83	-0,67 %	Feb. 87	9,18 %	Juli 90	-1,56 %	Dez. 93	8,32 %
Okt. 83	-1,44 %	März 87	2,19 %	Aug. 90	-7,99 %	Jan. 94	3,94 %

Anhang F
Entwicklung des Aktienmarkts in Großbritannien (FTSE All Share)

Monat	% Veränd.	Monat	% Veränd.	Monat	% Veränd.	Monat	% Veränd.
Feb. 94	-3,80 %	Apr. 97	2,14 %	Juni 00	0,53 %	Aug. 03	1,57 %
März 94	-6,21 %	Mai 97	3,38 %	Juli 00	1,18 %	Sep. 03	-1,59 %
Apr. 94	1,52 %	Juni 97	-0,39 %	Aug. 00	5,18 %	Okt. 03	4,95 %
Mai 94	-4,83 %	Juli 97	5,05 %	Sep. 00	-5,43 %	Nov. 03	1,29 %
Juni 94	-2,08 %	Aug. 97	-0,40 %	Okt. 00	1,72 %	Dez. 03	2,92 %
Juli 94	6,00 %	Sep. 97	8,10 %	Nov. 00	-4,19 %	Jan. 04	-0,86 %
Aug. 94	5,58 %	Okt. 97	-7,14 %	Dez. 00	1,49 %	Feb. 04	2,86 %
Sep. 94	-6,68 %	Nov. 97	1,53 %	Jan. 01	1,61 %	März 04	-1,32 %
Okt. 94	1,93 %	Dez. 97	5,94 %	Feb. 01	-5,08 %	Apr. 04	2,06 %
Nov. 94	-0,28 %	Jan. 98	3,95 %	März 01	-5,05 %	Mai 04	-1,32 %
Dez. 94	-0,04 %	Feb. 98	5,78 %	Apr. 01	6,05 %	Juni 04	1,47 %
Jan. 95	-2,56 %	März 98	4,36 %	Mai 01	-1,80 %	Juli 04	-1,54 %
Feb. 95	0,74 %	Apr. 98	0,56 %	Juni 01	-2,82 %	Aug. 04	1,65 %
März 95	4,32 %	Mai 98	0,59 %	Juli 01	-2,28 %	Sep. 04	2,78 %
Apr. 95	2,92 %	Juni 98	-1,92 %	Aug. 01	-2,50 %	Okt. 04	1,57 %
Mai 95	3,81 %	Juli 98	-0,15 %	Sep. 01	-9,27 %	Nov. 04	2,93 %
Juni 95	-0,21 %	Aug. 98	-10,38 %	Okt. 01	3,24 %	Dez. 04	2,04 %
Juli 95	5,12 %	Sep. 98	-3,70 %	Nov. 01	4,36 %	Jan. 05	1,33 %
Aug. 95	1,40 %	Okt.98	6,98 %	Dez. 01	0,45 %	Feb. 05	2,59 %
Sep. 95	1,34 %	Nov.98	5,05 %	Jan. 02	-1,04 %	März 05	-0,87 %
Okt. 95	0,26 %	Dez. 98	1,92 %	Feb. 02	-0,81 %	Apr. 05	-2,41 %
Nov. 95	3,40 %	Jan. 99	0,87 %	März 02	4,19 %	Mai 05	4,07 %
Dez. 95	1,32 %	Feb. 99	4,96 %	Apr. 02	-1,55 %	Juni 05	3,40 %
Jan. 96	2,47 %	März 99	3,09 %	Mai 02	-1,23 %	Juli 05	3,39 %
Feb. 96	0,17 %	Apr. 99	4,85 %	Juni 02	-8,42 %	Aug. 05	1,17 %
März 96	0,84 %	Mai 99	-4,44 %	Juli 02	-9,22 %	Sep. 05	3,42 %
Apr. 96	4,32 %	Juni 99	2,15 %	Aug. 02	0,33 %	Okt. 05	-2,89 %
Mai 96	-1,21 %	Juli 99	-0,63 %	Sep. 02	-11,76 %	Nov. 05	3,30 %
Juni 96	-1,21 %	Aug. 99	0,89 %	Okt. 02	7,79 %	Dez. 05	3,94 %
Juli 96	-0,75 %	Sep. 99	-3,66 %	Nov. 02	3,54 %	Jan. 06	2,91 %
Aug. 96	5,00 %	Okt. 99	2,86 %	Dez. 02	-5,34 %	Feb. 06	1,20 %
Sep. 96	1,88 %	Nov. 99	6,43 %	Jan. 03	-8,97 %	März 06	3,79 %
Okt. 96	0,80 %	Dez. 99	5,17 %	Feb. 03	2,62 %	Apr. 06	1,06 %
Nov. 96	1,67 %	Jan. 00	-8,16 %	März 03	-0,62 %	Mai 06	-4,78 %
Dez. 96	1,73 %	Feb. 00	0,69 %	Apr. 03	9,37 %	Juni 06	2,01 %
Jan. 97	3,78 %	März 00	4,42 %	Mai 03	4,39 %		
Feb. 97	1,18 %	Apr. 00	-3,29 %	Juni 03	0,31 %		
März 97	0,26 %	Mai 00	0,68 %	Juli 03	3,95 %		

Anhang G

Entwicklung des deutschen Aktienmarkts

Quelle: Global Financial Data. Zurückberechnete DAX-Simulation, keine offiziellen Daten.

Monat	% Veränd.	Monat	% Veränd.	Monat	% Veränd.	Monat	% Veränd.
Jan. 26	11,50 %	Juni 29	2,84 %	Nov. 32	2,17 %	Apr. 36	3,47 %
Feb. 26	10,24 %	Juli 29	-1,73 %	Dez. 32	6,44 %	Mai 36	3,50 %
März 26	6,13 %	Aug. 29	-0,66 %	Jan. 33	4,92 %	Juni 36	2,76 %
Apr. 26	9,22 %	Sep. 29	-0,92 %	Feb. 33	0,61 %	Juli 36	1,74 %
Mai 26	-1,09 %	Okt. 29	-5,39 %	März 33	8,92 %	Aug. 36	-0,90 %
Juni 26	6,55 %	Nov. 29	-3,49 %	Apr. 33	3,85 %	Sep. 36	-1,37 %
Juli 26	8,47 %	Dez. 29	-3,33 %	Mai 33	0,99 %	Okt. 36	6,27 %
Aug. 26	10,01 %	Jan. 30	4,72 %	Juni 33	-1,97 %	Nov. 36	0,88 %
Sep. 26	2,60 %	Feb. 30	1,03 %	Juli 33	-4,02 %	Dez. 36	-0,79 %
Okt. 26	10,09 %	März 30	-0,77 %	Aug. 33	-2,96 %	Jan. 37	1,46 %
Nov. 26	6,42 %	Apr. 30	3,19 %	Sep. 33	-5,25 %	Feb. 37	1,78 %
Dez. 26	-0,08 %	Mai 30	0,10 %	Okt. 33	-0,21 %	März 37	1,44 %
Jan. 27	14,75 %	Juni 30	-3,78 %	Nov. 33	3,37 %	Apr. 37	1,46 %
Feb. 27	6,68 %	Juli 30	-4,95 %	Dez. 33	5,65 %	Mai 37	1,45 %
März 27	-2,61 %	Aug. 30	-5,55 %	Jan. 34	4,52 %	Juni 37	1,24 %
Apr. 27	6,30 %	Sep. 30	-0,35 %	Feb. 34	5,61 %	Juli 37	1,88 %
Mai 27	-3,81 %	Okt. 30	-5,72 %	März 34	4,52 %	Aug. 37	1,35 %
Juni 27	-8,47 %	Nov. 30	-2,97 %	Apr. 34	-2,27 %	Sep. 37	-0,44 %
Juli 27	3,57 %	Dez. 30	-4,71 %	Mai 34	-2,01 %	Okt. 37	-1,05 %
Aug. 27	-1,37 %	Jan. 31	-5,62 %	Juni 34	4,28 %	Nov. 37	-0,72 %
Sep. 27	-3,30 %	Feb. 31	5,37 %	Juli 34	2,40 %	Dez. 37	-0,32 %
Okt. 27	-2,87 %	März 31	7,14 %	Aug. 34	3,23 %	Jan. 38	2,64 %
Nov. 27	-9,11 %	Apr. 31	2,12 %	Sep. 34	4,22 %	Feb. 38	0,15 %
Dez. 27	6,15 %	Mai 31	-9,56 %	Okt. 34	0,44 %	März 38	0,57 %
Jan. 28	5,50 %	Juni 31	-7,99 %	Nov. 34	-3,12 %	Apr. 38	1,25 %
Feb. 28	-2,09 %	Juli 31	1,90 %	Dez. 34	-0,38 %	Mai 38	-1,46 %
März 28	-1,01 %	Aug. 31	0,68 %	Jan. 35	4,94 %	Juni 38	-1,59 %
Apr. 28	4,74 %	Sep. 31	-25,09 %	Feb. 35	3,85 %	Juli 38	-1,98 %
Mai 28	3,35 %	Okt. 31	1,02 %	März 35	1,93 %	Aug. 38	-4,91 %
Juni 28	1,11 %	Nov. 31	1,03 %	Apr. 35	1,97 %	Sep. 38	1,40 %
Juli 28	-2,44 %	Dez. 31	-12,30 %	Mai 35	2,29 %	Okt. 38	4,60 %
Aug. 28	0,19 %	Jan. 32	0,63 %	Juni 35	3,29 %	Nov. 38	-1,01 %
Sep. 28	0,62 %	Feb. 32	0,64 %	Juli 35	1,29 %	Dez. 38	-2,31 %
Okt. 28	-1,00 %	März 32	0,63 %	Aug. 35	1,18 %	Jan. 39	1,17 %
Nov. 28	0,22 %	Apr. 32	0,63 %	Sep. 35	-2,62 %	Feb. 39	1,37 %
Dez. 28	1,48 %	Mai 32	2,50 %	Okt. 35	-1,52 %	März 39	-1,39 %
Jan. 29	-1,01 %	Juni 32	-1,21 %	Nov. 35	-1,28 %	Apr. 39	0,95 %
Feb. 29	-2,96 %	Juli 32	0,96 %	Dez. 35	0,11 %	Mai 39	-0,42 %
März 29	0,04 %	Aug. 32	5,09 %	Jan. 36	3,08 %	Juni 39	-1,28 %
Apr. 29	0,42 %	Sep. 32	13,37 %	Feb. 36	2,50 %	Juli 39	-0,38 %
Mai 29	-3,66 %	Okt. 32	-2,66 %	März 36	-0,14 %	Aug. 39	2,04 %

Anhang G

Entwicklung des deutschen Aktienmarkts

Monat	% Veränd.	Monat	% Veränd.	Monat	% Veränd.	Monat	% Veränd.
Sep. 39	-0,07 %	Feb. 43	0,41 %	Juli 46	0,99 %	Dez. 49	15,02 %
Okt. 39	-0,10 %	März 43	0,11 %	Aug. 46	1,93 %	Jan. 50	-12,21 %
Nov. 39	2,82 %	Apr. 43	0,13 %	Sep. 46	0,45 %	Feb. 50	-0,97 %
Dez. 39	3,95 %	Mai 43	0,46 %	Okt. 46	0,96 %	März 50	-9,04 %
Jan. 40	3,64 %	Juni 43	0,24 %	Nov. 46	2,31 %	Apr. 50	3,36 %
Feb. 40	2,56 %	Juli 43	0,13 %	Dez. 46	1,36 %	Mai 50	-1,17 %
März 40	3,72 %	Aug. 43	0,12 %	Jan. 47	0,88 %	Juni 50	0,00 %
Apr. 40	2,90 %	Sep. 43	0,30 %	Feb. 47	0,46 %	Juli 50	2,23 %
Mai 40	3,05 %	Okt. 43	0,27 %	März 47	0,00 %	Aug. 50	3,08 %
Juni 40	0,71 %	Nov. 43	-0,11 %	Apr. 47	0,00 %	Sep. 50	5,11 %
Juli 40	0,49 %	Dez. 43	0,72 %	Mai 47	0,00 %	Okt. 50	2,02 %
Aug. 40	3,11 %	Jan. 44	-0,54 %	Juni 47	0,45 %	Nov. 50	-3,84 %
Sep. 40	4,68 %	Feb. 44	0,00 %	Juli 47	1,32 %	Dez. 50	2,05 %
Okt. 40	3,86 %	März 44	0,00 %	Aug. 47	1,30 %	Jan. 51	5,92 %
Nov. 40	2,98 %	Apr. 44	0,00 %	Sep. 47	0,00 %	Feb. 51	8,16 %
Dez. 40	0,00 %	Mai 44	0,77 %	Okt. 47	0,85 %	März 51	1,76 %
Jan. 41	3,03 %	Juni 44	0,00 %	Nov. 47	0,87 %	Apr. 51	-0,71 %
Feb. 41	1,47 %	Juli 44	0,66 %	Dez. 47	1,26 %	Mai 51	2,56 %
März 41	-1,16 %	Aug. 44	0,00 %	Jan. 48	2,07 %	Juni 51	6,48 %
Apr. 41	0,30 %	Sep. 44	0,00 %	Feb. 48	2,03 %	Juli 51	4,97 %
Mai 41	1,96 %	Okt. 44	0,00 %	März 48	10,00 %	Aug. 51	15,45 %
Juni 41	4,02 %	Nov. 44	0,00 %	Apr. 48	9,09 %	Sep. 51	0,62 %
Juli 41	3,55 %	Dez. 44	0,00 %	Mai 48	8,36 %	Okt. 51	8,92 %
Aug. 41	1,29 %	Jan. 45	-0,30 %	Juni 48	13,22 %	Nov. 51	-2,33 %
Sep. 41	1,95 %	Feb. 45	-0,40 %	Juli 48	-92,37 %	Dez. 51	14,67 %
Okt. 41	-6,03 %	März 45	-0,43 %	Aug. 48	1,97 %	Jan. 52	12,48 %
Nov. 41	-0,22 %	Apr. 45	-0,43 %	Sep. 48	1,37 %	Feb. 52	-0,95 %
Dez. 41	0,43 %	Mai 45	-0,40 %	Okt. 48	2,45 %	März 52	-7,92 %
Jan. 42	2,09 %	Juni 45	-0,44 %	Nov. 48	2,65 %	Apr. 52	-1,66 %
Feb. 42	2,15 %	Juli 45	-0,44 %	Dez. 48	2,59 %	Mai 52	-6,24 %
März 42	-0,11 %	Aug. 45	-0,44 %	Jan. 49	3,02 %	Juni 52	-5,00 %
Apr. 42	1,30 %	Sep. 45	-0,41 %	Feb. 49	5,13 %	Juli 52	-1,68 %
Mai 42	0,43 %	Okt. 45	-0,89 %	März 49	4,65 %	Aug. 52	0,57 %
Juni 42	0,59 %	Nov. 45	-0,86 %	Apr. 49	0,00 %	Sep. 52	4,19 %
Juli 42	-0,54 %	Dez. 45	-0,14 %	Mai 49	9,11 %	Okt. 52	-5,72 %
Aug. 42	0,21 %	Jan. 46	-1,19 %	Juni 49	8,36 %	Nov. 52	-2,38 %
Sep. 42	0,26 %	Feb. 46	-1,34 %	Juli 49	0,00 %	Dez. 52	-1,92 %
Okt. 42	0,86 %	März 46	-0,90 %	Aug. 49	7,70 %	Jan. 53	1,89 %
Nov. 42	0,33 %	Apr. 46	-1,37 %	Sep. 49	14,31 %	Feb. 53	-3,11 %
Dez. 42	0,72 %	Mai 46	-2,35 %	Okt. 49	12,51 %	März 53	-1,22 %
Jan. 43	1,44 %	Juni 46	-1,91 %	Nov. 49	11,13 %	Apr. 53	0,00 %

Anhang G
Entwicklung des deutschen Aktienmarkts

Monat	% Veränd.	Monat	% Veränd.	Monat	% Veränd.	Monat	% Veränd.
Mai 53	-1,31 %	Apr. 56	1,70 %	März 59	0,09 %	Feb. 62	-1,30 %
Juni 53	0,00 %	Mai 56	-3,30 %	Apr. 59	6,24 %	März 62	-0,64 %
Juli 53	2,35 %	Juni 56	-1,98 %	Mai 59	6,90 %	Apr. 62	-3,16 %
Aug. 53	4,60 %	Juli 56	-0,54 %	Juni 59	10,79 %	Mai 62	-7,45 %
Sep. 53	7,47 %	Aug. 56	-2,93 %	Juli 59	14,24 %	Juni 62	-8,84 %
Okt. 53	4,09 %	Sep. 56	2,49 %	Aug. 59	12,62 %	Juli 62	-2,80 %
Nov. 53	2,81 %	Okt. 56	2,15 %	Sep. 59	-5,68 %	Aug. 62	-3,65 %
Dez. 53	-0,25 %	Nov. 56	-2,31 %	Okt. 59	-4,24 %	Sep. 62	-1,23 %
Jan. 54	3,83 %	Dez. 56	2,47 %	Nov. 59	5,47 %	Okt. 62	-8,03 %
Feb. 54	3,69 %	Jan. 57	0,66 %	Dez. 59	4,83 %	Nov. 62	11,52 %
März 54	2,08 %	Feb. 57	-2,01 %	Jan. 60	4,28 %	Dez. 62	4,89 %
Apr. 54	0,35 %	März 57	1,58 %	Feb. 60	0,73 %	Jan. 63	-3,37 %
Mai 54	1,51 %	Apr. 57	1,88 %	März 60	-1,55 %	Feb. 63	-2,48 %
Juni 54	6,44 %	Mai 57	-1,39 %	Apr. 60	3,40 %	März 63	0,17 %
Juli 54	9,48 %	Juni 57	-1,69 %	Mai 60	6,51 %	Apr. 63	2,78 %
Aug. 54	3,86 %	Juli 57	2,55 %	Juni 60	14,29 %	Mai 63	9,07 %
Sep. 54	6,64 %	Aug. 57	4,01 %	Juli 60	7,50 %	Juni 63	1,91 %
Okt. 54	6,23 %	Sep. 57	3,30 %	Aug. 60	8,46 %	Juli 63	-0,20 %
Nov. 54	4,78 %	Okt. 57	-1,30 %	Sep. 60	0,23 %	Aug. 63	4,43 %
Dez. 54	7,82 %	Nov. 57	1,54 %	Okt. 60	-5,70 %	Sep. 63	3,04 %
Jan. 55	6,22 %	Dez. 57	0,95 %	Nov. 60	-1,78 %	Okt. 63	-1,79 %
Feb. 55	-0,94 %	Jan. 58	3,20 %	Dez. 60	-2,14 %	Nov. 63	-2,60 %
März 55	5,00 %	Feb. 58	2,31 %	Jan. 61	-0,84 %	Dez. 63	1,17 %
Apr. 55	10,26 %	März 58	-0,43 %	Feb. 61	-0,77 %	Jan. 64	6,11 %
Mai 55	1,09 %	Apr. 58	4,18 %	März 61	-0,86 %	Feb. 64	3,01 %
Juni 55	0,27 %	Mai 58	0,64 %	Apr. 61	2,17 %	März 64	4,28 %
Juli 55	3,84 %	Juni 58	4,54 %	Mai 61	4,51 %	Apr. 64	-0,26 %
Aug. 55	1,84 %	Juli 58	3,11 %	Juni 61	0,75 %	Mai 64	-1,85 %
Sep. 55	0,76 %	Aug. 58	6,92 %	Juli 61	-8,08 %	Juni 64	-1,49 %
Okt. 55	-8,11 %	Sep. 58	7,17 %	Aug. 61	-4,48 %	Juli 64	2,43 %
Nov. 55	-3,29 %	Okt. 58	5,64 %	Sep. 61	-4,42 %	Aug. 64	2,28 %
Dez. 55	4,94 %	Nov. 58	6,59 %	Okt. 61	2,06 %	Sep. 64	0,94 %
Jan. 56	1,05 %	Dez. 58	-0,68 %	Nov. 61	6,80 %	Okt. 64	-3,31 %
Feb. 56	-2,73 %	Jan. 59	5,87 %	Dez. 61	-3,11 %	Nov. 64	-3,23 %
März 56	0,28 %	Feb. 59	1,55 %	Jan. 62	-1,64 %	Dez. 64	0,68 %

Anhang H
Entwicklung des DAX

Quelle: Global Financial Data.

Monat	% Veränd.	Monat	% Veränd.	Monat	% Veränd.	Monat	% Veränd.
Jan. 65	-0,17 %	Juli 99	-3,63 %	Nov. 68	-1,79 %	Apr. 72	-1,92 %
Feb. 65	-1,33 %	Aug. 99	2,26 %	Dez. 68	-1,84 %	Mai 72	3,11 %
März 65	-1,89 %	Sep. 99	-2,66 %	Jan. 69	3,08 %	Juni 72	-1,87 %
Apr. 65	-0,05 %	Okt. 99	5,87 %	Feb. 69	1,73 %	Juli 72	6,85 %
Mai 65	-2,26 %	Nov. 99	6,42 %	März 69	0,34 %	Aug. 72	-1,27 %
Juni 65	-2,08 %	Dez. 99	14,10 %	Apr. 69	0,16 %	Sep. 72	-3,06 %
Juli 65	-0,98 %	Dez. 65	-1,15 %	Mai 69	4,62 %	Okt. 72	-2,57 %
Aug. 65	1,84 %	Jan. 66	3,57 %	Juni 69	1,00 %	Nov. 72	1,42 %
Sep. 65	0,42 %	Feb. 66	1,52 %	Juli 69	-3,84 %	Dez. 72	-0,84 %
Okt. 65	-2,71 %	März 66	-1,11 %	Aug. 69	3,57 %	Jan. 73	5,15 %
Nov. 65	-2,19 %	Apr. 66	-2,34 %	Sep. 69	0,91 %	Feb. 73	-1,77 %
Jan. 97	5,36 %	Mai 66	-5,76 %	Okt. 69	4,13 %	März 73	6,00 %
Feb. 97	6,47 %	Juni 66	-4,28 %	Nov. 69	5,23 %	Apr. 73	-4,56 %
März 97	4,99 %	Juli 66	-5,45 %	Dez. 69	-2,91 %	Mai 73	-9,19 %
Apr. 97	0,38 %	Aug. 66	0,97 %	Jan. 70	-3,60 %	Juni 73	0,25 %
Mai 97	3,83 %	Sep. 66	3,17 %	Feb. 70	-1,94 %	Juli 73	-7,22 %
Juni 97	5,88 %	Okt. 66	-2,75 %	März 70	0,48 %	Aug. 73	1,26 %
Juli 97	13,94 %	Nov. 66	-2,71 %	Apr. 70	-5,01 %	Sep. 73	-1,31 %
Aug. 97	-10,21 %	Dez. 66	1,01 %	Mai 70	-9,02 %	Okt. 73	7,00 %
Sep. 97	5,38 %	Jan. 67	-0,07 %	Juni 70	-2,28 %	Nov. 73	-10,91 %
Okt. 97	-9,09 %	Feb. 67	7,06 %	Juli 70	6,38 %	Dez. 73	-1,15 %
Nov. 97	4,36 %	März 67	2,21 %	Aug. 70	1,06 %	Jan. 74	5,94 %
Dez. 97	5,94 %	Apr. 67	-0,75 %	Sep. 70	-2,48 %	Feb. 74	-5,78 %
Jan. 98	4,34 %	Mai 67	-1,60 %	Okt. 70	-1,18 %	März 74	0,11 %
Feb. 98	6,14 %	Juni 67	-1,21 %	Nov. 70	-3,91 %	Apr. 74	3,95 %
März 98	7,61 %	Juli 67	1,97 %	Dez. 70	-1,66 %	Mai 74	-2,62 %
Apr. 98	0,54 %	Aug. 67	12,74 %	Jan. 71	13,08 %	Juni 74	-1,97 %
Mai 98	7,49 %	Sep. 67	4,56 %	Feb. 71	3,80 %	Juli 74	-1,31 %
Juni 98	4,11 %	Okt. 67	1,42 %	März 71	1,47 %	Aug. 74	0,56 %
Juli 98	0,07 %	Nov. 67	4,93 %	Apr. 71	-5,44 %	Sep. 74	-4,16 %
Aug. 98	-16,29 %	Dez. 67	2,27 %	Mai 71	1,77 %	Okt. 74	0,69 %
Sep. 98	-6,99 %	Jan. 68	6,22 %	Juni 71	-0,50 %	Nov. 74	5,26 %
Okt. 98	3,77 %	Feb. 68	0,71 %	Juli 71	3,90 %	Dez. 74	1,49 %
Nov. 98	6,63 %	März 68	0,17 %	Aug. 71	-3,79 %	Jan. 75	7,68 %
Dez. 98	-0,05 %	Apr. 68	5,10 %	Sep. 71	-4,04 %	Feb. 75	10,34 %
Jan. 99	3,16 %	Mai 68	0,87 %	Okt. 71	-6,84 %	März 75	0,99 %
Feb. 99	-3,58 %	Juni 68	2,28 %	Nov. 71	1,13 %	Apr. 75	2,68 %
März 99	-1,17 %	Juli 68	1,54 %	Dez. 71	6,07 %	Mai 75	-6,06 %
Apr. 99	8,09 %	Aug. 68	1,43 %	Jan. 72	4,70 %	Juni 75	0,99 %
Mai 99	-4,56 %	Sep. 68	-1,02 %	Feb. 72	7,71 %	Juli 75	8,52 %
Juni 99	5,29 %	Okt. 68	1,63 %	März 72	3,92 %	Aug. 75	-4,14 %

Anhang H
Entwicklung des DAX

Monat	% Veränd.	Monat	% Veränd.	Monat	% Veränd.	Monat	% Veränd.
Sep. 75	-1,29 %	Feb. 79	-3,19 %	Juli 82	0,51 %	Dez. 85	10,29 %
Okt. 75	7,20 %	März 79	-1,82 %	Aug. 82	-0,85 %	Jan. 86	0,75 %
Nov. 75	4,58 %	Apr. 79	0,30 %	Sep. 82	5,56 %	Feb. 86	-2,99 %
Dez. 75	0,74 %	Mai 79	-4,07 %	Okt. 82	-0,06 %	März 86	8,90 %
Jan. 76	0,95 %	Juni 79	-1,59 %	Nov. 82	3,62 %	Apr. 86	5,14 %
Feb. 76	0,52 %	Juli 79	3,38 %	Dez. 82	5,93 %	Mai 86	-9,25 %
März 76	2,96 %	Aug. 79	1,33 %	Jan. 83	-1,13 %	Juni 86	-0,33 %
Apr. 76	-5,34 %	Sep. 79	0,32 %	Feb. 83	7,22 %	Juli 86	-5,05 %
Mai 76	-1,78 %	Okt. 79	-4,15 %	März 83	11,07 %	Aug. 86	14,45 %
Juni 76	2,30 %	Nov. 79	0,74 %	Apr. 83	6,69 %	Sep. 86	-5,68 %
Juli 76	-1,59 %	Dez. 79	-1,78 %	Mai 83	-4,35 %	Okt. 86	0,73 %
Aug. 76	-0,78 %	Jan. 80	0,68 %	Juni 83	4,80 %	Nov. 86	3,43 %
Sep. 76	0,68 %	Feb. 80	2,64 %	Juli 83	3,52 %	Dez. 86	-1,16 %
Okt. 76	-7,04 %	März 80	-7,49 %	Aug. 83	-5,58 %	Jan. 87	-11,33 %
Nov. 76	4,41 %	Apr. 80	3,47 %	Sep. 83	2,40 %	Feb. 87	-4,93 %
Dez. 76	0,61 %	Mai 80	3,35 %	Okt. 83	7,74 %	März 87	3,10 %
Jan. 77	0,97 %	Juni 80	3,34 %	Nov. 83	1,95 %	Apr. 87	0,30 %
Feb. 77	-2,27 %	Juli 80	3,18 %	Dez. 83	0,64 %	Mai 87	-0,98 %
März 77	2,49 %	Aug. 80	-1,42 %	Jan. 84	3,75 %	Juni 87	6,29 %
Apr. 77	6,93 %	Sep. 80	-0,07 %	Feb. 84	-4,37 %	Juli 87	6,69 %
Mai 77	-0,82 %	Okt. 80	-1,26 %	März 84	-0,24 %	Aug. 87	1,03 %
Juni 77	-1,42 %	Nov. 80	0,66 %	Apr. 84	1,48 %	Sep. 87	-2,66 %
Juli 77	1,57 %	Dez. 80	-2,09 %	Mai 84	-2,11 %	Okt. 87	-22,39 %
Aug. 77	2,44 %	Jan. 81	-1,44 %	Juni 84	3,24 %	Nov. 87	-12,42 %
Sep. 77	0,55 %	Feb. 81	0,02 %	Juli 84	-6,15 %	Dez. 87	-1,97 %
Okt. 77	2,42 %	März 81	2,77 %	Aug. 84	5,27 %	Jan. 88	-5,98 %
Nov. 77	0,97 %	Apr. 81	4,48 %	Sep. 84	6,73 %	Feb. 88	14,93 %
Dez. 77	-1,18 %	Mai 81	-1,40 %	Okt. 84	1,14 %	März 88	0,31 %
Jan. 78	1,59 %	Juni 81	6,41 %	Nov. 84	0,39 %	Apr. 88	-0,71 %
Feb. 78	0,79 %	Juli 81	1,38 %	Dez. 84	1,78 %	Mai 88	1,55 %
März 78	-0,57 %	Aug. 81	-2,34 %	Jan. 85	5,05 %	Juni 88	5,00 %
Apr. 78	-2,47 %	Sep. 81	-5,41 %	Feb. 85	1,86 %	Juli 88	3,28 %
Mai 78	2,41 %	Okt. 81	-0,31 %	März 85	0,98 %	Aug. 88	-0,16 %
Juni 78	2,95 %	Nov. 81	2,28 %	Apr. 85	3,63 %	Sep. 88	6,20 %
Juli 78	4,32 %	Dez. 81	-2,36 %	Mai 85	8,21 %	Okt. 88	3,91 %
Aug. 78	1,52 %	Jan. 82	2,35 %	Juni 85	6,47 %	Nov. 88	-2,99 %
Sep. 78	2,62 %	Feb. 82	1,59 %	Juli 85	-3,54 %	Dez. 88	4,10 %
Okt. 78	-2,19 %	März 82	2,71 %	Aug. 85	8,84 %	Jan. 89	2,08 %
Nov. 78	-0,92 %	Apr. 82	-0,25 %	Sep. 85	5,19 %	Feb. 89	-1,75 %
Dez. 78	0,00 %	Mai 82	-0,78 %	Okt. 85	13,19 %	März 89	1,76 %
Jan. 79	2,08 %	Juni 82	-1,18 %	Nov. 85	-1,26 %	Apr. 89	3,51 %

Anhang H
Entwicklung des DAX

Monat	% Veränd.	Monat	% Veränd.	Monat	% Veränd.	Monat	% Veränd.
Mai 89	2,38 %	Okt. 92	1,27 %	März 96	-0,03 %	Aug. 02	0,16 %
Juni 89	5,55 %	Nov. 92	2,01 %	Apr. 96	0,02 %	Sep. 02	-23,85 %
Juli 89	5,17 %	Dez. 92	-0,18 %	Mai 96	2,11 %	Okt. 02	12,95 %
Aug. 89	3,75 %	Jan. 93	2,22 %	Juni 96	2,38 %	Nov. 02	4,57 %
Sep. 89	1,29 %	Feb. 93	6,27 %	Juli 96	-3,28 %	Dez. 02	-12,01 %
Okt. 89	-6,77 %	März 93	1,70 %	Aug. 96	2,50 %	Jan. 03	-4,30 %
Nov. 89	5,29 %	Apr. 93	-2,14 %	Sep. 96	3,38 %	Feb. 03	-6,89 %
Dez. 89	10,71 %	Mai 93	0,62 %	Okt. 96	0,03 %	März 03	-4,26 %
Jan. 90	1,98 %	Juni 93	2,48 %	Nov. 96	4,90 %	Apr. 03	20,01 %
Feb. 90	-0,75 %	Juli 93	5,99 %	Dez. 96	1,60 %	Mai 03	1,71 %
März 90	9,73 %	Aug. 93	7,04 %	Jan. 00	-0,16 %	Juni 03	7,61 %
Apr. 90	-6,50 %	Sep. 93	-1,52 %	Feb. 00	13,72 %	Juli 03	7,83 %
Mai 90	1,95 %	Okt. 93	8,11 %	März 00	-1,20 %	Aug. 03	0,80 %
Juni 90	2,92 %	Nov. 93	-0,35 %	Apr. 00	-2,40 %	Sep. 03	-5,90 %
Juli 90	3,93 %	Dez. 93	7,73 %	Mai 00	-4,72 %	Okt. 03	11,70 %
Aug. 90	-14,29 %	Jan. 94	-2,51 %	Juni 00	-2,39 %	Nov. 03	2,17 %
Sep. 90	-16,36 %	Feb. 94	-3,08 %	Juli 00	2,67 %	Dez. 03	5,18 %
Okt. 90	7,84 %	März 94	1,52 %	Aug. 00	0,53 %	Jan. 04	2,93 %
Nov. 90	0,21 %	Apr. 94	4,86 %	Sep. 00	-5,54 %	Feb. 04	-0,44 %
Dez. 90	-2,78 %	Mai 94	-4,62 %	Okt. 00	1,50 %	März 04	-3,70 %
Jan. 91	-1,06 %	Juni 94	-3,77 %	Nov. 00	-10,69 %	Apr. 04	3,26 %
Feb. 91	8,32 %	Juli 94	4,28 %	Dez. 00	0,10 %	Mai 04	-1,47 %
März 91	-1,25 %	Aug. 94	2,60 %	Jan. 01	4,55 %	Juni 04	3,25 %
Apr. 91	6,09 %	Sep. 94	-7,40 %	Feb. 01	-7,26 %	Juli 04	-3,75 %
Mai 91	3,45 %	Okt. 94	1,79 %	März 01	-6,13 %	Aug. 04	-2,91 %
Juni 91	-2,51 %	Nov. 94	-1,21 %	Apr. 01	6,41 %	Sep. 04	2,87 %
Juli 91	-1,78 %	Dez. 94	2,40 %	Mai 01	-1,52 %	Okt. 04	1,54 %
Aug. 91	1,19 %	Jan. 95	-4,15 %	Juni 01	-0,98 %	Nov. 04	4,09 %
Sep. 91	-2,82 %	Feb. 95	3,40 %	Juli 01	-3,27 %	Dez. 04	2,99 %
Okt. 91	-2,21 %	März 95	-7,64 %	Aug. 01	-9,64 %	Jan. 05	0,53 %
Nov. 91	-1,21 %	Apr. 95	4,51 %	Sep. 01	-15,12 %	Feb. 05	2,57 %
Dez. 91	-0,87 %	Mai 95	3,88 %	Okt. 01	6,00 %	März 05	-0,12 %
Jan. 92	5,30 %	Juni 95	0,61 %	Nov. 01	7,87 %	Apr. 05	-3,74 %
Feb. 92	4,25 %	Juli 95	5,35 %	Dez. 01	2,46 %	Mai 05	6,64 %
März 92	-1,66 %	Aug. 95	0,21 %	Jan. 02	0,61 %	Juni 05	3,35 %
Apr. 92	0,64 %	Sep. 95	-2,07 %	Feb. 02	-1,07 %	Juli 05	6,51 %
Mai 92	3,26 %	Okt. 95	-1,96 %	März 02	5,33 %	Aug. 05	-0,83 %
Juni 92	-3,19 %	Nov. 95	1,92 %	Apr. 02	-5,08 %	Sep. 05	4,55 %
Juli 92	-7,79 %	Dez. 95	1,40 %	Mai 02	-3,56 %	Okt. 05	-2,75 %
Aug. 92	-5,68 %	Jan. 96	7,39 %	Juni 02	-7,32 %	Nov. 05	5,09 %
Sep. 92	-3,91 %	Feb. 96	-0,42 %	Juli 02	-14,81 %	Dez. 05	3,95 %

Anhang H
Entwicklung des DAX

Monat	% Veränd.	Monat	% Veränd.	Monat	% Veränd.	Monat	% Veränd.
Jan. 06	-5,77 %	März 06	3,12 %	Mai 06	-5,61 %		
Feb. 06	2,94 %	Apr. 06	0,86 %	Juni 06	-0,44 %		

Anhang I
Entwicklung des japanischen Aktienmarkts

Quelle: Global Financial Data. Zurückberechnete Simulation des TOPIX, keine offiziellen Daten.

Monat	% Veränd.	Monat	% Veränd.	Monat	% Veränd.	Monat	% Veränd.
Jan. 26	4,79 %	Nov. 28	-0,60 %	Sep. 31	-3,12 %	Juli 34	-1,75 %
Feb. 26	3-34 %	Dez. 28	-1,43 %	Okt. 31	-8,10 %	Aug. 34	0,32 %
März 26	-1,74 %	Jan. 29	1,75 %	Nov. 31	1,17 %	Sep. 34	-3,23 %
Apr. 26	0,32 %	Feb. 29	3,37 %	Dez. 31	8,60 %	Okt. 34	-1,26 %
Mai 26	0,00 %	März 29	0,51 %	Jan. 32	26,47 %	Nov. 34	0,49 %
Juni 26	-0,64 %	Apr. 29	-2,67 %	Feb. 32	3,97 %	Dez. 34	-1,11 %
Juli 26	3,06 %	Mai 29	-3,63 %	März 32	-3,01 %	Jan. 35	0,17 %
Aug. 26	-0,63 %	Juni 29	0,00 %	Apr. 32	-8,18 %	Feb. 35	2,65 %
Sep. 26	-1,42 %	Juli 29	-3,38 %	Mai 32	1,16 %	März 35	0,61 %
Okt. 26	0,32 %	Aug. 29	-4,22 %	Juni 32	-4,57 %	Apr. 35	-0,16 %
Nov. 26	0,80 %	Sep. 29	0,33 %	Juli 32	4,10 %	Mai 35	-1,65 %
Dez. 26	-3-55 %	Okt. 29	0,66 %	Aug. 32	4,02 %	Juni 35	-2,29 %
Jan. 27	4,34 %	Nov. 29	-0,66 %	Sep. 32	9,79 %	Juli 35	-0,46 %
Feb. 27	3,22 %	Dez. 29	-3,15 %	Okt. 32	2,95 %	Aug. 35	5,79 %
März 27	-0,84 %	Jan. 30	-0,26 %	Nov. 32	17,25 %	Sep. 35	2,70 %
Apr. 27	-6,36 %	Feb. 30	2,23 %	Dez. 32	22,04 %	Okt. 35	0,81 %
Mai 27	-2,37 %	März 30	-3,10 %	Jan. 33	3,61 %	Nov. 35	1,19 %
Juni 27	-1,34 %	Apr. 30	-5,54 %	Feb. 33	-7,54 %	Dez. 35	0,83 %
Juli 27	-1,19 %	Mai 30	-1,10 %	März 33	1,88 %	Jan. 36	2,97 %
Aug. 27	0,60 %	Juni 30	-7,59 %	Apr. 33	1,70 %	Feb. 36	3-39 %
Sep. 27	2,56 %	Juli 30	-2,20 %	Mai 33	3,49 %	März 36	-5,68 %
Okt. 27	1,83 %	Aug. 30	1,13 %	Juni 33	5,46 %	Apr. 36	3,52 %
Nov. 27	-0,82 %	Sep. 30	-6,79 %	Juli 33	1,40 %	Mai 36	1,34 %
Dez. 27	2,72 %	Okt. 30	-37°%	Aug. 33	0,18 %	Juni 36	1,07 %
Jan. 28	1,53 %	Nov. 30	5,87 %	Sep. 33	5,63 %	Juli 36	0,53 %
Feb. 28	2,37 %	Dez. 30	6,82 %	Okt. 33	1,39 %	Aug. 36	2,25 %
März 28	2,01 %	Jan. 31	-0,40 %	Nov. 33	-2,77 %	Sep. 36	0,86 %
Apr. 28	-1,44 %	Feb. 31	2,71 %	Det-33	3,32 %	Okt. 36	0,27 %
Mai 28	2,31 %	März 31	5,76 %	Jan. 34	5,11 %	Nov. 36	-2,04 %
Juni 28	1,73 %	Apr. 31	-0,37 %	Feb. 34	3,10 %	Dez. 36	3,88 %
Juli 28	1,62 %	Mai 31	-1,30 %	März 34	0,80 %	Jan. 37	3,14 %
Aug. 28	-0,87 %	Juni 31	0,38 %	Apr. 34	-2,94 %	Feb. 37	4,72 %
Sep. 28	0,59 %	Juli 31	2,34 %	Mai 34	1,17 %	März 37	4,60 %
Okt. 28	-2,41 %	Aug. 31	-3,38 %	Juni 34	-1,00 %	Apr. 37	1,45 %

Anhang I
Entwicklung des japanischen Aktienmarkts

Monat	% Veränd.	Monat	% Veränd.	Monat	% Veränd.	Monat	% Veränd.
Mai 37	-1,31 %	Okt. 40	-2,89 %	März 44	-1,80 %	Aug. 47	-7,90 %
Juni 37	1,00 %	Nov. 40	8,87 %	Apr. 44	-0,67 %	Sep. 47	3,68 %
Juli 37	-1,31 %	Dez. 40	-2,88 %	Mai 44	-0,51 %	Okt. 47	-7,07 %
Aug. 37	-10,95 %	Jan. 41	0,00 %	Juni 44	0,30 %	Nov. 47	-2,60 %
Sep. 37	4,09 %	Feb. 41	2,30 %	Juli 44	-4,15 %	Dez. 47	35,52 %
Okt. 37	-0,96 %	März 41	3,10 %	Aug. 44	1,16 %	Jan. 48	2,39 %
Nov. 37	0,52 %	Apr. 41	1,00 %	Sep. 44	5,03 %	Feb. 48	51,89 %
Dez. 37	5,26 %	Mai 41	-1,09 %	Okt. 44	6,14 %	März 48	18,51 %
Jan. 38	2,95 %	Juni 41	-0,07 %	Nov. 44	-2,00 %	Apr. 48	1,37 %
Feb. 38	0,56 %	Juli 41	-6,33 %	Dez. 44	0,84 %	Mai 48	-10,93 %
März 38	-1,44 %	Aug. 41	2,85 %	Jan. 45	0,84 %	Juni 48	-7,10 %
Apr. 38	-4,93 %	Sep. 41	3,72 %	Feb. 45	-2,62 %	Juli 48	10,81 %
Mai 38	1,54 %	Okt. 41	-1,57 %	März 45	-2,48 %	Aug. 48	1,58 %
Juni 38	-4,39 %	Nov. 41	1,50 %	Apr. 45	2,39 %	Sep. 48	-9,10 %
Juli 38	0,36 %	Dez. 41	14,32 %	Mai 45	0,15 %	Okt. 48	5,44 %
Aug. 38	4,22 %	Jan. 42	0,15 %	Juni 45	-0,85 %	Nov. 48	20,89 %
Sep. 38	-0,43 %	Feb. 42	0,73 %	Juli 45	1,35 %	Dez. 48	-0,60 %
Okt. 38	0,68 %	März 42	-1,19 %	Aug. 45	1,77 %	Jan. 49	67,39 %
Nov. 38	-5,31 %	Apr. 42	1,53 %	Sep. 45	0,48 %	Feb. 49	-4,67 %
Dez. 38	2,05 %	Mai 42	1,76 %	Okt. 45	0,40 %	März 49	25,49 %
Jan. 39	4,40 %	Juni 42	3,17 %	Nov. 45	0,48 %	Apr. 49	5-73 %
Feb. 39	2,54 %	Juli 42	-0,97 %	Dez. 45	0,42 %	Mai 49	17,72 %
März 39	-0,89 %	Aug. 42	3,21 %	Jan. 46	-30,23 %	Juni 49	-16,34 %
Apr. 39	0,21 %	Sep. 42	-1,19 %	Feb. 46	0,68 %	Juli 49	-0,83 %
Mai 3 9	1,92 %	Okt. 42	3,44 %	März 46	0,67 %	Aug. 49	21,50 %
Juni 39	4,06 %	Nov. 42	-3,33 %	Apr. 46	0,59 %	Sep. 49	-6,33 %
Juli 39	2,97 %	Dez. 42	-1,12 %	Mai 46	0,64 %	Okt. 49	-12,81 %
Aug. 39	0,60 %	Jan. 43	3,10 %	Juni 46	1,83 %	Nov. 49	-12,66 %
Sep. 39	7,27 %	Feb. 43	-0,73 %	Juli 46	-21,06 %	Dez. 49	-9,87 %
Okt. 39	7,13 %	März 43	-1,54 %	Aug. 46	4,26 %	Jan. 50	-15,14 %
Nov. 39	3,38 %	Apr. 43	0,90 %	Sep. 46	29,41 %	Feb. 50	16,93 %
Dez. 39	1,54 %	Mai 43	0,66 %	Okt. 46	2,64 %	März 50	-8,44 %
Jan. 40	-2,70 %	Juni 43	0,38 %	Nov. 46	-7,07 %	Apr. 50	2,57 %
Feb. 40	2,09 %	Juli 43	0,73 %	Dez. 46	-5,62 %	Mai 50	-4,34 %
März 40	1,87 %	Aug. 43	-0,22 %	Jan. 47	1,77 %	Juni 50	-773 %
Apr. 40	0,58 %	Sep. 43	0,14 %	Feb. 47	0,64 %	Juli 50	14,17 %
Mai 40	-2,67 %	Okt. 43	0,37 %	März 47	5,15 %	Aug. 50	18,18 %
Juni 40	-2,90 %	Nov. 43	0,14 %	Apr. 47	22,64 %	Sep. 50	-7,65 %
Juli 40	-3,60 %	Dez. 43	0,00 %	Mai 47	10,96 %	Okt. 50	1,93 %
Aug. 40	1,20 %	Jan. 44	1,54 %	Juni 47	-1,51 %	Nov. 50	4,34 %
Sep. 40	-8,93 %	Feb. 44	-0,65 %	Juli 47	-8,55 %	Dez. 50	-6,40 %

Anhang I
Entwicklung des japanischen Aktienmarkts

Monat	% Veränd.	Monat	% Veränd.	Monat	% Veränd.	Monat	% Veränd.
Jan. 51	14,28 %	Juni 54	7,13 %	Nov. 57	3,70 %	Apr. 6i	0,95 %
Feb. 51	6,41 %	Juli 54	-4,67 %	Dez. 57	6,72 %	Mai 61	-0,74 %
März 51	3,05 %	Aug. 54	4,22 %	Jan. 58	-25,76 %	Juni 61	4,73 %
Apr. 51	-2,14 %	Sep. 54	2,23 %	Feb. 58	0,62 %	Juli 6i	-1,36 %
Mai 51	6,33 %	Okt. 54	-5,96 %	März 58	1,92 %	Aug. 61	-8,63 %
Juni 51	3,65 %	Nov. 54	0,97 %	Apr. 58	4,30 %	Sep. 61	-3,21 %
Juli 51	5,28 %	Dez. 54	9,35 %	Mai 58	1,52 %	Okt. 6i	-12,60 %
Aug. 51	8,04 %	Jan. 55	3,16 %	Juni 58	4,02 %	Nov. 61	0,59 %
Sep. 51	7,23 %	Feb. 55	1,6l%	Juli 58	-2,38 %	Dez. 61	8,21 %
Okt. 51	8,07 %	März 55	-1,30 %	Aug. 58	4,31 %	Jan. 62	5,35 %
Nov. 51	-3,69 %	Apr. 55	-0,89 %	Sep. 58	0,92 %	Feb. 62	-2,27 %
Dez. 51	6,74 %	Mai 55	1,92 %	Okt. 58	4,85 %	März 62	-3,01 %
Jan. 52	13,20 %	Juni 55	1,43 %	Nov. 58	3,70 %	Apr. 62	-3,40 %
Feb. 52	-3,98 %	Juli 55	5,13 %	Dez. 58	6,72 %	Mai 62 -	-0,56 %
März 52	1,56 %	Aug. 55	6,6l%	Jan. 59	4,57 %	Juni 62	5,60 %
Apr. 52	12,95 %	Sep. 55	2,66 %	Feb. 59	3,20 %	Juli 62	-1,31 %
Mai 52	11,15 %	Okt. 55	6,68 %	März 59	9,12 %	Aug. 62	0,74 %
Juni 52	9,16 %	Nov. 55	-2,93 %	Apr. 59	-2,81 %	Sep. 62	-7,88 %
Juli 52	3,76 %	Dez. 55	9,06 %	Mai 59	9,08 %	Okt. 62	-3,44 %
Aug. 52	2,16 %	Jan. 56	0,19 %	Juni 59	0,81 %	Nov. 62	17,14 %
Sep. 52	8,04 %	Feb. 56	3,59 %	Juli 59	4,36 %	Dez. 62	-0,75 %
Okt. 52	12,30 %	März 56	5,71 %	Aug. 59	2,62 %	Jan. 63	4,42 %
Nov. 52	12,12 %	Apr. 56	3,80 %	Sep. 59	6,66 %	Feb. 63	3,53 %
Dez. 52	1,33 %	Mai 56	4,67 %	Okt. 59	4,83 %	März 63	12,87 %
Jan. 53	21,93 %	Juni 56	2,38 %	Nov. 59	3,53 %	Apr. 63	1,27 %
Feb. 53	-11,02 %	Juli 56	0,81 %	Dez. 59	-11,36 %	Mai 63	-1,45 %
März 53	-16,97 %	Aug. 56	-1,14 %	Jan. 6o	6,91 %	Juni 63	0,03 %
Apr. 53	5,78 %	Sep. 56	1,34 %	Feb. 60	3,67 %	Juli 63	-11,78 %
Mai 53	-4,56 %	Okt. 56	3,80 %	März 60	8,46 %	Aug. 63	-0,40 %
Juni 53	4,23 %	Nov. 56	10,75 %	Apr. 60	4,50 %	Sep. 63	-2,94 %
Juli 53	9,45 %	Dez. 56	-0,92 %	Mai 60	-10,66 %	Okt. 63	1,72 %
Aug. 53	4,92 %	Jan. 57	3,85 %	Juni 6o	10,91 %	Nov. 63	-5,08 %
Sep. 53	11,97 %	Feb. 57	0,00 %	Juli 6o	0,82 %	Dez. 63	-2,52 %
Okt. 53	-4,30 %	März 57	3,32 %	Aug. 60	6,27 %	Jan. 64	8,26 %
Nov. 53	-2,21 %	Apr. 57	0,68 %	Sep. 60	5,66 %	Feb. 64	-4,46 %
Dez. 53	-8,09 %	Mai 57	-10,79 %	Okt. 60	-0,10 %	März 64	-1,01 %
Jan. 54	-6,34 %	Juni 57	-0,02 %	Nov. 60	1,17 %	Apr. 64	-0,18 %
Feb. 54	-0,37 %	Juli 57	12,94 %	Dez. 60	3,14 %	Mai 64	8,18 %
März 54	-5,64 %	Aug. 57	4,31 %	Jan. 61	6,43 %	Juni 64	3,16 %
Apr. 54	5,48 %	Sep. 57	0,92 %	Feb. 61	0,40 %	Juli 64	-2,27 %
Mai 54	-6,22 %	Okt. 57	4,85 %	März 61	3,52 %	Aug. 64	-2,53 %

Anhang I

Entwicklung des japanischen Aktienmarkts

Monat	% Veränd.	Monat	% Veränd.	Monat	% Veränd.	Monat	% Veränd.
Sep. 64	-2,58 %	Okt. 66	-0,40 %	Nov. 68	-0,96 %	Dez. 70	0,89 %
Okt. 64	-3,07 %	Nov. 66	-2,00 %	Dez. 68	-0,40 %	Jan. 71	5-57 %
Nov. 64	-0,03 %	Dez. 66	4,88 %	Jan. 69	5,67 %	Feb. 71	4,68 %
Dez. 64	2,28 %	Jan. 67	1,95 %	Feb. 69	-2,03 %	März 71	8,33 %
Jan. 65	4,47 %	Feb. 67	1,39 %	März 69	7,23 %	Apr. 71	5,25 %
Feb. 65	-0,52 %	März 67	-0,71 %	Apr. 69	2,33 %	Mai 71	-0,64 %
März 65	-4,74 %	Apr. 67	-0,14 %	Mai 69	7,95 %	Juni 71	9,64 %
Apr. 65	3,01 %	Mai 67	5,16 %	Juni 69	-2,70 %	Juli 71	0,54 %
Mai 65	-5,33 %	Juni 67	-0,67 %	Juli 69	-5,04 %	Aug. 71	-12,77 %
Juni 65	-1,34 %	Juli 67	-0,62 %	Aug. 69	2,73 %	Sep. 71	2,81 %
Juli 65	3,72 %	Aug. 67	-8,13 %	Sep. 69	7,75 %	Okt. 71	-5,48 %
Aug. 65	11,93 %	Sep. 67	-0,30 %	Okt. 69	2,16 %	Nov. 71	6,63 %
Sep. 65	-1,62 %	Okt. 67	3,72 %	Nov. 69	-13,00 %	Dez. 71	8,60 %
Okt. 65	0,76 %	Nov. 67	-5,71 %	Dez. 69	28,01 %	Jan. 72	6,11 %
Nov. 65	7,35 %	Dez. 67	-0,01 %	Jan. 70	-1,51 %	Feb. 72	7,23 %
Dez. 65	5,26 %	Jan. 68	2,67 %	Feb. 70	1,30 %	März 72	4,97 %
Jan. 66	2,41 %	Feb. 68	1,85 %	März 70	4,14 %	Apr. 72	5,7,%
Feb. 66	1,91 %	März 68	2,78 %	Apr. 70	-12,04 %	Mai 72	8,58 %
März 66	5,04 %	Apr. 68	4,59 %	Mai 70	-2,58 %	Juni 72	2,76 %
Apr. 66	-0,70 %	Mai 68	1,77 %	Juni 70	1,91 %	Juli 72	8,58 %
Mai 6&	-2,10 %	Juni 68	4,77 %	Juli 70	0,29 %	Aug. 72	2,50 %
Juni 66	-0,38 %	Juli 68	5,38 %	Aug. 70	-0,99 %	Sep. 72	4,58 %
Juli 66	2,54 %	Aug. 68	6,04 %	Sep. 70	-1,06 %	Okt. 72	3,21 %
Aug. 66	-1,18 %	Sep. 68	9,79 %	Okt. 70	1,37 %	Nov. 72	17,50 %
Sep. 66	0,70 %	Okt. 68	-5,73 %	Nov. 70	-2,79 %	Dez. 72	9,17 %

Anhang J

Entwicklung des japanischen Aktienmarkts (TOPIX)

Quelle: Global Financial Data.

Monat	% Veränd.	Monat	% Veränd.	Monat	% Veränd.	Monat	% Veränd.
Jan. 73	1,56 %	Nov. 73	-9,00 %	Sep. 74	-0,86 %	Juli 75	-4,95 %
Feb. 73	-5,14 %	Dez. 73	-5,48 %	Okt. 74	-7,36 %	Aug. 75	-4,16 %
März 73	1,07 %	Jan. 74	6,46 %	Nov. 74	10,40 %	Sep. 75	-4,73 %
Apr. 73	-11.05 %	Feb. 74	-0,11 %	Dez. 74	-3,78 %	Okt. 75	10,29 %
Mai 73	2,40 %	März 74	-2,69 %	Jan. 75	4,14 %	Nov. 75	1,39 %
Juni 73	1,66 %	Apr. 74	3,22 %	Feb. 75	10,31 %	Dez. 75	1,82 %
Juli 73	5-55 %	Mai 74	4,34 %	März 75	4,58 %	Jan. 76	5,76 %
Aug. 73	-3,94 %	Juni 74	-2,63 %	Apr. 75	0,21 %	Feb. 76	0,24 %
Sep. 73	-5,25 %	Juli 74	-5,35 %	Mai 75	-0,86 %	März 76	-0,91 %
Okt. 73	-0,50 %	Aug. 74	-9,60 %	Juni 75	3,07 %	Apr. 76	0,60 %

Anhang J
Entwicklung des japanischen Aktienmarkts (TOPIX)

Monat	% Veränd.	Monat	% Veränd.	Monat	% Veränd.	Monat	% Veränd.
Mai 76	0,82 %	Okt. 79	-1,76 %	März 83	4,46 %	Aug. 86	9,49 %
Juni 76	3,94 %	Nov. 79	0,59 %	Apr. 83	1,60 %	Sep. 86	2,47 %
Juli 76	-2,93 %	Dez. 79	2,10 %	Mai 83	0,93 %	Okt. 86	-8,08 %
Aug. 76	1,90 %	Jan. 80	1,84 %	Juni 83	3,23 %	Nov. 86	5,50 %
Sep. 76	0,05 %	Feb. 80	0,65 %	Juli 83	1,91 %	Dez. 86	5,93 %
Okt. 76	-2,94 %	März 80	-2,90 %	Aug. 83	0,92 %	Jan. 87	11,88 %
Nov. 76	-0,31 %	Apr. 80	3,30 %	Sep. 83	3,00 %	Feb. 87	1,30 %
Dez. 76	13,90 %	Mai 80	-0,37 %	Okt. 83	-1,20 %	März 87	5,86 %
Jan. 77	-4,44 %	Juni 80	1,04 %	Nov. 83	0,40 %	Apr. 87	n.43 %
Feb. 77	3,10 %	Juli 8o	-0,90 %	Dez. 83	7,51 %	Mai 87	2,06 %
März 77	-2,75 %	Aug. 80	2,65 %	Jan. 84	6,07 %	Juni 87	-5,50 %
Apr. 77	1,77 %	Sep. 80	2,58 %	Feb. 84	-0,84 %	Juli 87	-1,52 %
Mai 77	-0,56 %	Okt. 80	2,93 %	März 84	13,32 %	Aug. 87	6,58 %
Juni 77	-0,06 %	Nov. 80	-1,03 %	Apr. 84	-0,89 %	Sep. 87	-0,57 %
Juli 77	-1,27 %	Dez. 80	0,61 %	Mai 84	-10,47 %	Okt. 87	-12,58 %
Aug. 77	5,75 %	Jan. 81	3,12 %	Juni 84	2,73 %	Nov. 87	-0,58 %
Sep. 77	-0,01 %	Feb. 81	0,07 %	Juli 84	-4,13 %	Dez. 87	-6,97 %
Okt. 77	-3,27 %	März 81	7,22 %	Aug. 84	7,45 %	Jan. 88	10,86 %
Nov. 77	-1,70 %	Apr. 8i	9,15 %	Sep. 84	1,27 %	Feb. 88	8,11 %
Dez. 77	-1,25 %	Mai 81	1,45 %	Okt. 84	4,96 %	März 88	4,02 %
Jan. 78	4,90 %	Juni 81	4,65 %	Nov. 84	1,30 %	Apr. 88	1,62 %
Feb. 78	2,69 %	Juli 81	1,91 %	Dez. 84	5,43 %	Mai 88	-4,36 %
März 78	5,38 %	Aug. 81	-0,24 %	Jan. 85	1,05 %	Juni 88	2,78 %
Apr. 78	-0,18 %	Sep. 81	-8,39 %	Feb. 85	4,98 %	Juli 88	3,85 %
Mai 78	0,28 %	Okt. 81	0,11 %	März 85	2,57 %	Aug. 88	-4,81 %
Juni 78	0,76 %	Nov. 81	0,51 %	Apr. 85	-3,33 %	Sep. 88	2,82 %
Juli 78	2,55 %	Dez. 81	4,15 %	Mai 85	3,62 %	Okt. 88	0,78 %
Aug. 78	-1,36 %	Jan. 82	2,14 %	Juni 85	3,07 %	Nov. 88	6,24 %
Sep. 78	1,73 %	Feb. 82	-4,52 %	Juli 85	-4,36 %	Dez. 88	3,05 %
Okt. 78	0,59 %	März 82	-5,47 %	Aug. 85	2,72 %	Jan. 89	4,11 %
Nov. 78	1,68 %	Apr. 82	3,24 %	Sep. 85	0,94 %	Feb. 89	-0,70 %
Dez. 78	3,12 %	Mai 82	-0,21 %	Okt. 85	0,59 %	März 89	1,15 %
Jan. 79	3,07 %	Juni 82	-1,97 %	Nov. 85	-2,79 %	Apr. 89	0,79 %
Feb. 79	-3,22 %	Juli 82	-2,76 %	Dez. 85	5,23 %	Mai 89	1,96 %
März 79	0,05 %	Aug. 82	1,96 %	Jan. 86	-1,14 %	Juni 89	-3,44 %
Apr. 79	2,49 %	Sep. 82	-0,78 %	Feb. 86	4,40 %	Juli 89	7,33 %
Mai 79	0,72 %	Okt. 82	3,76 %	März 86	20,05 %	Aug. 89	-0,97 %
Juni 79	-0,34 %	Nov. 82	7,76 %	Apr. 86	-2,10 %	Sep. 89	3,97 %
Juli 79	-0,54 %	Dez. 82	3,77 %	Mai 86	3,26 %	Okt. 89	-0,35 %
Aug. 79	1,88 %	Jan. 83	-2,29 %	Juni 86	3,64 %	Nov. 89	5,09 %
Sep. 79	3,43 %	Feb. 83	0,89 %	Juli 86	6,26 %	Dez. 89	1,85 %

Anhang J
Entwicklung des japanischen Aktienmarkts (TOPIX)

Monat	% Veränd.	Monat	% Veränd.	Monat	% Veränd.	Monat	% Veränd.
Jan. 90	-4,99 %	Juni 93	-3,42 %	Nov. 96	0,79 %	Apr. 00	-3,34 %
Feb. 90	-6,28 %	Juli 93	5,04 %	Dez. 96	-5,86 %	Mai 00	-7,64 %
März 90	-12,92 %	Aug. 93	2,01 %	Jan. 97	-6,69 %	Juni 00	4,55 %
Apr. 90	-0,96 %	Sep. 93	-3,70 %	Feb. 97	1,34 %	Juli 00	-8,70 %
Mai 90	10,42 %	Okt. 93	0,27 %	März 97	-0,78 %	Aug. 00	4,02 %
Juni 90	-3,78 %	Nov. 93	-15,73 %	Apr. 97	4,95 %	Sep. 00	-2,44 %
Juli 90	-3,87 %	Dez. 93	4,79 %	Mai 97	3,17 %	Okt. 00	-6,17 %
Aug. 90	-12,36 %	Jan. 94	13,20 %	Juni 97	4,52 %	Nov. 00	-1,25 %
Sep. 90	-20,21 %	Feb. 94	0,17 %	Juli 97	-0,63 %	Dez. 00	-5,77 %
Okt. 90	18,16 %	März 94	-3,85 %	Aug. 97	-7,50 %	Jan. 01	1,29 %
Nov. 90	-10,99 %	Apr. 94	2,57 %	Sep. 97	-2,47 %	Feb. 01	-4,50 %
Dez. 90	4,99 %	Mai 94	4,94 %	Okt. 97	-8,01 %	März 01	3,31 %
Jan. 91	-1,32 %	Juni 94	-0,52 %	Nov. 97	-1,95 %	Apr. 01	6,98 %
Feb. 91	14,59 %	Juli 94	-2,14 %	Dez. 97	-6,14 %	Mai 01	-4,07 %
März 91	0,88 %	Aug. 94	0,19 %	Jan. 98	7,88 %	Juni 01	-0,71 %
Apr. 91	-0,37 %	Sep. 94	-3,62 %	Feb. 98	0,41 %	Juli 01	-8,50 %
Mai 91	0,08 %	Okt. 94	0,50 %	März 98	-1,12 %	Aug. 01	-7,26 %
Juni 91	-7,40 %	Nov. 94	-4,05 %	Apr. 98	-2,29 %	Sep. 01	-6,94 %
Juli 91	2,21 %	Dez. 94	2,57 %	Mai 98	-0,12 %	Okt. 01	3,51 %
Aug. 91	-6,82 %	Jan. 95	-6,10 %	Juni 98	0,75 %	Nov. 01	-0,86 %
Sep. 91	6,06 %	Feb. 95	-7,87 %	Juli 98	2,58 %	Dez. 01	-1,72 %
Okt. 91	3,02 %	März 95	-2,53 %	Aug. 98	-12,31 %	Jan. 02	-5,84 %
Nov. 91	-8,27 %	Apr. 95	1,83 %	Sep. 98	-5,33 %	Feb. 02	4,35 %
Dez. 91	-0,93 %	Mai 95	-5,83 %	Okt. 98	-0,76 %	März 02	5,08 %
Jan. 92	-4,88 %	Juni 95	-4,54 %	Nov. 98	10,42 %	Apr. 02	2,06 %
Feb. 92	-4,67 %	Juli 95	11,63 %	Dez. 98	-4,91 %	Mai 02	3,52 %
März 92	-8,33 %	Aug. 95	6,86 %	Jan. 99	3-53 %	Juni 02	-8,50 %
Apr. 92	-7,12 %	Sep. 95	1,05 %	Feb. 99	-0,44 %	Juli 02	-5,81 %
Mai 92	4,48 %	Okt. 95	-1,88 %	März 99	13,66 %	Aug. 02	-2,41 %
Juni 92	-10,15 %	Nov. 95	5,04 %	Apr. 99	5,52 %	Sep. 02	-1,83 %
Juli 92	-1,37 %	Dez. 95	6,46 %	Mai 99	-2,99 %	Okt. 02	-6,38 %
Aug. 92	13,65 %	Jan. 96	2,25 %	Juni 99	9,18 %	Nov. 02	3,54 %
Sep. 92	-5,09 %	Feb. 96	-3,25 %	Juli 99	443 %	Dez. 02	-5,50 %
Okt. 92	-2,42 %	März 96	5,31 %	Aug. 99	-1,47 %	Jan. 03	-2,61 %
Nov. 92	3,48 %	Apr. 96	4,62 %	Sep. 99	3,69 %	Feb. 03	-0,27 %
Dez. 92	-1,14 %	Mai 96	-1,86 %	Okt. 99	3,79 %	März 03	-3,12 %
Jan. 93	-0,66 %	Juni 96	1,91 %	Nov. 99	4,97 %	Apr. 03	1,09 %
Feb. 93	-1,11 %	Juli 96	-747 %	Dez. 99	4,93 %	Mai 03	5,18 %
März 93	12,00 %	Aug. 96	-2,57 %	Jan. 00	-0,82 %	Juni 03	7,88 %
Apr. 93	13,20 %	Sep. 96	5,74 %	Feb. 00	0,66 %	Juli 03	3,98 %
Mai 93	0,98 %	Okt. 96	-4,73 %	März 00	-0,44 %	Aug. 03	6,69 %

Anhang J
Entwicklung des japanischen Aktienmarkts (TOPIX)

Monat	% Veränd.	Monat	% Veränd.	Monat	% Veränd.	Monat	% Veränd.
Sep. 03	2,02 %	Juni 04	4,43 %	März 05	1,00 %	Dez. 05	7,45 %
Okt. 03	2,41 %	Juli 04	-4,23 %	Apr. 05	-4,39 %	Jan. 06	3,70 %
Nov. 03	-4,17 %	Aug. 04	-0,84 %	Mai 05	1,25 %	Feb. 06	-2,92 %
Dez. 03	444 %	Sep. 04	-2,06 %	Juni 05	2,98 %	März 06	4,63 %
Jan. 04	0,37 %	Okt. 04	-1,51 %	Juli 05	2,09 %	Apr. 06	-0,68 %
Feb. 04	3,36 %	Nov. 04	1,24 %	Aug. 05	5,80 %	Mai 06	-7,95 %
März 04	9,48 %	Dez. 04	4,69 %	Sep. 05	12,77 %	Juni 06	0,48 %
Apr. 04	0,60 %	Jan. 05	-0,30 %	Okt. 05	1,16 %		
Mai 04	-3,90 %	Feb. 05	2,75 %	Nov. 05	6,34 %		

Anhang K
Performance von Fisher Investments

Fiskaljahr	Jahresperformance	S&P 500	MSCI World
1996	28,6 %	26,0 %	18,4 %
1997	33,6 %	34,7 %	22,3 %
1998	21,4 %	30,2 %	17,0 %
1999	17,2 %	22,8 %	15,7 %
2000	15,6 %	7,2 %	12,2 %
2001	-10,2 %	-14,8 %	-20,3 %
2002	-5,7 %	-18,0 %	-15,2 %
2003	-7,3 %	0,3 %	-2,4 %
2004	20,5 %	19,1 %	24,0 %
2005	5,3 %	6,3 %	10,1 %
2006	17,7 %	8,6 %	16,9 %

Annualisierte Gewinne (Stand: 30.6.2006)			
1 Jahr	17,7 %	8,6 %	16,9 %
3 Jahre	14,3 %	11,2 %	16,9 %
5 Jahre	5,5 %	2,5 %	5,7 %
7 Jahre	4,4 %	0,5 %	2,4 %
10 Jahre	9,9 %	8,3 %	6,9 %
Seit 1.7. 1995	11,5 %	9,8 %	7,9 %

Anhang L

Die zehnjährige Geschichte der Forbes Report Card

Jahr	Ken Fishers Forbes-Empfehlungen	S&P500 Price Index
1996	13,9 %	12,1 %
1997	23,0 %	33,0 %
1998	14,9 %	14,9 %
1999	20,5 %	11,5 %
2000	0,0 %	-10,0 %
2001	-2,5 %	-11,4 %
2002	-6,0 %	-3,0 %
2003	31,6 %	17,6 %
2004	12,6 %	7,6 %
2005	14,3 %	3,4 %
10 Year Annualized Return:	11,7 %	6,8 %

Anhang M

Die Vereinigten Defizite: Zahlen für die USA und Großbritannien

Quelle: The White House, Bureau of Economic Analysis, U.S. Census Bureau, U.S. Department of Treasury, National Statistics, HM Treasury.

Jahr	Leistungs-bilanz US. (Mrd.)	Handelsbil.-defizit US (Mrd.)	Budget-defizit US (Mrd.)	Staats-Versch. US Mrd.)	Leistungs-Bil. GB (Mrd.)	GB Handel (Mrd.)	Budget-defizit GB (Mrd.)	GB Staats-Versch. (Mrd.)
1975	18,114	12,404	-53,242	542	-1,695	-3,333	-1,681	52
1976	4,293	-6,082	-73,732	629	-972	-3,911	-2,001	65
1977	-14,337	-27,246	-53,659	706	-286	-2,239	-1,506	74
1978	-15,143	-29,763	-59,185	777	821	-1,478	-4,056	80
1979	-290	-24,565	-40,726	829	-1,002	-3,451	-5,064	89
1980	2,316	-19,407	-73,830	909	1,740	1,329	-5,459	98
1981	5,031	-16,172	-78,968	995	4,846	3,238	-6,284	114
1982	-5,533	-24,156	-127,977	1,137	2,233	1,879	-4,231	125
1983	-38,695	-57,767	-207,802	1,372	1,258	-1,618	-4,806	133
1984	-94,342	-109,072	-185,367	1,565	-1,294	-5,409	-7,059	144
1985	-118,159	-121,880	-212,308	1,817	-570	-3,416	-5,485	157
1986	-147,176	-138,538	-221,227	2,121	-3,614	-9,617	-5,555	163
1987	-160,661	-151,684	-149,730	2,346	-7,538	-11,698	-3,906	168
1988	-121,159	-114,566	-155,178	2,601	-19,850	-21,553	5,524	167
1989	-99,485	-93,141	-152,623	2,868	-26,321	-24,724	8,736	154
1990	-78,965	-80,864	-221,147	3,206	-22,281	-18,707	4,393	152

Anhang M

Die Vereinigten Defizite: Zahlen für die USA und Großbritannien

Jahr	Leistungs-bilanz US. (Mrd.)	Handelsbil.-defizit US (Mrd.)	Budget-defizit US (Mrd.)	Staats-Versch. US Mrd.)	Leistungs-Bil. GB (Mrd.)	GB Handel (Mrd.)	Budget-defizit GB (Mrd.)	GB Staats-Versch. (Mrd.)
1991	3,743	-31,135	-269,269	3,598	-10,659	-10,223	-7,948	151
1992	-47,998	-39,093	-290,334	4,002	-12,974	-13,050	-28,584	166
1993	-81,997	-70,195	-255,085	4,351	-11,919	-13,066	-39,735	235
1994	-118,031	-98,379	-203,228	4,643	-6,768	-11,126	-35,632	278
!995	-109,481	-96,265	-163,991	4921	-9,015	-12,023	-28,561	3i4
1996	-120,216	-103,942	-107,473	5181	-7,001	-13,722	-22,858	343
1997	-135,978	-108,178	-21,935	5369	-937	-12,342	-11,608	357
1998	-209,560	-164,868	69,200	5478	-3,972	-21,813	7,464	354
1999	-296,816	-263,252	125,541	5606	-24,416	-29,051	14,980	353
2000	-413,454	-378,344	236,151	5629	-24,094	-32,976	19,288	318
2001	-385,703	-362,692	128,161	5770	-22,391	-40,648	16,267	319
2002	-473,943	-421,735	-157,799	6198	-17,615	-46,675	-8,740	345
2003	-530,669	-496,508	-377,575	6760	-18,571	-47,416	-21,522	375
2004	-603,224	-605,321	-412,144	7486	-25,475	-57,629	-21,981	417
2005	-791,508	-716,729	-318,300	7933	-26,550	-44,242	-13,695	457

Glossar

12B-1-GEBÜHR (12b-1-fee) Ein Teil der Gesamtkostenquote eines gemanagten Fonds, die die Fondsgesellschaft für Marketing, Druckkosten des Fondsprospekts usw. erhebt. Reduziert den Gesamtertrag des Investors.

AMERICAN DEPOSITORY RECEIPT (ADR) Ein Zertifikat für eine ausländische Aktie, das in Dollar bezahlt und an US-Börsen gehandelt wird. Es ermöglicht Amerikanern den Handel ausländischer Aktien ohne Währungsumtausch.

ANGEBOTSORIENTIERTE WIRTSCHAFTSTHEORIE (supply-side economics) Eine makroökonomische Theorie, die die Angebotsseite der Angebot-Nachfrage-Gleichung betont; sie glaubt, dass Angebot Nachfrage schafft. Diese Theorie wurde von Art Laffer, Jude Wanniski und Ronald Rea¬gan vertreten (dessen Kritiker sie abschätzig als „Voodoo-Ökonomie" bezeichneten). Anhänger dieser Theorie empfehlen unter anderem die Senkung von Einkommenssteuern, was ein höheres Wirtschaftswachstum zu Folge haben und damit die Steuereinnahmen vergrößern soll.

ANHÄNGER DER KONTRÄRTHEORIE (contrarian) Ein Investor, der sich in seiner Markteinschätzung immer gegen den Konsens stellt. Die Konträr-Theorie nimmt an, dass die Mehrheit in ihrer Einschätzung der Marktlage immer falsch liegt; weitverbreiteter Optimismus führt zu überkauften Märkten, weitverbreiteter Pessimismus zu überverkauften Märkten.

ANLEIHE (bond) Wertpapier zur langfristigen Kreditfinanzierung, auch Schuldverschreibung genannt. Anleger leihen einer Institution Geld, indem sie Anleihen kaufen und dafür festgelegte Zinszahlungen erhalten. Wenn die Anleihe ausläuft, erhält der Anleger das Grundkapital zurück.

ANLEIHENFONDS, RENTENFONDS (bond fund) Ein Investmentfonds, dessen Portfolio weitgehend aus Anleihen besteht.

ANNUALISIERTER DURCHSCHNITT (annualized average or geometric average or mean) Im Gegensatz zum arithmetischen Mittel gibt der annualisierte Durchschnitt die korrekten jährlichen Gewinne bei länger laufenden Anlagen an. Um einen annualisierten Durchschnitt zu erhalten, addiert man 1 zum Gewinn jedes Einzeljahres, multipliziert die Ergebnisse miteinander, zieht die n-te Wurzel (für n = Anzahl der Jahre) und subtrahiert 1.

BÄR (bear) Ein Anleger, der bezüglich der Wertentwicklung pessimistisch ist. Meistens auf Aktien bezogen, kann der Begriff auch auf andere Anlageformen angewendet werden. Anleger werden als bearish bezeichnet, wenn sie fallende Kurse erwarten. Manche Anleger sind ‚Dauerbären' und bevorzugen Anlagen mit niedrigerer Volatilität, aber auch niedrigeren Gewinnen.

BÄRENMARKT (bear market) Ein längerfristiger breiter Marktrückgang um mehr als 20 Prozent. Sollte nicht mit einer Korrektur verwechselt werden.

BESTÄTIGUNGSFEHLER (confirmation bias) Ein Wahrnehmungsfehler, der Investoren dazu verleitet, nach Anhaltspunkten für ihre eigenen Ansichten zu suchen und widersprechende Hinweise zu ignorieren.

BETAFAKTOR (beta) Ein Maß für die Volatilität einer Aktie (oder eines anderen Wertpapiers) im Vergleich zu einem Index. Wenn der Betafaktor des S&P 500 mit 1 angesetzt wird, sind Aktien mit höherem Betafaktor volatiler und Aktien mit niedrigerem Betafaktor weniger volatil als der Markt. Der Betafaktor kann auch zum Vergleich von Wertpapieren untereinander verwendet werden.

BLUE CHIP Die Aktie eines großen, national bekannten Unternehmens mit guter Bonität, das schon längere Zeit an der Börse notiert ist und in der Regel qualitativ hochwertige und allgemein bekannte Güter oder Dienstleistungen verkauft. General Electric, Exxon Mobile oder IBM sind Beispiele.

BÖRSENGANG (initial public offering, IPO) Der erste Verkauf von Aktien eines Unternehmens, das sich zuvor in Privatbesitz befand.

BÖRSENGEHANDELTER (INDEX-)FONDS, ETF (exchange-traded fund, ETF) Ein Investmentfonds, der einen bestimmten Index oder ein bestimmtes Marktsegment anteilig abbildet. Er wird an der Börse wie eine normale Aktie gehandelt. Es fallen keine Ausgabeaufschläge oder Managementgebühren an.

BRIEFKURS/ASK Der Briefkurs ist der Kurs, den ein Verkäufer für ein Wertpapier verlangt. Die Differenz zwischen Geldkurs und Briefkurs ist der Spread des Wertpapiers. Siehe auch Geldkurs.

BRUTTOINLANDSPRODUKT, BIP (gross domestic product, GDP) Der aktuelle Marktwert aller Waren und Dienstleistungen zu ihren aktuellen Marktpreisen, die im Inland innerhalb einer definierten Periode hergestellt wurden und dem Endverbrauch dienen. Das Bruttoinlandsprodukt wird gerade in den USA gerne als Maß der allgemeinen wirtschaftlichen Gesundheit betrachtet.

BULLENMARKT (bull market) Eine längere Zeitspanne, in der die Märkte auf breiter Front zulegen. Bullenmärkte herrschten in über 70 Prozent der gesamten Börsengeschichte vor.

CALL-OPTION/KAUFOPTION (call) Das Recht, eine Aktie (oder ein anderes Wertpapier) zu einem bestimmten Datum und Preis zu kaufen.

CARRY TRADE Eine Anlagestrategie auf dem Devisenmarkt. Dabei nimmt der Investor in einer Währung mit niedrigen Leitzinsen einen Kredit auf und kauft damit eine kurzfristige Anleihe in einer Währung mit hohen Zinsen. Der Unterschied zwischen den beiden Zinssätzen ist der Profit, wobei natürlich ein Wechselkursrisiko besteht.

CASHFLOW (cash flow) Nicht-investiertes Kapital (gewissermaßen ‚Bargeld'), das durch Dividenden, Zinsen, Auszahlungen oder Wertpapierverkäufe entsteht. Sofern sie versteuert ist, ist jede Art von Cashflow gleichwertig.

DAYTRADING Börsenhandel mit der Absicht, kurzfristige Bewegungen auszunutzen. Daytrader kaufen ein Wertpapier und verkaufen es nach einigen Minuten, Stunden oder Tagen wieder.

DEFENSIV (defensive) Eigenschaft jeder Bemühung, große Abwärtsbewegungen des Marktes abzufedern. Ein defensives Portfolio zielt darauf ab, in einem Bärenmarkt eine leichte Aufwärts- oder zumindest eine Seitwärtsbewegung zu erzielen.

DEFENSIVE AKTIE, DEFENSIVER WERT (defensive stock) Eine Aktie, die sich in Phasen wirtschaftlichen Abschwungs stabil verhält und somit in der Lage ist, Bärenmärkte gut zu überstehen. Für eine solche Aktie besteht eine unelastische Nachfrage.

DEFLATION Ein längerfristiger Rückgang des Preisniveaus, der meist durch eine allzu restriktive Geldpolitik verursacht wird. Führt zu einer reduzierten Nachfrage und höherer Arbeitslosigkeit. Nicht zu verwechseln mit Disinflation.

DISINFLATION Die Verlangsamung des Anstiegs des Preisniveaus, d.h. der Inflation. Nicht zu verwechseln mit Deflation.

DISKONTSATZ (discount rate) Der Leitzins, zu dem sich Geschäftsbanken bei der Fed kurzfristig Geld leihen können. Dieser Zinssatz wird von der Fed kontrolliert.

DIVIDENDE (dividend) Eine zu versteuernde Gewinnausschüttung an die Besitzer einer Aktie, die in den USA meist vierteljährlich, in Deutschland typischerweise am Tag nach der Hauptversammlung des Unternehmens ausgeschüttet wird. Kann in Bargeld oder in Aktien ausgezahlt werden.

DOW JONES INDUSTRIAL AVERAGE Ein gewichteter Index von 30 US-amerikanischen Blue-Chip-Aktien. Wird meistens als „Dow" bezeichnet.

EFFIZIENTER MARKT (efficient market) Die Annahme, dass der Markt rasch und effizient alle allgemein bekannten Informationen einpreist, weshalb der Handel auf Basis bekannter Informationen wenig lukrativ ist.

EIGENKAPITALRENDITE (return on equity, ROE) Das Verhältnis des Jahresüberschusses (Reingewinns) zum Eigenkapital.

EIGENKAPITALÜBERDECKUNG, VERSCHULDUNGSGRAD (debt-to-equity ratio) Das Verhältnis von bilanziellem Fremdkapital zu Eigenkapital eines Unternehmens. Es handelt sich um eine betriebswirtschaftliche Kennzahl, die zusammen mit anderen zur Feststellung einer optimalen Finanzstruktur verwendet wird. Einer der maßgeblichen Faktoren beim Rating eines Unternehmens.

ELASTISCHE NACHFRAGE (elastic demand) Ein Nachfrageverhalten für Güter und Dienstleistungen, das für Wirtschaftszyklen anfällig ist und je nach Wirtschaftslage steigt bzw. sinkt. Die Nachfrage nach hochpreisiger Technologie und nicht notwendigen Konsumgütern ist meist elastisch.

ENDWERT (terminal value) Der geschätzte Wert einer Anlage am Ende des Zeithorizonts eines Anlegers.

ERTRAG, RENDITE (yield) Der jährliche Gewinn eines Wertpapiers ausgedrückt in Prozent, egal ob es sich um Kursgewinne, Dividenden oder Zinszahlungen handelt.

FEDERAL FUNDS RATE Der Leitzins, zu dem sich Geschäftsbanken untereinander Geld der Fed leihen. Dieser Zinssatz wird ebenfalls von der Fed kontrolliert.

FEDERAL RESERVE BOARD, FRB Direktorium der amerikanischen Zentralbank (Fed). Die sieben Mitglieder werden durch den amerikanischen Präsidenten für 14 Jahre berufen. Sie sitzen im Offenmarktausschuss und helfen dabei, die Geldpolitik zu bestimmen.

FEDERAL RESERVE SYSTEM, FED Die amerikanische Zentralbank, die die Geldmenge und die Zinsen reguliert. Die Fed fungiert zugleich als Bank für andere Banken und für die amerikanische Regierung.

FESTGELDANLAGE, EINLAGENZERTIFIKAT (certificate of deposit, CD) Ein festverzinsliches Wertpapier, das von einer Bank ausgegeben wird. Investoren binden sich damit für einen bestimmten Zeitraum im Austausch für einen festen Zinssatz. Die Laufzeiten gehen von einigen Wochen bis zu mehreren Jahren.

FONDS OHNE AUSGABEAUFSCHLAG (no-load fund) Ein Investmentfonds, für den kein Ausgabeaufschlag gezahlt werden muss. Viele dieser Fonds haben aber trotzdem eine Managementgebühr oder eine 12b-1-Gebühr.

FRONT RUNNING Handel, der auf vertraulichen Informationen basiert, die bald veröffentlicht werden sollen und den Kurs heben könnten. Ein Beispiel für Insiderhandel und ein Straftatbestand.

FUNDAMENTALANALYSE (fundamental analysis) Eine Methode der Aktienanalyse, die sich nur auf die Fundamentaldaten eines Unternehmens konzentriert: Marktposition, Geschäftsentwicklung, Eigenkapitalrendite, Verschuldungsgrad, Qualität des Managements usw.

GEDECKTE KAUFOPTION (covered call) Eine gedeckte Kaufoption verbindet den Verkauf einer Call-Option mit einer Long-Position in der entsprechenden Aktie. Es besteht ein Risiko des vollständigen Verlusts des eingesetzten Kapitals mit Ausnahme des Options-Kaufpreises. Vgl. auch Ungedeckte Verkaufsoption.

GELD-BRIEF-SPANNE/SPREAD Die Differenz zwischen Geldkurs und Briefkurs.

GELDKURS/BID Der Preis, den ein Käufer für ein Wertpapier bietet. Vgl. auch Briefkurs.

GELDPOLITIK (monetary policy) Die Entscheidungen einer Zentralbank, die Geldmenge, Kreditzinsen und Inflation beeinflussen.

GESAMTERTRAG (total return) Der tatsächliche Ertragswert einer Vermögensanlage innerhalb eines gewissen Zeitraums, der Kapitalgewinn, Dividenden, Zinszahlungen und Ausschüttungen umfasst.

GESAMTKAPITALRENDITE (return on assets, ROA) Das Verhältnis des Jahresüberschusses (Reingewinns) zum Gesamtkapital (Eigenkapital und Fremdkapital).

GESAMTKOSTENQUOTE (total expense ratio) Die gesamten Kosten des Fonds geteilt durch das Fondsvermögen. Diese meist in Prozent angegebene Kennzahl beinhaltet Managementgebühren, Handelskosten, Steuern, 12b-1-Gebühr und andere betriebliche Kosten. Der Kursgewinn eines Fonds verringert sich für den Anleger um die Gesamtkostenquote.

GEWINN PRO AKTIE (earnings per share, EPS) Der Gewinn eines Unternehmens, geteilt durch die Gesamtzahl der ausgegebenen Aktien.

GEWINN-KURS-VERHÄLTNIS, GKV (earnings-to-price ratio, E/P) Der Gewinn pro Aktie geteilt durch den Aktienkurs eines Unternehmens – auch als Gewinnrendite bekannt. Das Gegenteil des Kurs/Gewinn-Verhältnisses (KGV).

GEWINNRENDITE (earnings yield) Dieser Wert, der als Prozentsatz angegeben wird, ermöglicht einen direkten Vergleich der relativen Bewertung von Aktien mit Anleihenzinsen und Fremdkapitalkosten. Vgl. auch Gewinn/Kurs-Verhältnis.

GEWINNSTEUER/SPEKULATIONSSTEUER (capital gains tax) Eine Steuer, die beim Verkauf von Wertpapieren auf den Kursgewinn zu entrichten ist.

GLASS-STEAGALL ACT Eine Reihe von Gesetzen, die als Reaktion auf den Börsencrash von 1929 auf Initiative der Senatoren Carter Glass and Henry B. Steagall erlassen wurden. Unter anderem wurden dadurch die Zinsen auf Spareinlagen beschränkt, die Federal Deposit Insurance Corporation (FDIC) eingerichtet, bei der Spareinlagen im Falle eines Bankenzusammenbruchs versichert sind, und vor allem Banken und Maklergeschäft getrennt, indem es Banken verboten wurde, Wertpapierhandel und Versicherungen anzubieten. Präsident Clinton unterschrieb 1999 den Gramm-Leach-Bliley Act, der den Glass-Steagal Act außer Kraft setzte.

GOLDSTANDARD (gold standard) Ein Währungssystem, in dem der Wert einer Währungseinheit an ein bestimmtes Gewicht in Gold gebunden wird. Beim klassischen Goldstandard wurde die Währung durch Besitz von Gold gedeckt; dieses System wurde jedoch zu Beginn des Ersten Weltkriegs aufgegeben. Durch die Verträge von Bretton Woods wurde 1944 ein System etabliert, bei dem sich alle Staaten verpflichteten, ihre Währung gegenüber Gold stabil zu halten. Im Jahr 1971 lösten die USA die Bindung des Dollars an Gold, was zum Zusammenbruch des Bretton-Woods-Systems führte.

GRAMM-LEACH-BLILEY ACT Als Reaktion auf den Zusammenschluss der Citibank mit der Travelers Group (einem Versicherungskonzern) wurde im Jahr 1999 dieses Gesetz erlassen, um die Regelung des Finanzmarkts zu modernisieren. Der wichtigste Effekt war die Rücknahme des Glass-Steagall Act aus der Depressionszeit, wodurch Banken, Wertpapierhandel und Versicherungsunternehmen untereinander konkurrieren durften und ein allgemeiner „Finanzsektor“ entstand.

HEDGEFONDS (hedge fund) Ein Fonds, der in seiner Anlagestrategie sehr viel freier ist als ein konventioneller Aktienfonds und in hochspekulative Anlageformen (inklusive Optionen) investieren kann. Einzelne Anlagen können illiquide sein, aber auch der gesamte Fonds – manche Hedgefonds schreiben einen minimalen Investmentzeitraum vor.

HYPERINFLATION Ein rascher Anstieg des durchschnittlichen Preisniveaus, der meist durch zu starkes Geldmengenwachstum verursacht wird.

ILLIQUIDE (illiquid) Alles, was sich nicht rasch in Bargeld tauschen lässt.

INDEX, MARKTINDEX (market index) Eine Kennzahl für die Entwicklung der Aktien in einem Markt, einem Marktsegment oder einer Branche. Es gibt preisgewichtete Indizes, bei denen die Kurse der Aktien im Index aufsummiert und durch die Gesamtanzahl geteilt werden; bei diesen Indizes gehen Aktien mit einem hohen Kurs stärker in den Index ein als Aktien mit einem niedrigen Kurs (Dow Jones, Nikkei 225). Ein kapitalgewichteter Index berücksichtigt die Marktkapitalisierung (S&P 500, NASDAQ, DAX).

INDEXFONDS (index fund) Ein Investmentfonds, der einen ausgewählten Marktindex wiedergibt.

INDIVIDUAL RETIREMENT ACCOUNT, IRA Depot für Pensionsrücklagen in den USA, das jede berufstätige (oder mit einem Berufstätigen verheiratete) Person eröffnen kann. Die Anlagesumme wächst steuerbefreit, und die Einlagen sind je nach Einkommen des Depotbesitzers steuerbefreit. Auszahlungen vor dem 59. Lebensjahr werden einer Strafzahlung unterworfen, danach getätigte Auszahlungen fallen in das zu versteuernde Einkommen des Besitzers.

INFLATION Der Anstieg des durchschnittlichen Preisniveaus. Verschiedene Indikatoren verwenden unterschiedliche Körbe von Waren und Dienstleistungen, deren durchschnittliche Preise sie berechnen. Häufig wird der Verbraucherpreisindex als Maß der Inflation verwendet.

INSIDER Jede Person, die vertrauliche Informationen über ein Unternehmen besitzt; dies können leitende Angestellte, Manager und andere wichtige Angestellte sowie ihre Familien sein. Insidern ist es streng verboten, auf Grundlage vertraulicher Informationen Insiderhandel zu betreiben.

INSIDERHANDEL (insider trading) Jeder Handel auf der Basis von vertraulichen Informationen – es handelt sich um einen Straftatbestand. Nicht nur Insider können Insiderhandel betreiben.

INVESTMENTFONDS (mutual fund) Eine Form der Geldanlage, bei der eine Kapitalanlagegesellschaft (KAG) Geld von Kapitalanlegern einsammelt und es (je nach Fondsprospekt) in unterschiedlichen Anlagebereichen investiert. Den Anlegern gehören die Beteiligungen des Fonds nicht direkt, sie kaufen stattdessen Anteile am Fonds selbst, haben aber Anrecht auf Gewinnbeteiligung seiner Investments.

KAPITALGEWINN (capital gain) Wertsteigerung einer Aktie, Anleihe oder eines anderen Wertpapiers.

(MARKT-)KORREKTUR (correction) Eine kurze, scharfe Abwärtsbewegung innerhalb eines längeren Bullenmarkts, die meistens von Anleger-Pessimismus und dem Herbeireden eines Bärenmarkts begleitet wird. Korrekturen sind schwächer und kürzer als ein Bärenmarkt. Ein Bärenmarkt wird von steilen, kurzzeitigen Korrekturen nach oben unterbrochen.

KORRELATION (correlation) Eine Beziehung zwischen der Bewegung zweier Variablen. Eine Korrelation wird mit Hilfe des Korrelationskoeffizienten gemessen, ein Maß zwischen –1 und 1. Ein Korrelationskoeffizient nahe 1/–1 bedeutet, dass zwei Variablen sich über den betrachteten Zeitraum vergleichbar stark und in dieselbe Richtung/in entgegengesetzte Richtung bewegt haben. Ein Korrelationskoeffizient nahe 0 zeigt das Fehlen einer Korrelation an.

KURS-GEWINN-VERHÄLTNIS, KGV (price-to-earnings ratio, P/E ratio) Das Verhältnis des Aktienkurses eines Unternehmens zum Gewinn pro Aktie. Eine der am häufigsten verwendeten Kennzahlen zur Bewertung von Aktien.

KURS-UMSATZ-VERHÄLTNIS, KUV (price-to-sales ratio, PSR) Verhältnis des Aktienpreises eines Unternehmens zum Umsatz pro Aktie.

KURZFRISTIGE ZINSEN (short-term rate) Durch den freien Markt bestimmter Zinssatz einer Anleihe mit kurzer Laufzeit (z.B. der Zinssatz der dreimonatigen Treasury Bill).

KURZSICHTIGE VERLUSTANGST (myopic loss aversion) Ein Wahrnehmungsfehler, der Investoren dazu bringt, kurzfristige Verluste um jeden Preis zu vermeiden, ohne längerfristige Ziele zu berücksichtigen.

LAISSEZ-FAIRE-DOKTRIN, THEORIE DES SCHLANKEN STAATS (Laissez-faire) Frz. „laissez faire" – „lasst es in Ruhe". Die Theorie besagt, dass Eingriffe der Regierung in die Wirtschaft möglichst gering gehalten werden sollten, um maximales Wachstum zu ermöglichen.

LANGFRISTIGE ANLEIHE (long bondEine Anleihe mit einer Laufzeit von mindestens zehn Jahren.

LARGE CAP Bezieht sich auf die relative Größe der Marktkapitalisierung eines Unternehmens. Traditionell wurde ein Unternehmen mit einer Marktkapitalisierung über 10 (oder 20Milliarden Dollar als „large cap" bezeichnet. Ein besserer Maßstab ist allerdings der gewichtete Durchschnitt des gesamten Markts; „large caps" sind dann Aktien, die über dem Durchschnitt liegen.

LEERVERKAUF (sell short oder nur shortEin Investor verkauft ein geliehenes Wertpapier mit der Absicht, es zu einem niedrigeren Preis zurückzukaufen. Der Unterschied zwischen dem Verkaufs- und dem Rückkaufspreis ist der Profit. Man kann mit einem einzelnen Wertpapier oder mit einem Index Short gehen.

LEITZINSEN Von einer Zentralbank festgelegte Zinssätze, zu denen sie Geld an Geschäftsbanken verleiht. Die jeweilige Zentralbank hat über die Leitzinsen weitreichenden Einfluss auf die Entwicklung der Kreditzinsen und damit der Konjunktur eines Landes.

MARGIN Geliehenes Geld, das zum Kauf von Wertpapieren verwendet wird. Übliche Praxis etwa beim Daytrading; vergrößert die Hebelwirkung und damit das Risiko einer Anlage.

MARKTKAPITALISIERUNG (market capitalization, market capDer Wert eines Unternehmens, gemessen am Gesamtwert aller im Umlauf befindlichen Aktien (Anzahl der Aktien mal Aktienkurs.

MARKTKORREKTUR siehe KORREKTUR

NASDAQ COMPOSITE INDEX, „NASDAQ" Ein modifiziert kapitalgewichteter Index, der die Kursentwicklung aller an der NASDAQ gehandelten Aktien wiedergeben soll.

NASDAQ Die National Association of Securities Dealers Automated Quotations System (NASDAQist eine vollelektronische Börse, die sich am Times Square in Manhattan befindet. Die meisten Unternehmen gehören zum Technologiesektor, doch die Nasdaq enthält auch Finanz-, Biotechnologie-, Industrie- und Konsumgüterunternehmen.

NASDAQ-100-INDEX Ein modifiziert kapitalgewichteter Index der 100 größten und meistgehandelten Unternehmen (außer Finanzunternehmen, die an der NASDAQ gehandelt werden.

NICHT REALISIERTER GEWINN (unrealized gain Die Wertsteigerung eines Vermögenswerts, der noch nicht verkauft wurde.

NICHT REALISIERTER VERLUST (unrealized lossDer Wertverlust eines Vermögenswerts, der noch nicht verkauft wurde.

NYSE Composite Index Ein kapitalgewichteter Index, der die Kursentwicklung aller an der New Yorker Börse (NYSEgehandelten Aktien wiedergeben soll.

OFFENMARKTAUSSCHUSS (Federal Open Market Commitee, FOMC Ausschuss der amerikanischen Zentralbank (Fedmit 12 Mitgliedern, der über die Zinspolitik entscheidet. Er kontrolliert den Diskontsatz direkt und die Federal Funds Rate durch den Handel mit Staatsanleihen. Der Ausschuss trifft sich acht Mal jährlich; Vorsitzender ist derzeit Ben Bernanke.

OPPORTUNITÄTSKOSTEN (opportunity cost) Das Risiko, höhere Gewinne, die mit einer anderen Geldanlage möglich gewesen wären, zu verpassen.

ORDNUNGSPRÄFERENZ (order preference) Ein Wahrnehmungsfehler, der Anleger dazu bringt, bestimmte Dinge in einer bestimmten Reihenfolge auszuführen, nur weil dies gesellschaftlich üblich ist. Ordnungspräferenz bringt Institutionen und professionelle Anleger dazu, Jahresvorhersagen im Januar statt im April zu machen. Sie ist auch der Grund dafür, dass Anleger sich mehr auf einzelne Aktien oder Anlagekategorien als auf die Performance ihres ganzen Portfolios konzentrieren.

POSITIVE RENDITEKURVE (positive yield curve) Eine Renditekurve, in der die Renditen für Anleihen mit kurzen Laufzeiten niedriger sind als die für Anleihen mit längeren Laufzeiten. Eine positive Renditekurve ist der Normalfall, sie zeigt gute Kreditbedingungen an.

PUT-OPTION, VERKAUFSOPTION (put option) Das Recht, eine Aktie (oder ein anderes Wertpapier) zu einem bestimmten Zeitpunkt und Preis zu verkaufen. Der Verkäufer (auch Stillhalter genannt) erhält den Ausübungspreis der Option. Zum Ausübungsdatum ist er (im Falle der Ausübung) verpflichtet, die Aktie vom Käufer zu kaufen.

REGRESSIONSANALYSE (regression analysis) Ein statistisches Analyseverfahren, mit dem sich der Grad der Beziehung zwischen zwei Variablen feststellen lässt.

RENDITEKURVE (yield curve) Stellt die Renditen für Anleihen in Abhängigkeit von der Laufzeit dar. Gewöhnlich sind die kurzfristigen Zinsen niedriger als die langfristigen, wodurch eine positive Renditekurve entsteht. Eine negative oder inverse Renditekurve bedeutet, dass die kurzfristigen Zinsen höher als die langfristigen sind. Eine flache Renditekurve entsteht, wenn die kurzfristigen und langfristigen Zinsen ungefähr gleich hoch sind.

REZESSION (recession) Eine Phase des wirtschaftlichen Abschwungs, die sich in einem Rückgang des Bruttoinlandsprodukts über einen längeren Zeitraum ausdrückt. Meist wird die Rezession als BIP-Rückgang in zwei aufeinander folgenden Quartalen definiert.

RISIKO (risk) Anleger setzen Risiko häufig mit kurzfristiger Volatilität gleich. Tatsächlich ist Risiko jedoch einfach der Preis dafür, sich mit einem Investment zu irren.

RISIKOÜBERNAHME (underwrite) In der Versicherungswirtschaft der Vorgang der Abschätzung des Risikos und Festlegung der Prämie für einen vereinbarten Deckungsbereich. Im Investmentbereich übernimmt ein Underwriter (meist eine Investmentbank) das Risiko für ein Unternehmen oder eine Regierung, die neue Schuldverschreibungen herausgeben wollen, die der Underwriter zu einem höheren Preis weiterverkauft.

ROHSTOFFE (commodities) Güter, die an einer Warenbörse nach Menge gehandelt werden, wie Metalle oder Nahrungsmittel; an diesen Warenterminbörsen werden aber auch andere Finanzinstrumente wie Optionen oder Futures gehandelt.

RÜCKSCHAUFEHLER (hindsight bias) Ein Wahrnehmungsfehler, der Anleger verleitet, die Qualität ihrer Vorhersagen zu positiv einzuschätzen, indem sie die Qualität des anfänglichen Wissens überschätzen und anfängliche Fehler außer Betracht lassen.

RUSSELL 2000 INDEX Ein kapitalgewichteter Index, der die Kursentwicklung der 2000 in Bezug auf die Marktkapitalisierung kleinsten im Russell 3000-Index enthaltenen Aktien wiedergeben soll.

RUSSELL 3000 INDEX Ein kapitalgewichteter Index, der die Kursentwicklung der 3000 in Bezug auf die Marktkapitalisierung größten und liquidesten US-amerikanischen Aktien wiedergeben soll.

S&P 500 COMPOSITE STOCK PRICE Ein kapitalgewichteter Index, der die Kursentwicklung von 500 Aktien wiedergibt. Die Aktienauswahl richtet sich nach Liquidität, Grad der Marktkapitalisierung (z.B. „Large Caps“) und Sektor. Dies sind nicht unbedingt die 500 größten US-amerikanischen Unternehmen, sondern die 500 bekanntesten und am weitesten verbreiteten Aktien.

SÄGE Ein kurzer, starker Impuls in die Gegenrichtung zur allgemeinen Bewegungsrichtung eines Wertpapiers, Marktsektors oder ganzen Markts.

SMALL CAP, NEBENWERT Bezieht sich auf die relative Größe der Marktkapitalisierung eines Unternehmens. Traditionell wurde ein Unternehmen mit einer Marktkapitalisierung unter 10 (oder 20) Milliarden Dollar als „small cap“ bezeichnet. Ein besserer Maßstab ist allerdings der gewichtete Durchschnitt des gesamten Markts; „small caps“ sind dann Aktien, die unter dem Durchschnitt liegen.

SPEKULATIONSBLASE (bubble) Der Begriff wird oft missbraucht für große Preissteigerungen in einem Wertpapiersektor; tatsächliche Blasen sind selten. Eine solche Blase, die gewöhnlich erst nach ihrem Platzen erkannt wird, ist der rasche Anstieg und Fall der Preise für einen bestimmten Wertpapiersektor, beispielsweise für ein Aktiensegment. Beispiele sind Technologieaktien im Jahr 2000 oder Energieaktien im Jahr 1980.

STANDARDABWEICHUNG (standard deviation) Ein Maß für die Streuung der Werte einer Variablen um ihren Mittelwert. Beim Investieren wird die Standardabweichung verwendet, um die Volatilität zu messen (eine Aktie mit einer hohen Standardabweichung wird als volatil angesehen).

STEUERAUFSCHUB Legaler Aufschub von Steuerzahlungen auf Gewinne durch ein Anlageinstrument wie beispielsweise einen Individual Retirement Account oder einen 401(k)-Plan.

STOP-LOSS-LIMIT (stop-loss, stop-limit) Ein Orderzusatz, der einen Kurs angibt, bei dessen Unterschreiten automatisch ein Verkaufsauftrag ausgeführt wird.

SUBSTANZWERT (value stock) Jede Aktie mit einem KGV unter dem Marktdurchschnitt. Da Substanzwerte Aktien mit relativ niedrigem KGV sind (eine nachsteuerlicher Wert), haben sie einen relativ hohen GKV (das Gegenteil des KGV, auch Gewinnrendite) und relativ niedrige Kosten zur Kapitalaufnahme über Aktienemission. Wenn die Kosten für Kapitalaufnahme durch Anleihenemission unter der Gewinnrendite liegen, wird ein solches Unternehmen zur Kapitalaufnahme diesen Weg wählen (statt eine Aktienemission vorzunehmen).

TAX-LOSS SELLING Der Verkauf von gefallenen Aktien am Ende des Jahres, um zu versteuernde Gewinne auszugleichen und die gesamte Steuerlast zu reduzieren; Steuereinbußen können auch auf zukünftige zu versteuernde Gewinne übertragen werden.

TECHNISCHE ANALYSE (technical analysis) Eine Reihe von Methoden, die die Vorhersage zukünftiger Börsenkurse anhand historischer Kursentwicklungen (oft in Form von Charts) anstreben, wobei sie das Bewegungsmuster unter Verzicht auf Fundamentaldaten analysieren. Die technische Analyse basiert auf der Annahme, dass sich aus der vergangenen auf die zukünftige Kursentwicklung schließen lässt.

TREASURY BILL, T-BILL (KURZFRISTIGE SCHATZANWEISUNG) Eine US-amerikanische Staatsanleihe mit Laufzeit unter einem Jahr.

TREASURY BOND (LANGFRISTIGE STAATSANLEIHE) Eine US-amerikanische Staatsanleihe mit Laufzeit zwischen 10 und 30 Jahren.

TREASURY NOTE (SCHATZBRIEF) Eine US-amerikanische Staatsanleihe mit Laufzeiten zwischen einem und sieben Jahren.

ÜBERMÄSSIGES SELBSTVERTRAUEN (overconfidence) Ein Wahrnehmungsfehler, der Anleger dazu bringt, ihre Fähigkeiten oder ihr Wissen zu überschätzen. Sie führt beispielsweise dazu, dass Anleger zu viel handeln, sich im Daytrading versuchen oder eine „heiße" Kategorie übergewichten.

UNELASTISCHE NACHFRAGE (inelastic demand) Ein Nachfrageverhalten für Güter und Dienstleistungen, das von Wirtschaftszyklen unabhängig ist. Dies gilt etwa für Medikamente und bestimmte Standardnahrungsmittel, die unabhängig von der Wirtschaftslage in etwa gleichbleibenden Mengen gekauft werden.

UNGEDECKTE VERKAUFSOPTION (naked put) Eine Verkaufsoption, bei der der Verkäufer keine Short-Position für die entsprechende Aktie besitzt. Es besteht ein Risiko des vollständigen Verlusts des eingesetzten Kapitals mit Ausnahme des Options-Kaufpreises. Vgl. auch Gedeckte Kaufoption.

VERBRAUCHERPREISINDEX, VPI (Consumer Price Index, CPI) Der Verbraucherpreisindex misst die durchschnittliche Preisentwicklung eines ‚Warenkorbs' von Waren und Dienstleistungen, die von privaten Haushalten für Konsumzwecke gekauft werden. Er wird gerne als Maß für die Inflation verwendet.

VERKAUFSPROSPEKT (prospectus) Ein Dokument, das dem Anleger beim Kauf eines Fonds ausgehändigt werden muss und einen weitreichenden Einblick in Anlageausrichtung, Kostenstruktur und Risikoeinschätzung des Fonds gibt. Die gesetzlich verankerte Prospekthaftung macht die Fondsgesellschaft für den Inhalt des Prospekts haftbar.

VERWÄSSERND (dilutive) Jede Maßnahme, die den Wert eines Unternehmens, insbesondere auch den Gewinn pro Aktie verringert.

VOLATILITÄT (volatility) Wird im Allgemeinen als Maß des Marktrisikos angesehen. Die Volatilität kann als statistisches Maß der Kursabweichung zwischen zwei Wertpapieren, einem Wertpapier und dem Markt, zwei Anlagekategorien usw. angegeben werden (vgl. auch Standardabweichung). Wenn ein Investment volatiler ist, ist der erwartete Gewinn unsicherer, und es wird als riskanter angesehen.

WACHSTUMSWERT (growth stock) Jede Aktie, deren KGV höher als der Durchschnitt des Marktes liegt, weil ein überdurchschnittliches Gewinnwachstum des Unternehmens erwartet wird. Da Wachstumswerte Aktien mit relativ hohem KGV sind (ein nachsteuerlicher Wert), haben sie einen relativ niedrigen GKV (das Gegenteil des KGV, auch Gewinnrendite) und relativ niedrige Kosten der Kapitalaufnahme über Aktienemission.

WAHRNEHMUNGSVERZERRUNG (cognitive bias) Ein Fachbegriff der behavioristischen Finanztheorie: Die Neigung, etwas für wahr zu halten, für das es keine Faktengrundlage gibt, das aber durch Tradition oder Konditionierung vermittelt wird.

WERTSTEIGERNDE AKQUISITION (accretive acquisition) Eine Aquisition, die mit Bargeld (und nicht mit eigenen Aktien) bezahlt wird und deswegen den Wert eines Unternehmens steigen lässt, insbesondere bezogen auf den Gewinn pro Aktie.

WILSHIRE 5000 TOTAL MARKET INDEX Ein kapitalgewichteter Index, der die Kursentwicklung von 6500 US-amerikanischen Aktien wiedergeben soll, darunter alle an der New Yorker Börse gehandelten sowie die meisten der an der NASDAQ und der American Stock Exchange (Amex) gehandelten Aktien. Um in den Index aufgenommen zu werden, muss ein Unternehmen nur seinen Hauptsitz in den USA haben und an der US-amerikanischen Börse gehandelt werden.

ZEITHORIZONT (time horizon) Die Zeitspanne, für die ein Anleger seine Vermögenswerte kalkuliert. Für die meisten Anleger handelt es sich um die eigene Lebensspanne, die eines Ehepartners oder noch darüber hinaus.

ZENTRALBANK (central bank) Die Institution eines Währungsraums, die für die Geldpolitik zuständig ist, Geld druckt, die Währungsreserven verwaltet und die Inflation kontrolliert. In den USA heißt die Zentralbank Federal Reserve System (abgekürzt als „Fed"). Für den Euroraum bilden die Nationalen Zentralbanken zusammen mit der Europäischen Zentralbank (EZB) das Europäische System der Zentralbanken (ESZB).

ZUFALLSBEWEGUNGSTHEORIE (random walk) Die Theorie, dass Aktienkurse eine Zufallsbewegung vollziehen und sich daher aus früheren Marktbewegungen keine Vorhersagen für die künftige Entwicklung ziehen lassen.

ZUSÄTZLICHER ERTRAG (excess return) Gewinne, die sich oberhalb eines angegebenen Vergleichsindex befinden.

ZYKLISCHER WERT, ZYKLISCHE AKTIE (cyclical stock) Eine Aktie, die direkt auf die wirtschaftliche Situation reagiert und sich daher weitgehend mit dem Markt bewegt. Für zyklische Aktien besteht eine elastische Nachfrage.

(PRO-)ZYKLISCHES INVESTIEREN (momentum investing) Eine Investmentstrategie, die kurzfristige Preisbewegungen auszunutzen versucht, indem sie davon ausgeht, dass das gegenwärtige Muster der Preisbewegung sich auf die Zukunft übertragen lässt.

Uwe Lang

Die besten Aktienstrategien

194 Seiten, Hardcover
Preis € 24,90 (D); € 25,60 (A); SFr 43,70
ISBN 978-3-89879-112-0

Ein Aktienanleger steht vor 2 Hauptproblemen: Zum einen, wann er ein- und aussteigen soll, zum zweiten, welche Aktien er zum Kauf auswählen soll. In der Börsenliteratur gibt es zu beiden Problemen viele Ratschläge, aber kaum in der Praxis durchgetestete Methoden. Diese Lücke wird hiermit geschlossen. Seit Jahrzehnten errechnet Uwe Lang die optimalen Kauf- und Verkaufszeitpunkte für Aktien. Dazu hat er bereits in der Vergangenheit verschiedene erfolgreiche Systeme ausgetüftelt und weiterentwickelt.